리더십 팀 코칭 프랙티스
매우 효과적인 팀을 만드는 사례 연구
Leadership Team Coaching in Practice
Case studies on creating highly effective teams

3rd edition

Copyright © Peter Hawkins, 2022
This edition of Leadership Team Coaching in Practice 3rd edition is published by
arrangement with Kogan Page.
All rights reserved.

Korean Translation Copyright © 2023 by Korea Coaching Supervision Academy
Korean Translation published by arrangement with KOGAN PAGE LTD
through Imprima Korea Agency

이 책의 한국어판 저작권은 Imprima Korea Agency를 통해
KOGAN PAGE LTD사와의 독점 계약으로 한국코칭수퍼비전아카데미에 있습니다.
저작권법에 의해 한국 내에서 보호를 받는 저작물이므로 무단전재와 무단복제를 금합니다.

호모코치쿠스 44

리더십 팀 코칭 프랙티스
매우 효과적인 팀을 만드는 사례 연구
Leadership Team Coaching in Practice
Case studies on creating highly effective teams

3rd edition

피터 호킨스 편집
강하룡, 박정화, 윤선동, 최미숙 옮김

To the Coaches and leaders of
KOREA
may all the countries of the world
learn and collaborate from and with
each other
Best Wishes
Peter Hawkins

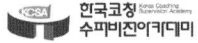

목차

역자 서문	6
서문	12
감사의 글	16
3판에 대한 소개	18
추천의 글	23

1장. 서문: 고가치 창출 팀 - 최신 연구 및 개발 ······ 25
- 피터 호킨스Peter Hawkins

2장. 리더십 팀 코칭과 시스테믹 팀 코칭이란 무엇인가? ······ 49
- 피터 호킨스Peter Hawkins

3장. 사례 연구 학습과 공개된 사례 연구 개요 ······ 71
- 피터 호킨스Peter Hawkins, 캐서린 카Catherine Carr, 재클린 피터스Jacqueline Peters

4장. 위임하기와 명확화하기 코칭: 전문 서비스업 리더십 팀 사례 연구 ······ 101
- 힐러리 라인스Hilary Lines, 리차드Richard 팀

5장. 팀 공동 창조하기 코칭하기: 캐나다의 2개 사례 연구 ······ 129
- 캐서린 카Catherine Carr, 재클린 피터스Jacqueline Peters

6장. 연결 코칭: 예오빌 병원 재단 신탁에서 팀 간 코칭 ······ 159
- 피터 호킨스Peter Hawkins, 가빈 보일Gavin Boyle

7장. 핵심 학습하기를 통해 팀을 코칭하기 ······ 187
- 수 코언Sue Coyne, 주디스 니콜Judith Nicol

8장. 시스테믹 팀 코칭: 4개 팀의 공동 창조하기 ······ 217
- 히데토시 타지카Hidetoshi Tajika

9장. 조직 학습과 혁신을 위한 팀 코칭: 호주 제약 자회사의 사례 연구 ······ 253
- 패드레이그 오설리반Padraig O'sullivan, 캐롤 필드Carole Field

10장. 변화의 시기에 리더십 팀과 함께하는 팀 코칭 여정 ⋯⋯ 279
- 올리비아 쇼뱅Olivia Chauvain, 클레어 포레스트Claire Forest, 패니 센센Fanny Sensen, 크리토프 미콜라자크Chritophe Mikolajczak

11장. 리더십 팀 코칭 프로그램과 결합된 시스테믹 팀 코칭: 캐나다 필 경찰 ⋯⋯ 317
- 헤더 클레이튼Heather Clayton, 캐서린 카Catherine Carr, 니산Nishan(Nish), 두라이아파(필 경찰 서장)Duraiappah(chief of Peel Police)

12장. 컴에어사에서 효과적인 '팀들의 팀' 접근 방식 개발 ⋯⋯ 357
- 바바라 월시Barbara Walsh, 대니 터크우드Danny Tuckwood, 에릭 벤터Erik Venter, 제랄딘 웰비-쿡Geraldine Welby-Cooke, 트레이시 맥크리디Tracey McCreabie, 저스틴 델Justin Dell, 피터 호킨스Peter Hawkins

13장. 팀 코칭 사례 모음: 도전과 혁신 ⋯⋯ 393
- 피터 호킨스Peter Hawkins, 헬렌 징크Helen Zink, 나탈리 레로틱 파블리크Nathalie Lerotic Pavlik, 엔코베킬레 도라 만요니Nqobekile Dorah Manyoni, 모니카 칼론Monica Callon, 루시 세누다Lucy Shenouda, 랄프 코크레인Ralph Cochrane, 데클란 우즈Declan Woods

14장. 팀과 팀 코칭 진단과 평가 ⋯⋯ 433
- 피터 호킨스Peter Hawkins

15장. 이사회 코칭: 개인, 공공, 비영리 기관의 사례를 통해 이사회 코칭이 경영진 팀 코칭과 다른 점 알아보기 ⋯⋯ 469
- 피터 호킨스Peter Hawkins, 앨리슨 호건Alison Hogan

16장. '팀 구성'과 '팀들의 팀' 문화와 팀 코칭 전략 만들기 ⋯⋯ 501
- 피터 호킨스Peter Hawkins

17장. 팀 코칭에 대한 체화된 접근 방식 ⋯⋯ 527
- 피터 호킨스Peter Hawkins, 데이비드 프레스웰David Presswell

18장. 시스테믹 팀 코칭을 위한 개인 핵심 수용력 개발 ⋯⋯ 563
- 피터 호킨스Peter Hawkins

19장. 시스테믹 팀 코치 교육하기 ⋯⋯ 593
- 피터 호킨스Peter Hawkins, 존 리어리-조이스John Leary-Joyce, 힐러리 라인스Hilary Lines

20장. 시스테믹 팀 코칭 - 다음 단계는? ⋯⋯ 625
- 피터 호킨스Peter Hawkins, 크리스터 로Krister Lowe

참고 문헌 ⋯⋯ 661
색인 ⋯⋯ 684
역자 소개 ⋯⋯ 694
발간사 ⋯⋯ 699

역자 서문

2022년 피터 호킨스 박사님의 『리더십 팀 코칭』이 국내에서 번역 출간되었고, 이어 2023년 『리더십 팀 코칭 프랙티스』를 번역하게 되어 매우 기쁘게 생각한다. 무엇보다 뜻 깊은 일은, 2023년 9월에 글로벌 AoEC와 국내 코칭경영원이 주관하여 피터 호킨스 박사님이 직접 한국에서 'International Systemic Team Coaching Certificate' 교육과정을 진행한 것이다. "목적이 팀을 만든다. 이해관계자, 팀의 내외부, 조직, 공동체, 지역사회, 글로벌, 지구 생태계, 그리고 후세들과의 연결을 늘 생각하라. 문제가 아닌 도전과제에 집중하라. 그때야 비로소 팀은 공동의 목적, 협력적 탐구를 시작한다. 리더십은 지금 이 순간부터 이전 7세대, 그리고 이후 7세대까지를 고려해야 한다." 현장에서 만났던 호킨스 박사님의 생생한 목소리가 지금 이 순간에도 들려온다. 특별히 코치와 국내 독자들을 위한 인사말과 친필 서명을 발간하도록 허락하여 책 앞쪽에 반영했다. 마스터풀한 시스테믹 팀 코치로서의 태도, 기술, 역량, 프랙티스의 본보기를 아낌없이 보여주신 피터 호킨스 박사님께 깊은 존경과 감사의 말씀을 전한다. 세계적인 구루를 국내에 초대하기까지 오랜 노력을 해오신 고현숙 코치님께도 특별히 감사하다.

팀 코칭의 영역과 범위는 매우 방대하다. 팀 코치로 성장하고자 하는 코치들에게 팀 코칭 분야는 매우 도전적인 과제임에 틀림없다. 다학제적 이론을 섭렵하고, 현장에서 팀 코치로서 코칭, 퍼실리테이터, 수퍼바이저로서의 역량 개발도 동시에 필요한 일이다. 이 책은 전 세계에서 지난 몇 년간 실제 추진되었던 사례들을 제시한다. 각 기업과 공공 부문의 사례들은 국내 기업과 공공 기관에 도입해도 손색이 없다. 국내 시장에 국한하지 않고, 시야를 더 넓게 보고, 이론과 실천가로서 도약하는 데 이 책이 길잡이 역할을 충분히 하리라 믿는다.

독자들의 이해를 돕고자, 역자들이 20개 장의 내용을 요약해보았다. '시스테믹 팀 코칭'이란 용어는 고유 명사로서 이 책에서는 '시스테믹 팀 코칭', '시스테믹 팀 코치'로 용어를 통일하고자 했다. 본문에서 일반적인 의미로 사용될 때는 '시스템적'이라는 용어로 표현을 달리했다.

1장에서는 팀 성과를 모든 이해관계자와 함께, 그들의 가치를 창출하며, 더 나아가 팀 코치로서 모든 팀의 중요한 이해관계자뿐만 아니라 더 넓은 생태계로 지평을 넓히도록 제안한다.

2장에서는 리더십 팀 코칭과 시스테믹 팀 코칭을 설명하고 용어를 정의했다. 이 책 전체에서 많은 저자가 언급하는 팀 코칭의 다섯 가지 규율 모델을 자세히 설명한다.

3장에서는 2021~2022년까지 관련 문헌을 통한 팀 코칭 사례 연구 전반을 검토했다. 연구 사례는 교육, 금융, 정부, IT, 제조업, 제약, 경찰 등 많은 국가와 광범위한 산업에서 도출되었다.

4장에서는 힐러리 라인스Hilary Lines와 익명을 원한 팀 리더가 전문 서비스 조직의 새로운 리더십 팀을 구성하면서 다섯 가지 규율 모델의 위임하기와 명확화하기에 초점을 맞춘 팀 코칭 사례를 소개한다.

5장에서는 캐나다의 두 팀 코치인 캐서린 카Catherine Carr와 재클린 피터스Jacqueline Peters가 전혀 다른 두 팀(지방 정부 및 기업 재무 담당) 코칭에서 명확화하기와 공동 창조하기를 적용한 사례를 다룬다.

6장에서는 예오빌 병원 재단 신탁에서 '연결하기'를 통한 팀 간 코칭 사례를 제시한다. 경영진과 각 임상 부문, 팀 사이의 관계에서 팀 코칭의 조사, 진단, 경영진 계약 워크숍, 팀별 코칭, 팀 간 코칭으로 전환과정을 다룬다.

7장에서는 '핵심 학습하기'를 통해 팀 코칭을 적용한 부동산 중견기업 브런트우드의 3년간 사례 연구를 제시한다. 참여, 계약, 조사, 발견, 설계 단계에서 실제 진행과 효과성을 학습 주기 모델을 통해 살펴본다.

8장에서는 '공동 창조하기'를 적용한 시스테믹 팀 코칭으로서 일본 교토 토요타 자동차 사례를 제시한다. 일본 팀 코칭 연맹과 피터 호킨스가 직접 진행한 워크숍으로, 시장 점유율을 극대화한 놀라운 성과를 보여준다.

9장에서는 호주 제약 자회사의 사례 연구로, 조직 학습과 혁신을 위한 팀 코칭 사례를 통해, 어떻게 팀 코칭이 조직 전반에 걸쳐 혁신을 이루어가는지를 보여준다.

10장에서는 팀 코칭 여정으로 조사, 발견, 변화로 어떻게 팀을 건강하게 쇄신하게 하는가 디지털 기술 부서 사례를 통해, 조직과 팀 개발을 위한 코칭 목표 수립, 이해관계자 생태계를 고려한 통합적인 조직 변화를 다룬다.

11장에서는 캐나다 필Peel 경찰서를 대상으로, 복잡한 치안 영역에서 대중의 지지와 합법성을 확보하고 경찰 조직 문화 개선을 목표로 한 팀 코칭 사례이다.

12장에서는 남아프리카 공화국의 Comair 항공사를 대상으로 업무 성격이 다른 팀들에 시스테믹 팀 코칭과 '팀들의 팀' 문화 개발을 접목하여, 개인-팀-팀 간 코칭을 시기별, 기법별로 적용한 조직개발 사례를 제시한다.

13장에서는 공공 조직의 리더십 팀, 비영리 단체, 고위 리더십 팀, 합병 직후의 팀과 합병 중인 팀 등 다양한 대상으로 팀 코치들의 생생한 고민과 실제 적용한 기법, 노하우 등을 엿볼 수 있다.

14장은 팀 코칭에서 필요한 팀 진단과 관련하여 팀 연결 360, 심리적 안전감, 팀 기능, 다섯 가지 규율 모델 설문, 팀 성숙도 등 진단도구별 사용 목적과 시기, 실제 진단 문항을 제시하는 실용적인 내용들로 구성되어 있다.

15장에서는 민간, 공공, 비영리 기관 등 분야별 이사회의 특징과 역할을 살펴보고, 고가치를 창출할 수 있는 이사회 코칭을 위한 다섯 가지 규율 모델 단계별 주요 질문과 유념할 사항을 소개한다.

16장에서는 조직 전반에 걸쳐 코칭 문화를 개발하기 위한 7단계 로드맵seven-step roadmap을 제시한다. 조직들이 '팀 코칭 전략'을 기반으로 '팀 구성 문화teaming culture'와 '팀들의 팀 문화team of teams culture'를 개발하는 과정을 소개한다.

17장에서는 팀 코칭에 대한 체화된 접근 방식, 즉 사이코드라마psychodrama, 소시오드라마sociodrama, 그리고 시스테믹 컨스텔레이션systemic constellation을 살펴본다.

18장에서는 시스테믹 팀 코칭에 필요한 14가지 개인 핵심 수용력capacities을 소개한다. 이는 관계적 인식, 더 큰 전체larger whole를 위해 봉사하기, 다중 중첩 시스템multiple nested systems 인식 등이다.

19장은 팀 코칭 교육을 수강하려는 사람과 이메일을 주고받는 형식으로 서술된다. 이메일을 통해 팀 코칭과 팀 코치가 되는 학습 과정에 대해 질문과 답변을 주고받으며 예비 교육생이 과정을 잘 이해하도록 돕는다.

20장에서는 팀 코칭의 현재 상태, 리더십과 조직 개발 접근법 및 인간 의식의 진화에 관한 광범위한 총합적 위치를 살펴보고 앞으로의 과제를 살펴본다.

팀 코칭은 일시적인 시대 흐름이 아니라 이제는 숙명이다. 그 길을 가고자 하는 코치들의 도전을 기다리며, 함께 여정을 기꺼이 뚜벅뚜벅 걸어가고자 한다.

팀 코칭의 전망을 미리 내다보고 번역을 맡겨주신 한국코칭수퍼비전아카데미 김상복 코치님, 교정에 대한 아낌없는 지원을 해주시는 정익구 코치님, 아름다운 편집을 이끌어주시는 이상진 선생님께 감사의 말씀을 전한다. 이론과 실천의 장에서 함께 성장하며 걸어가는 팀 코칭 학습조직 코치님들께도 감사하다.

2023년 10월
강하룡, 박정화, 윤선동, 최미숙 일동

서문

조직은 기계가 아니라 살아 있는 유기체다. 산업혁명 이후, 제품과 서비스의 생산이 모두 공장에서 나온다는 생각은 당연했다. 비즈니스(또는 경영) 스쿨은 공과대학에서 성장했고, 공과대학의 기계론적 모델과 언어를 물려받았다. 그러나 피터 호킨스와 동료들은 이러한 정신 구조가 사실이라면, 더는 그렇지 않음을 보여주고자 했다. 기업은 아이디어를 갖고 있지 않으며, 오직 사람만이 아이디어를 갖고 있고, '혁신, 통찰력, 가치'는 사람 사이의 상호작용에서 비롯된다. 리더십은 아이디어를 확산할 가능성이 가장 큰 조건을 만들어간다.

코로나19 팬데믹은 우리 모두에게 이러한 현실을 일깨워주었다. 협업, 기업에 있는 사람들 사이의 유대감, 그리고 때때로 즉흥적인 해결책과 예상치 못한 혁신을 불러일으키는 상상력은 기업을 지탱해주었다. 이 책 자체만으로도 이러한 명제를 잘 보여준다. 뛰어난 재능과 경험을 갖춘 프랙티셔너들로 구성된 팀의 결과물인 사례 연구들은 리더십 팀 코칭에 관한 매우 일관성 있고, 실용적이며, 총체적인 접근 방식을 제시한다. 이 접근법은 뛰어난 협력자들이 공유하는 경험을 토대로 성장해왔으며, 팀 구성원들의 두뇌를 자극하는 일임을 증명해왔다. 오늘날 대부분 CEO는 혼자서 변화를 이룰 수 없으며, 서로를 최대한 활용하는 방법을 이해하는 경영진의 기여가 크다는 사실을 인식하고 있다. 그렇지만 인식은 쉬우나, 리더십에서 이러한 고차원적인 협업을 달성하는 일은 가장 어려운 부분이기도 하다. 위기가 없어야 한다. 팬데믹 기간에 기업들은 유연 근무제로 전환하고, 많은 경우 완전히 새로운 제품과 서비스 라인으로 전환하는 등 큰 변화를 이루었다. 이러한 사례들은 위기가 변화를 강요하기 전에는 없었던 일들이다. 이제 리더들은 영웅적인 독주자로부터, 완전히 기능하며 지속 가능한 팀으로 영구적으로 변화시켜야 하는 더 어려운 문제에 직면해 있다. 여기에는 시간이 걸린다. 많은 리더는 유능한 인재들의 원활한 상호작용이 자연스럽게 발전하기를 기대하거나 희망한다. 그렇지만 그런 일은 거의 일어나지 않았다. 핵심 성과 지표, 목표, 주가에 쫓기는 경영진 가운데 조직의 회복탄력성, 생산성, 창의성이 좌우하는 사회적 자본을 개발할 시간이나 기술을 가진 사람은 거의 없다. 직장에서 가장 큰 동기부여는 서로에 대한 연결성일 수 있지만, 이는 일상적인 업무 요구로 인해 쉽게 약화될 수 있다. 리더십 팀 코칭은 이미 뛰어난 개인이 진정한 사회적 자본을 축적하는 데 필요한 시간과 관심을 투자하여, 자신의 전문성을 넘어 성장할 수 있도록 돕는다.

토마스 말론Thomas Malone은 MIT에서 집단 지성에 관한 연구를 통해, 문제해결에 특히 능숙한 그룹을 만드는 요인으로, 높은 수준의 사회적 민감성(서로 잘 조율된 그룹), 동등한 수준의 기여도(지배적이지도 소극적이지도 않은 사람들), 더 많은 여성이라는 사실을 발견했다. 이러한 요인은 본질에서 훌륭한 팀의 구성 요인이다. 그러나 그보다 더 미묘한 요인은 시간을 함께 보내면서 갈등을 생각하는 시간으로 바꾸고, 전문적으로 촉진되며, 자유로운 탐구를 공동의 사명감으로 전환하는 일이다. 직장 생활의 많은 부분이 그렇듯, 우리가 이를 찾았을 때는 알지만 부족할 때는 어디서 찾아야 할지 잘 모른다.

호킨스와 협력자들은 전문 안내자이다. 이 사례 연구를 읽다 보면, 이들이 개입하고 관찰한 수십 년간의 경험을 통해, 개인과 집단에 대한 이해가 얼마나 중요한지 느낄 수 있다. 추상적이거나 학문적인 탐구가 아니라, 실행의 시급성에 대한 직접적인 이해에 기반을 둔 연구라는 사실을 단번에 알 수 있다. 실천력과 현명함을 겸비한 이 코치들은 리더십 팀을 코칭할 때, 때로는 당황스럽고 좌절감을 주는 측면을 시스템적이고 규율적이며 인간적으로 만들어 준다.

영리 기업이든 아니든 모든 조직에서, 나는 팀이라는 개념에 항상 깊은 양면성을 느껴왔다. 영웅적인 독성 리더를 쉽게 숭배하는 시대에 살면서, 많은 사람은 협업이 개성을 희석시키고, 공통 분모를 낮추며, 전체에 아낌없이 기여하는 사람들을 위축시키지는 않는지 궁금해했다. 호킨스의 사례는 이러한 걱정을 단번에 없애준다. 이 사례를 읽다 보면, 훌륭한 팀은 팀에 기여하는 모든 개인의 역량과 능력을 포착하고, 확장하며, 서로 협력하고, 서로를 위해 일하며, 이때 자신의 최고를 발견하고 성장할 수 있다는 사실을 확신하게 될 것이다.

마가렛 헤퍼넌 Margaret Heffernan

마가렛 헤퍼넌은 13년간 BBC에서 프로그램을 제작했으며, 그 후 10년간 미국에서 소프트웨어 회사를 창업하고 운영했다. 세 번째 책, 『윌풀 블라인드니스: 왜 우리는 명백한 것을 위험에 빠뜨리면서까지 무시하는가 Wilful Blindness: Why we ignore the obvious at our peril』는 2011년 파이낸셜 타임즈 베스트 비즈니스 도서상 최종 후보에 올랐으며, TED 강연은 1,400만 명 이상이 시청했다. 2015년에는 저서 '더 큰 상 Bigger Prize'이 트랜스미션 상을 수상했으며, '세심하게 연구된 보편적으로 관련성이 있고 흠잡기 어려운 책'이라는 평을 받았다. 『미지의: 미래를 탐색하는 방법 Uncharted: How to navigate the future』은 2020년에 출간되었다. 메리크 앤 코 Merryck & Co를 통해, 주요 글로벌 조직의 CEO와 고위 임원들에게 자문을 제공하고 있으며, 포워드 연구소 Forward Institute의 리더십 프로그램 책임 교수로 활동하고 있다. 배스 대학교 University of Bath 교수로 재직 중이며, 파이낸셜 타임즈에 기고하고 있다.

감사의 글

리더십 팀 코칭 1, 2, 3, 4판에 긍정적인 반응을 보인 많은 독자, 특히 모델과 접근법을 사용하고, 자신의 경험을 아낌없이 공유해준 많은 임원과 팀 리더가 없었다면 이 책을 쓸 수 없었을 것이다.

　이 책은 다양한 국가와 비즈니스 부문의 사례 연구를 통해, 시스템적이고 리더십이 있는 팀 코칭이 실제로 어떻게 작동하는지 보여주는 실용적인 후속 조치이다. 이 책은 팀의 산물이다. 표지에 내 이름(피터 호킨스)이 적혀 있지만, 저마다 일터에서의 이야기를 작성하고, 무엇이 효과가 있었는지, 무엇을 배웠는지 되돌아보게 해준, 이 책이 가능하도록 해준 다른 모든 팀 구성원에게 감사의 말을 전하고 싶다.

　각 장을 기고해 주신 분들뿐만 아니라, 나와 내 동료들이 세계 여러 지역에서 가르쳤던 시스테믹 팀 코칭의 일곱 가지 디플로마 프로그램과 수많은 마스터 클래스, 단기 워크숍을 가르쳤거나 수강생이었던 모든 분의 중요한 의견도 이 책에 반영했다. 특히 훌륭한 공동 트레이너이자 창의적 공동 개발자였던 존 리어리-조이스John Leary-Joyce와 힐러리 라인Hilary Lines에게 감사의 말을 전하고 싶다. 또 전 세계 100여 개 국가에서 수백 명의 학생에게 가상 시스테믹 팀 코칭 교육을 제공하는 WBECS와 함께 글로벌 팀 코칭 연구소Global Team Coaching Institute를 설립하는 데, 나와 협력해준 데이비드 클러터벅David Clutterbuck에게도 감사의 말을 전한다.

이 책의 모든 저자 또한 더 효과적인 팀이 되고, 조직뿐만 아니라, 이해관계자 세계에 더 많은 변화를 가져올 방법을 찾기 위해 팀 코칭에 헌신하고 용기를 낸 모든 팀과 조직에 경의를 표하며 감사의 뜻을 전하고 싶다. 이 과정에서 자신의 경험에 관해 기꺼이 글을 써 준 CEO와 시니어 리더들에게 특별히 감사의 말을 전한다. 본문을 준비하는 과정에서 어수선함과 혼란을 질서와 가독성으로 바꾸고, 참고문헌을 찾아 수정하는 데 도움을 준 리뉴얼 어소시에이츠Renewal Associates의 피오나 벤튼Fiona Benton, 조 엘리스Jo Ellis, 줄리 제프리Julie Jeffery에게 큰 도움을 받았다. 유연하게 협조해준 모든 분께 깊은 감사를 드린다.

마지막으로, 이 책을 집필하는 데 많은 도움을 준 아내이자 파트너인 주디 라이드Judy Ryde의 사랑, 인내심, 동료애, 지원, 그리고 여행 가방이 항상 반쯤 쓴 원고로 가득 차 있다는 사실을 받아들여준 점에 대해 다시 한번 감사의 말을 전하고 싶다.

피터 호킨스Peter Hawkins
헨리 비즈니스 스쿨 리더십 명예교수Emerit Professor of Leadership, Henley Business School
리뉴얼 어소시에이츠 회장Chairman, Renewal Associates
임원 코칭 아카데미 명예 회장Honorary President of the Academy of Executive Coaching

3판에 대한 소개

리더십 팀 코칭 2판을 출간하면서 다양한 국가, 다양한 분야, 다양한 도전에 직면한 조직에서 시스테믹 팀 코칭을 적용한 사례를 담은 책이 있으면 도움이 될 것이라고 생각한 지 8년 만이다. 팀 코치뿐만 아니라, 팀 코치와 협력하여 팀을 발전시키는 CEO나 팀 리더의 관점도 담고 싶었다.

지난 8년 동안 많은 일이 일어났다. 점점 더 많은 기업이 개인주의적이고 영웅적인 리더에서, 팀 내 집단적 리더십으로, 그리고 팀을 넘어서 더 큰 협업과 참여로 나아가야 할 필요성을 깨닫게 되었다. 이에 시스테믹 팀 코칭에 관한 관심과 필요성이 기하급수적으로 증가했다. 시스테믹 팀 코칭에 대한 자체 교육(19장 참조)과 기타 병행 교육(20장 참조)은 중국에서 남미, 스칸디나비아에서 남아프리카, 호주에서 캘리포니아에 이르기까지 전 세계 대부분 지역으로 확산하여 그 수가 증가했다. 코칭 트렌드 연구에 따르면, 팀 코칭은 향후 3년 동안 가장 빠르게 성장하는 코칭 형태가 될 것으로 예측되었다(Ridler Report, 2016, 20장 참조). 팀 코칭이 조직 전체의 개발 그리고 전환 프로세스의 일부가 될 뿐만 아니라, 네트워크와 파트너십 코칭을 통해, 더 넓은 생태계의 일부가 되는 에코시스테믹 팀 코칭으로 발전(Hawkins, 2017, 2021)하는 일이 점점 더 많이 나타나고 있다.

지난 8년 동안 등장한 새로운 문헌들도 이를 반영한다. 상습적이고 광범위한 폭력으로 지배해 왔던 전후 이라크 연합군의 급진적인 문화 변화를 설명한 맥크리스탈 장군General McChrystal과 동료들의 저서 『팀들의 팀Team of Teams』(2015)은 뉴욕 타임스 베스트셀러가 되었다. 이들이 채택한 접근 방식은 많은 비즈니스 조직에 적용되었으며, 맥크리스탈의 동료이자 캠프 보좌관이었던 크리스 퍼셀Chris Fussell의 저서 (2017)에도 설명되어 있다.

분야와 문화는 매우 다르지만, 이 접근 방식은 비슷한 맥락에서 발전해왔다. 이 책의 초판에서 나는 영국의 한 지역 병원에서 '팀 간 코칭inter-team coaching'을 보여주는 CEO와 공동 사례 연구를 포함했다(6장 참조). 그 뒤 『리더십 팀 코칭』 3판과 4판(Hawkins, 2017, 2021)에서는 시스테믹 팀 코칭을 조직 전반의 변화로 확장하는 접근법을 개발했고, 조직 간 관계, 파트너십, 네트워크를 코칭하는 에코시스템 팀 코칭을 개발했다. 이 책에서는 이 과정을 좀 더 명확하게 공유하고자 '팀', '팀들의 팀' 만들기, 팀 코칭을 위한 문화와 전략이라는 새로운 장(16장)을 집필하게 되었다. 또 이 장에서는 글로벌 전문 서비스 회사 딜로이트Deloitte의 파트너들이 각 팀의 팀 코치가 될 수 있도록 교육한 짧은 사례 연구와 시스테믹 팀 코칭, 리더십 개발, 조직 혁신 간의 연관성을 보여준다.

팀 코칭을 조직개발, 인사 프로세스, 리더십 개발과 결합하고, 전체 비즈니스 코칭 방법을 찾아야 할 필요성이 점점 더 커지고 있다. 대기업은 점점 더 적은 수의 인원을 고용하고 있으며, 모든 고용 증가는 스타트업, 소규모 성장 기업, 비영리(또는 '영리') 부문에서 이루어지고 있다. 그러나 우리는 모든 스타트업의 절반 이상이 첫 2년 이내에 실패한다는 사실을 안다. 이는 대기업의 온전한 팀 코칭에 대한 수요가 향후 10년 동안 정체되거나 심지어 감소하겠지만, 스타트업과 성장 기업에 대한 코칭의 긴급한 수요는 계속해서 빠르게 증가할 것임을 의미한다. 그래서 이번 3판에서는 새로운 사례 연구와 삽화vignettes로 범위를 계속 넓혔다! 지금까지 계속 소개해온 모든 사례 연구의 작성자들은, 작업을 수행한 지 4년 이상 지난 시점에서, 팀 코치, 팀 코치 수퍼바이저, 비즈니스 그리고 팀 리더로서의 업무에서 어떤 새로운 배움을 얻었는지 등 자신의 성찰을 기고해주었다.

이 3판에는 다른 곳에서 출판된 새로운 사례 연구를 자세히 설명하는 3장의 주요 업데이트와 팀 코칭 실무에서 발생하는 몇 가지 주요 과제를 다루는 전 세계의 짧은 사례 삽화를 제공하는 새로운 장도 포함되어 있다(13장). 초판과 2판 이후 크리스틴 손튼Christine Thornton이 2판(2016)을, 캐나다의 제니퍼 브리튼Jennifer Britton이 신판(Britton, 2013)을, 안나 로드Anna Rod와 마리타 프리즌Marita Fridjon

이 ORSC 접근법에 기반을 둔 책(Rod & Fridjon, 2016)을 출간하는 등 새로운 문헌도 등장했다. 필립 샌달Philip Sandahl과 알렉시스 필립스Alexis Philips(2019)는 '팀 활용Teams Unleashed'을, 루시 위도우슨Lucy Widdowson과 폴 바버Paul Barbour(2021)는 제가 서문을 쓴 『최고 성과 팀 세우기Building Top Performing Teams』를 출간했다. 그리고 이 책(4장 및 19장 참조)의 공저자인 존 리어리-조이스John Leary-Joyce와 힐러리-라인스Hilary-Lines는 『시스테믹 팀 코칭』(Leary-Joyce & Lines, 2017)을 저술하여 이 접근 방식과 필요한 교육에 대한 그들의 관점을 추가했다. 크리스터 로우Krister Lowe(20장 참조)는 자신의 팟캐스트(www.teamcoachingzone.com)에서 저자, 연구자, 프랙티셔너를 인터뷰하고 이 분야 최고의 도구, 평가 도구, 서적에 대한 이정표를 제시하는 훌륭한 일을 해왔다. 2019년에는 데이비드 클러터벅, 크리스터 로우 그리고 다른 편집자들과 함께 전 세계 최고의 사고와 사례를 제공하는 『팀 코칭 핸드북Team Coaching Handbook』(국내 번역, 『팀 코칭 이론과 실천』, 2022)을 편집했다.

또 모든 유형의 코칭에 관해 더 시스템적인 접근 방식을 개발해야 한다는 문헌도 증가하고 있다(Einzig, 2017; Lawrence & Moore, 2018; Turner & Hawkins, 2016, 2019; Hawkins, 2014c, 2011b; Goldsmith & Silvester, 2018). 이 저자들은 리더십 코칭이 너무 오랫동안 '이미 특권을 누리고 있는 사람들을 위한 비싼 자기계발'이었으며(Hawkins & Turner, 2020; Hawkins, 2014c), 코칭은 코치뿐만 아니라 더 넓은 이해관계자 생태계를 위해 제공되어야 한다고 주장한다.

또 이 시기에는 리더십과 리더십 개발의 미래에 관한 새로운 연구도 진행되었다(Hawkins, 2017b 참조). 이번 개정판에서는 이러한 연구의 많은 부분을 반영했으며, 새로운 16장에서는 시스테믹 팀 코칭이 리더십 개발에 어떻게 핵심적인 역할을 할 수 있는지를 보여준다. 향후 5년은 지난 5년보다 훨씬 더 빠른 변화를 목격하게 될 것이다. 팀 코칭, 조직 혁신, 스타트업 그리고 성장 기업 지원, 파트너십, 네트워크와 비즈니스 생태계 개발에 대한 수요가 모두 기하급수적으로 증가할 것이다. 시스테믹 팀 코칭도 자체적인 혁신을 수행하고, 자체적인 디지털화를 통합하여, 서비스를 간소화하고 더 나은 지속적인 평가를 생성하며, 도달 범위와 영향력을 확대해야 할 것이다(20장 참조; Hawkins, 2021: 10장). 새롭게 업데이트되고 확장된 이 3판이 전 세계 팀 코치들에게 이 중요한 과제를 해결하는 데 도움이 되기를 바란다.

추천의 글

"시스템적, 팀, 코칭 – 세 가지는 강력한 개념입니다. 이 책의 사례 연구와 다른 장에서는 이 세 가지를 어떻게 조합하여 리더와 팀이 자신감과 성실성을 가지고 진화하는 세상의 도전에 대처하도록 지원할 수 있는지 보여줍니다!"

데이비드 클러터벅David Clutterbuck, 글로벌 팀 코칭 연구소 공동 학장Co-Dean of the Global Team Coaching Institute

"시스테믹 팀 코칭의 세계적 선구자인 피터 호킨스Peter Hawkins가 전 세계 다양한 분야와 다양한 국가의 팀 코칭에 관한 풍부한 사례를 제공하는 훌륭한 신간입니다. 모범 사례를 실제로 보고 싶다면 반드시 읽어야 할 책입니다."

데미안 골드바그Damian Goldvarg, 골드바그 컨설팅 그룹, Inc 사장President, Goldvarg Consulting Group, Inc

"고도로 상호 연결되고, 상호 의존적인 세상에서, 조직은 자신이 존재하는 더 넓은 생태계에 영향을 미치는 자신의 역할과 힘을 인식하는 것이 중요합니다. 실제 팀이 리더십 팀 코칭을 사용하여, 고유하고 복잡한 시스템 문제를 해결하는 방법을 공유하는 매력적인 사례 연구 모음(전 세계에서 수집)을 통해, 리더와 코치에게 이러한 조직 혁신의 방법을 안내하는 것보다 더 좋은 방법이 있을까요?"

일카 둔Ilka Dunne, 리더십과 코칭 책임자, 남아프리카공
화국 퍼스트랜드 은행FirstRand Bank South Africa

"피터 호킨스의 세계적 수준의 방법론은 모든 유형의 회사와 조직을 높은 수준으로 운영하고 개발하는 데 매우 유용할 뿐만 아니라, 팀과 개인 개발을 위한 훌륭한 도구입니다. CEO로서 제 업무의 근간이 되고 있습니다."

프랭크 콴테Frank Quante, 프래포트 불가리아Fraport
Bulgaria(바르나 공항 및 부가스 공항) CEO

"리더, 코치, OD 컨설턴트를 위한 영감 넘치고 실용적인 책으로, 팀을 이해관계자 중심의 미래로 한 단계 더 발전시키는 방법을 알려줍니다. 시스테믹 팀 코칭의 세계적 선구자인 피터 호킨스가 편집한 이 책은 전 세계의 사례를 제공하며, CEO와 팀 코치가 공동으로 작성한 사례가 많습니다."

마샬 골드스미스Marshall Goldsmith, 뉴욕 타임스 베스트셀러 1위 작가

1장
서문
고가치 창출 팀- 최신 연구 및 개발

저자: 피터 호킨스Peter Hawkins
역자: 최미숙

> 회사는 팀이 팀워크를 통해 더 많은 창의성과 혁신을 끌어낸다는 것을 안다. 그렇지만 무엇이 좋은 팀을 만드는지는 불확실하다.
> – 마가렛 헤퍼넌Margaret Heffernan(2013:228)

팀은 정해진 비율대로 구성되고 주문에 따라 제작되며 기능적으로 정확한 공산품이 아니라 살아 있는 시스템이라는 사실을 잊지 말아야 한다. 팀은 결코 홀로 존재하지 않으며 끊임없이 변화하고 진화한다. 우리에게는 팀에 대한 기계론적 과학이 필요한 것이 아니다. 팀 빌딩과 팀 코칭 기술을 끊임없이 풍성하게 하고 새롭게 할 수 있는 생태학이 필요하며, 업무에 영감을 주고, 우리가 만나는 팀의 신비로움은 우리가 생각한 것보다 항상 크다는 것을 상기시켜줄 시학poiesis이 필요하다.

가족도 생존하고 번영하기 위해서는 함께 힘을 모아야 하므로 가족을 팀으로 볼 수 있다면 나는 평생을 팀과 그 주변에서 살아왔다고 할 수 있다. 가족은 우리보다 먼저 살다 가신 조부모, 숙모, 삼촌, 조상으로 구성된 더 넓은 부족에게서 임무commission를 부여받는다. 이러한 기대에 따라 부부는 결혼식에서 또는 페이스북이나 기타 수단을 통해 개인적으로든 또는 공개적으로든, 두 사람의 의사를 명확히 해야 한다. 그들은 먼저 공동으로 창조한다. 그리고 그 관계 자체가 새로운 존재가 되어 또 다른 목소리를 낸다는 사실을 깨닫는다. 그런 다음 아이들은 공동 창조의 일부가 되어 저마다 가족 생활의 모양, 리듬과 흐름을 변화시킨다. 가족은 결코 섬이 아니며, 심지어 스위스 로빈슨 가족(역자 주: 로빈슨 가족은 미국에서 제작된 켄 아나킨 감독의 1960년 영화이다)도 버려진 지형을 공유하는 다른 생명체들과 공존해야 했다. 가족은 이웃, 친척, 친구, 가족 구성원 개개인의 관계뿐만 아니라 학교와 직장, 상인 및 방문객과도 연결되어야 한다. 어떤 가족은 삶이 제공하는 놀이와 도전에 참여할 때마다 배우고 성장하고 변화한다. 어떤 가족은 특정 시간과 삶의 방식 등 익숙한 것에 집착한다. 어떤 가족은 저마다 따로 배우며 각자의 길을 가기도 한다.

쉰 살이 되었을 때 나는 시스템과 팀 본질을 이해하는 데에 완전히 새로운 시각과 관점을 주는 삶을 경험했다. 그 해에 아내와 나는 빅토리아 시대의 오래된 벽으로 둘러싸인 정원을 복원하고 밭과 삼림지대를 돌보기 위해 시골의 바스Bath 경계에 살게 되었다. 우리 집은 숲으로 둘러싸인 깊은 계곡이 내려다보이는 언덕 높은 곳에 자리 잡고 있었다. 쉰다섯 살에 나는 지역 학교, 지역사회, 우드랜드 트러스트

Woodland Trust와 협력하여 계곡 한쪽에 새로운 숲을 조성하고, 매일 위층 서재에 있는 책상에서 숲이 자라고 변화하는 모습을 지켜보곤 했다. '나무만 보고 숲을 못 본다'라는 옛말이 있다. 나와 내 아내는 매일 나무와 숲을 모두 볼 수 있고 나무가 어떻게 변화하는지 지켜볼 수 있는 이곳에 끌렸던 것 같다. 숲은 개별 나무의 집합보다 훨씬 더 큰 것이다. 나무 한 그루 한 그루를 세고 라벨을 붙이는 것으로는 알 수 있는 것이 거의 없다. 숲을 제대로 이해하려면 숲의 지질, 뿌리에 영양을 공급하는 토양, 숲의 토폴로지Topology, 풍경 속에 어떻게 자리 잡고 어떤 바람으로부터 보호받고 누구에게 개방되는지, 태양이 나뭇가지에 처음 내리는 시간과 나뭇가지에서 떠나는 시간, 숲을 먹여 살리는 개울, 숲에 서식하는 동물, 곤충, 새가 서로 다른 숲의 위치를 어떻게 점유하고 서로 의존하면서 어떻게 상호작용하고 살아가고 죽어가는지 알아야 한다. 또 인간을 포함한 각 종들이 숲을 어떻게 쉼터로 삼고 집을 짓고, 먹이를 구하고, 인간의 경우 땔감으로 사용해왔는가 알아야 한다. 겨울철 나무의 골격 형태, 눈이 가득할 때의 청명한 고요함, 봄이 깨어나고 4월 말 블루벨, 애기똥풀, 산마늘 꽃, 섬세한 아네모네 융단의 영광, 나뭇가지 사이로 비치는 여름 햇살, 버섯과 열매, 늦가을 형형색색의 춤추듯 떨어지는 낙엽 등 모든 계절과 날씨에 걸쳐 지켜보아야 한다. 물푸레나무와 참나무 가운데 어느 나무가 마지막으로 잎을 내는지 주의 깊게 관찰하고, 첫 제비가 언제 도착하는지 확인하고, 뻐꾸기가 지나가는 소리에 귀를 기울여 본다. 산토끼 두 마리가 뒷발로 서서 투석전을 벌이는 모습이나 해질녘에 올빼미가 박쥐를 잡기 위해 빠른 속도로 하강 비행하는 모습을 보았을 때처럼 보기 드문 순간도 있다.

숲에서 생활하고 일하는 숲의 사람들은 숲에 대해 잘 안다. 그들의 지식은 숲과 호흡하며 매일 다른 호흡을 하기 때문에 구체화되고 일상화된다. 방문객으로서 우리는 숲을 완전히 알 수는 없지만 모든 감각을 열어 숲이 우리에게 어떻게 살아가는지 가르쳐주게 할 수 있다. 숲의 사람들은 환경을 통해 모든 것이 다른 모든 것과의 관계 속에서 존재하며 모든 유기체가 위대한 전체에 자신을 선물하고 있다는 것을 배운다. 안드레아스 베버Andreas Weber(2017)의 말처럼 죽음은 삶의 필수적인 부분이며, 다음 생의 순환을 위한 유기체의 죽음을 의미한다. 그는 겨울에 나무를 보며, 그 죽은 나무가 딱따구리와 새들과 곤충에게 쉼터와 영양분을 제공하여 죽음이 '주는 순환'과 현대인이 아직 '죽은 폐기물'로 제거하지 않아서 계속 먹이사슬의 일부가 되는 것을 아름답고 시적으로 묘사했다(Weber, 2017: 197). 로저 디킨Roger Deakin(2007)은 숲의 사람들이 어떻게 나무가 내는 바람 소리로 나무를 구별하고 냄새로 곰팡이를 식별하는지를 알려준다. 이른바 '선진국'에 사는 우리는 대부분 우리를 지탱하는 대지와 지구를 연결하는 것을 잃어버렸다. 삼림은 점점 줄어드는 자원이다. 전 세계 삼림의 46%가 이미 파괴되었고 매일 8만 에이커(역자 주: 미국 단위계의 넓이 단위로 1에이커는 약 4,000㎡를 말함)의 삼림과 숲이 벌목되고 있다(https://onetreeplanted.org/pages/tree-facts). 매분당 41헥타르의 나무가 벌목되는데, 이는 축구장 50개에 해당하는 면적이다

(Fiaramonti, 2017: 2). 인간 중심적인 사고방식에서 우리는 세상의 진정한 부를 창출하는 것이 대기업, 은행, 정부가 아니라 우리에게 따뜻함, 빛, 공기, 식량을 기꺼이 선물하는 자연 생태계라는 사실을 쉽게 잊을 수 있다. 우리는 토착 고아가 되었으며(Hawkins, 2017c) 아메리카 원주민과 같이 땅에 더 가까이 사는 원주민에게 배울 것이 많다.

라코타Lakota의 오글라라Oglala 족장 루터 스탠딩 베어Luther Standing Bear는 1905년에 이렇게 말했다:

> 옛 라코타는 현명했다. 그는 자연에서 멀어진 사람의 마음은 단단해진다는 것을 알았고, 자라는 생명체에 대한 존중이 부족하면 곧 인간에 대한 존중도 부족해진다는 것을 알았다……. 노인들은 말 그대로 흙을 사랑하기 위해 왔으며 모성애에 가까운 느낌으로 땅에 앉거나 기대어 앉았다.

팀과 함께 생활하고 일하는 '팀랜더teamlanders'인 우리도 감각을 열어 몸소 팀을 듣고, 보고, 경험하고, 팀이 어떻게 변화하는지, 팀이 더 넓은 풍경에 어떻게 존재하는지, 팀 사이로 불어오는 날씨 변화에 민감하게 반응해야 한다. 우리에게는 팀 생태와 팀워크의 생태적 윤리가 필요하다.

이 윤리는 청지기정신stewardship과 겸손을 포용하고, 상호 연결성과 모든 팀이 다른 시스템 안에 존재하는 시스템임을 인식하며, 과거를 존중하고 현재의 순간을 살피는 동시에 '다가오는 미래에 기대어'(Scharmer with Kaufer, 2013) 미래 세계에서 우리가 오늘 배우고 해야 할 일이 무엇인지 감지하는 윤리이다. 이는 문제와 해결책이 아니라 끊임없는 도전과 공동의 접근 방식과 실험을 통해 여러 집단에 의해, 그리고 집단과 더 넓은 시스템 사이에서 만들어내는 실천이다.

우리가 팀을 이끌든, 팀원이든, 코치든, 연구 팀이든, 우리는 협력 윤리가 필요하다. 지배적인 글로벌 기업의 사고 대부분을 지배하게 된 미국과 북유럽의 20세기 시대정신은 경쟁에 기반을 두고 세워졌다. 루즈벨트Roosevelt 대통령은 1912년 훨씬 전에, 이미 '경쟁은 일정 지점까지만 유용하고 그 이상은 유용하지 않다'라고 주장했다. 그렇지만 우리는 성장의 한계와 함께 경쟁의 한계도 잊어버렸다.

2013년 바클레이즈 은행에 대한 살츠Salz 보고서는 '어떤 대가를 치르더라도 승리에는 대가가 따른다'라며 '경쟁, 오만, 이기심, 겸손과 관대함의 부족이라는 부수적인 문제'라고 썼다.

스코틀랜드 왕립 은행은 프레드 굿윈 경Sir Fred Goodwin의 지휘 아래 세계에서 가장 큰 은행이 되는 것이 목적이었으므로 더욱 경쟁에 휩싸였다! 20세기 후반에 많은 비즈니스 및 리더십 저술을 지배했던 영웅적 리더에 대한 숭배는 리더의 지나친 포부와 동료보다 더 높은 지위를 차지하려는 경쟁과 위험하게 뒤섞여 있었다. 헤퍼넌 Heffernan(2013:105)은 한 고위 임원의 말을 인용하였다. "점점 더 큰 이익에 대한 욕망은 전적으로 고위 경영진의 개인적 명성과 사회적 지위에 대한 욕망에 의해 주도되었다."

급여, 인정, 수상 등에서 동료를 능가하는 것은 분열적 나선형

(Bateson, 1972)으로, 한 CEO에 대한 보상의 가속화는 다른 CEO의 요구를 가속화하게 한다. 우리는 고위 임원 및 이사회 이사들의 수입과 직원들의 수입 사이의 격차가 점점 더 커지는 것을 보아왔으며, 이는 2008~2009년 세계 경제 위기 이후에도 줄어들지 않고 계속되고 있다.

팀 개발도 이러한 소용돌이에 휘말릴 수 있는데, 고성과가 삶의 과정이 아니라 목적이 되고 주변 팀보다 더 잘하는 것으로 측정되는 고성과 팀이 되기 위한 노력에 휘말릴 수 있다(Hawkins, 2020a 참조). 스포츠 팀의 성과에서 영감을 받은 팀 코치들은 팀이 더 열심히 달리고, 경쟁에서 승리하고, 동료보다 더 나은 성과를 낼 수 있도록 돕는 데 집중하게 되었다. 팀 성과는 너무 자주 투입(팀에 적절한 수준의 팀원, 적절한 구조와 프로세스, 필수 회의 등)이나 산출('목표 달성!')로 측정되어 왔다.

그 대신 팀 성과는 모든 이해관계자와 함께, 그리고 그들을 위해 가치를 창출하는 역량을 통해서만 진정으로 이해할 수 있다는 점을 이해해야 한다. 이 문제는 14장 팀 평가 및 진단에서 다음과 같이 더 자세히 다룬다:

팀 성과는 팀이 속한 조직, 조직의 투자자, 팀의 내외부 고객 및 공급업체, 팀원, 팀이 활동하는 커뮤니티, 그리고 우리가 사는 인간 이상의 세계를 위한 부가가치 창출을 촉진하는 지속적인 능력을 통해 가장 잘 이해될 수 있다.

이는 15장의 이사회에서 효과적 이사회 운영에 대한 반 덴 베르게 Van den Berghe와 레브라우Levrau(2013: 156, 179)가 효과적인 이사회를 만드는 요소에 대해 인용한 내용을 다음과 같이 반영한다: '이사회는 회사, 경영진, 주주 및 모든 관련 이해관계자를 위한 부가가치 창출을 촉진할 때 효과적이다.'

이는 '주주 가치' 창출에 초점을 맞추던 기업 윤리가 '공유 가치'로 옮겨가는 과정의 일부이다(Porter & Kramer, 2011). 주주 가치는 지난 100년 동안 조직의 관심을 지배해 왔으며, 이는 기업의 유일한 사회적 책임은 주주에 대한 수익률을 높이는 것이라고 주장한 경제학자 밀턴 프리드먼Milton Friedman의 저술에 의해 더욱 강화되었다. 점점 더 많은 비즈니스 리더와 학자가 '공유 가치 창출'이라는 더 광범위한 의무를 인식하고 있으며(Porter & Kramer, 2011), 지속 가능한 비즈니스는 모든 주요 이해관계자를 위해 장단기적 가치를 창출해야 한다는 점을 인식하고 있다. 제너럴 일렉트릭의 운명을 뒤바꾼 영웅적 리더로 유명한 잭 웰치Jack Welch도 이 새로운 패러다임으로 전환하면서 다음과 같이 선언했다. '엄밀히 말하면 주주 가치는 세상에서 가장 멍청한 아이디어 가운데 하나이다'(Erdal, 2011에서 인용).

'팀랜더teamlanders'로서 우리는 시스템적 관점, 신중한 대응 태도, 협력 윤리를 갖춰야만 번창할 수 있다. 헤퍼넌(2013:373)은 이를 다음과 같이 멋지게 요약하였다.

혁신적인 기관과 조직이 번창하는 것은 슈퍼스타를 선발하고 육성하기 때문이 아니라 진정한 창의력이 요구하는 다양한 인재, 개성, 스킬을 소중히 여기고 육성하고 지원하기 때문이다. 협력은 일상에 의해 굳어진 마음의 습관이며, 개방성, 관대함, 엄격함과 인내심을 전제로 한다. 협력은 지위, 경외감 또는 협박 없이 정확하고 두려움 없는 의사소통이 필요하다. 이것은 누구도 방관할 수 없기 때문에 어렵다.

숲 역시 모든 생물종과 생태계 주민이 각자의 역할을 다하며 전체 생태계에 기여해야 하는 팀이다. 숲은 결코 가만히 있지 않는다. 숲의 살아 있는 생태는 항상 자신이 존재하는 시스템과의 역동적인 관계 속에서 학습하고 진화한다. 곰팡이는 오래된 폐기물을 새로운 영양분으로 바꾸고 균사체는 나무의 한 부분에서 다른 부분으로 영양분을 옮긴다. 숲은 모든 부분이 다른 부분에 반응하고, 모든 구성원이 더 큰 전체에 조율하고 끊임없이 떠오르는 미래에 참여함으로써 번성한다.

내 책이 시간이 지남에 따라 여러 판을 거치면서 세계의 생태 위기가 심화하고 생태적 접근 방식과 생태적 팀 코칭의 필요성이 점점 더 절실해졌다. 또 팀 코칭은 단순히 더 효과적인 팀을 위한 것이 아니라 조직 내 팀 사이, 팀과 조직 및 모든 이해관계자 사이, 더 나아가 우리 존재의 모든 부분을 지탱하는 인류와 '인간 그 이상의' 세계 사이의 새로운 형태의 파트너십에 관한 것이라는 인식이 확산하고 있다.

우리 주변 세계를 인식하는 새로운 방식이 없다면 우리는 시대의 큰 도전에 대처하지 못할 것이다. 시스테믹 팀 코칭은 우리의 인식론이나 세상을 보는 방식에 대한 급진적인 변화 또는 메타노이아 metanoia(역

자 주: 생각이나 가치관의 전환, 변화)에 관한 것이다. 이를 설명하기 위해 이번 3판에는 다음과 같은 새로운 섹션을 추가했다.

인식의 문을 열다

> 사람은 자신이 마음에 품고 있는 것을 세상 속에서 보게 된다.
>
> 요한 볼프강 폰 괴테Johann Wolfgang von Goethe, 파우스트, 1부

시스테믹 팀 코치가 되려면 세상을 다르게 보는 것부터 시작해야 한다. 여러분이 아는 숲을 떠올려 보라. 무엇이 보이는가? 목축업자가 숲을 본다면 목초지를 늘리고 가축과 수입을 늘리는 데 방해가 되는 장애물이 보일 수 있다. 건축업자는 집의 골조로 사용할 성숙한 참나무를 볼 수도 있고, 목수에게는 선반을 만들기에 좋은 나무를 볼 수도 있다. 산책자는 덥고 화창한 날에 딱 맞는 나무 사이로 비치는 빛 그늘에서 아름다운 산책을 할 수 있다. 자연 보호론자는 개체 수를 세고 문서화해야 할 멸종위기에 처한 동식물의 희귀한 습관을 찾을 것이다. 화가는 변화무쌍한 색과 나뭇잎의 움직임을 볼 것이다. 명상하는 신비주의자에게는 신으로 통하는 문이, 사슴과 오소리는 집을 지을 피난처와 안전한 장소가, 새들에게는 둥지를 틀 수 있는 큰 나무가 보일 것이다. 우리는 우리와 연결된 것과 우리의 요구에 따른 것을 본다. 그렇지만 우리 가운데 누가 숲을 보는가? 우리의 인식은 우리 태도에 의

해 틀이 잡히고 색채를 띠며, 이는 결국 우리의 역사, 문화, 가치 그리고 신념에 의해 형성된다. 우리가 있는 그대로, 우리가 보는 것은 객관적인 현실이 아니라 우리가 바라보는 것만큼이나 바라보는 방식의 산물이다.

어떤 팀 코치는 팀을 해결해야 할 일련의 문제로 볼 수도 있고, 어떤 팀 코치는 상충되는 개인적 의제나 개선이 필요한 대인관계를 볼 수도 있으며, 또 다른 팀 코치는 비효율적인 프로세스와 비생산적인 회의를 더 높은 성과로 개선해야 할 것으로 볼 수도 있다. 시스테믹 팀 코치는 이 모든 것을 순간적으로 알아차릴 수 있지만, 이것이 그들의 주된 관찰 방식은 아니다.

간단히 시각화해보기 바란다. 자신이 이끌었던 팀, 또는 팀원이었던 팀, 또는 코칭했던 팀을 생각해 보라:

1. 이제 팀원 한 명 한 명을 떠올리며 어떤 순서로 떠오르는지 확인하라.
2. 그런 다음 팀원들 사이의 관계와 팀원들이 서로 어떻게 소통하는지 상상해 보라. 이 팀의 특징적인 하위 그룹, 한 쌍, 고립되거나 소외된 팀원이 있는지 살펴본다.
3. 이제 팀 전체를 바라본다. 사진에 자신을 포함한다. 처음에는 스틸 사진이 보일 수도 있다. 그렇다면 이 사진을 색과 소리, 움직임이 있는 동영상으로 바꿔 본다.
4. 팀의 목적을 고려한다. 팀은 누구를 위해 무엇을 하는가? 팀원들

이 협업하고 한 팀이 되려면 무엇이 필요한가? 이 목적과 관련된 팀 모습을 상상해 본다.

5. 목적이 팀을 어떻게 형성하는지 주목한다. 팀마다 목적이 어떻게 다른지 살펴본다. 누가 전체와 목적의 다양한 측면을 연결하고 있는가?

6. 이제 팀의 다양한 이해관계자를 상상해 본다.
   a. 조직 다른 부분의 내부 및 외부 고객 또는 클라이언트
   b. 공급업체 및 파트너 팀과 조직
   c. 팀에 보고하는 다른 직원들
   d. 팀의 보고를 받는 직원
   e. 투자자 및 자금 제공자
   f. 도로, 교통, 쓰레기 수거, 수도 및 전력 공급, 배달, 인근 공원 및 정원 등의 인프라를 제공하고 팀이 운영되는 광의의 지역사회

7. 그런 다음 시간의 지평을 넓혀본다. 지금 재직자 이전에 이러한 역할을 수행했던 사람들, 즉 조직을 창업한 사람들까지 거슬러 올라간다. 그런 다음 현재 팀원들이 떠난 뒤 이 자리와 역할을 맡게 될 미래의 사람들을 생각해 본다. 한 세대의 팀원이 다른 세대의 팀원으로 넘어가는 유산의 흐름을 상상해 보라.

8. 그런 다음 관점을 더 넓혀서 그림을 그려본다.
   a. 팀원들이 먹은 음식과 그 음식이 자란 땅을 상상해 보라.
   b. 팀원들이 마신 물과 그 물이 흘러온 강과 호수, 대기층을 가득 채운 비와 구름을 상상해 본다.

c. 팀원들이 숨 쉬는 공기와 지금 사람들이 숨 쉬기 전에 공기가 이동했던 다른 유형의 생명들
   d. 그리고 현재 직장을 데우고 있는 탄소를 만들어낸 나무들
9. 이제 이 모든 계층을 한 번에 상상할 수 있는지, 상호 연결과 상호 의존, 내재화, 인간과 인간 이상의 생태계 안에 둥지를 튼 팀과 팀 안에 둥지를 튼 생태계의 살아 있는 흐름을 볼 수 있는지 살펴보라.

다음은 존 돈John Donne의 말을 다음과 같이 잘못 인용한 경우이다.

어떤 팀도 그 자체로 섬은 아니며, 모든 팀은 대륙의 한 조각이자 본토의 일부다.

팀이나 자동차 모두 고성능을 위해 만들어진 것은 아니다. 자동차는 목적을 달성하기 위해 존재한다. 포뮬러 원 자동차의 고성능은 가족과 함께 휴가를 가기 위해 구입한 자동차나 친구나 동료에게 깊은 인상을 주기 위해 구입한 자동차와는 다르다. 성능은 기능, 즉 자동차가 창출하는 가치를 측정하는 방법이다. 성능이 가족 휴가의 편의성, 품질, 즐거움을 향상시킬 수 있을까? 친구들에게 깊은 인상을 남기고 팬을 만들 수 있을까? 포뮬러 원 챔피언십에서 우승하고 팀의 스폰서십을 늘릴 수 있을까?
이와 마찬가지로 팀 성과는 현재와 미래의 모든 이해관계자와 함께,

그리고 그들을 위해 공동으로 창출하는 가치를 살펴봄으로써 팀의 목적을 측정하는 함수 또는 방법이다. 따라서 팀 성과는 구성원이나 팀 전체의 성과를 합한 것이 아니라 팀 내부와 외부, 그리고 팀과 연결된 모든 생명체 및 요소와의 목적 주도적 파트너십의 산물이다.

나는 전 세계에서 진행하는 시스테믹 팀 코칭 워크숍을 시작하면서 위대한 인권 지도자이자 영적 스승이었던 마틴 루터 킹Rev. Martin Luther King 목사의 명언을 다음과 같이 인용한다.

> 내가 말하고자 하는 것은 그저 단순합니다. 모든 생명은 서로 연관되어 있으며, 진정한 의미에서 우리는 모두 하나의 운명이라는 옷으로 묶인 피할 수 없는 상호성의 그물망에 갇혀 있다는 것입니다. 한 사람에게 직접적인 영향을 미치는 것은 무엇이든 간접적으로 모두에게 영향을 미칩니다. 이상하지만 나는 당신이 되어야 할 사람이 되기 전에는 결코 내가 되어야 할 사람이 될 수 없습니다. 그리고 내가 온전히 내가 될 때까지, 당신도 온전한 사람이 될 수 없습니다. 이것은 현실의 상호 연관된 구조입니다.
>
> 1964년 발표된 감리교 학생 리더십 컨퍼런스 연설, 링컨, 네브라스카
> www.americanrhetoric.com/speeches/mlkmethodistyouthconference.htm

나는 1990년대 후반 남아프리카공화국에서 일하면서 그들의 우분투Ubuntu 개념을 배웠다. 우분투는 대략 '네가 있기에 내가 있고, 내가 있기에 네가 있다'라는 뜻으로 번역될 수 있는 개념이다. 우리는 관계를 만들어내는 고립된 존재가 아니라 관계로부터, 관계에 의해 형성

되는 생명체이다.

킹King과 우분투는 모두 우리가 서로 연결된 하나의 인류 가족이라는 상호성을 지적한다. 그렇지만 21세기에 우리는 더 나아가야 한다. 우리는 인간 중심주의를 넘어서야 하는 소명이 있다. 서로 연결된 하나의 인류 가족으로서 우리는 인간 이상의 세계에 전적으로 의존하고 상호 의존한다는 관점에서 바라보는 법을 배워야 한다.

우리는 이 섹션을 다음과 같은 인용문으로 시작했다. '사람은 마음속에 품고 있는 것을 세상에서 본다'는 독일의 시인이자 극작가, 과학자인 볼프강 폰 괴테Johann Von Goethe의 명언이다. 그는 우리가 세상을 보는 방식에 대해 시적, 과학적으로 많은 글을 남겼다. 그의 위대한 희곡 파우스트Faust에서 우리는 작품의 제목과 이름이 같은eponynous 반영웅이 악마와 '파우스트 협정'을 맺고 사업과 사랑에서 경쟁 우위를 차지하기 위해 자신의 영혼을 거래하는 모습을 볼 수 있다. 결국 주변 세계를 착취한 결과와 대가가 되돌아오고 그는 자신이 저지른 일에 대한 대가를 치러야 한다.

인간으로서 우리는 모두 물질적 이득을 위해 우리 주변의 세계를 착취하고 자연의 자원을 우리 것으로 여기며 비용이나 미래의 결과에 영향을 받지 않는 파우스트 협정을 맺은 것으로 볼 수 있다. 우리는 뿌린 대로 거둘 것이다. 미국 서부 해안과 호주 동부 해안, 그리고 지구 온난화로 인한 산불은 지구가 우리 종의 이점에 대한 대가를 치르게 하는 첫 단계에 불과하다.

많은 코치가 어떻게 하면 코칭에 생태학을 가장 잘 도입할 수 있는지 묻는다. 이는 잘못된 질문이며 잘못된 인식에서 출발한 것이다. 그것은 우리의 코칭이 아니다. 우리가 숨 쉬는 공기, 우리가 먹은 음식, 회의에 참석하기 위해 이동한 동선, 회의가 열리는 건물의 벽돌과 콘크리트, 그리고 바닥재, 건물의 난방 또는 냉방 방식 등에 이미 생태가 존재하기 때문에 생태를 코칭에 끌어들일 필요는 없다. 기후 위기는 우리를 지탱하고 지지하는 세상을 인식하고 대하는 우리의 방식에서 비롯된다. 우리가 인식하는 방식과 여기에서 비롯되는 행동을 코칭 룸에서 탐구하고 변화시킬 수 있다.

수피이자 생태 영성 교사인 르웰린 본-리Llewellyn Vaughan-Lee (2013)의 글이다:

> 세상은 해결해야 할 문제가 아니라 우리가 속한 생명체이다. 세상은 우리 자기self의 일부이며 우리는 그 고통받는 전체의 일부이다.

생태는 우리 외부에 있는 것이 아니라 우리를 통해 흐르고 있으며, 우리 존재의 근원이자 우리 삶의 짧은 강이 녹아내릴 바다이다.

과학 식물학자이자 미국 원주민이며 두 딸을 둔 미혼모인 로빈 월 키머러Robin Wall Kimmerer(2020)는 그녀의 아름다운 저서 『Braiding Sweetgrass』에서 이 세 가지 측면을 우리 시대를 위한 감동적인 영적 가르침으로 엮어냈다. 그녀는 다음과 같이 썼다.

원주민의 인식 방식에서 인간은 흔히 '창조의 동생'이라고 불린다. 인간은 살아가는 방법에 대한 경험이 가장 적어서 배워야 할 것이 가장 많으며, 다른 종들 가운데서 스승을 찾아 지침을 구해야 한다고 말한다. 그들의 지혜는 그들이 사는 방식에서 분명하게 드러난다. 그들은 모범으로 우리를 가르친다. 그들은 우리보다 훨씬 더 오래 지구에 살아왔고, 많은 것을 알아낼 시간을 가졌다.

생태가 마치 '객체'인 것처럼 생태를 코칭에 어떻게 도입할 것인가를 묻기보다는, 생태를 코칭 과정의 선배 파트너이자 손위 형제이자 실제로는 우리의 부모이자, 우리가 그녀를 끔찍한 방식으로 대하는데도 우리와 우리가 코칭하는 사람들을 낳고 계속 양육하는 어머니로서 어떻게 코칭할 수 있는지를 물어야 한다. 생태가 코칭을 하도록 하려면 어떻게 해야 할까? 나는 지난 몇 년 동안 이에 대해 점점 더 많은 글을 쓰고 강의해왔다(Hawkins, 2020b; Hawkins & Turner, 2020; 그리고 2022년에 출간된 새로운 공동 저서에서).

팀 코치로서 우리는 팀 회의에서 목소리를 내야 하는 모든 팀의 중요한 이해관계자일 뿐만 아니라 팀을 돕는 데 파트너가 될 공동 코치로서 더 넓은 생태계를 바라보아야 한다. 이를 위해 팀에게 몇 가지 도전 과제를 제시하고 이를 탐구 질문으로 바꾸어 홀로 또는 짝을 지어 자연을 산책하며 그곳에서 찾은 해답과 제안에 놀라도록 초대할 수 있다. 팀 코치는 워크숍에서 다음과 같이 질문할 수도 있다:

1. 이 문제를 더 넓은 생태계에서 어떻게 조직화할 것인가?

2. 이 문제를 해결하기 위해 자연에서 무엇을 배울 수 있을까?
3. 여러분 가운데 한 명이 '생태학 의자'에 앉아 더 넓은 생태계의 관점에서 우리가 지금 해결해야 할 과제에 관해 이야기할 수 있는가?

팀 코치는 또한 팀원들이 집단 손자 손녀의 관점으로 상상력을 발휘하여(13장의 모니카 칼론Monica Callon 사례 참조), 또는 www.deeptimewalk.org에서 고찰하거나 www.rainforestinfo.org.au/deep-eco/welcome.htm에서 모든 존재들의 협의회를 소개함으로써 팀원들의 인식 전환을 도울 수 있다.

우리는 팀을 코칭할 때 결코 혼자가 아니다. 우리는 우리가 지구라고 부르는 이 행성의 전개와 진화의 이 작은 시점에서 집단적 필요와 팀에게 요구하는 생명체의 요구를 대변할 뿐이다.

이 책 읽기 가이드

이 책은 '팀 랜더', 즉 직장 생활 대부분을 팀에서 생활하고, 팀에 의존하여 업무를 처리하고, 다른 팀과 연결하고, 자신이 이끌고 코칭하는 팀을 발전, 진화하게 하는 우리 모두를 위한 가이드북이다. 이 책은 다음과 같은 중요한 질문을 다룬다:

- 부분의 합보다 더 큰 기능을 하는 팀을 만들려면 어떻게 해야 하는가?
- 팀이 학습하고 발전하도록 지원하는 방법은 무엇인가?
- 각 팀 구성원이 다른 팀원과 병행하여 작업할 때보다 훨씬 더 많은 것을 성취할 수 있게 하려면 어떻게 해야 하는가?
- 어떻게 하면 우리가 팀 미팅을 발전시켜 참가에 대한 기대를 가질 수 있고, 즐겁게 참가할 수 있으며 좀 더 집중하고, 활기차게, 연결되도록 할 수 있을까?
- 팀원들이 이미 알고 있는 생각을 단순히 교환하는 것이 아니라, 어떻게 하면 그들이 함께 새로운 생각을 만들어낼 수 있을까?
- 어떻게 팀을 정렬하면 팀 구성원들이 전체 팀을 대표하는 방식으로 팀 이해관계자와 연결하게 할 수 있을까?
- 지구에 대한 부정적 영향을 줄일 뿐만 아니라 유익하고 지속 가능한 영향을 만들기 위해 우리는 어떻게 더 넓은 생태계와 더 잘 협력할 수 있을까?

고성과 팀에 관한 연구와 조사가 많이 있었고, 이에 관해 많은 글이 쓰였다. 나는 이전 저서에서 연구 내용을 많은 부분 요약했다 (Hawkins, 2011, 2014, 2017, 2021). 이 방면의 연구가 이제 막 빠르게 성장하는 영역의 연구라 하더라도, 팀 리더로서 또는 전문 팀 코치로서 어떻게 팀 코칭 기술을 개발하고 발전시킬지에 대한 저서는 많지 않았다. 내 책을 포함한 많은 저서 내용은 팀을 지도하고 발전시키는 모델과 스킬에 초점을 맞추고 있다. 팀 리더와 팀 코치가 이 프로세스를 어떻게 시작했는지, 어떤 일이 일어났는지, 어떤 차이가 있었는지, 그 과정에서 팀 리더와 팀 코치가 무엇을 배웠는지에 관한 사례 연구는 훨씬 적다. 이 책은 이러한 불균형을 해소하기 위해 시작되었다.

이 책의 핵심은 다양한 국가(호주, 일본, 캐나다, 미국, 남아프리카 공화국, 유럽 대륙, 영국 등), 다양한 분야(전문 서비스, 제약, 의료 서비스, 경찰, 항공사, 빌딩 개발, 금융, 자동차 대리점, 지방 정부), 다양한 팀 과제와 상황에 초점을 맞춘 시스테믹 팀 코칭 사례 연구 시리즈이다. 이 사례 연구의 상당수는 CEO 또는 팀 리더와 외부 팀 코치가 공동으로 작성한 것으로, 이러한 파트너십이 효과적인 팀 코칭의 핵심임을 강조한다. 이번 새 버전에서는 새로운 팀 코치들이 자주 묻는 질문을 다루고 기업 합병 시 팀 코칭의 역할을 살펴보는 짧은 사례 이야기로 구성된 특별 메들리 챕터를 포함하여 팀 코치가 해결해야 하는 과제로 확장했다.

팀 사례 연구를 시작하기 전에 사례 연구에 접근하고 사례 연구를 읽음으로써 최대한의 가치를 얻는 데 도움이 되는 두 개의 장이 있다. 2장에서는 리더십 팀 코칭과 시스테믹 팀 코칭의 기초에 관해 설명하며, 용어를 정의했다. 이 책 전체에서 많은 저자가 언급하는 팀과 팀 코칭의 다섯가지 규율 모델을 제시한다. 3장에서는 사례 연구를 읽고 참여하는 방법에 대한 지침을 제공하고, 이미 발표된 제한된 수의 주요 사례 연구를 모두 검토한다.

4장부터 7장까지는 매우 다른 네 가지 사례 연구를 제공하지만, 모두 호킨스Hawkins의 다섯 가지 규율 팀 코칭 모델(Hawkins, 2011,

2014, 2017, 2021)을 활용하는 매우 다른 방법을 찾는다. 첫 번째 사례(4장)는 힐러리 라인스Hilary Lines와 익명을 원한 팀 리더가 전문 서비스 조직의 새로운 리더십 팀을 구성할 때의 위임하기와 명확화하기 규율에 초점을 맞춘다. 5장에서는 캐나다의 두 팀 코치인 캐서린 카Catherine Carr와 재클린 피터스Jacqueline Peters가 전혀 다른 두 팀(지방 정부 및 재무 분야)을 코칭하여 공동 작업을 더 효과적으로 수행하도록 한 방법을 공유한다. 6장에서는 경영진, 병원 이사회, 임상 부서, 환자 및 파트너 조직 사이의 관계를 탐구하는 연결하기 규율에 중점을 두고 개빈 보일Gavin Boyle(병원 CEO)과 내가 공동으로 집필했다. 마지막으로 7장에서 수 코이네Sue Coyne와 주디스 니콜Judith Nicol이 건물 개발 회사에서의 핵심 학습하기의 극대화에 초점을 맞췄던 공동 코칭 사례를 설명한다.

    8장부터 12장까지는 팀 코칭에서 매우 다른 사례 연구를 제공한다. 8장에서는 일본 팀 코칭의 선구자인 히데토시 타지카Hidetoshi Tajika의 새로운 사례 연구를 통해 도요타의 변혁기를 이끈 팀 코칭 사례를 설명한다. 9장에서는 파드레이그 오설리번Padraig O'Sullivan과 캐롤 필드Carole Field가 더 큰 혁신을 추진해야 할 필요성이 있던 호주 제약회사의 리더십 팀을 코칭한 사례를 다룬다. 10장에서는 팀 코칭의 여정과 프로세스의 많은 단계를 보여준다. 11장은 경찰서장과 공동으로 집필한 사례로 캐나다의 대규모 경찰서의 변혁에서 팀 코칭과 문화 변화 및 리더십 개발을 결합했던 사례를 보여 준다. 12장은 아프리카 항공사의 코칭 팀을 설명하고 13장은 특정 문제에 직면한 세계 여러 지역의 다양한 팀 코칭 경험의 메들리이다.

그런 다음 이 책은 팀 코칭의 특정 측면을 고려하게 된다. 14장에서는 팀 개발 및 팀 성숙도 평가에 대한 새로운 자료에 의한 팀 코칭 평가법과 그리고 이를 통해 어떠한 팀 코칭 방식이 적절한지 살펴본다. 15장에서는 이사회 평가 및 코칭 보드 개발의 핵심 영역을 살펴본다. 이는 점점 더 많은 회사와 정부 기관 이사회가 이사회 평가를 수행하고 있지만, 발생하는 개발 문제를 해결하거나 해결하는 데 도움을 받는 곳은 거의 없기 때문이다. 연구의 양이 증가함에 따라 대부분 이사회가 그들이 관리해야 할 조직과 회사 이해관계자의 더 넓은 생태계에서 실패하고 있음이 분명하다.

새로운 16장은 기업 전체를 다루고 팀 코칭에 대한 투자에 대한 최고의 지속 가능한 수익을 보장하는 방식으로 팀 코칭 전략으로 지원되는 '팀' 및 '팀들의 팀' 문화를 만드는 방법을 탐구한다. 17장에서는 팀 코칭에서 구체화된 기술의 사용을 살펴보고, 팀이 발전하기 위해서는 이미 아는 것의 교환을 넘어 생각하지 못한 것, 감지하지만 현재는 생각하거나 표현할 언어가 없는 것 등 더 깊은 수준에 접근해야 한다는 것을 인식한다. 우리의 몸은 우리의 좌뇌 신피질의 이성적 사고보다 훨씬 더 많은 것을 알고 있다. 그리고 우리는 팀 랜더teamlanders를 의식하는 데 이러한 다른 형태의 지식을 사용할 필요가 있다.

18장에서는 시스테믹 팀 코칭에 필요한 주요 보기, 듣기, 생각 및 필요성에 대한 방법을 살펴보고, 더 광범위한 이해관계자 생태계와 관련하여 더 큰 가치를 창출하기 위해 팀 전체와 체계적으로 협력하는, 근본적으로 다른 태도가 어떻게 필요한지를 보여준다.

19장에서는 팀 코칭 교육을 고려하는 사람에게 보내는 일련의 이메일 서신의 형식을 사용하여 효과적인 시스테믹 팀 코칭을 교육하는 데 따르는 어려움을 설명한다. 이 장에서는 100개 이상의 국가에서 시스테믹 팀 코치를 양성한 공동 경험을 바탕으로 나와 존 러리 조이스John Leary-Joyce 그리고 힐러리 라인즈Hilary Lines가 공동 집필하였다.

마지막 장에서는 팀 코칭의 현재 상태, 리더십과 조직 개발 접근법 및 인간 의식의 진화에 대한 광범위한 총합의 위치를 살펴보고 앞으로의 과제를 살펴본다. 당신의 흥미와 필요에 따라 다양한 길이 있겠지만 당신의 팀이 직면한 도전 과제를 탐구하고, 저자들과 이 문제를 어떻게 해결할 수 있을지 마치 다양한 저자와 대화하는 것처럼 글을 읽는다면 그 과정에서 팀 능력과 집단적 성숙도를 키울 수 있다.

리더십과 시스테믹 팀 코칭의 필요성은 엄청나다. 코칭 팀은 비록 그 뿌리가 인류 역사의 전체로 거슬러 올라가지만 새롭고 젊은 기술이다. 쉬운 대답이나 확실한 방법은 없다. 우리는 모두 함께 이 일에 참여하고 있으며, 항상 더 넓은 생태계를 위해 함께 협력하고 배울 필요가 있다. 나는 당신이 책과 함께하는 이 여정을 즐길 수 있기를 바란다.

기고자: 피터 호킨스 Peter Hawkins
피터 호킨스는 시스테믹 팀 코칭 분야의 세계적인 사고 리더이다. 『리더십 팀 코칭: 집단적 변혁적 리더십 개발Leadership Team Coaching:

Developing collective transformational leadership』(2017년 3판), 『코칭 문화 만들기Creating a Coaching Culture』(2012년) 등 다수의 저서를 집필했다. 헨리 비즈니스 스쿨Henley Business School의 리더십 교수이자, 배스 컨설팅 그룹Bath Consultancy Group의 명예 회장, 리뉴얼 어소시에이츠Renewal Associates의 이사이며, 전 세계의 많은 이사회와 경영진에게 컨설팅을 제공하고 있다. AoEC와 리뉴얼 어소시에이츠를 통해 여러 국가의 시스테믹 팀 코치를 교육하고 코칭하며, 배스 컨설팅 그룹을 통해 코치 수퍼바이저로 활동하고 있다.

2장
리더십 팀 코칭과 시스테믹 팀 코칭이란 무엇인가?

저자: 피터 호킨스 Peter Hawkins
역자: 최미숙

도입

리더십 팀 코칭의 초판을 집필한 지 11년, 이 책의 초판을 집필한 지 8년이 지났으며 그 이후로 많은 일이 있었다. 이론, 모델 및 방법은 나 자신의 작업뿐만 아니라 많은 동료, 수련생 supervisees 그리고 영국과 전 세계에서 우리가 가르치고 있는 많은 시스테믹 팀 코칭 프로그램 학생들의 추가적인 실험을 통해 더욱 개발되었다. 나는 한편으로는 다양한 팀 코치들을 대상으로 수퍼바이저 역할을 해왔고, 팀 코칭 분야에서 연구와 논문을 통해 사고를 더욱 발전시켜 나가는 여러 학생들과 함께 일할 수 있는 행운을 누렸다. 특히 캐나다의 캐서린 카 Catherine Carr와 재클린 피터스 Jacqueline Peters의 훌륭한 박사 학위 논문이 가장 기억에 남는다. 그래서 이 책은 많은 토론, 수퍼비전 및 대화의 정점이라 할 수 있으며, 이렇게 많은 학생, 수퍼비전을 받는 코치, 동료 및 학생trainees 등 다양한 사람들이 폭넓게 이 책의 집필에 참여하게 된 것을 기쁘게 생각한다.

첫 번째 책의 모델, 이론 및 방법은 팀 코칭의 이론적 토대와 실제 교육을 개선하는 데 도움이 되었지만, 학생trainees들이 생각을 전환하고 팀 코칭에서 시스테믹 팀 코칭으로 옮기는 것이 훨씬 더 어렵다는 것을 알게 되었다. 그러기 위해서는 메타노이아metanoia, 즉 관점과 사고의 근본적인 전환과 자기 존재의 변화가 필요하다는 것을 점점 더 깨달았다. 시스테믹 팀 코칭에서 'systemic'을 완전히 이해하려면 여러 수준에서 개인적인 변화가 필요하며, 각 수준은 그 위의 수준보다 더 깊고 근본적이라는 것이 분명했다. 내가 깨달은 네 가지 수준은 닉 스미스Nich Smith와 내가 개인 변혁적 코칭individual transformational coaching에 관한 연구에서 개발한 네 가지 참여 수준과 유사하며 이를 기반으로 둔다(Hawkins & Smith, 2014, 2018). 여기서 우리는 이 수준을 데이터/정의, 행동, 정서적 기반, 기본 가정, 신념 및 동기로 설명했다:

1. 데이터/정의: 팀 코칭, 리더십 팀 코칭, 시스테믹 팀 코칭의 차이점을 개념적으로 이해하는 것이 중요하다.
2. 행동: 그런 다음 시스템적으로 인식하는 데 필요한 다양한 주의하기attending, 보기, 듣기 방식을 개발하는 것이다.
3. 정서적 기반: 시스테믹 팀 코칭은 시스템적으로 존재하고 참여하는 방법을 개발해야 한다.

4. 가정, 신념 및 동기: 처음 세 단계의 학습과 개발을 모두 수행함과 동시에 특히 서구 문화권에서 우리가 보고, 생각하고, 말하는 방식에 많은 부분을 차지하는 여러 가정과 핵심 신념에 맞서고, 혼란을 감수하며, 배운 것을 탈학습해야 한다.

2015년에 나는 '껍데기 깨기Cracking the Shell'라는 제목으로 시스템적으로 일하기 위해 우리가 배워야 할 일곱 가지 코칭 가정assumptions을 소개하는 글을 「Coaching at Work」에 기고한 적이 있는데(Hawkins, 2015), 시스템적 팀 코치가 되기 위한 개발 대부분은 이전의 가정과 신념을 버려야 함을 주로 설명하고 있다. 나는 시스테믹 팀 코칭에 관한 디플로마 과정을 가르치는 동료들과 함께 일하던 과정에서 학생들의 반응이 염려스러웠던 기억이 있다. 한 무리의 학생들은 모델과 이론의 가르침을 좋아했지만, 자신을 성찰하는 경험적 작업에 대해서는 '혼란스럽다', '시간 낭비다'라고 평가했다. 다른 무리의 학생들은 '가르침을 받는 것'을 싫어하고 스스로 무언가를 발견하고 더 많은 자기 계발을 하고 싶어 했다. "어떻게 하면 두 가지 요구를 모두 충족시킬 수 있을까요?"라고 내 동료 가운데 한 명이 물었다. 다른 동료는 "진짜 문제는 두 그룹 모두 두 가지 형태의 학습이 필요하다는 것입니다."라고 말하며 "어떻게 하면 학생들에게 두 가지 유형의 중요성과 연결 방법을 명확하게 알릴 수 있을까요?"라고 물었다. 이것이 바로 이 장을 집필하는 내 도전이기도 하다. 나는 시스테믹 팀 코칭과 다른 형태의 팀 퍼실리테이션, 그리고 어느 정도의 학문적 엄밀성을 갖춘 팀 코칭의 차이점을 명확하게 전달하는 것이 중요하다고 생각한다. 또 '지도는 영토가 아니다'라고 굳게 믿고 있으며, 이론, 모델, 접근법을 배우는 것만으로는 팀 코치가 되는 법을 배울 수 없다고 생각한다. 우리는 팀 코치들이 '존재하고, 행동하고, 생각하는' 시스템적 방법을 배울 수 있는 방법을 개발했다. 따라서 이 장에서는 시스테믹 팀 코칭과 리더십 팀 코칭의 정의에 대해 간략히 설명하고, 18장에서는 효과적인 시스테믹 팀 코치가 되기 위해 필요한 더 깊은 개인적, 영적 개발에 대해 다룰 것이다.

먼저 시스테믹 팀 코칭과 리더십 팀 코칭의 핵심이자 모든 사례 연구에서 직간접적으로 사용된 다섯 가지 규율 모델을 설명하고 팀 코칭, 리더십 팀 코칭, 시스테믹 팀 코칭과 에코시스테믹 팀 코칭의 개념적 차이점을 살펴본다.

가치 창출 팀의 다섯 가지 규율 그리고 다섯 가지 코칭 접근 방식

효과적인 팀 코칭 다섯 가지 규율 모델은 수년간 팀과 함께 일하면서 팀이 (a) 업무와 프로세스에 집중하고 (b) 팀 내부적으로는 위임자와 모든 주요 이해관계자에게 집중해야 할 필요성을 인식할 수 있게 개발되었다. 그 결과 도출된 다섯 가지 규율의 중심에는 핵심 학습하기 규율이 있으며, 이는 팀이 다른 네 가지 규율을 모두 연결하는 더 넓은 시스템적 그림을 '헬리콥터처럼' 보고, 모든 이해관계자를 위해 협력하고 가치를 창출하는 방법을 지속해서 학습하고, 더 큰 집단적 역량을 개발할 수 있는 역량이다([그림 2.1] 참조). 이 모델은 여러 국가와 다양한 분야의 많은 리더십 팀 코칭에 사용되었다. 이는 글로벌 대기업, 전문 서비스 조직, 정부 부처, 비영리 단체, 소규모 지역 조직, 대규모 국제 조직 등을 포함한다. 회사 이사회, 경영진, 부서별 팀은 물론 프로젝트 및 고객관리 팀account teams에도 적용되었다. 이 모든 환경에서 우리는 한두 가지 규율에서는 우수하지만 다른 규율에 대해서는 잘 모르거나 발전시키지 못한 많은 팀을 발견했다. 지금까지 수백 개의 팀 가운데 다섯 가지 규율에서 모두 뛰어난 팀을 본 적이 없다. 또

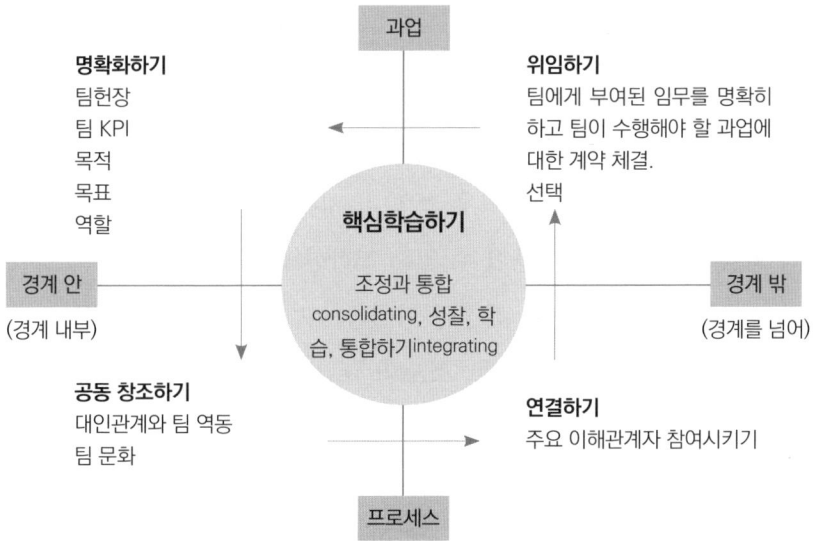

[그림 2.1] 효과적인 팀의 다섯 가지 규율 모델

이 모델은 팀이 자신의 '팀 프로필'과 더 발전시켜야 할 영역을 더 잘 인식하는 데 큰 도움이 된다는 사실도 발견했다.

또한 팀 코치가 가장 큰 가치를 창출할 수 있는 분야와 다섯 가지 규율 각각에 필요한 다양한 팀 코칭 접근 방식에 대해 생각할 수 있는 프레임워크를 제공한다.

1. 위임하기 commissioning: 우리가 팀인 이유

모든 연구에 따르면 팀이 성공하기 위해 가장 중요한 요소는 모두가 이해하고 헌신하며 협업을 필요로 하는 공동의 목적을 공유하는 것이다. 한편 목적은 팀에 의해 만들어지는 것이 아니라 팀원들이 발견하고 명확하게 하는 것이다. 팀원들은 명확한 목적을 발견하고 목적을 만드는 데 자주 도움을 주어야 한다. 여기에는 명확한 목적과 팀 성과를 평가할 수 있는 정의된 성공 기준이 포함된다. 명확한 임무가 정해지면 이사회(리더십 팀의 경우 경영진, 기타 팀의 경우 고위 관리자)의 역할은 이 임무를 수행할 수 있는 적합한 팀 리더를 임명하는 것이다. 그런 다음 팀 리더는 적절한 팀원을 선발해야 하며, 이들은 함께 일을 잘할 수 있는 적절한 케미스트리 chemistry와 다양성을 갖추고 있어 팀이 각자의 역할을 합한 것 이상의 성과를 낼 수 있다. 짐 콜린스 Jim Collins(2001)는 이 과정을 '적합한 사람을 버스에 태우는 것'이라고 설명하며, 호킨스 Hawkins(2021)는 적합한 팀원 선발에 관한 내용을 12장에서 자세하게 설명한다.

리처드 해크먼Richard Hackman(1990)은 임무commission 내용에 위임자가 팀에 제공할 지원 내용이 포함되어야 한다고 강조한다. 그는 좋은 임무에는 다음 사항이 포함되어야 한다고 주장한다:

- 목표
- 자원 - 예: 인력, 재정, 행정, 기술, 시설물
- 정보
- 교육 - 학습 및 개발
- 정기적이고 시기적절하며 효과적인 피드백
- 기술 및 프로세스 지원

팀의 임무는 끊임없이 변화할 수밖에 없다. 팀의 임무는 조직 계층에서 그들 위에 있는 사람들뿐만 아니라 고객, 공급업체, 조직의 다른 부분, 그리고 더 넓은 지역사회와 자연 환경 등 팀의 많은 이해관계자에게서 나온다.

2. 명확히 하기: 팀으로서 집중해야 할 사항

외부에서 위임을 받고 팀을 구성한 새 팀이 가장 먼저 해야 할 일 가운데 하나는 공동의 목표를 명확하게 하는 것이다. 공동의 노력은 팀 전체에게 설득력이 있어야 하고 함께 일해야만 달성할 수 있는 도전 과제이다. 또 팀은 자체 팀 헌장을 개발해야 한다. 팀 헌장을 함께 만드는 과정을 통해 팀 전체의 주인의식과 명확성을 높일 수 있다. 팀 헌장은 다음 사항을 포함한다.

- 취지
- 전략적 서술, 목적과 목표
- 핵심 가치
- 성공 비전
- 프로토콜 및 합의된 업무 방식
- 역할과 기대치
- 팀 핵심 성과 목적과 지표

팀은 팀과 상위 조직의 목표와의 일치 그리고 팀원 개개인의 가치와 동기의 합일이 이루어지는지 확인해야 한다. 리처드 바렛Richard Barrett(2006, 2010)의 연구에 따르면 개인, 팀 및 조직 가치를 일치시키면 팀 참여도를 크게 높이고 팀 성과를 향상할 수 있다고 한다.

3. 공동 창조하기: 팀으로서 함께 일하는 방법

설득력 있는 명확한 공동의 목적, 전략, 팀 목표, 팀 프로세스 및 비전을 세우고 모두의 동의를 얻는 것과 이를 실천하는 것은 완전히 다른 문제이다. 목적과 팀 헌장이 잘 짜여진 단어로만 머무르지 않고 성과에 유의미한 영향을 미치려면 팀은 창의적이고 발전적으로 함께 일하는 방식에 지속해서 관심을 기울여야 한다. 여기에는 팀이 저마다 역할의 합 이상으로 잘 기능할 때를 감지하고, 자신의 부정적 패턴, 자기 제한적인 믿음과 가정을 알아차리고 중단하는 것이 포함된다. 또 고 가치를 창출하는 팀은 공식적인 회의 내/외의 모든 경우에 효과적인 프로세스와 합의된 행동이 필요하다. 여기에는 더 큰 시스템을 위해 갈등과 논쟁을 처리할 수 있는 집단적 역량을 키우는 것도 포함된다.

4. 연결하기: 가치 창출을 위해 팀으로 함께 일해야 하는 사람

팀 내 위임을 잘하고, 팀원 스스로 업무 내용을 명확히 파악하며, 함께 일하는 방식에서 창의성을 발휘하는 것도 필요하지만 충분하지는 않다. 팀은 모든 중요한 이해관계자와 집단적, 개별적으로 연결되고 참여하는 방식을 통해서만 차이를 만들고 가치를 창출할 수 있다. 핵심 이해관계자란 팀이 목표를 달성하는 데 필수적인 개인, 그룹과 팀이 서비스를 제공하는 대상, 즉 가치를 제공받는 사람과 가치를 창출해야 하는 사람으로 정의할 수 있다. 팀이 이해관계자 관계를 변화시키는 새로운 방식에 참여함으로써 자신과 조직의 성과를 개선할 수 있다.

호킨스Hawkins(2021:53-54)는 안코나Ancona와 콜드웰Caldwell(1992)의 연구를 바탕으로 팀이 더 넓은 시스템과 연결할 때 사용하는 세 가지 주요 전략을 확인했다:

a **홍보**ambassadorial - 팀이 하는 일에 대해 소통하고 팀의 프로필과

평판을 높인다.
- b **스카우트 및 조사** - 고객, 경쟁사, 파트너, 투자자, 규제 기관, 더 넓은 환경에서 어떤 일이 일어나고 변화하고 있는지, 그리고 이것이 팀에 어떤 기회와 위협이 될 수 있는지 파악한다.
- c **파트너십** - 조직 내부 및 외부의 다른 팀과 파트너십을 개발하고 관리하여 팀 이해관계자에게 팀 혼자서 할 수 있는 것보다 더 큰 가치를 제공할 수 있다.

고가치 창출 팀은 효과적이고 지속해서 업데이트되는 이해관계자 맵을 가지고 있으며, 각 주요 이해관계자에 대한 책임이 누구에게 있는지 역할이 명확하게 정리되어 있다. 이 관계 소유자는 전체 팀을 대신하여 세 가지 프로세스가 모두 잘 처리되고 있는지 확인해야 한다.

이해관계자 참여의 질은 팀 효과성과 가치 창출의 핵심이다. '연구에 따르면 … 성공적인 팀 성과를 예측하는 것은 팀이 참여하는 외부 커뮤니케이션의 양이 아니라 오히려 외부 커뮤니케이션의 유형이다'(West, 1996: 110). 점점 더 많은 팀이 거래 관계에서 벗어나 모든 이해관계자와 시너지 효과를 낼 수 있는 협력 방법을 찾아야 한다.

5. 핵심 학습하기: 팀으로서 미래에 더 잘 적응하기 위해 지속해서 학습하는 방법

팀이 처음 네 가지 훈련에만 집중하면 현재의 게임 플레이는 점점 더 좋아지지만, 미래의 결이 다른 유형의 게임에 대비할 수 있는 새롭고 향상된 역량을 개발하는 데는 실패하게 된다. 이 다섯 번째 훈련은 다른 네 가지 훈련의 중간과 위에 위치하며, 팀이 한 발 물러서서 자신의 성과와 여러 프로세스를 되돌아보고 다음 참여 주기에 대비하여 학습을 통합하는 곳이다. 이 훈련은 또한 모든 팀원의 학습과 성과를 지원하고 개발하는 것과도 관련이 있다. 팀의 집단 학습과 팀원의 개별 학습은 동시에 진행되며, 모든 지속 가능한 팀은 이 두 가지 프로세스에 대한 집념이 높다.

웨스트West(1996: 66-80)는 성공적인 팀은 (a) 팀원 간의 사회적 지원, (b) 팀 갈등 해결, (c) 팀원의 학습 및 개발 지원, (d) 긍정적인 팀 분위기를 조성함으로써 팀원의 웰빙과 장기적인 팀 생존에 모두 관심을 기울인다고 주장한다. 내 동료인 데이비드 클러터벅David Clutterbuck은 성공적인 팀에서 팀원들이 자신뿐만 아니라 서로의 성과, 개발 및 복지에 대해 책임을 지는 방법에 관해 글을 쓰면서 이를 반영하였다(Clutterbuck, 2020). 핵심 학습의 초점은 팀이 이러한 핵심 요소를 유지하고 개발하는 데 공동으로 참여하는 것이다.

다섯 가지 규율별 성과를 평가하는 방법

리더십 팀 코칭 2판(Hawkins, 2014)을 집필한 이후, 나는 고객 팀과 교육 프로그램에서 "다섯 가지 규율 각각에서 진행 상황을 어떻게 테스트하거나 측정할 수 있는가?"라는 질문을 받아왔다. 이는 팀 코치 또는 팀이 자신의 진행 상황을 평가하고 모니터링하는 데 사용할 수 있는 다음과 같은 측정 방법을 개발하는 매우 유용한 발판이 되었다. 측정은 성취도에 점수를 매기거나 업적에 체크 표시를 하거나 자책하는 것이 아니라 탐구하고 더욱 발전을 이루기 위해 고안되었다. 이 검토 질문은 고가치 창출 팀 설문지의 질문을 기반으로 두지만 다른 관점을 제시한다. 이 질문들은 다양한 사례 연구를 검토하는 방법으로 사용할 수 있으므로 여기에 포함하였다. 팀 성과와 진척도를 평가하고 평가하는 방법에 관한 더 자세한 내용은 14장에서 확인할 수 있으며, 여기에는 이러한 질문에 기반을 둔 설문지가 포함되어 있다:

1. 위임하기 commissioning

   1.1 팀이 모든 위임자(팀에 무언가를 요구할 권리가 있는 모든 사람)가 합의한 포괄적인 목록을 작성했는가?

   1.2 창립자, 미래 고객, 회사의 잠재적 구매자, 공동의 미래 세대 등 과거와 미래의 위임자를 포함했는가?

   1.3 팀이 성공을 위해 각 위임자에게 필요한 것이 무엇인지, 그리고 실수로 이 위임자를 실망시킬 경우는 무엇인지 명확하게 이해하고 있는가?

2. 명확히 하기

   2.1 팀이 목적, 전략, 핵심 가치, 비전을 포함한 헌장을 팀장이나 팀원이 혼자서 만들었을 때보다 더 나은 헌장을 생성적으로 공동 작성했는가?

2.2 팀이 미래의 새로운 도전 과제를 구상했는가?

2.3 각 주요 이해관계자의 입장과 경험을 이해하고 더 넓은 생태계가 그들에게 무엇을 필요로 하는지 명확히 했는가?

2.4 자신의 포부를 명확히 했는가?

2.5 위임자, 이해관계자 및 그들이 이끄는 사람들과의 대화를 통해 새로운 명확성을 현장에서 테스트했는가?

2.6 자신이 주최하는 회의 또는 직원과 이해관계자가 참여하는 협업 중에 자신의 열망과 행동을 실천하려고 노력하였으며, 노력을 통해 좀 더 다듬었는가?

2.7 공동으로 책임질 팀 핵심 성과 지표를 두세 개 개발했는가?

3. 공동 창조하기

3.1 공동의 노력, 팀 목표에 대한 공동 소유, 공동 리더십이 있는가? (Hawkins, 2017: 12장 참조)

3.2 모든 팀원이 개인과 팀 합의에 대해 서로 책임지는가?

3.3 회의에서 팀원의 개별적인 생각보다 더 나은 새로운 생각을 함께 생성하는가?

3.4 팀원들이 얼마나 자주 팀 프로세스와 기능을 개선할 수 있는 방식으로 개입하는가(예: 고착화된 오래된 패턴 중단, 회의실에서 실시간으로 일어나는 일에 대한 인식 제고, 문제 또는 도전 과제 재구성, 갈등 중재, 새로운 연결 활성화 등)?

4. 연결하기

4.1 모든 주요 이해관계자에 대한 명확하며 공유된 포괄적인 목록

이 있는가?

4.2 팀에서 누가 주도적으로 이해관계자 연결에 대한 책임을 맡을 것인지 명확히 했는가?

4.3 모든 이해관계자가 팀에 참여하고 있다고 느끼며, 팀에 충분한 정보가 제공되는 한편 소통이 잘 이루어지고 있는가?

4.4 모든 이해관계자가 팀의 일과 참여 방식에 영향을 미칠 수 있다고 느끼는가?

5. 핵심 학습하기

5.1 각 팀원은 지난 1년간 팀에 참여하지 않았다면 배우거나 개발하지 못했을 역량 및/또는 학습 내용을 말할 수 있는가?

5.2 팀은 지난 1년간 함께 배운 내용과 공동으로 개발한 역량을 파악할 수 있는가?

5.3 팀은 각 팀원의 학습과 개발을 어떻게 지원할 것인지에 대한 계획이 있는가?

5.4 팀 전체의 학습과 개발을 어떻게 지속해서 지원할 것인지에 대한 계획이 있는가?

다섯가지 규율 코칭하기

위의 질문을 통해 팀 코치는 다섯가지 각각의 규율마다 매우 다른 질문을 해야 한다는 것을 알 수 있다. 이는 [그림 2.2]에 요약되어 있다.

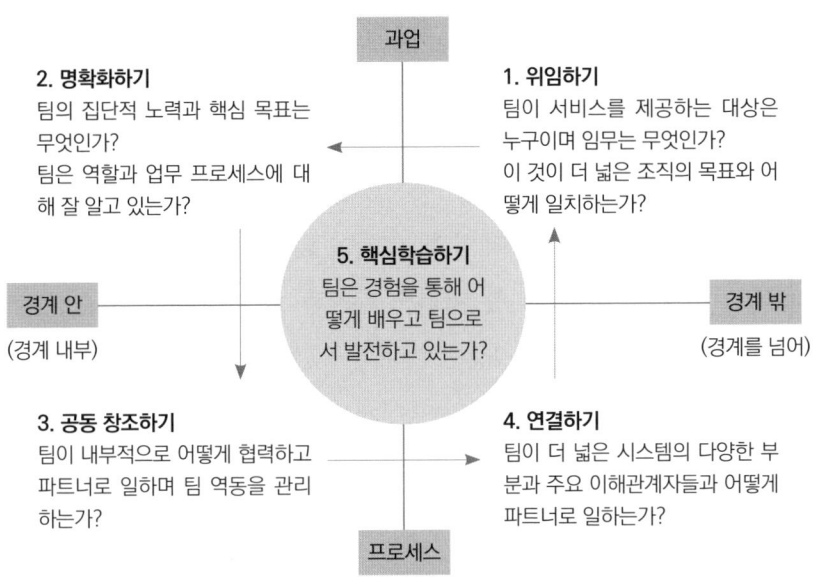

[그림 2.2] 효과적인 팀의 다섯 가지 규율 모델: 핵심 질문

호킨스(2021:106-35)는 각 규율마다 필요한 다양한 코칭 접근법을 보여주며, 이 책 후반부에 각 규율마다 사용할 수 있는 다양한 도구와 방법을 제공했다.

시스테믹 팀 코칭과 리더십 팀 코칭의 정의

호킨스(2021:82)는 시스테믹 팀 코칭을 다음과 같이 정의했다.

팀 코치가 팀원들이 함께 있을 때나 떨어져 있을 때 팀원 전체와 협력하여 집단적 성과와 협업 방식을 개선하고, 모든 주요 이해관계자 그룹과 더 효과적으로 소통하여 더 넓은 비즈니스를 공동으로 혁신할 수 있도록 집단적 리더십을 개발하는 프로세스

이 정의와 설명은 시스테믹 팀 코칭이 리더십 팀 코칭을 기반으로 하지만 리더십 팀 코칭과는 어떻게 다른지 보여주었는데, 나는 리더십 팀 코칭을 '최고 책임자뿐만 아니라 모든 팀을 위한 팀 코칭으로, 팀이 집단적으로 보고하는 사람들에게 리더십을 부여하는 방법과 팀이 모든 주요 이해관계자 그룹과 더 넓은 생태계에 어떻게 영향을 주고 긍정적인 가치를 창출하는지에 초점을 맞춘다(Hawkins, 2021: 83)'로 정의했다.

나는 이제 모든 효과적인 리더십 팀 코칭이 성공하기 위해서는 시스템적이어야 한다고 제안한다(18장과 19장 참조). 이 정의는 또한 시스템적 팀 코칭이 내가 시스테믹 팀 코칭을 개발하기 전에 팀 코칭에 대한 지배적인 접근 방식이었던 성과 팀 코칭과 어떻게 다른지를 보여준다. '구성원들이 팀 일을 완수하는 데 조직의 자원을 적절하게 사용하고 과제 수행을 돕기 위한 팀과의 직접적인 상호작용'(Hackman & Wageman, 2005: 269); '성찰과 대화를 통해 팀 성과와 성과를 달성하는 과정을 개선하도록 돕는다'(Clutterbuck, 2007: 77).

시스테믹 팀 코칭은 팀을 시스템으로 볼 뿐만 아니라 보통의 경우 조직 내에 항상 존재하며 조직의 이해관계자 에코시스템ecosystem을 위해 봉사하는 더 큰 시스템(대부분의 경우 조직)으로 본다. 따라서 시스

템적 팀 코칭은 팀 내 관계뿐만 아니라 팀(팀 구성원 가운데 누구라도 팀을 대신하여 수행됨)과 팀의 이해관계자, 여기서 이해관계자란 직원, 고객, 공급업체 및 파트너 조직, 투자자, 규제 기관, 조직이 운영되는 지역사회로 인간을 둘러싼 자연 환경 이상, 전문적 또는 무역 협회 등을 포함하는 이해관계자 사이의 관계 또한 관심을 기울인다.

그 이후로 나는 위에서 언급한 많은 가르침과 논의에 비추어 시스템적 팀 코칭에 대한 정의를 더욱 발전시켰다. 또 여러 가지 다른 관점에서 정의할 수 있다는 것도 깨달았다:

- **프로세스를 살펴보면**, 팀 코치가 팀이 함께 있을 때와 떨어져 있을 때 모두 장기간에 걸쳐 전체 팀과 함께 일하는 프로세스이다.
- **작업의 의도 또는 목적을 고려함으로써** 팀원들의 집단적 성과와 협업 방식을 개선하고, 모든 주요 이해관계자 그룹과 더 효과적으로 참여하고 협력하여, 더 넓은 비즈니스와 공유 생태계를 위한 가치를 공동으로 창출할 수 있도록 집단적 리더십을 개발하는 데 도움을 준다.
- **시스테믹 팀 코치가 하는 일을 살펴보면**, 팀 코치는 전체 팀 및 주요 이해관계자와 계약을 체결한 다음 팀이 현재 대내외적으로 어떻게 기능하고 있는지, 팀과 팀 생태계가 어떻게 발전해야 하는지를 공동으로 조사하고 공동으로 발견한 다음 팀이 요구되는 차이를 만들기 위해 새로운 대응과 참여 방법을 찾도록 코칭한다.
- **프로세스를 성공적으로 수행하고 의도를 달성하기 위해 시스테믹**

팀 코치가 어떤 사람이어야 하는지 살펴봄으로써, 팀 코치는 고객이나 코칭의 대상이 아니라 팀과 함께 미래를 향해 나아가고, 더 넓은 생태계에서 발생하는 요구를 감지하고, 새로운 대응 방식을 실험하는 파트너로서 관계적이고 시스템적인 관점을 업무에 도입한다.

이 정의의 각 문구를 살펴보면 다음과 같은 여러 가지 개별 요소를 더 완벽하게 파악할 수 있다.

- **전체 팀과 함께**: 팀 코칭은 팀원들을 코칭하거나 팀 리더가 팀을 어떻게 이끌어나가는지를 코칭하는 것과는 다르다.
- **팀이 함께 있을 때와 떨어져 있을 때 모두**: 어떤 팀은 함께 있을 때만 팀이라고 믿고 행동하지만, 팀원들이 팀을 대신하여 활동을 수행하는 회의 사이에도 팀은 기능한다. 나는 팀 회의는 축구팀이 훈련장에서 연습하는 것과 같고, 경기는 팀원들이 저마다 업무 영역에서 팀을 대표하여 활동할 때라고 비유하기도 한다.
- **팀의 집단적 성과와 함께 일하는 방식을 개선하기 위해**: 클러터벅 Clutterbuck(2020), 해크만Hackman과 웨이먼Wageman(2005), 호킨스Hawkins와 스미스Smith(2006, 2013)가 모두 지적했듯이 팀 코칭은 프로세스 개선뿐만 아니라 팀의 집단적 성과에도 영향을 미친다.
- **집단적 리더십 개발**: 나는 흔히 최고 경영진 회의에 참석할 때 자신은 최고 경영진의 일원일 뿐이라는 사고방식을 가진 고위 임원

들과 함께 일한다. 고가치를 창출하는 리더십 팀은 팀으로 함께 일하는 시간을 활용하여 남은 시간에 조직의 목적, 비전, 전략 및 핵심 가치에 부합하는 운영 통합과 혁신적 변화를 제공하는 일관되고 결합된 방식으로 비즈니스의 모든 측면을 이끌 수 있는 집단적 역량을 개발한다.

- **모든 주요 이해관계자 그룹과 더 효과적으로 소통하기**: 집단적 리더십은 내부적으로 비즈니스를 운영하고 혁신하는 것뿐만 아니라 리더십 팀이 다양한 이해관계자들을 어떻게 일치시키고, 조율하며, 변화를 일으키는 방식으로 참여시키는지에 관한 것이다. 이러한 이해관계자에는 고객, 공급업체, 파트너 조직, 직원, 투자자, 규제 기관, 이사회, 조직이 운영되는 지역사회 그리고 조직 내 모든 것을 가능하게 하는 생태 환경이 포함된다.
- **더 넓은 비즈니스와 생태계를 공동으로 변화시키기 위해**: 팀은 더 넓은 비즈니스와 더 큰 생태계를 발전시키기 위해 자신의 영향력을 어떻게 발휘할 것인지에 대해 통제 범위를 넘어 책임을 져야 한다. 이는 부분적으로 다른 사람들(직원, 고객, 공급업체, 투자자 등)의 리더십을 어떻게 활성화할 것인지에 집중함으로써 수행된다.
- **시스테믹 팀 코치는 팀 전체 및 주요 이해관계자와 계약**: 시스템적 팀 코치는 팀 리더 또는 모든 팀원뿐만 아니라 더 넓은 시스템을 대표하는 이들과도 계약해야 한다.
- **팀이 현재 대내외적으로 어떻게 기능하고 있는지 공동 조사 및 공동 발견**: 시스테믹 팀 코치와 모든 팀원이 현재 현실에 대해 공동

조사하고 공동 발견하는 프로세스로 작업이 시작된다.
- **팀과 팀 생태계가 어떻게 발전해야 하는지**: 팀의 열망과 더 넓은 시스템의 미래 요구사항에 대해서도 살펴본다.
- **그런 다음 팀이 필요한 차이를 만들기 위해 대응하고 참여하는 새로운 방식을 찾도록 코칭한다**: 새로운 요구사항에 대응하고 관계를 맺는 새로운 방식을 탐색, 실험 및 연습하는 작업을 수행한다.
- **시스테믹 팀 코치는 팀을 고객이나 코칭의 대상이 아니라 함께 서 있는 파트너로서 팀과 관계를 맺는다**: 시스테믹 팀 코칭은 시스템적 팀 코치가 팀에게 하는 것이 아니라 코치와 팀 전체가 현재 일어나고 있는 일과 팀과 그 생태계에 필요한 것에 직면하면서 파트너십을 맺고 함께 일하는 것이다.
- **팀이 현재 대내외적으로 어떻게 기능하고 있는지, 팀과 팀 생태계가 어떻게 발전해야 하는지 함께 묻고 함께 발견한다**: 시스테믹 팀 코칭은 항상 팀을 생태계와 역동적인 관계 속에서 바라본다. 모든 이해관계자가 대표하는 팀 생태계의 요구와 팀의 열망, 팀과 생태계 사이의 관계적 공간을 살펴보아야만 팀에 필요한 발전이 무엇인지를 발견할 수 있다.
- **필요한 차이를 창출하기 위해 팀이 이러한 새로운 대응 및 참여 방식을 찾도록 코칭**: 시스테믹 팀 코치는 팀이 상황을 인식하고, 참여하고, 대응하는 새로운 방식을 찾도록 지원함으로써 가치를 더하고, 팀의 사각지대(Scharmer with Kaufer, 2013)와 고의적 맹점(Heffernan, 2011)을 해결한다.

- **시스테믹 팀 코치는 관계적이고 체계적인 관점을 업무에 도입한다**: 이에 대해서는 18장과 19장에서 자세히 살펴본다.

리더십 팀 코칭의 3판과 4판(Hawkins 2017, 2021)에서 나는 더 나아가 전 세계가 점점 더 시스테믹 팀 코칭을 필요로 하고 있으며, 이를 에코시스템 팀 코칭이라고 불렀다. 에코시스테믹 팀 코칭은 팀이 끊임없이 변화하는 상호 연결된 팀 생태계와 역동적인 관계 속에서 함께 진화하며 공유 가치를 창출하는 것으로 본다. 에코시스템 팀 코칭은 팀과 연결된 다른 팀 간의 상호작용에 중점을 둔다(팀 간 코칭). 전략적 대화에는 더 넓은 이해관계자('코칭 전략화 프로세스'), 조직 내부와 기업 네트워크('코칭 네트워크')에서 팀 기반 문화 개발(16장 참조) 또는 사람과 조직을 공동의 목표를 추구하기 위해 하나로 모으는 파트너십('코칭 파트너십')이 포함된다('코칭 파트너십')(Hawkins, 2021). 이 새로운 3판에는 이러한 발전을 반영하는 두 가지 사례 연구가 포함되었다(10장 및 11장).

결론

어떤 사람들에게는 이 모델과 정의가 복잡하고 어렵게 느껴질 수 있지만, 다른 학습 스타일에 따라서는 다양한 팀 영역을 탐색할 준비가 되기 전에 영역을 정의하고 매핑한 뒤 시작하고 싶을 것이다. 이 장이 사례 연구를 바라볼 수 있는 풍부한 프레임과 관점을 제공했기를 바라며, 사례 연구를 읽은 뒤 다시 돌아가서 사례 연구가 이론을 어떻게 더 알리고 발전시키는지, 또는 이론에 반박하고 변경하고 싶을 수도 있다. 자신만의 접근 방식과 의미를 부여하기 위해 이론과 실제 사이의 대화에 직접 참여해 보기 바란다.

3장
사례 연구 학습과 공개된 사례 연구 개요

저자: 피터 호킨스Peter Hawkins, 캐서린 카Catherine Carr,
재클린 피터스Jacqueline Peters
역자: 최미숙

도입

리더십 팀 코칭을 빠르게 학습하는 방법은 다른 팀 코치와 팀 리더가 수행한 작업 사례 연구를 읽는 것이다. 그러나 모든 팀이 고유한 맥락, 조건 및 과제가 있으므로 다른 사례를 흡수하고 모방하는 것만이 중요한 것은 아니다. 우리는 사례 연구를 대화식으로 읽는 방법, 즉 마치 저자와 생성적generative 대화를 나누는 것처럼 읽는 방법에 대한 지침을 제공하고자 한다. 이는 작성된 내용을 바른 안목으로 비판적으로 응답하고 각 사례에서 수집할 수 있는 학습을 극대화할 수 있도록 타 사례 연구와 자신의 작업을 모두 성찰하는 것을 의미한다.

최근까지 팀과 팀 코치의 관계를 보여주는 자세한 시스테믹 팀 코칭 사례 연구는 부족한 상태다. 이는 팀 코칭의 다음 특성에 기인한다.

- 발전하는 데 시간 소요
- 팀의 내부와 외부 작업을 통해 발전
- 민첩하게 대응하고 복잡한 시기에 창의적으로 이끌어 팀의 효과성을 향상
- 더 광범위한 이해관계자 생태계를 다룸

이 장에서는 발표된 일부 사례 개요와 사례 기반 연구를 소개한다. 우리는 독자가 활용할 수 있는 광범위한 경험을 제공하기 위해 다양한 부문과 국가에서 도출된 사례를 포함했다. 우리는 또한 팀이 처한 상황 아래에서 특정 과제를 해결하고 고가치 창출 팀의 다섯 가지 규율 모델의 각 측면을 활용한 코칭 사례 연구를 포함하려고 노력했다. 코칭 연구 및 사례 연구 자료가 지난 5~10년 동안 크게 증가했으므로 문헌 검토가 완전하게 이루어진 것은 아니다.

코치의 초점

피터 호킨스Peter Hawkins는 팀 코칭의 다양한 수준을 보여주는 프레임워크를 [표 3.1]에 제시했다. 이는 코칭의 혁신 수준이 이들보다 우수하거나 더 중요하다는 것을 의미하는 것이 아니라 단지 참여 범위가 더 넓고, 포괄적임을 의미한다. 어느 수준이 필요한지는 작업의 맥락, 팀의 직면 과제, 그리고 팀과 팀 코치가 참여하게 될 팀 수준에 따라

달라진다.

[표 3.1] 팀 코칭 수준과 팀 코칭 규율

팀 코칭 수준	초점	목적 또는 노력	코치의 역할	팀 코칭 규율
팀 퍼실리테이션	팀 프로세스	더 나은 내부 참여	팀의 작업 개선	공동 창조하기
팀 성과 코칭	팀 성과 과업과 프로세스	팀의 향상된 성과	팀의 목표 달성 지원	명확화하기와 공동 창조하기
리더십 팀 코칭	더 넓은 시스템에 팀 리더십 발휘	좀 더 효과적인 공유 리더십	좀 더 집단적, 효과적으로 팀 리딩	명확화하기와 공동창조하기 그리고 연결하기의 내부 측면
시스테믹 팀 코칭	더 넓은 에코시스템 관련 과업, 프로세스 리더십	더 넓은 에코시스템의 이해관계자를 효율적으로 이끌고 공동 창조하기	팀이 모든 이해관계자를 더 효율적으로 참여시키고 공동 창조하도록 지원	모두
변혁적 시스테믹 팀 코칭	더 넓은 에코시스템의 향후 발현될 니즈와 팀의 반응	팀이 에코시스템과의 역동적 관계를 지속해서 변혁할 수 있게 함	팀이 새로운 변혁적 방법으로 더 넓은 에코시스템에 발현될 니즈와 도전을 알아 차리고 반응하게 함	모두

사례 연구를 통한 학습

사례 연구를 최대한 활용하려면 대화식으로 읽는 것이 좋다. 당신이 팀 코치이든 팀 리더 또는 팀원이든 다음 질문에 대해 성찰해 볼 것을

제안한다(계속 읽으며 답을 적거나 이 장을 마치고 나서 답을 적는다):

1. 팀 코치와 팀의 행동에서 무엇을 배울 수 있는가?
2. 유용하게 활용할 만하다고 느낀 방법과 도구는 무엇인가?
3. 이 장에서 팀원의 존재 방식과 참여 방식에 대해 무엇을 배울 수 있는가?
4. 팀 코치, 팀 리더 또는 팀 전체의 실패를 통해 당신이 그들의 입장이라면 무엇을 할 것으로 생각하는가?
5. 다섯 가지 규율 가운데 사례에서 다룬 규율은 무엇인가?
6. 특정 규율에 더 온전히 참여하기 위해 무엇을 할 수 있었는가?
7. 어떻게 더 넓은 시스템에 참여하여, 더 넓은 시스템에 집중하여 코칭을 전개할 수 있는가?
8. 어떻게 기대에 부응하고 가치를 입증하였는가?
9. 당신이 저자/코치들에게 조언한다면 어떤 조언을 하겠는가?
10. 당신이 저자/코치에게 해줄 조언을 당신과 당신의 작업에 어떻게 적용할 수 있는가?
11. 만약 당신이 팀장이나 팀 코치라면, 어떻게 팀을 더 발전시킬 것인가?

또 다섯 가지 규율 모델과 2장에서 언급한 평가 기준을 적용하여 이 작업이 무엇을 달성했는지 다른 결과 측면을 제안할 수도 있고 만약 본인이 이 팀을 이끌거나 코칭한다면 어떻게 운영할지 제안할 수도 있다.

14장에서는 팀의 성숙도를 평가하는 방법을 포함하여 팀 코칭 평가에 관한 다른 접근 방식을 제공하며, 이를 통해 제시된 사례를 살펴볼 수 있는 유용한 렌즈를 찾을 수도 있다.

2012년 이후 새로운 사례 연구

초기 사례 연구에는 이 책의 초판(Hawkins, 2014b)에 수록된 사례로, 제니퍼 브리튼Jennifer Britton(2013)의 책 『From One to Many』와 크리스틴 손튼Christine Thornton(2016)의 「Group and Team Coaching」 사례, 카Carr와 피터스Peters(2012)의 박사 과정 사례 연구가 포함되었다. 문헌의 많은 초기 사례 설명에는 팀 코칭 프로그램에 실제로 사용된 방법 또는 결과 측정에 사용된 객관적인 세부 평가 기준이 부족하거나 불완전했다. 우리는 실제 사례를 문헌으로 발전시키기 위해 코치가 팀 프로세스 개선, 결과/결과물 그리고 개별 학습 개선의 세 가지 유형의 코칭 결과를 추적할 것을 제안했다(Peters & Car, 2013).

기존 사례 연구를 검토할 때 여러 코치들이 '학습, 의사결정, 정보 공유, 커뮤니케이션, 상대방에 대한 긍정적 관심도 향상'(Peters & Car, 2013) 등을 포함한 팀 프로세스와 학습 개선을 주로 언급했다는 사실에 주목했다. 이러한 결과물들은 추적할 만한 가치가 있으나, 명확한 사업상의 결과 또는 조직 결과 등의 객관적인 평가 척도를 사용한 연구는 거의 없었다.

팀 코치가 팀 코칭 방식을 계획하는 것과 측정 대상을 모두 이해하는 방법을 배울 수 있도록, 우리는 팀 코칭 접근법과/또는 달성 결과를 평가할 수 있도록 충분한 세부 내용을 담은 사례를 강조했다. 그 결과, 2017년 2판에서는 호킨스Hawkins의 『Leadership Team Coaching in Practice』에서 세 개 사례를, 브리튼Briton의 『From One to Many: Best practices for team and group coaching』에서 네 개 사례를, 그리고 인터넷상에 사례 연구로 게시되었던 길크라이스트Gilchrist와 반스Barnes(2013)의 연구 사례 한 건을 추가적으로 게재했다. 이 장에서는 우리가 선택할 수 있는 많은 코칭 사례 가운데 측정 가능한 결과가 포함된 사례 연구만 참조하였다. 그 결과, 우리는 호킨스의 추가 사례 연구(11장 참조) 1건과 클러터벅Clutterbuck 외 연구진(2022년)의 연구 7개를 실었다. [표 3.2]는 2005~2021년 사례 연구 목록을 보여 준다.

모든 사례 연구 검토를 보면 참가자와 프랙티셔너들은 팀 코칭의 많은 이점에 주목했다. 이러한 이점은 때때로 일화적인anecdotal 관찰 또는 개인의 자기 보고식 진술로 보고된다. 2013년, 고객(Sandahl, 2013), CEO 또는 재무부서 피드백(Jarrett, 2014), 비공식 투자자 피드백(Peters, 2013) 또는 포상과 같은 외부의 인정(O'Sullivan & Field, 2014) 등 이해관계자의 인식에 기초한 일부 추가 결과물을 포함하기 시작했다. 가장 최근에 카Carr와 클레이톤Clayton(2022)은 퇴사자 면담exit interview 자료와 이사회 피드백을 포함했다.

[표 3.2] 팀 코칭 사례 연구 비교

연구자/프랙티셔너(날짜)	주제	세부 접근/개입 요소	주요 팀 코칭 접근법*	개인 팀 구성원 코칭	프랙티셔너 별 팀 코칭 결과
Mulec and Roth(2005)	제약 산업계의 두개 글로벌 제품 개발 관리 팀	8개월의 팀 코칭 프로젝트: 개인 구성원 인터뷰, 액션 러닝(팀 미팅 참여, 관찰, 코칭), 팀 미팅 전 팀 리더 코칭, 팀 구성원과의 학습 관련 면담 후 종료	리더십 팀 코칭	포함	• 변화관리 능력 • 커뮤니케이션 • 창의성/혁신 • 의사결정 • 정보 공유 • 학습 • 효율적 회의
Blattner and Bacigalupo (2007)	미국의 한 관리 팀	팀 코칭 프로젝트: 팀 구성원 면담, 정서지능 진단과 그룹 프로파일, 3개월 단위 2건의 12시간 소요 외부 워크숍	일부 시스템적 접근 포함 리더십 팀 코칭	포함	• 커뮤니케이션 • 협력/협업 • 의사결정 • 집중 대화 • 긍정적 팀 환경 • 생산성 • 신뢰
Anderson, Anderson and Mayo(2008)	10명 구성 고위 리더십 팀	리더십 Insight 모델 적용 21개월 소요 활동: 팀 리더 코칭, 인터뷰, 팀 피드백, 코칭 스킬 워크숍, 상호 컨설팅 경험, 팀 구성원 코칭, 현장 팀 코칭 및 인터뷰 진단	변혁적 팀 코칭	포함	진단 결과 향상: • 다른 사람 코칭 • 협업 • 커뮤니케이션 • 교차매트릭스 Cross Matrix Initiatives • 의사결정 • 직원 몰입도 점수 • 몰입도 • 피드백 • 개인 학습 • 효율적 회의 • 팀 효과성(리더십 팀과 리더의 팀)

[표 3.2] 팀 코칭 사례 연구 비교 (계속)

연구자/프랙티셔너(날짜)	주제	세부 접근/개입 요소	주요 팀 코칭 접근법*	개인 팀 구성원 코칭	프랙티셔너 별 팀 코칭 결과
Haug (2011)	5명으로 구성된 다기능 관리 팀	6개월 프로젝트: 20회의 관찰 미팅과 인터뷰, 설문, 일대일 미팅, 팀 미팅에 대한 이메일 피드백, 코치 성찰	팀 성과 코칭	포함	• 팀 개발 가속화 • 일대일 코칭을 통한 개인의 성장과 개발 • 기획 • 문제 해결 • 생산성
Woodhead (2011)	3명의 다학제적 리더십 팀 multidisciplinary (UK)	6개월 프로젝트: 6회, 회당 2.5시간 세션, 월간 미팅, 최종 인터뷰	리더십 팀 코칭	포함	• 의사결정 • 관계 개선 • 정보 공유 • 상호 긍정 • 심리적 안전 • 팀 헌신
O'Sullivan and Field (2014)	제약산업 (오스트리아)	6년의 리더십의 개발 • 개인 코칭 • 팀 코칭 • 다면 평가	시스테믹 팀 코칭	포함 팀과 팀 구성원 코칭	• 직원 몰입도 진단 • 몰입도 • 외부 수상 (상위 30개의 혁신적인 일터와 상위 50개 일하기 좋은 직장) • 혁신적인 사고
Miller (2013)	금융기관, 서비스 팀, 리더십 팀의 고위급 리더 (캐나다)	3개년 프로그램: • 1. 5일의 외부 워크숍과 6회의 팀 코칭 미팅 • 직원 피드백 면담과 6명의 개인 리더 코칭 세션 • 5회 반일 리더 외부 워크숍 • 전 직원 3회 외부 워크셥	팀 성과 코칭	포함 팀과 팀 리더 코칭	• 커뮤니케이션/대화 • 몰입도 • 재무적 결과 • 향상된 팀 효과성 점수 • 신뢰

[표 3.2] 팀 코칭 사례 연구 비교 (계속)

연구자/프랙티셔너(날짜)	주제	세부 접근/개입 요소	주요 팀 코칭 접근법*	개인 팀 구성원 코칭	프랙티셔너 별 팀 코칭 결과
Peters (2013)	정유, 가스 팀 (캐나다)	18개월 프로젝트: • 팀 인터뷰와 팀 브리핑 세션 • 2일 팀 외부 워크숍 • 2시간 소요 분기 팀 미팅 • 매년 1일 또는 2일간 팀 세션	변혁적 리더십 팀 코칭	해당 없음	• 향상된 인정과 피드백 • 적응도 • 커뮤니케이션 • 팀 활동계획 완성 • 목표 일치 • 문제 해결 • 팀 효과성 점수
Public Service Agency (2013)	정부 내 임원 주도 13인 (캐나다)	8개월 프로젝트: • 팀 코칭 오리엔테이션 • 팀 구성원, 이해관계자와 면담과 결과 디브리핑 • 1일 팀 런칭 세션 • 6회의 팀 리더 세션 • 후속 팀 세션	리더십 팀 코칭	포함 팀과 팀 리더 코칭	• 커뮤니케이션 • 다기능 프로젝트 발족 시의 새로운 프로세스
Sandahl (2013)	미국의 다이렉트 서비스 건강 관리 팀	다이렉트 환자 관리 팀을 위한 12개월 프로그램: • 월간 코칭 세션 • 팀 진단 평가 프로그램 전후 측정 및 Press Ganey 환자 만족도 조사	팀 성과 코칭	해당 없음	• 재무적 결과 • 환자수 • 긍정도 • Press Ganey 환자 만족도 조사 • 생산성 • 팀 코칭 인터내셔널의 팀 진단을 통해 측정한 팀 효과성
Gilchrist and Barnes (2013)	기술회사인 Rocelo의 임원팀 (영국)	호킨스(2014a)의 5C 모델 기반 1년 팀 코칭 프로그램: • 팀 구성원 면담과 팀 미팅 관찰을 통한 진단 • 5회의 팀 코칭 미팅 • 이해관계자 피드백	시스테믹 팀 코칭	해당 없음	• 신규 비즈니스 전략과 구조 • 의사결정과 고품질의 사고 • 팀 역동

[표 3.2] 팀 코칭 사례 연구 비교 (계속)

연구자/프랙티셔너(날짜)	주제	세부 접근/개입 요소	주요 팀 코칭 접근법*	개인 팀 구성원 코칭	프랙티셔너 별 팀 코칭 결과
Hawkins and Boyle(2014)	예오빌 병원 Yeovil Hospital 재단 트러스트 경영진, 이사회 및 3개 임상 부문 팀(영국)	1년 프로그램: • 팀 리더 코칭 • 팀 코칭 • 이사회 개발	시스테믹 팀 코칭	포함 팀과 팀 리더 코칭	• 팀 학습과 개발 점수
Jarrett (2014)	핀란드 항공사의 10명의 임원과 120명의 리더십 팀 (핀란드)	2년 프로그램: • 2일 과정 다수 팀 워크숍 • 후속 학습조직 • 다면 피드백 설문지 • 개별 코칭 • 120명의 리더 summit을 통한 리더십 개발	시스테믹 팀 코칭	포함 팀과 팀원 코칭	• 위임 • 재무적 결과 • 충성도 • 복원력 resilience • 공유 리더십과 책임 • 신뢰
Williams (2019)	금융보험 산업계의 19명의 리더	12개월(비정형)의 시스템적 팀 코칭(외부와 내부 코치 활용)	리더십 팀 코칭	포함	• 코칭 리더십 스타일
Terbalanche and Erasmus (2018)	22명의 직원, 각 4명의 팀원이 있는 4명의 매니저	• 11회의 2시간 과정 팀 코칭 세션 • 코칭 사전 사후 테스트에 의한 양적 데이터 • 개입 조직 네트워크 분석 데이터 • 팀 코칭 후 리더십 팀 구성원과의 일대일 면담	리더십 팀 코칭	해당 없음	• 4명 중 3명의 팀 리더의 관계 향상
Marcos, Hens, Puebla and Vara (2021)	6명의 외주 IT 유지 관리 팀	• 6개월 동안 5회의 세션(대략 월간) • 팀 정서지능 진단	팀 성과 코칭	해당 없음	• 자동화 테스트에서 43% 향상

[표 3.2] 팀 코칭 사례 연구 비교 (계속)

연구자/프랙티셔너(날짜)	주제	세부 접근/개입 요소	주요 팀 코칭 접근법*	개인 팀 구성원 코칭	프랙티셔너 별 팀 코칭 결과
Woodhead (2019)	NHS teaching 병원의 3명의 다기능 radiology 고위급 임원	팀 코칭 프로세스 이해를 위한 최초 개인 미팅, 6회의 2.5시간의 팀 외부 워크숍	팀 성과 코칭	해당 없음 최초 미팅만 진행	• 협력 • 개선된 공유 목표 • 신뢰 • 의사결정 • 공동 의사소통의 일치 • 관점 갖기 • 정직/도전 능력 • 업무 헌신
다음 사례 연구(양적 결과를 반드시 포함)					
Carr and Clayton (2022, in press)	지역 본부 임원과 매니저	HVCTQ 사전 사후, 이해관계자를 포함한 리더십 프로그램 런칭, 임원, 고위 리더를 위한 팀 코칭, 여성 리더 포럼, 퇴사자 면담, 다기능 질적 데이터	시스테믹 팀 코칭	포함	43~100% 확인(프로그램 종료 시 88% 답변율) • 리더십 정체성 • 코칭 스킬 • 경청 스킬 • 학습 지향 • 다른 유형과의 커뮤니케이션 • 팀과 조직 문화의 변화 • 영감을 주는 비전 전달 • HVCTQ: 목표 달성에 대한 집단적 책임감 향상도
Chambers (2022, in press)	고위급 정부 커뮤니케이션팀	TDI(팀 분석도구)(전/후), 1일 외부 워크숍, 6회의 90분 팀 세션	리더십 팀 코칭	해당 없음	TDI: 목표와 전략(68% 개선), 일치(63%), 팀 리더십(40%), 존중(80%), 긍정도(83%), 건설적 상호작용(84%)

[표 3.2] 팀 코칭 사례 연구 비교 (계속)

연구자/프랙티셔너(날짜)	주제	세부 접근/개입 요소	주요 팀 코칭 접근법*	개인 팀 구성원 코칭	프랙티셔너 별 팀 코칭 결과
Charas (2022, in press)	제약 부문-포춘 글로벌 500	세션 시작과 후에 11회의 TQTM 진단 전 조직 참여(100명 이하), 진단 디브리핑, 7회의 고위 임원진과 현행 비즈니스 세션(관찰과 TQ 개산 timeouts), TQ 관련 일대일 코칭	리더십 팀 코칭	포함	• TQ(현재와 미래) 격차 40%에서 20% 저감 • 몰입도, 적극적 경청, 겸손함, altruism의 상당한 개선 • 팀 효과성 30% 개선
Englen Troedsson (2022, in press)	정부 인사 migration team	사전 사후 팀 분석 진단 (TDA), 2일 외부 워크숍과 런칭, 중반, 7회의 월간 세션	리더십 팀 코칭	해당 없음	• 의사결정(50% 향상) • 전략과 목표(61% 향상) • 커뮤니케이션(12%) • 자원(43%)
Hughes and Turner (2022, in press)	다국적 mining 조직	12개월, 20명의 리더십 팀 코칭과 이후 1개 운영팀 오리엔테이션 세션, 2일 과정 외부 워크숍, Team Connect 360, 매월 개인 세션, 매월 팀 코칭 세션, 최종 설문과 주요 리더 면담	리더십 팀 코칭	포함	• 공유 목표 • 신뢰
Mackie (2022, in press)	8명의 자산 관리자	다요인 리더십 설문지(MLQ) 및 팀 버전 (MLQT)(사전 및 사후) 후 강점 기반 인터뷰, 1일 팀 개발 워크숍, 3회의 격월 후속 팀 코칭 세션	시스테믹 팀 코칭	해당 없음	MLQ 결과: 신뢰 형성, 정직한 행동, 다른 사람을 코칭하고 개발하는 능력 향상

[표 3.2] 팀 코칭 사례 연구 비교 (계속)

연구자/프랙티셔너(날짜)	주제	세부 접근/개입 요소	주요 팀 코칭 접근법*	개인 팀 구성원 코칭	프랙티셔너 별 팀 코칭 결과
Peters (2022, in press)	Post Secondary VP 팀	2년 프로젝트, 5개 팀으로 각 팀 별 다수의 세션, 고성과 관계와 팀 분석 활용	시스테믹 팀 코칭	포함	팀 효과성 향상
Zink (2022, in press)	시니어 리더십 팀	2년 프로그램으로 매월 팀 개발일(교육, 퍼실리테이션과 팀 코칭), 일대일 코칭	성과 팀 코칭	포함	팀 몰입도 점수 향상 (7.8에서 8,6/10, 9개월 뒤 고성과 설문 3.1 – 3.2, 추가 자기 보고식 변화(응답 빈도 없음)

팀 코칭의 긍정적인 영향은 팀 코칭 프로세스, 성과 효과와 코칭 방식에 대한 회사의 접근 방식 연구를 진행한 트레일러Traylor 외 연구진(2020)의 시스템적 검토에서 반복된다. 이 연구원들은 방대한 양의 연구를 종합하였다. 피터스와 카(2019)의 팀 코칭 연구 검토 결과와 유사하게, 트레일러 등은 통제된 실증 연구controlled empirical studies가 부족하지만 사례 연구만으로도 팀 코칭의 긍정적 효과를 입증한다고 강조한다.

2012년 한 연구(Anderson et al., 2008)만이 팀 코칭과 관련된 객관적인 비즈니스 결과를 보고했다. 이는 코칭에 참여한 리더십 팀의 몰입도 지수의 향상 결과였다. 2017년까지 더 많은 팀 효과성 설문지가 사용되었고 이러한 설문 조사 결과는 때때로 팀이 주관적으로 더 효과적이라는 평가였다. 게다가, 샌달Sandahl(2013)은 환자 만족도 평가 결과를, 오설리반O'Sullivan과 필드Field(2014)는 직원 몰입도 설문 결과를 인용했다.

일부 연구는 재무 결과를 보고했는데(Jarrett, 2014; Peters, 2013; Sandahl, 2013), 코칭으로 인한 긍정적인 효과로 인식되기도 하지만 인과관계라기보다는 일부 상관관계가 있다고 보았다.

2021년, 사전/사후 데이터 비교 자료와 다수의 실무 사례가 기술된 여섯 개의 통합 사례 연구가 있었다(Clutterbuck et al., 2019). 맥키Mackie(2022)는 단기 팀 코칭 사례를 통해 우수한 연구 기반 사례 연구를 발표했다. 많은 다른 사례 연구(2021~22년 발표 예정)에는 팀 전/후 효과성 평가를 수행한 1~2년 단위 팀 코칭 프로그램이 포함됐다(Carr & Clayton, 2022; Chambers, 2022; Charas, 2022; Englen & Troedsson, 2022; Hughes & Turner, 2022; Mackie, 2022; Peters, 2022; Zink, 2022). 코칭 사례, 팀 코칭 유형 및 달성된 결과는 [표 3.2]에 명시되어 있다.

[표 3.3]은 본 장에서 언급한 모든 사례 연구에서 인용이 가장 많은 수부터 적은 수로 결과를 나타낸다. 이 목록은 지난 10년 동안 완료된 모든 연구를 나타내는 것은 아니며 모든 결과가 보고된 것도 아님을 유념해야 한다. 그러나 이 사례들이 팀 코치가 보고한 팀 코칭 성과의 세계에 대한 단면을 보여 준다. 목록에는 어떤 결과가 먼저인지, 입력, 매개 그리고 결과물을 표시하지 않는다. 그러나 우리는 의사소통과 대화에 있어 프로세스 개선, 협력, 협업과 신뢰, 그리고 긍정적인 평가 등이 핵심 코칭 결과라고 큰 맥락에서 말할 수 있다. 직원 몰입도 지

[표 3.3] 참조된 사례 연구 결과 주제 요약

주제의 인기도/빈도 순서	주제(유사한 결과 그룹화)
1	커뮤니케이션 스킬/대화(x 15) 정보 공유(x 1) 도전 능력(x 1) 관점 갖기(x 1)
2	신뢰(x 8) 팀 헌신(x 1) 팀 역동(x 1)
3	직원 몰입도 지수(x 9)
4	협력/협업(x 6) 한 방향 정렬(x 3)
5	팀 효과성 향상(x 6) 회의 효과성(x 2) 변화 능력(x 1)
6	학습(x 4) 창의성/혁신(x2) 변화 능력(x 1)
7	코칭 리더십 스타일(x 4) 공유 리더십과 책임(x 1) 위임(x 1) 팀 리더십(x 1)
8	생산성(x 6)
9	의사결정(x 6)
10	실천된 가치(x 6) 포함: 충성, 존중, 겸손, 이타주의altruism, 성실성integrity, 정직
11	공유/효과적 목표와 전략 (x 4) 교차 매트릭스 추진 (x1) 목적(x 1)
12	긍정적 팀 분위기와 상호 관심(x 4)
13	재무 결과(x 3)
14	외부 인정(상위 30 혁신적 일터와 상위 50 일하기 좋은 직장) (x 1) 피드백과 인정의 증가(x 1)
15	기타 결과 회복 탄력성Resilience (x 1) 자원(x 1) 리더십 정체성(x 1) 영감을 일으키는 비전 전달(x 1) 프로세스와 절차의 개선 (x 1)

참고(x 숫자)는 유사 결과를 보고한 연구 수를 나타냄

수, 신뢰, 학습, 창의성 그리고 혁신이 뒤를 따른다. 팀 효과성에는 의사결정, 생산성, 목표 설정 및 회의 효과성이 포함된다. 일부 연구 결과가 재무 결과를 보고하였다.

팀 코칭의 주된 초점은 목표와 전략의 연계, 더 나은 의사결정, 회의 프로세스와 실적 개선을 통해 신뢰를 높이고 생산성을 향상하는 방식으로 팀이 의사소통, 조정 및 협업할 수 있도록 돕는 것으로 생각한다. 일반적으로, 팀들은 일정 기간 팀 코칭이 이루어진 뒤에 팀의 공유된 목적과 일에 대해 더 몰입하고 긍정적으로 느끼는 것으로 나타났다.

팀 코칭 사례 연구 문헌에는 다양한 관계 기반 결과(예: 협업, 긍정, 신뢰, 충성)가 나열되어 있다. 이는 프랙티셔너들이 이러한 유형의 결과를 촉진하는 목표와 접근법을 사용하기 때문일 것이다. 또 많은 사례 연구 연구자들은 질적 인터뷰, 관찰 및 피드백 세션에 의존하므로 수집 데이터의 종류는 흔히 관계 관찰 및 성과에 따라 본질에서 주관적이고 반영적이다.

이는 팀 구성원이 팀 구조의 영향보다 관계 프로세스의 품질을 더 쉽게 알아차릴 수 있으므로 참여자가 주요 코칭 결과로 논의하는 내용에도 영향을 미칠 수 있다는 해크만Hackman(1983)의 관찰과 일치한다. 오버필드Overfield(2016)는 대인관계에 초점을 맞춘 코칭 개입은 성과가 아니라 태도를 변화시킨다는 것을 나타내는 많은 연구가 있다고 믿는다. 그런데도 팀 리더는 일반적으로 관계 개선이 성과를 향상하게 할 것이라고 믿는다(Martin, 2006). 코치는 리더/스폰서가 보는 문제와 결과에 초점을 맞춘 잠재적인 팀 코칭 대화와 계약 제안을 시작하는 것이 현명하겠으나 리더/스폰서가 객관적인 비즈니스 및 성과에 기초한 결과를 처음에 주목하지 않을 경우 고려해 보도록 제안할 수 있다.

다른 연구자들은 팀 프로세스 변화의 가치를 강조하는데, 특히 보야티스Boyatzis(2019), 그레이브Graves(2021), 셔플러Shuffler 등(2018)이 그렇다. 보야티스(2019)는 리더, 직원 그리고 중요한 관계(내부와 외부) 간 조정의 중요성을 말한다. 이러한 조정 아이디어는 고성과 팀의 차별점과 팀 실적을 향상하기 위해 리더와 코치가 무엇에 집중해야 할지에 대한 다른 연구 결과와도 일치한다. 피터스Peters(2015)는 리더십, 팀, 그리고 관계 효과 사이의 공통된 면을 강조한다. 가장 효과적인 팀과 관계에 있어 안전, 목적, 구조, 동료애 그리고 치유repair 등의 다섯 가지 구성 요소가 결과 달성에 영향을 미친다. 이 다섯 가지 핵심 영역은 구글이 2년간 진행한 아리스토텔레스 프로젝트에서 확인한 결과와도 상관관계가 있으며, 이 결과에 따르면 조직의 최고 성과 팀은 심리적 안전, 신뢰도, 구조, 의미(목적) 그리고 영향(목적/결과)의 정도가 높았다(Burnison, 2019).

팀 코칭 프로그램은 실제 어떤 활동과 프로세스에 따라 제공되는지 사례 연구를 통해 많은 것을 배울 수 있다. 사례 연구의 3분의 2에서 공통적인 부분은 팀 리더와 팀 구성원의 개별 코칭이었다. 이는 전체 또는 대부분 팀 구성원을 대상으로 하는 개별 코칭을 덜 중요하게 생각하는 형성적 팀 코칭 모델formative team coaching model(Hackman & Wairman, 2005; Hauser, 2014; Hawkins, 2011a; Kozlowski et al., 1996; Wairman et al., 2008)과 대조된다. 웨이먼Wageman 외 연구진(2008)과 호킨스Hawkins(2011a, 2017a, 2021)는 팀 코칭 진행 시 특히 팀 리더의 팀 코칭 스킬 개발을 위하여 팀 리더 코칭이 유익할 수 있다고 권고한다.

또 대부분 코칭 작업에는 팀 코칭 프로세스가 시작될 무렵 팀과의 하루 또는 그 이상의 종일 이벤트가 자세히 설명되어 있다. 이러한 이벤트는 통상 프로세스가 되었지만 전 세계 다른 팀 코치와의 대화에서 볼 수 있듯이 코로나 팬데믹 봉쇄 도중 그리고 이후에는 원격 작업으로 인해 가상 팀의 출범 이후 더 짧은 세션과 이후에는 더 짧은 간격의 세션을 모두 요청하게 되었다.

이 장에 대해 검토한 사례 연구에는 팀 설계 활동을 자세히 검토하였는데 이는 팀 목적과 팀 목적 도출을 위해 이해관계자의 의견을 수집하는 호킨스(2021년)가 언급한 팀 출범 활동과도 일치한다. 해크만(2011a)은 팀의 목적, 팀원의 역할과 책임, 그리고 업무 협약 working agreements을 정의하는 활동도 포함했다. 해크만(2011a), 웨이먼(2001), 카와 피터스(2012)가 지적한 바와 같이 팀 설계가 팀 효율성에 최대 60% 이상 큰 영향을 미치므로 집중하여 시간을 할애하는 것은 상당한 가치가 있다(Hackman, 2011a).

팀을 '출범launch'함으로써, 코치는 사례에 인용된 팀이 팀 개발 주기의 시작 단계에 있지 않더라도 팀의 새로운 시작 또는 중간 지점 검토를 할 수 있다. 팀 출범에서는 비전, 목적, 목표, 역할, 업무 협약 등과 같은 기본 팀 설계 요소를 작성 그리고/또는 갱신한다. 이는 호킨스의 규율 1과 2의 '위임하기commissioning'와 '명확화하기'와 연결된 프로세스이다. 명확화하기는 팀 사이클의 중간 단계에서 사용될 때 '재명확화하기'라고 부른다. 이러한 이벤트 중심의 출범 또는 팀의 재출범은 팀이 새롭게 시작하고 재설정할 수 있는 모멘텀을 만든다. 이 접근법은 코칭 개입이 팀 작업의 시작, 중간 또는 끝과 같은 가장 큰 차이를 만들 수 있는 시기에 가장 적합하다는 의견과도 일치한다(Carr & Peters, 2012; Gersick, 1988; Hackman et al., 2009).

코칭 참여는 하루 또는 이틀 간의 이벤트와 짧은 후속 세션(Mackie, 2022)에서 팀 코칭 및 기타 조직 개발 추진 활동을 포괄한 6년 계약(O'Sullivan & Field, 2014년)에 이르기까지 다양했다. 이는 존스Jones 외 연구진(2019)이 410명의 코치를 대상으로 실시한 2019년 조사에서 코칭 진행 기간이 오래 지속한다는 일반적인 팀 코치들의 견해(예: 1년)와 세션 당 평균 2.5시간에 평균 1.6회 진행된다는 인구 통계 데이터 사이의 불일치가 나타났다는 점에서 흥미롭다. 저자들은 이러한 차이가 코치들이 권하는 것보다 조직들이 기꺼이 지불하려는 의도 차이를 반영할 수 있다고 추측한다. 우리 경험에 따르면 기업들은 예산을 고려하여 팀 코칭을 결정하지만 많은 조직에서는 여전히 팀 코칭을 장시간의 학습과 성과에 대한 여정이 아닌 개발/훈련 워크숍 정도로 생각하고 있음을 보여준다.

팀 코치가 잠재 고객과 계약할 때 코치를 '내부와 외부' 전문 트레이너/컨설턴트가 아닌 파트너로 조직의 관점을 전환해야 하는 것은 코치의 역할 가운데 하나이다. 팀 코칭 서비스를 다른 팀 개입과 차별화하기 위해서는 장기간 파트너십의 가치를 강조하고 강화하는 것이 필수적이다. 한편, 팀 코치는 조직이 얼마나 빠르게 움직이고 있는지를 고려해야 하며, 더 짧은 계약이나 최대한의 가치를 가진 작업 단계 일부를 공동으로 설계하는 데 도전해야 한다. 이 문제를 양자택일 문제로 보는 것이 아닌 제3의 방법은 무엇인가?

애자일 코칭Agile coaching도 증가하고 있으며, 관련 연구의 절반은 2015~20년 5년 내에, 대부분은 2010~20년 10년 내에 발표되었다. 57개의 연구를 검토한 결과, 프로젝트 관리, 팀 활동 데이터 수집, 이해관계자 연락 및 애자일 방법론과 같은 전문 기술 중에서 팀 코칭이 애자일 코치에게 필요한 스킬로 포함되었다. 이 영역을 파악하기 위해 더 많은 증거 기반의 애자일 팀 코칭 사례 연구가 필요하다(Turner et al., 2019).

팀 코치들은 더 시스템적인 틀을 사용한다. 2017년에는 '팀 중의 팀 코칭', 코칭 네트워크, 파트너십 및 전체 스타트업 비즈니스에 더 중점을 두고 『Leadership Team Coaching in Action book』 책에 에코시스템 팀 코칭ecosystemic team coaching에 관한 새로운 관점을 추가했다. 많은 팀 코치가 최근 호킨스의 시스테믹 팀 코칭 교육을 받았으며 이 모델을 사용하여 코칭 방법론을 안내한다. 따라서 이러한 팀 코치 가운데 상당수는 아웃사이드 인outside-in과 퓨처 백future-back 이해관계자 정보 코칭 방식을 강조하는 호킨스의 모델과 관점을 사용하여 사례 연구 결과를 작성하고 문서화하고 있다. 이와 같이 코치는 팀 목적, 팀 과업, 팀과 이해관계자 사이의 관계 접점 그리고 외부 영향에 대한 이해관계자 데이터를 더 많이 수집하기 시작했다.

이 책에는 에코시스템 팀 코칭에 관한 두 가지 사례 연구가 포함되어 있다. 에코시스템 팀 코칭은 팀 코칭과 전체 시스템과 조직 개발 사이의 더 깊은 결합을 형성한다. 한 사례는 사라센스 럭비 클럽Saracens Rugby Club이 스포츠 팀 코칭과 비즈니스와 사회 변화 재단의 코칭을 어떻게 연결했는지 설명한다. 두 번째 사례는 뉴질랜드에 본사를 둔 소규모 기업과 프리랜서 근로자 네트워크인 엔스파이럴Enspiral의 팀 코칭에 대한 에코시스템적 접근 방식을 설명한다. 이 접근법을 사용한 더 많은 사례 연구는 전후 이라크 연합군에 'Team of Team' 접근법을 적용하고 이러한 경험에서 종합적으로 배운 것을 다양한 비즈니스 조직에 적용한 맥크리스탈McChrystal 등(2015)과 퍼셀Fussell(2017)의 저서에서 찾아볼 수 있다. 팀들의 팀Team of Team의 모범 사례에 대한 시스템적 검토를 원한다면 터너Turner 등(2019)의 저서를 참조하라. 우리는 코치가 기술을 향상시키고 복잡성과 변화의 속도가 증가함에 따라 더욱 민첩하고 가상적이며 에코시스템적 코칭을 제공할 수 있기를 기대한다(Turner et al., 2019).

향후 방향

사례 연구를 전반적으로 검토함에 따라 코칭 및 팀 효과성 관련 문헌에서 세 가지 관련 연구에 주목할 필요가 있다. 블랙맨Blackman 외 연구자들(2016:476)의 비즈니스 코칭에 대한 시스템적 검토를 보며 '코칭의 긍정적인 개인적 경험'에 대한 일화적 설명이 많지만, 코칭의 장기적 신뢰도long-term credibility와 그에 따른 코칭의 영향은 횡단cross-sectional과 종단longitidunal 설계에 기반을 둔 준실험quasi-experimental과 실험experimental 설계 등을 포함한 강력한 연구를 통한 증거 기반 연구evidence based studies가 진행되어야 한다. 이는 사례 연구 작성자들이 팀과 함께 사전, 사후 및 종단(가능한 경우) 평가를 수행하는 것이 중요하다.

우리는 또한 결과를 평가하고 팀 코칭 참가자의 자체 보고 결과를 입증하기 위해 정성적, 정량적 평가qualitative and quantitative assessments를 통해 외부 이해관계자 피드백을 더 자주 수집할 것을 권고한다.

주목할 만한 두 번째와 세 번째 연구는 로렌스Lawrence, 와이테Whyte(2017) 그리고 플리오파스Pliopas 등(2014)에 의해 수행되었다. 이 연구자들은 코칭 개입의 실제 구조에서 차이점과 유사점을 강조한다. 이러한 연구는 호킨스의 5C 모델과 같은 모델 외에도 코치에게 평가, 1~2일간의 팀 출범/워크숍, 리더 및/또는 다른 팀원의 개별 코칭, 코칭에 대한 팀원 교육, 지속적인 팀 코칭 세션, 학습을 검토하고 다음 단계를 계획하는 최종 세션 등 팀 코칭을 위한 실행 로드맵의 시작을 제시해 준다. 이 접근 방식은 피터스Peters와 카Carr(2013)의 저서인 『고성과 팀 코칭High performance Team Coaching』에 설명된 접근 방식과 유사하다. 한 코칭 요소가 다른 코칭 요소보다 더 유용한지, 내부의 코치 또는 외부의 코치가 더 나은 결과를 내는지, 아니면 두 명의 코치 팀이 더 큰 결과를 내는지는 향후 연구할 문제이다.

또 향후 사례 연구를 통해 팀 코치가 다양성, 공정성, 포용성 및 존재에 대한 접근성, 사고방식과 업무 방식을 어떻게 통합하였는지 논의할 수 있을 것으로 기대한다. 카Carr와 클레이튼Clayton(2022)은 의도적으로 팀 코칭, 수퍼비전, 사례 연구 작성에서 소수 참가자들의 목소리를 담아내려 노력했다. 이들은 팀의 다양성diversity, 공정성equity, 포용성inclusion(DEI)을 담당한 리더와 정기적인 체크인을 함으로써 이를 수행했는데, 아직 변화하지 않은 부분과 지금까지 팀과 리더십 코칭에 포함되지 않은 사람들에 관해 이야기했다.

이는 또 다른 요점으로 이어지는데, 현재 카와 클레이튼(2022)이 설명한 경우를 제외하고 발표된 사례 연구에서 팀 코칭 수퍼바이저의 역할에 대한 언급이 거의 없다는 것이다. 이 분야가 발전함에 따라 수퍼비전(ICF, EMCC)에 추천하는 팀 코칭 역량과 프랙티스를 개발한 전문 협회들이 있다. 또 분야가 확장함에 따라 더 많은 팀 코칭 수퍼바이저가 훈련되고 있다(예: Hawkins & Car, 2021). 따라서 우리는 이 주제가 다가오는 사례 연구 문서에 포함되기를 기대한다.

커뮤니케이션, 협업, 신뢰 및 팀 정렬과 같은 개선 영역이 많은 팀에게 기초적이고 중추적인 역할을 하지만 이러한 목표가 어떤 역할을 하는지에 대한 명확한 연결고리가 더 필요할 것으로 기대한다. 더 불확실하고 새로운 세상에서 팀 코치들이 코칭하기 위해서는 무엇이 필요한가? 팀이 혼돈의 시대에 소통하고 협업할 수 있게 개발 수준을 가속화하도록 지원하는 방법은 무엇인가(Cascio, 2020)? 사례 연구에서 이 모든 것을 기록하고 측정하여 다른 사람들도 똑같이 하도록 영감을 줄 수 있는 방법은 무엇인가? 우리는 코로나19 팬데믹과 기후변화와 같은 긴급한 글로벌 이슈에 대응하기 위해 팀 코치들이 무엇을 하고 이를 기록해 나가는가 질문하고 싶다. 호킨스가 묻듯이, 세계가 불타기 시작한 2020년에 코치들은 어디에 있었는가?

경제학자이자 미래학자인 자마이스 카시오Jamais Cascio(2020)는 글로벌 수준의 시스템적 변화의 정도로 인해 우리는 VUCA(변동성, 불확실성, 복잡성 및 모호성) 세계에서 BANI 세계로 이동했다고 주장한다. BANI는 우리가 현재 경험하는 (물에서 증기로의 전환) 이동에 더 적합한 약어이다: 취약성brittleness(fragility), 불안anxiety, 비선형성non-linearity, 이해할 수 없는incomprehensibility 세상이 있다. 취약성brittleness은 팀 코치가 (자신과 고객의) 탄력성과 느슨함(실패할 여지가 있고 무너지지 않을 여지)을 구축하도록 만든다. 빨라지는 속도와 불안 속에서 우리는 더 깊은 공감과 배려를 통해 편안함과 분명한 사고를 찾을 수 있다. 비선형성non-linearity은 시스템적 맥락 이해와 적응성을 요구하며, 마지막으로 이해할 수 없는 것incomprehensibility은 더 큰 투명성과 직관력을 요구한다. 팀 코치는 점점 더 많은 BANI화 되는 세계에서 분투하는 팀을 지원하기 위해 자체 역량을 높여야 한다.

우리는 코치들이 방금 설명한 미래학자들의 예시와 같이 외부 현장을 읽도록 권장하며, 물리학, 자연, 예술 및 다른 여러 분야의 글을 탐구할 것을 권장한다. 이러한 광범위한 노출이 우리의 혁신적인 생각뿐만 아니라 지식과 실천의 폭과 깊이를 증가시킨다. 우리는 코치가 개인 및 팀 효율성 관련 문헌을 읽어 볼 것을 권장한다.

우리는 코칭과 연구의 미래를 바라볼 때 이러한 연구 가운데 몇 가지를 강조한다. 트레일러Traylor 외 연구진(2020)의 경험적 연구, 팀 코칭 프로세스, 성과 효과 및 개입에 대한 조직적 접근법에 대한 시스템적 검토는 광범위한 연구를 종합한 연구 가운데 하나이다. 흥미롭게도, 이들은 잘 작동하지 않는 팀에게는 더 큰 결과가 있고, 더 잘 기능하는 팀에게는 덜 긍정적인 효과가 있다는 것을 발견했다. 이러한 발견과 기타 증거 기반 관찰은 추가 연구에 유용하지만, 잠재 고객에게 언제 팀 코칭 서비스를 제안할지를 아는 것도 유리할 수 있다.

팀 코칭 연구를 진행함에 따라, 무엇이 변화를 일으키고 어떤 작업 방식이 변화를 만드는지 종속 변수를 비교하고 대조하는 것이 도움이 된다. 변이 주제에 대한 개별 코칭 문헌을 살펴보면, 드한DeHaan 외(2020)는 코치-고객 관계가 코칭 결과의 주요 변수가 아니라는 것을 입증했다. 코칭 참여 초기 참여 정도와 지각된 전반적인 결과에 영향을 미치기는 하지만 변화의 정도에 영향을 미치지 않는다. 그대신, 개인의 성격과 긍정적이고 공개적으로 관계를 맺는 이들의 성향이 지속적인 결과에 더 큰 영향을 미치는 것으로 보인다. 이것은 마샬 골드스미스(2021)의 주장이기도 한데, 그는 자주 다음과 같이 말한다. 훌륭한 코치가 되고 싶다면 훌륭한 고객을 선택하라. 대부분 결과는 코치와 고객 사이의 관계가 아니라 고객 회복력이 향상되었기 때문이라고 할 수 있다. 이것이 팀 코칭에 시사하는 바는 무엇인가? 우리가 더 집중해야 하는 것은 팀 회복력이 아닌가(McEwen과 Boyd, 2018)?

살라스Salas 외 연구진(2018)은 『팀워크의 과학: 진보, 성찰 그리고 앞으로의 길The Science of Teamwork: Progress, reflections, and the road ahead』에서 효과적인 팀에 대해 우리가 아는 메타 분석 결과를 검토했다. 이들은 팀 코치들에게 멀티 팀 시스템에 대한 우리의 이해를 심화하고 팀 프로세스와 결과를 측정하기 위해 기술을 활용할 것을 요구한다. 우리가 이 장에서 요구하는 것처럼, 살라스 등은 연구자들과 코치들에게 실제 사례 시나리오를 경험적으로 검증함으로써 이론과 실제 사이의 격차를 좁히고, 실제 문제에 대한 여러 관점을 모색하도록 도전한다. 여러 관점이 팀 효율성을 높이는 것처럼 팀 코치도 자기 분야 밖과 연결하여 최상의 사고와 최선의 행동을 할 수 있다. 이 사례는 시간이 지남에 따라 팀이 어떻게 진화하고 성숙하여 팀 역동team dynamics을 개선하는지에 관한 문헌 주제를 연구한 셔플러Shuffler 외(2020)에서 찾을 수 있다. 이들은 팀 동기화를 입증하는 신경과학 및 생리학적 방법을 탐구하는 새로운 연구에 신호를 보낸다.

    시간이 지남에 따라 우리는 우리가 어떻게 영향을 미치는지, 스트레스, 소진burnout, 갈등 관리 및 팀 운영을 어떻게 연관시키는지에 대해 더 깊이 생각할 필요가 있다. 살라스 등이 지적하고 많은 프랙티셔너들이 언급하듯이 맥락은 중요하다. 어떤 상황에서의 결과가 다른 설정의 결과를 내포하지 않을 수 있다. 또 가상현실을 사용하여 다양한 작업 환경을 시뮬레이션하고 팀 생산성과 혁신에 미치는 다양한 영향을 입증하는 연구자가 있다(Mabogunje et al., 2021).

    전반적으로 팀 코칭 연구 및 프랙티셔너에게 요구하는 바는 여전하다. 앞으로 더 객관적인 비즈니스 측정 결과를 제공할수록, 리더가 비즈니스 및 업무 환경에서 팀 코칭을 도입하고 전념할 수 있는 설득력 있는 증거를 확보할 수 있을 것이다. 팀 빌딩은 매우 흥미롭지만 팀 코칭은 더 많은 결과 증거를 요구한다. 우리는 계속해서 이 분야를 발전시켜야 한다.

결론

이 장에서는 2021~22년까지 관련 문헌을 통한 팀 코칭 사례 연구 전반을 검토했다. 이러한 연구는 교육, 금융, 정부, IT, 제조업, 제약, 경찰 등 많은 국가와 광범위한 산업에서 도출되었다. 다국적, 조직 전반의 팀, 임원 및 리더십 팀, 교차 기능 팀cross-functional teams을 포함하여 많은 유형의 팀 사례를 설명한다.

우리는 또한 팀 코칭 사례 연구를 읽고 최대의 학습이 일어날 수 있는 방법을 설명했으며 아래 몇 가지 방법이 그 예이다.

- 어떤 형태의 팀 코칭이 호킨스(2021)의 팀 코칭 접근법을 활용하여 수행되었는지 성찰
- 호킨스(2021) 다섯 가지 규율 모델의 다섯 가지 렌즈를 통해 각 사례 연구를 평가하는 방법
- 코치와 코칭 받는 팀 사이의 관계, 그리고 시간이 지남에 따라 어떻게 발전했는지 성찰하는 방법

- 본인이 (a) 팀 리더와 (b) 팀 코치였다면 팀의 도전과 요구를 어떻게 다르게 처리했을지 성찰

우리는 이 책의 다음 장에서 그리고 다른 사례 연구를 읽을 때, 이러한 접근 방식을 사용할 수 있기를 바란다. 또 현장에 기여하고 사례 연구를 문서화하는 몇 가지 영감과 증거 기반 접근 방식을 찾았기를 바란다. 세계와 미래는 이를 필요로 한다.

기고자: 캐서린 카Catherine Carr

캐서린 카는 마스터 기업 임원 코치, 마스터 팀 코치(EMCC), 리더십과 팀 코칭 트레이너. 수퍼바이저, 글로벌 팀 코칭 연구소와 리뉴얼 어소시에이츠 북미 시스테믹 팀 코칭 프로그램의 핵심 교수진이다. 또한 북미 지역의 회복탄력성@Work 책임자이자 심리치료사이기도 하다. 여러 비즈니스 부문에서 일했으며, 특히 공공 부문에서 경험을 쌓았다. 현재 보건과 제약, 원주민 조직, 정신 건강, 자원, 재무, IT, 스타트업에 대한 전문 지식을 바탕으로, 탄력적이고 목적 지향적인 리더와 팀을 만드는 데 중점을 두고 있다. 리더십 개발과 임원 코칭 분야에서 전문 박사 학위를 받았으며, 코칭에 관한 두 권의 책, 『훌륭한 팀을 위한 50가지 팁50 Tips for Terrific Teams』과 『고성과 팀 코칭High Performance Team Coaching』의 공동 저자로, 동료 심사를 거친 여러 저널 아티클, 책 챕터와 잡지 기사를 집필했다. 또한 사회와 환경 문제를 다루는 TED

Talk 연사들의 임원 코치로 자원봉사를 하고 있다.

재클린 피터스 Jacqueline Peters

재클린 피터스는 고위급 리더, 팀과 협력하여 더 나은 결과를 달성하기 위해, 리더십 팀 효율성 능력을 전략적으로 개발한다. 25년 이상 임원 코치, 조직 효율성 전문가로서 쌓아온 지혜와 지식을 활용하여, 고객이 행동과 책임감을 고취하는 통찰을 얻을 수 있도록 돕는다. 재클린은 리더십 개발과 임원 코칭 분야에서 전문 박사학위 DProf를 취득하면서 수상 경력에 빛나는 논문을 발표하는 등 배움과 전문적 실천에 대한 의지가 강하다. 국제코칭연맹 ICF와 유럽 멘토링 코치 위원회 EMCC의 공인 코치이기도 하다. 재클린은 팀 코칭에 관해 정기적으로 글을 쓰고 있으며, 두 권의 책, 『훌륭한 팀을 위한 50가지 팁 50 Tips for Terrific Teams』과 『고성과 팀 코칭 High Performance Team Coaching』을 공동 집필했다. 자신의 리더십 팀 개발 경험과 커플 치료사로서의 훈련을 결합하여, 저서 『고성과 관계: 직장과 가정에서의 성공 뒤에 숨은 마음과 과학 High Performance Relationships: The heart and science behind success at work and home』를 집필했다.

4장
위임하기와 명확화하기 코칭
전문 서비스업 리더십 팀 사례 연구

저자: 힐러리 라인스Hilary Lines과 리차드Richard 팀 리더 공동 작성
역자: 최미숙

> 팀 형성 단계에 있는 리더십 팀을 고성과 팀으로 전환시키는 작업은 항상 어려운 일이다. 그렇지만 기존 권력, 영향력, 충성의 역사적 원천에 대항하여, 매트릭스 조직 내에서 새로 만들어진 축을 이끌 팀을 만드는 일은 훨씬 더 어렵다.
> (lines and scholes-rhodes, 2013: 177)

우리는 이 사례 연구에서 다룰 리더십 팀 코칭 작업을 설명하기 위해 『터치포인트 리더십Touchpoint Leadership』(역자 주: 2013년 출간된 저서 『Touchpoint Leadership: Creating Collaborative Energy Across Teams and Organizations』)에서 위 문구를 썼다. 당시 힐러리Hilary는 6개월 동안 팀과 함께 공동 조사자co-inquirer이자 코치로 일하고 있었으며, 이 연구 사례는 터치포인트 리더십의 원칙을 팀 업무에 적용하는 데 중점을 두었다.

이 장에서는 팀 개발 단계의 첫 14개월과 그 과정에서 팀 코칭의 역할을 되돌아보고, 팀과 일부 이해관계자에게서 얻은 학습을 바탕으로 남은 2년간의 팀 코칭 여정을 어떻게 꾸려갈지 계획한다.

작업 배경

고객 조직의 성과 혁신을 목표로 서비스를 제공해야 하는 사명이 있는 기업은, 특정 고객 부문의 요구에 가장 잘 부합되도록 인적자원을 조직화해야 하는 과제가 있다. 동시에 경쟁력 있고, 다양한 비즈니스 유형에 적용 가능한, 넓고 깊은 전문 지식을 지원해야 한다. 고객의 요구에 부응하는 한편, 깊이 있으면서도 다재다능한 능력을 구축한다는 상호 연관된 목표를 달성하려면, 양 축이 파괴적인 긴장이 아닌 창조적 긴장을 유지하도록, 적극적이고 고도로 조정된 리더십이 필요하다(Trompenaars & Nijhoff Asser, 2010). 리더십이 매트릭스 내의 어떤 축을 가장 상위 축으로 결정하든 관리해야 할 고유한 과제가 발생한다(Lines & Scholes-Rhodes, 2013:142-45).

이 팀이 속한 조직은 원래 모든 컨설팅 서비스 직원이 성과와 경력 개발에 있어 부문별 그룹sector-facing groups 중심으로 조직되어 있었으며, 사실상 능력 중심의 다양한 실무 커뮤니티 가운데 하나에 속해 있었다. 그렇지만 이러한 구조가 컨설팅 역량 개발과 발전 그리고 대규모 컨설팅사와의 경쟁에서 경쟁력을 확보하는 데 장애가 된다는 사실을 깨닫게 되었다. 컨설턴트를 별도 부문 기반 그룹sector-based groups에 개별적으로 배치하는 일은 프로젝트에 자원을 제공하고, 스킬을 성장시키며, 매력적인 경력개발을 하는 데 필요한 유연성과 임계 값(역자 주: 핵 분열 물질fissile material이 핵 연쇄 반응의 과정에서 스스로 폭발할 수 있는 최소한의 질량) 확보에 방해가 되었다. 그래서 이 조직은 수직적 부문 중심 조직을 가로지르는 수평적 구조로 별도의 컨설팅 조직을 만들고, 모든 컨설팅 직원이 주요 보고 라인에 속하게 만들었다. 컨설팅 디렉터인 리차드Richard는 새로운 팀을 구성하여, 컨설팅 서비스 라인 구조의 구축과 정착을 주도했다. 이 조직은 고객에게 제공되는 서비스의 실질적 가치를 제공함으로써 인정받는 한편, 우수한 컨설팅 전문가를 유치, 유지하고 개발하는 고성과high performing 실무 커뮤니티 조성을 목표로 했다.

그때 이러한 유형의 조직 개편에 착수하기에는 어려운 시기였다. 2008~2009년 금융 위기로 촉발된 충격으로 인해 전문 서비스에 지출되는 자금이 줄어들었을 뿐만 아니라, 파생 부가가치에 대한 냉소적 시각이 팽배해졌다. 이러한 태도는 영국의 민간 부문과 공공 부문 모두에 퍼져 나갔고, 공공 부문의 경우 정부가 공공 부채 규모를 줄이려고 시도하면서 심화하였다. 이러한 상황에 대한 대응책으로 기업은 비용 절감 조치를 취했으며, 이는 직원의 자신감과 사기에 영향을 미쳤다.

이 시기에 컨설팅 서비스 라인이 만들어지면서, 사람들의 가치관과 소속감에 더 큰 영향을 미쳤다. 많은 사람이 '정신적 고향spiritual home'에서 멀어졌다고 느꼈고, 자신이 재배치된 조직의 성격과 목적에 회의를 느끼고 있었다.

  리차드는 지금까지 새로운 변화에 사람들을 동참시키기 위해 사용했던 대규모 의사소통 방식만으로는 직원들의 사기 문제를 해결하기에 충분하지 않다는 사실을 분명히 알았다. 그는 자신의 의사소통 방식을 검토하기 시작했다.

> 나는 '어떻게 하면 소속감을 느끼면서 서로에게 활력을 불어넣을 수 있는 분위기를 조성할 수 있을까?'를 고민했습니다. 그래서 특히 내가 주니어 컨설턴트였을 당시 어떤 스타일과 내용으로 소통했을 때 좋았었는지 되돌아 보았습니다. 또 수세기에 걸친 커뮤니케이션이 대중 기술 기반의 커뮤니케이션이 아닌 대면 스토리텔링을 통해 이루어졌다는 사실에 흥미를 느꼈습니다. 중요한 의미를 가지려면, '개인적인' 느낌이 있어야 한다고 생각했습니다. 개인적인 이메일, 손으로 쓴 카드들은 모두 컴퓨터가 아닌 인간이 소통자라는 느낌을 주었습니다.
>
>   … 나는 15~20명의 사람들과 소규모 대화를 나누기 시작했고 사람들이 손을 들기 시작했습니다. … 나에게 연락한 사람들을 내 네트워크에 임시로 추가했습니다. 점차 나는 같은 생각을 가진 사람들로 네트워크를 구축하고, 아이디어를 반영하고, 추천에 따라 행동하며, 조언을 활용하기 시작했습니다. 물론 동료들과도 이야기합니다. 더 많은 접점을 확보할 수 있다면 … 나는 생태계ecosystem를 구축할 수 있습니다.
>
> (Lines & Scholes-Rhodes, 2013: 176)

  이러한 새로운 의사소통 접근 방식이 긍정적 효과를 거두고 있다는 느낌은 있었지만, 리차드는 혼자서 서비스 부서의 분위기를 바꿀 수 없다는 점을 분명히 인식했다. 전체 리더십 팀이 새롭고 분산된 커뮤니티에서 긍정적인 관계를 형성하는 데 동참할 수 있도록 해야 했다. 그는 기존의 리더십 팀을 확대하여 모든 전문 그룹 책임자뿐만 아니라, 고객 부문 그룹 책임자, 재무와 인사 부서의 기능 책임자까지 포함하기로 결정했다. 그 결과 총 14명으로 구성된 대규모 팀이 탄생했는데, 이는 카첸바흐Katzenbach와 스미스Smith(1993)가 권장한 이상적인 6~8명의 인원과는 상이했다.

> 처음에 나는 연결고리를 만드는 능력을 보여준 사람들을 모으는 데 집중했습니다. 이 사람들은 컨설팅이 대변하는 광범위한 이해관계자 그룹에서 나와야 했습니다. 나는 직급과 직책에 대한 엄격한 규칙에 얽매이지 않고, 업무에 적합한 내 주변 사람들을 중심으로 팀을 구성했습니다. 필요에 따라 핵심 인력을 영입했습니다.
>
> 나는 팀의 이상적인 인원과 관리 범위에 대한 지혜를 잘 알고 있었지만, 서비스 라인의 개발 단계에서는 모든 구성 그룹의 사람을 하나의 팀에 참여시키는 일이 중요했습니다. 그 덕분에 모든 핵심 인력이 함께 모여 실시간으로 접점을 만들 수 있었으며, 소규모의 개별 팀을 관리할 때, 발생할 수 있는 잘못된 경계가 줄어들었습니다. 또 공통 언어, 스타일 그리고 접근 방식을 신속하게 만들어 서비스 라인 전체에 전파할 수 있었습니다.

팀을 구성한 뒤 다음 단계로 그 팀이 고성과 팀이 되도록 했다.

초기 계약하기, 조사하기, 진단하기

돌이켜보면, 팀과의 코칭 작업이 본격적으로 시작되기 전에 호킨스Hawkins의 CID-CLEAR 프로세스 모델(Hawkins, 2021)의 첫 세 단계인 '계약하기-조사하기-진단하기' 단계를 두 번 수행하였다. 첫 번째 계약은 힐러리가 동료 조사자inquirer로서, 새로 구성된 팀에게 접점touchpoint 리더십 개념의 원칙을 공유하고 평가했다. 접점 리더십 개념과 모델은 리더십이 리더나 추종자에게 있지 않고, 개인과 팀, 그리고 부문 간의 차이인 이들의 '접점'에서 구성, 형성, 확장, 성장 그리고 감소하는 이들 사이의 관계에 기초한다는 믿음에 있다. 이 관점으로 보았을 때 가장 효과적인 리더는 이들이 이끄는 사람들과의 모든 상호작용interaction 지점(또는 접촉 지점touchpoints)에서 긍정적인 에너지를 불러일으키거나 파괴할 자신의 힘을 인식한다. 이러한 리더는 기회를 포착하고 연결하며 새로운 생각과 아이디어, 학습을 촉발할 수 있는 정신력과 민첩성을 갖추고 있으며, 그 연결 지점에서 다른 사람을 무시하거나 짓밟거나 소외시킬 수 있는 위험을 인식한다. 이들은 비즈니스 성공에 가장 중요한 '접점'이 무엇인지 알고 있으며, 이러한 교차점에서 학습을 촉진하는 네트워크와 팀을 구축한다.

이 리더십 팀의 역할은 대부분 구성원의 고객 업무와 분야별 전문성을 통해 구축한 실무 커뮤니티 주도였다. 팀 구성원들은 공식적인 직위나 기술적 경험에서 비롯된 권한이 아닌 다른 방식으로 리더십 영향력을 개발하고 행사해야 했다. 빌 토버트Bill Torbert의 용어를 빌리자면(Torbert & Rooke, 2005), 이들은 전문가나 성취자의 리더십과는 다른 리더십 '행동 논리action logics'를 수용하고, 매트릭스 내의 접점, 즉 접점을 가로지르는 촉매적 연결을 만들어야 하며, 때로 자신보다 상급자와도 관계를 맺어야 한다. 리차드는 이미 확산 컨설팅 커뮤니티diffuse consulting community에서 이러한 리더십을 발휘하기 시작했고, 이러한 연결력connective power을 확장하려는 그의 계획은 접점 리더십의 정신을 분명히 실천에 옮기는 일이었다. 우리는 팀 전체가 접점 리더십 개념을 업무에 적용하여, 자신의 리더십을 이러한 방식으로 바라보는 것이 도움이 되리라는 데 동의했다.

힐러리는 팀과 함께 일하기로 계약하고, 팀 구성원들의 회의에 귀를 기울이고, 자신이 관찰한 내용에 관해 문의하는 한편, 스스로 보고, 느끼고, 생각한 바를 공유했으며, 비즈니스의 다양한 그룹과 이해관계에 걸쳐 얼마나 가치 있는 대화를 창출하는지에 대한 통찰력을 제공했다. 리차드는 다음과 같이 말했다. "나는 코치가 간접적 방식이 아닌 실시간으로 역동성과 접점을 목격하기를 원했습니다. 이는 접점의 복잡성과 역동성을 실시간으로 이해하는 데 핵심적인 역할을 합니다." 이러한 방식으로 작업하여 힐러리는 너무 빠른 활동 속도를 늦추고, 대화에서 일어나는 감정과 무언의 말을 살펴볼 수 있는 공간을 열어주었으며, 새로운 학습과 창의성을 창발하는 질문을 몸소 보여 주었다(Beisser, 1970).

팀의 이야기를 들으면서 힐러리는 팀 구성원들의 감정이 극과 극으로 나뉘는 것에 의아함을 느꼈다. 팀 구성원의 감정 한편에서는 기술 리더십과 혁신에 대한 강한 자부심과 시장에서의 독보적인 잠재력에 대한 흥분이, 다른 한편에서는 무력감과 혼란스러움이 느껴졌다. 한편으로는 모두 빠르게 움직이고, 속도감이 넘쳤지만 다른 한편으로는 정체된 느낌이 들었다. 리차드는 말했다.

> 시간은 부족하고 변화를 주도할 자신감과 권한이 아주 부족한 팀을 효과적인 팀으로 만드는 것은 어려운 과제였습니다. 초기에는 팀 자신의 문제임에도, 다른 사람이 해결해야 하는 문제로 여기는 경우가 많았습니다. 서로 다른 업무 방식과 문화적 규범을 가진 서로 다른 부서에서 온 사람들이 모였기 때문에, 초기에는 어려움이 가중될 수밖에 없었습니다. 팀 구성원들이 자신의 접점 연결touchpoint connections을 살펴보도록 지원하여, 팀 구성원들이 스스로 힘을 발휘하도록 돕고자 애썼습니다.

모든 리더십 팀 구성원은 고객을 대면하며 다양한 역할을 맡고 있었다. 리더십 과업과 책임은 서비스 비즈니스에서 흔히 볼 수 있는 '업무의 여백margins of the day job'에서 이루어졌고, 한 번에 여러 가지 일에 집중해야 했다. 우리는 팀 구성원들이 속도를 늦춰 시간을 내어, 현재 당면한 과제를 심도 있게 살펴보도록 유도하지 않으면, 팀 내에서 더 큰 리더십과 영향력을 발휘하기가 어렵다는 점을 분명히 깨달았다. 행동할 수 있는 공간과 자신감을 만들어주지 않으면, 새로운 리더십 역할에 따른 감정적 요구와 이러한 환경에서 리더십을 발휘하는 데 따르는 실질적인 어려움에 제대로 대처하지 못한 채, 새로운 유형의 리더십 행동을 장려할 위험이 있었기 때문이다.

우리는 힐러리가 각 리더십 팀원에게 일대일 조사를 하고, 하루를 지정하여 그 결과를 팀 구성원들과 공유하기로 합의했다.

2차 계약, 질문과 진단

우리는 컨설팅 리더십 팀 구성원들과 일대일 대화로 구성된 이 두 번째 조사 프로세스를 수행하기로 계약했으며, 애니 맥키Annie McKee가 '역동적 탐구dynamic inquiry'라고 명명한 방법을 기반으로, 개방형 질문 접근법을 사용했다(McKee & McMillen, 1992: 445-60). 비즈니스 내 서비스 라인이 직면한 문제에 대해 가능한 한 개방적으로 질문하고, 인터뷰 대상자가 자신의 관점과 이해관계자의 관점에서 문제를 바라보도록 장려하며, 근본적인 정서적 문제에 목소리를 내도록 돕는 것이 목적이었다. 우리는 이러한 대화 중에 인터뷰 대상자들이 컨설팅 서비스 라인 책임자의 리더십 강점과 개발 분야에 대해 비밀리에 피드백을 제공할 수 있는 시간을 따로 마련했다. "리더로서 저에게 중요 사항은 망원경의 다른 쪽 끝을 내려다보려고 노력하는 일이었습니다. 리더가 생각하는 리더가 아니라, 다른 사람들이 실제로 리더를 어떻게 경험하는지 이해하고자 했습니다." 다양한 관점에서 나온 데이터를 주제별로 분석한 뒤, [그림 4.1]의 내용처럼 주제를 호킨스의 다섯 가지 규율 프레임워크(Hawkins, 2021)로 그룹화했다. 팀 구성원들에게 이를 기정사실fait accompli로 제시하는 대신 회의실 곳곳에 주요 주제와 인용문을 게시하고 팀 구성원들이 개별적으로 또는 짝을 지어 이를 읽고, 자신에게 주는 의미와 팀 업무에 미치는 영향에 대해 생각해 보도록 했다. 팀 구성원들에게 다음과 같은 질문을 던졌다.

- 이 데이터에서 어떤 점이 놀라운가?
- 무엇이 궁금하고 더 묻고 싶은가?
- 가장 공감이 가는 부분은 무엇인가?

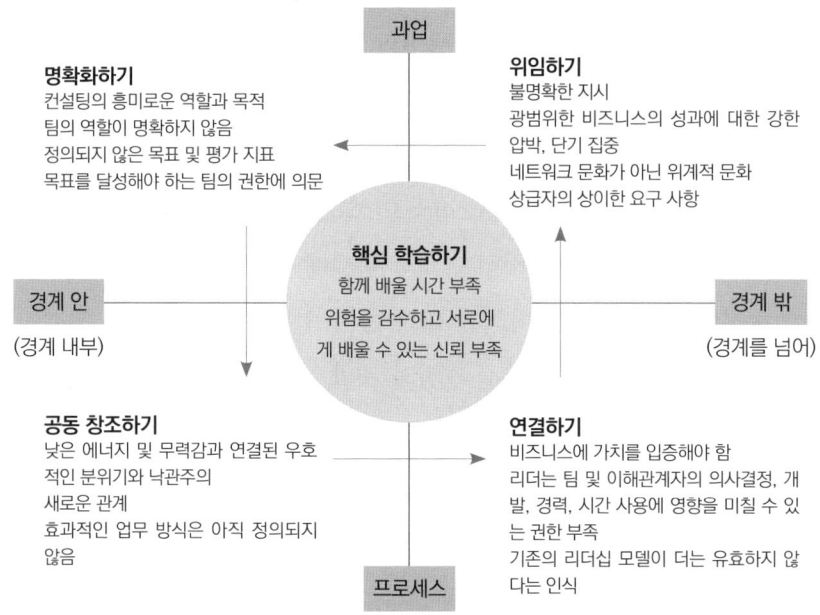

[그림 4.1] 효과적인 팀의 다섯 가지 규율

- 팀이 다음에 해결해야 할 가장 중요한 문제는 무엇이라고 생각하는가?

각 조가 개별적으로 작성한 글을 읽고 토론하는 동안, 강력한 유대감이 느껴졌다. 팀 구성원들이 조직 구조에 대한 우려와 자신의 권한에 대한 불안감을 공개적으로 공유하기는 처음이었다.

게다가 이 질문은 이전에 힐러리가 느꼈던 상실감의 근본적인 원인을 밝혀주었다. 물론 리더십 권위와 스타일에 대한 우려도 있었지만, 이는 비즈니스가 팀에게 무엇을 책임지게 할 것인지에 대한 명확성이 부족해서 발생한 부차적인 문제였다. 영국 이사회와의 명확한 위임에 대한 확신이 없다면, 이 리더들은 확고하게 뿌리내린 부문별 조직 구조에 변화를 일으킬 리더십을 개발하기 어려울 수 있다.

팀 목표를 명확히 하고 '아웃사이드-인outside-in' 관점에서 작업 시작

어디서부터 작업을 시작해야 하는지 명확하게 파악한 뒤, 이 차이를 해소하기 위해 빠르게 움직였다. 리차드는 영국 이사회로부터 올해의 목표와 평가지표에 대한 지침을 받았으며, 팀은 그들이 책임져야 한다고 생각하는 목표와 이를 측정할 주요 성과 지표를 정의하기 위해 노력했다. 이 과정에서 엄청난 에너지를 쏟았는데, 돌이켜보면, 방향과 공간이 주어졌을 때, 팀이 리더십을 발휘할 수 있는 능력을 보여 주었다고 볼 수 있다. 이후 리뷰에서 팀원 가운데 한 명은 "사람과 역량에 대한 공동의 목표에 동의하여, 팀이 제2의 도약을 시작하게 된 일은 올해의 주요 하이라이트였습니다."라고 말했다. 비즈니스 전반에 걸쳐 팀의 권한을 빠르게 확립해야 할 필요성을 고려할 때, 우리는 팀에 개입할 때마다 명확성과 집중력을 높이고, 구성원들이 함께 그리고 더 넓은 지역사회와 연결할 수 있는 능력을 향상시키고자 했다. 팀의 사명, 목적, 목표에 대한 공유된 관점을 개발한 다음에는 구성원들이 서로의 리더십 강점과 도전 과제(공동 창조)를 이해하도록 돕고, 독립적으로 탐색한 다음 소그룹으로 공유하는 단계로 유도해 나갔다.

- 업무에 대한 열정
- 리더로서 실천하려고 노력한 가치 항목
- 최고의 리더십을 발휘할 때와 최악의 리더십을 발휘할 때 자신의 모습을 어떻게 보았는지

이들은 질문과 피드백 기술을 사용하여, 서로를 지원하고 도전하는 데 도움을 주면서, 직면한 도전이 혼자가 아님을 발견하기 시작했다. 따라서 이들은 서로 간에 더 큰 신뢰를 쌓기 시작했고, '완벽하지 않은 일'도 괜찮다는 팀 문화를 서서히 구축하기 시작했다. 전문 서비스 환경에서는 '최고'와 '전문가'가 되어야 한다는 압박이 신뢰 구축에 필요한 의심과 취약성을 공유하는 데 방해가 되는 경우가 많아서 이러한 문화가 중요하다고 알고 있었다(Maister et al., 2002). 이후, 리더십 팀이 '외부에서 바라보는' 관점으로 팀을 바라보도록 돕고, 다른 직

원의 입장이 되어 사람들이 어떤 우려와 우선순위가 있는지 살펴보았다. 또 어떤 유형의 접근 방식으로 새로운 커뮤니티와 정서적으로 연결될 수 있는지 탐색하도록 했다. 우리는 팀의 리더십 과제에 대한 공유된 그림을 만들고, 자신감을 기르고 초기 행동 계획을 세우는 노력에 도움을 주는 것을 목표로 하였다.

다섯 가지 규율 기반 외부 워크숍 일정은 [그림 4.2]에 기술되어 있다.

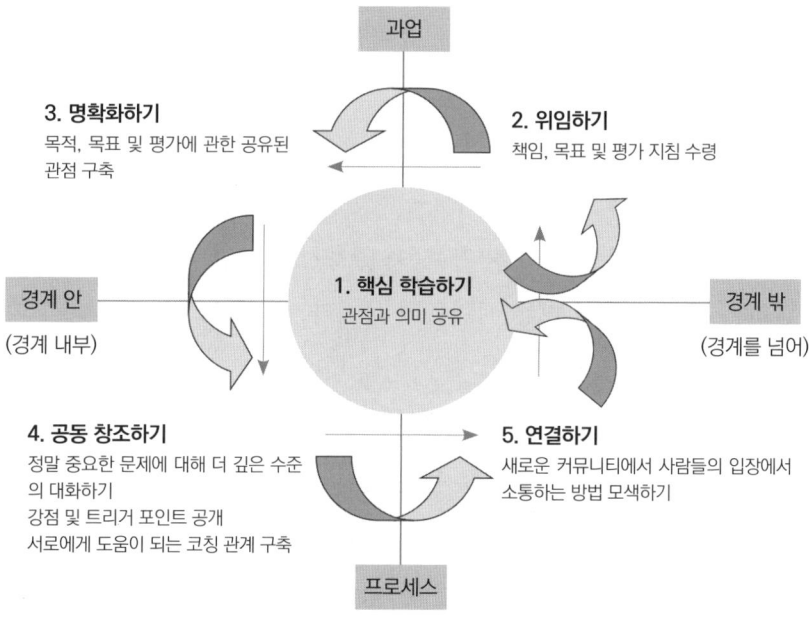

[그림 4.2] 워크숍에 적용된 다섯 가지 규율

지속적인 팀 코칭 업무를 위한 재계약

외부 워크숍을 통해 더 지속적인 팀 코칭에 대한 요구와 리더, 팀, 코치 간 계약을 수정해야 할 필요성이 드러났다. 팀 임무와 목적을 명확히 하는 데 도움이 되었지만, 리차드는 팀이 내년에 비즈니스에 눈에 띄는 영향을 미치려면, 더 지속적인 코칭 지원이 중요하다는 사실을 인식했다. 이 리더들은 자신과 서비스 라인의 정당성을 구축해야 할 뿐만 아니라, 주 임무 위임자인 영국 이사회로부터도 정당성을 부여받아야 했다.

리차드는 다음과 같이 말했다. "모든 사람이 같은 방향을 바라보고, 개인이 아닌 팀으로서 생각하도록 하는 일이 가장 큰 과제였습니다. 그렇지만 지속적인 변화를 이룰 수 있을지에 대한 냉소적인 시각과 변화는 우리가 아닌 다른 사람들의 몫이라는 믿음도 있었습니다." 따라서 리더와 코치가 해야 할 일 가운데 하나는 팀 구성원 대부분이 고객 업무와 분야별 전문성에 집중하는 상황에서 팀 스스로 변화를 끌어낼 수 있다는 믿음을 갖도록 돕는 것이었다.

세 가지 수준의 학습에 기반을 둔 팀 코칭

리더십 팀의 핵심 목적은 고객에게 서비스를 제공하고, 훌륭한 인재를 유치, 유지, 개발하며, 시장 내에서 회사를 차별화할 수 있는 컨설팅 실무 커뮤니티를 만드는 일이었다. 이 커뮤니티의 결속력은 컨설팅 그룹의 사람들이 배우고, 성장하고, 흥미진진하며, 성공할 수 있는 곳으로 인식되는 정도에 따라 달라질 수 있었다. 따라서 코치의 업무는 다음에 집중해야 한다는 데 우리 모두 동의했다.

1. 서비스 라인 내에서 자신의 리더십을 개발하기 위해 다른 팀원과 협력한다.
2. 공유 리더십을 구축하기 위해 팀 전체와 협력한다.
3. 팀이 이해관계자들과 가치 창출을 위한 관계를 형성하도록 지원한다.

우리는 팀원들의 개인 개발과 팀 전체의 학습을 위한 가이드 역할을 할 수 있도록, 접점 리더십의 개발 프레임워크를 팀에 제공했다. 각 구성원에게 세 가지 영역의 관점에서, 자신의 리더십을 탐색할 프로세스를 시작했다(Lines & Scholes-Rhodes, 2013:180):

- 자신의 강점, 열정, 신념 등 리더십을 다른 사람들과 연결시키는 방법과 행동 패턴이 어떻게 때로는 창의적인 연결을 방해하는지 (영역 1)
- 순간순간 학습과 창의성에 불을 붙이고, 다른 사람들과의 관계에서 자신의 존재감과 영향력을 강화할 수 있는 방법(영역 2)
- 컨설팅 커뮤니티 전반에 걸쳐 연결 지점을 확장하고, 조직 전체와 커뮤니티 그리고 외부 이해관계자 사이의 학습을 장려할 수 있는

방법(영역 3)

우리는 팀 회의와 외부 워크숍에서 일대일 코칭과 팀 코칭 프로그램을 시작했으며, 여기에는 팀장 코칭과 팀장의 실제 리더십 스타일에 대한 피드백이 포함되었다.

팀 내 다양성을 포용하여 비즈니스 전반의 연결망 확대

팀 구성원들 사이에서는 서로를 더 잘 알면 업무에 도움이 되리라는 인식이 강했다. 일부 팀 구성원은 고객사 업무를 통해 서로를 잘 알고 있거나, 부문별 관심사를 공유했으므로 하위 그룹이 있었고, 그룹 간에 신뢰와 개방성 정도가 다양했다. 또 팀 구성원 상당수가 처음으로 리더십을 맡게 되었으며, 특히 회의 규모가 상당히 컸으므로 회의에서 발언할 때의 자신감의 수준도 다양했다. 우리는 위의 세 가지 고객접점 리더십 영역과 관련하여, 개별 팀 구성원에게 자신이 선호하는 스타일과 대인관계 요구사항에 대한 통찰력을 제공하고, 다른 팀 구성원과의 소통 방식에 대한 시사점을 탐색하기 위해, Myers-Briggs 유형 지표(MBTI)(Myers et al., 1998)와 Firo-B 심리측정법(Schnell & Hammer, 2004)을 사용하기로 했다. 우리는 이러한 프로필을 외부 워크숍에서 공개하기로 합의했다. 리차드는 다음과 같이 말했다. "팀 내 다양성을 인정하고 활용하기 위한 것이었습니다. 사람들이 어떻게 연결되어 있는지를 이해하여, 우리는 모든 사람들이 똑같아지지도록 강요하는 대신 저마다 다른 강점을 살리는 팀 역동을 만들 수 있었습니다."

많은 팀 구성원이 비슷한 배경과 전문 분야를 가지고 있었고, 일부는 표준 컨설팅 '유형'에 부합한다고 믿고 있었기 때문에, 이 프로세스가 얼마나 유용할지에 대해 회의적인 시각도 있었다. 그렇지만 팀 구성원들이 유형 표에 자신의 MBTI 유형 선호도를 밝히면서 다양성이 드러나 놀라움과 호기심을 불러 일으켰다. 어떤 유형은 자연스러운 충성심과 공감이 특징인 한편, 다른 사람의 견해에 공감하는 데 도움이 되는 상호작용, 토론을 마무리하고 실질적인 후속 조치를 취하는 데 도움이 되는 상호작용 등 새로운 유형의 상호작용과 팀에 기여할 잠재력에도 눈을 뜨게 했다.

학습 공간 확대

힐러리의 관점에서 볼 때 이 팀 코칭 작업에서 주목할 만한 측면 가운데 하나는 리차드가 이 과정에 적극적으로 참여했다는 점이다. 팀 리더들은 리더 자신이 변화하지 않고도 코치가 팀에 변화를 가져올 수 있기를 바라며, 코치를 영입하는 경우가 때때로 있었다. 리차드의 경우 팀이 스스로 리더십을 발휘할 수 있도록 하기 위해, 자신이 어떻게 변화해야 하는지 알아내는 일이 과제였다. "제게 있어 가장 큰 어려움은 '알지 못함'이었습니다. 제가 효과적으로 이끌지 못하고 있다는 느낌이 들었지만, 다음에 어디로 가야할지 자각하지 못했습니다."

리차드가 직면한 주요 딜레마 가운데 하나는 팀에게 얼마나 많은 지침과 방향을 제시할지, 아니면 한 발 물러서서 팀 구성원들이 '스스로 나서도록' 할지였다. 리차드는 전면에서 리드하는 스타일이었지만, 팀 구성원들이 더 많은 책임을 지고 일을 완수하기를 원했고, 또 그렇게 해야 했다. 균형을 맞추기 위해 그는 지시하는 스타일과 뒤로 물러서는 스타일을 오가기 시작했고, 그 결과 일부 팀 구성원들은 그가 때때로 매우 지시적인 것 같고, 때때로 너무 손을 놓고 있는 듯 했다고 말했다. 이는 팀 구성원들이 팀 내에서 자신의 기여에 대한 자신감을 키우는 데 도움이 되지 않음이 분명했다. 우리는 팀 내에서 아이디어, 견해, 창의성을 발휘할 수 있는 공간을 확보하는 동시에, 리차드가 참석할 수 있는 방법을 모색하기 시작했다. 힐러리는 팀 회의에서 리차드의 상호작용 방식을 관찰한 결과, 회의실에 침묵이 흐르거나 잠시 멈출 때마다 리차드가 개입하여 방향과 답을 제시하여, 도움을 줄 필요성을 느낀다는 사실을 발견했다. 힐러리는 이러한 방식이 사람들이 서로 의견을 제시하고, 서로에게서 배우는 것을 방해한다고 지적했다.

리차드는 회의에서 의도적으로 질문을 던지고, 잠시 멈추고 탐색하면서 참여를 유도하는 등 더 많은 공간을 만드는 실험을 시작했다. 처음에는 사람들이 그의 행동에 어색해했고, 침묵으로 생긴 공간을 어떻게 활용해야 할지 의아해했다. 이 과정에서 두 가지가 도움이 되었다. 하나는 리차드가 자신의 스타일을 바꾸려는 의도를 밝힌 일이었고, 다른 하나는 팀 내 대화 흐름에 대한 힐러리의 지침과 피드백이었다. 자연스럽게 사람들은 방향과 의견을 구하기 위해 리차드에게 향하는 법을 배웠고, 서로에게 묻지 않는 경향이 있었다. 또 다른 사람에게 의견을 구하기보다는 의견을 표현하는 강한 경향이 있었다. 이러한 역동 관계에 대한 피드백과 '밀어붙이는 행동'이 아닌 '끌어당기는 행동'에 대한 지침을 제공하자, 팀 전체에서 대화가 더 자유롭게 흐르기 시작했다.

리차드에게 가장 큰 시험은 팀 구성원들이 각자의 개인적 선호도와 대인관계에 대한 필요를 공유하는 외부 워크숍에서였다. 위에서 언급했듯이 팀 구성원들은 서로의 선호 유형에 대해 알아보고, 팀 내 차이점과 유사점을 파악하며 활기찬 아침을 보냈다. 이후, 힐러리는 각 팀 구성원에게 자신의 강점, 약점, 선호하는 스타일, 팀에서 원하는 바, 필요한 바 등 자신을 표현할 수 있는 방패를 만들도록 요청했고, 점심 시간에 사람들이 둘러볼 수 있도록 점심 식사 전 이를 벽에 게시했다. '서로 다름을 인정'하고, 다름을 통해 가장 효과적이고 창의적으로 함께 일하고 배울 수 있는 방법을 찾으려는 취지였다.

오후가 시작될 무렵 힐러리가 각 팀 구성원이 저마다 방패의 하이라이트를 큰 소리로 발표한 뒤, 나머지 팀 구성원들에게서 두 가지 감사와 격려를 받자고 제안하자, 어색함 속에 긴장감이 감돌았다. 리차드에게 이 순간은 불편함을 해소하기 위해 나서고 싶은 유혹과 싸워야 하는 어려운 시험이었다. 그렇지만 그는 침묵을 지켰고, 점차 팀 구성원들이 앞으로 나와 열린 마음으로 이야기하고, 조심스럽지만 감정을 표현하며, 솔직한 피드백을 공유했다.

그는 이렇게 회고했다:

그 세션은 우리가 정말 비행기를 타고 있다는 느낌을 받았고, 이 순간이 내게 하이라이트였습니다. 팀 전체에 연결감이 형성되기 시작했고, 기존의 경계가 사라졌습니다. 개인적으로 내 스타일과 접근 방식에 대한 구성원들의 피드백은 팀이 성장하고 자신을 표현할 공간을 제공하는 데 도움이 되었습니다. 또 우리가 외적으로 집중하기 시작했다고 느꼈습니다.

다른 사람들은 한 해를 되돌아보며 이 행사를 더 개방적이고 연결되고, 더 효과적으로 협력하기 시작한 시점인 해빙기이자 전환점이라고 평했다.

한 참가자는 회의가 조용하고 어색했던 연초와 토론이 훨씬 더 개방적이고 도전적이며 협력적으로 변모한 그 해 연말 사이에, 자신이 느낀 변화에 대해 언급했다. 다른 한 명은 리더의 권위적인 균형을 잡아주는 코치의 역할을 언급하며, 리더가 다른 사람들이 자신의 리더십을 발휘하고 성장할 수 있는 공간을 만들어주는 코치의 가치를 언급했다.

이러한 '다양성 공유'의 이점은, 사람들이 서로 관계를 맺는 방식뿐만 아니라, 대화의 질에서도 분명하게 드러났다. 팀 구성원들이 각자의 동기와 가치관을 나누는 방패를 공유한 뒤에는, 서비스 라인을 차별화할 가치와 업무 방식을 정의하고 함께 일하는 시간의 가치를 최적화하기 위해, 어떻게 협력할지 연습하는 데에 훨씬 더 많은 열정과 에너지를 쏟을 수 있었다. 개인의 열정을 공유하여, 집단적 열정에 불을 붙이고, 비즈니스 사명에 대한 자신감을 키울 수 있었다. 또 컨설팅 커뮤니티에서 호평을 받을 수 있는 방식으로, 새로운 전사적 인력 프레임워크를 구현하는 데 필요한 결의를 다지고, 해당 작업을 함께 수행할 하위 팀을 구성하는 데 도움이 되었다. 영국 이사회는 이 새로운 프레임워크를 구현하는 팀의 세심함과 효과성에 주목했다. 또 팀 구성원들은 고객사 현장을 방문하여, 고객사 업무 현장에서 컨설팅 직원을 만나는 프로그램을 시작했으며, 짝을 지어 참석하여, 리더십을 공유하고, 서로의 접근 방식과 관점을 배우기 위해 노력했다.

팀의 관심은 권위, 목적, 정당성과 같은 내부적인 초점 질문에서, 서비스 라인을 구축하고 새로운 실무 커뮤니티를 만들기 위한 실질적인 조치를 취하는 일로 옮겨갔다.

이해관계자 참여를 통한 정체성 및 유대감 강화

코칭 프로그램을 시작한 지 9개월이 지난 뒤, 직원 이탈이 감소했고, 리더들은 일대일 코칭의 결과로 자신의 리더십에 변화를 가져왔으며, 서비스 라인 활동에 사람들을 참여시키고, 비즈니스 전반에 걸쳐 새로운 영향력 관계를 구축하는 능력과 기술에 대한 자신감을 얻게 되었다고 설명했다. 영국 이사회는 이 팀이 리더십을 확립하고, 성과와 경력 관리의 본거지로서 컨설팅을 구축하는 데 필수적인 다양한 조치를 구현하는 방식에서 주목할 만한 추진력을 보여주고 있다는 점을 인정했다. 미래 컨설팅 리더 프로그램을 개발하기 위한 계획이 진행 중이었으며, 미래 리더들이 직접 접근 방식과 형식을 설계하는 데 참여했고, 다양한 실무 및 고객 대면 학습 활동에 컨설턴트들의 참여를 유도하기 위해, 리더십 팀과 함께 하는 집중적인 의사소통 북소리가 울려 퍼졌다. 첫 번째 고객 조찬 브리핑에는, 준비된 회의실 공간을 초과할 정도로 많은 인원이 몰렸다.

커뮤니티의 발전에 대한 자신감이 높아졌는데도, 컨설팅 서비스가 회사의 서비스 제공 그리고 제품 범위 내에서 어떻게 자리매김해야 하는지에 대한 의문이 남아 있었다. 이는 이사회와 서면상 합의된 목표와 조치가 팀의 실제 '임무'의 일부에 불과할 수 있음을 보여주는 좋은 사례였다. 이사회가 부여하는 임무의 진정한 테스트는, 고객 대면 회의에서 이루어지는 관계와 대화를 통해 컨설팅 서비스가 고객에게 판매 및 제공되는 주요 업무 프로그램에서, 어떤 역할을 하는지에 관한 내용이었다. 따라서 임무를 명확하게 한 다음 단계는, 컨설팅 리더십 팀과 주요 이해관계자 간의 협력적인 노력이 필요했다.

고객과 전체 비즈니스에 가장 적합한 포지셔닝이 무엇인지 탐색하기 위해, 광범위한 비즈니스 전략 그리고 마케팅 책임자를 포함한 비즈니스 전반의 리더들과 일련의 대화를 시작했다. 컨설팅 팀의 생각을 다듬고 테스트하는 데 이러한 주요 이해관계자들을 적극적으로 참여시켜 도전을 받고 가정을 테스트하기 위해 외부 워크숍을 설계했다. 그 결과 고객에 대한 서비스 형성을 주도하는 컨설팅 커뮤니티의 정체성이 강화되었으며, 이는 고위 이해관계자들과 공유되었고, 컨설팅 리더십 팀의 각 구성원들이 동의했다.

이 팀은 공식 출범 뒤 13개월 만에 열린 행사에서 서비스 라인의 모든 구성원을 한자리에 초대하여, 비즈니스 내에서의 역할과 정당성에 대한 자신감이 높아졌음을 보여주었다. 이전에는 이런 유형의 행사에 참석률이 저조했다. 이번 행사에는 그 어느 때보다 참석률이 높았으며, 리더십 팀과 영국 이사회 멤버들이 한자리에 모여 컨설팅 정체성 그리고 전략과 비즈니스 전체의 시너지 효과를 공유하고, 팀별 활동을 통해 컨설팅 커뮤니티 구성원들과 소통하는 기회를 가졌다. 참여자들은 서로 새로운 관계를 형성하고, 고객에게 제공하는 다양한 서비스를 접할 수 있었다. 참석자의 90%가 이번 행사가 좋았거나 훌륭했다고 평가했으며, 서비스 분야의 다른 사람들과 네트워크를 형성할 수 있는 기회에 대해 칭찬을 아끼지 않았다. 이 가운데 상당수 사람에게 이 행사가 진정으로 고향 같은 장소로 자리 잡기 시작한 듯했다.

팀 코칭 되돌아보기

팀 코칭 작업을 검토하면서 타임라인을 되돌아보는 작업을 통해 원래는 훨씬 더 빨리 성과를 달성하기를 기대했다는 사실을 인정했다. 그렇지만 되돌아보면 이 리더십 팀의 더 넓은 역사적, 시스템적 맥락을 더 선명하게 볼 수 있었다. 이 작업은 고객이 컨설팅 서비스의 가치에 의문을 제기하고, 비즈니스 세계 전반의 혼란과 회사 내부의 조직 변화로 인해, 변화를 이끌어낼 리더십 팀의 자신감이 약화되었을 때 시작되었다. 이와 더불어 모든 리더는 서비스/부문/제품 매트릭스 전반에 걸쳐, 최소 세 개 이상의 서로 다른 책임을 맡고 있어서, 한 멤버가

'얇은 베니어thin veneer'라고 표현했듯이, 고객을 대면하는 매트릭스 비즈니스에서는 드물지 않은 환경에서 리더십이 구축되었다. 이 모두를 고려할 때, 코칭 작업을 통해 팀이 집단적으로나 개별적으로 정당성과 자신감을 구축하여, 전략적 수준에서 임무와 고객 대면 비전 강화가 중요했다.

호킨스의 다섯 가지 규율 모델을 참조하여, 컨설팅 정체성의 발전을 살펴보면, 개별 리더, 팀 내, 팀과 더 넓은 비즈니스 사이에서 반복적인 학습 과정을 볼 수 있다:

- 새로운 사명과 목적을 가지고 조직에 새로운 방향을 제시하는 방법을 학습
- 비즈니스에 대한 개인적인 가치와 열정을 공유하고 팀 내에서 서로 배우면서 정체성 공유
- 자기 자신과 대인관계에 대한 인식을 높이고 대화와 리더십의 새로운 방식을 통해 기존 권력 구조에 참여하는 개인의 자신감과 기술 향상
- 고객 현장의 컨설팅 직원과 연결하여 서비스 라인이 실제로 어떻게 작동하는지 습득
- 모호함과 모순이 존재했던 부분을 학습하고, 주요 이해관계자들을 다시 참여시켜 공유된 정체성을 구체화하고 심화
- 더 강력한 브랜드와 서비스 라인을 구축하기 위해 현재의 감각을 뛰어넘는 방법 학습

이러한 다섯 가지 규율 내 그리고 규율 간 학습 흐름은 [그림 4.3]에 요약되어 있다.

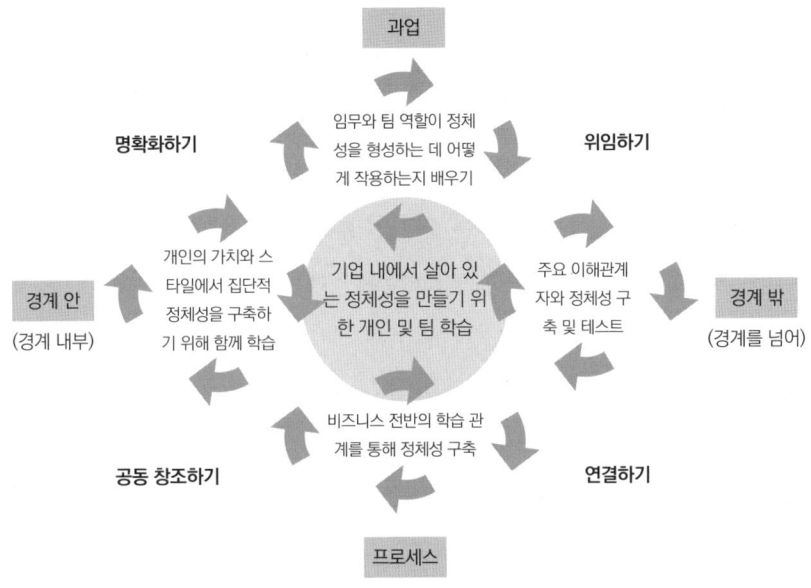

[그림 4.3] 다섯 가지 규율 내/규율 간 학습

그래서 이 과제가 끝났을 때 컨설팅 리더십 팀을 살펴보니, 다음과 같은 사실을 알 수 있었다:

- 혼란스럽고 정신없던 리더십 팀에서 사람들이 잘 협업하는 실무 이사회로 변화한 리더십 팀
- 리차드가 새로운 역할로 이동하고, 새로운 리더가 책임자 자리에 오르면서, 개인적, 집단적 자신감이 높아진 리더 팀

- 다음 해에 서비스 라인의 참여를 한 차원 높은 단계로 끌어올리기 위한 일련의 야심찬 집단적 목표 수립
- 고객과의 업무에 대해 합의된 정체성과 공동의 사명을 가진 컨설팅 실무 커뮤니티로, 직원 이탈이 감소하고 활용도가 상승세로 전환되었으며, 학습과 개발 활동의 범위와 참석률이 증가하고, 직원들이 이 커뮤니티를 직업적 '보금자리'로 여기기 시작
- 회사 내에서 진보적이라는 평가를 받는 미래 리더십 잠재력을 키우기 위한 프로그램을 운영할 계획

그리고 앞으로 이 팀은 다른 서비스, 회사의 전략적 사업 추진, 고객사 담당 리더 그리고 고객사와의 접점을 심화, 확장하여 컨설팅이 현재와 미래의 고객에게 가치를 제공하는 데, 본질적이고 필수적인 역할임을 입증해야 하는 과제를 안고 있다.

8년 후의 성찰

2020년과 2021년을 바라보며, 이 작업의 이야기를 살펴보니, 컨설팅 리더십 팀의 구성과 새로운 실무 커뮤니티에 대한 참여가 얼마나 많은 대면 '접점'의 창출에 의존했는지 놀랍다. '록다운 lockdown' 상황에서 이 작업을 수행하고, 우리가 달성한 결과를 얻을 수 있었을까 싶다. 물론 리차드와 그의 팀은 기술을 사용하여 비즈니스 전반에 걸쳐 소

통하고 새로운 전문가 네트워크를 구축했다. 그렇지만 마음과 마음을 연결하는 대부분 작업은 사람들을 한데 모으고, 다양한 비즈니스와 고객 현장을 방문하고, 회의실에 있는 플립차트 용지에 강점, 스타일, 열정을 공유하여 이루어졌다.

   팬데믹으로 인한 신체 접촉 제한으로, 지난 18개월 동안 리더들은 직원들과 근본적으로 다른 소통 방법을 모색해야 했고, 팀 코치들은 팀과 협력하고 협업 리더십을 키울 혁신적인 방법을 개발해야 하는 과제를 안게 되었다. 많은 사람이 대면 접촉의 상실감을 느끼고, 화면을 통해 정서적 공감대를 형성하는 데 어려움을 겪으며, 스트레스가 많은 세상 속에서 지속적인 화상회의 요구에 지쳐가고 있다. 그렇지만 리더십 팀과 코치들이 새로운 기술 플랫폼을 활용하여, 개발에 투자하고, 리더십에 도전하면서, 엄청난 창의성과 용기를 발휘하는 모습을 목격했다. 또 가상 근무의 필요성은, 역설적이게도 더 많은 사람과 소통하고 접촉하는 데 제약을 없앴다.

   돌이켜보면, 이러한 유형의 팀 코칭 작업은, 가상 의사소통 접근 방식을 통해서도 똑같이 가능하며, 어떤 면에서는 이러한 접근 방식이 거리가 멀더라도, 시스템적으로 협업체계를 구축할 수 있는 연결 방법의 표준을 만드는 데 도움을 준다고 생각한다. 이동에 따른 물류, 시간, 비용의 부담에서 벗어나, 창의적인 신기술과 이를 자신 있게 사용할 수 있는 기술을 갖춘 리더십 팀은 선견지명과 규율만 있다면, 그 어느 때보다 훨씬 더 광범위한 사람들을 대상으로 활기찬 연결을 만들 수 있다. 또 시스테믹 팀 코치는 팀 내, 그리고 팀과 다양한 이해관계자 사이의 관계 형성을 코칭할 수 있는 더 많은 기회를 통해 이들을 지원할 수 있다.

기고자: 힐러리 라인스Hilary Lines

힐러리 라인스는 임원, 팀 코치로서, 조직 변화의 퍼실리테이터이자 신뢰할 수 있는 조언자로서, 그리고 전 세계 리더십 개발의 혁신가로서 30년 이상 고위급 리더들과 함께 일해온 경험이 있다. 힐러리는 시니어 리더들이 팀 내에서 갈등과 차이를 극복하고, 건설적이고 창의적인 방식으로 서로 다른 사람들과 협력하여 새로운 조직 문화를 창출할 수 있도록 돕는 일을 전문으로 한다. 2013년에 출간한 저서 『터치포인트 리더십Touchpoint Leadership』(재키 스콜스 로데스Jacqui Scholes-Rhodes와 공동 집필)은 리더가 지속적인 가치를 창출하는 협업 관계와 문화를 구축할 수 있는 템플릿을 제공한다. 시스테믹 팀 코칭의 아카데미 임원 코칭/리뉴얼 어소시에이트 디플로마 그리고 글로벌 팀 코칭 연구소 프로그램 제품군의 설계와 리더십에 주도적인 역할을 했으며, 팀 코치 수퍼바이저로 활동하고 있다.

5장
팀 공동창조하기 코칭 하기
캐나다의 2개 사례 연구

저자: 캐서린 카Catherine Carr과 재클린 피터스Jacqueline Peters
역자: 최미숙

도입

이 장에서는 박사 연구 프로젝트 일환으로 서로 유사한 코칭 프로세스에 따라 두개 팀을 대상으로 코칭 프로그램을 진행했던 경험을 공유한다(Carr & Peters, 2012). 코칭 참가자의 시각에서 팀 코칭 경험을 탐구하는 데 관심이 있던 프랙티셔너-연구자로서 우리는 2011~2012년에 저마다 팀 코칭 사례를 연구했다. 이어서 우리와 협업했던 두 개의 매우 상이한 캐나다의 리더십 팀 간의 주제를 파악하기 위해 교차 사례 분석을 했다. 캐서린Catherine은 브리티시컬럼비아주 정부 내 6명으로 구성된 몰입 및 인력 개발 리더십 팀engagement and workforce development leadership team과 일했다. 재클린Jacqueline은 앨버타주

캘거리에 본사를 둔 다국적 기업의 8명으로 구성된 재무 리더십 팀과 함께 일했다.

우리는 과거 팀 코칭 경험, 팀 코칭에 관한 최소한의 문헌, 팀 효율성을 높이는 요인에 대한 광범위한 지식을 바탕으로 비슷한 팀 코칭 프로세스를 적용했다. 우리가 개발한 프로세스는 [그림 5.1]에 나와 있다. 여섯 번째 단계인 연구 인터뷰 및 검증은 연구에만 국한된 것이 아니라 개별 팀원들이 팀 코칭 경험을 되돌아보고 그 과정에서 핵심 학습을 파악할 수 있는 기회를 제공함으로써 팀 코칭 접근 방식에 도움이 되었다.

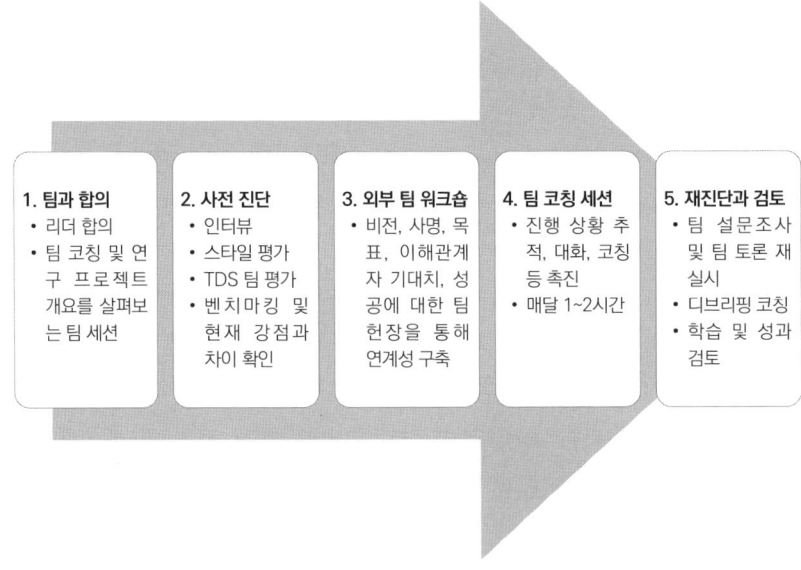

[그림 5.1] 팀 코칭 프로세스 개요

우리 팀은 코칭을 하기 전에도 최고의 팀워크를 자랑하는 팀이었지만 코칭 참여는 여전히 좋은 선택이었다…. 왜냐하면 정상에 오르면 정상이 기준이 되고 계속 한계를 뛰어넘고 싶어진다…. 결코 현실에 안주할 수 없고, 우리는 절대 안주하지 않았다. 우리는 계속해서 스스로를 밀어붙였다.

프로세스는 매우 유사했지만 두 팀의 도전 과제와 경험에는 차이가 있었다. 이 장에서는 두 팀에 대해 별도로 소개하고, 이 팀들과 처음 우리가 참여했던 방법을 공유하려고 한다. 이 사례 연구는 각 팀이 호킨스Hawkins의 다섯 가지 규율 모델의 핵심 질문인 미래에 필요한 역량을 갖추는 데 어떻게 도움이 되었는지 보여준다. 또 코칭에 대한 팀원들의 초기 희망 사항, 목표, 팀 코칭을 통해 팀원들이 가치 있다고 판단한 내용도 포함되어 있다.

이 사례 연구에서는 특히 명확화하기와 공동 창조하기 규율 (Hawkins, 2021)을 적용하여 코칭한 사례에 집중하며 팀이 변화를 만들고 유지할 수 있도록 지원했다. 우리 둘 다 비전, 사명, 목표, 가치, 성공 지표 및 업무 협약 프로토콜을 포함한 요소를 명확히 하려는 노력을 했다. 우리가 강조했던 세 가지 주요 공동 창조하기 요소는 다음과 같다: (1) 코칭 전/후의 팀 성과와 기능 진단 평가, (2) 이틀 간의 팀 출범launch, (3) 5~11개월 동안의 지속적인 팀 코칭 개요

고객 1: 캐서린의 정부 팀

브리티시컬럼비아주 정부 사회개발부Ministry of Social Development 소속의 6명으로 구성된 몰입 및 인력개발팀과 함께 일하게 된 것이 나는 얼마나 큰 행운인지 처음에는 잘 알지 못했다. 이 고위 리더십 팀의 각 구성원은 각기 다른 영역을 능숙하게 이끌며 부하직원을 관리했다. 이 팀은 직장 환경 점수workplace environment scores가 매우 높은 혁신적이고 성과가 높은 팀으로 알려져 있었다. 팀 코칭의 향후 과제는 이 뛰어난 팀이 더 큰 영향력을 발휘할 수 있도록 지원하는 것이었다.

코칭을 통해 이 팀은 더 큰 비전을 명확히 하고 그 비전을 실현하기 위해 필요한 조치를 취할 수 있었다. 그들은 팀 코칭이 다음 단계에 어떤 도움을 줄 수 있을지 호기심과 열정을 보였고, 그 여정이 어디로 향할지 기대했다. 이 팀은 코칭 전 개별 인터뷰 주제, 팀 진단 설문조사 TDS 결과(Wageman et al., 2005), 디브리핑 대화에서 나온 의견을 바탕으로 '정부 전반에 걸쳐 광범위한 영향을 미칠 수 있는 새롭고 교차 기능적이며 혁신적인 프로젝트를 통해 설득력 있는 시니어 팀 방향성의 수립'이라는 야심찬 코칭 목표를 선택했다. TDS는 팀 효율성과 상관관계가 있는 주요 요소에 대해 팀이 얼마나 잘 기능하고 있다고 생각하는지를 각 팀원의 의견을 정량적, 의견 기반으로 평가하기 위해 채택되었다.

팀 출범과 함께 팀은 더 교차 기능적인 협업 스타일로 전환하기로 했다. 서로 더 많이 연결될수록 직장에서의 학습과 참여를 최적화하고 더 큰 비즈니스 성과를 낼 수 있다는 것을 알고 있었기 때문이다. 코칭에서는 이들이 업무를 수행하면서 서로 연결하고 학습하는 새롭고 더 유동적인 방식을 설명하기 위해 'teaming'이라는 용어를 사용했다(Edmondson, 2012). 이 목표를 달성하기 위해 팀은 팀원들의 서로 다른 행동 스타일이 상호작용하고 소통하는 방식에 어떤 영향을 미치는지 이해하는 데 도움을 주도록 DISC 진단을 실시했다(DISC, 2012). DISC 팀 프로필은 개인과 팀으로서 각자의 자연스러운 스타일 선호도, 강점 및 차이가 어디에 있는지 보여주었다.

정부 팀 코칭 목표 및 활동

초기 팀 출범 당시의 코칭 목표와 관련 코칭 활동 사례는 [표 5.1]에 요약되어 있다.

[표 5.1] 캐서린의 정부 팀 코칭 런칭 안건 및 결과(Carr & Peters, 2012)

목표	활동	결과(인용)
1. 성찰적이며 개방적인 공간 만들기	• 성공에 대한 마음가짐과 시각화 그리고 성공 지원	'훨씬 더 연결된 느낌이 듭니다.'
2. 팀 효과성 이해	• 팀 효과성 기준과 팀이 잘한 일과 더 잘할 수 있는 일에 대해 대화	'DISC는 내가 왜 이 팀에서 내가 맡은 역할을 해야 하는지 이해하도록 도와주었습니다.'
3. DISC와 게임을 통한 서로의 스타일 이해	• 개인 및 팀 DISC 프로필, 서로 다른 스타일에 대한 이해를 보완하는 활동	'나는 여러분을 다른 방식으로 이해합니다.'
4. 팀 헌장 및 공동 작업 프로젝트 검토 및 만들기	• 미션, 비전, 우선순위, 신규 프로젝트 검토 • 가치관 및 협력 방식에 대한 논의	'각자가 팀에 기여하기 위해 하는 일이나 할 수 있는 일에 감사합니다.'

[표 5.1] 캐서린의 정부팀 코칭 런칭 안건 및 결과(계속)

목표	활동	결과(인용)
5. 팀 코칭 목표와 일치하는 개별 학습 목표를 파악. 동료 코칭을 통해 개인 목표 탐색	• 개인 저널링 및 그룹 토론 • 개인 목표를 활용한 동료 코칭 시연, 토론 및 실습 세션	• '동료 코칭이 정말 좋았어요. 우리 팀에서 더 많은 동료 코칭을 하고 싶어요.'
6. 다음 단계 정의 및 외부 워크숍의 종료/통합	• 세션 실행 계획 및 검토	• '코칭받을 새로운 프로젝트를 시작한다는 생각에 기분이 좋습니다.'

이 팀은 코칭을 통해 기존의 전문 분야를 벗어나 협력적으로 일해야 하는 새로운 임원 경력 경로 도구를 의도적으로 개발했다. 팀 리더는 스스로 용기 있는 변화 목표를 설정하고 공개함으로써 코칭 이니셔티브를 적극적으로 지원했다.

[표 5.2]에서 확인할 수 있는 여덟 번의 후속 세션 동안 팀 리더와 팀의 비공식 리더는 한 발 물러서서 다른 사람이 자신의 고유한 강점과 능력을 더 충분히 발휘할 수 있도록 했다. 회의 참여가 더욱 균형 있게 이루어졌다. 그 결과 "지난 몇 번의 [회의는] 정말 경이로운 일이었습니다. 우리는 합의에 도달할 수 있었고, 테이블에 있는 모든 사람의 의견을 들을 수 있었습니다."라는 의견이 있었다.

이 팀은 함께 일하는 스타일을 바꾸면서 대인관계로 인한 갈등과 어려움을 겪었지만, 업무 협약과 동료 코칭을 통해 외적인 목표와 미래를 향한 목표에 집중할 수 있었다. "갈등을 구석에 처박아 두고 해결하지 않고는 더 나은 곳으로 나아가기 어렵습니다."

한 팀원은 이렇게 말했다:

[표 5.2] 중간 및 종결 세션 목표 및 활동(Carr & Peters, 2012)

세션	목표	활동
1	• DISC(Extended DISC International, 2012) 스타일을 검토하고 결과물 생성에 적용. • 코칭받을 프로젝트 선택 • 변화를 만들기 위한 업무 협약서 및 새로운 회의 구조 만들기 • 성공 측정 기준 만들기	• 마음챙김과 '막막함을 느꼈지만 길을 찾았던' 시간에 대한 체크인 • 긍정적인 변화를 강화하기 위한 프로세스 퍼실리테이션 • 팀 리더가 팀과 함께 DISC를 검토하고 이것이 비즈니스 성과에 중요한 이유 • 토론: 어떤 프로젝트가 목표와 성과에 도움이 되는가? 코칭의 지속적인 역할은 무엇인가? 성공을 어떻게 측정할 것인가? • 팀 리더가 업무 협약 활동을 촉진하고 원하는 변화를 만들어 나갈 수 있도록 새로운 회의 형식 계획
2	• 탁월한 결과 달성 코칭	긍정적인 변화를 강화하기 위한 체크인/프로세스 퍼실리테이션 • 프로젝트에 대한 코칭: 프로젝트 결과가 특별한 이유는 무엇인가? 어떻게 다르게 협업하고 있는가? 무엇이 변화하고 있는가? • 업무 협약서 사용 강화, 의사결정 프레임워크 및 새로운 회의 구조에 합의하기 위한 코칭
3	• 갈등을 극복하고 원하는 변화를 공고히 하기 위한 노력	• 의제에 대한 팀 의견 수렴 • 그룹 역동성을 위한 프로세스 퍼실리테이션 회의 • 최근 발생한 갈등 사건 살펴보기
4	• 강점을 기반으로 긍정적인 변화 창출	• 체크인: 잘 진행되고 있는 사항과 개선이 필요한 사항은 무엇인가? • 긍정적인 변화를 강화하기 위한 프로세스 퍼실리테이션 • 팀과 관련된 로사다Losada의 프레임워크(Fredrickson & Losada, 2005) 살펴보기 • 팀 코칭 의제의 주체를 팀으로 이전하기
5	• 지속적인 학습 구조 포함	• 각 팀원이 자신의 DISC 스타일에 대해 발표 • 팀 프로필 결과 퍼실리테이션 • 호킨스(2011a)의 팀 허들 소개

[표 5.2] 중간 및 종결 세션 목표 및 활동 (계속)

세션	목표	활동
6	• 조직 전체에 걸친 연결cascade 학습	• 성공에 집중하고 학습을 통한 배움 • 팀원들이 자신의 팀과 더 많은 팀 코칭을 할 수 있도록 계획하기
7	• 지속 가능성 창출	• 지속 가능성에 집중 • 마무리 세션 계획 • 지속적인 동료 코칭 설정
8	• 종료, 결과 검토 및 다음 단계 계획 수립 • 축하	• TDS 평가 결과에 집중하고 팀의 성공 축하 • 변화와 다음 단계를 강조하기 위한 팀 만들기 sculpting • 지속 가능성 및 다음 단계에 대한 논의

우리가 원하는대로 달성하고자 하는 것을 팀 회의에 포함시키는 과정은 매우 중요하면서도 눈을 뜨게 하는 과정이었다고 생각합니다. 우리가 원하는 것을 적극적으로 실천해야 했고, 이를 통해 '말 그대로 실천'해야만 했습니다. 팀원 모두에게 좋은 배움의 시간이었고, 팀원들이 함께 일하는 방식에 변화가 생겼습니다.

또 다른 팀원은 시간이 지남에 따른 코칭의 가치에 대해 언급했다:

한 번의 이벤트는 그 자체로 사고방식을 바꿀 수는 있지만 실제로 행동을 바꾸지는 못합니다. 반면, 장기간에 걸친 코칭을 통해 실제로 자신과 팀원들에게 다른 방식을 시도하는 과정에서 시련과 어려움을 겪게 되면서 효과를 발견할 수 있었습니다.

팀은 서로 더욱 신뢰하게 되었고, 이를 통해 저마다 필요와 열망, 강점을 존중하는 더 깊고 진정성 있는 팀 관계를 형성할 수 있었다.

정부 팀 코칭 결과

11개월 뒤, 이틀간의 팀 출범 워크숍과 8회의 후속 세션이 끝난 뒤 TDS를 재실시한 결과, 팀 코칭의 목표를 달성하고 팀 효율성이 높아졌다는 결과가 확인되었다. 팀원들은 서로의 강점과 재능을 활용하여 더욱 교차 기능적cross-functionally으로 일하고 있었다. 팀에 대한 참여도가 높아졌고, 더 나아가 부서 전체에 대한 참여도가 높아졌다. 팀 코칭에서 배운 내용을 각자의 팀에 적용하면서 지사branch 전체에서 더 혁신적인 제품이 출시되는 효과를 볼 수 있었다.

그들은 자부심과 성취감을 느꼈고 서로에 대한 유대감이 더욱 커졌다. 미션이 달성되었다! "사람들이 프로젝트의 비전을 세우는 단계부터 완성에 이르기까지 더 끌리고 더 많은 통합이 이루어지는 것 같습니다."

이 팀은 팀 코칭 세션에서 배운 원칙을 계속 적용하여 정부 조직 내의 코칭의 가치를 적극 지지하게 되었다. 팀원 가운데 한 명은 심지어 임원 코치 자격증을 취득했다. 그녀는 이제 팀 코칭 프로세스에 관해 이야기할 자격을 충분히 갖췄다:

> 팀 코칭 프로세스에서 서로를 더 깊이 알아가고 더 솔직하게, 개방적으로 소통하며, 더 빨리 문제를 해결하고, 각자의 업무 스타일을 더 잘 이

해하고, 팀 프로세스를 개선 또는 추가하고, 팀 구조를 재검토할 수 있었던 부분이 내게 가장 가치 있었습니다.

이 정부 팀의 코칭 여정은 [그림 5.2]에 요약되어 있다.

코칭이 종료된 이후, 고위 팀 구성원들은 많은 혁신적인 코칭 프로젝트를 적극적으로 수행했으며, 이를 통해 정부 전체의 코칭 문화 혁신의 본보기가 되었다. 한 가지 프로젝트 예는 고용 및 지원 담당 직원 핵심 교육 프로그램Employment and Assistance Worker Core Training Program이었다. 이 팀은 기존의 강의 모델을 혁신하고 더 나은 학습을 위해 '측면 가이드guide on the side' 코칭 방식으로 전환했다. 또 다른 예는 정부 인트라넷 사이트인 블로그 '더 루프The Loop'를 통해 코칭의 가치를 보여준 것이다. 팀원들이 팀을 통해 코칭을 연쇄적으로 진행하면서 직원들에게 코칭 경험에 대해 글을 쓰도록 요청했다. 팀 코칭은 이 리더 팀이 정부 전반에 코칭 정신을 불어넣도록 영감을 주는 데 핵심적인 역할을 했다. 그들은 더 큰 목적이 정부를 변화시키는 것, 즉 경력 경로의 접근성을 높이고 직원의 개발, 몰입 및 유지에 앞장서는 것이라고 생각했다.

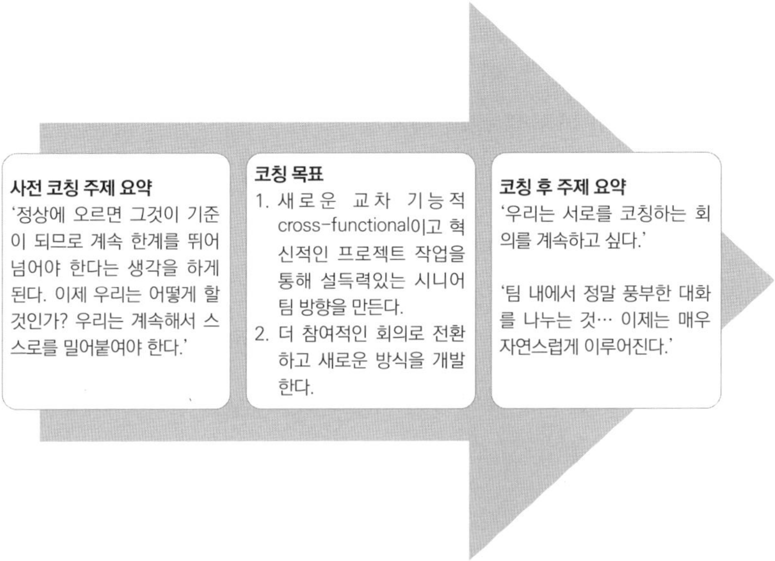

사전 코칭 주제 요약	코칭 목표	코칭 후 주제 요약
'정상에 오르면 그것이 기준이 되므로 계속 한계를 뛰어넘어야 한다는 생각을 하게 된다. 이제 우리는 어떻게 할 것인가? 우리는 계속해서 스스로를 밀어붙여야 한다.'	1. 새로운 교차 기능적 cross-functional이고 혁신적인 프로젝트 작업을 통해 설득력있는 시니어 팀 방향을 만든다. 2. 더 참여적인 회의로 전환하고 새로운 방식을 개발한다.	'우리는 서로를 코칭하는 회의를 계속하고 싶다.' '팀 내에서 정말 풍부한 대화를 나누는 것… 이제는 매우 자연스럽게 이루어진다.'

[그림 5.2] 캐서린의 정부 팀 팀 코칭 요약

9개월 뒤

팀 코칭이 완료된 지 9개월 뒤 팀이 후속 세션을 요청했다. 그들은 리더십 팀으로서 내부적으로 더욱 유대감을 느끼고 있으며, 동료 지원과 동료 코칭을 자주 활용하여 어려움을 해결하고 있다고 설명했다. 한 팀원은 "우리는 서로를 사람으로 받아들이게 되었습니다. 우리는 직장 동료 그 이상입니다. 보통 한두 명의 동료와 함께라면 그럴 수 있겠지만, 모든 동료가 동시에 그러지는 못하죠. 우리에게는 마치 선물 같습니다."

팀의 경력 경로 도구에 대한 최종 조정이 필요했고 팀은 다른 우선순위에 쫓기게 되었지만 한 달 안에 도구를 출시하겠다는 의지가 확고했다. 팀 코칭의 가치에 대해 생각해 본 결과, 팀원들은 다른 프로젝트가 아닌 동료 수퍼비전 구조를 만들어 지속적인 리더십 도전에 대해 서로를 지원하기로 했다. 한 멤버는 "평소에는 꺼내지 못했던 진솔한 이야기를 나눴습니다."라고 말했다.

팀 리더는 같은 날 은퇴를 발표하며 "나는 여러분이 팀 코칭을 통해 일구어낸 결과를 지속해 나가기를 바랍니다. 앞으로도 계속해서 강력한 리더와 강력한 팀이 되어 주십시오."라고 당부했다. 실제로 팀원들은 함께 더 강력한 팀을 만들었다. 팀원이 바뀌고 조직의 임무가 바뀌었지만, 팀 코칭은 팀 문화를 변화시켜 개인을 넘어 더 오래 지속하는 시스템적 변화를 만들어냈다. 이 팀은 계속해서 혁신적이고 진취적인 팀으로 알려졌으며, 자주 정부 내 직원 몰입employee engagement도 선두를 기록했다.

2021 업데이트

모든 팀원은 자신이 열정을 갖고 사회, 환경적 변화를 일으킬 수 있는 분야를 선택해 경력을 발전시켰다. 몇몇은 2~3단계 더 높은 직급으로 승진했다. 몇몇 멤버는 민간 부문으로 전환하여 경영진 및 경력 코칭과 조직 개발 (주로 정부 고객을 대상으로) 프로그램을 제공하고 있다.

원래 팀원들은 다른 사람들을 위한 발전적 진로를 만들었을 뿐만 아니라, 스스로 그 길을 택했다. 그렇게 함으로써 그들은 정부 전반과 그들이 서비스를 제공하는 고객과 지역사회를 위해 중요하고 긍정적인 변화를 계속 만들어내고 있다.

고객 2: 재클린의 기업 팀

이 기업 리더십 팀을 대상으로 한 팀 코칭 프로세스는 재클린의 예전 고객이 새로운 리더십 팀을 맡아 회사 밖에서 개최하는 팀 조정team alignment 회의 개최와 관련 도움을 받기 위해 재클린에게 연락하면서 시작되었다. 그 고객은 새로 부사장으로 부임한 지 약 4개월이 지났지만 아직 소규모 기업 재무 서비스 부서의 공식적인 관리/리더십 팀을 구성하지 못한 상태였다.

그 고객은 팀의 가장 선임 리더와 관리자 8명을 한자리에 모아 부서의 새로운 비전과 방향을 만들고 실행하기를 원했다. 이 팀의 새로운 리더로서 직면한 커뮤니케이션 및 조정alignment 문제에 대해 논의하면서 재클린은 리더의 초기 외부 워크숍 요청을 전체 팀 코칭 프로그램으로 확장했다. 프로그램 세부 내용에는 외부 워크숍 전에 현재 상태를 진단하기 위한 사전 평가와 팀의 비전, 목표 및 합의 사항 이행을 지원하기 위한 후속 코칭 세션이 포함되었다.

기업 팀 코칭 목표 및 활동

8명의 팀원은 팀 코칭을 시작하기 전에 개별 인터뷰에 참여하고 TDS(Wageman et al., 2005)를 완료했다. TDS는 팀 효과성과 상관관계가 있는 주요 요인에 대해 팀이 얼마나 잘 기능하고 있다고 생각하는지에 대해 각 팀원의 응답을 수집하는 정량적 의견 기반 평가이다.

이틀간의 외부 워크숍 중에 강점, 기회, 목표를 파악하기 위해 2시간 동안 '킥오프kick-off' 팀 회의가 진행되었고, 이 과정에서 TDS 진단 요약 내용을 함께 검토했다. 사전 평가 결과에 따르면 팀원들 간의 조율이 부족하고 경쟁 의식이 고조되어 있다는 점이 두드러졌다. 대부분의 경우, 개별 기여자들individual contributors(역자주: 팀장 등의 팀원 관리 또는 조직관리에 대한 책임 없이 개인으로서 회사에 기여하는 전문가)은 마감에 집중해야 하는 부서에서 요구하는 일정을 맞추기 위해 필요한 일을 말끔하게 해냈지만 서로 잘 협업하지는 못한다고 느끼는 것으로 나타났다. 그들은 리더십 팀의 책임을 공식화하면서 이러한 방식이 자신이나 부서에 도움이 되지 않는다는 것을 알았다. 팀원 가운데 한 명의 의견은 코칭 전 팀의 상태를 다음과 같이 간결하게 요약했다: "유능하고 헌신적인 사람들이 팀에 있고, 우리는 흥미로운 환경에서 흥미로운 일을 하고 있지만, 역동/의사소통에 문제가 있습니다."

강점과 부족한 부분에 대한 팀원들의 토론 이후, 팀원들은 팀 코칭을 통해 얻고자 하는 결과와 6개월 뒤에 어떻게 성공 여부를 어떤 방법으로 측정할지 확인했다. 팀 코칭을 통해 얻고자 하는 개괄적인 목

표는 다음과 같다:

1. 팀이 무엇을 의미하는지 정의하고 설득력 있는 팀 목적을 만든다. (명확화하기 규율)
2. 서로의 관계를 강화한다. (공동 창조하기 규율)
3. 팀의 초점과 행동을 안내하는 팀 헌장(예: 비전, 임무, 업무 계약, 목표 및 성공 측정)을 사용하여 내부 및 외부에서 팀으로서 더욱 효과적으로 협력한다. (공동 창조하기 규율)

다음에는 외부 워크숍에서 이틀간 열리는 팀 출범식에 참여하여 팀원들이 업무뿐만 아니라 어울림 시간을 함께 가질 수 있도록 했다. 그런데 외부 워크숍이 열리기 2주 전에 팀 리더가 팀에 적용하고 싶은 몇 가지 중요한 변화에 대해 팀 리더와 이야기를 나누었다. 팀 리더는 팀 출범이 임박함에 따라 자신이 고려하는 구조조정의 적절한 시기를 저울질하고 있었다. 나는 성과가 높은 팀을 만들기 위한 핵심 조건에 관해 이야기하고, 적절한 인재를 확보하고 적절한 구조 내에서 일하게 하는 것이 팀 효율성과 팀 코칭을 위한 두 가지 중요한 전제 조건임을 강조했다(Wageman et al., 2008). 팀 리더는 나와의 코칭 대화를 바탕으로 신속하게 조치해야겠다고 했는데, 이 결심은 팀의 코칭 전 평가 보고 세션에서 드러난 조직 구조 피드백에 대한 우려로 더욱 확신을 갖게 되었다. 팀 리더는 팀이 성공하고 효과적으로 일할 수 있는 조건을 더 잘 마련하기 위해 부서를 재구성하기로 했고, 그 결과 리더십 팀 인원이 8명에서 7명으로 줄었다.

팀 리더는 나중에 이 결정의 중요성에 대해 이렇게 언급했다:

> 조직 내의 변화를 꾀하거나 새로운 방향성을 제시하는 데 이러한 유형의 코칭이 정말 중요하다고 생각합니다. 그 새로운 방향은 코칭과 함께 진행되며 사람들이 함께 일하고 변화를 만들어가도록 해야 합니다. 코칭을 통해 더 집중적이고 전략적으로 변화할 수 있었습니다.

이틀간 진행된 외부 워크숍에서 팀 리더는 일부 팀원의 새로운 리더십 역할과 보고 관계를 보여주는 재구성된 조직도의 세부 사항을 공유하는 것으로 세션을 시작했다. 다음으로 나는 팀원들이 이 새로운 구조에 대한 기대와 우려를 논의할 수 있도록 대화를 진행했다. 조직 개편으로 인해 팀원들이 불안감과 불확실성을 느끼고 있다는 것을 알 수 있었으므로 나는 안전한 방식으로 대화하고 공개적으로 대화하는 데에 집중했다.

팀원들이 생각을 가다듬을 수 있는 침묵과 개인 성찰의 시간을 갖게 되자 사람들은 자기 생각을 더 솔직하게 말하기 시작했다. 사람들의 대화가 계속되면서 분위기는 조금 누그러졌다. 그날 아침 1시간 30분 동안 토론한 뒤 마침내 휴식을 취했을 때, 방안의 분위기는 달라져 있었다. 회의 시작과 동시에 발생한 길고 불편한 침묵 대신 방 안에는 더 빠른 대화와 약간의 웃음소리가 들려왔다.

이틀간의 나머지 세션의 톤은 더 가볍고 활기찼다. 팀의 비전, 미션, 목표, 새로운 역할과 책임, 업무 협약 및 성공 측정을 '명확화'하는 작업을 진행하면서 진전이 있었다. 나는 팀의 학습과 대화를 촉진하기 위해 다양한 활동을 통합했다. 예를 들어, 개인 선호, 접근 방식 및 차이에 대한 토론과 이해를 촉진하는 방법으로 평가 도구인 Insights를 사용하여 팀원들의 개인 및 팀 스타일을 파악하고자 했다(The Insights Group Limited, 2012). 우리는 경쟁적 접근과 협업적 접근 방식에 대한 팀의 자연스러운 성향을 보여주는 카드 게임을 했고, 두 번째 기회에는 협업 방식으로 게임을 해보도록 했다. 또 팀 슬로건, 로고, 미래 비전 대화 등의 창의적 프로세스를 사용하여 새로운 아이디어와 상호작용 방법을 촉진했다.

우리는 업무 협약에 관해서도 대화를 나눴다. 오래된 습관이 바뀌는 데 시간이 걸릴 수 있으므로 팀원들이 건설적이고 공손한 방식으로 이러한 업무 협약에 관해 서로에게 책임을 묻는 방법에 대해 논의했다. 우리는 팀원 간에 부정적 대화에 빠지거나 다른 사람들에 대해 '뒷담화'를 할 때, 서로에게 동료 코칭을 제안하는 방법을 논의했다. 나는 팀원들에게 동료 코칭 대화 시범을 보였고, 고민/문제가 있는 사람들이 이러한 문제에 대해 상대방과 직접 대화하는 데 도움이 될 만한 방법을 제안했다. 그들은 '좋은 의도'라는 틀을 갖는 것에 대해 논의했고, 팀원들이 때때로 업무 협약을 위반하리라는 것을 알고 있었기에 선의, 규율, 그리고 동료 코칭 대화를 위한 합의된 틀에 기반을 둔 새로운 존재방식을 개발하기로 약속했다. 그들은 하나의 핵심 업무 협약에서 이 책임 논의의 본질을 찾아 냈다. '당사자와 직접 위반 행위에

대해 파악하고 서로 책임을 지게 한다.'

전반적으로, 팀원들은 워크숍으로 인해 피곤하기는 했지만 워크숍이 성공적이었다고 말했다. 그들은 세션이 끝날 때 코칭 지원 없이는 그렇게 많은 진전을 이루지 못했을 것이라고 말했다. 대화를 나누고 '테이블 위의 코끼리'(역자 주: 테이블 위의 코끼리는 조직 내의 큰 문제나 조직 내의 사람들이 말하기 불편해하는 문제를 의미)를 진정으로 파헤칠 수 있는 안전을 확보하는 것이 중요했다.

또 [표 5.3](기밀 보호를 위해 비공개 처리됨)과 같이 세션에서 도출된 모든 주요 합의 사항을 요약한 한 페이지 분량의 팀 헌장 초안도 작성했다. 이 팀 헌장은 나머지 팀 코칭 세션의 중심이 되었고, 팀으로서 함께 만들고자 했던 새로운 환경과 문화에 대한 가이드가 되었다(팀 헌장에 대한 자세한 내용은 피터스와 카, 2013년 및 호킨스, 2021:370-72 참조).

외부 워크숍 이후 팀 코칭 세션이 매월에서 격월로 진행되어 팀이 목표를 달성하고 업무 협약을 이행할 수 있도록 지원하였다. 팀 코칭 세션에 대한 개괄적 정보는 [표 5.4]에 나와 있다.

외부 워크숍 이후의 첫 번째 코칭 미팅은 팀의 성공 측정을 명확히 하는 데 초점을 맞췄다. 미래에 많은 이해관계자가 부서에서 필요로 하는 것이 무엇일까 물었을 때 팀은 쉽게 답변하지 못했다. 그들은 더 많은 정보를 취합하여 성공 측정 시 이를 활용하기로 했다.

팀이 고위 리더십 팀, 이사회, 외부 파트너, 조직의 기타 기능 및 분야를 포함하여 다양한 기업 이해관계자와 정기적으로 가장 효과적으로 소통할 수 있는 방법에 대한 논의가 추가로 이루어졌다. 나는 외부를 향한 관점을 촉구하고 강화하기 위해 질문했다.

[표 5.3] 재무 리더십 팀 헌장 - 2011년 가을

재무 리더십 팀의 팀 헌장 - 2011년 가을
비전 　기업의 성장과 성공을 촉진하는 재무 솔루션 **팀 미션** 　우리는 이해관계자들에게 회사를 유지하고 성장시키는 데 필요한 재무적 편의를 제공한다. 재무 솔루션을 제공하는 방법은 다음과 같다… (기밀 보호를 위해 생략) **팀 목적** 　조직과 직원들에게 재무 전략에 대한 핵심 리더십을 제공한다.

팀 구성원	팀 규범	주요 목표
• 7명의 팀원이 팀 헌장을 완성했고, 6명의 팀원이 6개월간의 팀 코칭이 끝날 때까지 잔류 **가치(샘플)** • 결과 • 성실integrity • 변화 • 리더십	• 안전한 발언 환경 조성 • 질문을 장려하고 환영 • 판단을 내리지 않음 • 우리는 좋은 의도로 문제를 직접 해결하며, '반대'가 아닌 '찬성'을 위해 경청 • 우리는 성공을 향해 다른 사람들과 공유할 것을 약속 (큰 성공과 일상적인 성공) • 업무량과 우선순위의 균형을 맞추기 위해 교육하고, 소통하고, 협상 • 우리는 스스로 경력 개발 계획을 수립 • 우리는 기밀을 존중 • 우리는 자신과 서로에게 책임을 진다.	• 기밀 보호를 위해 삭제 **성공 측정(샘플)** • 기관 수준 준수 • 이해관계자 만족도 조사에서 평가 등급 향상 • 개발 계획의 100% 완료를 통한 인력 개발

코칭이 진행됨에 따라 우리는 팀 행동에 대한 검토, 팀 헌장 완료, 업무 협약과 합일, 그리고 관리 팀으로서 내부 효과성을 향상하는 방

[표 5.4] 재클린의 기업 팀 코칭 세션 의제 및 결과

세션	의제	결과
1	• 외부 워크숍 이후 진행 상황/성공 검토 • 업무 협약 검토 • 성공 측정 방법 정의 • 팀 구조조정 발표 메시지 확인 및 팀의 향후 지향 방향 확인	팀원들이 꼽은 성공 요인: • 의사소통이 원활해짐 • 더 긍정적인 느낌 • 역할의 명확성이 높아짐 • 부서에 대한 긍정적 평가 향상 • 팀의 목적 의식이 높아짐 • 더 미래 지향적임 • 브랜딩에 대한 인식이 높아짐 • 새로운 직책 추가에 대한 승인 • 함께 일하는 방식에 대해 더 많이 생각함
2	• 12월 회의의 조치 검토 • 12월 이후 성공 및 기회 파악 • 업무 합의 사항 점검 • 스코어카드/성공 조치 검토 • 구조조정 – 부서를 모델링하고 이끌고 있는지에 대한 반성 • 팀이 파악한 기타 문제 • 다음 단계	팀원들이 확인한 성공 사례: • 안전한 환경이 조성됨 • 서로에게 지속해서 마감일을 알려줌 • 팀원들이 서로의 대화에 대해 배우게 됨 • 긍정적 • 모두가 참여 • 초점/최종 목표에 다시 집중하기 • 주제의 중요성에 대한 공통된 이해 • 제안에 개방적 • 개선 기회 • 의견을 개인적으로 받아들이지 않는다 • 투자된 시간에 민감하게 반응한다 • 성공 사례 소통 • 목표와 전략 및 KPI로 다시 연결하기
3	• 조치 및 진행 상황 검토 • 업무 협약 검토 • 긍정도 조사 검토(긍정/부정, 자기/타인, 질문/옹호 차원에서의 성공적인 팀 비율) • 전체 부서에 업무 협약 도입 결정 • 팀 코칭 종료를 위한 다음 단계 검토	• 전체 부서에 약간의 수정을 가하여 업무 협약을 배포하는 데 동의함 • 팀의 업무 협약 성공률 • 부서 활동에 대해 더 많은 정보를 얻음 • 의견을 말하기에 안전한 환경 • 좋은 팀워크와 커뮤니케이션 • 더는 부정적인 말을 듣지 않음 • 적절한 대화 • 차이를 줄이기 위해 함께 노력 • 팀의 업무 협약 합의 기회 • 가능하면 다른 팀원들과 함께 하기

[표 5.4] 재클린의 기업 팀 코칭 세션 의제 및 결과 (계속)

세션	의제	결과

		• 팀의 약속 준수; 캘린더에 반영
		• 새로운 업무 협약서 추가:
		  • 우선순위를 확인하지 않고는 약속을 하지 않음
		    (예: 약속하기 전에 사람들의 업무량 – 교육, 커뮤니케이션, 협상 – 에 대해 소통)

4	• TDS 검토
	• 팀 코칭 여정 검토
	• 성공/감사
	• 고성과 팀을 유지하는 방법 파악하기
		• TDS 점수는 전반적인 개선을 보여줌
		• 코칭 중 진행 상황에 대한 코멘트:
		  • 올바른 방향으로 나아가고 있음
		  • 회복에 집중
		  • 좀 더 높은 성과
		  • 긍정적인 어조
		  • 더 자신감 있고 서로를 지지하는
		  • 상황이 개선됨; 업무의 적절한 분배; 목표에 집중

안 모색, 외부 평판 또는 더 넓은 부서 및 조직과 함께 브랜드를 개선하는 방법을 찾는 데 집중하였다. 팀은 호킨스의 네 번째 규율인 연결하기와 연관되어 있는 외부 문제, 기회 및 부서가 외부에 미치는 영향을 더 많이 인식함으로써 업무에 시스템적 접근 방식을 적용하기 시작했다.

한 팀원은 후속 세션의 가치에 대해 다음과 같이 언급했다.

후속 세션은 우리가 예전 방식으로 후퇴하지 않도록 하는 데 중요한 역할을 했습니다. 생각만 하는 것이 아니라 실제로 실천해야만 했기에 도움이 되었습니다. 우리의 업무 일상은 매우 바쁘고, 우리는 그저 일을 하며, 그래서 후속 조치를 취할지 장담하기 어렵습니다. 코칭 프로세스가 후속 조치를 하게 만들었습니다.

나는 팀 리더와 공동으로 미팅을 진행하도록 팀 코칭 세션을 구성하는 한편 팀 또한 코칭했다. 나는 팀이 잠시 멈추고 '타임아웃'을 할 수 있는 기회를 제공했고, 세션 동안 진척 상황과 상호작용에 대해 생각해 볼 수 있도록 질문했다. 나는 또한 팀이 팀 내/외부에서 만들어가고 있는 팀 문화에 집중하여 최종 목표와 결과에 계속 집중할 수 있도록 지원했다. 한 참가자는 이렇게 말했다. "우리 코치는 엄격했고, 우리가 성취하려고 했던 것으로 되돌아가도록 하는 면에서 좋았습니다. 나는 인사HR에서 진행하는 많은 활동을 경험했지만 그다지 많은 가치를 발견하지 못했는데 이번에는 좀 달랐습니다. 성과물과 일정이 있었습니다."

기업 팀 코칭 결과

2012년 4월 마지막 코칭 세션에서, 팀원들은 2011년 10월부터 2012년 4월까지 많은 TDS 평가 요소에 대해 어느 정도 긍정적 진전이 있었다고 동의했다. 팀이 의미 있는 변화가 있었다고 말한 TDS 다섯 개 요소는 다음과 같다. (1) 효과적인 업무 관리, (2) 팀 구성원 관계, (3) 팀 구조, (4) 잘 구성된 팀, (5) 코칭의 도움이 그것이다. 새로운 리더 부임 전, 팀 코칭이 시작되기 전 몇 년 동안 팀이 겪은 어려움 때문에 팀은 이러한 변화가 팀 코칭 없이는 일어나지 않았을 것이라고 믿었다.

전반적으로, 이 팀은 사전 코칭 진단에서 최종 코칭 세션으로 진행됨에 따라 부서 내 역동과 부서 구조 등 내부에 중점을 두었던 초점을 조직 내/외부에서 영향력을 강화하는 방향으로 전환했다. 그들은 성공 척도를 정의하고 성공을 대/내외적으로 추적하였는데 과거에는 이를 명확하게 하지는 않았다. 또 코칭 세션에서 그들은 서로 더 응집력 있고 긍정적으로 일하고 있다고 말했다. 마지막 코칭 세션에서 팀 리더는 '우리는 학생에서 교사로 졸업했다'라고 말하며 코칭 성과를 요약했다. 우리는 서로서로 업무 협약을 지키며 "이제 우리 팀이라고 말할 수 있게 됐습니다."라고 말했다.

팀원들은 모두 팀 코칭의 원래 목표를 달성했다는 데 동의했고, 자신들의 발전에 자부심을 느꼈다. 한 팀원은 다음과 같이 말했다:

팀 코칭이 많은 도움이 되었습니다. 한 팀에는 많은 훌륭한 개인이 있을 수 있지만, 그들이 한 팀으로 일하지 않는다면 그 총합이 더 크다는 것을 의미하지는 않습니다. 팀으로서 일하고, 팀으로서 잘해 나가기 위해서는 자신의 역할이 무엇인지, 어떻게 기여할 수 있을지, 팀 성공을 살펴보고, 팀이 조직을 위해 무엇을 할 수 있을지를 알아야 합니다.

그들은 그들 스스로 책임을 져야 하는 팀과 부서 문화에 대해 더 높은 기준을 달성했다고 믿었다. 팀장은 그들의 성공과 효과가 부서 밖에서도 주목받고 있다고 언급했다. 팀장은 말했다: "팀 코칭 결과 부서에 대한 고위 리더십의 평가가 확실히 높아졌으며, 팀이 더 높은 성과를 내게 되면 팀에 대한 믿음과 신뢰감이 더 높아지고, 더 많은 것을 이룰 수 있다고 믿습니다."

이 팀의 코칭 여정에 대한 요약은 [그림 5.3]에 정리되어 있으며, 여기에는 팀의 시작점과 팀의 세 가지 코칭 목표를 요약한 최초의 코멘트와 팀 코칭 후 팀의 종료 시점을 요약한 마지막 코멘트가 포함되어 있다.

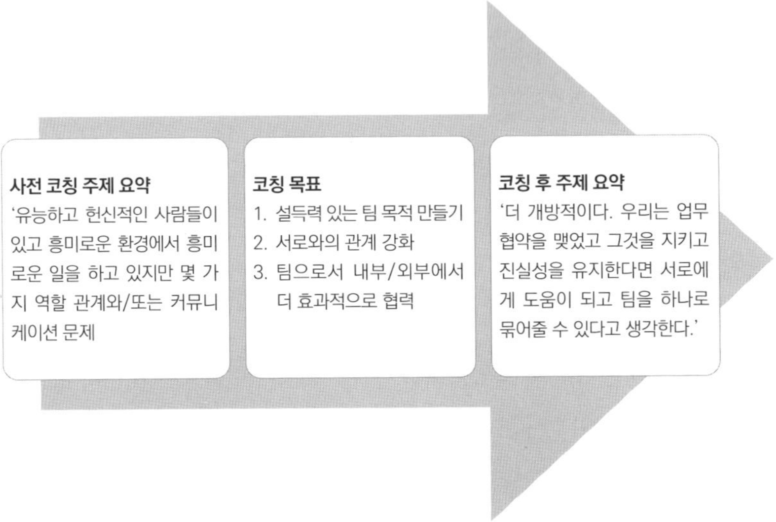

사전 코칭 주제 요약	코칭 목표	코칭 후 주제 요약
'유능하고 헌신적인 사람들이 있고 흥미로운 환경에서 흥미로운 일을 하고 있지만 몇 가지 역할 관계와/또는 커뮤니케이션 문제	1. 설득력 있는 팀 목적 만들기 2. 서로와의 관계 강화 3. 팀으로서 내부/외부에서 더 효과적으로 협력	'더 개방적이다. 우리는 업무 협약을 맺었고 그것을 지키고 진실성을 유지한다면 서로에게 도움이 되고 팀을 하나로 묶어줄 수 있다고 생각한다.'

[그림 5.3] 재클린의 기업 팀 코칭 사례 요약

학습과 제안

코칭 프로세스는 코치가 활용하는 만큼 가치가 있다. 우리는 우리와 비슷한 프로세스를 적용하는 다른 코치가 우리보다 더 좋거나 더 나쁜 결과를 만들 것이라고 확실히 말할 수 없다. 코치의 팀에 대한 영향력은 코치의 기술, 태도 및 접근 방식에 따라 달라진다. 또 팀 자체가 팀 코칭의 효과와 결과에 영향을 미치기 때문에 팀마다 서로 다른 사례 연구 결과를 경험할 수 있다. 그래서 우리는 서로에 대한 경험, 멘토링 및 지속적인 수퍼비전, 광범위한 팀 효과성 문헌 연구를 통해 코칭을 이어갔다.

우리는 이 두 가지 구조화된 사례 연구에서 프랙티셔너와 연구자로 활동한 결과 많은 것을 배웠다. 첫째, 서로의 연구 결과나 해석에 영향을 미치지 않도록 의도적으로 사례 연구 결과를 별도로 수행하고 작성하였다. 두 팀의 결과를 비교했을 때, 코치로서 각자의 팀 사례 연구와 각자의 결과를 제시하는 방식으로 서로 다른 스타일을 보여주는 것에 흥미를 느꼈지만 놀라지는 않았다.

캐서린은 더 유동적이고 해결책에 초점을 맞춘 코칭 접근법을 채택하였다(Meier, 2005; Hawkins, 2021:403-4 참조). 반면 재클린은 더 구조화되고 비즈니스 중심적인 접근법을 사용하였다. 게다가 우리는 상대방의 사례에서 팀 시작 점과 문화의 차이를 볼 수 있었다.

캐서린의 팀은 TDS 점수에서 확인된 대로 매우 높은 성과를 거둔 팀이었다(Waegman et al., 2005). 팀은 스스로를 긍정적으로 묘사했으며, 조직 내에서 이 팀은 높은 성과를 거둔 팀으로서 명성이 있었다. 재클린 팀은 그들이 팀의 사업 목표를 달성하는 것으로 보았지만, 캐서린의 팀과 달리, 팀이 단절되어 있고 응집력이 부족한 것으로 묘사했다. 캐서린 팀의 문화는 축하, 감사, 팀 성공과 상호 존중에 초점을 맞추고 있다. 재클린의 팀 문화는 좀 더 경쟁적이고 개인주의적인 것으로 나타났다. 재클린 팀은 코칭 시작 시점에서 자기 팀을 부정적인 톤으로 묘사했다. 두 팀의 사전 평가 데이터 비교 요약 내용은 [표 5.5]에 나와 있다.

[표 5.5] Comparison of TDS pre-assessment data for each case study
(Carr & Peters, 2012)

	#1: BC 정부팀 (캐서린 카의 팀)	#2: 기업팀 (재클린 피터스의 팀)
TDS 강점	• **권한이 부여되고 자율성이 높으며 판단을 존중함** • 거의 완벽한 팀워크 점수 • 결과물 도출 • 높은 노력, 성과 전략, 지식과 기술 활용도 • 잘 구성된 팀	• **권한이 부여됨**(대부분 이렇게 느낌) • 업무 방향성 • 높은 동기부여 • 내적 동기부여 • 적응력
TDS 개선점	• **팀 규범** • 팀 리더 코칭 • 조직 지원 • 실제 팀으로서의 기능 예: 상호 의존성 • 도전적이고 명확한 방향성 제시 • 업무 활동 및 결과에 대한 지식 공유 • 팀 리더는 다른 초점 외에도 좋은 그룹 프로세스를 촉진 할 수 있음	• **팀 규범** • 팀 코칭 • 조직 정보 • 상호작용의 양/질 • 개발/성장 기회 • 도움이 되지 않는 개입에 대한 높은 평가, 대인관계에 대한 낮은 평가

(굵은 글씨로 표시된 항목은 두 사례 연구 간에 중복되는 내용을 나타냄)

캐서린은 새로운 프로젝트를 통해 정부 팀을 코칭했고 재클린은 새로운 시작과 구조조정을 통해 기업 팀을 코칭했다. 캐서린은 혁신적인 프로젝트를 정의하고 구현하여 팀원들이 상호 의존성을 개발하고 동료 코칭/지원을 더 많이 통합하는 데 도움이 되도록 코칭했다. 재클린은 팀을 더 높은 성과와 긍정성, 그리고 향상된 팀 브랜드/평판에 집중하여 코칭하였다.

팀의 자질과 목표의 많은 차이가 있는데도, 팀들 사이에 놀라울 정도로 가치가 비슷한 공동 창조 코칭 요소들이 많이 있었다. 팀 문화와 출발점에서 분명한 차이 때문에 두 사례 연구 사이에 이렇게 강한 공통점을 발견할 수 있을 것으로 예상하지 못했다.

양 팀은 TDS(Waegman et al., 2005)의 정량적 사전/사후 코칭 결과를 주관적으로 관찰한 변화에 대한 강력한 검증 자료로 여겼다. [표 5.6]에는 두 팀의 TDS 점수의 주요 변화가 요약되어 있다. 양 팀은 이틀간의 팀 출범활동이 팀 간의 연결 고리를 만들고 공통의 경로를 정의하는 데 집중된 시간을 제공했으므로 팀 변화를 견인하는 핵심 요소로 파악했다. 출범 당시 양 팀은 업무 협약과 동료 코칭 협약 체결에 초점을 맞췄다. 두 사례 모두에서 코칭을 시작하기 위해 팀 헌장이나 팀 프로젝트를 만들었다.

[표 5.6] 5점 척도 기준 TDS 평가 전/후 변화 비교
(Carr & Peters, 2012)

코칭 전/후 TDS 변화	#1: BC 정부팀 (캐서린 카의 팀)	#2: 기업팀 (재클린 피터의 팀)
가장 높은 수치 증가	• **잘 구성된 팀(4.4~4.7)** • 설득력 있는 방향성(4.1~4.5) • **지원 구조(4.3~4.6)** • 동기부여 및 만족도(4.3~4.6) • **유용한 코칭(3.8~4.2)**	• 팀원 관계(3.3~3.9) • **지원 구조(3.3~3.9)** • **잘 구성된 팀(3.3~3.8)** • 효과적인 업무 관리(3.1~3.7) • **유용한 코칭(3.1~4.0)**
수치 변경 또는 감소 없음	• 팀원 관계(4.9점→4.7점) • 지원 조직(3.9~3.7)	• 실제 업무 팀(3.7~3.7) • 팀 작업 동기부여 (3.9~3.9)

(굵은 글씨로 표시된 항목은 두 사례 연구 간에 중복되는 내용을 나타냄)

두 팀 모두 지속적인 팀 코칭이 변화를 정착시키고 유지하는 데 필수적이라는 사실을 확인했다. 변화를 만드는 과정이 항상 순조로운 것은 아니었으므로 코칭은 팀이 합의한 사항, 행동 및 목표에 대해 서로 책임의식을 느끼도록 도왔다. 두 팀 모두 코칭에 대한 비전에는 팀원, 원하는 팀 목적, 고객 및 이해관계자, 궁극적으로 미래가 팀에게 요구하는 바를 위해 팀이 해야 할 일이 무엇인지 등이 포함되었다(1장 참조).

두 사례 연구를 비교한 뒤 얻은 핵심 학습 내용은 팀 코칭에 대한 구조화된 접근 방식이 코칭에 대한 팀의 인식과 성과에 매우 도움이 된다는 것이었다. 우리는 또한 팀의 새로운 시작을 명확하게 정의하고, 활용하게 되면 변화 추진력과 동기부여에 효과적이라는 사실에도 주목했다. 또 팀이 자신의 비전, 목적, 목표, 그리고 성공 지표를 명확히 정의하는 것이 성공에 중요하다(Hawkins의 규율 2, 명확히 하기)는 것과 코칭 목표를 이러한 팀 요소에 정렬하는 것이 팀 코칭 세션이 팀 역동뿐만 아니라 팀 성과에 초점을 맞추는 데 도움이 됨을 알았다.

우리가 직면한 주요 과제는 일정을 수립하고 강화하며, 변화를 유지하고, 팀이 정기적인 팀 코칭 체크인 및 세션을 통해 연결 상태를 유지할 수 있도록 지원하는 것이었다. 팀은 일상적인 업무에 너무 바빠서 서로가 어떻게 협력하고 있는지 점검의 중요성을 놓치기 쉽다. 재클린 기업 팀의 경우, 팀 코칭을 받는 6개월 동안 두 명의 팀원을 잃었으므로 코칭받는 동안 역동 관계가 두 번 바뀌었고, 팀원 변동이 발생했을 때 더 쉽게 유연하게 대처할 수 있도록 팀 헌장과 업무 협약을 준수해야 할 필요성을 강조했다. 전반적으로 팀원들이 공동 창조하기에 참여하고 팀 코칭에 '주인의식owning'을 가지고 참여할 때 프로세스가 구조화될 뿐만 아니라 개별 팀 요구에 부응할 수 있다는 사실을 알게 되었다.

결론

우리는 복잡한 비즈니스 환경에서 이 두 건의 실제 리더십 팀을 연구하면서 동시에 코칭을 제공했다. 우리는 2인 1조로 일했고, 이 과정에서 호킨스의 일곱 눈 수퍼비전Seven-eyed supervision(Hawkins & Smith, 2013)을 제공했으며 프로세스 내내 서로를 지원했다. 우리는 대화를 통해 흔히 우리가 혼자 생각해내지 못했던 새로운 통찰력과 학습을 하게 되었다. 우리는 팀 역동에 얽매이지 않도록 거리를 두고 일어나는 상황과 팀에 대한 가장 효율적인 지원 방법에 대해 객관적인 시각을 유지할 수 있었다. 지금 우리의 학습 여정을 되돌아보면, 첫 번째 규율인 위임하기commissioning에 대한 피터 호킨스의 말이 눈에 띤다. '전 세계/이해관계자들이 이 팀에 요구하는 노력은 무엇인가?' 이 질문이 우리와 우리 팀을 안내했다.

우리는 코치가 먼저 경험해 보아야만 팀을 이끌어갈 수 있는 점이 있다고 생각한다. 우리는 서로의 파트너십과 코칭을 통해 더 큰 지역사회에 봉사한다는 원대한 목표를 달성하기를 열망한다.

9년간의 성찰

9년이 지난 오늘 우리가 가진 관점에서 사례 연구를 돌이켜보면, 이러한 사례에서 얻은 학습이 팀 코치로서 우리에게 큰 도움이 되었다는 것을 알 수 있다. 이러한 사례 연구와 박사 과정을 통해 팀 코칭 실습과 연구 초반에 기여하게 된 것을 기쁘게 생각한다. 이 분야는 2012년부터 크게 확장되었으며, 국제코칭연맹International Coaching Federation(ICF, 2020)이 규정한 새로운 일련의 팀 코칭 역량과 함께 다수의 팀 코칭 훈련 프로그램이 마련돼 있다.

우리는 예전 연구 때보다 더 많은 이해관계자의 의견을 수렴하고 있다. 그 외, 우리는 명확한 비전, 미션, 목표, 가치, 성공 지표, 업무 협약 프로토콜의 명료화를 포함하여 팀 효과성 향상에 필요한 요소를 명확히 함으로써 팀을 지원하는 데 계속 초점을 맞추고 있다. 우리는 팀 코칭 개입 전후에 팀 성과 및 기능 수준을 파악하기 위해 계속 평가한다. 또 하루나 이틀에 걸친 팀 출범 워크숍을 코칭 프로그램에 포함시킨다. 이어서 6개월에서 24개월에 걸친 일상적 비즈니스 미팅에 참석할 뿐만 아니라 한두 번 정도의 워크숍을 진행한다. 우리는 여러 해 동안 팀 코칭에서 규율을 명확히 하고 공동으로 만드는 것이 필수 요소이며 팀 코치는 이러한 규율에 의도적으로 시간을 할애함으로써 코칭 프로그램 운영을 좀 더 잘할 수 있음을 배웠다.

6장
연결 코칭
예오빌 병원 재단 신탁에서 팀 간 코칭

저자: 피터 호킨스Peter Hawkins와 개빈 보일Gavin Boyle(로열 데어비 병원Royal Derby Hospital CEO, 예오빌 병원 재단Yeovil District Hospital 선임 CEO)
역자: 박정화

도입

어느 화창한 여름날, 내가 사는 곳에서 약 40마일 떨어진 지역 종합병원 HR 책임자의 전화를 받았다. 시니어팀 팀 코칭에 대한 도움이 필요하다며 자신과 최고 경영자를 방문해달라는 요청이었다. 그 다음 주, 나는 두 사람을 만나 도전 과제에 관해 들었다.

CEO는 병원 구조를 대대적으로 검토하여 세 가지 중요한 사항을 변경했다고 말했다.

1. 조직 구조가 너무 세분화되고 사일로silo화되었다는 점을 인식하고 있었다. 최근 열 개의 임상 부서를 세 개의 더 큰 임상 부서로

통합하였다. 각 임상 부서는 부서장이 이끌도록 하되 부서장은 의료 업무를 유지하면서 전임$^{full-time}$ 총책임자와 수석 간호사의 지원을 받아 1주일에 1.5일만 부서 관리를 하도록 하였다.
2. 이사회 직속으로 운영되는 고위 리더십 팀을 확대하여 현재 의료 책임자와 간호 책임자 외에 세 명의 새로운 임상 부서 책임자도 포함하여 임상 리더십의 영향력을 높였다.
3. 각 임상 부서 고위 팀에는 재무와 인사 책임자가 배치되며, 중앙 부서에서 분리되어 있지만, 여전히 중앙 부서에 대한 전문 보고 책임이 점선으로 연결되어 있다.

대부분 임원이 직책으로는 처음인 젊은 경영진으로, 팀 내에서 영향력을 확대하고, 동료들과 관계를 구축하기 위해 노력하고 있다고 HR 책임자는 말했다. 나아가, 경험이 풍부한 비상임 이사들과 상대적으로 경험이 부족한 임원들 사이에 경험의 불균형도 있었다. 이사회 관계는 아직 완전히 성숙하지 않았고, 이사회는 아직 완전하게 단일화된 방식으로 운영되지 않았다.

CEO와 HR 책임자는 이사회, 임원과 부서장으로 구성된 새로운 리더십 팀, 그리고 부서별 관리팀과 함께 일할 의향이 있는지 물었다.

팀 코칭 팀이 다섯 개나 운영되는 듯해서, 나는 조심스러웠다. 첫 회의에서 나는 다음과 같은 몇 가지 핵심 질문을 던졌다.

1. CEO, 경영진, 병원은 무엇을 이루고자 했는가? 그 열망은 무엇이었는가?

CEO는 첫 직장이었던 이 병원에서 성공하고 싶었던 건 분명했지만, 병원에 대한 열망도 컸다. 소규모 병원으로서는 하위 전문화 압력이 증대됨에 따라 포괄적이고 지속 가능한 범위의 서비스를 유지하기 어려웠다. 이와 더불어 더 높은 수준의 서비스를 더 많이 제공하면서, 동시에 비용을 크게 절감해야 하는 NHS 전체가 직면한 일반적 과제를 고려할 때, 소규모 시골 지역 병원은 잠재적으로 '멸종 위기에 처한 종an endangered species'이라고 인식했다. 이러한 과제는 규모의 경제 이점을 누리는 대도시 병원에서 더 쉽게 해결된다. 이야기를 나눌수록 CEO는 흥분하였다. 다른 사람들이 배울 수 있는 소규모 시골 지역 종합병원을 위한 새로운 플래그십 모델flagship model을 만들거나, 지역 보건 경제 내에서 수직적으로, 모든 1차 의료 의사, 프랙티셔너들과 업스트림upstream으로(아래에서 위로), 지역사회 서비스, 사회적 돌봄과 다운스트림downstream으로(위에서 아래로), 또한 지역 전체에서 수평적으로 다른 병원 공급자와 더 광범위한 파트너십을 구축하여, 사우스 서머셋South Somerset과 노스 도셋North Dorset에서 다양한 병원 서비스를 유지하는 지속 가능한 방법을 개발하는 데 성공한 모델을 따르고 싶다고 말했다. 나는 CEO에게 이 일이 얼마나 흥미진진하게 들리는지 말하면서, 만약 내가 이들과 함께 일하게 된다면, 계약서에 2년 안에 이 일이 어떻게 이루어졌는지 공동 논문을 작성한다는 내용이 포함되어야 한다고 말했다. 이 장은 그 계약 이행의 일부이다.

2. 열 개의 소규모 사일로에서 세 개의 대규모 사일로로 어떻게 이동을 피할 수 있었는가?

내가 받은 첫 번째 답변은, 세 명의 부서장 모두 새로 확대된 경영진에 포함되는 방식으로 통합이 이루어지지만, 통합 이사회의 구성원은 되지 않는다는 점이었다. 일주일에 1.5일만 근무하면서, 임상 부서와 해당 임상 전문 분야, 자신들의 부서 팀을 이끌고 병원 경영진에 속해 있는 이들이 어떻게 세 개의 임상 부서, 그리고 해당 부서, 전략, 인사, 재무, IT 그리고 부동산 등 중앙 기능 부서 간 주요 연결고리가 될지 알 수 없었으므로 다소 우려스러웠다.

3. 이러한 협력이 성공하면 어떤 모습인가?

이 질문에서 병원의 다양한 목표가 드러나기 시작했다.

a. 치료 시간, 계약된 서비스 및 활동 제공, 경비 절감, 사망률 감소와 같은 질 개선, 재원 기간 단축 등의 효율성 향상, 생산성 향상 등 정부가 설정한 여러 목표를 달성해야 할 필요성 제시하기
b. 환자 경험 개선하기. 예를 들어, 국가 지인추천지수(가족과 친구에게 병원을 추천할 의향이 있는 환자의 수)

c. 지역사회에서 지속 가능하고 가치 있는 존재 되기
　　d. 다른 사람들이 배우고 싶어 하는 모범적인 지방 종합병원 되기

　이후, 병원이 성공하기 위해 리더십에 어떤 변화가 필요한지 물었다. CEO와 HR 책임자 모두 경영진이 지나치게 시급한 업무 처리와 위기 관리에만 몰두하는 '운영적인' 리더십에서 벗어나, 미래를 창조하고 외부 이해관계자들과 협력하는 데 더 많은 시간을 할애하지 않으면, 병원의 목표를 달성할 수 없다는 점을 분명히 인식했다.

4. 팀 코칭이 일련의 개별적인 고립된 프로젝트가 되지 않으려면 어떻게 협력해야 하는가?

　팀 코칭의 첫 단추를 채우기 위해서는 팀 전체와 계약이 필요하므로 지금 단계에서 계약서나 제안서를 작성할 수 없음을 또한 지적했다. 그렇지만 몇 가지 조사와 진단을 수행한 다음, 전체 팀과 반나절 동안 워크숍을 진행해서 공동 조사와 진단을 작성하고 함께 작업하는 방법을 합의할 수 있는지 알아볼 의향이 있음을 알게 되었다. 팀 구성원들은 여기에 동의했고, 몇 주 뒤 나는 각 팀 구성원들과 개별 미팅을 한 다음, 반나절 동안 계약 워크숍을 진행했다. 각 임원과의 만남 외에도 고가치 창출 팀 설문지(Hawkins, 2021: 350-52)와 설명 분석 descriptor analysis(Hawkins, 2021: 355-57)의 두 가지 설문지를 작성하도록 요청했다.

병원의 미래에 대한 강한 열망을 지닌 CEO와 달리, 다른 경영진은 NHS 중앙에서 설정한 목표와 전략 계획에서 이사회가 동의한 단기 목표 달성에 더 집중하고 있다는 사실에 나는 놀랐다. 이들은 훨씬 더 즉각적이고 운영적인 문제에 집중했고, CEO와 비상임 이사들의 세세한 현미경 아래에서 개별적으로는 자신의 능력을 증명해야 한다는 압박감을 느끼고 있었다. 나머지 경영진들은 서로를 지원하는 자원이라기보다는 저마다 목표에 집중하는 동료로 느껴졌다. 이사회는 본래의 형태인 '단일 이사회'와는 거리가 멀어 보였고, 오히려 젊은 초임 사외이사가 훨씬 더 나이와 경험이 많은 사업가들 앞에서 자신의 가치를 증명해야 하는 위치로 느껴졌다. 성공적인 조직 혁신을 위해, 여러 팀 내부 관계를 변화시켜야 하므로, 리더십 팀에 대한 팀 코칭만으로는 충분하지 않다는 점이 분명해졌다. 다음 사항이 포함되었다.

a. 이사회 내 상임이사와 비상임이사 사이의 관계, 이사회와 병원 경영진 사이의 관계

b. 세 개의 새로운 임상 부서 사이의 관계로, 부서 간에 직접 문제를 해결할 수 있게 했다. 이는 열 개의 작은 사일로 부서 간의 문제가 상부 세 개의 큰 사일로로 위임되어, 경영진이 이런 운영 문제를 해결하느라 미래와 외부에 더 집중할 시간이 부족해지는 현상을 막기 위함이었다.

c. 경영진과 세 개의 임상 부서 팀 사이의 관계. 나는 임상 서비스 부서에서 운영상 문제에 대한 완전한 주인의식을 갖지 않고, 어

려운 문제를 상부에 위임하고, 경영진은 임상 부서를 신뢰하지 않고 운영상 위기를 해결하기 위해 뛰어드는 구조적인 패턴을 어떻게 바꿀 수 있을까에 관심이 있었다.

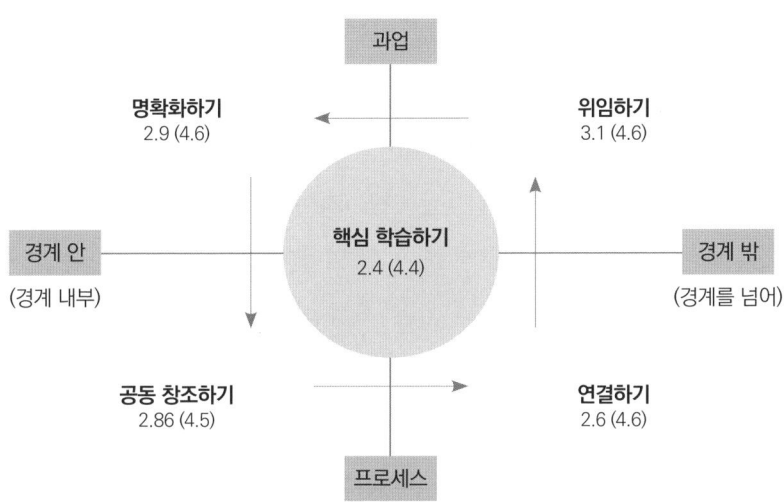

[그림 6.1] 팀 코칭의 다섯 가지 규율: 임원 점수 - 2010년 10월 현재 점수
(5점 만점, 괄호 안은 목표 점수)

고가치 창출 팀 설문지 결과([그림 6.1] 참조)를 보면, 팀이 협력하는 방법과 광범위한 이해관계자를 연결하는 데 분명히 어려움이 있었다. 이들은 특히 '핵심 학습하기'에서 낮은 점수를 받았다. 이는 끊임없이 반복되는 긴급한 업무처리firefighting에 기반을 둔 학습 스타일을 갖고 있었기 때문에, 자신들이 가진 학습 스타일의 패턴에 대해 더 깊이 성찰할 공간이 없었다.

설명 분석descriptor analysis을 통해 팀은 기능적, 고립적, 분리된 상태에서 벗어나 더 기업적, 정렬적, 결정적, 대응력이 뛰어나고, 미래에 초점을 맞춰야 한다는 사실을 매우 잘 알고 있었다. 나는 그러한 여정과 변화가 무엇을 수반하는지 이들이 아는지 궁금했다.

전체 경영진과 함께 한 첫 회의에서 나는 설문지와 인터뷰에 나타난 패턴을 보여주었다. 이는 외부인으로서 내 견해가 아니라, 팀 구성원들이 자신의 팀에 대해 그리고 팀이 어떻게 발전해야 하는가 말해야 한다고 강조했다. 팀 구성원들은 짝을 지어 자료를 이해하고, 팀이 앞으로 나아가기 위해 팀으로서 해야 할 일을 결정했다. 이후 나는 팀 구성원들에게 리더십 팀으로서 기능 개선 이상의 더 큰 과제가 있다고 말했다. 나는 팀 간 관계 지도([그림 6.2] 참조)를 보여주며, 내 전문적 판단으로는, 경영진, 이사회, 세 개의 새로운 임상 책임자 팀과 함께, 팀 개발을 매우 훌륭하게 수행하더라도, 부분이 아니라 연결되어 있는 더 깊은 조직 시스템적 역동을 변화시키는 데 실패할 수 있다고 말했다. 이후 나는 개입 어휘의 일부가 된 '조직 개편은 낭비하기에는 너무 많은 비용이 드는 혼란이다'라는 문구를 자연스럽게 사용했다. 투자 수익을 얻는 유일한 방법은 불안정성을 활용하여 기본 문화를 미래의 요구에 맞춰 의식적으로 발전시키는 일이다. 간단한 지도는 초점을 재조정하는 강력한 방법이었으며, 팀은 팀 간 관계 해결이 중요함을 즉시 깨달았다.

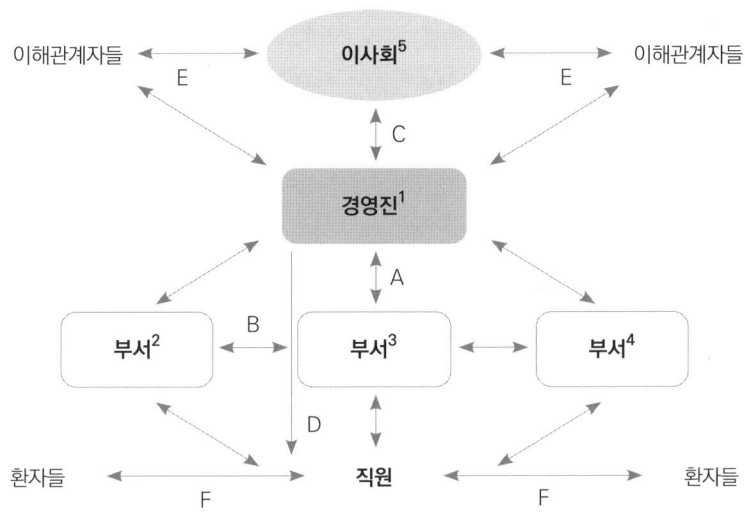

[그림 6.2] 재단 신뢰 – 다섯 개의 핵심 팀 – 여섯 개의 중요한 관계

이 병원은 환자 치료를 개선하고 병원 직원의 공헌을 인정하기 위한 명확한 가치를 바탕으로 매우 효과적인 현장 프로그램을 개발했는데, 이를 'iCARE'라고 한다.

'i'는 개인individual을 뜻하는데, 환자 한 명 한 명을 개인으로 인식하는 동시에, 모든 직원이 고유하고 개별적인 역할 수행을 의미한다.

'C'는 소통commuication

'A'는 태도attitude

'R'은 존중respect

'E'는 환경environment

나는 동료, 환자, 방문객들과 효과적으로 소통하여, 팀이 팀의 능력을 최대한 발휘하고, 우리가 제공하는 치료 결정에 참여하고, 우리의 서비스를 최대한 활용할 수 있도록 한다.

항상 환자의 경험을 개선하는 데 중점을 두고, 업무와 타인에 대해 긍정적인 태도를 가진다.

나는 환자, 보호자, 동료들을 항상 존중하며, 팀의 믿음과 소망을 중요시하고, 내가 일하는 동안 항상 이를 고려한다.

나는 좋은 치료와 회복에 도움이 되고, 사람들이 안전하고 편안하게 느낄 수 있는 환경을 조성하는 데 도움을 준다.

이를 통해, 병원 내에 존재하는 본질에서 긍정적인 문화에 대해 발언voice하고, 이를 명확히 표현하여, 이러한 문화를 조성하고 긍정적 순환을 강화하고자 했다. iCARE 프로그램은 많은 현장 직원을 참여시켰으며, 직원들의 사기뿐만 아니라, 환자 관리와 경험 향상에 영향을 미친다고 느꼈다. 그러나 완전히 성공적이기 위해서는, 경영진과 이사회의 하향식 문화 변화와 부서 자체 그리고 병원 기능 사이의 관계에서 수평적 문화 변화가 병행되어 일치해야 한다.

이러한 이해를 심화하기 위해, 나는 현장 직원이 환자와 소통하는 방식을 바꾸려면, 비임원과 임원 사이의 관계를 바꿔야 한다는 명제를 생각해 보라고 요청했다. 나는 경영진이 자신들의 운영 성과에 대해, 비임원들의 평가와 지나친 감시를 받는다고 느꼈으므로, 이로 인해 경영진이 운영 문제에 더욱 집중하게 된다. 이는 또 동료들이 관리하는 시스템의 다른 부분이나 장기적으로 지속 가능한 변화에 의도하지 않은 결과가 발생하더라도, 이사회에서 도전을 받지 않으려고 자신이 맡은 기능 영역에서 되도록 모든 운영 문제를 해결하게 하는 데 주력하게 된다고 주장했다. 또 임원들의 이러한 '사일로화된siloed' 행동은 비임원들과 신뢰를 쌓지 못했으므로, 더 자세한 조사와 도전으로 이어져 의도하지 않은 행동 사이클을 유발했다.

그 결과, 다음 단계의 경영진은 자신의 영역 관리에 대한 신뢰와 책임감이 떨어졌고, 문제 해결은 병원 경영진의 책임이라는 태도를 보이게 되었다. 이러한 신뢰 부족과 개인적 책임감은 잠재적으로 현장 경영진과 직원에게까지 영향을 미쳤다.

이러한 명제를 탐색하고 발전시킨 뒤, 팀은 다중 이해관계자 계약에 참여했다(Hawkins, 2021: 98-90, Hawkins & Turner, 2020 참조). 우리는 각각 다른 이해관계자 그룹과 연결된 플립차트를 표시하고, 팀 구성원들에게 특정 이해관계자의 입장이 되어, 팀 코칭에서 성공하면 어떤 모습일지 그 관점에서 정의해보도록 초대했다. 이해관계자 그룹에는 다음이 포함된다.

- 환자와 그 가족
- 직원
- 병원 이사회와 총재
- 의료, 사회복지 제공자, 커미셔너로 구성된 광범위한 커뮤니티
- 팀으로서 자기 자신

모든 팀 구성원은 각 플립차트의 포스트잇 메모에 자신의 답변을 표시했다. 이후 팀 구성원들은 짝을 지어 포스트잇 메모를 분류clustering하고, 특정 관점에 대한 주요 주제 서너 개를 결정했다. 다음으로, 한 조가 되어 해당 이해관계자 그룹의 입장이 되어, 나머지 팀 구성원들에게 팀 코칭을 통해 기대하는 점과 결과로 기대하는 차이를 이야기했다. 이를 통해, 팀과 팀 간 코칭 결과 목표를 합의할 수 있는 자료가 만들어졌고, 팀 구성원들은 함께 일하는 과정에 대한 몇 가지 초기 합의를 도출할 수 있었다. 이는 이 책의 1장에서 설명한 원칙, 즉 팀이 팀 코치에게 필요한 사항이 아니라, 팀의 더 넓은 이해관계자에게 서비스를 제공하기 위해, 팀과 팀 코치가 함께 달성해야 하는 사항이 무엇인지에 초점을 맞춰, 계약이 '삼각형triangulated'으로 이루어져야 한다는 원칙을 반영한다.

임상 부서 팀들의 팀 간 출범

조사, 진단 그리고 경영진 계약 워크숍에서 나온 내용을 바탕으로, 세 개의 새로운 임상 부서 팀과 병원 경영진 그리고 중앙 기능 모임을 위한 대규모 워크숍을 개최하여 새로운 조직을 출범시키기로 결정했다. 이 워크숍은 새로운 조직이 출범한 첫날에 열렸다.

다섯 개 그룹은 각각 테이블에 둘러앉아, 일련의 팀 구성 단계를 통해 코칭을 받았다.

- 부여된 **임무**commission에 동의하기
- 다음을 포함한 **미션**을 명확히 하기
    - 팀 목적team purpose
    - 전략strategy
    - 핵심 가치core values
    - 향후 2년간 달성하고자 하는 목표에 대한 비전vision
- 함께 일하고 싶은 방식(**공동 창조하기**)을 결정하면서, 다음을 포함하기
    - 팀워크를 위한 프로토콜protocols for teamworking
    - 서로에게 장려하고 싶은 그린 카드green card 행동
    - 서로에게 금지하고 싶은 레드 카드red card 행동
- 주요 이해관계자 그리고 이들과 어떻게 연결할 계획인지를 합의

이후 워크숍은 팀별 코칭에서 팀 간 코칭으로 전환하여, 먼저 각 팀이 다른 팀에게 합의 사항을 발표하도록 한 다음, 다른 팀이 계획에서 어떤 점을 높이 평가했는지, 팀에 어떤 추가 개발을 요청할 예정인지를 피드백받도록 했다.

그다음 각 팀은 다시 모여 이 피드백을 소화하고, 다음 단계를 준비하여 다른 팀에 발표했다.

- 팀 목표 달성을 위해, 이 팀에 무엇을 제공할 계획인가?
- 팀 목표를 달성하는 데 도움을 주기 위해, 이 팀에 무엇을 요청할

계획인가?

이로 인해, 자연스럽게 임상 책임자 팀 간, 임상 책임자 팀과 핵심 기능 간, 그리고 팀과 병원 경영진 간 수직적으로 팀 간 계약이 이루어졌다.

이 출범 이벤트launch event는 새로운 조직을 명확하고 활기차게 출범시켰으며, 모두가 이번 조직 개편이 조직 문화를 집단적으로 발전시키고, 시스템 상층부의 관계를 재정비할 기회를 주었다는 사실을 깨달았다.

이사회 개발

출범 이벤트 직후, 이사회 개발 이벤트도 개최했다. 초기 조사와 진단 결과, 이사회는 완전히 단일화된 이사회가 되기를 방해할 뿐만 아니라, 병원 시스템과 성과에 부정적 영향을 미치는 역동 관계가 존재한다는 사실이 밝혀졌다. 경영진이 보고서, 논문 또는 제안서를 개별적으로 이사회에 제출하면, 비임원이 이를 면밀히 검토하고 비판하였다. 경영진은 비판을 받으면 방어적으로 되고, 비임원은 일부 경영진의 능력을 의심하면서 조급해지고, 더 비판적으로 변하는 역동 관계가 나타났다. 나(피터)는 비임원들의 관점에서 이사회와 병원이 어떻게 비춰지는지 알아보면서, 이 가설을 시험해보고 싶었다.

이사회 구성원들에게 고가치 창출 이사회 설문지를 작성하도록 요청했고(Hawkins, 2021: 350-52 참조), 나 역시 각 임원들과 일대일 인터뷰를 진행했다.

인터뷰와 설문조사 결과, 비임원들은 주로 개별 임원들의 성과, 일부 임원들의 방어적 태도, 임원들 사이의 소통 부재를 언급하면서, 위에서 언급한 역동 관계를 확인했다. 많은 임원이 불을 끄는 소방관 모드fire-fighting mode를 취했고, 비임원들은 주로 개별 문제 영역에 대한 조사와 감독에 집중했다. 병원이 나아갈 방향에 대한 비전이 제한적이라는 패턴이 새롭게 드러났고, 함께 이 문제를 해결해야 할 필요성이 분명해졌다.

CEO의 비전과 열망은 전반적으로 완전히 공유되고 있지 않은 듯했다. 대형 NHS에 문의한 결과, 나는 소규모 지역 병원이 높은 수준의 임상적 우수성, 환자 만족도, 직원 참여도를 바탕으로, 지역에 뛰어난 서비스를 제공하지 않으면, 생존에 위협을 받을 수 있다는 확신이 들었다. 현장 유지만을 위해 열심히 달리는 일은, 장기적으로 지속 가능한 성공을 위한 비결이 될 수 없었다. 나는 이사회가 병원을 미래로 이끄는 데 방해가 되는 몇 가지 제한적인 신념과 CEO의 비전을 더 널리 알리는 데 방해되는 요소에 관심을 두게 되었다. 나는 이러한 사항들을 탐구했고, 경영진과 일대일로 문제를 해결하고, 때로는 갈등하는 경영진 사이에서 중재자 역할을 하는 '허브 앤 스포크hub and spoke' 팀에서 공유 리더십 팀shared leadership team으로, 경영진을 이끄는 방법을 개발하는 데 초점을 맞춘, 일련의 짧은 개별 코칭 세션에 착수했다. 또 이사회가 더 미래 지향적인 전략을 수립하는 데, 더 잘 참여하도록 방법도 모색했다.

CEO와 내가 살펴본 제한적인 신념은 다음과 같다.

- 정부와 중앙 NHS가 설정한 목표를 달성하기 위해 더 열심히 페달을 밟는 점이 전략과 전략적 목표에 대한 주인의식을 제한하고 있다.
- 평판 위험 – 이사회 멤버들은 NHS가 활동하는 미디어 환경이 때로 적대적이라는 점을 염두에 두고, 병원이 쌓아온 좋은 평판과 이에 대한 자신들의 역할에 잠재적 위험이 발생하지 않도록 신경 쓰고 있다.
- 이웃 병원을, 상호 이익이 되는 협력을 위한 잠재적 파트너가 아닌, 라이벌이자 경쟁자로만 보는 시각이 있다.

이사회 이벤트에서

이사회 개발 이벤트는 하루 종일 외부에서 진행된 회의로, 경영진과 마찬가지로 인터뷰와 설문조사에서 나온 주제 발표로 시작되었다. 이를 통해, 임원진과 비임원진 사이의 원활한 대화가 이루어졌으며, 다른 하위 그룹의 역할에 대해 중요하게 생각하는 점, 어려운 점, 달라졌으면 하는 점 등이 포함되었다. 코치로서 나는 이사회가 진정한 '통합'을 이루기 위해, 두 하위 그룹 사이의 공간에서 어떤 변화가 필요한지 물었다. 그 결과, 이사회는 의제를 재구성하기로 했고, 나중에 내가 세 개의 기어 접근법three-gear approach이라고 부르는 방식을 채택했다([그림 6.3] 참조). 즉 첫 번째 시간에는 이사회가 성과를 조사하고, 두 번째 시간에는 전략 문제에 대한 전략적 토론과 대화를 나누며, 마지막 시간에는 의사결정을 내리는 방식이다. 첫 번째 단계에서는 비임원들이 경영진에게 분명한 책임을 물어야 하는 반면, 이사회 전체가 공동 전략을 수립하는 두 번째 단계에서는 동등한 위치에서 각자의 독립적인 사고를 발휘하고, 더 넓은 시스템을 구성하는 다양한 이해관계자의 관점을 이끌어 가는 부분이 중요하다. 마지막 단계에서는, 이사회가 내리는 결정에 대해 대등하게 여러 책임을 지는 동등한 위치에서 참여한다. 이 세 개의 기어로 구성된 회의 구조를 통해, 이사회는 서로 다른 사고 방식과 관계를 맺을 뿐만 아니라, 미래와 외부에 더 많은 시간을 할애하게 되었다.

1. **조사/성과 관리**
   – 임원 보고와 비임원 감독 역할
2. **전략 수립** – 모든 이사회 이사가 동등하게 생성적 대화 모드에 참여
3. **의사결정** – 모든 이사회 이사가 집단적 책임 모드에서 의사결정

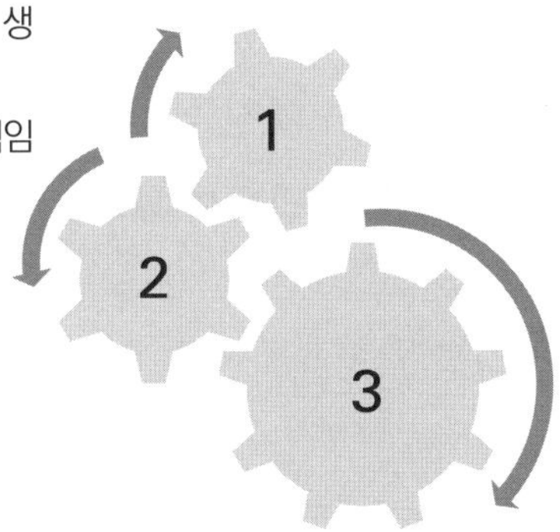

[그림 6.3] 세 가지 기어gear 소개

이사회가 끝난 뒤, CEO와 전략 책임자는 해결해야 할 상호 연결된 전략 이슈의 범위를 보여주는 전략 지도를 만들었고, 모든 이사회 문서에는 어떤 전략 영역이 다루어지고 있는지뿐만 아니라, 다른 전략 영역과 어떻게 연결되어 있는지를 보여주었다. 그 결과, 이사회 구성원들은 개별적인 이슈로 이루어진 방대한 의제를 다루기보다는 전체 시스템을 훨씬 더 잘 파악하고 있다고 느꼈다.

또 '핵심 학습하기' 항목에서 이사회가 모두 낮은 점수를 받았다고 확인하고 나서, 회의에 더 많은 성찰 시간을 확보해야 한다는 데 의견을 모았다. 이들은 회의 '검토review'를 도입하여 이사회가 어떻게 진행되었는지, 공동 기여 효과에 대해 실시간으로 피드백을 나누었다.

이사회 행사의 가장 큰 돌파구는, 이사회가 NHS가 매년 4.5%를 절감해야 하도록 정한 재정 목표를 달성하는 데 어려움을 겪는 현실을 토론할 때였다. 팀 코치로서 나는 이사회가 정해진 목표에 매달리고 있다고 지적했고, 훨씬 더 큰 재정 목표를 설정하여 자체 서비스와 운영을 개발하기 위한 투자 자금을 왜 마련하지 않았는지 물었다. 이 질문은 이사회가 자신의 미래를 스스로 책임질 수 있도록 자극했고, 실패를 피하는 방법에서 성공을 창출하는 방법으로 초점을 전환했다.

더 넓은 시스템과의 연결

이사회 개발 사건의 주요 결과 가운데 하나는, 이사회가 외부와 미래에 더 많은 시간을 집중할 필요가 있다는 집단적 인식이었다. 이로 인해 이사회는 대대적인 전략 쇄신과 특히 다양한 관계의 발전 목표와 일치되고, 신중한 '파트너링partnering' 전략을 결정하게 되었다. 개빈은 다음과 같이 밝혔다.

> 우리는 이웃의 파트너들과 정기적인 이사장/CEO 회의를 개최하고, 가장 가까운 대형 지역 병원인 타운튼Taunton과도 정기적인 비상임 이사회의를 개최했습니다. 이를 통해 신뢰가 쌓이고, 서로를 경쟁자가 아닌 잠재적 파트너로 여기기 시작했으며, 이를 바탕으로 민간 부서 제3의 파트너와 새로운 병리 실험실을 건설하기 위한 합작 회사를 설립하여, 두 병원의 병리 검사 비용을 낮출 뿐만 아니라, 다른 병원과 일반의에게 서비스를 판매하여 수익을 창출할 수 있게 되었습니다.

많은 개별 이사회 구성원이 가지고 있었지만, 아직 이사회의 집단적 담론으로 채택되지 않은 또 다른 깨달음은, 병원의 많은 과제가 병원 운영의 경계 내에서 해결될 수 없다는 사실이었다. 그 좋은 사례로, 병원 내 서비스를 개선하기 위해 집중적으로 노력하는데도, 뇌졸중 환자의 입원 기간이 전국 평균보다 훨씬 길었다. 이 입원 기간을 획기적으로 개선하기 위해, 예방 작업과 조기 진단할 때 전체 커뮤니티 사회와 협력하고, 집으로 돌아가지 못할 정도로 상태가 좋지 않은 환자들이 퇴원할 대안을 마련하기 위해, 사회적 돌봄을 개선해야만 했다. 이 사회는 다른 기관과 적극적으로 협력하여, 지역 내 요양원 그리고 사회복지 서비스를 개선하고, 1차 의료 커뮤니티와의 공동 작업을 개선할 방법을 고민하기 시작했다.

그때 내 동료 가운데 한 명인 피터 빈스Peter Binns는 전략 책임자와 함께, 병원과 더 넓은 의료 커뮤니티 사이의 관계를 코칭하면서, 병원이나 1차 의료 커뮤니티가 단독으로 해결할 수 없지만, 함께 협력하여 성공적으로 해결할 수 있는 문제를 파악했다. 때때로 기관 간 회의는 양방향 비판이 오가는 거래 협상이 되기도 했다. 파트너십과 효과적인 협업은 어느 한쪽이 단독으로 해결할 수 없지만, 모든 이해관계자가 해결에 필수적이라고 인식하는 강력한 과제를 양측이 모두 인식할 때만 달성할 수 있다(Hawkins, 2021: 244-49 참조).

경영진과의 추가 작업

이사회가 끝난 뒤 나는 CEO인 개빈과 개별 미팅을 통해, 경영진을 계속 코칭했고, 가끔씩 더 많은 팀 구성원과 미팅을 했다. 팀 구성원들이 가장 도움이 되었다고 생각한 프로세스 가운데 하나는 모두 이해관계자가 되었던 시스템 프로세스에 대한 비판적 성찰이었다. 그렇지만 둘 다 필요하고 원했던 만큼 효과적이지 않았다. 프로세스를 종합적으로 그려보면서, 시간이 지남에 따라, 팀 내부와 팀 간에 발생한 패턴을 확인하여, 경영진은 개인이나 팀을 탓하거나 서둘러 문제를 해결하는 데서 벗어나, 시스템적인 조직 학습으로 전환하고, 더 나은 조직 프로세스를 조율하고 구축하는 방법을 결정할 수 있었다.

일부 팀이 멈추었다

경영진의 비판적 성찰 대화를 통해 깨달은 사안 가운데 하나는, 부서별 팀들의 성과가 서로 매우 다르며, 세 팀 가운데 두 팀은 새로운 도전과 책임감을 받아들이는 데 어려움을 겪는다는 사실이었다. 긴급한 운영 이슈가 넘쳐나면 한 발 물러서서 개발에 집중하거나 도움을 요청하기가 매우 어려웠으므로, 팀 개발 지원을 선택해야 한다고 결정했다. 이는 실수였다. 팀 성과는 일주일에 1.5일 동안 리더십을 발휘해야 하는 임상 책임자, 총책임자, 최고 간호 책임자 사이의 업무 관계에 따라 결정적으로 좌우되었다.

돌이켜보면, 이 팀들은 리더십 팀으로서의 운영 방법, 각자의 역할, 공동의 초점에 대해 더 많은 공동 교육이 필요했다. 임상 책임자가 명확하고 강력한 리더십을 발휘하지 않으면, 병원 문화의 주요 역할 모델인 다른 컨설턴트들에게 임상적 동의를 얻는 데 실패했다. 그렇다고 임상 책임자가 일주일에 단 1.5일 동안 모든 사항을 관리하려고 하면, 실패하거나 '소진burnt out'될 수밖에 없었다. 이들은 강력한 실무 팀을 구성하고 여기에 의존하여 관리해야 했다. 이후 업무에서 피터와 개빈은 임상 책임자를 부서의 회장으로, 총괄 책임자를 전무 이사로, 수간호사를 최고 운영 책임자로 비유하는 방식을 채택했다. 이 비유가 완전히 통하지는 않았지만, 팀 구성원 모두가 독립적이고 협력적인 리더십을 발휘해야 한다고 깨닫는 데 도움이 되었다.

또 부서 사이에 발생하는 많은 문제가 경영진에게 위임되어 해결되고 있다는 사실도 분명해졌다. CEO는 코칭을 통해, 일주일 중 몇 시간이 다른 부서 또는 부서와 중앙 부서, 또는 실제로는 다른 중앙 부서 간의 평가, 중재 또는 중개자 역할을 하는 데 사용된다는 사실을 알게 되었다. 우리는 CEO가 어떻게 도전 과제를 설정하고, 이러한 패턴을 효과적으로 바꾸는 프로세스를 설계할 수 있을지 함께 탐구했다. CEO는 세 명의 임상 책임자에게 두 개 이상의 부서에서 해결해야 할 가장 중요한 영역이 무엇인지 함께 고민해보라고 요청했다. 우선순위 목록을 작성한 다음, 이 문제를 해결하기 위해 어떤 포럼을 만들어야 하는지, 누가 회의에 참석해야 하는지, 회의는 어떻게 구성해야 하는지 물었다. 임상 책임자들은 총책임자, 최고 간호 책임자 그리고 여러 임상 책임자가 참여하는 월별 포럼을 만들었다. 임상 책임자 가운데 한 명이 회의를 주재하고, 후속 조치를 보장하는 초기 주도권을 맡았으며, 이 포럼은 어떤 문제를 해결하고 있는지, 어떻게 해결하고 있는지 경영진에게 보고했다.

후속 조치 | follow-up

새로운 조직을 출범시킨 지 9개월이 지난 지금, 경영진, 세 개 임상 부서, 중앙 기능 책임자 그룹에게 자기 팀과 다른 팀에 대해 어떻게 생각하는지에 대한 고가치 창출 팀 설문지를 작성해 달라고 요청했다.

이 결과를 오프사이트 이벤트에서 팀 구성원들과 공유했다. 경영진과 함께 팀별 그리고 팀 간 코칭 전 점수를 기준으로 삼았는데, 두 가지 좋은 소식이 있었다. 이 팀은 9개월 전보다 지속해서 스스로 높은 점수를 주었다. 둘째, 다른 팀들도 이 팀들이 원래 받았던 점수보다 더 높은 점수를 받았다. 그러나 다른 팀들은 경영진이 현재 스스로 평가한 점수보다 경영진에게 더 낮은 점수를 매겼는데, 이는 외부에서 보기에 개선이 가시화되는 데 시차가 있음을 시사했다([그림 6.4] 참조).

임상 부서의 점수는 예상대로 매우 가변적이었고, 두 부서의 점수는 상당히 대립적이었다. 이들은 경영진의 평가 점수가 저조할 뿐만 아니라, 다른 부서와 중앙 부서의 동료 팀들의 점수 또한 낮다는 사실을 직면해야 했다. 이는 무시하거나 지나칠 수 없는 경각심을 불러일으켰고, 두 부서의 구성원과 운영 방식에 대한 내부적인 변화를 이끌어 냈다.

또 원래 이사회와의 워크숍 이후 1년이 지난 뒤에, 이사회와의 후속 세션이 있었는데, 이사회가 상당한 진전을 이루었다고 생각하는 영역과 추가 개발이 필요한 영역을 공유할 수 있게 했다. 이사회는 자신들이 직접 회의를 하고 기능하는 과정을 크게 개선했다고 볼 뿐만 아니라, 경영진을 훨씬 긍정적으로 본다고 자신했다.

외부 코치로서, 나는 특정한 책임이나 전문 지식을 가진 문제뿐만 아니라, 모든 문제에 비상임 그리고 임원을 포함한 모든 이사회 구성원들이 더 많이 참여한다는 사실에 놀랐다. 이는 또한 이전의 의장이 두 번째 임기가 끝난 새로운 이사회 의장의 취임에 영향을 받았을 수 있다. 이사회는 새로운 의장의 선출과 유도, 그리고 리더십을 발휘하는 속도 모두 이사회 코칭으로 크게 도움받았다고 보고했다.

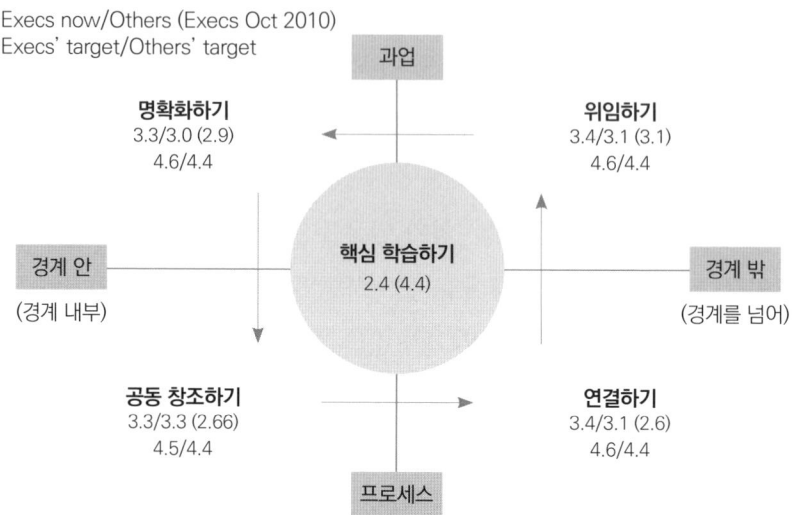

[그림 6.1] 팀 코칭의 다섯 가지 규율
: 임원 점수와 다른 네 개 팀의 점수(2011년 7월)

성찰과 결론

이 일이 시작된 지 1년 반만에, 최고 경영자는 국내 다른(체스터필드 Chesterfield) 더 큰 병원의 CEO로 취임했다. 피터는 CEO 직무대행이 된 재무 이사에게 과도기적 코칭을 제공한 뒤 업무를 마무리했다. 개빈은 예오빌 지역 병원에서 자신의 새로운 역할을 위해, 이 변화 기간 동안 그와 함께 했던 학습에 관해 다음과 같이 쓰고 있다:

내가 배운 핵심은 이사회부터 부서별 리더십 팀들에 걸친 일관된 코칭 접근 방식을 채택한 가치였다. 새로운 조직, 특히 여러 그룹 사이의 관계를 함께 만들어가는 데 소요되는 시간이 매우 중요했다. 조직의 다른 부분에 대한 각 요소의 역할과 책임에 대한 명확한 이해가 필수적이었다. 지금 생각해보면, 우리가 더 많은 주의를 기울일 수 있었던 한 가지 영역은 새로운 부서장들과 더 넓은 팀에 제공되는 개인 개발에 대한 지원 수준이었다. 많은 사람이 이 직급에서 새롭고 도전적인 역할을 맡았고, 지원도 받았지만, 돌이켜보면 더 많은 지원이 필요했을 수도 있었다.

피터는 시스테믹 팀 코칭에 대한 문헌, 모델, 연구 그리고 교육의 대부분이 거의 전적으로 별개의 실체로서 팀에 초점을 맞추고 있으며, 리더십 팀과 이사회, 리더십 팀과 이에 보고하는 팀, 수평적 관계 사이에서 팀 간 코칭을 제공하는 방법에 대해서는 거의 관심을 기울이지 않는다고 생각한다. 그 팀들 사이의 그리고 리더십 팀과 더 넓은 이해관계자 그룹, 팀 간 코칭 모든 분야가 점점 더 중요해지며, 팀 코칭과 조직개발의 새로운 창의적 조화가 필요하다고 생각한다. 이를 위해서는 파트너십으로 일하기partnership working(Pittinsky, 2009; Hawkins, 2021: 244-49), 협업collaboration(Williams, 2010), 네트워크networks(Katzenbach, 2012) 그리고 그룹 간 역동intergroup dynamics(Moss-Kanter, 2011; Hawkins, 2021: 237-42)에 대한 새로운 사고와 연구를 도출해야 한다.

예오빌 지역 병원과 함께 이 작업을 수행한 이후, 나는 두 개의 다른 구립병원, 보건교육 지역기구, 그리고 두 개의 영리 기업과 협력하여 유사한 접근방식을 성공적으로 적용했다. 그렇지만 나는 우리가 여전히 팀 간 코칭의 이러한 접근 방식이 무엇을 제공할 수 있고, 어떻게 이를 가장 잘 실천할 수 있는지를 발견하는 단계에 있다고 생각한다.

이후의 진전

팀 코칭이 완료된 직후, 예오빌 지역 병원의 의장이 된 피터 와이먼 Peter Wyman은 개빈Gavin이 닦아 놓은 토대를 바탕으로, 이후 2년 동안 경영진이 매우 효과적인 그룹으로 발전했다고 회고했다. 이사회는 전략과 주요 이슈에 집중하는 응집력 있는 단위로 기능하고, 개별 상임이사는 효율적이고 효과적으로 책임을 수행할 자신감과 전문성을 갖추었으며, 다음 단계의 경영진은 신탁 목표와 가치를 이해하고 자기 역할을 수행할 권한과 역량을 점점 더 많이 부여받고 있다.

업데이트: 팀 간 코칭에서 '팀들의 팀 코칭team of teams coaching', '에코시스테믹 팀 코칭ecosystemic team coaching'으로 변경

예오빌 지역 병원에서 팀 간 접근법으로 일한 이후, 개빈은 체스터필드 왕립 병원의 최고 경영자가 되었다. 그는 피터(15장의 공동저자 앨리슨 호건Alison Hogan의 지원)를 초청하여, 동시에 병원의 다양한 측면을 이끄는 여러 팀을 지도하고, 이들 사이의 관계를 코칭하는 이러한 접근법을 사용하게 했다. 개빈은 이후 왕립 더비 병원의 최고 경영자이자 NHS 이스트 미들랜즈 지도부의 회장이 되었다. 2021년 현재 예오빌 지역 병원의 최고 경영자는 조나단 히그먼Jonathan Higman으로, 팀 코칭 당시 운영 책임자였다.

피터와 앨리슨은 노스 브리스톨 병원 신탁과 함께, 몇 년에 걸쳐 이 작업을 더욱 발전시켜 두 병원(프랜치웨이Frenchay와 사우스미드Southmead)을 하나의 조직으로 통합하는 데 도움을 주었다.

병원의 주요 과제는 병원 울타리 안에서 해결될 수 없으며, 병원 조직이 가정에서의 자기 관리와 지역사회의 일반적 프랙티스의 업무에서 사회적 관리에 이르기까지 더 넓은 지역 보건 생태계의 조정자가 될 필요가 있다는 인식이 늘어나고 있다. 많은 노인이 안전하게 퇴원하는 데 필요한 공동체, 팀 간 코칭의 접근 방식 자체가 변화하여 '팀들의 팀' 접근 방식(7장 참조)이 되었다. 여기서 팀 코칭이 팀 내에서 수행하듯이, 팀 사이의 효과적인 협업 파트너십 구축이 목표이다.

세계적으로 보건 서비스에 대한 수요는 기하급수적으로 증가하고 있는데, 이는 세계 인구가 여전히 빠른 속도로 증가하고 있을 뿐만 아니라, 보건 시설의 가장 큰 이용자인 85세 이상의 노령인구가 훨씬 더 빠르게 증가하고 있기 때문이다.

전 세계 보건 서비스가 증가하는 수요에 대처하기 위해서는, 파트너십 작업이 점점 더 필수적이다. 즉 일선 기관 간, GP와 병원 간, 병원과 사회적 관리 간, 그리고 환자와 의료 종사자 간의 파트너십을 통해, 개인과 그 가족이 자신의 건강 관리에 더 적극적인 참여자가 된다. 팀 코칭은 팀 단위의 접근 방식뿐만 아니라, 환자 그룹과 자원봉사 부문을 포함한 지역의 모든 보건 기관과 협력하여 효과적인 파트너십으로 대응하는 '에코시스테믹 팀 코칭'(Hawkins, 2021: 227-61)에도 점점 더 많이 적용되고 있다.

기고자: 개빈 보일 Gavin Boyle

개빈 보일은 25년 전 리버풀에서 일반 관리 수습생으로 NHS에 입사했다. 그 뒤 대학에서 생물과학 학위를 취득한 후 민간 업계에서 짧은 기간 동안 근무했다. 개빈은 더비 대학 병원 University Hospitals of Derby과 버튼 NHS 재단 신탁 Burton NHS Foundation Trust의 최고 경영자이다. 2016년 더비 교육 병원 Derby Teaching Hospitals에 합류하기 전에는 체스터필드 왕립 병원 NHS 재단 신탁 Chesterfield Royal Hospital NHS Foundation Trust과 예오빌 지역 NHS 재단 신탁 Yeovil District NHS Foundation Trust에서 최고 경영자로 근무했다. 2018년 더비 병원과 버튼 병원 신탁이 합병하면서 영국에서 가장 큰 대학 교육 병원 가운데 하나가 탄생했다.

7장
핵심 학습하기를 통해 팀을 코칭하기

저자: 수 코인Sue Coyne과 주디스 닐콜Judith Nicol
역자: 박정화

도입

우리는 다양한 부서에 걸쳐 여러 규모와 유형의 조직에서 이사회와 고위 리더십 팀과 함께 시스테믹 리더십 팀 코치로 함께 일해 왔다. 각 리더십 팀 코칭 프로그램은 다섯 가지 규율 진단을 기반으로, 팀 성과 평가로 시작한다(Hawkins, 2017:324-26). 모든 고객에 대한 진단 결과를 검토하면서, 핵심 학습하기 점수가 이 여정을 시작할 때, 다섯 가지 규율 가운데 일관되게 가장 낮은 점수라는 점에 주목했다.

따라서 이 장에서는 핵심 학습하기에 초점을 맞추고, 리더십 팀을 코칭하여 팀 학습 능력을 높이고, 그 과정에서 팀워크와 비즈니스의 집단적 리더십collective leadership 향상 사례를 살펴본다. 이 팀은 부동산 부서의 개인 소유 중견 기업인 브런트우드Bruntwood의 경영진이었다.

우리는 여러 수준에서 핵심 학습하기를 다음과 같이 반영한다.

- 리더십 팀 코칭 프로그램의 설계에 통합하는 방법
- 프로그램을 제공할 때 성찰적 프랙티셔너가 되는 방법
- 고객이 지속 가능한 방식으로 성찰과 학습을 자신의 업무 방식에 통합하도록 지원하는 방법
- 지속 가능한 방식으로 핵심 학습하기를 운영 방식에 통합하는 방법

브런트우드 사례 연구

조직과 팀 과제

브런트우드의 CEO는 2011년 초 리더십 팀과 함께 일하게 된 배경을 돌아보며, 다음과 같이 설명했다.

브런트우드는 근본적으로 좋은 문화와 가치관을 가지고 있었다. 오랫동안 충성도가 높은 리더십 팀이 있었고, 비즈니스도 이에 보답하여 충성도가 높았다. 이 팀은 때때로 명확하게 표현되지 않았지만, 오랫동안 함께 성장한 가족처럼 '이해'되는 비공식적인 업무 방식을 개발했다. 팀 구성원들은 서로의 단점과 기발한 방식에 관대해졌고, 부딪히지 않고도 이를 극복할 방법을 찾았다. 일하는 방식을 발전시키려는 시도는 여러

차례 있었지만, 그 어떤 사항도 주목받지 못했다. 비즈니스가 성공하기만 하면 변화할 필요가 없다고 생각하기 쉬웠기 때문이다. 경기 침체는 플랫폼이라는 비즈니스 운영 방식을 바꾸었다. 리더십 팀에 기대하는 바가 무엇인지, 비즈니스를 지원하는 프로세스가 무엇인지에 대해 더 명확하게 해야 했다. 팀이 경기 침체기에 이러한 작업을 수행할 수 있다면, 성장이 회복된 뒤에도 과거의 실수를 반복하지 않고 이점을 활용할 수 있다.

팀 코칭 여정에서 팀 리더가 원하는 결과는 다음과 같다.

- 개별 이사(총 13명)의 개인 개발 - 미래의 비즈니스 요구 사항을 충족하도록 리더십 기술을 넓히기 위해 개인을 개발한다.
- 팀 개발 - 더 많은 협업, 결합된 방식으로 조직을 운영하여 전체가 부분의 합보다 더 큰 팀으로 운영된다.
- 이사들이 가치를 실천하여, 새로운 문화 구축에 자신의 역할을 수행한다.

제가 이 팀에 바라는 바는 이들이 자신의 직업에 대한 전문가가 아닌 비즈니스맨이 되어 시야를 넓히고, 서로를 더 수용하며, 차이를 소중히 여기고, 성장하기를 열망하는 일입니다. 리더십 역량을 개발해야 하지만 항상 그런 욕구가 있지는 않아요.

(브런트우드 CEO)

참여와 계약

브런트우드의 CEO, 최고 운영 책임자COO와 논의 끝에, 2011년 3월에 팀 코칭 프로그램을 의뢰했다. 모든 팀 구성원이 온전히 참여하도록, 2011년 4월에 팀 구성원 전체를 만나 앞으로의 여정을 위한 계약을 체결했다. 이는 모든 팀 코칭 프로그램의 일부였다. 이전 프로그램은 실패했으나, 이 프로그램이 성공할 수 있었던 요인 가운데 하나는, 리더십 팀의 동의를 미리 얻었기 때문이라고 CEO는 말했다. 우리는 이 세션에서 팀과 신뢰를 쌓고, 신뢰도를 구축하기 시작했다. 팀 코칭에 어떤 내용이 포함되는지 설명하고, 적절한 기밀 유지에 동의했으며, 초기 진단 단계에 참여하고, 코칭 여정을 함께 만들어가는 데 동의를 얻었다. 구성원들은 코칭이 자신들만의 적용이 아니라, 구성원들과 함께한다는 점을 분명히 이해했다.

조사, 발견 그리고 설계 단계

2011년 5~6월에 진행된 조사 단계에서는 각 이사가 다섯 가지 규율 설문지를 작성하고, 한 시간 동안 주디스Judith 또는 수Sue와 대면으로 토론하도록 하였다. 또 DISC 평가(심리학자 윌리엄 마스턴William Marston의 DISC 이론에 기반을 두고, 2004년 존 가이어John Geier가 개발한 행동 평가 도구) 실시 후 개별 대면 피드백 세션을 가졌다.

진단 인터뷰를 진행하는 동안 모든 이사가 개방적이고 솔직했다. 그렇지만 팀 회의에서 개방적이고 솔직한 대화를 나누는 일은 팀 회의의 특징이 아니며, 구성원들이 활력을 되찾지 못하고, 지치고 의기소침한 채로 회의를 떠난다는 사실을 깨달았다. 우리는 이 결과를 CEO, COO와 공유했고, 첫 번째 팀 세션은 신뢰를 구축하고, 구성원들이 자신의 의견을 솔직하게 표현해도 안전하다고 느끼는 분위기를 조성하는 데 초점을 맞춰야 한다고 결정했다.

다른 모든 고객과 마찬가지로 핵심 학습하기에 대한 점수가 5점 만점에 1.9점으로 가장 낮았다. 개인(5점 만점에 1.7점)과 팀 개발(5점 만점에 1.7점)이 부족했으며, 회의 분위기는 서로에게 즉각적으로 피드백을 줄 수 있는 분위기가 아니었다(5점 만점에 2.3점). 지원과 도전 사이 균형보다 이사들 사이의 도전과 경쟁이 더 많이 나타났다. 학습 지향적인 이사회가 아닌, 행동 지향적인 이사회였다(Kakabadse et al., 2013, 이 책의 15장 참조).

'한 발 물러선다는 생각 자체가 낯설고, 우리는 모두 세부 사항에 너무 몰두하고 있습니다.'
'우리는 피드백에 매우 서투릅니다. 지원보다는 도전이 많고, 때로는 도전이 적절하게 이루어지지 않을 때가 있습니다.'
'회의에서 행동에 대한 토론이나 도전이 거의 이루어지지 않습니다.'
'우리는 서로가 얼마나 재능 있고 유능한지, 얼마나 훌륭한 사람인지 더 감사할 필요가 있습니다.'

작업 전개 방식

프로세스

2011년 7월에 열린 첫 번째 팀 세션에서, 학습 내용을 어떻게 반영하고 통합하는가를 소개하면서 세션을 시작했다.

> 이는 100미터 전력 질주가 아닙니다! 오늘은 조금만 연습하고 집에 돌아가서 연습을 더 하도록 하겠습니다. 다음에 만나 복습하고, 좀 더 연습할 예정입니다. 학습 내재화는 헬스장에서 새로운 근육 단련과 같이 시간이 걸립니다. 자신에게 친절해보세요.

우리는 각 책임자에게 성찰 일지reflection journal를 제공했고, 책임자들은 세션 계약의 일부로 '성찰 일지를 사용하여, 오늘 당신에게 성공이 어떤 느낌이고, 어떤 모습일지 기록하라'고 말하면서 즉시 일지를 사용했다. 우리는 첫 번째 세션과 그 이후의 세션에서 성찰 일지를 사용했다.

세션이 시작될 때, 팀은 함께 효과적으로 일할 수 있는 일련의 행동으로 구성된 '우리가 함께 일하는 방식' 합의서를 작성하고, 세션 동안 준수하기로 했다. 세션 중간에는 'TOOT Time Out of Time'(Oshry, 2007)를 소개하여, 회의에 반영하는 방법을 모델링하고 연습했다. 우리는 모델링이 회의 내용 검토가 아닌, 회의 과정과 행동 검토라고 설명했다. 'TOOT' 동안 두 가지를 질문했다.

'워크숍의 첫 번째 부분에서 무엇이 유용했나요?'
'워크숍의 두 번째 부분에서 달라졌으면 하는 점을 한 가지씩 말해보세요.'

마무리 시점에, 팀 회의에서 이 합의를 어떻게 발전시킬지 검토했다. 우리는 편집되지 않은 완전한 팀 진단 결과를 다음 날 모든 팀 구성원에게 개별적으로 보내기로 팀과 계약했다. 신뢰 구축 작업의 일환으로 이러한 결과와 관련하여, 기밀 유지에 관한 계약을 체결할 수 있었다. 또 팀이 데이터에 참여하고, 특히 9월 세션에서 이해관계자 역할극을 준비하기를 원한다고 설명했다.

첫 번째 세션이 끝나자마자, 우리는 실행과 검토 프로세스를 수립했다 (Hawkins, 2021:101-3 참조). 이는 향후 세션의 기틀이 될 예정이다.

- 특정 학습을 포함시키기 위한 개인과 팀 행동에 대한 약속
- 세션에서 좋았던 점에 대한 검토
- 세션에서 다른 사람들의 행동에 대해 감사할 기회
- 코칭 팀에 대한 피드백 - 무엇이 잘 작동했나요? 다음에는 무엇을 다르게 할 수 있을까요?

이를 통해, 회의가 끝날 때 복습의 중요성을 모델링하고, 감사와 피드백주는 연습을 목표로 정했다.

첫 번째 세션이 끝난 뒤, 우리는 CEO와 검토 회의를 갖고, 세션에서 어떤 모습을 보였는지 피드백했다.

팀 코칭 세션 사이에 각 책임자는 수Sue 또는 주디스Judith 가운데 한 명과 일대일 코칭 세션을 가졌다. 여기서 우리의 목표는 각 책임자의 개인 개발을 지원하여, 팀 세션에서 배운 내용을 통합하여 팀에 최대한 기여하도록 했다.

두 번째 세션은 이전 세션에서 개인과 팀으로서 공개적으로 약속한 사항들을 어떻게 이행했는지를 검토하는 데서 시작했다. 진단 내용을 읽은 뒤, 팀 코칭 여정에서 우선순위를 정하고, 이해관계자 역할극을 준비하기 위해 이메일을 보내달라는 요청을 받았다. 이후, '집단 세우기collective build' 방법을 사용하여, 팀의 공동 목적을 개발하는 단계로 넘어갔다(Hawkins, 2021:114-16). '집단 세우기'에서 포스트잇에 '이 팀의 근본적인 목적은…'이라는 문장을 완성하도록 참여자들에게 요청했다. 각자에게 이 작업을 3~5회 반복하도록 요청하여, '가장 먼저 떠오르는' 응답을 넘어서도록 했다. 참여자들이 응답하면, 포스트잇 메모를 플립차트에 붙여, 비슷한 주제로 그룹화했다. 이후, 이러한 주제를 요약하여, 공동 목적의 핵심 요소를 구성했다. 이 세션의 마지막에, 학습 조직을 만들고, 프로그램에서 비용 대비 가치를 얻는 'TOOT'를 진행했다. 세션에서 배운 내용과 약속한 사항을 일지에 기록하기로 마무리했다.

모든 팀 구성원에게 합의된 계정별 조치 사항을 이메일로 배포했다.

이후, 별도의 하위 시스템으로 CEO, COO, CFO와 함께 몇 가지 작업을 시작했다. 더 넓은 팀의 참여를 끌어내기 위해서는 이 소규모 그룹이 분위기를 조성해야 함을 깨달았다. 우리는 이들에게 3인조

threesome로 서로 피드백을 주고받으며, 삼중주로서triad, 더 넓은 팀 내의 핵심 리더십 그룹으로서 자신의 운영 방식을 논의하고 합의하도록 초대했다. 이들은 일관된 응답을 위해 무엇이 필요한지, 비즈니스 모니터링을 지원하는 동시에 팀원들이 개인으로서 성장할 여지를 제공하기 위해 어떤 회의와 시스템이 필요한지에 대해 합의에 도달했다.

모든 개별 팀 구성원은 주디스와 수와의 일대일 코칭 대화와 COO가 개발 중인 새로운 리더십 역량을 바탕으로 COO와의 논의를 위한 개인 개발 계획personal development plans(PDPs)을 작성하도록 요청받았다.

2011년 11월부터 2012년 3월까지 성과의 차이가 있었다. 일대일 코칭 세션이 완료되었고 사업은 계속해서 어려운 시기를 겪었다.

2012년 3월의 세 번째 세션에서 우리는 권한과 공동 목적을 최종 합의하고, 이를 달성하는 데 필요한 리더십 역량을 합의하는 데 초점을 맞췄다. 우리는 또한 서로 피드백을 주는 방법에 대해 그룹과 협력하기 위한 첫 번째 단계를 밟았다. 우리는 여기에 플립차트 접근법을 사용했다. 각 책임자는 중단, 시작, 지속의 시트를 제시했고, 이 시트는 팀의 다른 구성원들이 채워갔다. 각 개인은 자신이 초점을 맞출 계획을 말하면서 시트에 응답했다. 대부분 구성원은 피드백 내용을 잘 받아들였다. 또 우리는 팀에 성공을 축하하는 방법과 구성원들과 함께 일하기 시작한 이후의 진행 상황을 고려하도록 요청했다. 구성원들은 진행 상황을 명확하게 보여주는 전후 그림을 그렸다. 이 장을 작성하는 동안 우리와 함께 성찰하면서, CEO는 "전후 그림을 그리던 그때, 우리에게 중요한 순간이 찾아왔습니다. 뱀과 사다리 보드가 핵심이었습니다. 우리가 진전을 이루려면, 두 걸음 앞으로 나아가고, 한 걸음만 뒤로 물러서야 했습니다."라고 말했다.

이 단계의 마지막 팀 세션은 2012년 5월에 진행되었다. 이 세션에서는 개인과 팀의 창의성과 잠재력을 발휘하고, 업무에 바로 적용할 수 있는 실용적인 도구를 제공하는 데 중점을 두었다.

우리는 팀으로 행동하도록 학습 측면에서 현재 그룹이 어디에 있는지 살펴보는 'TOOT'로 시작했는데, 지금까지 팀 구성원들은 매우 익숙하게 여겼다. 이후 '안전지대comfort zones'([그림 7.1] 참조)(White, 2008)(이 지대는 사람들이 스트레칭/학습 영역과 구별되는 익숙한 일을 하는 곳으로, 덜 익숙한/새로운 일을 할 능력을 개발하는 곳이다)와 학습 친구와 적에 대한 작업을 수행하여, 일부 방해 요소가 어디에 있는가의 인식을 향상했다. 이전에 경청 관련 수행한 작업을 기반으로, 생성적 대화generative dialogue에 관한 몇 가지 콘텐츠를 소개했다. 코칭

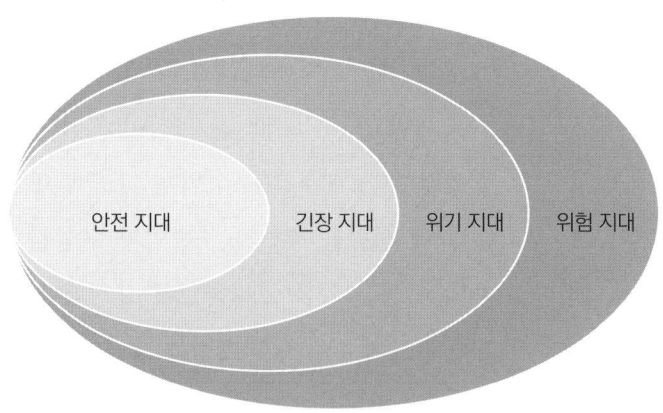

[그림 7.1] 안전 지대

기술을 소개하고 '세 번째 대안third alternative'(Covey, 2011)을 사용하여 상호 이기는win/win 계약을 만드는 작업을 마무리했다.

팀 개발의 다음 단계에 대한 그룹 토론을 하고, 개인별 일대일 코칭을 한 번 더 진행하여 개인 개발 계획을 완성하는 데 도움을 주기로 합의하면서 마무리했다.

무엇이 효과가 있었는가?

먼저 함께 일하는 방식에 대한 합의가 이루어지고 나면, 우리는 매 세션을 시작하면서 서로 합의하고, 지난 세션 이후 이를 어떻게 이행했는지 검토했다.

팀 리더로서의 역할, 학습에 대한 책임감, 팀 구성원 모두가 자신의 학습과 팀의 공유 학습에 책임감을 느끼도록 하는 방법에 대해 CEO와 지속해서 이야기 나누는 일은 중요했다. 우리는 CEO와 다른 팀 구성원들을 위한 일대일 코칭 세션으로 이를 강화할 수 있었다. 우리는 팀 구성원 개개인에 대한 관찰과 팀 세션에서 관찰한 내용을 바탕으로 명확한 피드백을 제공했다.

이러한 팀은, 힘든 도전으로 가득 찬 시스템에서 일하면서 스스로 매우 힘들게 하는 팀이었으므로 격려와 건설적인 관찰 제공은 매우 중요했다.

각 개인에게 전달한 일지는 자기 학습에 대한 책임감을 부여하는 상징적인 일이었다. 두 번째 세션에서 두 명이 책을 잃어버렸고, 한 명은 개dog에게 책을 먹히는 등 가벼운 순간도 있었다. 그렇지만 팀 구성원은 대부분 성찰 일지를 사용해본 경험이 있었고, 도움이 되었다고 했다. 이 팀은 열심히 일하고, 열심히 노는 팀이었으므로 재미 불어넣기가 중요했다. 처음에는 시도하지 않은 새로운 일에 대한 저항이 있었지만, 역할극, 그림 그리기, 모형 만들기, 팀 조각하기 등 팀의 에너지 레벨을 높이는 활동을 했다(구체화와 창의적 기법에 대한 자세한 내용은 17장을 참조하라).

만날 때마다 구성원에게 책임을 묻고, 팀에 책임을 묻는 일은 강력한 힘이 되었다. 처음 그렇게 했을 때, 구성원들은 자신이 한 약속을 이행하지 않았을 뿐만 아니라, 자신의 존재를 잊어버렸다. 시간이 지남에 따라, 팀은 우리가 요청하는 사항에 익숙해졌고, 훨씬 더 많이 따르는 법을 배웠다. 실제 이 장의 집필을 준비하면서, 진행 상황을 검토하기 위해 팀 구성원들을 만났을 때, 모든 팀 구성원에게 설문지를 보내 작성하도록 했는데, 모두 예외 없이 작성했다. 확실한 진전이 있었다!

처음에는 눈썹을 치켜 뜨고, 웃음을 억누르는 구성원들도 많았지만, 예상외로 'TOOT'는 매우 강력했다. 우리는 'TOOT'를 그룹에 대한 성찰을 공유하고, 그룹과 대화를 나누는 수단으로 사용했다. 우리는 여분의 의자로 어항fishbowl처럼 만들고, 구성원들을 대화에 초대했다. 원 안의 원이 주는 친밀감은 사람들이 말하지 못한 생각을 표현하는 데 도움이 되는 듯했다. 이 접근 방식은 또 팀이 행동에서 성찰로, 내용에서 과정으로 이동하고, 바쁜 업무 중에도 성찰적 학습의 시간을 도입하는 데 도움이 되었다.

리더십 역량이 정의되고 나면, 우리는 CEO가 각 개인에게 개인 개발 계획을 작성하고, 이를 탐구하기 위한 회의를 계획하는 책임을 맡기도록 권장했다. 따라서 회의가 준비되기까지 오랜 시간이 걸렸지만, 막상 회의가 열렸을 때, 개개인이 자신의 개발에 대한 생각의 질은 풍부하고 강력했다. 비즈니스에서 기대하는 바를 명확히 제시하고, 인식을 제고할 수 있도록 지원하여, 직원들은 자신의 여정을 스스로 주도할 수 있었으며, 더는 남의 이야기를 기다리지 않게 되었다!

무엇이 효과가 없었는가?

팀보다 학습 과정을 계속 진행하는 데 더 많은 에너지를 소비한다고 느낄 때가 있었다. 이 팀은 성찰할 시간을 내는 데 익숙하지 않았고, 하루하루의 업무가 이들의 집중력을 지배하고 있었다. 많은 인원이 이메일을 주고받는 작업은 특히 생각이 필요한 답변을 요청할 때 어려움을 겪었다. 팀 구성원들이 세션에 참여하는 동안, 회의실 밖으로 나가자마자 금세 연락이 끊겼다.

완벽한 공동의 목적을 달성하기 위해 너무 오랜 시간을 보냈다. 기업 프로젝트와 관련, 팀의 패턴 가운데 하나에 공모했는데, 일을 완성하지 않고 진행 과정에서 길을 잃는 듯했다. '공동의 노력'이 작동되도록 팀을 진행하여 개선해 나갔더라면, 모두의 에너지를 덜 소모하지 않았을까! CEO와 이 문제를 검토한 결과, 어떻게 다를 수 있었는지 다음과 같이 견해를 전했다.

우리는 처음부터 집단적 목적을 만들려고 하기보다는 가상 인물straw man이 필요했습니다. 진단 중에 개인에게서 이에 대한 정보를 수집하고, 이를 사용하여 가상 인물을 개발할 수도 있었습니다. 이후 세션에서 팀이 함께 작업하여 이를 최적화할 수도 있었습니다. 시간의 시험을 견딜 수 있을 만큼 충분히 훌륭해야 하고, 제작된 결과물에서 영감을 얻어야 합니다.

일반적으로 팀은 소규모 하위 그룹에서 더 잘 작동했다. 특히 추상적인 개념이나 프로세스를 하나의 큰 그룹으로 작업하는 일은 잘 되지 않았다. '집단 세우기collective build' 기법을 사용하면, 팀이 결과물을 어떻게 처리할지 결정해야 하는 시점까지 잘 작동했다! 다시 말하지만, 프로세스에서 벗어나 완벽하게 문서화해야 하는 패턴이 걸림돌이 되었다. 결국 우리는 모두 임무와 공동의 목적을 완벽하게 달성하기 위해 노력하는 과정에 지쳤다고 선언했고, 최종 편집은 COO가 맡았다.

팀 구성원들은 회사 프로젝트를 완료하지 않고, 끝까지 완수하지 않는 패턴이 있었으므로 중단하기 어려웠다. 처음에는 팀을 하나로 모으는 데 너무 많은 노력을 기울였지만, 규모가 큰 그룹이기 때문에 일관성, 명확성 그리고 연결을 촉진하는 하위 시스템이 필요하다는 사실을 깨달았다. 그래서 우리는 CEO, COO, CFO의 하위 팀과 함께 일하기 시작했다.

2011년 11월과 2012년 3월 세션 사이에 너무 긴 공백이 있었다. 11월에 팀에 탄력이 붙었으나, 일정이 밀려 겹치면서, 공백이 너무 길어졌다. 2012년 3월에는 시작했으나 완료하지 못한 일의 '느슨한 끝'을 매듭짓는 데 많은 시간을 보냈다. 우리는 팀에서 일어난 일을 반영했고, 에너지 수준은 이전 두 세션만큼 높지 않았다.

역량 합의하기는 마치 치아를 발치하는 듯했고, 약간의 기술적인 연습이 되었다. 이로 인해, 사람들이 개인 개발 계획을 명확하게 표현하는 속도가 느려지고, 프레임워크가 완성되지 않아서 개별 코칭을 중단해야 했다. 이 프로그램 이전에 리더십 개발이 제한적이었던 팀이었으므로 세션에 너무 많은 내용이 포함될 때도 있었다.

결과

팀 구성원들에게 다섯 가지 규율 설문지의 세 가지 핵심 학습학기 속성에 대해 스스로 평가해 달라고 요청했다. 그 결과, 핵심 학습하기에서 분명한 진전이 있었음을 알 수 있었다. 결과는 [표 7.1]에 나와 있다.

이후 팀 구성원들에게 앞서 설명한 학습 주기 모델([그림 7.2])에 대해 생각해 보고, 집단과 개인 학습을 향상하기 위해, 개인과 팀 프로세스에서 무엇이 바뀌었는지 생각해 보도록 요청했다.

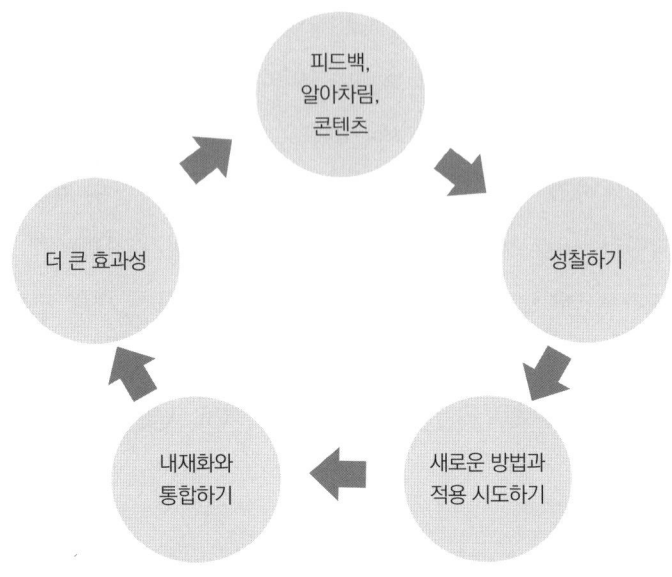

[그림 7.2] 학습 주기 모델

[표 7.1] 팀이 세 가지 핵심 학습 속성에 대해 자체 평가한 방법

	2011년 3월	2013년 10월
팀은 정기적이고 효과적으로 자체 개발에 참여한다.	1.7	3.1
팀은 각 구성원의 개발에 정기적이고 효과적으로 참여한다.	1.7	3.1
모든 팀원이 실시간으로 좋은 피드백을 주고 서로에게 지원과 도전을 제공한다.	2.3	3.1

1. 피드백, 알아차림, 콘텐츠

이는 개인과 팀이 피드백을 찾고, 주고받으며, 콘텐츠에 동화되고, 인지도를 높일 수 있었던 정도이다. 대부분 팀 구성원은 이제 일대일로

피드백을 구하고 받는 일이 편해졌다고 느꼈다. 몇몇은 자기 팀에 공식적인 피드백을 요청했으며, 이 피드백을 개인 개발 계획의 일부로 CEO와 공유했다. 몇몇은 리더십 관련 기사를 계속 읽고, 새로운 리더십 모델을 적극적으로 수용하고 있다고 말했다. 또 팀 구성원들은 상황적 리더십situational leadership에 대한 공동 세션을 진행했으며(Hersey, 1985), 이는 팀 구성원들 사이에서 높아진 인식과 함께 강력한 영향을 미쳤다. 초기 DISC 프로파일링을 통해, 공통의 언어와 자아 그리고 기타 차이점에 대한 인식을 갖게 되었으며, 이는 상호작용 방식에 지속적인 영향을 미쳤다. 이후, 이 팀은 기본적인 신경 언어 프로그래밍NLP 코칭 과정을 이수하여, 서로 그리고 팀 구성원들과 상호작용하는 데 필요한 추가적인 기술을 습득했다.

안전 지대를 탐색하는 작업(White, 2008)을 통해, 팀 구성원들은 자신에게 맞는 스트레칭이 어디인지, 학습의 한계가 어디인지 끊임없이 생각하게 된다. 중지/시작/지속stop/start/continue(Silberman, 2005) 연습(각 팀원에게 플립차트를 제공하고 다른 팀원이 그 시트에 개인이 중지해야 할 일, 시작해야 할 일, 지속해야 할 일 적기)과 같은 간단한 도구는 팀 구성원들이 매일, 매주 자신의 활동에 대해 생각하는 데 도움이 되었다. CEO는 최근에 진행한 개인 개발 계획 세션이 상상했던 것보다 더 풍성했다고 말했다. 최근 회사의 연례 주말 행사에서 그룹 피드백을 위한 시간을 마련했는데, 매우 유익한 시간이었다.

전반적으로 팀 구성원들은 인식이 성장했다고 느꼈지만, 아직 더 발전할 여지가 있다고 생각했다. 특히 순간순간 자신의 행동을 관찰할 수 있는 능력은 여전히 개선해야 할 부분으로 꼽았다.

2. 성찰

팀의 모든 개인은 성찰의 중요성을 받아들이고, 이는 학습 주기의 핵심임을 이해하고 있다고 느꼈다. 대부분이 '아무 생각 없이 반응하는' 경우가 줄었다고 느꼈지만, 진행 중인 작업이라는 점은 인정했다. 대부분 응답자는 자신이 다른 팀 구성원들과 자기 팀에 미치는 영향에 대해 더 많이 성찰한다고 느꼈다. 일이 잘 풀리지 않으면, 그 이유를 자신에게 묻는다. 회의가 끝난 뒤, 때로는 회의가 어떻게 진행되었는지, 더 잘할 수 있었던 점은 무엇이었는지 스스로 묻는다. 처음에 팀 회의에서 구성원들은 적극적으로 반성하도록 요청받고, 다른 사람의 방해를 받지 않고 생각할 시간을 갖는다. 비즈니스 속도를 고려할 때, 대부분 사람은 이러한 성찰을 일상적인 활동에 통합하는 일이 어렵다고 생각한다. 팀은 소규모 기능 또는 비즈니스 중심 단위로 모임을 갖고, 이러한 모임에는 특별히 반성할 시간이 주어진다. 팀은 상당한 진전이 있었다고 생각하지만, 계속해서 적극적으로 노력해야 한다고 생각한다.

3. 새로운 방법과 적용 시도하기

팀 구성원들은 모두 서로와 팀 구성원들의 말에 더 귀를 기울인다고 느꼈다. 그 결과, 조급한 해결책이나 결정을 서두르지 않고, 최선의 사고를 장려할 수 있게 되었다. 이들은 더 열린 질문을 던지며, 가능성을 탐색하도록 유도한다. 개인이 회의를 주도하는 경우가 줄어들어서 대화는 더 자유롭고 사려 깊어진다. 팀 구성원들은 참여도가 높아짐에 따라, 팀을 더 신뢰할 수 있다고 느낀다. 팀 구성원들은 서로에 대한 선입견을 버리고, 서로 상호작용하는 방식을 새롭게 프로그래밍했다. 많은 사람이 맹점을 더 잘 인식하게 되었고, 이러한 새로운 인식에 대응하여, 새로운 사고와 행동 방식을 적극적으로 시도하고 있다고 느꼈다. 많은 사람이 새로운 역할과 존재 방식에 도전할 수 있는 자신감이 생겼다고 이야기했다. 그 결과, 도움을 요청할 수 있게 되었고, 모든 사항을 다 알아야 한다는 부담감이 사라졌다고 말하는 이들도 있었! 몇몇은 관용이 증가하고, 건설적인 비판을 개인적으로 받아들이지 않는다는 느낌을 받아, 팀 구성원들 사이에 더 개방적이고 정직해졌다고 이야기했다. HR 책임자는 "2년 전에는 프로젝트 팀이 무엇을 해야 할지에 대해서만 생각했다면, 이제는 어떻게 해야 할지에 대해 생각합니다. 이는 중요한 변화입니다."라고 했다.

4. 깊이 숙성시키고 통합하기

이 측면은 팀에게 진행 중인 작업처럼 느껴졌다. 위에서 설명한 몇 가지 새로운 행동은 마치 내재화되고 통합된 듯 느껴졌지만, 흥미롭게도 팀 구성원들은 계속 노력해야 한다는 인식이 있었다. 모두가 작업 시작 이후 상당한 진전을 이루었고, 학습에 실질적인 추진력이 있다고 느꼈다. 대부분 사람은 학습을 조직 전체로 확산하기 위해, 아직 해야 할 일이 남아있다고 생각했으며, 시작은 했지만 더 많은 에너지와 집중이 필요하다고 생각했다. 팀 구성원들은 자신들이 개인이 아니라, 조직의 나머지 구성원들과 이해관계자들에게 훨씬 더 단합된 모습으로 보인다고 느꼈다. 대부분 팀 구성원은 학습을 새롭게 하고, 학습을 적용하고, 내재화하는 방법을 계속 연구하기 위해서는 외부의 지원이 필요하다고 생각했다. HR 책임자는 이를 반영했다.

학습에 참여하면서 모두의 자신감이 높아졌다고 생각합니다. 저도 자신감이 높아졌습니다. 우리는 서로에게 도전하는 것이 사적인 일이 아님을 알고 있습니다. 이러한 이유로, 더 편안하게 둘러앉아, 회의를 마치고 사무실로 돌아가는 길에 서로에게 어떻게 하면 일을 더 강력하게 만들 수 있는지, 어떻게 하면 일을 더 잘할 수 있는지 재빨리 물어볼 수 있습니다. 구성원들이 서로 눈을 마주치고, 피드백 주고받기를 원하지 않는다면 다른 방법이 있습니다. 구성원들은 세션에 앞서 자신의 영향력과 상대방이 어떻게 반응할지 훨씬 더 많이 생각하고 있습니다.

5. 더 큰 효과성

팀이 수행한 작업으로 인해, 팀 자체와 나머지 조직 그리고 이해관계자의 효율성이 높아졌다는 느낌이 들었다. 그렇지만 각 팀이 더욱 효과적으로 일할 수 있도록 돕고, 특히 직원들이 지원받고 있다는 느낌을 받으며 최선을 다하도록 독려하기 위해서는 아직 해야 할 일이 남아있다. 최근 비즈니스 재구축 프로세스는 외부 세계에 매우 효과적이고, 강력하게 통합된 모습을 보여줄 방법을 강조했다. HR 책임자는 "강력하고 일관성 있으며, 유능한 팀으로 우리 자신을 투영하는 방법에 대해 큰 피드백을 받았습니다."라고 말했다.

CEO는 리더십 팀의 효율성이 높아진 결과가 각 이해관계자 그룹에 어떤 영향을 미쳤는지 되돌아보았다.

> **주주**: '이사들은 이제 청중을 이해해야 할 필요성을 더 잘 인식하고 있습니다. 그 결과 주주들이 이사들로부터 받는 서류의 품질이 더 좋아졌습니다.'
> **팀 구성원**: '회의가 두렵지 않고 기대가 되고 영감을 받는 등 더 긍정적인 환경에서 일할 수 있게 되었습니다.'
> **직원**: '아직 초기 단계이지만, 리더십 팀 구성원들 사이에 정치적 분위기가 덜합니다. 정치적 환경에서 일하면, 사람들의 에너지가 떨어집니다. 또 리더십 팀 구성원들이 더 활기차고 관심을 가지며, 그 결과 직원들의 참여와 연결이 더 많아졌습니다.'
> **고객**: '직원들에게 미치는 영향이 파급되어, 고객에게 긍정적인 영향을 미친다는 점은 의심의 여지가 없습니다.'
> **더 넓은 비즈니스 커뮤니티**: '리더십 팀 구성원들에게 자신의 책임에 대해 더 명확하게 설명했고, 이들은 제가 맡았던 직책을 맡았습니다. 다시 한번 강조하며, 더 효과적이기 위해서는 청중을 생각해야 합니다.'

모두 이 팀의 건설적이고 도전적인 대화를 나눌 수 있는 능력이 효율성에 큰 영향을 미쳤다고 느꼈다. 결론적으로 한 이사회 구성원은 다음과 같이 말한다. "경제 상황이 허락하는 한, 비즈니스를 성장시킬 수 있는 위치에서 이 활동이 출발해야 한다고 보았습니다. 이제 우리는 확실히 이 일을 할 수 있는 위치에 있습니다. 우리는 그 효과를 확실히 볼 수 있습니다. 팀이 훨씬 더 생산적인 회의와 후속 세션을 갖기 때문에, 더 넓은 비즈니스에 진출했을 때, 그 파급 효과는 이전보다 훨씬 더 긍정적입니다. 시니어 팀 수준에서 일이 잘 진행되고 있으므로, 학습과 개발 팀은 다음 단계의 관리자 포럼을 시작으로 동료 학습, 선택사항과 과제에 대한 토론을 장려합니다. 이 모든 과정을 통해 개별 업무에 대한 명확성이 높아졌습니다. 우리는 무엇을 하려고 하나요? 어떤 지원이 필요한가요? 아래 팀에 어떻게 우리의 학습을 포함시킬 수 있을까요?"

핵심 학습학기

브런트우드 CEO와 함께 리더십 팀의 다음 단계 개발을 위해, 어떻게 접근 방식을 개선할 수 있을지에 대한 몇 가지 주요 학습 내용을 공유할 수 있는 기회를 가졌다. 논의의 핵심 영역은 HR과의 통합을 강화하여, 세션 사이에 학습 내용을 포함시키고 통합하는 일이었다.

> 마지막에 HR 부서의 사라Sarah를 프로세스에 참여시켰습니다. 책임자들과 함께 팀과 협력하는 방법을 논의했습니다. 그 덕분에 책임자들은 사라를 통해 함께 일할 준비를 마쳤습니다. 처음부터 이 자원을 설정하고,

프로그램 전체에서 이 자원을 사용하여 내재화embedded하는 데 도움을 줄 수 있었습니다.

브런트우드 이사회는 앞으로 비즈니스 성장 기회를 확인했으며, '우리가 계속 성장하고 직원을 최대한 활용하려면, 이 여정을 계속해야 한다'는 비즈니스의 증가하는 요구사항을 충족하기 위해, 리더 스스로가 성장해야 한다. 현재 팀의 핵심 학습하기 수준이 5점 만점에 3점을 조금 넘는 수준이라는 점을 고려할 때, CEO는 다음과 같이 단언한다. "제 목표는 1년 안에 4~5점 사이가 되는 것입니다. 이를 실현하기 위해서는 많은 일이 일어나야 합니다."

팀의 학습

두 명으로 구성된 코칭 팀도 함께 배워야 팀의 학습 효과가 극대화될 수 있다. 그래서 자신만의 성찰과 개발 프로세스를 구축했다. 그 순간에 배우고, 그 순간에 프로세스/접근 방식을 조정하고, 그 순간에 팀에 피드백 주기는 우리 모두에게 학습의 우위임을 확인했다. 우리는 이 과정에서 서로를 지원했고, 이 프로그램이 끝날 무렵에는 거의 자연스러운 일이 되었다.

우리는 프로그램 기간에 정기적으로 함께 성찰했고, 효과적인지 확인하기 위해 될 수 있는 대로 정기적인 수퍼비전도 받았다.

주요 학습 사항은 다음과 같다.

- 팀 세션 사이의 통합을 지원하기 위해, 디자인에 HR/팀 리더와의 협업을 강화한다. 또 그림자 코칭shadow coaching을 제공하거나, 다음 단계의 팀과 함께 일하는 모습을 관찰하여, 즉각적인 피드백을 제공하여 이를 지원할 수 있다.
- 현재 리더십 역량 수준보다 너무 앞선 기술/내용을 소개하지 않는다.
- 리더는 처음에는 팀 세션 사이에 스스로 성찰할 수 있을 만큼 충분히 자각하지 못하므로 일대일 코칭이 중요하다.
- 코칭 프로그램에는 팀에 맞는 속도가 있다. 팀만의 리듬이 형성되므로 속도를 강요하지 않는다. 여정 내내 속도가 바뀐다. 1단계는 더 빠른 속도로 진행되며, 팀이 여정에 정착하면, 학습을 통합하는 동안 속도가 느려질 수 있다. 그 뒤에 있는 에너지가 사라지지 않도록, 충분한 속도와 빈도가 있어야 한다.
- 추상적인 연습보다는 실제 비즈니스 이슈를 가지고 작업하기가 더 나은 경우가 많다. 이는 실무에서의 배움과 같아서 일상과 더 관련이 있고 통합하기가 더 쉽다.

결론: '우리는 놀라운 여행을 했다'

이는 브런트우드 팀의 총체적 결론이다. 정말 학습을 내재화하고 싶다면 이렇게 결론 내릴 수 있다.

- 하룻밤 사이에 일어나지 않는다.
- 한 번의 개입으로 이루어지지 않는다.
- 집단적 수준에서만 일어나지 않고, 개인적 수준에서도 일어나야 한다.
- 학습이 어떻게 내재화하고, 통합되는지, 코칭 프로그램의 지속 가능한 영향력 발휘는 전체 코칭 프로그램의 설계와 전달을 관통하는 핵심 요소이다.

팀이 팀 코칭을 받을 준비가 되었는지 평가할 때, 학습에 임하는 태도에 주의를 기울이는 일이 핵심이다. 팀 코치로서 물어볼 수 있는 몇 가지 유용한 질문은 다음과 같다.

- 개발 마인드가 있는가?
- 조직이 학습을 내재화하도록 지원할 수용력capacity과 능력capability을 갖추고 있는가?
- 코치가 대신 해주기를 기대하기보다는, 학습 여정에서 코칭 팀과 협업하고 협력할 준비가 되어 있는가?

이러한 질문에 대한 답이 '예'가 아니라면, 팀은 프로세스에 불만을 품고 실패에 대해 코칭 팀을 비난하게 된다.

성공적인 코칭이 이루어지려면, 프로그램의 시니어 챔피언, 즉 필요한 종류의 변화를 이해하는 팀 리더가 필요하다.

지속해서 배우고 성장하는 일만이, 리더십 팀이 장기적으로 목적에 부합하고, 관련성을 유지할 수 있는 유일한 방법이다. 우리가 일했던 조직 가운데 어떤 리더는 조직에 동화되는 경우도 있었고, 더 빠른 속도로 성장하지 못하는 조직은 그 빠른 속도를 뒤쫓을 수 있는 역량에 격차가 있기도 했다.

3년간의 성찰

브런트우드의 CEO에게 다시 연락하여 사례 연구의 대상이 된 팀에 대한 최신 자료를 요청했다.

3년 전에는 학습한 내용을 운영 방식에 반영하고 통합하는 것이 ⅗ 정도였다면, 지금은 어느 정도인지 물었다.

이렇게 답변이 왔다.

지금은 ⅘가 되었다고 말할 수 있을 정도로 확실히 발전했지만, 시니어 팀에 대한 요구 사항도 크게 발전했습니다. 그렇지만 전반적으로 저는 지금이 더 행복합니다. 이러한 변화를 이끈 주요 촉매제 가운데 하나는, 리더십 팀을 상위 90명으로 확대하고, 이 그룹, 특히 젊은 리더들을 활용하여 비즈니스 리더십 모델의 진화를 주도한 부분입니다. 이 그룹은 고정된 계층 구조가 아닌, 민첩한 팀 단위의 팀으로 구성되었습니다. 90명으로 구성된 이 그룹은 30명으로 구성된 리더십 '이사회'가 관리하며,

다섯 명으로 구성된 긴밀한 기업 이사회가 리더십 '이사회'의 의제를 조정합니다. 모두가 자율적으로 일하는 환경을 조성하여, 모두가 앞으로 나아가고 있다고 느끼고, 새로운 기술을 배우며, 위대한 도시 지역을 더 위대하게 만들겠다는 우리의 목표에 모두가 깊이 참여하게 동료 전략을 지속해서 추진하고 있습니다.

브런트우드는 계속해서 리더십에 대한 혁신적인 접근 방식을 고수하고 있으며, 모두를 위한 긍정적인 학습 환경 조성을 기업 문화의 핵심으로 여기고 있다.

또 함께 모여 지난 3년간의 이사회와 팀 코칭 작업을 되돌아 보았다. 우리는 이러한 팀들이 핵심 학습을 통해 어떻게 일해왔는지에 대한 우리의 경험에 많은 공통점이 있다는 것을 깨달았다. 학습하고 학습을 내재화하는 일이 리더십 팀과 이사회에게 가장 큰 과제로 남아 있다는 결론을 내렸다. 이는 부분적으로는 '과부하' 문제가 증가하고, '더 적은 자원으로 더 많은 일을 하고, 더 높은 품질을 제공해야 한다'는 요구 때문이라고 생각한다. 또 가성비와 비용 절감에 대한 관심이 높아지면서, 파트너와 공급업체는 '얼마나 저렴하게' 무언가를 할 수 있는지에 따라 구매를 결정하게 된다. 팀/이사회 코칭 관점에서 보면, 이는 학습을 내재화하여, 개입을 지속 가능하게 만들기 위한 '비용' 발생을 의미할 수 있다. 가까운 장래에 즉각적으로 바뀔 징후는 거의 보이지 않았다.

결과적으로, 이는 학습을 증가시켜 일을 다르게 더 잘 수행하여, 개입이 진정으로 변화를 가져오는지 확인하는 데 초점을 맞추기보다는, 틱 박스tick-box[1] 사고방식으로 이어질 수 있다.

과부하 문제overload issue는 사람들이 새로운 접근 방식과 행동을 시도하는 데 필요한 머릿속 공간이 없음을 의미할 수 있다. 속도를 유지하려면, 항상 해오던 일을 계속하고, '평소와 같은 업무'에 집중하기가 더 쉽다.

일정 기간 팀 코치와 함께 일한다면, 성찰하고, 무엇이 변화해야 하는지 파악한 다음, 그 변화를 실행에 옮기는 습관을 기를 수 있다. 그렇지만 많은 팀이 지속적인 팀 코칭을 위한 시간을 확보하지 못하고 있다는 사실을 발견했다. 이들은 현재 일어나는 일을 성찰하고, 새로운 협업의 의미를 만들고, 새로운 실험을 계획하고, 이러한 실험의 성공과 실패를 통해 성찰하고 배우는, 완전한 액션 러닝 주기에 참여하기보다는 팀 이벤트만 한다.

위와 같은 결과, 이사회, 리더십 팀 그리고 경영진은 점점 더 많은 시간을 코비Covey의 사분면quadrant 1(중요하고 시급한 일)에 투자하고 있으며, 성찰과 학습을 내재화하는 사분면 2(중요하지만 시급하지 않은 일)에는 충분한 시간을 투자하지 않고 있다.

급변하는 플랫폼이나 위기가 있는 경우에만 조직이 지속적인 변화를 가져올 고품질의, 따라서 비용이 많이 드는 개입 의뢰를 진지하게

---

1) 체크박스(check box, tickbox, tick box)는 사용자가 이진 선택, 즉 상호 배타적인 두 가지 옵션 중 하나를 선택할 수 있도록 하는 그래픽 위젯이다. 예를 들어, 사용자는 간단한 예/아니요 질문에 '예'(체크) 또는 '아니오'(체크하지 않음)로 답해야 할 수 있다. 체크박스는 ☐로 표시된다. (출처: 위키피디아)

고민해 볼 수 있는데, 이는 현재로서는 선택의 여지가 없기 때문이다.

그렇다면 이러한 '압박' 환경 속에서, 팀이 핵심 학습하기를 파악하고, 이를 통합하여, 조직의 미래 요구 사항을 더 잘 충족하기 위해, 지속해서 성장, 개발 그리고 개선할 수 있는 열쇠는 무엇인가?

이는 팀 또는 이사회 리더에게 달려 있다. 브런트우드 CEO의 인용문에서 알 수 있듯이, 리더는 학습에 대한 태도와 관련하여 분위기를 조성하는 데 매우 중요하다. 리더가 성찰과 학습의 중요성을 본보기로 삼고, 성찰적 프랙티스를 팀 운영 방식에 통합할 준비가 되어 있다면, 팀이나 이사회가 성장 마인드를 갖고, 지속 가능한 방식으로 변화를 수용하기 위해 노력할 가능성이 커진다. 또 팀의 CEO나 리더가 먼저 변화를 시작하면, 개인적 이해와 헌신이 높아서 나머지 팀 구성원들에게 필요한 변화를 본보기로 삼고, 지지할 가능성이 더 크다는 사실을 발견하고 있다.

기고자: 수 코인 Sue Coyne

수 코인은 마케팅 분야에서 경력을 시작한 후, 시장 조사 기관의 소유주 겸 이사로 20년을 보냈다. 1996년 경영권 인수를 주도하여 회사를 영국 내 상위 10위권으로 성장시킨 후, 2002년 회사를 매각하고 퇴사했다. 2003년에는 임원 코치 교육을 받았으며, 이후 시스테믹 팀 코치 교육을 통해 역량을 강화했다. 자신의 비즈니스 경험과 리더십에 대한 최신 사고, 고급 코칭 기술, 10년 동안 임원, 이사회, 이사회 그리고 고위 리더십 팀과 함께 걸어온 경험을 결합하여, 지속 가능한 높은 성과를 달성할 수 있도록 지원한다. 2016년에 『스톱 두잉, 스타트 리딩Stop Doing, Start Leading』을 출간했다. 그녀는 전체적이고 시스템적인 접근 방식을 채택하고, 고위급 리더가 직면한 과제를 이해하며, 신뢰할 수 있는 조언자이자 공론의 장 역할을 한다. suecoyne.com과 Sue Coyne Ltd를 통해 리더십 개발 컨설팅을 운영하고 있다.

기고자: 주디스 니콜Judith Nicol

주디스 니콜은 2002년에 리더십 코칭 업무를 시작했다. FTSE 100, 250 및 중형주 기업뿐만 아니라 소규모 그리고 벤처 캐피탈 지원 조직과 비영리 부문의 많은 이사회, CEO, 이사, 유능한 리더와 고위 리더십 팀과 함께 일해 왔다. 주디스는 임원 연구 분야에서 초기 경력을 쌓은 후 선도적인 글로벌 컨설팅 업체 가운데 하나인 스펜서 스튜어트Spencer Stuart의 파트너가 되었다. 영국과 미국에서 교육을 받았으며, 2005년부터 ICF PCC 인증을 받았다. 시스테믹 팀 코치 자격을 갖추고 있다. 주디스는 랭커스터 대학교Lancaster University와 함께 「리더십의 범위와 유연성Leadership range and flexibility」에 관한 논문을 발표했으며, 2011년에는 이러한 개념과 함께 작동하는 ARC 문화와 리더십 영향 진단 도구를 저술했다. 2019년부터는 CEO와 이사회 이사들을 위한 리더십 코칭과 창의적인 활동 그리고 자원봉사를 병행하고 있다. 사마리아인들의 경청 자원 봉사자이며, 컴브리아에 사는 여러 지역 자선 단체의 이사로도 활동하고 있다.

8장
시스테믹 팀 코칭: 4개 팀의 공동 창조하기
일본 사례 연구: 교토 토요타 자동차

저자: 히데토시 타지카Hidetoshi Tajika
역자: 박정화

'답은 질문 속에 있다'라는 선문답을 나는 좋아한다. 각 질문에는 질문자의 임상 경험이 반영된 답이 이미 들어 있다. 흥미로운 점은 내 답변이 끝이 아니라, 새로운 질문의 시작이라는 데 있다. 질문과 답변은 끝없이 이어진다. 이는 바로 정신의 힘이다.

하야오 카와이hayao kawai, 정안jungian, 심리학자

도입

2019년 4월, '리더십 팀 코칭'을 일본어로 번역하면서 알게 된 피터 호킨스Peter Hawkins와 함께, 도쿄에서 3일간 시스테믹 팀 코칭 워크숍을 개최했다. 워크숍 참여자들은 일본 팀 코칭 연맹Japan National Team Coaching Federation의 회원으로, 모두 현직에서 공인된 팀 코치였다. 참여자들은 통찰력 넘치는 배움과 피터의 온화하고 따뜻한 성품, 그리고 상대방을 존중하는 모습에 놀랐다. 나 역시 피터에게 영감을 받고,

팀 코치로서 내 자신의 모습을 되돌아보게 되었다. 과거에 나는 비교적 경직되고 엄격한 스타일을 갖고 있었는데, 이런 내 자신을 반성하고, 피터와 교류하면서, 유머와 즐거운 분위기로 팀을 이끄는 데 적응해 갈 수 있었다.

이 장에서는 일본 자동차-모바일 업계의 팀 코칭 사례를 소개한다. 이 사례는 다섯 가지 규율 모델을 기반으로 진행되었으며, 실제 피터가 방문한 직후에 이루어졌다.

미래의 CEO 탑승

하가 마사히데Masahide Haga는 토요타 자동차Toyota Motor의 계열 판매 채널인 교토 토요타 자동차의 부사장이었다. 마사히데는 회사 소유주이자 CEO의 사위이다. 대형 생명 보험 회사에서 일하다 그만두고, 가족 소유의 사업에 합류했다. 마사히데는 입사하자마자 차기 CEO로 발돋움할 길을 걷기 시작했다.

2018년 11월, 토요타 자동차는 일본 내 판매 채널 네트워크 혁신 계획을 발표했다. 2020년 5월부터 토요타의 모든 제휴 판매 채널과 자동차 딜러가 토요타의 모든 제품군을 판매할 수 있게 되었다.

토요타 자동차는 일본에서 가장 큰 자동차 제품군을 보유하고 있었다. 토요타의 모든 제품군을 취급하게 되면, 고객의 니즈에 가장 적합한 모델을 유연하게 판매할 기회를 확보하게 된다. 그렇지만 다른 토요타 계열 유통업체들이 고객을 유치하기 위해 경쟁할 수 있다는 단점도 있었다. 잘못된 조치를 취하면, 토요타 딜러들은 심각한 경영 위기를 겪을 수도 있었다.

마사히데Masahide는 경영권 승계 시기와 공교롭게 겹쳐, 회사에 혼란을 가져올 수 있음을 특히 잘 알고 있었다. 그런데도 마사히데는 각 리더들을 하나의 팀으로 결집하여, 위기와 경영 승계를 동시에 성공적으로 극복할 기회로 이 도전을 받아들였다. 이를 위해 마사히데는 최고 경영진 뿐만아니라, 세 개 자동차 대리점 팀에 대한 팀 코칭을 동시에 실시하기로 했다.

교토 토요타 자동차의 팀 코칭 여정은 2019년 가을, 최고 경영진 리더십 팀을 시작으로, 한달 뒤, 지역 구역 A, 지역 구역 B, 그리고 지역 구역 C와 D를 합친 세 개의 자동차 대리점 팀을 대상으로 팀 코칭으로 이어졌다. 네 명의 지역 구역 리더는 경영진 리더십 팀 코칭 세션에 참여하여, 팀 간 회사 전체의 방향과 정책을 공유하고 소통하는 데 중요한 역할을 했다. 각 자동차 대리점에서 두 명의 구성원을 선발하여, 지역 구역 팀 코칭 세션에 참여하고, 각 지역 구역 내 모든 자동차 딜러십dealership에 적용될 일선 영업 전술을 공동으로 수립하고 결정했다.

일본 자동차 시장의 배경

일본 자동차 시장은 1990년 777만 대의 신차 판매량으로 정점을 찍은 뒤, 2020년에는 460만 대로 감소했다. 토요타의 자동차 판매량도 1990년 250만 대에서 2020년 147만 대로 감소했다.

    토요타는 시장 축소에 대응하여 시장 내 총 판매량을 유지하기 위해, 채널 전략을 '분리segregation' 범위에서 '전全 토요타All Toyota' 전체 범위 접근 방식full-coverage approach으로 전환하는 혁신적인 결정을 내렸다. 현재의 '분리' 접근 방식은 특정 고객 대상 세그먼트segment[1]에 독점적으로 판매되는 특정 범위 모델을 각 판매 채널이 전담하는 방식이다. 새로운 '전全 토요타' 전체 범위 접근 방식은 이러한 세그먼트 제한을 해제하여, 모든 판매 채널과 자동차 딜러가 전체 고객 세그먼트에 걸쳐 모든 토요타 자동차를 판매할 수 있도록 한다.

    '전全 토요타' 채널 전략으로 혼다, 닛산 그리고 기타 경쟁사로부터 시장 점유율을 확보할 수 있지만, 토요타 계열 딜러사 내 고객 유치 경쟁이 벌어지리라는 점도 예상되었다.

다섯 가지 규율을 활용한 시스테믹 팀 코칭

조사 단계에서 교토 토요타 자동차의 최고 경영진 12명과 예비 인터

---

[1] 세그먼트 마케팅Segment Marketing이란 고객층의 성향에 맞게 제품이나 서비스, 판매방법 등을 다양화하는 마케팅 기법이다. 특정 제품에 대한 시장을 하위 그룹들의 기존 관계를 기초로 세분화하는 기법이다. 여기에서 말하는 '관계'란 용어는 잠재고객 간의 유사한 인구통계학적 특성, 소비자 행동, 지리적 위치, 혹은 심리적 특성 등을 지칭한다. 이러한 관계에 따라 지각된 세분 시장에 대해 다른 마케팅을 구사해야 함을 의미한다. (시사경제용어사전, 2017. 11., 기획재정부)

뷰를 실시했다. 목적은 팀 코칭에 대한 소개와 흥미 유발을 돕고, 회사가 직면한 비즈니스 과제를 인식하게 하는 데 있었다. 인터뷰 보고서의 발견과 진단 결과로, 나는 호킨스의 다섯 가지 규율 모델Hawkins' Five Disciplines Model과 팀 생애주기 모델Team Life Cycle Model을 결합하여 질문 목록을 구상했다.

다음에서 교토 토요타 자동차 경영 리더십 팀을 대상으로 실시한 시스템적 팀 코칭의 전체적인 흐름을 보여준다.

위임하기commissioning

첫 번째 세션은 2019년 10월에 시작되었다. 마사히데 부사장과 영업 임원을 포함한 경영진 12명이 참가했다. 세션이 시작될 때, 대부분 참여자는 경계심과 폐쇄적인 태도를 보였다. 나는 이들에게 '우리는 누구인가?'라는 질문을 던졌다.

한 시간의 토론 끝에, '우리는 교토 토요타 자동차의 성공 전략 실행과 결과를 책임지는 경영 리더십 팀이다'라는 하나의 결론으로 자신들을 정의했다. 그런 다음, 이미 결정된 연간 수치 목표를 다시 한번 강조했다. 특히 토요타의 플래그십 모델flagship model[2]인 크라운Crown[3]

---

[2] '플래그십'은 해군 함대의 기함을 지칭하는데, 기업 마케팅에서는 기업의 주력 상품을 의미한다. 성공한 특정 상품 브랜드를 앞세워 전체 브랜드의 성격과 이미지 극대화를 일컫는다. (시사용어사전, 2016. 11. 1)
[3] 토요타 크라운Toyota Crown은 토요타 자동차의 고급 승용차로, 토요타는 물론 일본을 대표하는 차종 가운데 하나이다. 토요타의 차종 중에서도 고급 승용차로서 인지되고 있다. (위키백과, 2023. 2. 22)

의 판매 목표 달성에 집중해야 했다. 경영 리더십 팀 회의에는 각 지역본부의 영업 책임자가 참석하여, 경영 리더십 팀의 결정 사항이 각 사업팀(지역 구역)에 정확하게 전달되도록 책임자의 역할을 다하기로 의견을 모았다.

명확화하기 clarifying

'명확화하기' 단계에서는 다양한 관점에서 팀의 현재 상황을 살펴보고 현재 상황의 좋은 점과 나쁜 점을 모두 포함한 진정한 원인을 탐색했다. 이를 바탕으로, 경영진은 현재 상황을 형성한 요인을 탐구하고 결론에 도달했다.

> 우리는 무책임했습니다. 우리는 비전과 전략을 공유하지 않았습니다. 우리는 현실을 외면했습니다. 우리는 파장을 두려워했고, 소통의 연결 고리를 막아버렸습니다.

이 '진실'을 받아들이자 구성원들의 표정이 달라졌고, 다소 안도하며 상쾌한 표정을 지었다.

팀 구성원들은 더욱 활기차게 일할 수 있게 되었고, 타인의 평가를 받을까 주저하고 불안해했던 사실과도 정면으로 마주하게 되었다. 6개월 뒤, 토요타 채널 구조조정의 전례 없는 비즈니스 환경 변화에 대해 구성원들은 한 번도 솔직하고 진솔한 토론을 해본 적이 없었다. 경영진에게 '아하'의 순간이 찾아왔다. 이들은 회사의 존립을 위태롭게 할 수 있는 중대한 환경 변화를 무시하고 있었다는 사실을 깨달았다. 더는 남의 일이 아니었다. 최고 경영진은 이 문제를 정면으로 마주하고 직접 해결해야 했다.

그 시점부터 팀 구성원들은 현재와 미래에 초점을 맞추고, 생존 전략을 수립하기 시작했다.

교토 토요타 자동차는 1955년 회사 설립 이래, 교토에서 크라운 모델을 판매하는 유일한 딜러였다. 일본에서 크라운 모델은 단순한 고급차 그 이상이었다. 높은 사회적 지위와 성공한 사업가의 상징이었다. 크라운 모델을 구입하기 위해 매장을 찾는 고객들은 크라운을 소유할 꿈과 계획을 가진 사람들이었다. 딜러들에게 크라운 모델은 명확하고 확실한 타겟 고객과 높은 수익률로 판매하기에 가장 적합한 토요타 제품군이었다.

토론에서 경영진은 토요타 채널 구조조정이 이루어지면, 모든 토요타 계열 딜러가 고급차 소유자, 즉 크라운Crown과 알파드Alphard4) 모델을 운전하는 고객층을 공략하리라는 가설을 세웠다.

이후 다양한 관점을 검토한 끝에, 다음과 같이 회사의 기본 원칙을 정리했다.

우리의 주목할 만한 강점은 크라운 사용자 보유와 하이브리드 엔진 차

---

4) 토요타 알파드Toyota Alphard는 토요타 자동차의 승합차이다. 차량의 이름은 바다뱀자리에서 가장 밝은 별인 알파드에서 유래했다. (위키백과, 2022. 8. 13)

량에 대한 뛰어난 검사 기술을 보유하고 있다는 데 있습니다.

이러한 원칙과 이론을 바탕으로, 2020년 3월 말까지 기존 크라운 고객과의 관계를 재검토하고 재정립하기 위한 게임 계획을 수립했다. 이들은 2019년 10월에 '싸우지 않고 승리하기Winning without Fighting' 전략을 시작했다. 2020년 4월 이후, 다른 토요타 딜러들이 기존 크라운 고객을 노리고 있을 때쯤, 개인 크라운 사용자와 기업 고객은 이미 교토 토요타 자동차와 차량 점검과 교체 구매 계약을 체결한 상태였다. 크라운 사용자 시장에는 다른 딜러가 진입할 여지가 없었고, 이는 다른 딜러들의 사기를 떨어뜨리는 결과를 가져올 수 있었다. 따라서 싸우지 않고 승리해야 했다.

경영진은 크라운 판매량을 집중해야 할 가장 중요한 수치 목표로 설정했다. 실제 영업 활동 계획은 3개 지역 구역 팀의 코칭 세션에 전달하여 논의하고 결정하도록 했다.

공동 창조하기 co-creating

토요타 자동차가 전국 49개 크라운 대리점을 대상으로 실시한 '크라운 판매 주문 콘테스트Crown Sales Order Contest' 소식이 새로운 토요타 채널 재편이 이루어지기 바로 직전에 도착했다. 마사히데는 2020년 1월 예비 결과를 경영진과 공유했다. 교토 토요타 자동차는 49개 딜러 가운데 32위를 차지했다. 이 결과가 발표되었을 때, 경영진은 모두 침착했고, 후회하거나 실망하는 모습을 보이지 않았다. 확실히 이 회사는 시뮬레이션 대회에서 좋은 성적을 거둔 과거 전력이 있었고, 직원들 모두 여기에 익숙해 있었기 때문이다. 팀 코치는 이 회사에 이기는 문화가 없다는 사실을 팀 구성원들에게 알렸다.

그때부터 팀 구성원들은 실제로 진지해지기 시작했다. GROW 회의를 시작하고 매출 증대를 위한 계획을 실행하기로 약속했다. 남을 탓하거나 핑계를 찾는 대신, '목표를 달성하기 위해 우리는 지금 당장 무엇을 할 수 있는가?'라는 단 한 가지에 집중했다. 지금까지 경쟁을 회피하던 임원들이 용기와 결의를 모아 전국 각지의 경쟁자들을 이기고자 경쟁에 나섰다.

2020년 2월, 경영 임원회의 마지막 세션에서 콘테스트 결과가 나왔다. 교토 토요타 자동차가 크라운 판매 주문 콘테스트에서 6위를 차지했다. 이 소식을 듣고, 특별하고 유능한 인재로 평가받는 기업 영업부 이사는 다음과 같이 발언했다.

> 크라운 판매량은 증가했지만, 판매 마진은 감소하고 있습니다. 물론 판매량도 중요한 목표입니다. 그렇지만 곧 다가올 채널 구조조정으로 인한 혼란스러운 영향과 회사의 미래 발전을 고려할 때, 이익률과 현금 흐름 증가에 집중하는 방향으로 정책을 수정해야 한다고 생각합니다.

대부분 팀 구성원은 조용히 듣고 고개를 끄덕였다.
이를 조직에서 발생하는 '구조적 갈등 structural conflict'이라고 한다

(Fritz, 1999).

회사 전체가 판매량 경쟁에서 승리하기 위해 고군분투하는 와중에, 갑자기 판매량에서 판매 이익률로 초점을 전환해야 한다는 당위성이 부각되었다. 이러한 심리적 구조는 다이어트 요요현상diet rebound과 유사하다. 경험하지 못한 승리에 대한 두려움은 사람들을 겁에 질리게 하고, 브레이크를 밟고 싶게 만든다. 그 이면에는 이차적인 이득이 숨겨져 있는 경우가 많다. 따라서 목표와 현재 단계 사이의 앞뒤가 바뀌면 목표 달성이 어려워진다. 나는 팀 코치로서, 내가 팀 구성원들의 입장이라면 그 생각에 굴복하지 않고, 3월 말까지 크라운 판매량 게임에 집중하겠다는 의견을 팀 구성원들에게 표명했다. 팀 코치로서 나는 이 의견에 약간의 의문이 들었다. 그렇지만 이대로 두면, 다시 패배의 패턴으로 돌아갈 수 있음을 알았다. 내 판단으로는 팀 목표에 대한 정렬을 강화해야 한다고 생각했다.

또 다른 중요한 고려사항은, 곧 이어질 세 개 지역 구역의 최종 세션에 어떤 영향을 미치는가였다. 지역 구역 팀이 불안정한 방향성wobbly direction과 흔들리는 의지wavering commitment를 본다면, 지역 구역의 딜러와 매장 대부분이 경영진에 대한 신뢰를 잃고 무너지게 되기 때문이다.

철저한 토론 끝에 팀은 '3월 말까지 크라운 판매량 전쟁에서 반드시 승리해야 한다'는 방향성을 확고히 재확인했고, 이러한 결의를 지역 구역 팀의 최종 회의에 연결했다.

연결하기 connecting

3개의 지역 구역 팀을 위한 마지막 세션이 이어졌다. 크라운의 판매량을 늘리기 위한 방향이 판매 마진 증가로 바뀌었다면, 각 지역 구역과 경영진에 대한 단절과 불신이 생길 수밖에 없는 상황이었다. 지역 구역 영업 임원은 팀 간의 가교 역할을 하고, 모든 영업 부서를 통합하여, 팀 목표와 회사 전체의 목표 달성에 지속해서 집중하도록 핵심 역할을 했다.

3월 중순에 지역 구역 C+D의 마지막 팀 세션이 진행되었다. 크라운 판매 주문 콘테스트 순위가 발표되었다. 교토 토요타 자동차가 49개 딜러 중 2위를 차지했다. 모든 지역 구역이 아직 판매 목표를 달성하지는 않았다. 지치고 불안한 마음이 엄습하기 시작했다. 그러나 모두 이 일을 해야 한다는 확신을 갖고 승리를 위해 최선을 다했다.

그 결과, 크라운 판매 주문 콘테스트에서 가장 높은 목표 달성으로 전국 49개 참가자를 제치고 1위를 차지하는 역사를 만들었다!

핵심 학습하기 core learning

체험학습 이론 experiential learning theory에 기반을 둔 성찰 reflection과 학습 learning 과정은 세션 내내 높은 평가를 받았다. 자동차 경주에서 팀이 경기 중 잠시 시간을 내어 성과를 향상시키는 '도중 정차 미팅 Pit-stop meetings'[5)]이 정기적으로 진행되어, 조직과 개인 리더십 개발에 기여했다. 지난 몇 달 동안, 실제 팀으로 일하면서 보낸 시간은 기업 문화와 조직에 영향을 미쳤다.

교토 토요타 자동차의 2020 회계연도 사업 실적은 다른 딜러에 비해 양호한 편이었다. 팬데믹Pandemic으로 인한 대면 영업 활동이 제약을 받았는데도 교토 내 시장 점유율은 2021년 3월 말 기준, 3위에서 1위로 올랐다. 교토 토요타 자동차는 새로운 채널 시스템의 경쟁 환경 속에서, 1년 만에 극적인 반등에 성공하여, 전년 대비 약 1.5배의 차량을 판매했다. 전국 269개 토요타 딜러와의 경쟁에서, 전년 대비 125%의 판매량 성장률을 달성하여 2위를 차지했다. 결과적으로, 시스템적 관점으로 회의 방식을 바꾸기만 해도, 성공하는 기업을 만들 수 있음을 강력하게 뒷받침했다.

피터 호킨스는 자신의 저서에서 이렇게 말했다.

> 팀 코칭은 팀이 성찰, 새로운 사고, 계획, 행동의 전체 학습 주기를 돌아, 재성찰을 돕는 데 있다고 주장한다. 팀 코치는 팀이 최근 과거를 성찰하도록 도울 뿐 아니라, 팀이 집단적 경험을 이해하는 데 준거틀 frames of reference을 전환하는 등 새로운 사고 방식을 창출하도록 돕는다 (Hawkins, 2011a).

---

5) 도중 정차pit stop는 자동차 스포츠 게임에서 몇 초간의 정차 개념이다. 운전자는 경주 중 재급유, 타이어 교체, 기계 장치 조정 등을 위해 도중 정차한다. 이때 급유 장치, 압축공기 탱크, 잭, 공기드릴, 급유계, 정비사, 정비 책임자, 정비사 조수 등이 참여한다. (Britannica Visual Dictionary, 2012)

체험학습 이론experiential learning theory(Kolb, 2014)이 시스테믹 팀 코칭에 통합되어 있다고 호킨스가 주목한 점은 타당하고 실용적이다.

호킨스의 다섯 가지 규율 모델(Hawkins, 2021)은 선형적이기보다는 순환적이다. 이 모델을 진행하면서 나는 다음 사항을 배우게 되었다. 팀을 이끌 때마다 한 규율에서 다른 규율로 이동하는 사이에, 핵심 학습 대화 세션을 운영한 '체험학습' 심화하기는 팀과 개인 개발 모두에 매우 강력했다.

다섯 가지 규율 모델과 질문 목록

지금까지 경영진 리더십 팀을 위한 시스테믹 팀 코칭에 관해 이야기했다. 의심할 여지없이, 경영진 리더십 팀의 결정과 방향은 서로 연결되어 있어야 한다. 3개의 지역 구역 팀을 위해 설계된 팀 코칭 질문 프레임워크를 다음에서 소개한다. 세 팀 모두 정확히 동일한 질문 세트로 진행되었다.

'답은 질문 안에 있다The answer is within the question'처럼 같은 질문이라도 맥락에 따라 답은 달라진다. 맥락이 의미를 만들어낸다. 시장마다 고유한 특성이 있기 때문에, 지역 딜러들은 서로 다른 전술과 전략적 접근 방식을 고려할 필요가 있다.

위임하기

Q1. 나는 왜 여기에 있는가?

Q2. 우리는 누구인가?

Q3. 우리의 공동 목적은 무엇인가? 우리는 누구를 섬기는가?

명확히 하기

Q4. 우리의 주목할 만한 강점은 무엇인가?

Q5. 우리의 비즈니스 프로세스에서 병목 현상은 무엇인가?

Q6. 환경 문제에 적응하기 위해, 우리의 프로세스에 어떤 변화가 필요한가?

Q7. 우리의 문제는 무엇인가?

Q8. 우리에게 중요한 사실은 무엇인가?

Q9. 현재 상황의 '핵심 본질'은 무엇인가?

Q10. 우리가 승리하는 데 도움이 될 핵심 돌파구는 무엇인가?

공동 창조하기

Q11. 우리 지역의 구역에서 승리하기 위한 다섯 가지 원칙은 무엇인가?

    1. 고객 창출을 위한 원칙은 무엇인가?

    2. 인재 개발을 위한 원칙은 무엇인가?

3. 고객 서비스 품질에 대한 원칙은 무엇인가?

4. 자동차 정비 품질에 대한 원칙은 무엇인가?

5. 대리점 운영에 대한 원칙은 무엇인가?

Q12. 우리의 성과 목표와 실천 목표는 무엇인가?

Q13. 성공을 위한 우리의 계획은 무엇인가?

연결하기

Q14. 각 자동차 대리점에 어떻게 연결하는가?

Q15. 기존 고객과 연결하려면 어떻게 해야 하는가?

Q16. 잠재 고객과 연결하려면 어떻게 해야 하는가?

Q17. 본사와 기타 영업 지역의 구역에 연결하려면 어떻게 해야 하는가?

Q18. 고객의 요구와 제품의 혜택을 어떻게 연결하는가?

핵심 학습하기

Q19. 이 과정에서 무엇을 발견하거나 배웠는가?

Q20. 이 과정을 통해 배운 바를 일상적인 비즈니스 활동에 어떻게 적용할 수 있는가?

위 질문은 선형적 형식linear format으로 나열되어 있지만, 실제 세션에서는 이러한 방식으로 질문하지 않는다. 실제로 다섯 가지 규율 모델은 순환 모델cyclical model이다.

팀 코칭 설계를 위한 다양한 접근 방식

이 팀 코칭 참여의 핵심 프레임워크로 호킨스의 다섯 가지 규율 모델이 사용되었지만, 설계 단계에서 다른 접근 방식도 통합했다. 사용된 접근 방식 목록과 각 모델을 다음에서 간략하게 소개한다.

'시작', '중간', '종료'의 3단계 모델

팀 스포츠 경기에서는 코치가 팀 전체에 개입할 수 있는 세 가지 주요 타이밍이 있다.

첫 번째 단계는 '시작'이다. 경기 시작 직전에 코치는 선수들의 승리에 대한 의지를 불러일으키기 위해 팀을 소집한다.

다음 단계는 '중간 지점'이다. 주로 하프타임에 진행되며, 코치는 전반전을 돌아보고 후반전을 어떻게 치를지 지시한다. 코치는 팀이 승리를 위해 최선을 다할 수 있도록 격려한다.

마지막 단계는 경기 직후에 진행된다. 경기 결과를 검토하고, 잘된 점과 미흡한 점을 파악하여 학습으로 전환한다. 팀은 다음 경기를 준비할 때 학습 내용을 활용한다.

내 경험에 비추어 볼 때, 팀 스포츠를 근거로 활용하면, 고객 팀이 팀 코칭이 무엇인지 더 잘 이해하는 데 도움이 되는 경우가 많았다. 나는 이 3단계 모델을 사용하여, 팀 코칭 여정을 이틀은 '시작', 하루는 '중간 지점', 나머지 하루는 '종료'로 총 3개의 세션으로 설계했다.

GROW 모델

GROW 모델은 존 휘트모어John Whitmore(1992)가 저서 『성과 코칭 Coaching for Performance』에서 소개한 기본 코칭 모델이다. 팀과 함께 사용할 경우, 공동의 목적과 공유된 목표를 명확히 하고, 현재 상황을 평가한 뒤, 둘 사이의 간극을 시각적인 아치형 구조로 표현하여 팀 구성원에게 동기를 부여한다. 목표와 현실 사이의 격차를 해소하는 방법에 대해 미래 지향적인 토론을 진행하여 해결책을 도출한다. 자원과 해결책 중 선택사항을 실행 계획으로 통합한다. 팀에서 계획을 세우면, 구성원들은 강력한 실행 의지와 공동 책임으로 목표를 달성하게 된다.

조직의 신경학적 수준 모델neurological levels model - 시스템의 변화 수준을 조율하기

NLP 개발자 로버트 딜츠Robert Dilts가 제안한 신경학적 단계 모델 neurological levels model은 개별 세션뿐만 아니라, 조직개발을 위한 모델로도 적용된다. 주요 내용은 다섯 가지 규율(Hawkins, 2021)의 프로세스를 통해 구성원이 생성하고 신경학적 단계 모델에 접목한다. 최고 경영진이 어떻게 전체 시스템의 큰 그림을 보게 되며, 세 개의 대리점 팀을 관리하는 데 실제로 무엇이 필요한가를 더 잘 파악하고, 시스템에 미치는 영향에 대한 책임과 더 강한 의지를 다지는 데 어떻게 도움이 될 수 있는지 이 모델은 보여준다.

메타 포지셔닝 프로세스 모델

나는 원래 문제해결 코칭problem-solving coaching을 목적으로 이 모델을 설계하고 만들었다. 나는 이를 '메타 포지셔닝 프로세스 모델meta-positional process model'이라고 명명했다. 비즈니스 회의에 매우 효과적이며, 외부 팀 코치가 참석하지 않는 코칭 세션 사이에 짧은 회의로 함께 모일 필요를 느낄 때, 팀 구성원들이 직접 사용하도록 권장한다. 이 모델은 현재 상황을 평가하고, 방향을 확인하고, 목표에 대한 헌신을 강화하는 데 사용된다. 팀 코치가 참석하지 않은 상태에서 팀 구성원들이 회의를 진행하면, 지나치게 주관적으로 진행될 수 있다. 이 모델을 사용하면, 팀 구성원들이 한 발짝 물러나, 객관적 위치인 '메타 포지션meta-position'[6]에 서서 새로운 해결책을 생각해 보게 한다. '네 개의 눈은 두 개 이상을 본다four eyes see more than two'를 기억하자.

---

6) 심리학 용어로 메타 포지션은 다른 포지션과 그 사이의 관계를 한 번에 인식할 수 있는 상징적(및/또는 물리적) 관점으로 표현된다. 메타 포지션은 기존의 입장과 관점을 가시화하기 때문에, 세상에 대한 더 개방적인 사고 방식과 더 유연한 행동 방식을 개발하는 데 필수적이다. 출처: Glăveanu, Vlad P., 'The Meta-Position', The Possible: A Sociocultural Theory (New York, 2020; online edn, Oxford Academic, 17 Dec. 2020),

3단계 모델, 팀 생애주기, 5단계 그룹 개발 모델의 통합

프로세스, 일정 그리고 예상 결과에 대해 더 잘 알고 있으면, 고객, 특히 스폰서가 팀 코칭에 투자할 시간과 투자 금액의 이점과 가치를 확인하는 데 도움이 된다. 나는 팀 코칭 프로그램의 기본 틀을 '2+1+1', 즉 이틀에 하루, 그리고 하루를 추가한 총 4일의 세션을 3~4개월 이내 완료 목표로 설정했다. 이 프로그램의 슬로건은 '4일 만에 조직 변화 만들기Making organization change in four days'이다.

첫 이틀이 시작이다. 각 팀은 경기 직전의 '첫 회의first meeting'처럼 승리를 향한 불타는 의지를 공유하게 된다. '중간 회의mid-point'에서는 스포츠 경기의 '하프타임 미팅halftime pit meeting'과 마찬가지로, 지금까지의 활동과 결과를 검토하고, 앞으로 나아가기 위한 새로운 전략을 조정하고 적용한다. 스포츠 경기 종료 후 팀 검토 세션team debriefing session과 유사하게, 마지막 날에는 '종료 회의completion meeting'로 팀이 '게임'을 되돌아보고, 다음 단계를 위해 무엇을, 어떻게 준비해야 하는지 배우고 결정한 뒤 회의를 마친다.

조직 심리학자 코니 게르식Connie Gersick은 자신의 연구에서 '팀 생애주기team life cycle'라는 유사한 개념을 도입했다(Gersick, 1988). 연구에 따르면, 팀은 시간이 지남에 따라 '첫 회의', '중간 회의', '종료 회의'의 활동 패턴을 보인다고 한다. 첫 회의에서는 동기부여 코칭이 필수적이다. 중간 회의에서는 토론과 자문 코칭이 필요하며, 종료 회의에서는 교육 코칭과 학습이 효과적이다.

조직 심리학자인 브루스 터크먼Bruce Tuckman은 그룹이 처음 성장하는 데는 필요하면서도 불가피한 네 개의 단계가 있다고 소개했다. 1977년 터크먼Tuckman과 메리 젠슨Mary Jensen은 이 모델에 마지막 단계를 추가하여 '형성기forming', '격동기storming', '규범기norming', '성과기performing', '안정화기adjourning'라고 잘 알려진 5단계 그룹 개발 모델을 발표했다.

기본적인 '2+1+1' 팀 코칭 프로그램은 3단계 모델과 게르식의 팀 생애주기 모델을 기반으로 설계되었지만, 프레임워크 프로세스 내에서 터크만-젠슨Tuckman-Jensen의 5단계 모델과 의식적으로 상호 연결되어 있다. 그 과정은 다음과 같다.

시작The beginning

'첫 회의'에서 효과적인 코칭을 시작하려면 팀의 미션을 명확히 하고, 헌신을 이끌어내고, 업무 수행 방식에 대한 규범을 설정하고, 팀 경계와 역할 그리고 책임의 경계를 명확히 하고, 좋은 출발을 위해 동기를 부여해야 한다. 팀이 미션 달성을 향해 나아가도록 동기부여하는 데 중점을 둔다. 팀 코치는 2일차까지 그룹을 '형성기forming'와 '격동기storming'에서 '규범기norming' 단계로 이끈다.

'격동기' 단계는 팀 코칭 과정에서 팀 구성원들이 생각을 공유하고, 의견을 개진하고, 토론하고, 결론에 도달할 때, 그리고 갈등이 발생할 때 자연스럽게 발생한다. 갈등을 경험하지 않는 그룹은 팀이 될 수 없다. 따라서 팀 코치는 갈등을 환영하고, 갈등 해결 코칭 방식에 익숙한 모습을 보여주는 것이 중요하다.

둘째 날에 형성된 '규범기' 단계는 회의실에서만 일어나고 머물러 있다.

팀은 '규범기' 단계를 유지하거나, 중간 지점에서 다시 모임을 가질 때 다음 단계로 나아간다.

중간 지점 The halfway point

일반적으로 중간 지점, 즉 '중간 지점 회의'는 팀이 '폭풍' 단계로 돌아가는 경우가 많다. 이 단계에서는 팀 구성원들이 목표를 달성하는가, 올바른 방향으로 가고 있는가, 우려하는 경우가 많다. 어떤 의미에서 이 단계의 팀 구성원들은 더 집중된 상태로 전략적 이슈에 대한 논의에 집중할 준비가 된 상태이다. 팀 구성원들의 현장 경험을 듣고, 배우며, '규범기' 단계를 다시 한번 재구축하고 강화해야 할 필요가 있다. 이러한 과정과 노력으로 팀은 '실행' 단계로 바로 넘어간다.

팀 코치는 때때로 중간 지점에서 팀 구성원들의 태도와 인식의 변화를 발견한다. 팀 구성원들은 중간 지점에 도달했다는 사실을 깨닫고, 긴박감을 공유하기 시작한다. 미션과 목표를 달성하기 위해, 현재 어디에 있는가, 어디에 있어야 하는가? 시간이 얼마 남지 않았다는 사실을 알게 되면, 팀 구성원들은 큰 긴박감을 불러일으키게 된다.

종료 The end

'종료 회의'는 팀이 여정을 마무리할 기회를 제공한다. 일반적으로 프로젝트가 끝날 무렵에 열린다. 이 회의는 팀 구성원들이 그 과정에서 무엇을 배웠는지 확인하는 공간을 제공한다. 팀 코치가 팀 구성원들의 공헌을 인정하고, 각 팀 구성원뿐 아니라 팀 전체가 어떻게 성장했는지! 인정할 수 있는 시간을 제공한다. 이는 팀 구성원들이 자신의 성취를 재확인하는 과정이다.

종료 회의가 열릴 때 프로젝트가 아직 종료 날짜에 도달하지 않은 경우, 팀이 미션을 완수하고 결승선을 통과할 때까지 '수행' 단계의 모멘텀을 유지하는 것이 중요하다. 팀이 시간적으로 여정의 끝에 도달했다면, 완료 회의는 팀의 퇴장에 초점을 맞춰 진행해야 하며, 여기서 배운 교훈을 되돌아보고 다음 단계의 성공을 위해, 조직과 개인의 리더십을 더욱 발전시키기도록 배운 바를 어떻게 적용할지 모색하는 시간을 가져야 한다.

코치가 어떻게 다섯 가지 규율로 팀을 이끌고, 시작부터 중간 지점까지 3단계 모델을 4일 만에 완주할 수 있는지 궁금할 수 있다. 그 비결은 '일반적인 백 트래킹 back-tracking'에 있다. 수시로 팀이 작업한 내용과 결정한 내용을 순차적으로 반복하고 공유한다. 이는 팀 구성원들을 위한 요약일 뿐 아니라, 더 중요한 점은 '지금까지의 과정에서 무엇을 배웠거나 깨달았는가?'라는 질문으로 넛지 nudges를 주는 데 있다. 이렇게 하면 팀이 핵심 학습 프로세스에 들어가게 된다.

회의 성장 - 사실 검색으로 시작

다섯 가지 규율 모델에서 '위임하기'와 '명확화하기' 규율에서 생성된 콘텐츠는 GROW 모델에서 '목표'와 '현실성' 프레임의 세부 사항으로 구성된다. 이 둘 사이의 아치형 구조arch-shaped structure는 향후 채워야 할 격차를 나타낸다.

미션을 공유하고, 함께 목표를 설정한다고 해서, 반드시 팀 구성원들이 목표 달성에 대한 동기부여가 높지는 않다. 실제로 대부분의 경우, 팀이 긴박감을 공유하지 않아서 동기부여가 부족하다.

선발된 팀 구성원들이 진지해지기 시작하는 순간은, '현재 상황 이해' 과정을 통해서다. 사람들은 보고 싶은 것만 보고, 듣고 싶은 것만 듣고, 느끼고 싶은 것만 느끼고, 해석하고 싶은 것만 해석한다. 사람들은 자신이 진실이라고 생각하는 바를 진실이라고 믿는다. 그렇지만 현실은 사람들의 인지적 틀cognitive frames을 통해 현실 세계real world를 해석하는 지도일 뿐이다. 어떻게 하면 구성원들이 자신의 사실을 공유하고, 다른 사람의 사실에 동의하지는 않더라도 받아들일 공간을 만들 수 있는가? 팀은 '심리적 안전'(Edmondson, 1999)을 구축해야 한다.

이를 위해 첫 팀 코칭 세션이 시작될 때 '그라운드 룰ground rules'을 정했다. 나는 팀 구성원들에게 시간을 잘 지키고, 모든 프로그램에 참여하며, 자신의 진실에 솔직해지라고 말했다. 나는 '자신의 진실에 솔직하고, 다른 사람의 진실을 받아들이라'는 점을 강조하려고 노력했다. 세션이 진행될수록 질문과 참여 수준은 깊어져, 구성원들이 자유롭고 안전하게 자신의 생각을 공유할 수 있도록 하고, 이를 통해 현재의 조직 상황을 명확히 파악하도록 했다. 여기서 실제로 진실에 얼마나 가까이 다가가는지가 매우 중요하다. 현재 상황에 대한 얕은 이해만 얻게 된다면, 팀 구성원들은 자신이 이 상황의 일부라는 사실을 직시할 수 없다. 팀 구성원들이 스스로 문제의 일부라는 사실을 인정하고 받아들일 때, 비로소 에너지가 올라가고, 동기가 부여되며, '문제 회피 동기'가 촉발된다. 이 상태에서 '우리가 열망하는 이상적인 상태는 무엇인가?'라는 질문에 답할 준비가 된다.

조직 신경학적 수준 모델

다음은 조직 신경학적 수준 모델organizational neurological levels model을 사용하여 이끌어 가는 방법을 간략하게 소개한다. 팀 코치는 아래 나열된 조직 수준별 요인을 고려해야 한다.

- **환경적 요인**environmental factors은 개인과 조직이 인식하고 대응해야 하는 외부 기회 또는 제약을 결정한다. 여기에는 다른 이해관계자를 위해 언제, 어디서, 어떤 가치를 창출해야 하는가 하는 고려사항이 포함된다.
- **행동 요인**behavioural factors은 성공을 위해 취하는 구체적인 행동 단계이다. 여기에는 성공을 위해 구체적으로 무엇을 수행하거나 성

취해야 하는가이다.

- **능력**capabilities은 성공으로 이끄는 정신적 지도, 계획 또는 전략과 관련 있다. 이는 행동을 선택하고 모니터링하는 방법을 지시한다.
- **신념과 가치**beliefs and values는 특정 능력과 행동을 지지하거나 억제를 강화한다. 이는 특정 경로를 택하는 이유와 사람들이 행동하거나 인내하게 하는 더 깊은 동기와 관련이 있다(Four Levels of Engagement in Hawkins and Smith, 2013).
- **정체성 요인**identity factors은 자신의 역할 또는 사명에 대한 사람들의 인식과 관련 있다. 이러한 요인은 개인 또는 그룹이 자신을 누구로 인식하는지와 직접적으로 연결된다.
- **영적 요인**spiritual factors은 사람들이 자신이 속한 더 큰 시스템에 대한 견해와 관련 있다. 이러한 요소에는 우리가 누구를 위해 또는 무엇을 위해 봉사할 것인지가 포함된다(Dilts, 2003).

로버트 딜츠Robert Dilts(1996)는 여섯 가지 논리적 수준에 대한 일반적인 질문을 다음과 같이 소개했다.

원하는 상태 워크시트

1. 당신의 비전은 무엇인가?
2. 원하는 정체성과 미션은 무엇인가?
3. 그 사명을 뒷받침하는 데 필요한 핵심 가치(예: 서비스, 품질, 수

익성 등)는 무엇인가?

4. 미션과 핵심 가치를 구현하는 데 필요한 핵심 역량(예: 연구 개발, 기획, 평가 등)은 무엇인가?
5. 미션과 가치를 표현하고 나타내는 활동(행동) 포트폴리오(예: 마케팅, 제조, 배송 등)는 무엇인가?
6. 사업을 운영하고자 하는 주요 환경/콘텐츠는 무엇인가(예: 미국, 아시아, 호주 등)?

교토 토요타 자동차 경영 리더십 팀 코칭 과정에서 첫 번째 질문을 '당신의 비전은 무엇인가?'에서 '달성해야 할 목표는 무엇인가?'로 바꾸었고, 이들은 여기에 답했다. 마지막 세션에서는 '승리를 위한 경영 리더십 팀의 책임 개요'라는 제목으로 경영 리더십 팀의 신경학적 수준 모델을 정리한 플립차트를 발표했다.

시스테믹 팀 코칭에서는 정보가 복잡하고 서로 얽혀 있다. 핵심 경영진에게 시스템적 큰 그림을 보여주면, 이들의 관점을 높이고 시야를 넓히는 데 도움이 된다.

팀원 가운데 일부는 이 플립차트([그림 8.1])를 사진으로 찍어 스마트폰에 배경화면으로 저장하여 언제든지 볼 수 있게 했다. 이러한 차트는 팀 구성원들에게 자부심과 소속감의 상징으로 작용한다.

인간의 동기는 실행 계획 수준까지 올라가지 않는다. 사람들은 자신이 확신하는 사명, 신념, 가치에 의해 동기를 부여받으며, 더 큰 시스템에 기여하고 싶다는 영감을 받는다. 사람들은 혼자 일할 때보다 신뢰할 만한 동료들과 함께 놀라운 결과를 만들어내는 기회에서 더 큰 동기를 받는다.

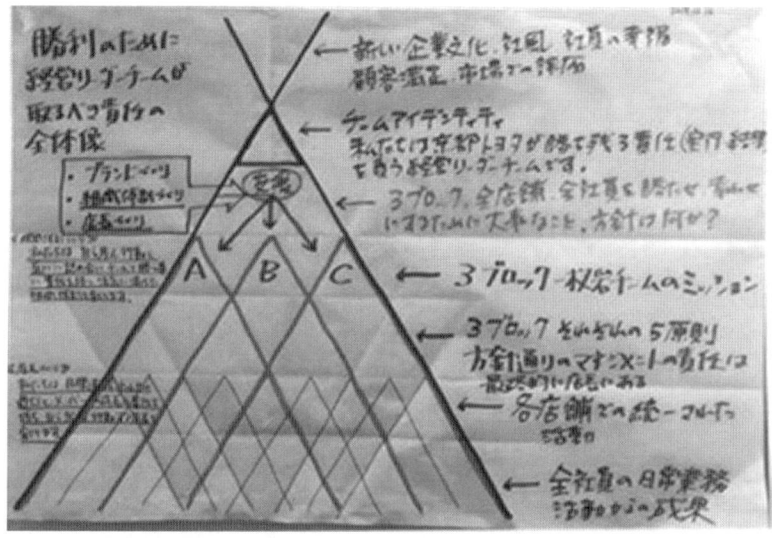

[그림 8.1] 토요타 자동차의 조직 신경학적 수준 모델 요약: 팀 코칭 세션의 실제 결과물

메타 포지셔닝 프로세스 모델

포뮬러Formula[17]와 같은 자동차 경주에서는 전략적으로 여러 차례 중간 정차pit stops가 이루어진다. 팀은 몇 초 안에 타이어를 교체하고 휘

---

7) 포뮬러 자동차 경기 가운데 하나로, 공식명칭은 'FIA 포뮬러원월드챔피언십FIA Formula One World Championship'이다.

발유를 보충하는 등의 작업을 한 다음, 곧바로 차량이 전속력으로 트랙으로 복귀한다. 긴장감 넘치고 매혹적인 장면이다.

조직이 임무를 수행 중일 때도 회의를 위해 중간 정차pit stop를 해야 할 때가 있다. 이는 팀이 다시 전속력으로 달릴 수 있도록 팀을 정비하는 방법으로, '애자일 팀Agile team'의 팀 스탠드업 회의team stand-up meeting와 유사하다.

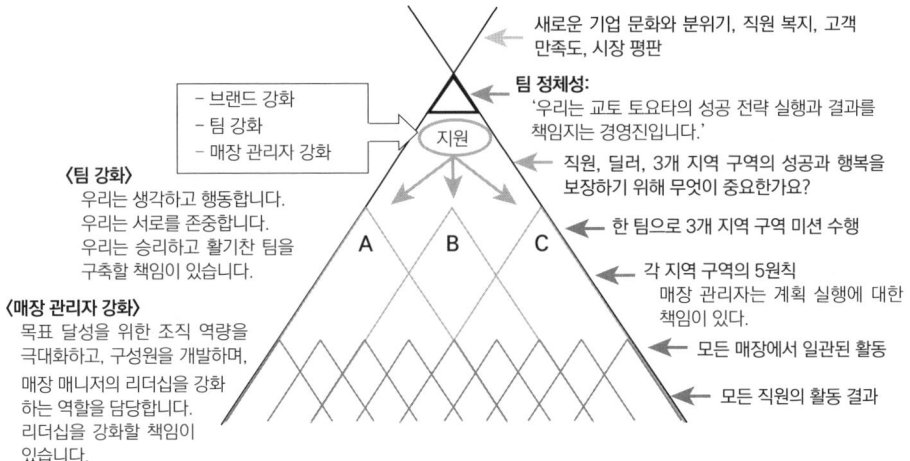

[그림 8.2] 토요타 자동차의 조직 신경학적 수준 모델 요약(영문 번역)

팀 구성원들은 보통 최종 목표를 달성하지 못한 채 중간 정차로 돌아온다. 그때까지 수행하도록 설정된 작업 항목도 완료되지 않았다. 팀 구성원들은 열심히 일했지만 여전히 목표에서 멀어져 있다. 격차가 생기면 사람들은 변명을 하거나, 자신이나 다른 사람을 탓하거나,

더 열심히 일하겠다는 쉬운 해결책으로 도피하는 경향이 있다.

바로 이 지점에서 메타 포지셔닝 프로세스 모델이 등장한다. 이 모델을 사용하면, 사실을 사실로 인정하고 한 발짝 물러나 객관적인 시각을 가지게 되며, 상황을 더 큰 그림으로 보게 된다. 이를 통해 우리는 새로운 인식을 얻고 새롭고 다른 방식으로 일을 처리하게 된다.

일이 잘 풀리지 않는다면, 같은 방법으로 더 열심히 노력하기보다는 다른 접근 방식의 채택이 중요하다.

메타 포지션은 사물을 객관적으로 인식하는 위치를 말한다. 메타 포지션은 전체 상황을 한눈에 보도록 조감도를 제공한다. 사람은 주관적인 존재이다. 인간은 객관적이기 어렵다. 이는 사람들이 집단사고에 빠지는 이유 가운데 하나이다. 메타 포지셔닝 프로세스를 사용하는 회의는 다음 단계를 거친다.

> 사실 → 평가 → 발견 → 계획 → 의사결정 → 지원

각 단계에서 어떻게 수행해야 하는지를 다음과 같이 요약한다. 메타 포지셔닝 프로세스 회의의 첫 번째 단계에서는 구성원으로부터 욕구, 목표, 현재 상황, 실제 행동 등 주관적인 사실에 대한 정보를 끌어낸다.

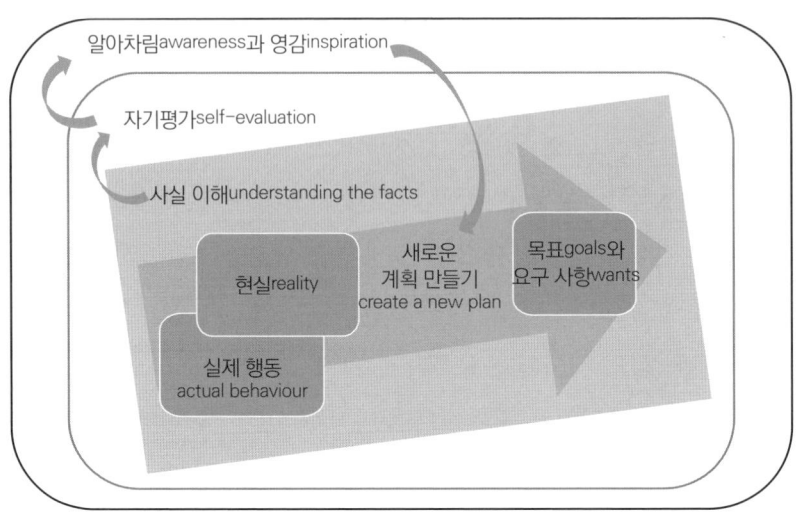

[그림 8.3] 메타 포지션 프로세스 모델

[1단계: 사실] 사실에 대한 프레임frame for fact: 목표, 현재 상황, 실제 행동이 무엇인지 공유한다.
- 우리의 목표와 욕구는 무엇인가?
- 현재 상황과 진행 상황은 어떤가?
- 우리는 이를 위해 어떻게 노력해 왔는가?

다음 단계로 넘어가기 전에 모든 구성원이 공유한 사실을 정확하게 역추적한다.

2단계는 평가 프레임이다. 팀을 이끌고 한 걸음 물러나 메타 포지셔닝된 관점을 확보하고 평가를 위한 질문을 하라.

[2단계: 평가] 평가 프레임frame for evaluation: 메타적 관점에서 상황을 평가한다:

- 무엇이 효과가 있고 무엇이 효과가 없는가?
- 이 진행 상황을 어떻게 포착할 수 있는가?

[3단계: 발견] 발견을 위한 프레임frame for discovery: 사실과 평가를 포함하여 여기까지의 과정을 역추적하고, 무엇을 발견했는지 토론한다:

- 사실에 대한 이해와 평가를 통해 어떤 통찰을 얻을 수 있는가?
- 잠시 멈춰서 이로부터 무엇을 배울 수 있는지 생각해본다.
- 개선할 수 있는 아이디어는 무엇인가?

발견 지점이 윤곽이 잡히면 멤버들이 각자의 주관적인 입장으로 돌아가 계획을 세우는 4단계로 넘어가도록 유도한다.

[4단계: 계획] 개선을 위한 프레임frame for improvement: 사실관계를 개선하기 위한 구체적인 전략과 계획을 세운다.

- 지금까지 제시된 아이디어 가운데 어떤 것이 가장 효과적일 수 있는가?
- 달성하기 위한 계획을 세우고 공유한다.

[5단계: 의사결정] 의사결정을 위한 프레임frame for decision-making: 전체와 개별 약속을 공유한다:

- 전체 계획에서 가장 중요한 개별 실행 항목과 기한을 파악한다.

> **[6단계: 지원] 향후 지원을 위한 프레임**frame for future support: 후속 조치와 지원 시스템을 결정한다:
> - 다음 회의 날짜를 확인한다.
> - 다음 회의 전까지 서로를 지원하기 위해 무엇을 할 수 있는가?
> - 도움이 필요한 사람이 있는가?

팀 코치는 시연을 통해 팀이 메타 포지셔닝 프로세스 회의에 익숙해지도록 돕는다. 팀 코칭 세션 사이에 팀 자체적으로 여러 차례 회의를 진행하도록 요청하고, 메타 포지셔닝 프로세스를 사용하여 이러한 회의를 촉진하면 좋다. 이렇게 하면 두 가지 장점이 있다. (1) 공백 기간 동안 팀의 집중력이 유지될 가능성이 크고, (2) 팀 구성원들의 리더십과 팀 관리 능력을 향상하는 데 도움이 된다. 이러한 경험을 통해 팀이 해체되거나 팀 코치가 떠나게 되더라도, 구성원들이 스스로 자립하여 다음 단계로 나아갈 확고한 자신감을 갖게 된다.

결론

호킨스의 다섯 가지 규율 모델을 주로 사용하여 팀 코칭을 이끈 경험은 이번이 처음이었다. 공동 코치, 지원자, 그리고 나는 호기심과 설렘을 느끼며 우리가 이미 가진 모델과 개입 기술을 다섯 가지 규율 모델에 효과적으로 통합하는 방법을 배우고 도전했다. 호킨스 모델은 하나의 프레임워크이기 때문에, 그 구조를 따르기만 하면 다양한 기술과 도구를 프로세스에 효과적으로 적용하겠다는 확신이 들었다.

나는 코칭과 팀 코칭이 모두 프로세스가 개입하므로 비슷하다고 생각한다. 나는 팀 코칭을 '그룹에서 팀으로 변화하는 과정을 지원하고, 비전을 만들고, 과제를 달성하고, 리더십을 개발하고, 더 큰 시스템(조직)에 기여하도록 상호 참여를 촉진하는 과정'이라고 정의한다.

팀 코치는 누구인가? 팀 코치는 그룹이 명확한 목적과 비전을 공유하고, 목적 달성을 위한 구성원들의 자발적인 헌신을 끌어내며, 팀을 성공으로 이끌어 가도록, 그룹을 팀으로 변화시키는 과정으로 포괄적인 코칭을 제공하는 리더를 말한다. 팀 코치는 팀 구성원들이 팀으로 활동하는 과정을 잘 알고 있어야 하며, 팀 구성원들이 스스로 문제를 해결하도록 도와야 한다. 즉 팀 코치의 역할 가운데 하나는 팀 구성원들이 현장에서 스스로 출발 계획을 세우는 일이다.

내가 소개한 교토 토요타 자동차 사례는, 1944년에 설립된 가족 소유 회사이다. 나는 1995년부터 팀 코칭을 해왔고, 내 고객 대부분은 가족 소유 기업이다. 핵심 주제로 가족 소유 기업이 원활한 비즈니스 승계를 보장하고, 비즈니스 혁신에 성공하는 방법을 알아야 한다.

일본은 장수 기업이 많은 나라이다. 실제로 100년 동안 사업을 이어온 기업은 약 3만 3,000개로 전 세계의 약 45%를 차지한다. 이 가운데 약 1,400개의 기업이 200년 동안 사업을 영위하고 있으며, 이는 전 세계 전체의 60% 이상을 차지한다. 그리고 이들 모두는 세계를 선도하는 기업이다(BBC, 2020).

    일본 장수 기업의 90% 이상이 가족 기업이다. 이러한 기업들은 전통을 지키면서 세상의 변화에 빠르게 대응해야 한다. 그러기 위해서는 기업 내 모든 관계자의 지혜를 모아야 한다.

    '네 개의 눈은 두 개의 눈보다 더 많이 본다'는 속담이 있듯이 말이다. 나는 사람들이 이 속담의 가치를 체감하도록 돕고 싶다.

    마지막으로 이들의 이야기를 전하도록 허락해주신 하가 씨Mr Haga에게 감사의 말씀을 전하고 싶다. 또한 열심히 도와준 코치와 지원자분들께도 감사의 말씀을 전하고 싶다. 마지막으로, 팀 코치이자 일본 팀 코칭 연맹의 회원이자 동료인 디아나 펭Ms Deana Peng 씨가 이 장을 영어로 교정하고 다듬는 데 도움을 주어 진심으로 감사의 말씀을 전하고 싶다.

기고자: 히데토시 타지카 Hidetoshi Tajika

히데토시 타지카는 리더십 팀 컨설팅의 대표이자, 일본 팀 코칭 협회의 이사회 이사이다. 비즈니스와 임원 코칭 분야에서 30년 이상의 경력을 쌓았으며, 20년 이상 PHP Institute Japan이 후원하는 코칭 교육을 설계하고 이끌었다. 히데토시는 일본에서 팀 코칭을 선도하는 선구자 중 한 명이다. 고객 팀과 함께 일한 탄탄한 경험을 바탕으로, 2007년 팀 코치를 위한 교육 과정을 개설했으며, 이후 일본 내 팀 코치 양성에 전념해 왔다. 2010년에는 일본 대표팀 코치 연맹을 공동 설립하고, 이사회 회장으로 활동하고 있다. 비즈니스 코칭, 회의 그리고 팀 코칭 분야에서 다수의 일본어 서적을 저술했다. 피터 호킨스Peter Hawkins의 『리더십 팀 코칭Leadership Team Coaching』, 피터 델리서Peter Delisser의 『나만의 임원 코치 되기Be Your Own Executive Coach』, 타드 제임스Tad James와 와이어트 우드스몰Wyatt Woodsmall의 『타임라인 요법과 성격의 기초Time Line Therapy and the Basis of Personality』, 로버트 딜츠Robert Dilts의 『코치에서 각성자로From Coach to Awakener』, 로버트 딜츠Robert Dilts의 『천재의 전략 1권Strategies of Genius, Vol』, 마이클 홀Michael Hall과 미셸 듀발Michelle Duval의 『메타 코칭Meta- Coaching』 등 여러 책을 번역한 바 있다.

9장
조직 학습과 혁신을 위한 팀 코칭
호주 제약 자회사의 사례 연구

저자: 패드레이그 오설리반Padraig O'sullivan, 캐롤 필드Carole Field
역자: 박정화

이 사례 연구에서는 다국적 제약회사의 호주 지사가 어떻게 강력한 조직 학습 규율을 개발하여 더 혁신적이고, 참여도를 높이고, 권위있는 상awards을 받게 되었는지 설명한다. 주요 경영진이 정기적으로 교체되는 상황에서도 지속적인 학습을 수용할 프로세스를 구축했다.

배경

데이비드David는 호주/뉴질랜드(ANZ)의 상무managing director로 부임하면서 "비즈니스가 망가지지는 않았지만, 고쳐야 할 부분이 많다."라고 말했다. 이 조직은 현지와 글로벌 모두에서 자랑스러운 역사를 갖고 있었다. 2013년 제약 사업부를 의료 사업부에서 분리하고 브랜드를 변경하기 전까지, 170여 개국에서 2만 1,000명 이상의 직원을 고용하는 규모로 성장한 가장 오래된 글로벌 제약 조직 가운데 하나로 전통이 있었다.

데이비드와의 코칭 관계는 이전에 그가 조직의 의료부서 한 곳에서 근무할 때 시작되었다. 이후 제약부서의 상무이사로 '온보딩 onboarding'[1] (새로운 역할 그리고/또는 조직으로 전환하는 과정)하기 위해 관계를 확장했다. 시간이 지남에 따라, 일대일 코칭 관계는 데이비드의 집단 리더십 팀을 위한 팀 코칭으로 확장되었고, 팀 구성원들을 위한 개별 코칭도 포함되었다. 이는 팀 코칭과 병행하여 이루어졌다. 처음에는 네 명의 코치로 구성된 팀이 참여했다. 시간이 지남에 따라 조직의 요구가 변화하고, 리더가 국제적인 역할로 승진함에 따라 개별 코치와 코칭 관계는 변경되었다.

학습이 누락되고 있다는 첫 번째 통찰

팀의 핵심 목적과 기능에 대해 논의하던 초기 리더십 팀 오프사이트

---

[1] 인사관리HR 용어의 일종으로, 신규 직원이 조직에 수월하게 적응할 수 있도록 업무에 필요한 지식이나 기술 등을 안내·교육하는 과정을 뜻한다. 온보딩은 영어로 '배에 탄다'는 뜻으로, 처음 조직이라는 배에 타는 직원이 능숙한 선원(조직원)이 되도록 돕는다는 의미로 사용된다. 문화체육관광부와 국립국어원은 2020년 11월 20~22일 열린 새말모임에서 제안된 의견을 바탕으로, 온보딩을 대체할 쉬운 우리말로 '적응 지원'을 선정했다(시사상식사전, 2021. 2. 1). 본 역서에서는 '온보딩'으로 용어의 의미를 살리고자 했다.

회의team offsite meeting[2])에서 한 용감한 팀 구성원이 질문을 던졌다. 질문 자체는 비교적 간단했지만 회의장에 충격을 주었다! 대화는 다음과 같이 진행되었다:

리더십 팀 구성원: "이제 이 팀이 해야 할 일에 대해 논의하고 있는데 질문 하나 해도 될까요? 매달 다른 운영 회의의 일환으로 모이는데, 그 회의에서 제가 무엇을 해야 하는지 잘 모르겠어요. 실제로 수치를 이해하지 못해서 그냥 조용히 있습니다."

회의실 안의 모든 사람: [침묵…]

팀장: "제가 오해한 듯합니다. 우리가 매달 하는 회의에서 무슨 얘기를 하는지 모른다고 하셨나요?"

리더십 팀 구성원: "네, 맞습니다. 회의 내용을 잘 모르겠어요."

다른 팀 구성원: "이제 그 얘기를 꺼냈으니 저도 그 회의와 그 회의에서 제가 해야 할 일을 이해하지 못한다고 말해도 될까요?"

회의실 안의 모든 사람들: [더 침묵…!]

팀장: [천천히 숨을 고르며…] "먼저, 여러분의 솔직함과 용기에 감사하다는 말씀을 드려도 될까요? 많은 임원이 그렇게 솔직하지 못했습니다. 둘째, 조직의 리더로서 두 사람을 조직과 이 리더십 팀에서 리더십 역할에 완전히 온보딩하지 못함에 대해 책임을 느낀다고 말씀드려도 될까요? 셋째, [최고 재무책임자를 향해] 다음 회의가 열리기 전에 이 방에 있는 모든 사람이 숫자, 비율 그리고 심의할 질

---

2) 사무실 밖에서 이루어지는 단체 외출 또는 회의(위키백과, 2022. 8. 25)

문을 완전히 이해할 수 있도록 책임을 다해 주시겠습니까? 마지막으로, 누군가 이 필요성을 제기하는 데 왜 이렇게 오랜 시간이 걸렸는지 물어봐도 될까요?"

코치로서 우리는 리더들의 솔직한 태도에 신선한 충격을 받았다. 많은 경우, 조직에서 고위 리더는 자신의 지식과 이해 부족이 들통나 바보처럼 보일까 봐 숨기곤 한다. 물론 이러한 두려움 때문에 학습이 이루어지지 않는다.

새로운 임원이 리더십 팀에서 일정 수준의 역량에 도달하는 데 소요되는 학습 시간은 9개월에서 11개월 정도였다. 무엇을 알아야 하는가? 어떻게 지식을 습득해야 하는가? 이에 대한 이해가 부족하면 역량에 도달하는 속도가 더 길어진다. 리더십 팀 구성원이 조직에서 가장 높은 임금을 받는다는 점을 고려하면 이는 당연한 결과다.

데이비드가 '누군가 이런 필요성을 제기하는 데 왜 이렇게 오랜 시간이 걸렸는가?'라는 질문을 던지자, 조직에서 학습이 어떻게 이루어지고, 이루어지지 않았는지에 대한 훌륭한 대화가 이어졌다. 이어서 다른 조직의 경험도 공유되었다. 회의실에 있던 코치들은 모범 사례를 공유했다. 토론 결과, 조직 전체는 리더십 팀의 핵심 우선순위 가운데 하나로 학습에 집중하기로 약속했다.

팀을 이끈 주요 질문

대화에서 코치들은 토론과 추가 결정을 안내하는 다음 세 가지 핵심 질문의 프레임워크로 도움을 주었다.

1. 새로운 리더의 리더십 팀과 조직 전체에 대한 온보딩을 어떻게 최적화할 수 있는가?
2. 리더십 역량에 대한 집단적 속도를 어떻게 높일 수 있는가?
3. 조직 전체의 학습을 어떻게 포착하고 조직 전체에 공유할 수 있는가?

이러한 질문을 통해 학습 요구를 충족하는 리더십 계획과 프로그램을 개발했다. 이 계획은 실행되었고 시간이 지남에 따라 다양한 성공을 거두었다. 리더십 팀 수준과 조직 수준 모두를 대상으로 했다.

리더십 팀 차원의 핵심 학습 활동

팀은 분기마다 한 번씩 모여, 팀으로서 어떻게 기능하고 발전하고 있는지, 진행 상황, 팀의 업무방식, 개선이 필요한 부분에 대해 논의하고 반영하기로 합의했다. 시간이 지남에 따라, 분기별 회의는 2~3시간 세션부터 하루 종일 진행되는 세션까지 다양했다. 일반적으로 외부 코치가 참여했다.

리더십 팀은 2주에 한 번씩 열리는 BAU^{Business As Usual}3) 회의와 관련된 조치를 취했는데, 회의를 마치면, 얼마나 회의가 잘 진행되었는지 신속하게 피드백을 받게 했다.

시간이 지나, 이러한 빠른 성찰은 질문과 우려를 낳았다. 또 모든 의견을 경청하고자 했고, '집단사고^{groupthink}'를 하지 않게 몇 가지 잠재적 문제들을 사전에 차단했다. 새로운 구성원들이 팀에 합류하면서, 이들은 회의 종료 뒤 성찰에 대한 긍정적인 피드백을 보냈다. 다른 계열사에서 합류한 한 리더는 매일 밤, 분기별로 진행되는 팀 검토 프로세스^{team review process} 덕분에 다른 곳보다 더 빨리 팀의 일상에 적응했다고 말했다.

리더십 팀 구성원을 위한 개별 코칭은 팀 코칭 프로세스와 병행하여 진행되었다. 코치들은 코칭 프로세스의 일부로 피드백과 동료 의견을 적극적으로 요청했다. 많은 구성원이 코칭에서 배운 내용을 동료들과 공유하는 데 적극적으로 참여했다.

코치들은 또 리더들이 동료들과 더 많이 공유하고 협력적으로 일하도록 장려했다. 시간이 지날수록, 이전에 기능적 문제로 자문을 구하지 않았던 동료들이 더 광범위한 비즈니스 과제와 관련, 리더십 팀 구성원에게 의견을 적극적으로 요청하는 행동이 일반화되었다. 팀은 허브와 스포크 팀^{hub and spoke team}에서 더 큰 공유 리더십^{shared leadership}의

---

3) 조직 내에서 표준 기능 운영의 정상적인 실행을 의미하며, 변화를 일으키는 프로젝트나 프로그램과는 대조된다. (위키백과, 2022. 6. 8)

수레바퀴로 이동하기 시작했다(Hawkins, 2017a: ch 10; Hawkins, 2018b: ch 12).

개방적으로 질문하고, 반영하고, 통합하는 적극적인 프로세스가 자연스러운 운영 스타일operating style로 전반적으로 자리 잡았다.

조직 차원의 초기 주요 변경 사항

신입사원에게 '기본'을 알려주는 데 그쳤던 기존 프로그램을 뛰어넘어, 조직과 역할에 적응하도록 적극적인 프로세스를 개발했다. 리더십 팀에 새로 합류한 신입사원은 기존 팀 구성원들과 함께 '말하지 않는 부분un-saids'(비공식적인 문화 패턴과 불문율)을 학습하여, 이를 명백하게 '말said'하도록 했다. 이들은 팀이 일하는 방식, 팀 발전의 역사, 성공의 자리에 오르기 위해 어떤 대화를 나누었는지 등을 파악하는 데 시간을 보냈다. 참여 규칙을 명확하게 표현하였고, 팀과 조직에서 리더에게 기대되는 행동을 설명하였다.

또 새로 채용된 리더들은 외부 코치와 함께 시간을 보내며, 외부의 시각에서 팀 발전의 역사를 이해하는 시간을 가졌다. 이러한 전반적인 프로세스는 새로운 리더가 자신의 역할에 대한 학습과 '온보딩'을 가속화하는 동시에, 조직의 리더로 성장하는 데 도움이 되었다. 팀은 '공동 리더십co-leadership'에 대한 이해를 발전시켰으며, 이는 조직의 성공에 집단적으로 책임짐을 의미했다. 여기에는 모든 사람이 자신의 역할과 책임, 그리고 일을 실현하는 방법을 이해하도록 하는 집단적 책임collective responsibilities이 포함되었다. 이러한 협력적 리더십collaborative leadership 방식은 기존 리더들이 떠난 뒤에도 그대로 유지되었다.

핵심 학습과 관련된 두 번째 변화의 물결은 조직 차원의 '떠오르는 별Rising Star' 프로그램에서 시작되었다. 이 프로그램은 잠재성이 있고, 미래의 리더가 될 가능성이 크다고 판단되는 경영 승계자를 대상으로 하는 리더십 개발 프로그램이었다. 이들은 조직 전반에 걸쳐 핵심적인 영향력을 행사하기도 했다.

각 프로그램은 리더십 팀 구성원과 외부 코치가 공동으로 진행했다. 각 프로그램에 리더십 팀이 참여하여, 고위 리더십 팀 아래에서 학습을 계단식으로 전달하고 솔선수범하게 했다. 리더들은 각 세션을 시작하면서, 조직이 전략적 목표를 달성하기 위해 조직 학습이 매우 중요하다고 강조했다. 리더로서의 취약성vulnerability과 같은 개념이 논의되고 발전되었다. 무언가를 이해하지 못하면 정상적인 일이었지만, 학습 회피는 치명적이라는 개념이 형성되었다.

이전 달previous month의 학습 내용을 양에 관계없이 공유하기 위해 피드백 메커니즘을 도입했다. 이 피드백은 분기별로 조직 학습의 복기하는 의도로 기록되었다. 리더십 팀의 학습에서 내러티브는 조직에서 바람직한 행동과 바람직하지 않은 행동을 설명하는 데 사용되는 특정 문구를 사용해서 만들었다.

아시아 지역에서는 호주/뉴질랜드 계열사가 중추적인 역할을 담당하고 있었으므로, 현지 경험에서 얻은 교훈은 싱가포르 사무소를 통해 지역 동료들과 공유되었다. 호주 지사에서 시작된 일부 프로그램은 나중에 아시아 전역의 계열사 지사로 확산하였다.

아시아 환경에서 성공하기 위한 도전

조직은 계속 성장했다. 리더십 팀의 성공과 아시아 지역에 대한 호주 지사의 전반적인 기여 덕분에 시드니에 본사를 둔 이 팀은 지역과 글로벌 직책을 맡을 인재의 원천으로 간주되었다. 24개월 동안 원래 11명의 팀 구성원 가운데 7명이 지역 또는 글로벌 직책으로 승진했다.

이러한 승진은 큰 성공 사례의 증거였지만, 잠재적으로 비즈니스의 성공적인 턴어라운드turnaround로 이어진 암묵적 지식을 고갈시켰다. 어떻게 하면 조직이 훌륭한 인재를 고위직으로 승진시키는 동시에, 지난 몇 년 동안 기존 비즈니스에서 개발해온 역량과 지식을 유지할 수 있는가? 이는 다음 단계의 리더십 팀에게 어려운 과제였다.

한 세대의 리더십 팀이 배운 부분을 다음 세대에 전수하도록, 더욱 강력한 인재 관리와 승계 계획 프로세스를 구축했다. 그렇지만 상무이사이자 팀 리더였던 데이비드David가 미국에서 글로벌 직책으로 승진하면서 다음 도전이 찾아왔다.

기반 재설정하기

데이비드의 후임은 내부에서 승진했다. 1년 전 데이비드는 캐서린을 고용했는데, 잠재적인 후임자로 지명되었다. 다른 다국적 기업에서 쌓은 풍부한 업계 경험과 상업적 감각을 겸비한 매력적인 후보자였다. 데이비드가 조직과 함께 해외로 이동하는 중이어서 원활한 인수인계가 이루어졌다.

모든 신임 리더는 자신의 비즈니스를 이해하고, 조직에 자신의 도장을 찍어 조직을 구축하기를 원한다. 캐서린은 데이비드와 리더십 팀이 탄탄한 기반을 구축했지만, 아직 해야 할 일이 남아있음을 인식했다. 다음 단계의 여정을 지원하기 위해 외부 코치와 전문가의 범위를 넓혔다.

캐서린이 이끄는 일련의 리더십 팀 회의를 통해, 팀은 리더십 팀의 목적, 핵심 목표 그리고 우선순위를 다시 명확히 하고(Hawkins, 2021: 규율 2), 이를 확인했다. 여기에는 조직의 혁신에 대한 초점이 포함되었다.

혁신에 집중하기

조직의 리더십 여정에서 이 단계는 혁신에 대한 초점이 더욱 중요하고 두드러지게 되었다. 전통적으로 제약 산업은 제품 주도의 혁신 산업이다. 제품 파이프라인은 수년이 걸릴 수 있다. 라이선스 계약을 통한 제품 인소싱도 오랜 시간이 걸릴 수 있으며, 신제품이 해당 국가에서 사전 판매 승인을 받지 않은 경우, 현지 정부 규제 프레임워크 내에서 어려움을 겪을 수 있다.

현지 리더십 팀은 제품 혁신을 넘어, 다양한 관점에서 혁신을 바라보기로 했다. 팀은 여러 가지 주요 질문에 답할 수 있도록 지원받았다.

- 고객에게 최상의 서비스를 제공하는 방법은 무엇인가?
- 현재 고객 미팅은 어떻게 이루어지고 있으며 어떻게 개선할 수 있는가?
- 고객 관계에 가치를 더하도록 어떤 외부 관계를 형성할 수 있는가?

그 밖에도 다양한 질문과 답변이 이어졌다.

부서 간 팀을 구성하여 핵심 질문을 다루고 잠재적인 아이디어와 개발 전략을 수립했다. 이 모든 사항이 공유되었다. 아이디어와 전략이 개발될 때, 이를 평가하기 위한 의사결정 기준이 설정되었다. 모든 혁신이 그렇듯 모든 아이디어가 성공하지는 못하더라도, 이 세션에서 얻은 교훈은 공유되었다.

외부 코칭과 기타 전문가를 지속해서 활용하기

데이비드는 리더십 팀 여정을 시작하면서, 외부 지원이 필요함을 깨닫고 그 과정을 도와줄 저자들을 고용했다. 처음에는 네 명의 코치로 구성된 팀이 프로젝트에 참여했다. 시간이 지날수록, 코칭의 필요성이 커지면서 코치의 수도 늘어났다. 특정 요구 사항과 결과에 따라 개별 코칭이 지속되었다. 시간이 지남에 따라 필요에 따라 코치 수가 변동되었다.

캐서린이 지휘봉을 잡은 뒤에도 외부 코치와 기타 관련 전문가를 계속 활용했다. 특정 요구사항에 특별한 전문지식을 맞추는 일은 더욱 중요하고 적절했다. 예를 들어, 팀 자체에 대한 팀 코칭은 줄었지만, 참여도 점수와 같은 특정 주제에 대한 리더십 팀의 토론을 촉진하기 위해, 외부 팀 코치가 요청되기도 했다. 다른 구체적인 개입 사례로, 호주에 새로 온 해외 주재원 리더의 '온보딩'을 위한 코칭, 새로운 기능별 리더를 위한 '신규 리더 동화' 세션, 조직 전략의 계단식 하향 조정 방법을 심의할 때, 기능별 팀 오프사이트, 혁신 기술과 같은 콘텐츠 세션 등이 있다.

리더 모두 리더십 팀이 스스로 변화하기 위해서는 정기적으로 전문지식 활용이 중요함을 인식했다. 허리띠를 졸라매는 시기에는 외부 지원을 받지 않으려는 경향이 있다. 이는 초기 비용을 절감하는 단기적인 전략이 될 수는 있지만 혁신 속도를 늦추게 된다.

호주에서 가장 혁신적인 조직을 선정하는 Top 30 수상

비즈니스 리뷰 위클리Business Review Weekly(BRW)는 호주 최고의 비즈니스 잡지이다. 리더십, 혁신, 기술과 도구, 정치, 금융과 상업 시장 등 모든 비즈니스 분야를 다룬다. 또 호주 500대 기업, 가장 빠르게 성장하는 상위 75개 기업, 젊은 부자 목록, 가장 혁신적인 상위 30개 기업 등 다양한 목록을 발표한다.

2012년 이 조직은 호주에서 가장 혁신적인 기업 가운데 하나로 인정받았다. 2012년 12월 BRW의 케이트 밀스Kate Mills는 다음과 같이 말했다.

> 이 목록은 혁신의 최종 결과물인 제품이나 프로세스에 초점을 맞추고 있지만, 30대 기업은 모두 혁신을 지원하는 데 필요한 문화와 프로세스에 대한 이해를 보여주었습니다. 주간 아이디어 회의, 혁신을 핵심 성과 지표에 포함하거나 상을 수여하는 등 상위 30개 기업 모두 혁신을 촉진하기 위해 무언가를 마련하고 있었습니다. 또 위에서부터 혁신 주도를 시작해야 함을 이해하고 있었으며, 고위급 리더가 어떻게 참여하고 있는지 보여주었습니다.

혁신 전문가이자 대회 심사위원인 아만다 임버 박사Dr Amantha Imber는 당시 "혁신은 내부에서 시작됩니다. 최종 후보로 선정된 상위 30개 기업은 혁신이 반드시 새로운 제품을 시장에 내놓아야 한다고 생각하지 않습니다."라고 말했다. 그 대신에 '리더들이 혁신이라는 개념을 단순히 입에 발린 말lip service에 그치지 않고, 진지하게 받아들인' 공통점이 있다고 말했다. 이들은 올바른 문화를 구축하는 데 자원을 투자하고 있었다.

임버 박사는 혁신은 조직의 밑바닥에서부터 시작되는 경우가 드물다고 말한다. 2012년 BRW와의 인터뷰에서 "고위 경영진은 혁신을 주도하고 분위기를 조성하기 위해 단결해야 합니다. 또 다양한 관점 포용도 중요합니다."라고 말했다.

'BRW 30대 혁신 기업'과 같은 상을 수상하는 일은 어떤 기준으로 보더라도 놀라운 성과이다. 제약 업계에서, 파괴적 혁신disruptive innovation에 대한 장벽이 낮은 소프트웨어 개발 회사 그리고 기타 업계의 쟁쟁한 경쟁자들을 제치고 이 상을 수상했다는 점은 더욱 놀라운 일이다. 오랫 동안, 팀워크, 개방성, 도전을 장려하는 내부 문화를 구축하여, 지속적인 학습을 촉진하고, 경험을 공개적으로 쉽게 공유하는 등 여러 가지 이유로 인정받은 일은 의심할 여지가 없다.

강력한 문화를 반영하는 참여도 점수

컨설팅 그룹 '일하기 좋은 일터Great Places to Work'[4]는 21년째 운영되는 국

---

[4] 글로벌 신뢰 경영 평가 기관으로 1998년부터 Fortune지에 매년 '포춘 US 100대 기업'을 발표하고 있으며, 사명은 "우리의 임무는 모든 곳이 모두를 위해 일하기 좋은 곳이 되도록 돕는 일이다." 참고: https://www.greatplacetowork.com

제적인 조직으로, 전 세계 직장에 관한 세계 최고의 권위를 자랑하는 기관 가운데 하나이다. '일하기 좋은 일터' 목록은 유럽과 라틴 아메리카의 지역 목록을 포함하여 6개 대륙 45개 이상의 국가에 걸쳐 있다.

이 제약 조직은 2012년 호주에서 일하기 좋은 상위 50개 조직에 선정되었다. 이 상은 외부에서 수여하는 상으로 그 동안의 여정을 인정받은 결과이다.

리더십 팀 노력의 영향을 강조하는 호주 지사는 모든 주요 참여 동인에서 벤치마크 조직을 평균 10점 이상 앞섰다. 이는 팀이 적극적으로 노력해온 부분이다.

그렇지만 이 결과와 팀이 점수에 만족하지 않는다는 점은 주목할 만하다. 학습, 혁신, 성취에 대한 지속적인 노력을 입증하듯, 아직 개선이 필요한 부분과 문제의 근본 원인을 파악하며, 상황을 개선하기 위한 전략과 계획을 개발하기 위한 프로세스에 적극적으로 참여하고 있다.

이 프로세스에 대한 의견은 모든 관련 이해관계자 그룹에서 수집하였으며, 이는 경청하고 호기심을 갖고 배움을 추구하겠다는 의지를 다시 한번 보여주었다. 현재 개선해야 할 영역이 상대적으로 적다는 인식이 있지만, 지속해서 성능을 조정하여, 좋은 성과에서 위대한 성과로 나아가는 여정을 촉진하고 있다.

성찰과 결론

6년 동안, 이 조직의 다양한 리더들과 함께 일해온 외부 코칭 전문가인 우리는 이 조직이 변화하는 모습을 보는 특권을 누릴 수 있었다. 즉 '망가지지는 않았지만, 고칠 필요가 있는' 조직에서, '역동적이고 혁신적이며, 참여도가 높고, 성공의 역사를 기반으로 지속해서 발전하는' 조직으로 변모했다. 이 경험을 되돌아볼 때, 이 사례 연구와 관련된 여러 가지 고려사항이 다른 조직에도 적용될 수 있다.

1. 현상 유지에 도전할 용기가 있는 사람은 누구인가?

미래를 내다보지 않고, 과거의 성공만 유지하려는 리더는 결국 조직을 서서히 쇠퇴로 이끈다. 조직의 최고 리더와 리더십 팀은 예상 이상으로 배우고, 도전하고, 노력하는 용기를 가져야 한다. 이는 때때로 내재적 동인이 되기도 한다. 리더는 이러한 자신감을 다른 곳에서 빌려 오기도 한다.

2. 전체 3~5년 전략과 연계되는 명확하고 투명한 우선순위 정하기

'평소와 다름없는 업무'를 지속하고, 미래를 창조하는 데 시간을 들이기보다는 바쁜 조직의 반응적인 경향에 휩쓸려 가고 싶은 유혹은 매우 크다(Parker, 1990). 다양한 리더십 팀은 조직의 전략적 목표와 그 전략적 약속을 이행하는 데 필요한 핵심 우선순위를 명확히 하고, 투명하게 하는 데 시간을 할애했다(Hawkins, 2021: 규율 2).

리더들은 글로벌, 지역 그리고 현지 이해관계자들의 상반된 요구 사이에서 균형을 잡는 섬세한 일을 해야 한다. 시끄럽고 경쟁적으로 요구하는 발언voice 속에서 리더가 집중력을 유지하는 데 매우 어려웠고, 지금도 마찬가지다.

3. 우선순위에 따라 실행할 교차 기능 팀 설정하기

교차 기능 팀Cross-functional teams 또는 브랜드 팀brand teams은 책임자가 주도하거나 후원하지만, 핵심 우선순위를 실행하기 위해서는 중간급 리더가 많이 참여한다. 조직의 주요 이해관계자와 영향력 있는 사람들을 참여시키면 실행 능력이 빨라진다. 또한 비즈니스 성과에 대한 조직 내 모든 이해관계자의 공유 주인의식shared ownership을 보여준다. 지속 가능성 관점에서 경영진 아래 1~3단계의 계층을 참여시키면, 조직 전체의 학습 경험도 향상한다. 이는 고위급 리더가 호주에서 승진할 경우 프로젝트가 실패할 위험을 없애준다.

부서 간 팀을 구성하는 건전한 프랙티스와 좋은 의도만으로는 실제로 팀의 필요사항을 제공하기에 충분치 않다. 효과적인 교차 기능 팀 성과를 지원하기 위한 적절한 시스템, 프로세스 그리고 코칭이 마련되어 있는지 확인하는 일은 이러한 프로그램을 보완한다.

4. 길 비켜주기

많은 고위 리더는 모든 세부사항에 깊이 관여하여 프로젝트 성공을 보장해야 한다고 생각한다. 그렇지만 캐서린과 데이비드는 모두 명확한 방향을 설정한 다음, 프랙티스는 프랙티셔너에게 맡겨야 한다고 말했다. 때때로 이는 프랙티스가 자신들이 원하거나 스스로 할 수 있다고 생각했던 만큼 빨리/잘/정확하게 이루어지지 않았음을 의미할 수 있다. 그러나 많은 사례에서 프랙티스는 예상보다 훨씬 더 잘 이루어졌고 놀라운 성과를 가져왔다.

5. 혁신적인 아이디어와 제안을 평가하기 위한 기준 개발하기

학습 조직 또는 혁신 조직이 되기 위해 노력하는 대부분 조직은 두 가지 근본적인 질문에 답해야 한다는 기본 요건을 간과한다.

1. 여기서 혁신이란 무엇을 의미하는가?
2. 성공적인 혁신을 어떤 기준으로 인식하고 평가하는가?

이와 관련하여 성공적인 조직에는 학습과 혁신에 대한 비전과 분위기를 주도하는 리더십 팀이 있다. 이들은 이러한 질문을 던지고 답할 뿐 아니라, 이 내용이 조직의 모든 구성원에게 효과적으로 전달되어 명확하고 공유된 이해가 이루어지도록 한다.

프로그램을 시작할 때 이러한 역량에 대한 필요성은 이해했지만, 명확한 프로세스나 프랙티스가 마련되어 있지는 않았다. 시간이 지날수록 문제점이 드러났으나, 처음부터 역량 확보는 상당한 이점이 있다.

6. 개별 리더에게 의존하지 않는 프로세스 만들기

다국적 기업의 계열사가 많은 호주 조직은 상무managing director와 기타 경영진이 승진을 통해 아시아 지역 또는 글로벌 직무를 맡아 해외로 발령이 나면서 어려움을 겪고 있다.

물론 이는 좋은 일이고 많은 호주 경영진의 경력 목표에 부합하지만, 조직의 현지 리더십 역량에 구멍이 생기고, 성과가 정체되고, 추진력이 떨어지며, 가치 있는 프로젝트가 무산되는 경우가 많다. 조직 학습이 이벤트가 아닌 토론의 장이 되려면, 개별 리더보다 더 오래 지속하는 시스템적인 프로세스를 구축하는 일은 필수적이다.

7. 조직 전반에 걸친 조직 학습 조성하기

무엇이 효과가 있었는지, 무엇을 시도했는지, 무엇이 효과가 없었는지, 왜 실패했는지를 학습하면, 시간이 지날수록 조직은 더 나은 결과를 얻게 된다. 조직의 학습 문화는 실수를 '혁신의 정상화innovation normalities'로 간주하고, 실수가 합의된 틀 안에 있는 한 완벽하게 괜찮다고 허용하면서 발전한다. 즉 위험을 감수하고, 모두가 실수로부터 학습하여,

피할 수 있는 실수가 반복되지 않도록 한다. 조직 구조 내에서 취약성이 유지되는 전체 감각을 키우면, 더 많은 공유가 이루어진다.

실제 적용 사례는 리더십 팀에서 회의 효과에 대해 성찰하는 시간에 나타났다. 조직 전체에서 이러한 학습을 공유하도록 장려하면 학습 환경이 빠르게 조성된다.

8. 개인의 필요에 맞는 맞춤형 결과 중심 코칭하기

내부 코치가 제공하든, 외부 코치가 제공하든, 코칭은 개인의 리더십 과제, 조직이 필요로 하는 성과 그리고 개인의 학습 요구에 맞게 조정되어야 한다(Hawkins, 2012). 이는 기본적이고 비교적 당연한 듯 들린다. 그러나 우리는 데이비드, 캐서린을 비롯한 리더십 팀의 다른 많은 사람이 자신이나 직속 상급자를 위한 코칭 과제를 구성할 때, 이 부분을 얼마나 명확하게 인지하고 있는지 알게 되었다. 이 조직에서 코칭은, 그 자체가 목적이 아니라, 리더가 전략적 성과, 그리고 명확하게 정의된 목표를 달성하도록 개발하는 도구로 여겨진다.

9. 외부 코치를 활용하여 조직 속도 높이기

시장이 침체될 때마다 조직은 자연스럽게 비경상적 지출을 줄인다. 학습조직은 아무리 뛰어난 인재를 보유하고 있더라도, 모든 영역에서 필요한 모든 전문지식을 언제나 보유할 수 없다는 사실을 잘 안다. 특정 분야의 코치 그리고 전문가의 서비스를 활용하면, 전반적인 학습 속도를 높이게 되어, 리더의 역량 강화 속도를 극대화하게 된다. 특히 높은 성과를 내는 조직에 영업이사나 CFO와 같은 이사급 직책의 새로운 기능 책임자를 채용할 때 더욱 그렇다.

하나의 팀은 가장 느린 팀 구성원의 속도만큼만 나아갈 수 있다. 기능부서의 리더십 팀을 신입사원 수준으로 느리게 만드는가는 고려할 가치가 없는 선택사항이다.

10. 정기적으로 재확인, 재설정 그리고 재명확화하기

모든 적합성 관련 목표에는 정기적으로 진행상황을 점검하고, 성과를 재설정하거나 재조정하는 과정이 포함된다. 리더십 팀도 다르지 않다. 연간 우선순위와 함께 3~5년의 전략적 성과를 설정하는 데 필수적이다. 시간을 내어 팀이 현재 진행 중인 작업을 재조정하고, 팀이 협력해야 하는 방식을 재설정하면, 성공 가능성을 높이게 된다. 이는 리더십 팀에 변화가 발생하고, 팀 구성원이 승진하거나 다른 곳으로 떠날 때 더더욱 중요하다. 팀은 신속하게 상황을 점검하고, 잠재적으로 다시 시작할 시간을 가져야 한다.

이 조직의 생생한 사례는 핵심 학습의 실천 사항을 개발하고 유지하는 팀 코칭으로 얼마나 탁월한 성과를 달성했는가를 보여준다. 핵심 학습을 창출하는 개인과 그룹의 기술과 프랙티스에 투자하면, 개인, 팀 그리고 조직 수준에서 성장과 지속 가능성을 실현하게 된다.

2021 업데이트

프랙티셔너가 한 조직에서 지속해서 근무하는 경우는 드물다. 조직은 합병, 인수 또는 존폐를 통해 다양한 수준에서 진화한다. 리더십 팀도 구성원과 방향성 측면에서 진화하고 변화한다. 한때 외부 컨설팅 지원이 필요할 만큼 중요했던 전략적 과제도, 더는 지속적인 지원이 필요하지 않다고 부정하면서 새로운 과제로 바뀌기도 한다. 때로는 외부 전문가와 조직 간의 관계가 협력 필요성을 넘어서는 경우도 있다.

이 경우 위에서 언급한 몇 가지를 포함한 다양한 이유로 2016년부터 2019년까지 최소한의 역량으로 이 조직과 협력했다. 그러나 2020년에 외부 조직에서 새로운 상무가 임명되어 이전 고객으로부터 업무를 이어받게 되었다. 그레그Greg에게 온보딩 과정에서 유용한 자문을 제공해 준다고 추천했다. 이로 인해 리더십 팀의 발전과 파트너십은 또 다른 장으로 시작되었으며, 이는 이 글을 쓰는 시점까지 계속되고 있다.

새로운 리더 동화 과정의 가치

팀과의 구조화된 인터뷰 프로세스를 통해 새로운 리더를 온보딩하는 방식은 제너럴 일렉트릭General Electric에서 처음 개발되었다. 이 프로세스에서는 리더가 자신의 경력 배경, 새로운 조직에 합류하게 된 이유, 자신의 역할에 무엇이 필요한지에 대한 이해, 선호하는 리더십 스타일, 선호하는 의사결정 프로세스에 대한 답변을 공유한다. 이후 팀 구성원들은 퍼실리테이터를 통해 리더에게 궁금한 점과 리더가 이해했으면 하는 정보를 공유한다.

그레그는 자신의 전환을 가속화하기 위해, 첫 주에 이 프로세스를 진행하도록 요청했다. 지난 몇 년간 혁신과 조직 참여에 집중한 결과 많은 상을 수상했으며, 여러 부문에서 상위 10대 조직으로 인정받았다는 사실을 팀 구성원들이 알려 주었다. 그레그는 혁신과 참여에 대한 집중이 소중한 조직 문화의 일부라는 사실을 분명히 깨달았다.

현재 리더십 팀에는 2013년에 처음 전략과 문화 방향을 설정했던 팀 구성원 가운데 단 한 명만 남아 있다는 점이 흥미로웠다. 그렇지만 리더십 개발과 연계된 명확한 전략적 방향의 힘은 장기적으로 영향력 있는 집중을 가능케 했다.

검토, 재확인, 재설정 그리고 재초점 하기

이 장의 앞부분에서 팀 구성원들의 공동 노력을 재확인하고, 재설정하고, 재조정하기 위한 정기적인 리더십 팀 대화의 중요성에 대해 간략하게 설명한 바 있다. 하버드 비즈니스 스쿨의 체달 닐리Tsedal Neely(2021)는 팀이 정기적으로 잠시 멈춰, 현재의 역동 관계를 검토하고, 계획을 조율하며, '적극적으로 재설정'해야 한다고 제안한다.

새로운 전무이사가 이끄는 리더십 팀은 공동 전략, 팀 원칙, 업무 방식, 단체 협약을 검토하여, 앞으로 무엇을 유지하고자 하는지 파악하는 시간을 가졌다. 이러한 대화로 팀 구성원들은 지난 5년간의 성과를 자신들이 지지하는 포부와 비교하여 객관적으로 평가하게 되었다. 신임 전무이사인 그레그는 지난 몇 년간 조직의 여러 측면이 잘 작동했던 원동력이 무엇인지 이해하기 위해 많은 질문을 했다. 결과적으로 조직에 더는 관련성이 없거나, 도움이 되지 않거나, 중요하지 않은 집중 분야를 찾아내게 되었다.

이틀 동안 진행된 대화로, 팀은 전략적 방향을 재설정하고, 함께 일하는 방법에 대한 단체 협약을 맺고, 공동의 중점 분야를 재조정했다. 전략의 큰 방향은 이전과 비슷하게 유지했지만, 시장 분야 전략의 구체적인 분위기는 계속 진화하고 있다. 그레그는 팀 구성원들에게 매우 중요하고 전략적으로 영향력이 있는 핵심 전략을 자신에게 일치시켜 경청 역량을 입증했다. 또 대화를 통해 더는 도움이 되지 않는 부분을 조명하면서, 특정 영역을 조정하여 팀 역동 관계에서 선점했다. 팀은 공동의 미래에 대한 확신을 갖고 떠났다.

타이밍이 가장 중요하다

첫 리더십 세션 다음 날, 호주 연방 정부는 코로나19로 인해 국경을 폐쇄했고, 이후 8개월 동안 호주 전역은 일련의 봉쇄 조치와 주state 별 경계 폐쇄에 들어갔다. 그레그는 팀이 이전에 경험하지 못한 수준의 복잡성을 헤쳐 나가도록, 격월로 가상 리더십 팀 회의에 참여해 달라고 요청했다.

외부 코치의 존재 덕분에, 팀은 즉각적인 관찰을 제공하거나, 팀이

해결해야 할 성찰적인 질문을 제기하여, 팀의 상호작용을 정기적으로 검토했다. 또 팬데믹pandemic으로 인한 복잡성을 감안하여, 팀 구성원들이 실험할 권한을 부여하고, 매일 또는 매주 모호한 상황에 대처하면서 배운 점을 공유했다. 이 기간에 팀은 완전한 가상 환경에서 조직에 온보딩한 두 명의 새로운 팀 구성원을 잃었다가 다시 얻었다. 또 2020년 중반에 시작되었지만 팬데믹으로 인해 지연되었던 합병도 마무리했다.

전 세계적인 팬데믹으로 인한 어려움, 새로운 상무의 인수인계, 리더십 팀 구성원의 변화를 관리해야 하는 상황에서도 조직은 계속해서 전략적 목표를 달성했다. 그레그와의 개별 코칭 지원은 첫 12개월이 끝날 무렵에 종료되었다. 그 다음 달인 2021년 3월, 이 계열사는 호주에서 일하기 좋은 일터 2위에, 가장 혁신적인 조직 4위에 선정되었다.

기고자: 패드레이그 오설리반Padraig O'sullivan

패드레이그 오설리반은 오설리반필드의 설립자이자 관리 파트너이다. 12년 이상의 글로벌 리더십 코칭 경험을 바탕으로 생각의 리더, 국제 코치와 교육자로 명성을 쌓았다. 경영진과 함께 일하며 높은 성과를 달성하도록 안내한다. 개인적으로는 전환기에 있는 임원들을 지원하고 있다. 시드니 비즈니스 스쿨(UOW)의 명예 펠로우로서 비즈니스 코칭 석사 과정을 가르치고 있으며, 혁신과 비즈니스 변화를 전문으로 다루고 팀과 그룹을 높은 성과로 이끌고 있다. 학술 저널에 논문을 게재하고 있으며, 리더십의 공동 저자이기도 하다. 다른 사람의 성공을 돕는다. 신간으로『외국인이 책임자다: 호주의 전문 리더를 위한 성공 전략Foreigners in Charge: Success strategies for expert leaders in Australia』은 2014년에 출간되었다.

기고자: 캐롤 필드Carole Field

캐롤 필드는 오설리반필드O'SullivanField의 파트너로, 개인과 팀을 코칭하고 있다. 고객들은 캐롤 필드가 고객의 생각을 자극하고, 전환과 변화 과정에서 중요한 지원을 제공한다고 말하며, 현실적인 존재의 가치를 높이 평가한다. 코치 전문성 개발에 특별한 관심을 갖고 있다. 여기에는 고객 조직과 협력하여 내부 코치의 코칭 역량을 개발하고, 코치와 멘토를 위한 수퍼비전 제공이 포함된다. 캐롤은『리더십의 기술 마스터하기Mastering the Art of Leadership』를 공동 집필하고『새로운 비즈니스 리더십의 여성Women in New Business Leadership』에 기고하는 등 저술가로도 활동하고 있다.

10장
변화의 시기에 리더십 팀과 함께하는 팀 코칭 여정

저자: 올리비아 쇼바인Olivia Chauvain, 클레어 포레스트Claire Forest, 패니 센센Fanny Sensen, 크리토프 미콜라자크Chritophe Mikolajczak
역자: 박정화

도입

팀 코칭은 조사inquiry, 발견discovery, 변화cahnge의 여정이며, 때로는 조직과 더 넓은 맥락context의 변화에 대응하기 위함이다. 이 사례는 조직과 더 폭 넓은 변화 모두에 대응하는 팀의 여정journey, 그리고 팀 코칭이 팀의 건강한 쇄신renewal 과정을 이끌어내는 데 어떤 도움을 주었는지를 보여준다.

리더십 팀 코칭의 맥락

팀 코칭에 대한 최초 요청은, 서유럽 주요 시장에서 다른 두 개의 사업 부문에서 활발히 활동 중인 핵심 그룹의 디지털 기술 부서를 이끄는 기술 책임자로부터 비롯되었다.

초기 요청 직후, 첫 번째 코로나19 봉쇄Covid-19 lockdown 조치가 시작되었다. 원격 근무remote working라는 새로운 환경 맥락에서 고객과 연락해야 했고, 이로 인해 처음에는 가상 환경virtual setting에서 진행되던 첫 회의가 지연되었다.

기술 부서 책임자와 계약과 탐구

기술 책임자와의 첫 회의에서는 상황과 요청을 이해하고 코칭 동맹coaching alliance을 구성하는 데 중점을 두었다.

이는 계약contracting, 조사inquiring, 공동 발견co-discovery, 공동 진단co-diagnosing으로 이어지는 CID-CLEAR 프로세스(Hawkins, 2021)의 초기 단계로, 기술 부서 리더와 함께 처음 진행했다.

먼저 그룹의 전반적인 비즈니스 상황을 공유한 리더를 만났는데, 이 리더는 과거 두 가지 활동 사이에서 급격한 매출 변화를 경험했다. 즉 하나는 꾸준히 감소하고 있었고, 다른 하나는 안정적이었는데, 그룹의 전략적 우선순위로 빠르게 성장하는 디지털 B2C 서비스였다. 이러한 맥락에서 디지털 서비스 성장을 가속화하기 위해, 2014년에 디지털 사업부를 신설했고, 이후 빠른 성장을 경험했다. 디지털 지점을 지원하는 기술 부서(소프트웨어 개발, 유지보수, 사이버 보안 등)도 2015년 15명에서 2020년 400여 명으로 늘어나는 등 설립 이후 5년 동안 기하급수적인 성장을 경험했으며, 현재도 계속 성장하고 있다. 코로나19 위기는 그룹의 디지털 서비스에 대한 수요를 더욱 높였다. 오랫동안 기술 부서의 활동은 주로 구축build(소프트웨어 개발software development)으로 구성되었지만, 오늘날에는 훨씬 더 많은 자원 확보와 최적화, 예산 감사와 관련된 운영run(소프트웨어 유지보수software maintenance)이 상당한 비중을 차지하게 되었다. 이로 인해 기능function의 프로세스와 구조를 통합해야 할 필요성이 커졌다. 기술 부서 구성원의 절반이 외부 전문가로서, 내부 구성원과 함께 일하면서 소속감과 정체성 측면 둘 다 어려움을 겪고 있었다.

기술 책임자는 16명의 리더십 팀을 설명했는데, 디지털 서비스별로 구성된 구축 분야, 기술 기능별로 구성된 운영 분야, 교차 기능 영역 transversal functional areas(사이버 보안, 재무, 전략 프로젝트 등)을 전담하는 인원으로 구성되었다.

기술 책임자는 서로 연결된 다섯 가지 주요 과제를 공유했다.

1. 기술 책임자는 몇 달 동안 상급자에게 상당히 중대한 압박감과 어떤 긴박감을 느꼈다. 상급자는 자신의 운영 개입을 최소한으로 줄이고, 더 전략적으로 집중하며, 기술 부서가 다음 단계로 강력한 성장을 가속화할 최상의 조건을 만들도록 두 번째 임원 영입을 요청했다. 기술 책임자는 부담감에 짓눌려 보였고, 개발 단계를 어떻게 주도하고, 이끌어가며, 의미를 부여해야 하는지 익숙하지 않아 보였다. 요청에 응하길 다소 주저했다.

동시에 두 번째 임원을 팀에 통합하기 위해 지체 없이 조직적인 해결책을 찾으라고 요구하면서, 기술 책임자는 이러한 압박감을 우리에게 일부 전가하는 듯 보였다. 이는 일종의 평행 프로세스parallel process였다(Hawkins & Smith, 2013: 195-97).

2. 이러한 부담감 뒤에는 기술 부서의 새로운 성장 단계를 준비하고 시작해야 하는 과제가 있었다. 2년 전 개발하여 내부적으로 폭넓게 소통하며, 기술 부서의 활동에 많은 의미를 부여했던 비전은 이제 더는 유효하지 않게 되었다. 조직을 조정해야 한다는 압박감 속에서 기술 책임자와의 대화를 통해, 다음 단계의 성장을 위한 최신화된 비전을 명확히 하고, 주인의식 갖기의 중요성을 확인했고, 비전으로 새로운 팀과 조직 구조의 방향을 제시했다.

3. 기술 책임자가 우리에게 공유한 세 번째 과제는 기술 부서의 내부 고객인 디지털 서비스 라인에 대한 위치 부여positioning 문제였는데, 기술 부서의 역할과 정체성이 적절하지 않고, 충분한 파트너십이 없어 만족스럽지 않았다. 기술 부서가 그룹 내에서 특히 복잡한 에코시스템에서 운영된다는 느낌을 받았다. 서비스 제공업체라는 매력적이지 않은 역할, 전담 비즈니스 라인 자원과 경쟁해야 하는 생산적이지 않은 긴장감, 공동의 목표를 위해 협력하는 파트너로서 바람직한 협업 사이에서 기술 부서의 위치는 불분명했다.

4. 네 번째 과제는 기술 부문 경영진, 특히 가로축 기능(실행)과 디지털 비즈니스 라인(구축) 사이의 협업과 시너지를 개선하는 방

법, 즉 리더십 팀으로서 기존 솔루션의 합리화/산업화 목표와 디지털 비즈니스 라인에 새로운 가치를 제공하기 위한 혁신 개발 목표를 어떻게 조화시키는가에 초점을 맞췄다.
5. 기술 책임자는 디지털 서비스 개발을 위해, 그룹에서 더 주도적이고 전략적인 영향력을 행사하고 싶어 하는 개인적인 과제도 공유했다. 책임자는 전략적 고지를 점령하고, 능동적으로 행동하며, 의미를 공동 창조하고, 이해관계자와의 파트너십을 발전시켜, 집단을 참여시키는 측면에서 리더십을 키워야 할 필요성을 느꼈다. 이는 기술 책임자가 다소 고독한 방식으로 부담과 과제를 짊어지고 있는 듯 보였고, 앞으로 나아가기 위해 자신의 리더십을 충분히 발휘하는 데 어려움을 겪고 있다는 우리의 인상과도 연결되었다.

전반적으로 기술 부서는 새로운 성장 단계에 대비하기 위해 새로운 비전과 조직에 집중하는 동시에, 일부 주요 내부 고객과 이해관계자와 파트너십의 질을 개선하고 이러한 과제를 해결하기 위한 개인과 집단적 리더십을 개발하는 등 여러 가지 과제를 안고 있는 혁신적 성장의 맥락에 직면해 있었다.

기술 책임자는 리더십 팀 내에서 긴밀하게 협력하는 세 명의 태스크포스task force[1]를 구성하여 공동 작업을 시작하고 싶다는 의사를 표

---

[1] 기동부대機動部隊(특수임무가 부여된 특별 편제의 부대)라는 군사용어에서, 널리 일반의 조직에도 쓰이게 된 조직 단위를 의미하며, 프로젝트 팀project team이라

명했으며, 이들은 코칭 프로세스를 시작하기 위해 특권적인 방식으로 참여하기를 원했다.

조직과 팀 개발을 위한 주요 코칭 목표

디지털 부서 전반의 성장을 가속화하는 새로운 단계로 진화하는 맥락에서 기술 부서의 발전을 위한 다섯 가지 주요 과제를 요약했다.

- 기술 부서 내 그리고 기술 부서 구성원을 포함한 이해관계자들과 함께 새로운 단계에 대한 새로운 비전을 공유한다.
- 주요 이해관계자, 특히 디지털 비즈니스 라인과의 파트너십을 개발한다.
- 새로운 비전과 목적에 기반을 둔 새로운 구조로 기술 부서 재편을 준비한다.
- 기술 부서 관리 팀 내에서 협업과 시너지를 강화하여 비즈니스 혁

고도 한다. 태스크포스는 각 전문가 사이의 커뮤니케이션과 조정을 쉽게 하고, 밀접한 협동 관계를 형성하여 직위의 권한보다도 능력이나 지식의 권한으로 행동하여 성과에 대한 책임도 명확하고 행동력도 있다. 일정한 성과가 달성되면 그 조직은 해산되고, 환경 변화에 적응하기 위한 그 다음 과제를 위하여 새로운 태스크포스가 편성되어 조직 전체가 환경 변화에 대해 적응력 있는 동태적 조직의 성격을 가진다. 태스크포스는 시장이나 기술 등의 환경변화에 대해서 적응력을 갖는 조직 형태일 뿐만 아니라, 새로운 과제에 도전·책임감·달성감·단결심 등을 경험하는 기회를 구성원들에게 제공하고, 구성원의 직무 만족을 높이는 효과가 있다. (출처: 두산백과 두피디아)

신을 총체적으로 이끌 수 있도록 개발한다.
- 이러한 과제를 해결하기 위해 기술 부서 리더의 개인적 리더십을 지원한다.

코칭 팀으로서 우리는 이러한 목표를 달성하기 위해 두 가지 핵심 수준의 개발이 필요하다고 생각했다.

1. 이해관계자 에코시스템에서 기술 부서를 개발한다.
2. 이해관계자 에코시스템에서 기술 부서의 집행 위원회를 개발한다.

세 가지 수준의 에코시스템

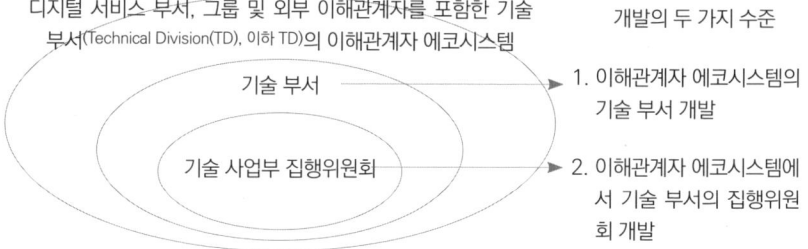

[그림 10.1] 개발의 두 가지 수준
: 에코시스템을 염두에 두고 리더십 팀 코칭하기

1. 에코시스템에서 기술 부서를 개발하기

우리는 전략, 구조, 리더십/문화, 이해관계자 관계 등 다섯 가지 개발 과제를 전략과 조직 혁신의 핵심 차원으로 파악했으며, 이를 호킨스Hawkins와 스미스Smith(2013)의 '글로벌 변화의 다이아몬드'([그림 10.2])로 설명한다.

2. 이해관계자 에코시스템에서 기술 부서 집행위원회 개발하기

또 다섯 가지 개발 과제를 리더십 팀 개발의 핵심 차원으로 이해했다. 즉 기술 부서 집행위원회(ExCo)가 필요한 비즈니스와 조직 혁신을 달성하기 위해, 어떻게 다음 단계의 집단적 리더십을 개발하겠는가?

우리는 이러한 개발 차원을 고가치 창출 팀의 다섯 가지 규율로 구조화했다(Hawkins, 2021). ([그림 10.3])

- **명확화하기**clarifying: 이 새로운 단계에 대한 새로운 공유 비전에 수렴한다.
- **위임하기**commissioning: 새로운 공유 비전을 수렴하기 위해 주요 이해관계자를 참여시키거나 고려한다.
- **공동 창조하기**co-creating: 기술 부서 관리 팀 내에서 더 큰 협업과 시너지를 개발하여 비즈니스 혁신을 총체적으로 이끌 수 있도록 한다.

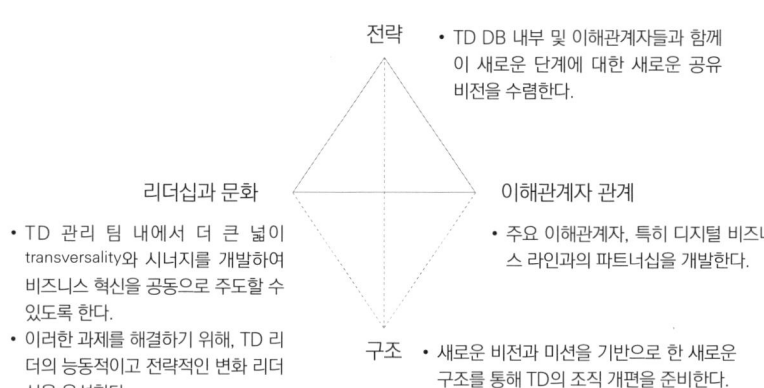

[그림 10.2] 통합 조직 변화의 다이아몬드

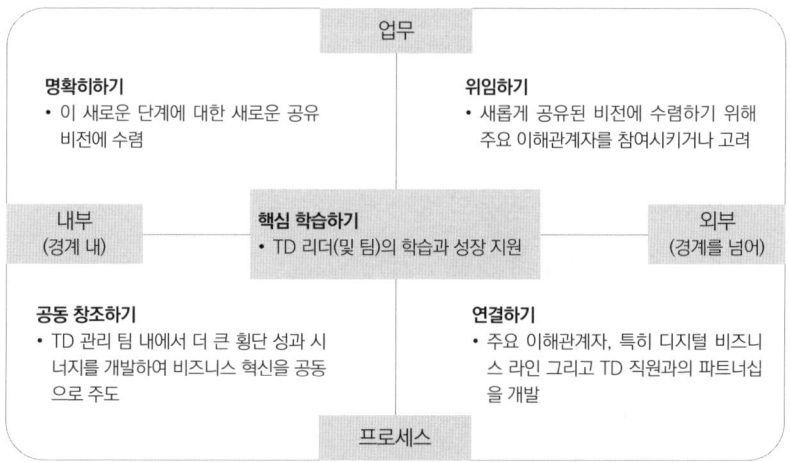

[그림 10.3] 고가치 창출 팀의 다섯 가지 규율

다른 두 가지 규율도 다루고 있다.

- **연결하기**connecting: 주요 이해관계자, 특히 디지털 비즈니스 라인 그리고 기술 부서 구성원과의 파트너십을 발전시킨다.
- **핵심 학습하기**core learning: 기술 부서 리더와 팀의 학습과 성장을 지원한다.

제안된 코칭 아키텍처

이러한 과제에 대응하고 제안된 접근 방식을 시스템화하기 위해 4단계로 코칭 지원을 제공했다.

- ExCo 기술 부서:
  - 연합을 구성하고 공동의 요구 사항을 듣기 위한 초기 회의
  - 각 ExCo 회원과의 개별 인터뷰
  - 코칭 아키텍처의 중심이 되는 이틀간의 상주 세미나
- 기술 책임자와 세 명의 ExCo 구성원으로 만들어지 ExCo 태스크 포스:
  - 전체 팀 세미나 전에 이 소규모 그룹에서 성찰을 시작하기 위해 초기 ExCo 회의와 상주 세미나 사이에 3~4회의 반나절 회의가 진행된다.

- ExCo 상주 세미나 뒤 태스크포스와의 디브리핑 회의 1회
• 기술 부서 이해관계자:
  - 기술 부서 외부의 이해관계자와의 개별 인터뷰
  - 기술 부서 책임자
  - 프로젝트 관리 회의와 함께 번갈아 가며 개별 지원 세션

이 접근 방식을 [그림 10.4]에 시각적으로 표현했다.

초기 논의를 바탕으로 기술 책임자는 이 접근 방식을 지지했고, 우리는 지체 없이 진행하도록 초기 ExCo 회의와 태스크포스와의 첫 번째 회의를 시작으로 첫 번째 지원 단계를 설정하기 위해 함께 노력했다.

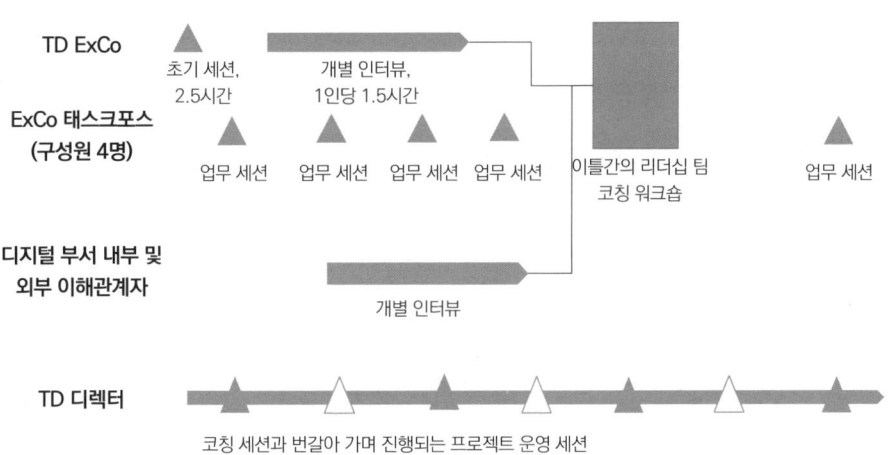

출처: 드 그로장 D Grosjean, 이니셔티브, 2015에서 각색

[그림 10.4] 기술 부서 – 리더십 팀 코칭 프로세스

초기 회의와 개별 인터뷰를 통해
리더십 팀을 CID에 참여시키기

우리는 2시간 30분 동안의 첫 회의를 통해 ExCo 팀 전체를 참여시키기 시작했다. 모든 초기 상호작용이 기술 부서 책임자와만 이루어졌고 팀 리더와 함께 팀 전체를 코칭 고객으로 간주했으므로, 이 회의는 코칭 동맹을 구축하는 데 중요한 회의였다.

회의의 목적은 다음과 같다.

- 팀과 팀 구성원들에 대해 알아간다.
- 기술 부서의 발전을 위한 주요 이슈에 대해 전체 ExCo의 의견을 듣는다.
- 코칭 프로세스의 주요 목표를 함께 개발한다.
- 프로젝트에 대한 제안된 접근 방식을 제시하고 이에 대한 피드백을 받는다.
- 다음 단계를 시작한다.

기술 책임자는 다음과 같이 회의를 소개했다.

우리는 지난 몇 년 동안 매우 빠르게 성장해 왔습니다. 지난 몇 달 동안 코로나19 사태로 인해 디지털 활동이 더욱 가속화하였으며, 이는 앞으로도 계속될 예정입니다. 우리는 계속해서 빠르게 성장하며, 앞으로도 이러한 지속적인 성장에 대비해야 합니다. 성공적인 성장을 위해서는 주요 이해관계자와의 파트너십을 강화해야 하며, 하나의 팀으로서 함께 일하고 성장해야 합니다. 저는 이 과정에서 여러분과 함께 하겠습니다.

이 개입은 회의와 프로세스를 위한 매우 강력한 출발점이 되었다. 우리는 ExCo를 주로 기능과 비즈니스 라인 사일로에서 일하지만, 프로세스에 기꺼이 참여하고자 하는 의욕이 넘치는 자질과 인성을 갖춘 리더 그룹으로 경험했다. 제안된 전반적인 코칭 목표와 프로세스는 호평을 받았으며, 팀과 매우 협력적인 세션을 경험하면서 ExCo와 기술 부서의 주요 개발 과제에 대한 이해를 더욱 높였다. 우리는 팀이 다소 개인들의 집합체처럼 운영되고 있지만(Lenhardt, 2003), 다른 운영 방식을 실험하는 데 열려 있음을 느꼈다.

제안된 다음 단계는 다음과 같다.

- 각 ExCo 구성원과의 개별 인터뷰
- 공동 작업을 개척하기 위해 책임자와 다른 3명으로 구성된 태스크포스 구성
- 이해관계자와의 개별 인터뷰
- ExCo 오프사이트 계획

ExCo 구성원들과의 개별 인터뷰는 ExCo의 다음 CID 단계였다. 이 인터뷰는 팀 구성원 한 명당 1시간 30분 동안 진행되었으며, 코칭

팀 구성원들이 나눠서 진행했다. 전반적인 목표는 팀 구성원들의 이야기를 듣고 코칭 협업을 구축하며 팀과 부서의 상황과 과제에 대한 이해 높이기였다.

이 인터뷰를 통해 기술 부서의 미래를 위해 참여하고자 하는 공통된 동기와 코칭 뒤에도 아무것도 변하지 않으리라는 일부의 우려를 확인했다. 이를 위해 일곱 가지 핵심 주제를 다루는 인터뷰 가이드를 제안했다.

- 최고의 기술 부서 – 성공 사례, 자원
- 기술 부서 에코시스템의 기회와 도전 과제 – 기회, 도전 과제, 이해관계자 요구 사항
- 기술 부서 – 전략적 우선순위, 강점, 개발 영역
- 팀으로서의 기술 부서 ExCo – 강점, 개발 영역, 주요 역할
- 기술 부서 ExCo의 구성원으로서 귀하의 리더십 – 강점, 개발 영역
- 기술 책임자의 리더십 – 강점, 개발 영역
- 코칭과 세미나 – 우선순위, 요구 사항

인터뷰를 통해 팀 구성원들과의 관계를 구축하고, ExCo가 처한 상황, 기회, 도전 과제에 대한 풍부한 이해와 기술 책임자에 대한 개별 피드백을 제공한다는 목표를 대체로 달성했다.

우리는 인터뷰를 통해 모은 익명의 의견을 취합하여, 리더십 팀 세미나에 앞서 기술 책임자, 그리고 태스크포스와 공유하고 세미나 기간에 ExCo와 공유했다.

팀 코칭의 주요 단계 - 태스크포스와 함께하는 코칭 세션

ExCo와의 첫 회의 이후 신속하게 태스크포스의 첫 번째 회의 일정을 잡았다.

팀 리더가 구상한 이 회의는 접근 방식에서 중요한 부분이었다. 이 회의는 네 명으로 구성된 태스크포스가 비전을 새롭게 정립하는 공동 작업을 주도하고 본질적인 이슈에 대한 집중력 키우기를 목표로 했다.

우리는 집단 지성 접근 방식에 기반을 둔 공유 비전 프로세스를 중심으로, 회의를 구성하고 긍정 지향적인appreciative orientation 진행을 제안했다. 이는 통합적 변화의 다이아몬드에서 전략 차원과 다섯 가지 규율 모델에서 위임하기-명확화하기 규율과 연결된다.

우리는 코칭 자세로 이러한 회의를 진행했으며, 시작 단계에서 체크인 단계를 거쳐 공유 원칙을 수립하고, 참여형 대화 공간을 만들어 그룹이 스스로 생각과 해결책을 개발하도록 했다. 공유 비전 접근 방식은 등대의 은유를 중심으로 구성되었으며, 등대의 기초, 이해관계자 배, 외부 기회와 도전(날씨), 꿈의 빛, 그리고 열망, 목표 그리고 프로젝트로의 변환으로 구성되었다([그림 10.5]). 이러한 '공유 비전shared vision' 접근 방식은 학습 조직learning organization(Senge et al., 2011), 다니엘 그로장Daniel Grosjean의 등대 비전 모델lighthouse visioning model(www.danielgrosjean.com/), 미래 탐색 접근법future search approach(Weisbord & Janoff, 2010), 비전 리더십 모델visionary leadership model(Dilts, 2017), U 이론 프로세스Theory U process(Scharmer et al.,

2018), 긍정 탐구appreciative inquiry(Cooperrider et al., 2008)에서 영감을 얻었다.

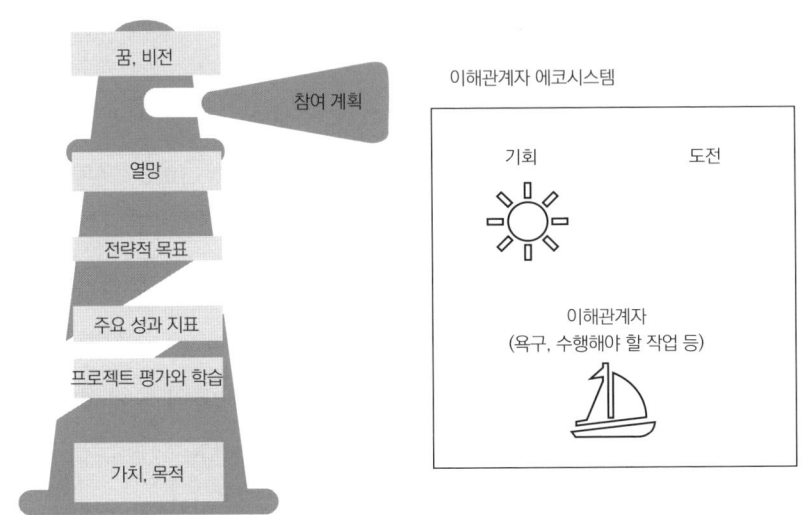

출처: 드 그로장D Grosjean, 이니셔티브, 2015에서 각색

[그림 10.5] 영감을 주는 비전 공동 창조하기 – 등대 모델

이 접근 방식은 일곱 단계의 공동 작업으로 전환되었으며([그림 10.6] 참조), 이로써 태스크포스의 처음 세 번의 회의를 마무리했다. 네 번째 회의는 ExCo 인터뷰에 대한 디브리핑과 ExCo 세미나 준비에 전념했다.

공유 비전에 대한 이러한 접근 방식은, 공동의 창조적 역동성 속에서 비전을 갱신한다는 핵심 목표에 대한 진전을 만들어내는 방식으로 프로세스 구조를 제공했다.

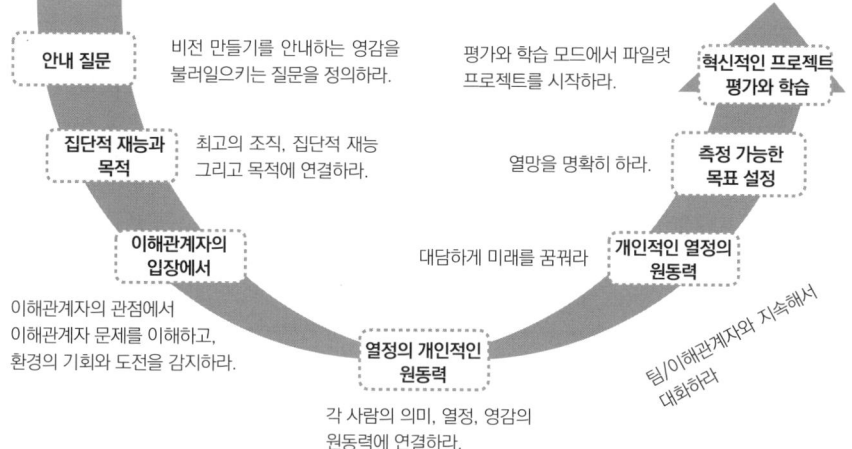

[그림 10.6] 영감을 주고 비전을 공유하기 위한 일곱 가지 주요 단계

ExCo 워크숍이 열리기 전 두 달 동안, 각각 반나절씩 총 네 차례의 회의가 열렸으며, 그 사이에는 한 달간의 휴식이 있었다. 두 번은 대면으로, 두 번은 하이브리드 형식(일부는 대면, 일부는 원격)으로 진행되었다. 그리고 ExCo 대면offsite(하이브리드) 이후 추가 회의가 있었다.

회의 안건에는 비전 수립 프로세스에 이어 인터뷰 결과 보고와 ExCo 세미나 준비가 포함되었다([표 10.1]).

이러한 각 회의는 체크인, 원칙 공유, 참여적 작업 프로세스 등 팀 코칭 방식으로 진행되었다(Hawkins, 2021: ch6, p.19 참조).

이 회의는 한 발 물러서서 전략적 질문과 성찰을 공유하고, 집단 지성을 동원하는 등 일반적인 프랙티스를 뛰어넘는 방식으로 집단적으로 성찰할 기회였으며, ExCo 업무의 발판을 마련하는 계기가 되었다.

[표 10.1] 각 ExCo 태스크포스 코칭 세션의 초점

회의	주요 초점
1차	• 그룹 구성하기 • 비전 만들기 의도에 대한 조율하기 • 최고의 기술 부서 • 이해관계자의 발언
2차	• 열정의 원동력 • 영감을 주는 미래 꿈꾸기 - 개인 비전
3차	• 공동의 비전 통합하기 • 열망 설정하기
4차	• ExCo와 이해관계자 인터뷰 피드백 검토하기 • ExCo에 대한 시사점 도출하기
5차	• ExCo 워크숍의 피드백 그리고 영향 검토 • 변화를 주도하기 위한 다음 단계

또 기존 컨설팅과는 다른 접근 방식으로, 프로세스에 대한 태스크포스 팀의 신뢰를 높였다. 또한 기술 책임자와의 초기 관계를 넘어 코칭 동맹을 확대하고 심화하는 기회이기도 했다. 이를 통해 리더는 태스크포스의 다른 세 구성원들에게 더 많이 의지했다. 역동적인 관계 속에서 리더는 더는 고립된 리더가 아닌 사중주가 되어 주요 질문을 함께 해결해 나갔으며, 상호 지원이라는 강한 유대감을 형성했다. 또 태스크포스는 참여형 접근 방식이 각 세션 이후에 구체적인 결과를 가져올 수 있다는 점을 경험하고 높이 평가했다.

이 회의를 통해 네 명으로 구성된 그룹이 다음 성장 단계에 대한 공동의 비전과 열망을 제시하는 등 강력한 그룹 코칭 순간을 경험했으며, 주요 개발 목표와 요구 사항 가운데 하나에 대한 권한 부여를 통해

앞으로 나아갔다.

개별 인터뷰를 통한 이해관계자 조사와 진단

코칭 궤도의 핵심 목표 가운데 하나는 주요 이해관계자, 특히 디지털 비즈니스 라인과의 파트너십 개발이었다. 이는 비전 수립 과정에 통합되어 있었는데, 태스크포스/ExCo의 구성원을 초대하여 계획적이고 시스템적인 방식으로 이해관계자의 입장이 되어 보도록 했다. 이 외에도 ExCo 세미나 준비의 일환으로 기술 부서의 외부 이해관계자들과 인터뷰를 제안했다. 이는 기술 책임자의 강력한 지지를 받은 접근 방식의 한 요소이다.

기술 책임자와 함께 다음과 같은 열 명의 외부 이해관계자를 확인했다.

- 기술 책임자가 회원으로 있는 디지털 지사 ExCo의 구성원 7명(기술 책임자 포함)
  ◦ 디지털 지사의 총괄 관리자(주요 직접 고객사 중 n + 1)
  ◦ 재무, 인사, 전략 기능의 리더
  ◦ 협업이 원활했던 디지털 서비스 라인과 협업이 어려웠던 두 디지털 서비스 라인의 리더
  ◦ 디지털 부문 ExCo 수준의 기술 기능 리더
- 그룹 차원의 주요 이해관계자 세 명

- 그룹 CIO
- 그룹 CTO
- 그룹 혁신 그리고 빅데이터 담당 이사

인터뷰는 코칭 팀의 모든 구성원이 나누어 진행했다.

인터뷰를 통해 접근 방식을 알리고 참여시켰으며, 구성원들의 관점과 피드백을 듣고, 기술 부서인 ExCo의 업무에 대한 의견을 제시하도록 노력했다. 이러한 이해관계자 인터뷰는 기술 부서의 주요 이해관계자를 참여시켜, 시스템적 방향으로 업무를 진행하려는 우리의 편견에 부응한다. 또 이 인터뷰는 피드백을 순환시키고 기술 부서와 이해관계자가 협업에 대한 책임감을 갖도록 하는 방법이기도 했다.

구조화된 인터뷰 가이드에 따라 1시간 동안 진행된 인터뷰는 다음과 같은 주제를 다루었다.

- 소개
- 디지털 지점의 기술 부서와 함께 일한 경험: 강점과 개선점
- 디지털 지점과 기술 부서의 업무/직무에서 앞으로의 과제와 우선순위에 대한 귀하의 관점
- 디지털 지점의 기술 부서와의 향후 협업에 대한 귀하의 기대와 기여 - 기술 부서 그리고 귀하의 직무 역할
- 기술 이사로서의 리더십에 대한 피드백

우리는 인터뷰를 통해 기술 책임자의 리더십에 대한 피드백을 구하고, 이해관계자에게 미치는 영향에 대한 인식을 키우고, 리더십을 개발하기 위해 노력했으며, 이는 풍부하게 성찰하는 기회가 되었다.

이를 통해 때때로 인식의 큰 차이를 파악하고, 이해관계자와의 협업 목록을 작성하고, ExCo 세미나 준비의 지침이 되는 가설을 개발했다. 인터뷰를 통해 가장 반대하는 사람들도 솔직하게 이야기했다. 또 협업에 필요한 자원과 취약점이 어디에 있는지 파악하고, 다른 관점에서 전략적 이해관계를 파악하는 데 도움이 되었다.

태스크포스 팀 구성원들은 간절히 인터뷰 결과를 기다렸다. 이 단계에 전념한 네 번째 세션에서 이해관계자들의 의견을 익명으로 종합하여 공동 작업 세션에 풍부하게 제공했다.

이후 이해관계자의 주요 '축약본'은 이번 행사의 하이라이트 가운데 하나인 ExCo 세미나에서 참가자들이 보내온 피드백을 읽고, 토론하고, 이를 바탕으로 구축하는 기회를 가졌다.

이 인터뷰는 상호 '시작을 알리는 움직임'에 기여했다. 협업의 역동성이 진화하고 있다는 직간접적인 피드백을 받았다. 다소 반대 입장을 보이던 이해관계자 일부는 기술 부서의 경영진에 대해 건설적인 제안을 하기도 했다. 그리고 기술 책임자는 위험을 무릅쓰고 디지털 지점 구성원 회의에서 본질적인 문제에 대한 대화를 시작했다.

기술 책임자의 개별 코칭

코칭 여정의 또 다른 핵심 목표는 이러한 과제를 해결하기 위해 기술 부서 리더의 개인적 리더십 지원이다. 이 과정에서 리더가 리더십을 발휘하도록 개별 코칭 지원을 자원에 포함했다. '변화는 우리 각자에게서 시작된다'는 핵심 원칙에 따라, 변화 과정에는 리더 개개인의 리더십 노력이 수반된다는 점을 상징적으로 강조하기 위한 방법이었다. 팀 코칭과 팀장 개인 코칭을 결합한 이 코칭은 코칭 팀 구성원들이 서로 다른 방식으로 진행했는데, 한 코치는 팀 코칭과 함께 개인 코칭을, 다른 코치는 팀 코칭에 개입하는 방식으로 진행했다. 이는 트윈 코칭 모델(www.trajectives.com/lempreinte-tjv/)을 적용하여, 이 두 가지 코칭 모드를 결합하여 팀장, 팀, 팀과 팀장 간의 관계를 코칭했다.

태스크포스 세션과 인터뷰를 병행하여 4개월 동안 네 번의 개별 코칭 세션을 진행하였다.

이 세션은 기술 책임자가 자신의 리더십 개발에 대한 열망을 구체화하고, 조직에 대한 개인적인 비전을 명확히 하고, 조직의 주요 이슈에 대한 인식을 심화하며, ExCo와 이해관계자에게 받은 리더십에 대한 개인적인 피드백을 보고하고, ExCo 회의 그리고 세미나를 시작할 때 리더십 개입을 준비하도록 지원했다. 이 세션은 리더에게 자신의 리더십 스타일, 동인, 조직에 대한 비전과 관련된 질문을 심도 있게 다룰 수 있는 귀중한 시간을 제공했다. 앞서 언급했듯이, 우리는 인터뷰를 하면서 기술 책임자의 리더십에 대한 피드백을 요청했다. 모든 의견을 취합한 뒤 기술 부서 안팎의 이해관계자로부터 기술 책임자의 리더십에 대한 360도 피드백을 얻었다. 기술 책임자와 함께한 코칭 세션에서 이러한 의견을 검토하고 가장 중요한 피드백을 정리했다.

기술 책임자는 강력한 헌신, 매우 협력적인 스타일, 영감을 주는 비전으로 ExCo 개입에서 강력한 리더십을 보여주었다. 또 디지털 부서의 ExCo 회의에서 기술 이사가 기술 부서의 주요 이슈에 대해 동료들의 의견을 구하고 토론하여 매우 건설적이고 협력적인 대화를 끌어내는 등 기술 이사의 태도에 변화가 생겼다는 이야기를 들었다. 이러한 개방적인 자세는 기술 책임자의 태도와 동료들과의 역동적인 관계에 새로운 변화를 가져왔다.

태스크포스 코칭에서 ExCo 코칭 워크숍으로 전환하기

마지막 태스크포스 코칭 세션에서는 고객과 함께 공동 설계를 하려고 ExCo 워크숍 설계에 대해 논의했다. 태스크포스가 기술 부서의 비전을 구체화하고 공동 창조하기의 역동성을 개발하는 데 큰 진전을 이루었으므로, 우리는 태스크포스의 작업을 활용하는 방법, 나머지 팀 구성원을 온보딩하는 방법, 팀 전체에 강력한 공동 창조하기의 역동성을 만드는 방법에 특히 주의를 기울였다. 이를 통해 태스크포스와 전체 팀 사이의 경계를 연결하고 공동 창조하기에 초점을 맞추었다.

우리는 변화를 위해 팀을 참여시키는 다섯 가지 규율을 구분한 피터 센게Peter Senge의 모델을 사용했는데, 이 모델에서 "태스크포스가 16명으로 구성된 전체 팀을 비전 작업에 참여시키기 위해 어떤 양식을 사용하고자 하나요?"라는 질문을 제기했다([그림 10.7] 참조).

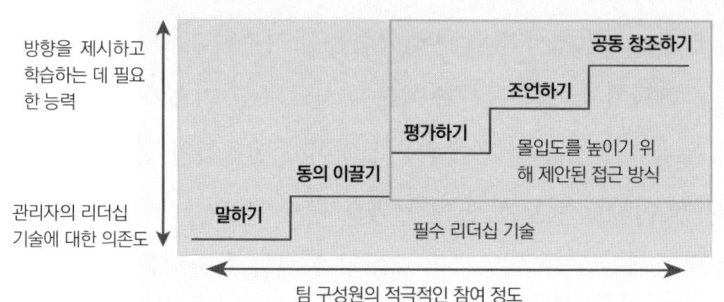

공동 창조하기|co-creating: 개인과 집단이 원하는 미래를 함께 만들어 갑시다.
조언하기|consulting: 구성원들은 우리가 어떤 비전을 채택하도록 추천하나요?
평가하기|testing: 이 비전은 어떤 점이 흥미롭나요? 어떤 점이 마음에 들지 않나요?
동의 이끌기|selling: 가장 좋은 답이 있습니다. 여러분의 동의를 이끌어낼 수 있는지 살펴봅시다.
말하기|telling: 우리는 이 일을 해야 합니다. 이는 우리의 비전입니다. 기대해 보세요. 또는 경력을 다시 고려해 보세요.

출처: Senge(2011)

[그림 10.7] 변화를 위해 이해관계자를 참여시키는 다섯 가지 방법

이러한 방식으로 질문을 구성한 결과, 비전/열망 자체에 대해서는 테스트 접근 방식을, 다른 모든 단계/요소(이해관계자의 발언과 연결, 조직 공동 평가, 열망 우선순위 지정, 혁신적 프로젝트 구체화)에 대해서는 공동 창조하기 접근법을 채택했다.

태스크포스와 함께 세미나의 주요 방향에 대해 의견을 모았다.

- 기술 부서 환경의 도전과 기회에 대한 공유된 관점을 개발한다.
- 태스크포스가 비전을 제시하고 ExCo(테스트 방법)의 피드백을 듣는다.
- 공유된 비전에 ExCo를 온보딩한다.
- 공동의 열망을 공동 창조한다.
- 팀으로서 실행 계획을 개발한다.
- 팀의 협업과 공동 창조 능력을 강화한다. 우리는 이러한 목표를 바탕으로 세미나를 설계했다.

기술 부서 리더십 팀 코칭 워크숍

ExCo 리더십 팀 세미나는 코칭 과정의 정점이었다. 태스크포스와의 세션, ExCo 팀 구성원과의 개별 인터뷰, 이해관계자와의 인터뷰, 기술 책임자와의 개별 코칭 등 네 가지 사전 코칭 흐름이 세미나로 이어졌다.

이 세미나는 2박 3일간 대면 세미나로 진행되었으며, 첫 번째와 두 번째 코로나 봉쇄 기간 사이에 계획되었기 때문에 직접 만나서 진행했다.

실제 진행했던 의제는 [표 10.2]에 나와 있다. 이는 예상된 설계에 그때그때 조정한 내용을 조합했다.

세미나에서 사용한 방법과 접근 방식은 다음과 같다.

[표 10.2] ExCo 팀 코칭 워크숍의 의제 흐름

	1일차	2일차	3일차
오전		• 체크인(자체 관리) • 기술 부문의 SWOT에 대한 역동적인 월드 카페 • 태스크포스의 비전 그리고 열망 발표 • 팀의 피드백 • 개인적 열정의 원동력과 연결 • 주요 열망의 우선순위 지정 (명확화하기/전략)	• 체크인 • 자체 관리 팀 작업 세션 • 이해관계자와의 커뮤니케이션 • 성공을 위한 다음 단계(공동 창조하기/연결하기) • 체크아웃

오후	• 환영
	• 기술 책임자 소개
	• 체크인
	• 공유된 원칙
	• 이해관계자 입장이 되어보기(위임하기)
	• 체크아웃 그리고 내일의 요구 사항
		• 셀프 리더십: 리더로서 배터리 관리하기(핵심 학습하기)
		• 주요 열망에서 혁신적인 프로젝트까지
		  ° 그룹 작업
		  ° 전체 프레젠테이션
		  ° 피드백과 토론(명확화하기/공동 창조하기)
		• 점검 그리고 내일을 위한 필요 사항	

저녁	팀 저녁 식사	팀 저녁 식사	

- 팀 코칭: 포용, 역설적으로 원칙 공유, 참여형 세션, 자체 관리 세션
- 시스템적 접근: 이해관계자의 입장이 되어보기
- 집단 지성/대화적 조직개발Organiztional Development(OD): 1/2/4/모두의 SWOT 강점/약점
- 공유 비전-열망 프로세스
- 긍정 탐구
- 2일차 ExCo 구성원들의 위임 조정

- 성찰적 휴식 시간
- 목표 기여: 짐 로어의 배터리
- 실행과 커뮤니케이션 계획에 대한 ExCo 자체 관리 팀워크
- 팀과 함께 다음날 의제를 공동 구성
- 창의적인 방식: 그림 그리기 등

우리는 코치들의 팀으로서 정기적으로 다시 연결하고, 디브리핑을 통해 팀에서 느낀 점을 공유하고 접근 방식을 조정했다.

팀 코칭 세미나에서 경험한 세 가지 주요 팀 코칭 사례의 하이라이트

팀 코칭 접근 방식의 예시로 세 가지 팀 코칭 사례를 강조한다.

- 이해관계자 회의 – 위임하기 commissioning
- DEC: 발산 divergence-출현 emergence-수렴 주기 convergence cycle – 공동 창조하기 co-creating
- 위임된 역할 – 공동 창조하기 co-creating

이해관계자 회의 – 위임하기

- 팀을 이해관계자 에코시스템에 연결하고, 주요 이해관계자의 관점을 반영하여 시스템적인 관점에서 공유 비전을 위한 작업에 정보를 제공하기가 **목적**이다.

- **다섯 가지 규율 중점**: 주로 위임하기 규율(그리고 연결하기)에 중점을 둔다.
- 이 **과정**에는 다음이 포함된다.
    - 소시오그램sociogram을 사용하여 팀 에코시스템의 주요 이해관계자를 매핑한다.
    - 5~6명의 주요 이해관계자 우선순위를 정한다.
    - 소그룹 작업: 2~3명의 팀 구성원이 1인칭 서술문을 사용하여 5~6명의 주요 이해관계자 각각을 대표할 준비를 한다: '내년에 ExCo의 이해관계자로서 우리에게 변화는…'; 'ExCo에서 가장 필요한 점은…'
    - 각 이해관계자 대표 그룹이 ExCo의 나머지 구성원들과 함께 본 회의에 참여한다.
    - 공개 질문에서 시작하여 나머지 팀 구성원들의 피드백과 대화: '이 이해관계자에게 중요하다고 느끼는 점은 무엇인가요? 무엇을 추가하고 싶습니까?…'
    - 모든 이해관계자의 의견을 들은 다음 ExCo가 해결해야 할 주요 이해관계자 과제/기회의 우선순위를 정한다.
- **영향력**: 이 프로세스는 팀을 에코시스템에 연결하고 방향을 제시하는 강력한 프로세스이다. 팀은 이해관계자의 요구에 대해 얼마나 많은 정보를 보유하고 있는지 재발견하고 놀라게 된다. 또 향후 이해관계자와의 협업과 상호작용에 활력을 불어넣는 경향이 있다.

DEC: 발산-출현-수렴 주기 - 공동 창조하기

- 각 팀 개입, 특히 다중 이해관계자 시스템과 관련된 개입의 경우 팀의 집단 지성 촉진이 **목적**이다.
- **다섯 가지 규율 중점**: 주로 공동 창조하기 규율에 중점을 둔다.
- 이 **과정**은 이중 깔때기 다이아몬드double-funnel diamond(여는 깔때기와 닫는 깔때기)를 사용하여 다이아몬드 모양을 형성한다.
    - 시작starting: 팀에 동기를 부여하는 핵심 질문에 대한 조율
    - 발산divergence: 팀이 지적intellectual, 정서적emotional, 의미적meaning 수준에서 다양한 관점에 경청하도록 초대하고 여러 개별 관점이 공존하는 공간을 마련하기 시작한다.
    - 출현emergence: 여러 관점이 공존하는 공간을 마련하고, 표현된 모든 관점에 비추어 새로운 아이디어, 발언과 관점이 출현하도록 한다.
    - 수렴convergence: 우선순위 주제와 행동 영역을 파악하고, 결정을 내리고, 행동을 계획하는 과정을 촉진한다.
    - 마무리closing: 진행 상황을 검토하고, 프로세스를 디브리핑하고, 학습을 수집한다.
    - 세미나를 통해 시작-발산-출현-수렴-마무리의 주기 설계: 팀 코칭 세션을 위한 전체 DEC 주기를 형성하는 연속적인 DEC 주기
- **영향**: 이러한 주기는 집단 지성을 위한 효과적인 조건을 만든다.

[그림 10.8]은 전체 팀 코칭 세미나의 DEC 주기를 주요 세션의 지

표 매핑과 함께 보여준다.

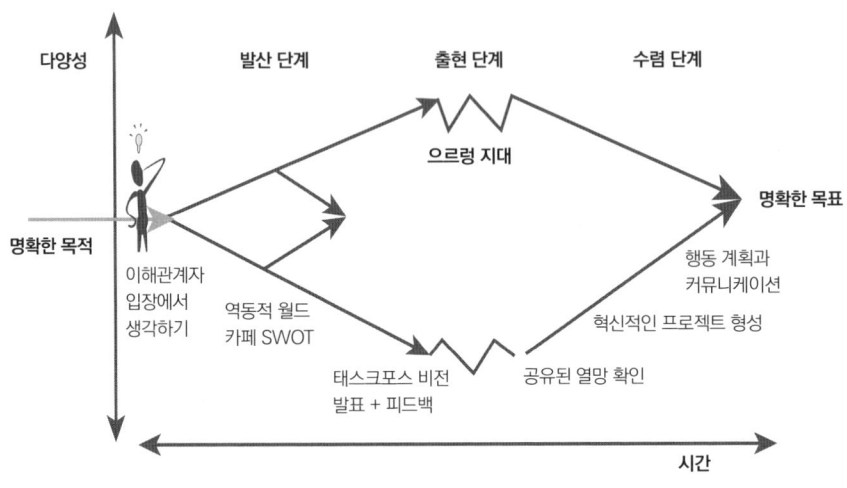

출처: https://artofhosting.org

[그림 10.8] The DEC 주기: 발산-출현-수렴

위임된 역할 - 공동 창조하기

- **목적**: 전문가나 상급자 중심의 역동 관계를 넘어, 팀이 집단으로 자율적이고 효과적으로 일할 수 있도록, 다양한 협업 방식을 실험해 보기 위함이다.
- **다섯 가지 규율 중점**: 이는 주로 공동 창조하기 규율에 중점을 둔다.
- 이 **과정**에는 다음이 포함된다.
  ○ 팀이 해결해야 할 중요한 문제를 식별한다.
  ○ 팀 내 퍼실리테이터 모집(필요한 경우, 팀 내 퍼실리테이터의

역할 강조)
- ◦ 퍼실리테이터는 시간 관리자time keeper, 기록자/의사결정자, 메타-관찰자의 세 가지 상호 보완적인 역할을 수행한다.
- ◦ 스스로 관리하는 방식으로 팀 작업 세션을 진행한다(30~45분).
- ◦ 과제와 프로세스에 대한 팀 작업 세션을 검토하고 주요 강점과 학습 포인트를 파악한다.
- ◦ 팀의 성장 단계, 집단 지성 그리고 협업의 필요성을 언급하여 연습의 의미를 더한다.
- **영향력**: 팀은 자체 관리 방식으로 운영되고, 퍼실리테이터 역할과 집단 지성에 필요한 모든 주요 역할을 수행하며, 지속적인 학습 동력을 발휘한다.

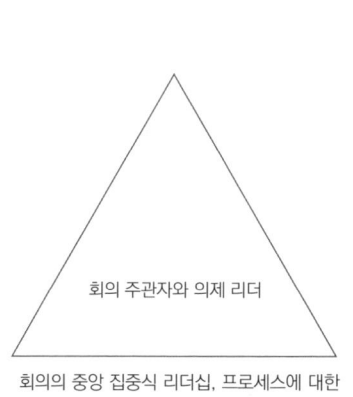
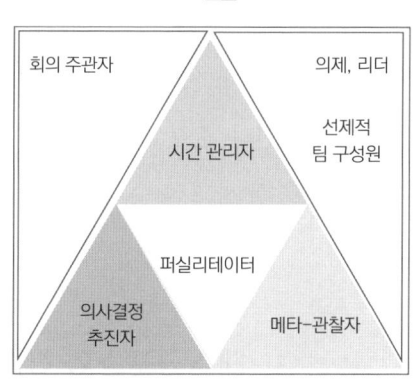

출처: 오 펠로O Pelleau, 터닝포인트, 201에서 재구성

[그림 10.9] 위임된 역할을 사용하여 회의 진행하기

회의의 주요 역할		회의 중 집중
퍼실리테이터		• 미팅 프로세스 그리고 모든 참가자 포함 관리 • 그룹 프로세스 촉진
진도 관리자(시간 관리자)		• 진도 관리에 도움이 되는 시간 신호 제공
의사결정 추진자		• 의사결정 깔때기 닫기 • 종합하여 의사결정 기록 • 토론 내용을 시각적으로 기록
메타-관찰자	 👁	• 상호작용 과정 관찰 • 검토와 피드백 제공 • 회의가 끝날 때 검토 그리고 피드백을 위한 시간이 있는지 확인한다. • 더 넓은 에코시스템의 어떤 이해관계자와 측면이 포함되거나 무시되는지 주목하라.

출처: F Koch-Lesaicherre, Trajectives, 2017에서 각색

[그림 10.10] 공동 주도 회의/위임된 역할을 경험하는 경우

[그림 10.9]에는 공동 주도 회의를 위한 역할 위임 도구가 나와 있다.

ExCo가 수행한 작업의 양은 상당했으며, 모두 역동적인 코칭 스타일로 이루어졌다. ExCo 구성원들이 비공식적으로 함께 시간을 보낼 수 있도록 여러 사교적 순간도 준비되어 있었다.

태스크포스와 최종 디브리핑 세션
그리고 팀 코칭의 영향력 요약

상주 ExCo 세미나가 끝나고 약 4주 뒤에 네 명으로 구성된 태스크포

스와 함께 디브리핑 회의를 했다. 이를 통해 진행 상황과 과제를 점검하고, 그룹이 역동적으로 행동하고 발전하도록 지원하며, 이 지원 단계를 마무리했다.

　우리는 세미나가 끝날 때 배포한 설문지, 팀 리더의 개인 피드백, 우리 자신의 관찰, 태스크포스 구성원들이 공유한 영향에 대한 이야기 등 여러 가지 방법으로 팀 코칭의 영향에 대한 피드백을 수집했다.

　요약하면, 정의된 각 주요 코칭 목표에 대해 고객의 진전과 영향을 미친 여러 영역을 확인했다. 이 가운데 일부는 팀 코칭의 직접적인 결과였고, 일부는 팀 코칭의 간접적 효과였다([표 10.3]).

코칭 수퍼비전의 기여

코칭 과정 내내 코칭 팀 수퍼비전 세션을 가졌는데, 임원, 팀, 조직 코칭에 상당한 경험을 가진 두 명의 수퍼바이저와 시스템 코칭에 전문성을 가진 한 명, 인문사회 시스템 코칭에 전문성을 가진 다른 한 명이 함께했다.

　수퍼비전은 우리 팀에게 특권적인 영역이었으며, 특히 다음과 같은 점에서 기여했다.

- 수퍼비전을 통해 코칭 아키텍처를 성찰한다.
- 코치 팀으로서 자신을 발견하는 또 다른 공간, 제3의 공간이 있다.
- 우리 사이의 관계가 어떻게 진화하고 있는지에 관해 이야기할 가

[표 10.3] 초기 개발 목표 대비 ExCo의 진행 상황

초기 개발 목표	고객의 진행 상황 그리고 영향
• 기술 부서 내 그리고 구성원을 포함한 이해관계자들과 함께 새로운 단계에 대한 새로운 공유 비전을 수렴한다.	• 여섯 가지 포부를 담은 공동의 비전에 따라 ExCo가 정렬되었다. • 혁신 프로그램 시작 • 코칭 후 몇 주 동안 실시한 컨설팅 감사에서 공유 비전 작업의 95%가 완료되었음을 확인
• 주요 이해관계자, 특히 디지털 비즈니스 라인과의 파트너십 개발	• 주요 이해관계자(비즈니스 라인)와 대화 재개 • 긴장이 고조되었던 일부 이해관계자들과 해결책 중심의 공동 대화 재개 • 외부 지향성 강화: 변화의 한 축은 이해관계자 관계
• 새로운 비전과 미션에 기반을 둔 조직 개편을 통해 기술사업부 조직 개편을 준비 중	• 코칭 계약 종료 직후 2인자 임원 영입 완료 • 8명으로 구성된 소규모 그룹과 16명으로 확대된 ExCo를 포함한 ExCo 구조 업데이트 • 기술 부서가 두 지사의 합병에 주도적인 역할을 담당하고 해당 기술 부서도 합병 완료
• 기술 부서 관리팀 내에서 협업과 시너지 효과를 높여 비즈니스 혁신을 총괄적으로 주도하도록 한다.	• 다양한 기능에 걸쳐 리더십 팀의 결속력 강화 • "세미나 중에 무슨 일이 일어났기 때문에 세미나 전과 후가 달라졌어요. 소개할 때 끈끈한 팀을 설명하기 위해 사용했던 '팩'이라는 단어는 더는 단어가 아니라 하나의 운영 방식이자 현실이 되었습니다." (팀 리더) • 창의적으로 협업한 경험 • 더 효과적인 팀으로 일하기 위한 진척도 • 주요 이해관계자들이 기술 사업부 ExCo에 '추진력'이 있고, 무언가 일어났다는 인식
• 이러한 과제를 해결하기 위한 기술 부서 리더의 개인적 리더십 지원	• 혁신 프로그램의 주도적 시작 • 자신감, 적극성 그리고 전략적 집중력 향상 • 동료와의 개방성 그리고 협업 강화 • 두 지사 합병에서 주도적 역할 수행

능성이 있다.
- 협업에서 우리를 좌절시키는 점에 관해 이야기할 권한을 부여한다.
- 미션의 사각지대에 대해 생각하며 한 발짝 물러서서 스스로에게 도전한다.
- 고객과의 마지막 디브리핑 세션, 미션의 종료 그리고 애도 세션을 준비한다.

결론

이 코칭 기간을 통해 얻은 교훈

무엇보다도 효과가 있었던 코칭 참여는

- ExCo에 앞서 태스크포스와 함께 코칭을 시작
- 이해관계자 참여
- 업무 구조화를 위한 공유 비전에 집중
- 팀 코칭과 결합하여 피드백을 포함한 팀 리더 개별 코칭
- 전반적으로 집단 지성을 동원
- 코칭 개입을 시작하기 전에 리더십 팀을 CID에 참여

향후 팀 코칭 과제에 적용하는 교훈을 얻었다.

- 우리는 주로 지원과 융합을 지향하고 도전 수준을 너무 낮추는 경향이 있다.
- '과제' 중심의 팀 코칭에 집중했고, 프로세스 코칭에 더욱 집중해야 했다.
- 5개월이라는 한정된 기간 동안, 코칭이 진행되었기 때문에 지속적인 영향력이 관건이다.

코칭의 새로운 단계 시작

코칭 프로세스가 종료된 지 8개월 뒤, 우리는 기술 부서인 ExCo와 더 광범위한 기술 부서와 디지털 지점 조직과 함께 새로운 단계의 코칭에 참여하여 혁신 프로세스를 지원할 기회를 가졌다.

기고자: 올리비아 쇼바인 Olvia Chauvain

올리비아 쇼바인은 임원진으로 10년을 포함하여 20년 동안 기업에서 일한 후, 사람과 조직 개발에 에너지를 쏟기 위해 커리어 경로를 변경했다. 2009년에 공인 HEC 임원 코치가 되었다. 이후, 관리자와 이사, 리더십 팀, 실행 위원회의 변화 과정에 동행하며, 열린 사고방식, 긍정적인 추진력, 높은 기준을 불어넣었다. 올리비아는 리더십, 양질의 팀워크, 집단 지성이 자신의 전문 분야인 만큼 다양한 전문 지식을 보유하고 있다.

기고자: 클레어 포레스트 Claire Forest

클레어 포레스트는 대기업과 고성장 기업에서 활동하는 임원 코치이다. 기업 문화를 전문으로 한다. 25년간 기술 산업, 음악 산업, 공공과 민간 부문, B2B와 B2C 분야에서 마케팅 디렉터, 최고 인사 책임자로서 경영진의 일원으로 활동해 왔다. 현재 리더와 팀이 비전과 사명을 정의하고, 핵심 가치를 구축하며, 도전적이고 영향력 있는 혁신을 달성하고, 환경에서 높은 수준의 에너지와 열정을 유지할 수 있도록 지원하고 있다. 시스템 사고, 인간적 접근, 다문화 이해 그리고 내러티브 기반 프랙티스에 기반을 두고 있다. 마음챙김 명상에 대한 자격과 경험은 고객이 직관을 개발하고, 높은 수준의 에너지를 유지하며, 어떤 상황에서도 자비롭고, 인간적인 태도를 유지하도록 돕고 있다.

기고자: 패니 센센 Fanny Sensen

패니 센센은 현재 BNP파리바에서 준법감시 업무를 총괄하고 있다. 은행 업계에서 22년의 경력을 쌓았다. 다문화와 국제 환경에서 일하며, 고위 팀 그리고 경영진과 함께 매우 민감한 규제 환경에서 도전적인 변화를 달성하는 데 협력하고 있다. 초기 경력은 중견, 대기업의 은행인으로 근무했으며, 이후 인스펙션 제네랄 Inspection Générale에서 업무 책임자로, CIB 글로벌 시장에서 런던의 상품 파생상품 COO로, 무역 금융에서 무역 금융 역량 센터의 부본부장으로 여러 직책을 맡았다. 패니는 조직을 위한 공인 HEC 임원 코치이다. 시스템적 접근 방식에 업무 기반을 두고 있으며, 팀의 잠재력을 끌어내기 위해 감성 지능과 직관에 특별한 관심을 갖고 있다.

기고자: 크리토프 미콜라자크 Chritophe Mikolajczak

크리토프 미콜라자크는 국제적인 리더십 팀 코치로, 다양한 분야에서 경영진 및 팀과 협력하여 전략적 혁신을 가속화하고 있다. 고위 경영진이 팀의 집단 지성을 동원하고, 공유된 비전에 수렴하며, 성공적인 변화를 달성하고, 자신의 리더십을 키울 수 있도록 지원하는 데 중점을 둔다. 공유 비전, 팀 개발, 개인적 숙달, 시스템적 리더십 등을 위한 독창적이고 효과적인 접근법을 개발했다. 글로벌 기업들과 함께 혁신적 리더십 개발 프로그램을 이끌고 있으며, 인간의 가치에서 영감을 얻은 혁신적인 경영 프랙티스에 큰 관심이 있다. 코치 수퍼바이저이기도 한 크리토프는 시스템적이고 인본주의적인 코칭의 깊은 토대를 바탕으로 업무를 수행한다. 코치가 되기 전에는 맥킨지에서 9년 동안 경영 컨설턴트로 근무하며, 주요 기업들과 함께 문화 혁신 프로젝트를 주도하는 일을 전문으로 했다.

11장
리더십 팀 코칭 프로그램과 결합된 시스테믹 팀 코칭
캐나다 필 경찰

저자: 헤더 클레이튼heather clayton, 캐서린 카Catherine Carr
와 니산Nishan(Nish), 두라이아파(필 경찰)Duraiappah
역자: 윤선동

경찰 조직이 새로운 글로벌 범죄와 공공 안전 실태, 다루기 어려워 보이는 공공 정책 문제, 그리고 대중의 지지와 합법성을 확보하고 유지할 필요성을 조화시키려고 노력하면서 지역사회 안에서 경찰의 역할은 계속 변화하고 있다(de Guzman et al., 2017). 경찰만으로는 사회 문제를 해결할 수 없으며 더 포괄적, 다학문적이고 협력적인 범죄 대응의 필요성은 분명해졌다(Blomberg et al., 2016). 이 사례에서는 팀 코칭 프레임워크를 사용하여 업무에 대한 전통적인 조직의 '인사이드-아웃' 초점에서 이해관계자와의 협업이 주요 관심사이고, 지식이 공유되며, 핵심 팀과 조직 학습이 일어날 수 있는 '아웃사이드-인' 초점으로의 전환을 촉진하도록 제안한다(Hawkins, 2021; Abrahamson, 2018: 497).

폭풍

2020년 캐나다 필Canadian Peel 지역 경찰은 팬데믹, 흑인 생명도 소중하다 운동Black Lives Matter[1], '경찰 예산 지원 거부defund the police'[2] 운동, 격동적인 미국 선거 등 다양한 사건의 파급력을 실감했다. 이런 폭풍 속에서 필 지역 경찰 위원회는 자체 운영을 면밀히 살펴보고, 새로운 진보적인 리더로 니산 두라이아파(니시)Nishan Duraiappah(Nish)와 부서장 네 명 중 두 명을 신임으로 임명했다. 이들은 지역사회의 치안 유지에 관한 이야기를 전환하고, 우수한 서비스와 지역사회 참여를 통해 모든 사람의 권리와 복지를 보호한다는 경찰 사명에 좀 더 명확하게 초점을 맞추는 것이 중요하다고 믿었다. 니시 서장은 이렇게 말했다.

우리가 선형 지표와 같은 고성과에서 가치로 진화하는 것은 의미가 있을 겁니다. 이는 리더십 관점에서 구성원들이 다양한 분야에서 성장하고 발전할 수 있는 공간을 마련하기 위해 개방하는 의미로, 놀라운 일입니다.

---

1) '흑인의 생명도 소중하다'(약어: BLM)라는 뜻이다. 2012년 미국에서 흑인 소년을 죽인 백인 방범 요원이 이듬해 무죄 평결을 받고 풀려나면서 시작된 흑인 민권 운동을 말하며, 2020년 5월 백인 경찰관의 가혹 행위로 흑인 남성 조지 플로이드George Floyd가 숨진 사건이 발생한 뒤 전세계적으로 BLM 운동이 재확산하였다.
2) 경찰서 예산을 없애고, 이를 사회 서비스, 청소년 서비스, 주택, 교육, 의료 및 기타 지역사회 자원과 같은 비경찰 형태의 공공 안전 및 지역사회 지원에 재할당하자는 운동의 슬로건이다.

약속

필 지역 경찰은 자체 경영진의 리더십 관행을 살펴보고 차세대 리더와 신임 리더를 개발하는 데 전념했다. 니시 서장은 신입 경찰부터 서장에 이르기까지 경찰관과 시민들을 모두 포함하는 변혁적 리더십 개발 프로그램 구축을 원했다. 그는 '어떻게 하면 구성원들이 일을 다르게 보고, 다르게 행동하도록 권한을 위임할 수 있을까? 우리는 지금과 같은 방식으로는 계속 할 수 없다'라고 말했다.

그래서 우리는 구성원들이 자율성을 느낄 수 있는 코칭 문화를 만들기 시작했습니다. 자동차 열쇠를 받았을 때 진정으로 운전하는 것이 그들 자신임을 합법적으로 느끼지 않으면 이런 일은 일어날 수 없습니다. 구성원들은 이 새로운 경찰 활동 모델을 자유롭게 적용하고, 문제를 해결하며, 우리가 자신들을 고용한 모든 놀라운 자질을 실제로 탐색할 수 있도록 관리자가 변화하는 것을 볼 필요가 있습니다.

필 지역 경찰의 업무 범위를 살펴보면, 광역시 토론토 지역의 외곽에 있는 약 140만 명의 사람들과 매년 토론토 피어슨 국제공항을 이용하는 거의 5천만 명의 승객들에게 서비스를 제공한다. 필 지역에는 62.3%의 소수 민족이 있으며, 주요 도시에는 73.3%에 이른다. 인구는 234개의 민족, 89개의 언어, 절반 이상이 캐나다 밖에서 태어난 사람들로 구성되어 있다(Region of Peel, 2016; City of Brampton, n.d.). 또 니시 서장과 팀은 혁신을 수용하고 주 및 국가 차원의 치안에 영향을 미칠 수 있는 대규모 치안 조직(캐나다에서 네 번째로 큰 조직)으로서의 고유한 지위와 책임을 인식했다.

시스템적 변화를 만들기 위한 리더십 역량 확대

니시 서장은 3,200여 명의 구성원들에게 준군사적 스타일의 의사소통, 의사결정, 승진 등 경찰의 전통적인 하향식 위계적 환경을 혁신할 수 있게 권한을 위임해야 한다는 분명한 임무가 있었다. 대부분 경찰 조직에는 변혁적 리더십 개발과 코칭 문화 로드맵이 없다. 필 지역 경찰은 개인, 팀, 조직 수준에서 리더십 역량을 키우고 내부와 지역사회 측면에 진정으로 봉사하고 가치를 더하기 위해 다음과 같이 공식적으로 약속했다.

> 필 지역 경찰의 새로운 전략적 비전은 캐나다/북미에서 가장 진보적이고 혁신적이며 포용적인 경찰 기관이 되는 것입니다.

치안 분야는 수백 년 동안 관행practice을 주도해 온 반복적이고 고착화된 패턴과 구조의 오래된 시스템 원형archetypes을 해체해야 하는 과제를 안고 있었다. 코치로서 우리는 이 정도 규모의 문화 변화에는 조직의 모든 수준에 영향을 미치고 내외부 이해관계자의 지원을 받는 시스템적인 전략이 필요하다는 것을 알고 있었다. 우리는 또한 문화 변화 시도가 때때로 실패하거나 반복되는 결과를 낳는다는 사실을 알고 있었기 때문에 퓨처-백 사고future-back thinking를 염두에 두었다(Hawkins, 2021; Watzlawick et al., 1974). 내일의 지평선에 있는 것을 지금 우리가 볼 수 없는 것은 무엇인가(Sharpe et al., 2016)?

니시 서장은 필요한 변화의 중요성을 이해하고 코치와 내부 리더십 구성원에게 호킨스Hawkins의 다섯 가지 규율과 '코칭 문화 만들기' 모델을 사용하여 시스테믹 팀 코칭과 리더십 개발 프로그램을 설계하도록 위임했다.

코칭 접근 방식이 리더, 관리자와 직원이 개인, 팀, 조직의 성과를 높이고 모든 이해관계자를 위한 공유 가치를 창출하는 방식으로 모든 구성원을 참여시키고 개발하며, 이해관계자를 참여시키는 방법의 핵심 요소일 때 조직에는 코칭 문화가 존재하게 됩니다(Hawkins, 2012: 21).

근간ground이 흔들리기 시작했을 때

치안은 복잡하다. 뒤얽힌 문화에는 조직 문화와 치안 문화라는 두 종류가 있다(Cockcroft, 2014). 팀 코칭 초기에는 두 가지 형태가 나타났는데, 바로 깊이 뿌리내린 끈질긴 준군사적 문화와 승진을 위한 훈련이라는 의심할 여지없는 관념이었다.

치안은 하향식 계층 구조를 통해 작동하며 정중하면서도 규율, 구조,

명령의 하달과 수용에 대해 보상한다. 이는 이니셔티브에 도움이 되기도 했고, 본질적인 도전이기도 했다. 니시 서장은 다음과 같이 말했다.

> 우리의 리더, 관리자들은 모두 자신의 전통적 역할과 기능에 정통합니다. 그러나 우리가 하려는 일은 치안 모델을 바꾸는 것입니다. 변화의 문제점은 우리가 여전히 '여기 문제가 있다. 가서 그걸 해'라는 지시적인 리더십과 운영 모델을 사용한다는 점입니다. 우리는 다른 관점으로 대중과 지역사회의 모든 교차 지점에 힘을 실어주고, 더 근원적이고 협력적인 접근 방식의 다른 모델을 적용하는 방법을 찾아야 했습니다. 이는 반복해서 증상을 좇는 대신에 지역사회의 다양한 요구에 따라 정보를 제공하는 공중 보건 모델로의 전환입니다.

리더들은 구성원들의 참여를 유도하는 것과 여전히 명령이 내려지는 공간에서 업무를 수행하는 것 사이에서 새로운 긴장감을 느끼기 시작했다.

경찰 리더십은 승진과 매우 밀접하게 관련되어 있다. 역사적으로 사람들은 승진으로 이어지리라는 희망 속에서 리더십 이니셔티브와 교육에 참여했다. 그러나 정상으로 가는 사다리는 매우 좁고, 실망감이 넘쳐난다. '내부' 그룹과 '외부' 그룹, 동맹과 충성이 있었다. 코칭이 '당신이 있는 곳에서 이끌어주는 것'으로 자리 잡은 만큼, 사람들은 코칭에 참여하면 '승진할 자격이 있다'는 신호로 생각했다. 실제로 프로그램 첫해에 코칭을 받은 많은 사람이 승진했다.

> **코치를 위한 교훈**: 새로운 리더십 프로그램에 참여하지 않는 모든 사람이 리더를 신뢰하거나 동참하는 것은 아니다. 알아 두면 좋다. 참여하는 리더들이 얼마나 대단한지에 사로잡히기 쉽다. 시스템에 도전하는 열세 번째 요정의 목소리와 당신 프로그램을 소중히 여겨라(Hawkins, 2021).

작업 준비

시스템적으로 생각하는 팀 코치는 자신의 작업이 지역사회와 코치 자신, 고객이 필요로 하는 바를 가장 잘 충족하고 '보이지 않는 것을 볼 수 있도록' 도울 연구와 프랙티스 수퍼바이저를 고용했다. 그녀는 진행 중인 행동 연구(성찰, 학습, 설계와 쓰기의 사이클)(Zuber-Skerritt, 2011)에 파트너로 수퍼바이저를 초대했고, 프로그램의 가치와 기대 이점 return on expectation 을 입증하는 데 도움을 받았다(Adelman, 1993). 사례 연구 설명과 조사는 대체로 사전, 사후 결과와 비즈니스에 미치는 영향을 추적하지 못하고, 일화성 anecdotal 또는 자체 보고식 결과 데이터만 포함한다(Carr & Peters, 2012; Hawkins et al., 2018; Peters & Carr, 2019). 우리는 1년차와 2년차에 걸쳐 이러한 모든 요소를 구축하기 위해 노력했다.

위임하기

인사이드 아웃 접근에서 아웃사이드 인 관점

시스테믹 팀 코칭 학습에서 코치는 위임하기 단계에서 외부 이해관계자의 의견을 수집하도록 권장된다. 니시 서장이 외부로 눈을 돌리지 않은 데는 타당한 이유가 있었다. 이 작업은 조지 플로이드[3]가 사망한 지 일주일 뒤에 시작되었다. 이 사실을 그대로 공개하는 것은 무신경하고 불성실해 보일 수도 있었기 때문이다. 그렇지만 새로운 팀을 이끌고 새로운 리더십 프로그램을 선언하는 등 대담한 결정을 내렸다. 니시 서장은 신속하게 출발시켰고, 믿을 만한 새로운 방향을 제시하고, 내부 모멘텀inner momentum이 구축되기를 원했다. 그는 이사회에 너무 빨리 접근하는 것은 위험하다고 생각하여 첫해의 연말까지 기다렸다.

> **코치를 위한 교훈**: 고객은 때때로 계약 초기에 외부 이해관계자의 개입을 원하지 않을 수 있다. 그들의 일상적인 사고 방식과 일치하는지, 진행을 위해 격려가 필요한지, 아니면 오히려 내부에서 먼저 결집하는 것이 현명하고 타당한지를 고려하자.

---

[3] 2020년 5월 25일, 미국 미네소타주 미니애폴리스에서 위조지폐를 사용한 것으로 의심받아 경찰관에 의해 체포되는 과정에서 '숨을 쉴 수 없다'는 마지막 말을 남기고 살해된 아프리카계 미국인 남성이었다. 플로이드의 마지막 말은 흑인에 대한 경찰의 폭력에 대항한 미국과 세계 전역에서 발생한 집회의 슬로건이 되었다.

시작 표시

경영진 일대일 인터뷰를 마친 뒤 코치는 반나절 동안 최고 경영자 그룹chief management group(CMG)을 코칭하고, 나머지 반나절 동안은 이해관계자 대표를 포함한(한 명을 제외한 모든 내부) 하루짜리 출정launch 프로그램을 공동 설계했다. 코치는 개인과 팀 데이터를 수집하고 '강력한 이야기를 들려주기' 위해 1년차 시작부터 연말까지 자신의 성찰을 모았다. 최고 경영자 그룹과의 정성적 인터뷰 외에도 그녀는 리더십 자체 평가 설문지(Clayton & Carr, 2021), 고가치 창출 팀 설문지HVCTQ High-Value-Creating Team Questionnaire(Hawkins, 2021)를 사용했으며, 커크패트릭Kirkpatrick 방법을 기초로 이해관계자와 인터뷰를 했다. 커크패트릭 모델은 전체 프로그램 개발, 평가와 연구에 사용되었다. 코치와 연구 컨설턴트는 '끝이 시작이다the end is the beginning'(Kirkpatrick Partners, n.d.)라는 말을 염두에 두고 1년차에는 학습과 행동 변화라는 레벨 2, 3을 목표로 하고, 2년차에는 레벨 4의 영향을 더하는 것을 목표로 했다.

코치는 질적 인터뷰, 자기 평가와 HVCTQ 데이터, 매트릭스 응답을 주제로 삼았다. 또 우리는 리더십 개발 프로그램에 대한 헤이 그룹Hay Group(2005)의 모범 사례 목록을 채택하여 증거 기반 요소를 프로그램 설계에 포함하였다(장 끝의 부록 A 참조). 이러한 일곱 가지 리더십 프랙티스가 모두 이 연구에서 중요한 역할을 했지만 처음에는 체험 학습, 자기 평가 기회와 일대일 코칭에 중점을 두었다.

[표 11.1] 이해관계자 인터뷰 매트릭스

커크패트릭 모델	매트릭스 질문
반응	이러한 리더십이 적절하고 매력적으로 작동하도록 하기 위해 우리가 해야 할 두세 가지 일은 무엇인가?
학습하기	필 경찰서의 리더가 앞으로 나아가기 위해 필요한 두세 가지 기술, 지식, 태도는 무엇인가?
행동	필 경찰서의 리더들이 보여주고, 알려지길 바라는 두세 가지 속성은 무엇인가?
영향(결과)	이 리더십 활동이 필 경찰서와 지역사회에 영향을 미치기를 바라는 두세 가지 방법은 무엇인가?

조사 과정에서 수집된 데이터를 기반으로 코치는 전체 조직의 리더십 청사진으로 채택된 필 열망 리더십 프레임워크([그림 11.1] 참조)를 제안했다. 이 프레임워크는 다섯 개의 고리 각각에 여러 개의 구성 요소로 되어 있었다. 경찰 업무 대부분이 코치/멘토 또는 일대일 역할로 수행되므로 '선도적 개인' 고리를 추가하는 등 지속해서 조정했다.

> **코치를 위한 교훈**: 대담해져라. 매력적인 시각적 시스템 모델을 만들자.

1년 차를 위한 원대한 계획 공동 설계

조직의 리더십 목표를 달성하려면 긴급한 요구 사항과 과제에 대응하는 동시에 여러 이니셔티브를 병행해야 한다는 것이 분명해졌다. 따라서 1년 차에는 다음 내용이 포함되었다.

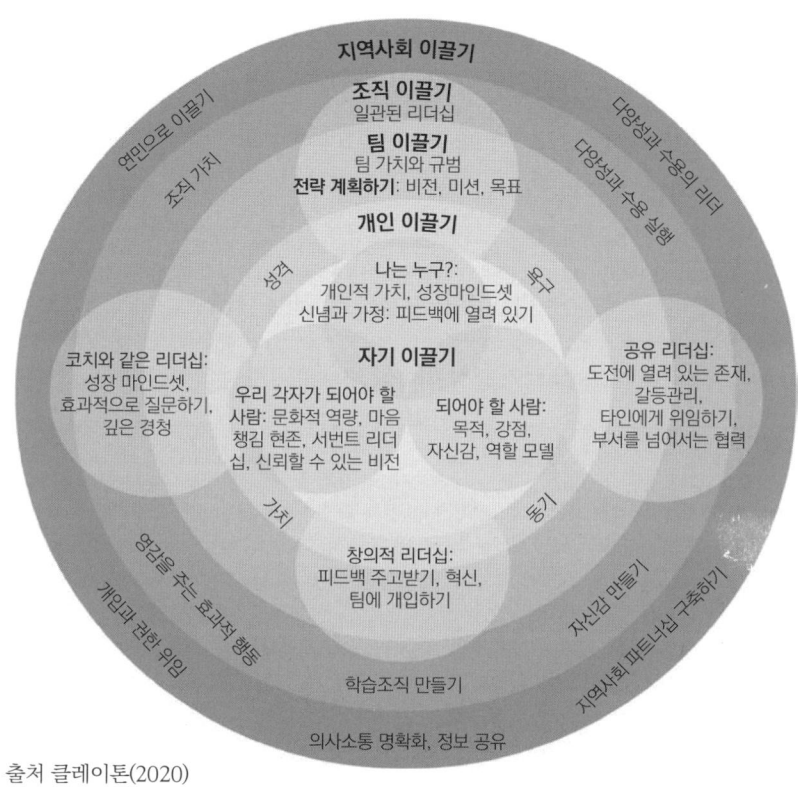

출처 클레이톤(2020)

[그림 11.1] 리더십 인사이드 아웃 프레임워크

- 최고 경영자 그룹과의 리더십 팀 코칭 세션 16회
- 리더십 개발 자문 팀Leadership Development Advisory Team(LDAT)의 12회 코칭 세션과 회의
- 임원 리더십(SLT)과 함께하는 4회 세션 - 22명의 선출직과 민간 리더들
- 조직 전체의 여성 리더와 그룹 세션 2회

- 14명의 리더와 일대일 리더십 코칭(수퍼바이저와의 시작, 최종 공동 세션을 포함하여 각 세션 8회)
- 8인(4쌍)을 위한 쌍dyad 코칭 - 코칭 스킬 향상을 원하는 리더십 팀의 여러 계층의 리더들

이 다층 접근 방식의 타임라인은 [표 11.2]에 나와 있다.

[표 11.2] 필 지역 경찰 리더십 개발 프로그램 타임라인

타임라인	활동
1~2월	최고 경영자 그룹을 위한 세 차례의 시스테믹 팀 코칭 세션. 내부 이해관계자와의 위임하기, 팀 헌장 작업 명확화하기, 협업 실행 중심의 공동 창조하기, 조직 내 다른 사람들과 연결하기(리더십 개발 자문 팀 구성), 지속적인 성찰적 학습하기가 포함되어 있다.
3월	시니어 리더십 팀과 함께하는 이틀간의 팀 코칭. 리더십 개발 자문 팀을 지원하기 위해 프로젝트 매니저를 고용했다.
3~11월	최고 경영자 그룹, 리더십 개발 자문 팀, 시니어 리더십 팀과 매월 평행 학습parallel learning 세션을 통해 공통의 언어, 기술, 리더십 실습을 구축한다.
4월	10명의 최고 리더를 위한 일대일 코칭(8회기) 실시(니시 서장과 부서장은 이미 임원 코칭에 참여하고 있었음). 고위 리더들과 함께 일할 외부 코치 팀 채용. 2세션과 8세션 완료 시 수퍼바이저와의 계약(3자 세션)이 포함되었다. 6개월 동안 세 차례에 걸쳐 '평소와 다름없는' 팀 회의를 코칭하여 접근 방식을 고려하고, 조정하며, 높은 수준의 주제를 논의한다.
6월	선택적 쌍 코칭 - 네 쌍의 리더가 실시간 도전과제를 수행 제복을 입은 직원과 민간인 직원들을 의도적으로 그룹화하였다.
9월	경찰 수뇌부 여성에 대한 두 번의 온라인 포럼. 모든 여성과 여성 정체성을 가진 모두에게 개방된다. 최근 연구 주제에 대한 검토가 포함되어 있다.
9~11월	두 명의 주요 리더를 위한 360도 인터뷰 퇴임하는 고위 리더 두명과의 퇴임 인터뷰
5~10월	컨설팅 기관과의 공동 회의를 통해 필 경찰서 문화에 대한 권고안을 작성한다.
10~11월	마무리: 인터뷰 매트릭스를 사용한 리더십 개발 자문 팀과 최고 경영자 그룹 시니어 리더십 팀을 사용한 정리 최고 경영자 그룹을 위한 마무리 팀 코칭 세션: 코치와 연구원/수퍼바이저 참석 이사회에 프레젠테이션하기

다섯 가지 규율의 흐름

이러한 '리더십 댄스'가 등장하면서 정렬되고 병렬적인 활동, 공통된 리더십 언어와 스킬을 통해 '일치감instep'이 형성되는 느낌이 들었다. 이 첫 번째 단계에서 대부분 작업은 작업 범위 위임하기, 프로그램 공동 설계하기, 공유 목적 명확화하기, 팀 헌장 작성하기, 전체적으로 핵심 학습하기로 호킨스 모델의 첫 번째, 두 번째, 다섯 번째 규율에 초점을 맞췄다. 우리는 위임하기에서 시작하여 명확화하기로 이동했지만, 현실에서는 특정 세션에서 두세 가지 분야를 넘나드는 경우가 많다.

> **코치를 위한 교훈**: 팀 개발 단계에서 시작하라. 팀 구성원들의 강점을 활용하고 지속해서 비전과 목적을 연결하자. 이는 혁신적인 학습 경험과 프랙티스를 만들 것이다.

리더십 개발 자문 팀 조직 비전

필 리더십 개발 자문 팀이 전체 리더십 프레임워크를 구축할roll out 책임을 맡았다. 이는 코치의 범위를 넘어서는 일이었을 뿐만 아니라 진정한 변화가 일어나기 위해서는 필 지역 경찰들이 이를 자신들의 것으로 받아들여야 했기 때문이다. 초기에 만들어지던 리더십 개발 프로그램은 여전히 승진 경로처럼 느껴졌다. 코칭 문화를 조성하는 데 필요한 2차 변화(Levy, 1986)를 진정으로 이해하기 위해 이 그룹은 자신들이 볼 수 없는 것을 볼 수 있는 외부 지원이 필요했다. 그래서 코치는 리더십 개발 자문 팀 그룹이 최고 경영자 그룹과 유사한 체험형 팀 코칭 프로그램에 참여하도록 요청했다. 3~4개월 후, 리더십 개발 자문 팀은 '그건 옛날 방식이야. 우리는 지금 일을 다르게 하고 있다'라고 말했다. 실제로 리더십 팀은 리더십이 채용과 동시에 시작되며 은퇴할 때까지 지속한다는 새로운 메시지를 만들고 강화하여, 기존 문화의 많은 신념과 관행을 뒤엎어야 한다고 생각했다.

니시 서장은 리더십 개발 프레임워크를 만드는 데 도움을 주었고, 구성원들이 자주 인용하는 '우리 내부가 좋지 않으면 외부도 좋지 않을 것이다'라는 만트라를 반복했다.

> **코치를 위한 교훈**: 앞이 보이지 않는 물 속에서 함께 헤엄치는 물고기 떼와 같은 상황에서는 코치가 해류, 조수와 표식을 비춰주는 것이 도움이 된다.

리더 코칭하기와 시스템적으로 생각하기

과제:
- 내일의 미래를 위해 오늘 필요한 것은 무엇인가?
- 변화하지 않을 경우의 위험은 무엇인가?

최고 경영자 그룹CMG은 일대일 코칭을 위해 몇 명의 유망한 리더를 선발했다. 코치에게 왜 그들이었을까? 최고 경영자 그룹은 비록 좋은 의도가 있었지만, 후보자를 지명하는 '기존 방식'으로 운영하는 대신, 후보자들을 더 폭넓게 고려하기 위해 선발과정을 재고했다. 오늘의 리더들과 내일의 리더들에게 시스템 전체가 필요로 하는 것은 무엇인가? 역사적으로 교육 프로그램은 적합성을 강조했고, 심지어 승진을 위한 점수로 사용되었다. 그 결과 딥러닝 적용이 아닌 규정 준수로 이어졌고, 서비스를 제공하는 지역사회의 다양성을 존중하고 반영하는 조직을 구축하는 데 어려움이 컸다. 또 리더십은 직위와 강하게 동일시되었으며 승진 과정은 이를 강화했다. 이에 조직 하부에서는 '이런 변화가 언제까지 지속할지 궁금하다', '이게 새로운 승진의 길인가'라는 냉소적인 반응이 나타나기도 했다. 이에 대응하기 위해 코치는 코칭 문화를 갖춘 학습 조직이라는 개념을 도입하고, 이를 오래된 규정 준수와 틀에 박힌 점검하기 box-ticking와 나란히 놓았다. 이끌기 위해서 학습하기에서 학습하기위해 이끄는 집단적 마인드셋으로의 전환은 여러 자원과 조직 수준의 지속적이고 일관된 노력이 필요한 과제라는 것을 알고 있었다.

> **코치를 위한 교훈**: 처음부터 희망, 헌신과 추진력을 창출할 수 있는 파트너십을 구축하자. 방침을 지키자. 현재 위치에 도달하는 데 시간이 걸렸듯이, 스스로 가야 할 위치에 도달하기 위해서는 지속적이며 일관된 노력을 계획하자.

평등과 다양성 그리고 열세 번째 요정

모든 긍정적인 코칭 작업이 진행되는 가운데 새로운 평등과 다양성 리더(일대일 코칭을 받았고 리더십 개발 자문 팀에 포함됨)는 전례 없는 열세 번째 요정[4]의 목소리를 냈다(Hawkins, 2021). 그녀는 민주적 변화를 추진한 자신의 생생한 경험과 그간 듣지 못했던 모든 직급 구성원들의 경험을 공유했다. 강하고 지배적인 담론 속에서 '옛 문화가 버티고 있었다'. 문화는 무수한 방식으로 유지되며 그 가운데 하나는 언어의 사용이다.

> 3월 12일이 코비드Covid였습니다. 3월 16일까지는 필수 인력들만 남고, 비필수 인력들은 모두 집으로 돌아간다는 메시지였습니다…. 나는 메시지가 모두 올바른 목적을 위해 의도된 것이라는 것을 알아요…. 그러나 당장 사람들은 이미 직장에 무슨 일이 일어날지에 대해 걱정하고 있는데, 자신이 서비스에 비필수 인력이라는 말을 듣게 되는 건, 그건 정말 사람들을 긴장시킵니다. 사람들은 정말 불안해합니다. 사람들의 안전을 지키기 위한 선의의 목적이 분명하지만, 용어 자체는 도움이 되지 않았습니다.

---

[4] 13번째 요정은 잠자는 숲 속의 미녀에서 나온 비유이다. 동화에서 아이를 간절히 원하던 어느 왕과 왕비가 귀여운 딸을 얻게 되어 마법사들을 초대했으나, 부득이 황금접시가 12개밖에 없어 12명의 마법사만 초대했다. 이에 초대받지 못한 13번째 요정이 나타나 공주에게 저주를 건다. 이 책에서는 조직의 주류와 다른 입장을 낼 수 있는 역할, 조직에서 소외되어 있는 사람 등의 의미로 이해하고 반영하였다.

그녀는 새로운 여성 경찰 포럼Women in Policing Forum을 공동으로 이끌었고 다양성과 포용적 관점에서 리더십 코칭 프로그램에 정보를 제공했다. 가장 진보적이고 혁신적이며 포괄적인 경찰 조직이라는 비전이 있었으므로, 그녀의 관점과 '비트'가 지속 가능한 문화 변화를 심어주는 데 중요했다.

우리는 최고의 프리미엄 경찰 서비스여야 합니다. 우리에게는 이를 수행할 역량과 인력이 있으며, 현재 우리를 지원할 자원과 리더십을 갖추고 있습니다. 그렇지만 이 과정은 고위 경영진이나 중간 관리자 또는 기타 별도의 그룹으로 구성된 사일로에서는 이루어질 수 없습니다. 새로운 일선 직원이 조직의 구성원이 되어 매우 기뻐한다는 것을 압니다. 그렇지만 지원을 받지 못하면 어려움을 겪게 됩니다. 결국에는 다재다능하거나 다재다능하다고 생각되는 사람들을 데려오지만, 조직에 적응해야 하므로 그들을 기술적으로 조금씩 깎아내기 시작합니다. 그리고 이는 문화에서 일어나는 일의 일부일 뿐입니다.

평등과 다양성 책임자는 필 경찰서를 통해 여성들이 새로운 리더십 메시지를 논의하기를 원해서 여성 경찰 리더십 포럼Women in Police Leadership Forum을 만들었다. 연구에 따르면 여성은 자신감을 갖고 자신을 리더로 여기기 위해서 멘토링이 필요하고, 함께 모일 필요가 있다. 팬데믹으로 온라인으로 제한되었지만, 경찰 리더십에서 여성의 장벽과 기회에 관한 연구 주제로 온라인 '노변 한담fireside chats'이 두 차례 있었다. 이 포럼은 여성들이 함께 대화하고 학습할 기회를 마련하며,

호평을 받았다.

2년차에 무엇이 필요할까요? 지난 20년 동안 이 문화에 뿌리내린 사람들이 있습니다. 이들은 업무를 수행하는 한 가지 방법만 알고 있는데, 이제 갑자기 우리는 그들에게 변화를 요구하고 있습니다. 따라서 자율성autonomy을 부여하지 않거나 세세한 부분까지 관리하는 데 계속 익숙해져 있던 사람들은 여전히 배웠던 방식대로 우리를 관리할 것입니다. 그리고 서장이 '이봐, 내가 당신을 이 지역 책임자로 만들겠어'라고 말해도 상관없습니다. 기존 문화는 계속해서 새로운 아이디어를 흡수하고 동화할 것입니다. 변화가 자리를 잡고 필 경찰서의 새로운 문화가 되게 하려면 용기 있는 리더십이 필요할 것입니다.

행동 연구와 수퍼비전 실천하기

코치는 연구와 프랙티스 수퍼바이저와 함께 일했다. 이들은 프로그램 1년차의 시작, 중간, 종료 시점에 데이터를 수집했다.

이 데이터는 니시 서장과 팀에 요약, 공유되어 학습을 지원하고 장려하며 가치 있는 투자를 검증하는 등 2년차에 대한 증거 기반 계획을 세우는 데 도움이 되었다.

1년차에는 연구가 핵심이었다. 처음부터 수퍼바이저는 '이야기'가 펼쳐지는 것을 극대화하기 위해 평가와 대화를 계획했다. 다음으로 코치는 CMG와 피드백, 프로세스를 공유했다. 니시 서장이 여러 형태(수퍼비전, 연구 데이터, 드러난rolled-up 코칭 주제)의 외부 피드백을 아주 높이 평가했으므로 긍정적인 피드백 루프가 형성되었고, 코치는 더 많은 피드백을 제공하기 시작했다.

수퍼비전이 진행되면서 다른 평행 프로세스parallel processes와 시스템적인 주제가 나타났다. 코치는 자신이 때때로 전체 그림을 보기에는 '너무 깊이' 빠져 있는 것을 알아차렸다. 주제에는 전통적인 의사결정, 권력 역동, 그룹의 내외부, 열세 번째 요정의 회의적인 목소리가 포함되었다. 수퍼바이저는 코치에게 친절하고 대담하며 실용적이고 진보적인 태도를 요구했다. 이는 점차적으로 코치가 지속해서 팀에 도전하고 지원할 수 있는 힘을 얻었다.

리더들이 조직 업무의 중심에 있으므로, 코치는 조직 업무의 중요성을 계속 유지하는 것이 중요하다. 수퍼바이저는 코치가 니시 서장에게 이 프로그램은 독특하고 획기적이며 이 조직을 이끌고 지역사회를 지원할 뿐만 아니라 경찰과 코칭 분야에 기여할 수 있다는 점을 상기시키라고 했다.

니시 서장은 코치들과 수퍼바이저들의 피드백에 매우 호기심이 많았고 좋은 반응을 보였다. 책임자로서 그는 항상 주변 사람들에게 명확한 피드백을 받지는 못했지만, 피드백이 매우 가치 있다는 것을 알고 있었다.

> **코치를 위한 교훈**: 이 학습 여정을 처음부터 캡처한다고 상상해 보자. 매력적인 팀의 이야기는 무엇인가? 경쟁적인 내러티브는 무엇인가? 양극화된 '둘 중 하나' 아닌 초월적인 제3의 입장에 어떻게 귀를 기울일 것인가?

실시간 수퍼비전을 통한 공동 창조하기로의 전환 가속화

코치는 몇 번의 팀 코칭 세션에서 실시간 팀 코칭 수퍼비전을 진행했다. 첫 번째 합동 세션에서 수퍼바이저는 (1) 그들이 지역사회를 위해 봉사하는 강력한 업무를 소개하면서 인정하기, (2) 세션 중에 수퍼바이저가 코치에게 질문과 프롬프트를 문자로 보내는 내러티브 방법, (3) 중간 지점에서 코치와의 실시간 대화 등 세 가지 방식으로 참여했다. 수퍼바이저가 공유한 관찰 결과 가운데 하나는 수퍼바이저와 주고받는 모든 입력물이 코치를 통해 이뤄지는 허브 앤 스포크 모델이라는 것이었다. 이는 팀의 평소 스타일과도 유사했다. 코치는 팀이 코치를 통해서가 아니라 팀 내에서 대화하고 '자원'이 될 수 있도록 성공적으로 선회하도록 격려했다. 1년차 말, 마무리 세션에서 수퍼바이저가 참석하여 필 리더십 프로그램Peel Leadership Program 연구를 요약했고, 2년차의 잠재적인 방향을 보여주는 외부 승진과 혁신적 변화 연구에 관한 몇 가지 의견을 제시했다. 그녀는 또한 은유를 사용하여 일부 실시간 참여 연구를 이끌었다. 은유는 현재 상태, 미래 상태, 앞으로 나아갈 길을 강력하게 설명할 수 있어서 선택되었다.

> **코치를 위한 교훈**: 리더십 프로그램을 시작한 지 몇 개월 내에 코치도 조직의 물 속에서 수영을 시작한다는 것이 밝혀졌다. 그 누구도 면역은 없다. 수퍼바이저도 수퍼비전에 대한 수퍼비전이 필요하다!

1년차 마무리

1년차 말 데이터: HVCTQ 이전과 이후

최고 경영자 그룹 리더에 대한 사전, 사후 고가치 창출 팀 설문지High-Value-Creating Team Questionnaire(HVCTQ) 결과는 [그림 11.2]에 나와 있다. 모든 분야와 데이터 요소에서 성장이 있었지만, 팀 구성원들이 정기적으로 자기 계발에 관심을 기울인다는 점은 변함없이 유지되었다. 팀은 모든 점수가 5점 만점에 3점 이상으로 높게 출발했다. 최고 경영자 그룹 팀의 최고 점수는 '결과물은 개인이 혼자 할 수 있는 것보다 낫다'(회의에서 공동 창조하기)였다. 가장 낮은 점수는 '팀이 모든 수준의 직원을 참여시킬 수 있음'(직원과 연결하기)이었다. 가장 큰 개선점은 '팀 구성원이 공동 목표에 대한 책임이 있다'라는 공동 창조하기였다.

몇 명은 이 작업과정이 진행된 팬데믹 시기가 이해관계자와 더 완전하게 연결하고 참여하는 능력에 영향을 미쳤다고 느꼈다. 수퍼바이저는 지역사회가 어떻게 변화하고 있는지와 관련하여 코치가 무엇을 알고 있는지 궁금해했다. '더욱 완전한'이란 어떤 모습이었을까? 코치는 이 프로그램을 경찰 관리 위원회에 발표할 준비가 되었다고 이미 결정한 니시 서장과의 마지막 해의 한 세션에서 이 이야기를 꺼냈다.

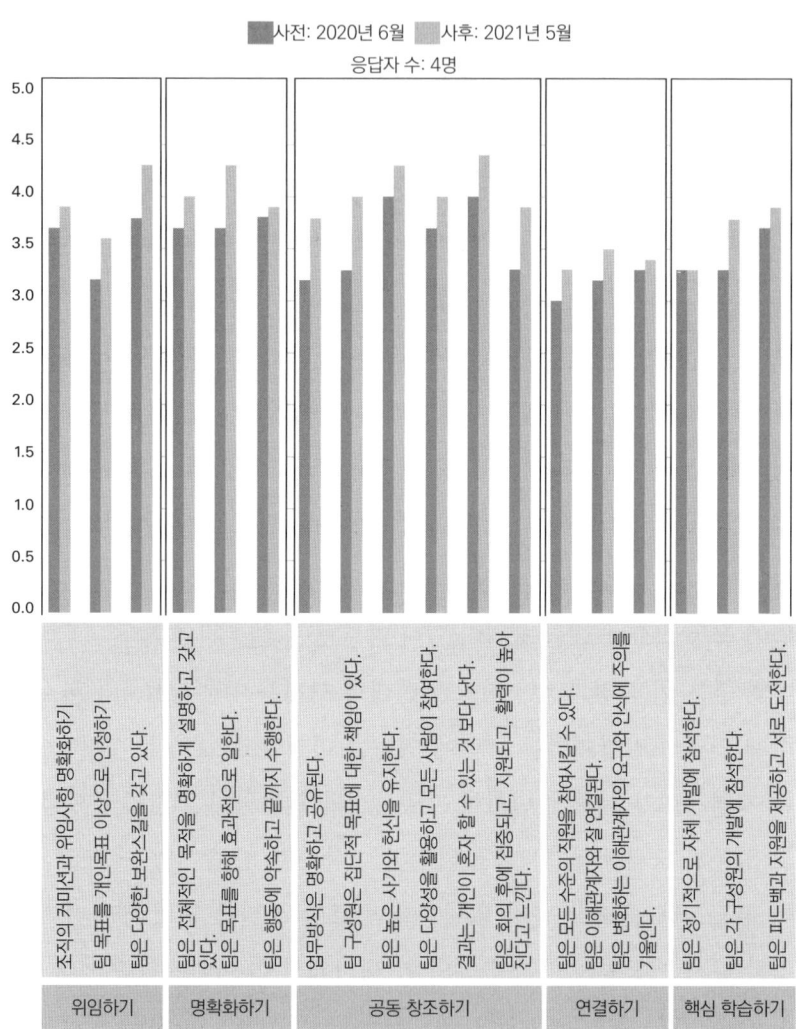

[그림 11.2] 고가치 창출 팀 설문지: 사전, 사후 CMG 데이터

> **코치를 위한 교훈**: 명백한 질문으로 물어보라. 타이밍은 명백한 질문을 게임 체인저로 만들 수 있다.

1년 차 – 최고 경영자 그룹 최종 세션

1년차 말에 이 과정이 3~5년 간의 문화와 리더십 변화 프로젝트가 될 것이라는 점이 분명해졌다. 5명의 경영진과 35명의 선임과 신진 리더로 구성된 최고 경영진 모두는 매우 적극적이고 열정적이었다. 리더십 자기 인식 설문의 사전 및 사후 점수는 개인의 사고 방식과 스킬에 상당한 변화가 발생했음을 보여주었다. 그러나 일화적인 보고서 anecdotal reports에 따르면 개인의 변화가 조직 전체에 영향을 미치지는 않았다. 조직 규모와 문화 변화에 필요한 일반적인 시간과 범위를 고려할 때 놀라지 않았다. 우리는 이미 2년 차에 제안된 영향력 있는 리더 프로그램을 추가하기로 원칙적으로 동의했다. 사실, 우리는 이 프로그램이 성공하기 위해서는 규모를 확장하고 다각적인 프로젝트 계획이 필요하다는 것을 1년차에 곧바로 알았다. 동시에 바쁜 치안 조직에서 첫해에 시작할 수 있는 것은 상당히 많았다.

사다리 - 은유적 재구성

최고 경영자 그룹과의 마무리 세션에서는 사다리 이미지로 시작했다.

이들은 무엇을 보았나? 이들은 소수만이 오를 수 있는 등반을 보았다. 그들은 사람들이 이미 등반을 하는 다른 사람들과 보조를 맞추려고 한다는 것을 알았다. 이들은 사다리의 꼭대기가 좁아져서 거기에 도달할 수 있는 사람이 거의 없다는 것을 깨달았다. 우리는 그들에게 사다리로 무엇을 더 할 수 있는지 질문했다. 그들은 더 많은 사람이 오를 수 있는 다른 종류의 사다리가 될 수 있다고 말했다. 그들은 누가 보이지 않는지, 누가 사다리에 초대되지 않았는지 더 잘 알 수 있다.

그러고 나서 우리는 2차 변경사항을 도입했다. 우리는 '만약 이 나무로 원하는 것을 무엇이든 할 수 있다면 어떨까요? 그럼 어떻게 할까요?' 모두가 건널 수 있는 더 넓은 다리, 지금 우리가 있는 곳에서 우리가 가고 싶은 곳으로 가는 다리를 만드는 것 등 신나는 아이디어가 쏟아져 나왔다. 모두를 데려오자. 길을 밝혀줄 조명을 위해 나무를 조금 남겨두자. 니시 서장은 나무로 문장을 만들어 복도에 걸어 모두에게 영감을 주거나, 사다리를 이쑤시개 3,200개로 쪼개서 모두가 한 조각씩 갖고 소속감을 느끼며 리더로서 지지를 받을 수 있도록 하겠다고 제안했다.

좋은 기분을 넘어서: 투자 수익과 부가 가치

평가에 대한 평균 만족도는 5점 만점에 4.5점이었다. 팀은 행동 변화와 이러한 변화가 자신과 다른 사람들에게 미치는 영향을 식별했다.

가장 자주 언급된 행동은 더 깊이 경청하고, 시간을 갖고, 질문하고,

충고하려는 습관적인 욕구를 억누르는 것이었다(Bengay Stanier, 2020). 개인에게 미친 영향은 자신과 타인에 대해 더 잘 적응하고 인식하며 더 사려 깊게 참여하려는 점이었다. 다른 사람들에게 미치는 영향은 신뢰와 편안함의 증가, 리더십에 대한 자신감 증가, 팀 역량 증가였다. 더 넓은 주제에는 인지도 향상, '코치와 같은' 스킬, 팀의 참여와 성과 향상, 과거에는 사일로화되어 있던 역할 및 직급 사이의 신뢰 증가가 포함되었다. 아마도 가장 빈번하게 언급된 큰 영향은 사람들의 전문 지식을 모으고, 해결 능력을 높이며, 업무에 대한 더 깊은 사고와 더 큰 주인의식을 위한 여러 기회를 제공하려는 열망이었다.

이 리더십 개발 프로그램에 참여한 팀은 하향식 모델링이 동의buy-in에 상당한 영향을 미치고, 전체 조직을 이 작업에 진정으로 참여시키고 싶다는 욕구가 아주 높아졌다. 또 이 작업이 왜 중요한지, 그리고 이 작업이 팀과 개인에게 어떻게 도움이 되는지를 파악하기 위해 조직 전반의 광범위한 커뮤니케이션이 앞으로의 핵심 과제라고 제안했다. 마지막으로, 모멘텀을 지속해서 유지하기 위해서는 새로운 상황에 유연하게 대응하고, 참여를 의무화하지 않고 선택권을 부여하는 것이 중요하다는 점이 강조되었다.

모든 팀 세션에서 데이터를 수집하고, 개별 세션 데이터를 드러냈으므로 중요한 정보를 어떻게 추출할지 방법을 정해야 했다(수집된 행동 영향 데이터 목록은 이 장 끝에 있는 부록 B 참조, 상위 6개 데이터와 하위 주제, 대표 인용구는 부록 C 참조). 3개 그룹(최고 경영자 그룹, 리더십 개발 자문 팀, 시니어 리더십 팀 - 총 34명)을 대상으로 영향력, 학습 지향성, 의사소통 스타일에 대한 지식 적용, 팀과 문화 변화, 열망하는 리더십 비전 전달 등 여섯 가지 행동 변화에 해당하는 자주 사용되는 키워드와 구문에 대한 주제별 분석을 실시했다.

> **코치를 위한 교훈**: 만약 누군가가 스스로를 '리더'로 여기지 않는다면, 그들이 효과적으로 이끌기를 기대할 수 있을까?(skinner, 2020: 18).

리더로서의 정체성은 이 사례 연구에서 가장 널리 퍼진 주제로, 지속 가능한 리더십 개발이 성공적인 프로그램의 핵심이며, '개인의 자아감, 리더 정체성과 스킬 개발을 통합하는 더 깊은 수준의 변화를 통해 가능하다'고 주장하는 연구를 뒷받침한다(Hammond et al., 2017; Miscenko et al., 2017, Skinner, 2020에서 인용). 자신이 스스로 리더라고 말하고, 다른 사람들에게 인정받아야 한다. 또 조직에는 리더십 정체성을 가능하게 하거나 방해하는 역할을 하는 규범이 있다. 우리는 시스템을 염두에 두고 누가 리드할 것으로 예상되고, 리드하지 않을 것으로 예상되는지, 자신이 열망하는 비전에 도달하기 위해 그 장면에서 무엇이 바뀌어야 할 필요가 있는지 물었다.

아웃사이드 인과 인사이드 아웃

니시 서장은 두 가지를 관찰했다.

나는 리더십 개발 작업이 문화 변화를 시도하는 것과 얼마나 중요한 상호 의존성을 갖고 있는지, 그리고 팀 코칭이 혁신적이고 유연하며 진취적인 조직 비전을 달성하는 데 얼마나 큰 힘이 되는지 알게 되었습니다. 나는 또한 불과 1년 만에 리더십 개발에 대한 투자가 개인과 팀의 상당한 성장을 가져온다는 사실도 알게 되었어요. 의심할 여지없이, 우리 경영진은 우리가 하는 일의 결과에서 보듯이 영향력 있고 성과가 높은 팀이 되고 있습니다.

니시 서장은 업무를 시작한 지 6개월 만에 발생한 세 번의 대규모 연속 시위를 회상하면서 세 번째 시위가 첫 번째 시위와 얼마나 다르게 처리되었는지에 놀라워했다. 처음에는 전형적인 사일로 운영 방식으로 대응했다. 세 번째 시위에서 구성원들은 관점 공유, 위기 안의 기회 인식, 도움을 위한 더 적절한 자원 찾기, 매번 수정과 조정하기, 실수를 인정하고 수정하면서 취약성 표현하기, 마지막으로 해결책의 일부가 되도록 '반대론자'를 참여시켰다.

니시 서장의 관점은 '리더로서 우리는 외부(환경)를 바라보는 법을 배웠고, 이러한 외부 과제를 관리할 전략이 주어지므로 코칭이 변화를 촉진했다. 코칭은 본질적인 잠재력을 발휘할 수 있는 규율과 프레임워크를 제공했다'라는 것이다. 코칭이 없었다면 운영상 상당한 변화가 필요한 치안 현대화 의제를 추진하기 어려웠을 것이다. 그는 '이 코칭 작업은 많은 성공을 거두었고 이제 겨우 1년이 지났다'라고 말했다.

연결하기: 이사회가 지원하는 리더십 투자

1년 뒤 업무가 크게 발전하여 니시 서장은 리더십 개발 과정을 공유하고 주요 이해관계자인 경찰 위원회의 피드백을 받을 준비가 되었다고 판단했다. 코치와 리더십 개발 자문 팀 리더는 작업의 여러 단계와 조직 내부의 긍정적인 반응을 강조하는 발표자료를 작성했다. 니시 서장이 무대를 만들고 질문을 받았고, 이사회는 열광했다. 한 회원은 '리더십에 집중하는 것이 전략적으로 가야 할 올바른 방향입니다. 저는 "리더십이 중요합니다."라는 모토가 마음에 들어요. 매우 핵심적이고 중요합니다'. 또 다른 사람은 '서장은 문화와 사기를 바꾸기 위해 고용되었으며, 서장 주변의 강력한 팀과 함께 그 일을 해냈습니다…. 그리고 더 중요한 것은 서장도 '벤치 체력'을 개발하고 있다는 것입니다'라고 말했다. 위원회는 2년차를 승인하였고, 이는 궁극적으로 조직 전체와 치안 분야에 영향을 미쳤다.

2년차

위임하기로 돌아가기: 다른 사람과 팀 이끌기

2년차 주제는 다른 사람들과 팀을 이끌고, 신뢰와 개방성을 함양하며, 피드백을 공유하여 학습 조직으로 발전하는 것이다. 2년차는 필 지역 경찰이 최고 경영자 그룹과 함께 팀 코칭 360을 진행하면서 시작된다. 우리는 다음 프로그램을 통해 명확한 프로젝트 계획을 개발할 것이다.

- 올해 선도적인 자체 프로그램에 참여한 시니어 리더십 팀 구성원과 참여하지 않은 80명의 직원 모두를 대상으로 다른 사람을 이끌기
- '중간 리더' 프로그램 시범 운영
- 리더를 위한 지속적인 일대일 코칭
- 여성이 리더십을 발휘할 수 있도록 더 의도적으로 지원

실행 후 검토: 핵심 학습하기

니시 두라이아파 서장 – 내 가장 큰 배움은 우리가 성취하고자 하는 목표를 처음부터 더 명확하고 체계적으로 설정하는 것이었다. 우리는 이들에게 내부와 외부의 시각적 모델을 제공했다. 처음부터 더 명확한 프로젝트 또는 프로그램 개발 프레임을 추가할 수 있었다.

수석 코치(헤더 클라이튼Heather Clayton) – 가장 큰 배움은 개방적인 자세로 시스템 전체에서 일어나는 일에 주의를 기울여 서로 연결하고, 강점을 바탕으로 강력한 학습 공간을 만드는 것이었다. 시스템과 그 영향력에 대해 개인적으로 계속 배우는 일은 이 작업에 매우 귀중한 경험이었다. 이러한 시스템 관점 안에서 시스템이 표현하는 것을

인정하고 존중한다. 시스템이 '가장 잘 아는' 경우가 있는데, 내가 가진 비전을 내려놓는 것이 중요했다. 예를 들어, 경찰청의 반복적인 타이밍은 내가 보기에는 '지연'이었다. 그러나 이는 정확히 필요한 것이었다. 이사회에 발표하는 방식은 니시 서장과 경감의 지침에 따라 진행했다. 다시 말하지만, 경청과 수정이 결국 앞으로 나아가는 최선의 방법이 되었다.

연구와 실무 수퍼바이저(캐서린 카 박사Dr Catherine Carr) – 내 가장 큰 배움은 승진 문화였다. 나는 훌륭한 리더십이 발휘되고 있음을 알 수 있었고, 승진이라는 직업 문화가 전통적인 조직 문화를 중력처럼 끌어당기고 있다는 것을 알 수 있었다. 실제로 연구에 따르면 승진 문화는 거의 일련의 통과 의례와 같이 경찰 문화에 확고하게 내재되어 있으며(García-Izquierdo et al., 2012; McKinney et al., 2013), 가장 중요한 점은 투명성이다. 1년차 연구가 끝나갈 무렵, 나는 승진이 그대로 유지되고 있으며 이를 존중하고 해결책에 통합해야 함을 깨달았다. 다양성과 포용성을 보장하는 새로운 방식을 환영하면서도 자랑스러운 역사와 목적을 유지하는 승진 문화를 만들 수 있을까? 승진 과정에서 어떻게 최대한의 투명성을 확보할 수 있을까? 나는 1년차 종료 시점에 최고 경영자 그룹에 이러한 피드백을 제출했다.

수퍼바이저의 수퍼바이저(피터 호킨스Peter Hawkins) – 이 작업을 검토하면서 헤더와 캐서린이 '말하고 파는 것'이 아니라 공동 창작물에 주목할 것을 제안했다. 어떻게 하면 공동 창조하기와 파트너십을 강조할 수 있을까? 아니면 지역사회에 '변화 떠내려보내기drifting out the change(니시 서장의 언어)'를 강조할 수 있을까? 어떻게 이 표류물drift이 양방향으로 진행되게 할까?

승진 주제에 대한 위치 선정은 매우 흥미로웠다. 피터는 사다리 은유를 더 깊이 탐구해 보도록 추천했다. 변화의 순서에 따라 사다리를 풀어내는 방법에는 여러 가지가 있다. 첫 번째 단계는 단순히 사다리를 있는 그대로 보고 사다리가 현재 조직을 어떻게 상징하는지 생각해 보도록 유도한다. 두 번째 단계는 은유를 사용하여 학습과 창의성을 끌어낸다. 어떻게 하면 사다리를 다르게 볼 수 있는가? 참가자들은 사다리를 타고 있는 다른 사람이 누구인지 알아차림에 관해 이야기했다. 더 나아가 사다리가 분해하거나 원하는 대로 사용할 수 있는 나무라면 어떤가? 니시 서장은 모두를 위해 이쑤시개를 만들자고 말했다. 모든 사람은 소중하고, 변화의 일부이다. 그렇지만 한 걸음 더 나아가 보자. 이 이쑤시개로 무엇을 할 수 있는가? 어떻게 이쑤시개를 사용하여 전통적인 사고방식의 '감옥'을 열 수 있는가?

다양성과 평등 이끌기가 사다리를 어떻게 재구성할 수 있을까?

팀 코칭과 팀 코칭 수퍼비전에서 은유를 사용하여 강력하게 작업하는 방법은 무궁무진하다. 또 다른 하나는 사다리가 지속 가능하지 않으며, 많은 조직이 중간 단계를 제거하고 있다는 점을 고려하는 것이다. 또 더 넓은 지역사회와 생태계, 미래 세대를 위해 필 지역 경찰이 할 수 있는 일은 무엇인가?

결론과 계속하기

이 조직과 리더들과 함께 여행하는 것은 정말 영광스러운 일이었다. 리더십 작업은 시스템 작업으로, 경험적이고 강력하며, 힘든 작업이기도 하다. 궁극적으로 리더십 작업은 마인드셋 작업이다. 다르게 볼 수 있을 때 우리는 배우고 성장한다. 1년차 작업이 끝날 무렵 모인 경찰 리더들의 몇 가지 성찰적 진술이 이를 잘 대변해준다.

> 예전에는 리더십이 지시하는 것이라고 생각했는데, 지금은 경청하고 힘을 실어주는 것이라고 생각합니다.
>
> 예전에는 리더십이 과대평가되었다고 생각했는데…. 지금은 리더십의 힘이 과소평가되었다고 생각합니다. 리더십은 자기 자신, 팀, 조직, 지역사회에 무한한 잠재력을 만들어냅니다.
>
> 예전에는 리더십, 사고방식, 문화를 바꾸는 것이 조직에서 달성하기 어려운 거칠거나 모호한 활동이라고 생각했는데, 이제는 리더십 개발과 코칭에 적절히 투자하면 비교적 단시간에 변화를 시작하고 달성할 수 있음을 알고 있습니다.

부록 A: 리더십 프로그램 개발과 영향

번호	리더십 원칙과 실행	기본 커크패트릭 단계
1	미션 수행을 위한 역량을 창출하고 원하는 문화를 조성하기 위한 목적에 초점을 맞춘다.	영향
2	개발은 다른 관행(정책, 즉 채용, 선발, 승진과 성공적인 계획)과 연계되고 통합된다.	영향
3	경험 학습이 핵심으로, 리더는 원하는 행동을 연습하고 학습한 내용을 업무에 적용할 기회를 얻는다.	행동
4	특정 행동의 가치를 연결하여 조직의 성과를 달성한다.	영향
5	강점과 문제점을 식별하기 위해 자기 평가와 다른 사람들의 피드백을 받을 기회가 있다.	학습
6	개인은 맞춤형 개발 계획 수립에 참여한다.	학습
7	이 과정에서 일대일 코칭이 이루어진다. 코칭은 개인별로 특화된 지속적인 학습과 개발을 지원한다.	학습

참고: 헤이 그룹(2005, 홀트, 2011에서 인용)에서 각색.

부록 B: 수집된 정성적 데이터와 정량적 데이터

시작

정성적

- 니시 서장과의 인터뷰
- 리더와 이해관계자 인터뷰 매트릭스 – 현재 상태, 미래 상태와 여기에서 저기로 이동하는 데 필요한 구성 요소

정량적

- 리더십 자기 인식 설문지 - 사전(Clayton and Carr, 2020)
- 니시 서장 팀을 위한 고가치 창출 팀 설문지(Hawkins, 2021) - 사전
- 세션 후 평가

진행

정성적

- 모든 세션에서 데이터를 수집했고, 아주 많았다. 우리는 성찰을 촉진하고 참가자들에게 권한을 부여하며, 개인과 팀의 질적 성찰을 수집하기 위해 다양한 성찰 전략을 사용했다(여덟 가지 시점). 예를 들어, 1년차의 중간과 종결 부분에 '내가 생각하곤 했던…. 지금 내가 생각하는 것은…'에 대한 일지 항목을 수집했다.
- 일대일 코치와 함께 하는 중간 지점과 종결 세션으로 주제 드러내기를 기록했다.
- 경찰 지도부의 여성 노변한담 성찰
- ROI 지표에 대한 중간 지점의 최고 경영자 그룹 세션
- 문화 연구에 대한 외부 조직과 내부 리더와의 연락 및 연계
- 외부 이해관계자 인터뷰 −영국 런던의 전 경찰청 부국장 그랙 맥키Craig Mackey 경, 토론토 전 지역의 공공 안전과 사법부 관리자인 찰스 페이에트Charles Payette

정량적
- 평가 데이터: 모든 참가자(최고 경영자 그룹, 리더십 개발 자문 팀, 시니어 리더십 팀)와 갈등 평가(최고 경영자 그룹)에 사용하는 행동 스타일 평가

연말(종결)

정성적
- 장기 재임 리더의 일대일 질적 퇴사 인터뷰(사전과 사후 비교)
- 다양성과 공정성 책임자이자 문화변화 책임자인 니시 서장과의 1:1 인터뷰
- 커크패트릭Kirkpatrick 모델에 기반을 둔 인터뷰 매트릭스
- 일대일 코칭 팀 관찰에서 주제 펼치기

정량적
- 리더를 위한 자기 인식 척도(사전과 사후 비교)
- 니시 서장 팀을 위한 고가치 창출 팀 설문지(Hawkins, 2021)(게시)
- 선임 리더십 팀과 리더십 개발 자문 팀 사후 프로그램 평가

통찰, 행동 변화와 영향과 관련하여 수집한 수많은 데이터 중에서 우리는 특히 여정journey을 문서화하고 정체성, 관행, 문화와 지역사회 영향의 주요 변화를 강조하는 데 관심이 있었다. 사전과 사후 데이터,

주제와 행동 영향(부록 C)은 다음과 같다.

일대일 인터뷰-강점 벤치마킹

질적 인터뷰 데이터는 리더 대부분이 관계 구축, '말한 대로 실천하기'와 자신의 실수를 인정하는 데 상대적인 강점을 가지고 있음이 나타났다.

이해관계자 출범 세션

이해관계자들은 리더십 프로그램이 자기 인식, 경청 수준, 효과적인 의사소통, 전략적 사고, 성찰적 사고 연습과 비지시적 코칭 기술(말하지 않고 묻기)과 같은 기본적인 리더십 개념을 높이는 데 초점을 맞추기를 원했다.

리더십 자체 평가 주제(사전과 사후)

최고 경영자 그룹, 전체 시니어 리더십 팀과 리더십 개발 자문 팀 그룹은 시작 시점과 1년차 말에 자체 리더십 평가를 완료했다. 이 평가에는 자기 인식 정도, 성찰 시간과 전략적 사고에 참여하는 것, 실수를 인정하려는 의지, 진실성('대화' 수행)과 변화 계획(자기 계발을 위한 게임 계획이 있는가?)에 대한 리커트 척도 질문 열 가지가 포함되었다. 종합적으로 가장 크게 증가한 점수는 '성찰적이고 전략적인 사고를 우선시하는가?'로 평균 22% 증가했다. 최고 경영자 그룹과 시니어 리더십 팀에서 가장 낮게 나타난 점수는 '나는 지속해서 피드백을 추구한다'로 5% 하락했고, 리더십 개발 자문 팀은 '나는 리더로서 자각하고 있다'에 대한 응답으로 7%가 하락했다. 우리는 리더들이 자기 자신과 리더십에 대해 알지 못하거나 이해하지 못하는 점을 인식하게 되면서 증가 전에 약간의 감소가 있을 것으로 예측했다.

평가는 또한 각 리더에게 이 프로그램에서 달성하고자 하는 개인적인 목표를 진술하도록 요청했다. 리더십 개발 프로그램에 참여하기 위한 개별 목표는 팀 참여와 권한 부여를 위한 학습 전략 습득, 전략적 성찰을 위한 공간 만들기, 자체 리더십 개발 계획 수립이라는 세 가지 주제를 강조했다.

고가치 창출 팀 설문지(사전, 사후)

고가치 창출 팀 설문지는 시작 시점과 1년차 말에 실시했고, 우리는 2년차 말에 다시 설문할 예정이다.

부록 C: 행동적 영향. 상위 일곱 가지 주제*

새롭게 보여준 행동	응답자 수	하위 주제	서술 사례
리더로 등장	26	새로운 학습, 자신감, 언어 공유를 통한 정렬, 새로운 학습 접근 방법	• 리더가 생성한 공유 목표 vs 사일로에서 작업 • 나는 내가 리더로서 열망하는 바를 알고 그에 따라 행동한다. • 이 프로그램을 통해 리더로서 내 관점과 실천이 바뀌었다. • 나는 리더십 모델링을 이해하고 보여준다. 이는 매우 중요하다.
코치와 같은 행동 사용하기	21	덜 지시적이고, 전문성을 활용하고 집단적 해결책을 만든다.	• 코치처럼 되기 지원 덕분에 직원들과 더 편안하고 자연스러워졌다. • 새로운 점은 상황이 허락할 때 코칭을 하려고 한다는 점이다. • 코치 같은 리더십을 발휘하고 있다.
영향력 듣기	16	다른 사람들과 의도적으로 시간을 더 많이 보내고 더 깊고 의미 있는 관계를 만든다.	• 나는 이제 대답하기 위해 듣는 것이 아니라 이해하기 위해 듣는다. • 나는 적극적으로 경청하고, 경청 수준을 적용하고 효과적인 질문을 한다.
학습 오리엔테이션	15	학습은 자기 인식, 개방성, 신뢰를 높이는 데 도움이 되었다. 참가자들은 의도적으로 새로운 아이디어를 일터에 적용하고, 일터 학습을 다시 팀 코칭에 가져왔다.	• 나는 좀 더 코치처럼 되는 법을 배웠다. 나는 리더십 프로세스를 내 상황에 적용할 수 있다. • 나는 속도를 늦추고 듣고 배운다. • 나는 매일 배운 것을 계속 적용할 것이다. • 리더십 문제에 대처하기 위한 새로운 전략을 배웠다. • 나 자신에 대해 많이 배웠고 다른 사람들과 이야기할 때 이를 보여준다.

새롭게 보여준 행동	응답자 수	하위 주제	서술 사례
다양한 의사소통 유형에 대한 지식 적용	11	평가는 의사소통 프레임워크를 제공했다. 리더는 다른 사람들의 선호도를 알아차리고 다르게 반응했으며 더 생산적이고 협력적이었다. 새롭게 사용할 전략이 있다.	• 직원들과 함께 사용하는 의사소통 기술을 배웠다. • 나는 내 작업에서 다양한 스타일에 다르게 반응한다는 것을 의식하고 있으며, 이것이 우리를 더 생산적으로 만든다. • 함께 일하는 사람들을 이해하기 때문에 더 많이 협력한다.
변화하는 팀과 문화	9	리더들은 팀과 어떻게 다르게 일할 수 있는지, 이것이 문화에도 영향을 미칠 수 있다는 것을 알기 시작했다. 문화 변화에는 인내가 필요하다는 인식이 있었다.	• 우리는 이 코칭 문화를 실제로 강화할 수 있다. 리더십 관점에서 우리는 팀 구성원들이 자율적으로 기여할 수 있다고 느끼도록 하고 있다. • 문화를 변화시키는 방법에 관해 연구한다. • 문화를 바꾸는 것은 힘들고 인내해야 한다. • 리더로서 나는 우리 팀이 필요로 하는 것이 무엇인지 인식한다. • 다른 사람을 더 잘 이해하고 영감을 준다.
야심찬 리더십 비전 전달하기	6	리더십 포부를 갖고 일하면서 리더의 목표가 명확해졌고 그들이 지원하는 사람들의 포부에 대한 통찰력을 얻을 수 있었다.	• 영감을 주는 비전이 핵심 산출물이었다. 나는 비전을 염두에 두고 기억하고 이끌려고 노력한다. • 나는 열망의 중요성을 이해한다. 지금은 다른 사람들에게 영감을 주기 위해 노력한다. • 공유 리더십 비전을 구현했다.

* 연간 팀 코칭에 포함된 13개의 핵심 학습 활동과 인터뷰에 대한 질적 주제 분석을 기반으로 둔다. 최고 경영자관리 그룹, 시니어 리더십 팀, 리더십 개발 자문 팀을 포함한다. 연구는 하위 주제를 분리하여 주제로 분류하는 작업을 포함했다. 여섯 개 이상의 의견에 대한 테마가 포함되었다.

데이터는 34명 참가자 가운데 26명이 대답한 것이다. 비응답자 8명 가운데 4명은 은퇴했고 4명은 응답하지 않았다.

기고자: 헤더 클레이튼 Heather Clayton

헤더 클레이튼은 대규모 공공 부문 리더십과 팀 개발을 전문으로 하는 회사의 대표이다. 헤더의 초기 경력 대부분은 최고의 교육기관을 위한 다각적인 학습과 프로그램 개발을 주도하는 것이었다. 이러한 경험을 통해, 조직 문화에 영향을 미치는 리더십 대화를 구축하고 형성하는 것이 우리가 할 수 있는 가장 중요한 코칭 작업이라는 믿음을 형성했다. 코칭 방법론은 개인과 팀에 관한 연구와 시스템적인 접근 방식에 기반을 두고 있다. 헤더는 리더와 팀이 복잡한 경험 속에서 탐색하고 변화할 수 있는 깊은 안전감을 느낄 수 있는 '안식처와 도전이 만나는' 마법의 영역 magic zone을 좋아한다.

12장
컴에어사에서 효과적인 '팀들의 팀' 접근 방식 개발

저자: 바바라 월시Barbara Walsh, 대니 터크우드Danny Tuckwood(METACO),
에릭 벤터Erik Venter(CEO), 제랄딘 웰비-쿡Geraldine Welby-Cooke(조직개발 책임자),
트레이시 맥크리디Tracy McCreadie(서비스 제공 관리자), 저스틴 델Justin Dell(지상운영 관리자)
(모두 COMAIR), 피터 호킨스(METACO, 수퍼바이저)
역자: 윤선동

도입

이 장에서는 2016~2017년에 남아프리카 공화국의 복잡한 항공사와 협력하여 다양한 핵심 내부 팀에 시스테믹 팀 코칭을 적용하고, 팀 간의 연결과 관계성을 코칭한 사례를 소개한다. 이 접근 방식은 팀 코칭(Hawkins, 2021:227-61)과 특히 '팀들의 팀' 문화 개발(Hawkins, 2021:242-49)에 대한 에코시스템적 접근 방식을 기반으로 둔다. 또 전후 이라크에서 군사 작전 문화를 근본적으로 바꿨던 접근법을 설명한 맥크리스탈McChrystal 장군의 저서 『팀들의 팀Team of Teams』(McChrystal et al, 2015)의 영향을 받았다. 이 장 역시 '팀들의 팀'이 썼다!

사례 연구는 조직개발, 개인 코칭, 리더십 개발과 시스테믹 팀 코칭이 어떻게 통합되어 복잡한 조직 전체에서 집단적 리더십을 역동적으로 개발할 수 있는지 보여준다.

배경과 맥락

컴에어사Comair의 CEO인 에릭 벤터Erik Venter는 급변하는 환경에서 리더십 개발에 대한 다른 접근 방식이 필요한 맥락에 관해 설명한다.

컴에어사는 71년 동안 남아프리카 항공 시장에서 사업을 운영해 왔으며, 지금까지 매년 영업 이익을 달성했습니다. 성공의 비결은 결과적으로 조직 문화와 뛰어난 인재를 유치하고 유지하는 능력으로, 상당한 경험과 회사 차원의 기억을 축적할 수 있었습니다. 그러나 2008년 이후, 남아공 국내 항공사 수익은 거의 성장하지 않았는데, 컴에어사는 시장 점유율 증가와 운영 효율성 향상, 부수적인 수익원을 추구하면서 결과적으로는 수익을 증가시켰습니다. 더 최근에 컴에어사는 다각화와 새로운 성장 흐름을 창출하는 수단으로 내부 항공 서비스 가운데 일부를 제삼자에게 넘겨 적극적으로 성장을 추구하고, 마케팅했습니다. 여기에는 승무원 교육, 케이터링, 여행 서비스와 항공사 라운지 사업이 포함됩니다.
　그러나 위의 모든 사항을 제공하려면 복잡성 증가라는 대가를 치러야 했기에, 비즈니스 전반에 상당한 디지털 전환이 필요했습니다. 그 결과, 비즈니스 프로세스와 데이터 관리가 통합되어 부서 간 상호 의존성이 높아지고, 전달 방법과 리더십 스타일을 지속해서 변경해야 할 필요성이 대두되었습니다. 근본적으로 부서별 사일로silos[1]를 제거하고, 관리 구조와 스타일을 개선하여 부서가 아닌 기능 계선functional lines(역자 주: 계선이란 수직적 계층구조를 형성하고 목표달성을 직접 수행하는 부서를 말한다. 참고로 참모staff는 계선을 지원, 조성, 촉진하는 부서로 계선과 대비되는 역할이다.)을 따라 일하는 새로운 업무 방식이 적용되도록 발전시켜야 했습니다.

그러나 여전히 전통적인 부서 구조가 작동해야 하는 관리 기능이 많았으므로, 기능 계선에서 업무 성과는 현재 부서 내에서 그리고, 부서 간 더 큰 팀워크 형태로 나타나야 했어요. 이러한 팀워크 접근방식을 촉진하기 위해 리더십 훈련이 필요했습니다.

본질에서 항공사는 대부분 기능에 대해 문서화된 절차와 규정 준수 체크리스트가 있는 상당히 운영 중심적인 기업입니다. 부서별 전문 운영 절차 개발과 유지 관리는 대체적으로 사일로 증상을 악화할 뿐만 아니라, 상대적으로 시야가 좁고 단기적인 초점을 가진 관리자를 양산합니다. 따라서 10년 전의 리더십 교육은 주로 관리자에게 비즈니스의 다른 측면을 소개하는 동시에, 사일로 내에서 사람들을 이끄는 방법을 교육하는 데 중점을 두었습니다. 대부분 직원이 광범위하고 일반적인 범주에 적합했으므로 모든 사람이 일반적인 교육을 받는 전형적인 강의실 환경에서 이루어졌습니다.

---

1) 부서 이기주의를 의미하는 용어로, 기업 등 조직을 이루는 부서들이 조직의 공동 목표와 이익보다는 자기 부서의 이익만을 추구하여 다른 부서와의 정보 공유 그리고 소통·협력을 외면하는 현상을 가리킨다. '사일로silo'란 곡식·사료·시멘트 등을 저장하는 원통형의 대형 저장탑을 뜻하는 말이다. 다른 부서와 벽을 쌓고 단절된 모습이 다른 물품들과 섞이지 않도록 단일 물품만 보관하는 높은 장벽의 저장탑인 사일로와 비슷하다 하여 이러한 용어가 생겨났다. (두산백과, http://www.doopedia.co.kr)

비즈니스 수행 방식의 급속한 변화로 관리자에게 요구되는 사항이 달라지고, 다른 스킬 세트skill set와 교육 방식이 필요하게 되었습니다. 이제 관리자는 다른 부서에 대한 의존도를 세밀하게 이해해야 할 뿐만 아니라, 더 빠르게 전달하고, 더 복잡한 거버넌스와 법률, 기술 해결책과 전략적 방향을 더 깊이 이해해야 합니다. 비즈니스 파트너, 구조 안에서 새로운 전문화된 역할, 조직 내에서 새로운 전문 부서의 역할이 목표 달성을 지원합니다. 이제 파트너십, 부서 간 팀워크와 전략적 방향은 일상적인 관리 운영에서 중요한 보완 요소입니다.

컴에어사 내의 관리자는 모두 이러한 새로운 요구 사항 안에서 서로 다른 수준의 역량을 가지고 있으므로, 특정 역량을 위한 교육은 더 모듈화되고 개인에게 적합하게 조정되는 동시에, 상호 의존성과 파트너십의 필요성에 대한 인식을 개발하기 위해 시스테믹 팀 코칭 접근 방식을 사용합니다.

이는 비즈니스와 환경이 계속 변화하는 동안 조직의 요구 사항을 파악하고, 진화하는 기술을 평가하며, 가장 적절한 형태의 개발로 격차를 메우려는 반복적인 프로세스로, 마치 3만 피트 상공에서 비행하면서 항공기 엔진을 수리하는 모습과 같습니다!

아마도 세계의 어떤 지역보다도 크다고 추정되는 남아프리카공화국의 추가적인 복잡성이 존재합니다. 숙련된 인력이 절실히 부족했고, 유능한 전문가를 구하기가 매우 어려웠어요. 컴에어사는 적임자를 고용하기 위해 엄청난 노력을 기울이고 있으며, 이러한 핵심 인재를 대상으로 동기를 부여하고 유지하는 일은 중요합니다. 동시에 자동화가 발전함에 따라 일반 직원의 기술 요구 사항이 더 복잡해지고 있어요. 또 비즈니스 운영 환경에 정치적 영향력이 막강하여 모든 수준에서 강력한 관계 능력, 창의적 사고와 적응력을 요구합니다.

시스테믹 팀 코칭을 위한 조직개발OD 맥락

컴에어사의 조직개발 책임자인 제랄딘 웰비-쿡Geraldine Welby-Cooke은 시스테믹 팀 코칭 맥락을 다음과 같이 설명한다.

> 오늘날 리더십 접근 방식은 비즈니스의 미래를 준비하기 위해 특정 개인과 팀 리더십 개발 요구 사항을 목표로 여러 요소에 초점을 맞추고 있다. 이런 요구 사항은 엄격한 리더십 평가와 함께 개인 개발 계획, 팀과 개인 코칭, 온라인 학습과 시뮬레이션을 활용한 인재 관리 교육으로 해결하고 있다.
> 우리는 리더들이 리드LEAD할 수 있는 역량을 갖추는 데 집중하고 있다.
>
> - 영감을 주는 이끌기Lead to inspire
> - 변화 수용하기Embrace change
> - 해결책을 지향하기Aim for solutions
> - 결과 이끌어내기Drive results
>
> 이는 리더로서 그리고 집단 리더십 팀으로서, 이들이 어떻게 나타나는지에 초점을 맞추고 이루어져야 한다. 우리의 초점은 [그림 12.1](Hawkins & Smith, 2013에서 수정)에 반영되어 있다.

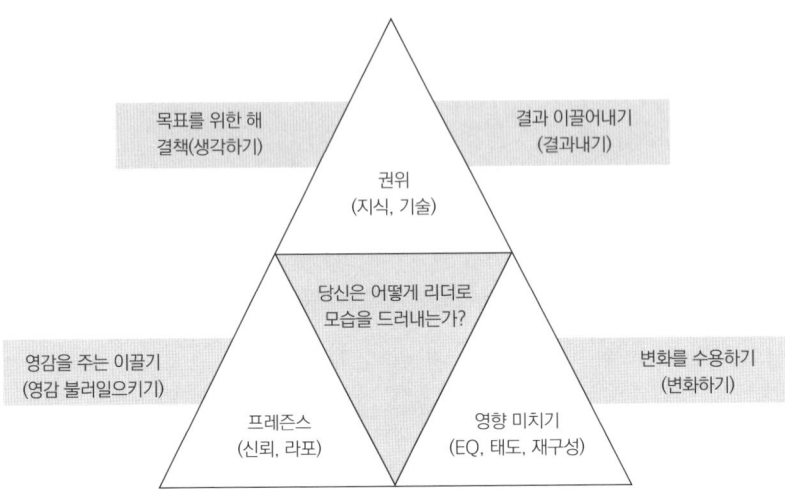

[그림 12.1] 당신은 어떻게 리더로 나타나는가?

컴에어사에서 팀 코칭 시작

메타코Metaco는 컴에어사의 HR 리더십 팀과 협력하기로 계약했다. 그 당시 HR 리더십 팀은 단절되어 있었고, 비즈니스에 통합 서비스를 제공하기 위해 하나의 HR 팀으로 조정이 필요한 상황이었다. 집중적인 범위 설정 프로세스를 거쳐 2016년 말에 8개월에 걸친 다양한 프로그램을 시행하였다.

팀과 개인 코칭에서 생성된 활동에 참여하면서 비즈니스의 다른 부분에서도 변화를 알아차리기 시작했다. 이들은 관찰하면서 영감을 받았고, 비슷한 과정을 수행하는 데 관심을 표명했다.

제랄딘Geraldine은 다음과 같이 덧붙인다.

> 동시에 우리는 리더십 프로그램의 다음 단계를 설계하고 있었고, 성공하려면 개별 리더에게 초점을 맞추기보다는 전체적으로 리더십을 개발해야 함을 깨달았다. 전체 팀이 리더십 역할을 수행하고, 이해관계자의 요구에 신속하게 적응하고, '컴에어사의 최대 이익'에 집중하며, 집단적 목표를 달성하기 위해 사일로 간에 협력할 수 있도록 해야 한다. 그 해답은 리더에게 목적과 의미를 부여하는 시스테믹 팀 코칭이었다.

세 개의 운영 팀은 각각의 내부 팀 역동을 개선하고, 동시에 팀과 다른 이해관계자 사이의 협업 개선을 희망했다. 개인의 성취보다 컴에어사의 전략적 비전을 최우선으로 생각하면서, 서로 긴밀하게 협력하는 능력은 항공사의 명성과 성공에 중요하다.

이러한 팀 운영 상황은 참여와 운영상 요구 사항에 대한 유연성으로, HR 팀과는 다른 접근 방식이 필요했다. 이 사례 연구는 현재 진행 중인 시스테믹 팀 코칭 프로그램에 대한 에코시스템적 접근 방식을 보여준다.

운영 팀

세 팀은 구조가 다양하다.

- **서비스 제공팀**service delivery은 13명의 개인으로 구성된 대규모 팀이다. 팀 관리자 트레이시Tracey 외에도 팀은 공항 관리자, 객실 서비스 관리자와 특별 서비스 관리자로 구성되어 있다. 이들의 목표는 승객이 공항 체크인부터 항공기 탑승, 기내 서비스와 목적지 공항에서 수화물을 찾는 과정을 원활하게 만드는 것이다.
- **지상 운영팀**ground operations은 소규모 팀이다. 저스틴Justin 외에도 컴에어사가 서비스를 제공하는 모든 공항에서 화물과 수하물을 싣고 내리는 지상 서비스 활동을 감독하고 조정하는 세 명의 램프 관리자가 있다. 이들은 또한 청소 팀, 케이터링 적재와 특별 요구 사항(예: 휠체어)을 감독한다. 이들은 엄격한 마감시간dead line을 갖고 일한다.
- **비행 운영팀**flight operations은 구성이 다르다. 비행 운영 관리자는 수석 기장에게 보고한다. 관리자는 운영 통제와 비정기 운항의 두 부서에 걸쳐 10명의 감독관으로 구성된 팀을 관리한다. 이들은 비즈니스 운영과 연계하여 비행 일정을 처리하고, 이착륙하는 항공편 상태에 대한 정보를 유지하고, 문제가 발생할 때 계획, 감독, 지원한다. 특히 팀은 기술적 문제, 악천후 등으로 인해 항공편이 지연되거나 취소될 때 큰 압박을 받는다.

프로세스 프레임워크 개관

팀 후원자와 팀 리더와 계약하기 전에 팀이 직면한 문제, 조직의 고유한 문화 그리고 운영 역동을 이해할 목적으로 팀 리더와 주요 이해관계자와의 포괄적인 협의 프로세스를 진행하였다.

팀 360(팀 360도 진단), 의사소통 스킬skill에 대한 이틀 동안의 워크숍으로 업무 기반을 마련하고, 이틀간의 팀 출범 워크숍, 개인 코칭과 팀 간 코칭inter-team coaching을 포함하는 다각적인 팀 코칭 프로그램을 제안하였다. 매월 팀 리더와 조직개발 관리자가 참여하는 월간 검토 회의를 통해 진행사항을 논의하고, 다음 팀 코칭 워크숍을 공동 설계하고, 후원자와 격월로 회의를 하여 팀 코칭이 운영에 미치는 영향에 대해 논의한다. 또 컴에어사에서 진행되는 다양한 파트너십 활동을 논의하기 위해 CEO와 정기 회의도 계획하였고, 이에 관해서는 다음 섹션에서 자세히 설명한다.

활동

프로젝트 범위 지정

이 경우 프로젝트 범위는 세 부분으로 구성된다.

- 서비스 제공, 지상 운항 및 항공편 운영 팀장과의 개별 인터뷰로, 각 팀의 강점, 도전 과제, 개발 분야에 대한 인식을 확립한다.
- 세 명의 팀 리더와 합동 인터뷰로, 이들의 과제, 현재 상태와 팀 사이의 추가 결속력과 협업에 대한 기대, 팀 코칭에서 원하는 기타 결과에 대해 자세히 알아본다.
- 팀의 후원자인 마틴 로우Martin Louw(비행 운영 부문 전무이사)와 팀 리더들이 참석한 가운데 에릭 벤터Erik Venter(컴에어사의 CEO)와의 인터뷰로, 세 팀에 대한 개별적, 집단적 기대와 팀 코칭을 통해 달성하고자 하는 바를 파악했다.

서비스 제공 관리자인 트레이시 맥크레디Tracey McCreadie는 코칭을 시작하기 전 상황을 다음과 같이 설명한다.

여행을 시작할 때 우리 팀은 다음과 같은 조건에서 운영되고 있음을 확인했습니다.

- 피해의식에 사로잡힌 문화가 있었습니다.
- 팀 내에는 협력과 지원이 거의 이루어지지 않아, 팀 내 연결이 거의 없었습니다.
- 팀은 주요 이해관계자와 그들의 요구 사항, 과제와 의무에 대한 이해가 거의 없었고, 비즈니스 간 시스템과 이러한 시스템에 미치는 영향에 대한 인식도 부족했습니다.
- 팀은 비난 게임을 하면서 방어적인 방식으로 갈등을 처리했습니다.

- 팀 구성원들은 거의 학습하지 않았고, 극도로 내부로만 집중했습니다.
- 드라마틱한 상황이 많았고, 해결 중심적이지 않았습니다.

다른 리더들도 비슷한 감정을 표현했다. 비행 운영 관리자는 자신이 감독하는 팀이 자기에게 과도하게 의존하고 있으며(이 역할이 처음이었음), 이들이 자신을 리더로 여기고, 책임감을 느끼고, 협력적인 의사결정을 내리고, 서로에게 책임을 지는 데 더 익숙해져야 한다고 덧붙였다.

팀 리더들은 저마다 자신의 행동이 다른 팀에 미치는 영향을 고려하기보다는 자기 팀의 결과를 최적화하는 데 집중하는 경향이 있다는 데 동의했다. 이는 결국 승객을 포함한 다른 이해관계자에게 연쇄적인 영향을 미칠 수 있다는 데 의견을 모았다. 이들은 공동의 목표에 맞추려면 자기 팀보다 컴에어사의 성과에 대해 더 높은 관점을 갖는 일이 필요하다는 데 동의했다.

후원자와 CEO는 위의 개발 영역에 다음을 추가했다.

- 팀은 스스로를 팀들 가운데 하나의 팀으로 보아야 한다. 팀 구성원은 자신의 직무에 국한하지 않고, 상황에 필요한 사항이 무엇인지 살펴야 한다. 팀 리더는 고객에게 일관성 있는 높은 수준의 서비스를 제공하기 위해 팀 구성원들이 같은 생각을 하고 있음을 인식하고, 이를 팀과 조직의 다른 부분으로 확산해야 한다. 팀은 위기가 닥쳤을 때, 아주 잘 뭉쳐야 하고, 매일 이렇게 일해야 한다.
- 개인의 성과가 뒤처지면 일관되고 높은 수준의 서비스를 제공하

기 위해 개선해야 한다.

- 다른 팀이 무엇을 하고 있는지 파악한다. 각 팀은 오케스트라의 일부이며 전체에 기여한다. 수동적이기보다는 능동적으로 행동한다. 문제가 되기 전에 예상하고 협력하여 문제를 해결하고, 다른 사람들을 참여시켜 도움을 요청하고 서로 도와준다.

- 적시성, 안전 등의 목표를 달성하는 데 그치지 않고, 초과 달성을 위해 지속해서 노력한다. 불가피한 상황이 발생할 때를 대비하여 여백margins을 확보한다.

- 비난하기보다는 공ball을 들고 해결책의 일부가 되자. 'CYAcover your arse'(제 식구 감싸기) 이메일을 제거하고, 다른 관점을 살피고 도움과 지원을 서로 제공하자. 그 순간에는 본인이나 팀에 부정적인 영향을 미칠 수 있더라도 더 큰 그림을 보고, 항공사에 최선의 이익이 되는 결정을 수용하자. 다른 사람들의 긍정적 의도를 믿고, 드라마틱한 상황을 피하고, 본인과 팀이 가치를 더할 수 있는 방법을 찾아보자.

- 팀 구성원은 적응력이 뛰어나고, 준비가 되어있어야 한다. 필요한 규정을 준수하고, 적절한 재량과 이니셔티브, 혁신적인 사고 사이에서 균형을 맞출 수 있어야 한다.

- 사람들을 참여시키자. 협업, 의사소통, 부서 간 학습과 성장, 유연성을 가지고 하위 직급의 직원과 협력업체 직원의 참여를 높여야 한다.

기초 만들기: 고급 의사소통 기술

세 팀을 더 긴밀한 협력관계로 이끌어야 한다는 명확한 임무에 따라 진행한 첫 번째 과제는 팀 구성원들이 의사소통과 부서 간 협력을 가능하게 하는 공통 언어를 만들도록 돕는 일이었다. 이 작업은 리더십과 관리의 맥락에 맞게 NLP 의사소통 모델(Bandler & Grinder, 1975) 개념의 행동 학습 접근법action learning approach(Revans, 1982)을 사용하여, 이틀간의 합동 외부offsite 워크숍 형태로 이뤄졌다.

처음부터 우리는 여러 가지를 섞어보고 싶었으므로, 모든 소그룹 체험 활동은 여러 기능 팀을 아우르는 다양한 참여자와 함께 진행했다. 분위기는 조심스러웠고, 긍정적이며 참여적이었다.

실질적인 첫 번째 변화는 우리가 경청 훈련을 진행했을 때 일어났다. 여기서 모든 참여자는 자신의 경청 능력을 결과 점수보다 훨씬 높게 평가했다. 이는 많은 사람의 웃음을 유발했고, 구성원들을 하나로 모으는 데 크게 기여했다.

우리가 명확성과 이해를 추구하는 식의 질문법으로 소그룹 연습을 했을 때 이는 더욱 강화되었다. 그 때 활용되던 지배적인 리더십 방식은 팀 리더가 결정하고 지시instructions(공개적으로 '지시'라고도 함)를 내리고 책임지는 명령command과 통제control의 방식이었다.

트레이시Tracey는 다음과 같이 설명했다.

팀 리더로서 나에게 가장 큰 도전은, 팀의 참여자이자 주도자로서, 대부분의 결정을 내리는 역할에서 팀의 활동과 의사결정에 권한을 부여하고 지휘하는 역할로 전환된 점이었다.

참여자들은 새로운 질문 방식에 적응하는 데 어려움을 겪었지만, 그룹 내 다른 사람들의 지원을 받았으며, 이는 개인들을 더 가깝게 만드는 데 도움이 되었다. 워크숍을 학술적인 훈련 이상으로 만들기 위해 마지막 날 오후, '진짜 놀이real play'에 시간을 할애했다. 팀 리더들에게 의도적으로 '악몽 같은 시나리오nightmare scenario'를 짜보라고 요청했다. 주요 역할은 사전 경험이 전혀 없는 직원이 맡았다(예: 지상 운영 관리자 가운데 한 명이 유지 관리자의 역할을 수행). 특정 역할을 맡지 않은 사람들은 상호작용과 의사소통에 집중해야 하는 임무를 가진 관찰자 역할을 맡았다.

시나리오가 진행되는 과정에 문제가 추가되면서 참여자들의 압박감을 가중시켰다. 팀 리더가 임원 역할을 맡아 끼어들며 압박감을 더욱 높였다. 특정 시점에서 우리는 활동을 중단하고, 참여자들이 관찰자 그룹과 토론을 통해 의사소통을 개선하기 위한 자신들의 생각을 나누고 방법을 찾도록 했다.

오후가 지나면서 대화의 성격이 훨씬 더 협력적이고 해결 중심적으로 변화하는 것을 관찰하는 것은 흥미로웠다. 참여자의 후속 피드백은 이 훈련이 저마다 역할의 시스템적 특성을 이해하는 데 근본적인 전환점이 되었음을 보여준다. 이런 활동은 팀이 가치를 창출하는 대화에 참여할 수 있는 기본 프레임워크와 공통 용어를 만드는 데 매우 중요했다.

팀 파노라마 360도

개정된 온라인 버전의 고가치 창출 팀 설문지High-Value-Creating Team Questionnaire (Hawkins, 2021:350-53)는 팀 리더가 지정한 주요 내부와 외부 이해관계자뿐만 아니라 팀 구성원, 직속 보고자도 설문에 참여했다. 그 결과를 취합하고 집계하여 각 팀별 출범 워크숍launch workshop에서 공개했다.

팀 출범 워크숍

공통 프레임워크를 사용하여 각 팀과 함께 이틀간의 워크숍을 진행했다. 여기에는 소그룹 활동뿐만 아니라 지식 전달도 포함되었다. 핵심 주제는 21세기 비즈니스 환경의 복잡성을 수용하기 위해 팀과 개인에게 필요한 변화에 관한 내용이었다.

- 개인, 팀, 조직 사이의 연결에 초점을 둔 '아웃사이드-인, 퓨처-백future-back, 전체에서 부분으로' 접근 방식으로 변경하기
- 더 깊고 인본주의적인 수준에서 서로를 이해하기
- 직장에서 드라마 제거하기

주로 소규모 그룹으로 작업을 완료하고 자주 재편성하여 팀 구성원들은 서로 더 잘 인식하게 되었다. 팀 구성원들은 새로운 경청과 질문 기술을 활용하면서 집단적 사고collective thinking의 가치를 경험하기 시작했다.

워크숍의 주요 결과물에는 행동에 대한 일련의 팀 약속과 가상의 빨강, 녹색 카드를 사용하여 피드백을 제공하는 프로세스가 포함되어 있었다. 이를 통해 팀 구성원은 서로에게 이런 약속에 대한 책임을 물을 수 있었다. 이후 이 문서는 차곡차곡 정리되어 팀 회의와 각 팀 코칭 세션에 전달되었다.

코치들은 워크숍에 대한 다양한 반응을 살펴보는 일이 흥미로웠다. 트레이시는 다음과 같이 이를 설명했다.

> 어떤 변화도 발견 단계에서는 어느 정도 불편함이 있습니다. 개인으로서 우리는 모두 최선의 의도가 있었지만, 일단 우리의 행동을 인식하고 나면 우리가 따라야 할 과정에 대해 팀 내에서 다른 반응이 있었습니다. 변화하는 방법을 이해하지 못하는 데서 오는 좌절감과 그 과정에서 고립감을 느끼고, 도움을 요청하지 않는 팀 구성원들의 저항하는 반응에서 발견, 깨달음, 놀라움과 기쁨을 표현하는 반응으로 바뀌었습니다.

지상 운영 관리자인 저스틴 델Justin Dell은 다음과 같이 설명했다.

> 팀 구성원 대부분의 첫 반응은, '이건 또 가까운 미래에 잊힐 또 다른 과

정인가?'였습니다. 놀랍게도 이는 정반대였어요. 팀은 코칭 경험을 두 팔 벌려 받아들였고, 이들은 실제로 배운 사항들을 개인적인 삶과 팀 안에서 실제로 적용하여 궁극적으로 팀 내에서는 역동성과 추진력을 변화시켰습니다. 팀 내부에서 매일 더 나은 성과를 내고자 하는 열망이 생겨났고, 단기간이 아닌 미래를 내다보고 더 큰 결과를 추구하는 이러한 열망은 컴에어사 내의 다른 구성원들에게도 계속 이어져 가고 있습니다.

팀 코칭

개선improvement이 강조된 영역은 다음과 같다.

- 개별 팀과 다른 운영 팀의 목표를 명확히 하여 더 큰 목적 의식을 만들고, 개별적으로나 집단적으로 조직의 전략적 의도에 어떻게 기여하는지 더 잘 이해할 수 있게 되었다.
- 개인과 팀 성찰 훈련을 위한 공간과 시간을 만든다.
- 수행 능력은 주요 이해관계자와의 협업의 질에 따라 결정됨을 이해하고, 모범을 보이고, 각 팀 내부의 관점과 외부 관점 모두를 갖고, 기능별 팀 구성원들이 협력하도록 지원한다.
- 각 팀 사이의 광범위한 상호작용과 참여를 통해 '부분의 합 이상'인 응집력 있는 운영 팀을 만드는 데 도움을 준다.
- 공동의 목표와 이를 달성하기 위한 자신의 역할을 이해하도록 팀 구성원의 직속 부하 직원을 개발한다. 이는 자신의 업무뿐만 아니

라 더 넓은 운영 환경에서 동료와 다른 이해관계자와의 협업과 지식 공유로 이뤄진다.

팀 코칭 세션은 다면적인 접근 방식을 통합하여 팀이 각자의 팀 헌장을 공동 작성하고, 7~8개월 동안 CID-CLEAR 모델의 듣기, 탐색, 실행, 검토요소를 다루면서 다섯 가지 규율 모델의 요소를 넘나들도록 했다. 각 세션에는 핵심 학습하기가 포함되었다.

진행 중인 활동에는 다음이 포함된다.

- 이해관계자 환경과 관련된 시스템적 사고를 소개, 평가하는 주요 이해관계자 연결하기
- 주요 이해관계자가 팀에서 필요사항이 무엇인지 파악하기
- 현재까지 진행 상황의 타임라인을 개발하고, 공동 목표를 달성하기 위한 구체적인 시간에 기반을 두는 활동으로 미래 구상하기
- 부서와 조직의 경계는 물론 기능 내 모든 수준에서 공유할 수 있는 팀의 전략적 내러티브 개발하기
- 갈등을 재구성하고 긴장을 효과적으로 처리하기 위한 도구 마련하기

중반 이후부터는 각 팀이 특정 요구사항에 대한 핵심 우선순위 영역을 작업하기 시작하면서 각 팀에 대한 팀 코칭 내용이 다양해졌다. 그리고 팀 코치는 회의 중에 팀이 어떻게 운영되었는지 강조하여 팀이

일반적인 회의에서 작업할 수 있는 새로운 영역을 식별하는 데 유용한 성찰을 촉진했다.

일부 코칭에는 실시간 회의를 관찰/촉진하기 위해 팀 회의에 팀 코치가 참석하기도 했다. 이를 통해 팀 코치는 팀 내 사고에 도전하고, 즉각적인 피드백을 제공할 뿐만 아니라 아이디어를 제공하고 점점 더 높은 수준의 참여, 파트너십과 성과를 달성하도록 팀을 지원할 수 있었다.

프로그램이 진행되면서 팀 코칭과 개별 코칭의 수퍼비전을 관찰한 결과, 팀 구성원들 사이에서 태도와 행동에 상당한 변화가 보고되었다. 팀 구성원들은 훨씬 더 깊은 수준에서 긴밀하게 연결되어 문제의 해결책을 찾기 위해 서로 협력했으며, 결속력이 더 향상되었음을 보고했다. 이러한 내부 변화가 조직 전체에 완전히 반영되는 데 상당한 시간이 걸렸지만, 이들은 조직에 통합된 모습을 보여주려는 노력으로 상당한 변화를 일으켰다.

팀 리더와 팀 전체에 도움이 되지 않는 행동에 대한 즉각적인 피드백 제공을 꺼리는 등 조직 문화를 보여주는 일부 행동은 여전히 나타났다. 시간에 쫓기는 비즈니스의 특성을 감안할 때 팀은 더 성찰적인 연습을 위한 시간과 공간을 찾기 위해 고군분투했다. 팀 세션은 이를 위한 공간으로 발전하기 시작했다.

팀 코칭 프로그램은 관찰된 변화를 입증하기 위해 주요 내부 이해관계자와의 360도 인터뷰뿐만 아니라 팀과의 성찰 세션으로 마무리된다.

개인 코칭

모든 팀 구성원은 개인과 팀 리더와의 삼자 계약과 결과 설정, 중간 및 종료 검토, 도서, 저널, 기타 읽기 자료 지원 등의 개별 코칭 프로그램에 동시에 참여했다.

코칭을 통해 개인은 팀 코칭 이니셔티브를 보완하고 지원할 수 있는 개인 개발의 특정 영역을 식별할 수 있었다.

저스틴Justin은 다음과 같이 설명했다.

> 코칭 경험에서 나는 답을 찾는 법을 배웠고, 모를 때는 팀 구성원들에게 도움을 요청하는 것도 괜찮다는 것을 배웠습니다. 또 더 겸손해지는 법을 배웠습니다. 때때로 '잠시 멈춤pause'하는 법을 배우기도 했고, 경청하는 방법을 배워서 구성원들의 실제 요구사항을 듣고 이해하는 법을 알게 되었습니다.

일부 구성원들은 처음에는 대화의 도전적인 성격에 불편함을 나타냈지만, 대부분 참여자는 코칭 성격에 익숙해지면 코칭 대화에 잘 참여했다. 그러나 개인 코칭에서 제기된 문제는 개인과 대인관계 개발 영역보다는 대부분 성과와 과업 지향적이었다.

제랄딘은 조직개발 관점에서 개인 개발과 팀 개발을 통합하고 조정하는 일이 중요하다며, 다음과 같이 설명한다.

한 사람이 다른 사람과 고립되어 일할 수 없으므로, 강력한 리더십뿐만 아니라 강력한 리더가 필요하다는 점을 우리는 인정합니다. 우리는 시스템을 개발하고 있으며, 모든 부분이 연결되어 있습니다. 집단 차원에서 일하면서도 여전히 개인의 개발 요구사항을 해결해야 하며, 개별 리더와 작업할 때는 개인을 둘러싼 시스템도 해결해야 합니다.

고립된 상태에서 리더를 개발한다는 것은 마약 중독자를 재활시킨 다음 처음 중독이 발생했던 동일한 환경으로 되돌려 놓는 것에 비유할 수 있으며, 이는 행동이 개인의 주변 환경과 연결되어 있음을 고려하지 않는 것입니다. 이것이 가장 긍정적인 사례는 아니지만 리더십이 진공 vacuum 상태에서 개발될 수 없음을 보여줍니다. 고립된 부분만이 아니라 전체 시스템과 연결될 때 더 큰 힘을 발휘할 수 있습니다.

초기에 떠오르는 조직적 주제

팀 코치들의 수퍼비전뿐만 아니라 개별 코치들과 함께 주제별 수퍼비전을 통해 조직 주제가 드러날 수 있었다.

더 넓은 조직에서의 팀 역할과 책임에 대한 명확성이 부족했다. 이는 다른 부서와 부서에 대한 팀 인식에도 유사하게 적용되었다. 팀은 특정 기능보다는 팀 리더의 이름으로 언급되는 경우가 많았다.

비즈니스가 성장하면서 구성원들은 누가 어디서 일하는지 추적하기가 어려웠다. 회의에 참석할 때 모든 구성원이 참석자를 다 알지 못하거나, 자신을 소개하려고 노력하지 않는 경우가 많았다. 또 내부 의사소통에 사용되는 모든 이메일 서명에 직책이 표시되지는 않았다. 이로 인해 각 부서는 자신의 행동이 누구에게 어떤 영향을 미치는지 제대로 파악하지 못한 채, 저마다 알아서 자신만의 일을 하는 경향이 있었다.

개인들은 관리자들이 격려하는데도, 스스로 주도권을 잡고 결정을 내릴 권한을 사용하기보다는 조직이 결정을 내리거나 다른 사람들이 응답하기를 기다리고 있었다.

보복, 일화적anecdotal인 이야기 만들기와 위계 구조에 도전하는 능력에 대한 마음의 프레임frames 등은 발언에 대한 두려움을 갖게 하는 오래된 문화적 요소로 남아있다. 위 상급자를 관리하는 일은 도전으로 인식되었다.

팀들의 팀Team of teams(팀 간 코칭inter-team coaching)

팀 코칭의 목적 가운데 일부는 세 개 팀이 서로의 관계를 전환하고, 상호 효과적인 협업이 필요한 분야를 탐색하는 일이었다. 이들은 각각의 팀 코칭 세션의 결과로 훌륭한 진전을 나타내고 있었으므로 팀 코칭을 더 연장하기로 했다. 우리는 ExCo(조직의 의사결정자로 임명되거나 선출된 사람들의 집단), 초기 인사팀, 기내식 관리catering, 표준 그리고 교육팀을 포함하여 팀 코칭을 받은 경험 있는 컴에어사 내의 모든 리더십 팀을 포함하는 '팀들의 팀' 워크숍을 제안했다.

워크숍은 운영팀을 위한 팀 코칭 프로그램이 시작된 지 5개월이 경과 한 2017년 11월 말에 외부에서 열렸다. 진행은 메타코Metaco의 수퍼바이저인 피터 호킨스 박사가 맡았고, 바바라Barbara와 대니Danny가

도왔다. 일곱 개 팀에는 약 60명의 참여자가 있었고, 워크숍은 4시간 동안 진행되었다. 다양한 컴에어사 팀 구성원들에게 개별 코칭을 제공하는 보조 코치들이 참관인으로 참석했다.

각 팀에는 자체 테이블과 플립 차트가 배치되었다. 피터는 이들에게 첫번째 그림으로 1년 전 팀을, 두번째 그림으로 현재 팀을 나타내도록 은유적으로 그림을 그려달라는 요청으로 프로그램을 시작했다. 이후 팀 목적과 전략적 우선순위, 2018년 팀 KPI를 설명하는 작업이 이어졌다. 그들은 이를 다시 다른 팀에 설명했고, 피드백과 감사, 격려를 받았다.

프로세스의 두 번째 부분에서 각 팀은 참석한 다른 팀의 요구 사항을 준비하고, 무엇을 제공할지 명확하게 설명해야 했으며, 이는 아래와 같다.

- 정말 성공하려면 (팀 이름)에게 필요한 사항은…
- (팀 이름)에게 우리가 제공하는 사항은…

이는 관련 팀 간의 대화를 통해 제시되었다. 마지막으로 더 넓은 그룹으로 다시 초점을 돌려 팀 구성원들에게 서로 협업을 강화하기 위해 해야 할 세 가지 사항을 찾아보라고 요청하였다. 그들의 약속은 한 페이지 분량의 다이어그램으로 요약되어 팀에 배포되었다.

세 개 운영팀 모두 확장된 세션이 연결connecting에 매우 유용하다고 말했고, 대부분 팀이 각자의 코칭 프로그램에서 그다지 발전하지 못했지만 프로세스에 기꺼이 참여하려는 다른 팀의 의지에 감사를 표했다. 이들은 특히 함께 참여하고자 하는 의지를 보여준 ExCo에 감사했으며, 이번 워크숍을 통해 '하나의 컴에어사 팀'이라는 단합력을 느꼈다고 말했다.

프로그램 후반부에 두 번째 팀 간 코칭 이벤트가 계획되어 있다. 제랄딘은 다음과 같이 결론을 내린다.

> 팀 간 코칭은 새롭고 값진 경험이었습니다. 이는 팀이 스스로가 누구인지, 어디로 가고 있는지를 더 공식적으로 공유하는 기회였습니다. 또 개선할 수 있는 부분과 잘하는 부분에 대해 같은 공간에 있는 이해관계자로부터 '실시간 피드백'을 받을 수 있었어요. 약속한 대로 이를 준수한다면 서로 연결하는 방식에 큰 변화가 생길 겁니다.
>
> 대화를 위한 더 많은 플랫폼이 마련되면 미래 '연결의 순간'을 만들기가 더 쉬워집니다. 이해관계자 참여와 조정을 통해 모든 수준에서 전략을 개발할 수 있다는 점에서 진정한 가치가 있다고 생각합니다. 더 중요한 사항은 지속 가능한 변화를 위한 플랫폼을 만드는 일입니다.

진행 중인 작업

트레이시는 자신의 팀과 개인적으로 이룬 진전progress에 대해 설명한다.

> 우리는 여전히 팀으로서, 특히 더욱 전략적이고 지속적인 학습 문화를

뿌리내려야 할 필요성에 대해 배울 일이 많지만, 이해관계자들이 준 피드백과 우리가 보고 있는 작업 결과물의 품질로 이미 성공을 측정할 수 있었습니다. 신뢰가 분명하게 드러나고 있으며, 팀 구성원들은 고급 의사소통 워크숍에서 제공된 도구를 사용하여 공통 언어를 만들어 가고 있습니다. 그리고 이 경험에서 가장 즐거운 놀라움은 우리가 팀으로서 얼마나 즐거운 시간을 보내고 있는가입니다…!

개인적인 차원에서 이점은 엄청났어요. 이 경험은 내가 생각하는 방식과 그 방식을 확장하는 방법, 내가 사용하는 단어로 내 현실을 창조하는 방법, 학습에 대한 관점을 바꾸고, 상상력을 재발견하는 흥미진진하고 번쩍이는 순간과 새롭고 흥미로운 발견으로 영감을 주었습니다. 또 나는 사람들을 구하고 싶다는 것과 이런 행동으로 인해 어떻게 좋지 않은 결과를 초래할 수 있는지, 그리고 어떻게 하면 이 능력을 필터링하고 더 생산적인 방식으로 사용할 수 있는지 배웠습니다. 나는 더 많은 권한과 통제력을 느끼고 지속해서 성장할 수 있는 길이 열린 것을 기쁘게 생각합니다.

저스틴은 다음과 같이 덧붙였다.

그 경험으로 우리 부서 내 결속력이 훨씬 더 강해졌고, 마이크로 관리micro-managing가 훨씬 줄어들면서 도움 없이도 일을 처리하게 되었습니다. 우리는 서로의 앞에서 취약해지는 법을 배워야 했고, 보고 싶지도 듣고 싶지도 않은 일의 경계를 허물고, 자신의 실수를 인정하는 법을 배워야 했기에 이제 그 어느 때보다 더 가까워졌습니다.

관리자들은 구성원들이 배운 사항을 실천에 옮기게 되어 상당히 고무되었습니다. 나는 관리자들이 구성원들에게 도움을 요청하는 상황을 여러 번 들었습니다. 즉 구성원들 코트에 공을 돌려 답을 구하고, 더 나은 팀의 역동성과 상호작용을 만들었습니다. 우리가 겪은 이 경험에서 이들도 이익을 얻도록 팀 구성원들과 공유하고, 학습 내용을 나누는 등 실행이 지속해서 이뤄지고 있습니다.

또 비즈니스 내의 다른 이해관계자들과 관계 구축도 개선되어 이제 더는 눈치 보지 않고 실제로 업무 처리를 하게 되었으며, 이는 현재 진행 중이며 컴에어사 내의 다른 영역으로 확산되고 있어요.

나는 이 경험이 우리 팀을 강화하고, 인식을 높이고, 이해관계자들과 더 잘 소통하고, 자신감을 높이며, 학습 기회를 찾고, 미래를 내다보고, 더 많은 추진력을 얻게 되었다고 자신 있게 말할 수 있습니다.

조직개발 관점에서 제랄딘은 다음과 같이 관찰한다.

우와! 이전에는 운영 팀이 사일로에서 작업했으며, 중요한 대화를 나누지 않거나 컴에어사에 최선의 이익에 도움이 안 되는 적절하지 못한 대화를 나누곤 했습니다. 나는 운영 관리자들이 이해관계자뿐만 아니라 서로 관계를 맺는 방식에 근본적인 변화가 있음을 목격했습니다. 대화의 장이 열렸고, 이들은 공동으로 해결책을 만드는 방법을 찾고 있습니다. 팀을 이끄는 방법, 팀을 서로 연결하는 방법, 더 광범위한 목표를 달성하는 방법에서 한 단계 더 발전하고 있습니다.

더 넓은 관점에서 CEO인 에릭 벤터는 다음과 같이 말한다.

팀 코칭 초기에 참여자들이 개인 수준에서 더 연결되고, 서로의 업무 과제에 대해 더 잘 이해하는 모습이 관찰되었습니다. 이는 더 나은 공동의 문제 해결을 촉진하고, 서로를 더 많이 배려하고, 비난을 낮추게 했습니다. 참여자들은 또한 즉각적인 위협을 느끼지 않고 도전적인 대화에 더 열린 자세를 취했습니다. 대부분 리더십 개발과 마찬가지로 주변 변화 속에서 팀 코칭의 결과와 투자 수익은 명시적으로 정량화할 수 없지만, 컴에어사 내의 리더십 문화 발전에 긍정적으로 기여할 겁니다.

컴에어사의 인재 관리 전략

제랄딘은 다음과 같이 설명한다.

남아공에는 기술 인력이 턱없이 부족하고, 남아공 내 소수의 기업으로만 구성된 항공 분야에서 인재를 찾을 때 이 문제는 더욱 복잡해집니다. 컴에어사의 인재 전략은 '자체 기술 구축'에 초점을 맞추고 있습니다. 이 문제는 우리 자신의 기술 구축이 반드시 우리를 경쟁업체와 차별화하는 유일하거나 가장 중요한 요소는 아니지만, 중요했습니다….

우리 사업이 무엇을 의미하고, 어디로 향하고 있는지 알고, 인재를 양성할 수 있는 능력을 갖춘 양질의 리더십 팀 없이는 기술을 구축할 수 없어요.

집단적 리더십 행동이 우리 문화를 형성했습니다. 71년 동안 고유한 문화와 올바른 기술을 결합해서 우리는 강점을 더욱 강화하며 성장할 수 있었습니다. 팀 코칭을 통해 우리는 성장하는 비즈니스로서 변화가 표준이 되고, 경쟁에서 앞서 나가기 위해 지속적인 진화가 필요한 시대에 협업함으로써 전사적 성과를 끌어내는 문화로 더욱 개선할 수 있게 되었습니다.

솔직히 말해 우리를 컴에어사로 만드는 본질을 유지하는 동시에 사고방식을 바꾸고 사일로적 사고를 근절하고 있습니다.

컴에어사의 팀 코칭에 대한 조직개발 관점

제랄딘은 계속해서 다음과 같이 말한다.

개별 코칭과 결합된 HR 팀 코칭 프로세스에 대한 내 개인적인 경험은 경이로웠습니다. 이는 팀에서 말하지 않던 사람들이 말할 수 있는 플랫폼을 만들고, 우리가 이해관계자에게 전달하는 데 필요한 사항에 정말로 집중할 수 있는 플랫폼을 만들게 되었습니다. 1년 전의 팀 상태와 지금의 모습을 비교하면 거의 기억이 나지 않을 정도입니다. 물론 개선의 여지는 항상 존재하지만 처음 시작할 때보다 지금이 훨씬 더 나은 위치에 있습니다.

조직개발 후원자로서 나는 참여팀들과 이해관계자들이 경험하는 변화에 대해 긍정적 평가를 듣고 있습니다. 그 결과, 사람들이 결과를 달성하기 위해 어떻게 협력해야 하는지 새로운 언어가 개발되고 있어요.

또 참여자들은 아직 여정을 시작하지 않은 사람들과 비교하여 자신의 사고방식에 차이가 있음을 관찰했습니다.

바바라Barbara와 다른 컴에어사 팀의 공동 코치로서 이들이 사업으로 성취할 가능성에 대한 새로운 사고방식에 마음을 여는 모습을 지켜보는 일은 가치 있었습니다. 개인으로서 미래 상태를 정의하는 데 고군분투하다가 이들이 함께 일하면서 새로운 차원의 사고가 팀에서 일어나는 마법 같은 일을 보는 것은 흥미로웠습니다. 이게 바로 사업의 번창을 위해 우리가 원하는 바입니다. 아니, 바로 우리에게 필요한 비즈니스의 성공입니다!

성찰과 학습

복잡하고 성장하는 조직과 함께 하는 고도의 집중적인 작업에서 한 발 물러나, 우리는 놀라운 변화를 달성하기 위해 개별 코칭과 개인 개발, 에코시스템 그리고 시스테믹 팀 코칭을 통합하는 프로그램으로 핵심 주제와 학습을 되돌아본다.

- 팀 코칭은 코치와의 세션에만 국한하지 않고, 팀이 함께 있을 때와 떨어져 있을 때 모두 이뤄진다.
- 세 명의 팀 리더는 이제 자신을 하나의 팀으로 여기고, 이들 사이에 정기적인 회의를 시작하고 다른 주요 내부 동료를 초대했다. 이는 기능별 팀에 대한 애착에서 벗어나 통합된 컴에어사의 고위

운영 관리 팀으로서 새로운 정체성을 형성하기 위한 조치이다.
- 추측과 비난에서 벗어나 사실 확인과 공동 해결책을 선호하는 움직임이 있었다. 그 결과 집단적 성과가 개선되고, 이 산업에서 흔히 발생하는 정기적인 위기가 더 빠르고 효과적으로 해결되어 '적시 성과on time performance'라는 핵심 목표를 지원하고 있다.
- 세 팀 모두 팀 코칭이 얼마나 즐거웠는지 표현했다. 도전적인 여정이었지만 이들은 배움과 의미 있는 변화에 진심을 다했다. 자신의 팀 구성원뿐만 아니라 다른 팀과 협력하기 시작하면서 그 영향에 대한 소식을 듣고 보람을 느꼈다. 이제는 다른 기능 팀을 개발하여 동일하게 수행하도록 지원하는 데 중점을 둔다.
- 팀 구성원의 개별 코칭은 태도와 행동의 급격한 변화에 크게 기여했다. 우리는 개인이 팀 목표에 맞춰 자신의 코치와 함께 작업할 때 팀 수준에서 얼마나 더 신속한 변화가 일어나는지 지속해서 확인했다.
- 팀 코칭 시작 전에 진행하는 고급 의사소통 기술 워크숍은 매우 유용하다. 효과적인 의사소통 방법의 기본을 배운다는 것은 팀 코칭 작업을 시작하기 위한 견고한 플랫폼을 제공한다는 사실을 알았다. 시스테믹 팀 코칭은 항상 코칭 진행이 아니라 팀과 공동 창조하는 다면적인 접근 방식으로 그 시점에 필요한 사항을 다루고, '그 순간'을 구조화한다.
- 프로세스를 지지하고 개선하는 데 귀중한 피드백과 제안을 통해 적극적으로 협력해준 CEO 에릭 벤터와의 열린 소통은 매우 가치

있는 경험이었다.
- 컴에어사와의 협력에서 다양한 수준의 다양한 리더십 역할과 여러 비즈니스 부분에 걸친 파트너십은 귀중한 배움이었다. 그 핵심은 전략적 비전을 최우선으로 하는 동시에 비즈니스에 대한 진정한 이해, 비즈니스의 특별함, 그리고 앞으로 직면하게 될 도전과제에 대한 인식을 발전시켰다. 모든 내부 이해관계자를 어떤 수준에서 어떤 주제로든 만날 수 있는 문은 항상 열려 있다. CEO, 조직개발 책임자 또는 고위 관리자, 관리 팀과 협력하여 솔직하게 공동의 도전적인 대화를 나눌 수 있는 능력은 우리가 시스템적으로 그리고 에코시스템적으로 생각하고 일할 수 있게 해주었다.
- 컴에어사가 운영되는 환경의 복잡성, 변화하는 조직 구조와 다양한 하위 문화의 존재를 인식함으로써 우리는 시스템적 복잡성 사고와 적응 기술을 개발할 수 있었다. 우리는 어떤 사안도 액면 그대로 받아들이지 않는 법을 배웠고, 무관해 보이는 요인들 사이의 명확하지 않은 연관성을 탐구하는 데 시간을 할애하는 법을 배웠으며, 이를 통해 관련된 모든 사람에게 흥미로운 인식을 발견했다.

2021년 업데이트

작성자: 제랄딘 웰비-쿡크(전 컴에어사의 HR 임원)과 바바라 왈시(메타코의 MD)

- 사례 연구는 2017년 말까지 운영 팀과 팀 코치 사이의 협업 관계에 대한 사항이다. 코칭은 회사가 수익을 내고, 상당한 성장을 준비하는 2018년까지 계속되었다. 그러나 2019년 중반부터 2020년 3월까지 회사는 CEO급 세 명의 교체, 기타 리더십 구조 변경, 새로 인수한 보잉 맥스 737 Boeing Max 737 항공기의 운항 중단 등 상당한 변화를 겪었다. 이런 상황에서 코치는 광범위하고, 실질적인 변화를 경험하는 기업을 대상으로 한 팀 코칭의 영향을 성찰할 수 있었다.

- 2020년 3월까지 관련된 운영 팀의 리더 세 명을 인터뷰했다. 각 팀 리더는 컴에어사의 광범위한 변화와 관련된 자신의 경험에서 귀중한 피드백을 제공했지만, 이번 업데이트는 공통 주제에 중점을 둔다.

- 팀 리더들은 모두 팀과 팀 간 코칭 프로그램 종료 후, 첫해 동안 팀 간 의사소통과 팀 간 화합이 개선되었다고 보고했다. 서로에게 질문할 수 있는 공통된 접근 방식과 언어가 생기면서 시스템에 갈등이 줄어들고, 가치를 창출하는 피드백 교환, 부서 간 문제해결, 서로를 지원하는 데 더 집중할 수 있게 되었다. 여러 팀의 리더 가운데 한 명은 각 팀이 자신의 행동과 팀 역동 관계가 전체 비즈니스 문화에 어떻게 기여하는지 고려하기 시작했다는 점에 특히 주목했다.

- 이들은 프로세스의 지속 가능성에 대한 다면적 접근의 장점을 강조했다. 이들은 팀 코칭만으로는 스트레스가 많은 기간 동안 변화

를 정착시키기에 충분하지 않다고 느꼈다. 의사소통 기술 훈련은 참여를 위한 공통 언어를 사용하는 데 도움이 되었고, 이는 유지되었다. 개별 코칭은 더 효과적으로 지도하고 관리하기 위한 개인적 성장을 높이는 데 도움이 되었다. 각 팀 구성원에게 제공된 책은 지속해서 참고할 유용한 자료가 되었다. 팀 코칭과 팀 간 코칭은 팀이 운영 사일로를 허물고 의미 있는 관계를 발전시키고, 공동 목표와 결과를 가진 하나의 통합된 팀의 일부로 자신을 바라보는 데 도움이 되었다.

- 팀 리더들은 저마다 다른 리더십 스타일과 접근 방식을 가져온 경영진 리더십의 몇 가지 변화가 미치는 영향에 대해 성찰했다. 이들은 개발 프로세스와 진행 과정의 지속 가능성 모두에서 확인된 상위 수준 지원senior-level support의 중요성을 강조했다.

- 2020년 3월, 코로나19 팬데믹이 발생했다. 엄격한 봉쇄 조치의 일환으로 정부는 국내와 지역 여행을 금지했다. 운항이 불가능했고, 재정적으로 심각한 위기에 처한 이 항공사는 자발적인 비즈니스 구조조정business rescue BR 절차에 들어갔고, 비즈니스 구조조정 프랙티셔너들이 전반적인 의사결정 권한을 갖게 되었다. 이 기간 동안 팀워크 기회가 거의 없었는데도, 인터뷰에 응한 각 팀 리더들은 위기를 극복하는 데 도움이 된 학습 시스템의 개인적 영향에 관해 이야기했으며, 이는 오늘날까지도 계속 활용되고 있다는 점에서 의미심장하다.

- 이 사례는 오늘날 비즈니스가 직면할 수 있는 극심한 변화 상황에

대한 근본적인 통찰을 제공한다. 팀 코치로서 우리가 내세우는 성찰은 팀이 과거에 다루었던 방식을 고려하고, 이 파급 효과를 평가하면서 팀이 미래에 직면할지도 모르는 여러 종류의 위기에 대비하도록 어떻게 팀을 더 잘 도울 수 있는가이다. 이는 팀 코치들이 직면해야 하는 복잡성이 점점 더 커지고 있음을 단적으로 보여주는 사례이자, 생각할 거리가 많음을 의미한다.

기고자: 바바라 월시 | Barbara Walsh

바바라 월시는 런던과 요하네스버그에 사무소를 두고 있는 전략적 리더십 개발과 조직 문화 변화를 전문으로 하는 컨설팅 회사인 메타코 Metaco의 관리 책임자이다. 바바라는 복잡성을 탐색하고, 불확실한 미래를 예측하고, 빠른 변화를 통해 번창하고, 다양한 이해관계자 그룹과 협력하여 성과를 달성하는 능력에 따라 성공이 좌우되는 고위 팀 그리고 리더와 협력한다. 바바라는 시스테믹 팀 코칭 교육 프로그램의 수석 교수진, 글로벌 팀 코칭 연구소 과정의 핵심 교수진, 코치 그리고 팀 코치 수퍼바이저로 활동하고 있다. 또 팀 코칭 전문가의 지속적인 개발을 지원하는 글로벌 온라인 학습 플랫폼인 Teams & Beyond의 공동 설립자이기도 하다. 바바라는 코칭과 행동변화 석사학위와 시스테믹 팀 코칭 마스터 프랙티셔너 디플로마를 보유하고 있다. 선임 프랙티셔너 수준의 EMCC EIA와 ITCA 인증을 보유하고 있으며, SABPP에 학습과 개발 마스터 HR 프랙티셔너로 등록되어 있다.

기고자: 대니 터크우드 Danny Tuckwood

대니 터크우드는 런던과 요하네스버그에 사무소를 두고 있는 전략적 리더십 개발 그리고 조직 문화 변화를 전문으로 하는 컨설팅 회사인 메타코Metaco의 운영 이사이다. 국제 비즈니스 분야에서 폭넓은 경력을 쌓은 대니는 리더 및 팀과 함께 복잡성을 줄이고, 전략을 명확히 하며, 높은 성과를 특징으로 하는 이해관계자 그룹 간의 협력과 협업을 가능하게 하는 일을 하고 있다. 팀 코칭의 발전에 열정을 가진 대니는 시스테믹 팀 코칭 교육 프로그램의 수석 교수이자, 글로벌 팀 코칭 연구소 과정의 교수진이다. 대니는 코치이자 팀 코치 수퍼바이저이며, 팀 코칭 전문가들의 지속적인 발전을 지원하는 글로벌 온라인 학습 플랫폼인 Teams & Beyond의 공동 설립자이다. 대니는 코칭과 행동변화 석사 학위와 시스테믹 팀 코칭 마스터 프랙티셔너 디플로마를 보유하고 있다. 선임 프랙티셔너 레벨의 EMCC EIA와 ITCA 자격증을 보유하고 있으며, SABPP에 학습과 개발 마스터 HR 프랙티셔너로 등록되어 있다.

기고자: 제랄딘 웰비-쿡 Geraldine Welby-Cooke

제랄딘 웰비-쿡은 공인된 조직 심리학자이자 인사 리더, 컨설턴트, 코치, 아내이자 두 자녀의 어머니이며 열렬한 학습자이다. 16년간 다양한 직무를 수행하며, 개인, 팀, 기업이 목표를 달성할 수 있도록 지원한 경력을 보유하고 있다. 컨설팅 업무를 시작하기 전, 가장 최근에는 코메어 리미티드Comair Limited에서 인적자원관리HRM 부문 임원을 역임했다. 인사 프랙티스를 활용하고 문화를 개선하며 성과를 촉진하여, 조직의 효율성을 구축하는 데 역량이 광범위하게 집중되어 있다. 인적자원관리 석사 학위와 코칭, 변화 관리와 성과에 관한 다양한 자격증을 보유하고 있다. 사람들이 제랄딘에게 비즈니스에 대한 열정을 설명해 달라고 요청하면, 주저하지 않고 비즈니스 역량을 구축하고 변화를 탐색하며, 성과가 뛰어난 리더와 팀 개발 지원하기를 가장 즐긴다고 말한다.

13장
팀 코칭 사례 모음
도전과 혁신

저자: 피터 호킨스Peter Hawkins, 헬렌 징크Helen Zink,
나탈리 레로틱 파블리크Nathalie Lerotic Pavlik, 모니카 칼론Monica Callon,
은코베킬레 도라 만요니Nqobekile Dorah Manyoni, 루시 셰누다Lucy Shenouda,
랄프 코크란Ralph Cochrane, 데클란 우즈Declan Woods
역자: 윤선동

도입

이 장에서 우리는 팀 코칭에서 나타나는 몇 가지 도전 과제와 매우 다른 맥락에서의 팀 코칭 사례를 살펴볼 것이다.
   전 세계의 팀 코치들을 교육하고, 수퍼비전할 때 발생하는 가장 일반적인 질문과 우려 사항은 다음과 같다.

- 조직 내부 직원이 팀 코칭을 할 수 있는가, 이로 인해 발생하는 문제는 무엇인가?
- 팀 코치로서 압박을 받을 때 어떻게 자신을 돌봐야하는가?

- 팀 코치로서 공동 코칭co-coaching할 때의 이점과 어려움은 무엇인가?
- 팀장이 변화를 거부하거나 꺼릴 때 어떻게 접근하는가?
- '퓨처-백future-back'으로 일하는 것에 관해 이야기한다. 미래를 알 수 없는 상황에서 어떻게 팀 코칭에서 미래를 다룰 수 있을까?

첫 번째 이야기는 이러한 질문 가운데 처음 두 가지를 다룬다. 헬린 징크Helen Zink는 최근에 합류한 팀을 코칭하기 위해 고군분투하면서 스스로를 지원하는것이 가장 중요하다는 것을 깨달은 과정을 설명한다.

비상시에는 본인의 산소 마스크를 먼저 착용한다

헬렌 징크Helen Zink 작성

나는 국가 비상 분야를 담당하는 대규모 조직의 지원 서비스를 제공하는 고위 리더십 팀을 코칭해 달라는 요청을 받았다. 나는 최근 구조조정 후 팀에 합류했고, 내부 팀 코치로 일했다. 팀과 함께 일하기 시작하면서 팀이 '허브 앤 스포크'[1] 방식으로 운영되고 리더가 위임이 거의 없는 '실무형hands-on' 리더십 스타일임을 알았다. 팀원들은 '그(리더)가 더 위임해야 한다', '우리는 그(리더)가 모든 결정을 내릴 때까지 기다

---

[1] 세계적인 물류회사인 FedEx에서 유래된 용어이다. 물류 또는 항공 노선을 구성하는 한 형태, 각각의 출발지spoke에서 발생하는 물량을 중심 거점hub으로 모으고, 중심 거점에서 물류를 분류하여 다시 각각의 도착지spoke로 배송하는 형태가 마치 바퀴의 중심축hub과 바퀴살spoke의 모습을 연상케 한다고 해서 허브 앤 스포크라고 부른다. (네이버 지식백과)

린다'라는 말을 자주 했다. 그 팀은 나에게 그들이 더 협력적인 스타일을 선호하고 필요로 하지만, 이에 대해 리더와 이야기하는 것이 주저된다고 했다. 또 팀이 운영되는 더 넓은 시스템은 본질에서 위계적인 응급 서비스를 제공하여 '허브 앤 스포크' 스타일을 강화했다.

목적과 방법

팀은 해당 기능 영역에서 세계적인 수준이 되고자 하는 전략적 목표가 있었다. 나는 사람들에게 필요한 변화를 주도하는 역할을 해야 했고, 팀의 개발 목표는 '고성과 팀HPT' 만들기였다.

팀 코칭 개입interventions은 팀 코칭을 포함한 매월 팀 개발의 날, 팀 구성원 일대일 코칭, 리더와 일상적인 특별 조언과 코칭 스타일 대화 등 세 가지 수준의 시스템으로 이루어졌다.

팀 결과

이 사례 연구에서 검토reviewed 기간은 팀에게 도전하는 기간이었다. 많은 업무량, 새로운 조직 구조, 여러 프로세스 변경과 다양한 수준의 리더십 경험이 필요한 시기였다. 동시에 나는 리더에게 좀 더 협력적으로 리더십 스타일을 바꾸라고 격려했다. 내가 보기에 그는 지적인 스타일로, 말로는 팀 개발 목표와 개입 접근 방식을 지지했지만, 실제로는 자신의 스타일을 변경하는 데 어려움을 겪었다. [그림 13.1]은 시스템 내에서 변화를 촉진하거나 반대하는 핵심적인 힘key forces을 보여준다.

어려움이 있었지만 코칭 사례 기간 동안 측정 가능한 진전이 이루어졌다. HPT 설문 결과(Clutterbuck(2020) PERILL 모델 기반)와 마찬가지로 참여 점수가 소폭 증가했다.

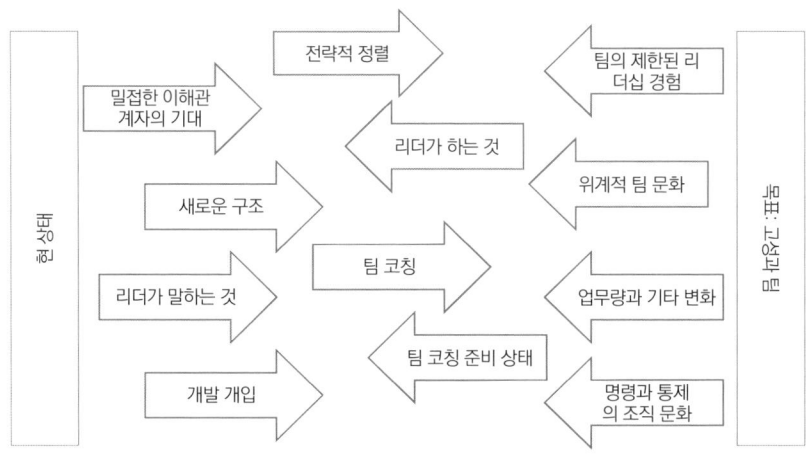

[그림 13.1] 팀 변화에 대한 찬성과 반대 세력

팀 코치의 영향

위에서 설명한 변화에 반대하는 힘과 인지적이든 실제적이든 진전의 저조로, 나는 함께 일하기 어려웠고, 이는 팀과 리더와의 관계에도 영향을 미쳤다. 또 나는 실패가 내 직업적 명성에 영향을 미칠까 걱정되었고, 팀 구성원들과 정서적 유대감이 역할 경계를 모호하게 만들기도 했다. [그림 13.2]는 팀 코치 시스템 안에서 내가 느꼈던 긴장감을 보여준다.

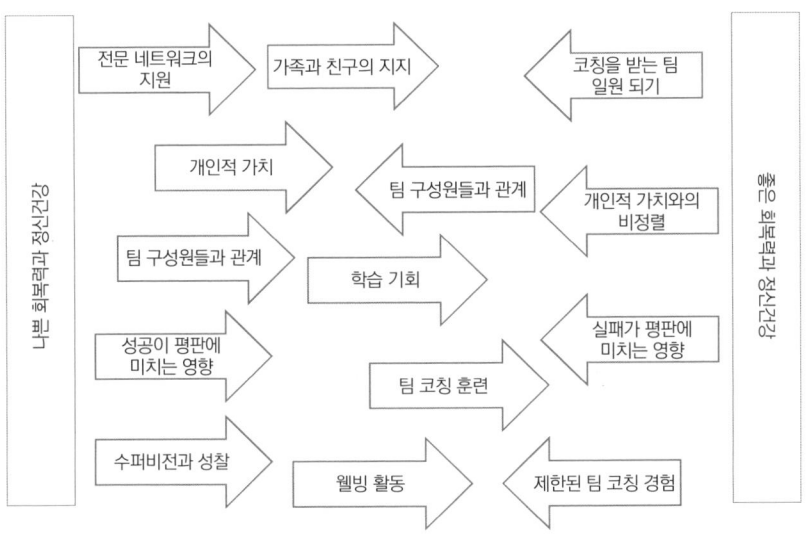

출처: 역장 분석에 기반(Lewin, 1951)

[그림 13.2] 팀 코치가 경험한 긴장감

가장 큰 도전은 전문성을 유지하고 긴장을 관리하는 방법이었다. 성실함과 진정성을 중요시하는 내 가치는 훼손되었고, 시간이 지나면서 나는 높아진 민감성과 감정과도 싸워야했다. 상황은 점점 더 어려워졌고, 나는 고객 중심적이면서 회복력resilience을 유지하는 것이 점점 더 어려워졌다.

동시에 정기적인 일대일 코칭과 그룹 팀 코칭 수퍼비전을 포함하여 작업에 긍정적인 측면도 있었다. 수퍼비전 주제에는 내가 시스템에서 수행하는 여러 역할과 내가 선호하는 역할(코치, 역할 모델)과 그렇지 않은 역할(팀 활동에 대한 책임, 팀 카운슬러 역할), 드라마틱한 트라이앵글에서 허우적대는 상황과 개인 에너지 관리하기, 더 높고 전체적인 관점에서 시스템 바라보기 등이 포함되었다.

나는 또한 가족, 친구, 내 전문 네트워크 안의 다른 사람들에게 상당한 도움을 받았다. 정기적인 일기 쓰기와 명상을 이용한 성찰 등 웰빙 활동은 내 일상의 일부가 되었다. 내가 자주 사용한 기법은 근처 공원에서 운동을 하거나, 마음챙김mindful 걷기였다. 또 조용한 사무실에서 하루의 처음 5분을 명상으로 시작했고, 하루 동안 필요한 만큼 이 연습을 반복해서 중심을 잡는 데 도움을 받았다. 나는 또한 끈기, 자기 믿음, 성취라는 개인적인 가치에서 힘을 발견했고, 성찰과 명상할 때 여기에 집중했다.

학습

프로세스와 관련하여 리더, 팀 구성원, 내 역할과 기대를 반영한 더 개선된 계약이 필요했다(Hawkins & Turner, 2020). 특히 클러터벅Clutterbuck(2020)이 제안한 것처럼, 팀 프로세스에서 리더의 역할은 매우 중요하며, 리더와의 효과적인 파트너십에 대해 더 신속하고, 더 강력한 관심을 기울일 필요가 있었다. 곰곰이 생각해 보면 개발 접근 방식이 팀 상황을 고려할 때 너무 낙관적이었을 수 있고, 진행/성공에 대한 현실적인 측정이 팀과 내 자신의 성취감 모두에 도움이 되었을 것이다.

팀 코치의 관점으로 볼 때, 나는 옳은 일을 많이 하고 있었다. 나는 산소 마스크를 쓰고 있었지만 충분히 효과적이지는 않았다. 만약 내가 '다시 할 수 있다면' 내 시스템의 긴장에 대해 팀 구성원들에게 더 솔직하게 이야기하고, 그들과의 친분과 정서적 연결은 최대한 피하며, 역할과 기대치에 대한 경계를 좀 더 명확하게 설정할 것이다. 또 시스템 구성 요소와 영향에 대해 위성과 같은 객관적 관점satellite perspective을 완전히 확보하기 위해 때때로 잠시 중지하고, 물리적으로 시스템 밖으로 한 발 나아가 있을 것이다. 그 대신에 나는 기내에서 볼 수 있는 비상 상황에만 한정하여 자각self-awareness하고, 동일한 비행 경로를 계속 유지했다.

다음에 일어날 것은 무엇인가?

2년이 지난 지금까지 코칭은 계속되고 있으며, 여전히 활발하다. 이 사례 연구에 소개된 기간 직후, 팀에 대한 압박이 감소했다. 구조와 프로세스 변경이 시작되었고 개선된 결과물이 나오기 시작했다. 같은 시기에 팀은 리더의 리더십 스타일과 관련하여 공개적으로 리더에게

이의를 제기했고, 리더는 이에 응답하여 훨씬 더 많이 협업하고, 조율했다. 참여도와 HPT 점수가 모두 크게 증가하여 개선이 빠르게 이루어졌다. 팀은 '우리는 솔직하게 이야기한다', '우리는 리더 없이 의사 결정을 한다', '우리는 서로 도전한다', '우리는 서로의 버팀목이다' 등의 긍정적 표현을 했다. 팀 코치로서 내 역할에서 강한 안도감을 느꼈다. 팀과 나 자신의 시스템 모두에서 부정적인 힘이 줄어들고 긍정적인 힘이 지배적이었다.

안타깝게도 Covid-19의 강타로 팀의 세계가 뒤집히면서 진전은 오래가지 못했다. 그러나 이는 또다른 사례 연구의 주제이다.

결론

이 짧은 사례는 팀 변화 관점과 팀 코치 관점 모두에서 많은 힘과 긴장이 동시에 작용하고 있음을 보여준다. 팀 코치에게는 자기 인식, 자기 관리와 회복력이 필요하다(EMCC, 2020). 고객에게 우수한 서비스를 제공하고 고객 중심 접근 방식(ICF, 2020)을 유지하려면, 우리 자신을 돌보는 것이 최우선 순위여야 한다. 비상 상황에서는 자신의 산소 마스크를 먼저 착용하고, 마스크가 효과적인지 확인하고, 위성처럼 객관적인 관점에서 비상 상황을 확인하자.

우리의 두 번째 이야기는 부모들이 HIV/AIDS로 사망해서, 많은 아이가 고아가 된 남아프리카공화국의 한 마을에서 일선 팀과 함께 일하면서 겪은 어려움을 다룬 사례이다. 특히 한 명의 코치는 현장에 가까이 있고, 한 명이 멀리 떨어져removed 있는 상황에서의 공동 코칭co-coaching의 이점을 보여준다.

하피드HapyD

나탈리 레로틱 파블리크Nathalie Lerotic Pavlik와
은코베킬레 도라 만요니Nqobekile Dorah Manyoni 작성

하피드HapyD는 2000년에 남아프리카공화국 가우텡Gauteng 주 자부라니 소웨토Jabulani Soweto에서 설립된 NPO(비영리단체)로, HIV/AIDS 인식 개선과 청소년 개발 프로젝트를 운영 중이다. 하피드는 지역사회의 소외계층 아동 350명을 지원한다. 이 단체는 상담, HIV/AIDS 지원, 청소년 역량 강화 프로그램, 가정 기반 돌봄 지원 프로그램, 영양 지원, 교육 지원, 보조금 신청과 신분 증명서 그리고 예술과 문화 활동 등의 서비스를 제공한다.

우리가 코칭한 팀은 지난 몇 년 동안 팀장 교체로 많은 팀 구성원이 힘들고 불안정한 시기를 경험했으나, 여덟 명의 팀원이 그대로 있는 팀이었다. 이 팀은 조직의 수혜자에게 서비스를 제공하는 운영 기능을 담당하고 있으며, 팀원들은 하피드 전반에 걸쳐 다른 동료들의 업무를 이끌고 조율한다.

우리는 팀 리더와 초기 토의를 통해 조직과 팀에 대한 개략적인 설

명을 듣고, 팀 코칭으로 얻을 수 있는 이점에 대해 설명하는 것으로 시스템적 팀 코칭을 시작했다.

이후 코치들은 첫 번째 팀 세션에서 전체 팀과 만나 시스템적 팀 코칭에 대한 개요를 설명하고, 서로 소개하며 공통 관심사를 서로 확인하면서 진행했다. 모든 구성원이 코칭 세계 자체를 처음 접하는 자리였으나, 회의는 팀이 필요한 변화를 다루고 해결할 수 있도록 도전하는 것뿐만 아니라 함께 배우고 성장하는 데 필요한 높은 긍정적 에너지를 만들어냈다.

이 초기 단계에서 코치로서 우리는 우리 자신의 개인적인 힘이 얼마나 중요한지, 그리고 고객 개인과 코치가 파트너로서 어떻게 드러나는지 강렬하게 인식하게 되었다. 우리는 호킨스 교수의 권위, 존재와 영향 모델Hawkins' model of authority, presence and impact(Hawkins, 2021:317-19)을 사용하고, 팀워크와 개인 개발 영역에 대한 코치들의 자기 평가 피드백을 결합하여 효과적인 영향력의 세 가지 측면을 모두 검토했다. 이는 우리의 인식을 높이는 것뿐만 아니라 고객 팀과의 협력의 효과성을 높이는 데 매우 중요한 가치가 있는 것으로 입증되었다. 범위 지정 단계에서 우리는 코치로서 팀 구성원과 여러 주요 이해관계자를 대상으로 반구조화 인터뷰를 하고, 고가치 창출 팀 설문지를 사용해 데이터를 수집하여 귀중한 통찰력을 얻었다(Hawkins, 2021:350-53). 조사 과정은 (a) 팀 역동, (b) 조직 내 기능, (c) 팀으로 통합해야 할 필요성에 대한 핵심 사항을 보여주었다.

팀 코칭 활동의 많은 부분이 집중된 질문 단계 이후 특히 부각된 몇 가지 주제가 있었다. 팀은 이러한 주제들을 가장 큰 관심이 요구되는 과제로 식별하고, 행동 패턴의 더 깊은 층위와 근거를 밝혀내기 위해 현상 유지에 도전하고, 불편한 대화를 기꺼이 수용했다.

　첫 번째 영역은 신뢰 수준과 팀 내부의 자주 험담하는 습관이었다. 이는 팀이 심리적 안전감을 높일 수 있는 방법을 탐색하여 해결하였고, 팀 코칭 대화의 중요한 초점이 되었다.

　팀 구성원들은 먼저 피터 호킨스 교수와 데이비드 클러터벅 교수(Hawkins, 2021:357-59)가 개발한 심리적 안전 설문지를 작성하여 개인과 팀 관점에서 안전 수준을 평가했다. 누적된 데이터는 각 관점별 상위 세 가지 개발 영역을 보여주었고, 이러한 측면에서 이전에는 공개적으로 진행되지 않았던 팀 토론을 시작하는 데 도움이 되었다.

　구성원들이 실수를 인정할 때 편안함을 느끼고, 다른 관점에 대한 비판이나 불이익에 대한 두려움 없이 모든 사람이 공개적으로 아이디어를 공유할 수 있도록 하는 것이 매우 중요했다.

　수면 아래를 탐험하기 시작했다는 안도감도 있었고, 팀과 코치가 함께 그 경험을 할 수 있어 감동스러웠다.

　두 번째 주요 주제는 이해관계자와의 관계로, 광범위하고 다양한 이해관계자들과 협력하는 방식에 일관성이 없었고, 조직의 서비스를 받는 사람들에게 최대한의 결과물을 제공하기 위해서는 협력을 재구축할 필요가 있다는 긴급함이 드러났다.

　함께하는 작업에서 팀은 이해관계자의 관계도를 작성하여 각 부문의 모든 이해관계자를 식별하고, 현재 관계 상태의 수준을 평가하고,

추구해야 할 가장 시급한 우선순위에 합의했다. 중요한 것은 각 이해관계자에 대해 팀 구성원이 주요 연락 담당자가 되기로 합의하고, 활동과 실행계획을 수립했다는 점이다. 열린 대화와 현실적인 상황 평가를 통해 팀은 조직이 사명을 완수하는 데 필요한 자금과 다양한 서비스를 확보하는 과정에서 이해관계자의 중요성을 깨달았다.

팀은 피시본fishbone 방법을 적용하여 그동안 수집된 모든 데이터를 함께 이해하면서 개발 여정을 함께 만들어갔다. 팀 토론을 통해 팀은 현재의 주요 과제, 미래에 원하는 상태와 향후 1년 동안의 주요 활동별 윤곽을 잡았다. 모든 사람의 의견을 고려하고 존중하면서 합의된 행동 방침을 구체화할 수 있었던 통합 경험이었다.

세 번째 측면은 집단 목표와 집단 학습에 대한 상호 책임에 초점을 맞췄다. 팀은 두 구성 요소에 개별적인 초점이 있지만 집단적인 요소는 개발이 잘 안 되었고, 이해가 부족하다는 점을 인정했다.

그들은 팀 헌장charter 작업에 열성적으로 참여했으며, 가장 효과적으로 협력하는 방법에 대한 메커니즘인 핵심 가치를 재검토하고, 원하는 목표 달성을 장려하는 행동과 팀이 권장하지 않는 행동을 명시하고 합의하는 등 각 측면에 세심한 주의를 기울였다.

팀 코칭 워크숍과 회의를 보완하여 팀 리더와 구성원 사이의 가상 일대일 코칭 세션을 마련하여 개별적으로 지원하였고, 개인과 관련된 특정 주제를 코칭하고, 그들이 원하는 방향으로 나아가는 더 넓은 팀이 되도록 도왔다. 우리는 팀 코칭 프로세스에 대한 신뢰가 중요하다는 교훈을 얻었고, 초기에 팀과 함께 각 단계를 수행할 때 진행 상황

progress에 대한 선입견을 버리려고 노력했다. 우리는 각각의 팀 코칭 세션이 고유한 속도, 멈춤과 전환이 있는 특별한 여정이라고 믿었다. 코치로서 이를 존중하여 고객 팀과 함께 그들이 처한 상황과 더 넓은 맥락에서 고객들에게 도움이 되는 여정을 함께 만들어갈 수 있었다.

또 다른 학습 포인트는 팀 코칭 프로젝트를 시작하기 전과 그 이후에도 정기적으로 팀 리더와 협력함으로써 개방적이고 신뢰할 수 있는 협력 관계를 만드는 것이었다. 이는 팀이 원하는 목적지를 향해 가는 단계를 구축하는 데 도움이 되었다. 팀장과의 확인을 통해 팀장과 팀 구성원들의 이해가 깊어져 문제가 발생했을 때 적절하게 대응하고 방향을 잡을 수 있었다.

또 우리는 코칭 여정에서 필수적인 구성 요소로서 성찰의 중요성을 확신했다. 공동 코치로서 개인 수준에서 성찰 훈련에 참여하고, 팀 코칭 그룹 수퍼비전을 활용한 것은 우리 자신의 개발과 성장, 고객 팀을 더 잘 지원하는 데 도움이 되었다.

이 사례의 코칭 고객과 함께 새롭게 시작할 수 있다면 우리가 무엇을 다르게 했을지 생각해보면, 초기에는 팀 코칭과 관련된 귀중한 통찰력을 얻기 위해 다양한 이해관계자를 어떻게 더 많이 참여시킬 것인가 하는 방법을 모색할 것이다. 특히 조직의 전반적인 운영과 성공에 중요한 역할을 하는 정부 기관과 클리닉/병원에 창의적으로 접근하는 방법을 생각할 것이다.

또 팬데믹pandemic 상황에서 제한적인 조건과 기술적으로 어려운 상황에서 일했기 때문에, 만일의 사태에 대비해 미리 계획을 세우는 것이 도움이 될 것이다. 예를 들어, 공동 코칭 세션을 위해 전체 팀을 다시 소집하기 전에 소규모 그룹과 오프라인에서 완료할 수 있는 일부 활동을 구성할 것이다.

추가적으로, 팀 코칭 참여 초기에 일대일 코칭 세션을 제공했을 것이다. 팀 구성원이 개별적인 관심과 지원을 받을 수 있다는 점에서 팀 구성원들의 피드백이 강력하게 나타났을 것이다.

다문화 코칭 쌍으로서 우리는 크로아티아Croatia와 남아프리카South Africa에서 공동 코치로 일하면서 다양한 배경, 관점과 경험을 결합하는 동시에 핵심 가치와 고객 팀을 섬기고 코칭하려는 열정을 공유했다.

이는 우리의 작업과 고객, 코치 모두에 대한 이해를 풍부하게 했다. 우리는 코치들이 전 세계에서 동일한 생각을 가진 코칭 동료들과 짝을 이뤄볼 것을 진심으로 권장한다. 남아프리카공화국의 은코베카일Nqobekile은 워크숍에 직접 참여했고, 크로아티아 코치인 나탈리Nathalie는 온라인 상태였으므로, 우리는 자주 회의와 브리핑을 통해 서로의 통찰과 정보를 교환했다. 우리는 팀을 코칭하는 팀으로서 역할 모델을 보여줌으로써 고객들의 신뢰를 얻을 수 있었다.

코칭 개입이 마지막 세 번째 단계로 접어들면서 성과가 뚜렷해지고 있으며, 하피드 팀은 변화하고 성장하였고, 아이들의 궁극적인 이익을 위해 최선을 다하는 지속적인 헌신과 관심, 동기를 보여주었다.

세 번째 이야기는 몬트리올에 있는 내 동료 모니카 칼론Monica Callon의 이야기이다. 그녀와 공동 코치가 엔지니어링 회사의 리더십 팀에게 그들 손주들의 입장이 되어달라고 요청하고, 퓨처 백future-back 관점으로 작업함으로써 어떻게 완전히 새로운 관점을 불러일으켰는지에 관해 이야기한다.

우리의 손주들: 필요한 것을 섬기는 관문

모니카 칼론Monica Callon 작성

> 이야기는 묘약이다. 처음 들었을 때부터 이야기에 빠져 들었다. 이야기는 그러한 힘이 있다. 이야기는 우리가 무엇을 하거나, 무엇이 되거나, 행동할 것을 요구하지 않는다. 오로지 우리는 듣기만 하면 된다.
>
> 클라리사 핀콜라 에스테스clarissa pinkola estés(1992)

친숙한 얼굴들이 줌Zoom 회의실을 가득 채우자 알렉시 머독Alexi Murdoch의 파워풀한 노래인 'Something Beautiful'이 고위 리더십 팀 12명을 반겼다. 마치 기도하는 것처럼, 우리가 모두 '아름다운 것의 일부'임을 기억하도록 손짓하며 성찰을 불러일으켰다. 이 시점에서 우리 가운데 누구도 머독의 가사가 얼마나 예언적일지 깨닫지 못했다.

2020년부터 2021년 내내 팬데믹 때문에 이 팀과의 작업은 시작과 끝을 반복하게 하는 스타카토[2] 리듬일 수밖에 없었다. 우리는 아직 그들과 '조화로움groove'을 형성하지 못했다. 그들은 우리가 함께 하는 작

---

2) 음을 하나하나 짧게 끊어서 연주하는 연주법

업의 불안정한 진행이 불만스럽다고 피드백했다. 이는 팀 리더가 격월 세션에 전념하도록 자극했다. 공동 코치인 질레스 브뤼레트Gilles Brouillette와 나는 각 세션을 중요하게 생각하고, 의도적으로 방해하고, 필요한 것을 제공하기 시작했다.

다른 많은 팀과 마찬가지로 이 팀에도 구성원들이 신뢰와 안전감을 키울 수 있도록 돕는 것이 필요했다. 이는 사일로silos와 거래적 상호작용을 벗어나기 위한 특별한 문제 해결사가 필요함을 의미했다. 팀 구성원들이 최고의 열망과 인류애를 공유할 수 있도록 하는 무언가가 필요했다.

손주들과 공동 창작하기

질Gilles과 나는 우리를 전율하게 만드는 아이디어가 떠올랐을 때 '이거다'라는 것을 알았다(방해하는 사람에게도 방해는 불편할 수 있다). 마샬 긴츠Marshall Gantz의 공개 내러티브 작업에서 영감을 받아 각 리더에게 5분 분량의 '자기 이야기'를 준비하도록 요청했다. 반전은? 그들은 자신의 목소리가 아니라 손주들의 입장에서 자신들의 이야기를 해야 했다. 그들이 더는 이 지구상에 존재하지 않을 때 손주들이 자신에 대해 무엇이라고 말해주기를 가장 원할까? 손주들이 자랑스러워할 만한 일은 무엇이었을까?

87세의 영장류 동물학자 제인 구달Jane Goodall이 2020년 11월 뉴욕타임즈 '스웨이Sway' 팟캐스트 인터뷰에서 '사람들은 마음에 닿으면 변한다 People change when we reach the heart'고 말했다. 우리의 아이들과 손주들보다 더 빠르고 완전하게 우리의 마음을 여는 것은 거의 없다. 손주들은 우리의 유산과 혈통, 그리고 우리가 이 땅에 남기기를 희망하는 흔적들과 우리를 연결한다. 이 리더들을 초대한 것은 분명했다. 가면을 벗고 그들에게 가장 중요한 것이 무엇인지 밝히라는 것이다. 이는 이 팀이 아직 추구하거나 달성하지 못한 취약성과 친밀감 수준이었다.

베일을 벗기 위해 이야기하기

스토리텔링이 있는 날, 질레스와 나는 설레고 희망에 차 있었으며, 강한 목적 의식이 있었다.

알렉시의 노래가 재생되고 모든 사람이 '음소거' 상태에서 우리는 오늘 참석한 리더들, 대부분 엔지니어인 남성들에게 자신의 이야기를 공유하는 것을 어떻게 느끼는지 물어보았다. 만약 누군가가 이 세션이 익숙한 '일상적인 비즈니스' 세션이 될 것이라는 희망을 부여잡고 있었다면 그런 희망은 산산이 깨져버렸다.

우리가 음악 소리를 줄였을 때 그들은 자신들의 목소리로 공간을 채우기 시작했다. 소개 시간에 그들은 자신들의 걱정과 불편함, 그리고 몇몇은 두려움에 대해 말했다. 그들은 우리의 요청이 부담스러웠다고 말했다. 일부 참여자는 이전에 질레스와 함께 작업한 내용을 알고 신뢰했으므로 우리의 도전을 받아들였을 뿐만 아니라 기꺼이 참여했다. 다음 90분 동안 우리는 모두 각 리더의 손자 손녀들의 이야기를 황홀

한 침묵 속에 귀 기울여 경청했다. 각 이야기가 끝난 뒤, 우리는 이야기꾼의 가치관, 신념, 포부뿐만 아니라 이야기 전반에 걸쳐 나타나는 주제에 대해 우리가 들은 내용을 포착하기 위해 다시 침묵 속에서 몇 분간 시간을 가졌다.

아름다운 신성함

각 이야기가 전달될 때마다 아름다운 신성함이 그 공간에 자리 잡았다. 어떤 때는 눈물이 났고, 때때로 배꼽을 잡고 웃거나 긴장된 웃음이 나오기도 했다. 이 남자들이 손주들의 목소리를 사용하여 서로에게 마음을 여는 것을 보는 것은 마법과도 같았다. 겸손한 시작, 가족과 우정, 자연, 열정과 취미, 각 리더의 여정은 독특하면서도 보편성에 대한 주제가 등장했다.

    마지막 이야기꾼이 이야기를 마치자 침묵이 흘렀다. 우리는 그들을 바라보는 손주의 시선에 담긴 깊은 유대감, 수용과 감사의 마법을 깨고 싶지 않았다. 천천히 그들은 자신들이 함께 만든 것에 대한 생각과 느낌을 공유하기 시작했다.

깊은 경청을 통한 학습하기

그들은 서로에 대해 전혀 몰랐던 것을 배웠다고 말했다. 그들은 가장 중요한 것이 얼마나 작은 것인지를 알아차렸다. 그들은 아무도 그 과제에 대해 '공학적으로 접근'하지 않았다는 사실에 놀랐다. 사실 그들의 이야기에 업무는 거의 언급되지 않았다. 한 리더는 큰소리로 '왜 이렇게 힘들었을까'라고 말했고, 또 다른 리더는 '다시는 회의에서 구성원들을 이전과 같은 방식으로는 바라보지 않겠다'라고 말했다. 나는 지금 쓰면서도 여전히 소름이 돋는다.

이 친밀감의 공간을 구축하고 습관의 중력에 대항하기 위해, 우리는 손주들을 포함한 이해관계자를 고려하여 각자의 이야기와 상호 간에 배운 것을 활용하여 팀의 목적과 가치를 만들도록 요청했다. 요즘 우리는 의식적인 경청과 생성적인 대화 기술을 계속 연습하면서 팀의 목적을 실현하기 위해 그들과 함께 협력하고 있다.

어떻게 우리는 잘 기억될 수 있을까?

돌이켜보면 이 경험은 리더들과 두 명의 코치에게 커다란 혁신이나 다름없었다. 개인적으로 영원히 기억에 남을 것이다. 로만 크르즈나릭Roman Krznaric은 『좋은 조상The Good Ancestor』에서 '어떻게 우리가 잘 기억될 수 있는가?'(p.53)라고 질문한다. 우리는 이 고위 리더들에게 '죽음에 대한 넛지nudge, 우리의 죽음을 적절히 상기'(p.54)시켜 주었다. 그렇게 함으로써 우리는 '… 세대 간 보살핌과 책임감을 형성하기 위해' 그들 머리 속의 '유산 스위치'를 켰다(p.55).

우리는 모두 우리가 중요하다는 것을 알고 싶어 하고, 듣고 싶어 하고, 보고 싶어 하고, 기억되고 싶어 한다. 그러므로 리더와 팀이 가장 고귀하고 필요한 진화적 목적, 즉 모두를 위해 더 포용적이고 친절하며 재생 가능한 세상에 기여하는 데 집중하도록 계속해서 넛지해야 nudging 한다. 여러분! 이게 바로 내 귀에 들리는 음악이다.

수년 동안의 연구에 따르면 많은 인수합병이 조직을 하나로 통합하게 된 전략적 목적과 목표를 달성하지 못하는 것으로 나타났다. 때때로 이는 문화와 사람 문제에 대한 관심 부족으로 나타난다. 이 지점이 시스테믹 팀 코칭이 크게 기여할 수 있는 부분이며, 나는 인수합병하는 많은 리더십 팀을 코칭해 왔다. 여기에 합병 코칭coaching mergers에 대한 두 가지 짧은 사례가 있다.

합병 과정의 팀 코칭

루시 셰누다Lucy Shenouda와 랄프 코크레인Ralph Cochrane 작성

이 조직은 지역의 기업가적 첨단 기술 스타트업을 지원하는 공공 자금 지원 경제 개발 기관 네트워크의 일부이다. 규제가 심한 외부 자금 조달에 취약한 이 기관은 미래 성장을 보장하기 위해 영리 협력사를 설립하기로 전략 방향을 잡았다. 그들의 임무는 기술과 혁신, 상거래를 가속화하는 것이다. 목표는 두 파트너 회사 사이에 단일 고객 경험을 만드는 것이다.

초기 논의에서 CEO는 고위 경영진이 일반 프랙티셔너의 사고 방식

으로 행동하고 관심을 끌기 위해 경쟁하며, 누가 또는 어느 쪽이 더 나은지에 반응한다고 우려를 표명했다. 새로운 업무 방식에 대한 저항이 있었고, 과거의 프로세스에 대한 집착이 진전을 가로막고 있었다. 서로 다른 비즈니스 구조와 접근 방식, 아이디어는 마찰과 저항을 야기했다. 상호 협력하고 확장할 수 있는 기회가 필요했지만, 허브 앤드 스포크hub and spoke 리더십으로 인한 사일로화siloed된 의사소통으로 장애물이 발생했다.

개입과 계약하기

CEO는 팀을 통합하기 위해 10개월간의 팀 코칭을 우리에게 맡겼다. '만들어 가는 중인 팀'에게 주어진 기회는 성공적인 통합에 대한 책임이 집단 모두에 있다는 것을 스스로 알게끔 하는 것이었다.

이 영리 단체는 비영리 단체의 성장과 영향력, 지역사회에 미치는 영향력을 위해 자금을 조달하고, 고객 기반을 확장하기 위해 설립되었다. CEO의 요청은 고위 리더들이 진정한 팀이 될 수 있도록 도와달라는 것이었다. '우리의 비전은 계약상의 이해를 넘어서고, 이해관계자들 전반에 걸쳐 살아 있는 경험처럼 생활하고, 숨쉬고, 느끼는 것, 즉 우리의 DNA에 내재화하는 것이다.'

이미 구축된 관계와 효과적인 과거의 팀 코칭 경험 덕분에 포괄적인 문서화를 통해 투자 범위, 투자 약속과 계약 체결을 신속하게 할 수 있었다.

탐구와 발견, 그리고 설계

우리는 시스템적 관점에서 팀 코칭 계약을 시작했고, 사전 예약된 월간 팀 코칭, 일대일 리더십 코칭, 그리고 평소와 같은 비즈니스 회의 일정을 요청했다. 우리는 팀 현장 개발을 통합하고 강력한 이해관계자 매핑 작업을 시작했으며, 여러 이해관계자 인터뷰와 평가를 주선했다. 이 모든 것은 가상환경에서 이루어졌다.

- 코치와 팀 구성원의 일대일 인터뷰하기
- 팀 구성원을 짝으로 구성하여 2:1 이해관계자 인터뷰 완료하기
- 360도 리더 평가, DPI(Diamond Power Index®)[3] (© Diamond Leadership https://diamondleadership.com/power-dilemma/)
- 팀 진단 평가, 팀 연결 360도 진단 Team Connect 360(TC360)(© Renewal Associates and AoEC, www.aoec.com/teams/team-connect-360/)

각 팀 세션은 원하는 결과에 대한 토론으로 시작했고, 팀으로서 함께 성장하는 과정에서 어떤 점을 발견했는지를 반복적으로 성찰했다.

---

3) 해당 홈페이지에 따르면, 다이아몬드 파워 지수®(DPI) 리더십 평가는 파워 인텔리전스®의 프레임워크를 사용하여 리더십 효능감을 측정하는 것으로, 평가는 개인적 권력과 지위적 권력 등 권력의 효과적인 사용을 구체적으로 살펴보는 리더십 평가로, 권력 사용과 조직 성과 및 문화에 미치는 영향 사이의 중요한 연결 고리를 확인할 수 있다.

다루어진 팀 세션 주제는 다음과 같다.

- 팀 헌장 개발
- 이해관계자 매핑
- 다단계 이해관계자 인터뷰 설정
- DPI 360 리더십 평가 도입
- 팀 연결TC 360 소개와 디브리핑
- 팀 개발

일대일 리더십 코칭에는 다음이 포함된다.

- DPI 디브리핑
- 리더십 개발

팀 코칭 수퍼비전

고객과 작업을 시작하면서 우리는 집단 학습collective learning을 도와줄 팀 코칭 수퍼바이저를 고용했다. 지속적인 학습과 성찰 외에도 모든 이해관계자 인터뷰를 위한 통합된 토론 가이드를 설계할 기회를 마련했다.

- 여기서 일하는 것/팀과 함께 일하는 것에 대해 감사한 점은 무엇인가?

- 우리가 함께 일하면서 어떤 점을 발전시키고 싶은가?
- 여기서 일하는 것/팀과 함께 일하는 것이 어떤 것인지에 대해 실제로 어떻게 말하고 싶은가?
- 원하는 팀/조직 성과에 대해 시간이 지남에 따라 측정할 수 있는 가시적인 한 가지는 무엇인가?

초기 단계에서 관찰한 사항

팀은 통합을 방해하는 습관적인 비생산적 패턴을 보이고 있었다. 고위 리더는 세션 중에 발언하지 않았고, 동료 리더들과의 통합된integration 대화를 하지 않았다. 이러한 의사소통 문제는 목소리를 내고, 핵심 가치를 수용하며, 사일로에서 벗어나겠다는 약속과 어긋났다. 직원들은 일상적인 비즈니스 업무 외에는 서로 대화하는 데 어려움을 겪었다. 조직 전반에 걸쳐 구성원들은 관리자나 동료들과 함께 생산적인 문제 해결에 참여하기보다는 CEO에게 직접 우려 사항을 전달했다.

효과가 있었던 방법

위임하기: 팀 세션과 일대일 인터뷰를 통해 팀원들에게 공유된 목적과 공동의 성공 측정 방법에 대해 질문했다. 이는 개인 수준에서 조직적 목표와 방법으로 사고방식을 전환하는 계기가 되었다. 처음에 구성원들은 명확하게 표현하지 못했지만, 대화를 계속하면서 각자의 기여에

대해 더 잘 이해하기 시작했다. 조직 목표는 다음과 같이 식별되었다.

- 고객 수 늘리기
- 고객 결과 개선하기
- 영향력이 더 큰 고객과 업계의 파트너 유치하기
- 궁극적으로 지역 혁신을 더 높은 모멘텀으로 끌어올리기
  '이러한 목표들이 선택된 소수가 아닌 모든 이해관계자의 성공 경험을 통해 달성되길 바랐다.' (CEO)

명확화하기: 팀 세션 동안 팀 헌장은 일관된 업무 방식을 논의할 수 있는 포럼을 운영하는 초점이 되었다. 헌장은 일상적인 업무 회의에 초점을 맞추고, 성찰하는 데 사용되었으며 구성원들과 공유되었다. 근본적인 권력 역동에 대한 인식이 높아지면서 팀은 성공적인 통합에 대한 책임감을 인식하였다. 전략 계획과 KPI에 대한 투명성이 높아져서 허브 앤드 스포크에서 집단적 의사결정으로 전환되었다. 포용성과 적응성, 존중이 가치로 부상했다.

공동 창조하기: 팀 구성원은 논쟁의 여지가 있다고 인식되는 중요한 지점들을 더 자주, 더 공개적이고 용감하게 제기할 수 있는 대담성의 가치를 인정했다. 초기에 살아 있는 문서로서의 팀 헌장(Hawkins, 2021: 114-16 참조)을 개발하여 더 깊은 대화를 촉진하는 데 변화를 가져왔고, 불만을 숨기는 비생산적인 대인 관계 패턴에 대한 인식을 높이는 데 도움이 되었다. 팀 구성원들이 더 많은 책임을 받아들였다.

연결하기: 다중 이해관계자를 인터뷰하는 과정은 표면 아래 여러 층에서 활동 중인 투쟁을 발견하는 데 중요한 역할을 했다. DPI 360 평가와 리더십 코칭은 파트너십을 형성하는 데 필수적인 권력 역동 관계와 해결되지 않은 문제를 드러내는 데 도움이 되었다. 팀 연결TC 360은 비영리 단체와 영리 단체가 어떻게 하나의 단체로 협력할 수 있는지에 대해 광범위한 이해관계자들이 느낄 수 있는 혼란을 깊이 인식할 수 있도록 도왔다. 이해관계자 지도map는 내부와 외부 이해관계자가 얼마나 다양한지 볼 수 있도록 했으며, 기대와 공유된 목표를 명시적으로 관리하기 위한 다중 이해관계자 계약의 필요성에 주목하게 했다.

핵심 학습하기: 팀 세션은 세션 중, 세션 사이between sessions에 진행된 상황과 학습에 대한 성찰로 시작과 마무리를 설계했다. 우리가 팀 헌장을 위한 프레임워크를 제시했을 때, 이 결정적 순간에 한 팀원이 '이게 지금의 우리인가요? 아니면 프로그램이 끝날 때쯤의 우리일까요?'라는 시의적절한 질문을 공개적으로 했다. 이 질문으로 지속적인 연습과 헌신, 실현 시간이 필요한 살아 있는 문서라는 팀 헌장의 진화적evolutionary 특성을 제대로 알 수 있는 실시간 학습이 이루어졌다.

효과가 없었던 방법

요청했던 평상시 업무Business As Usual(BAU) 회의 일정에는 참여하지 못했다. 프로그램 중간에 BAU에 초대받았지만 취소되었고, 다른 참석 기회도 없었다. DPI 리더십 360 평가는 개별 코칭 세션을 통해 일부에게 유용한 것으로 간주되었다. 그러나 개인 또는 팀 개발 계획에는 효과적으로 적용되지 않았다.

결과물

1. CEO는 허브 앤드 스포크 방식의 의사소통에서 벗어나 집단적 리더십의 영향력을 확대하고, 팀 구성원들이 동료들과 함께 문제 해결에 참여할 수 있는 공간을 마련하기 위해 노력했다. CEO는 '나는 해결 활동에 뛰어드는 것을 자제하고, 리더십 팀이 독립적으로 해결책을 분류하도록 허용했고, 통찰력과 지침은 제공하지만 실행에 대한 책임은 지지 않습니다'라고 말했다.

2. 팀 내 재편이 시작되었다. 조직 문화와 가치에 더 적합한 사람들을 찾기 위해 팀을 구조조정했다. CEO가 의사결정하고 이사회가 승인한 어려운 결정을 통해 개인을 해고했고, 과도한 스트레스 요인으로 인한 압박을 줄이는 업무환경을 만들었으며, 통합 성과 점수표에 다시 초점을 맞췄다.

3. 조직 확장scaling이라는 중요한 임무에 집중할 수 있게 되었다. 팀 구성원들은 조직 성공에 대한 더 큰 책무responsibility와 책임감accountability을 기꺼이 받아들였다. 이러한 변화로 조직은 규모의 경제로 이익을 얻을 수 있었고, 성취감을 더 크게 느끼는 구성원들이 공유된 목적을 위해 일을 더 잘할 수 있게 되었다.

학습

1. 우리는 진정으로 속도를 늦추고, 혼란이 주는 메시지에 주의를 기울이고, 자주 멈추는 것에 대해 다음과 같은 점을 높이 평가했다.
    a. 행동으로 옮기고자 하는 우리의 자연스러운 성향을 조절한다.
    b. 속도를 늦추지 않으면 놓치기 쉬운 뉘앙스에 주의를 기울이면서 혼란을 처리할 시간을 갖는다.
    c. 팀 코치와 팀 구성원으로서 우리 안에 있는 다양한 접근 방식의 평행parallel 프로세스(Harold Searles, 1955)에 주목한다. 팀이 속도를 높일 때 우리는 속도를 늦추고, 잠시 멈추고 무슨 일이 일어나는지 알아차릴 수 있는 공동 창조의 공간을 만들었다.
2. 팀연결 360 결과를 제시하는 대신 팀에 사전 검토를 요청했다. 우리는 구글Google 공유 슬라이드 데크를 설정하여 세션 중에 실시간으로 팀의 통찰을 담아냈다. 이 과정을 통해 누가 언제 발언했는지, 논쟁적인 문제를 어떻게 다루었는지 순간순간 알 수가 있었다. 상호작용을 관찰하면서 펼쳐지는 드라마에 호기심을 갖고, 우리는 '지금 무슨 일이 일어나고 있나요? 당신의 시스템을 반영한 것인가요?'라고 질문했다. 이는 대화를 풍성하게 하고 더 깊은 성찰을 불러일으켰으며, 자발성spontaneity의 가치를 배웠다. 우리는 저항의 순간인 엣지edge를 발견했을 때 판단을 유보하고 호기심을 갖게 되었다.
3. 우리는 일대일 및 팀 코칭 대화에 시스템적 렌즈를 도입했다. 이

를 통해 리더는 시스템에서 자신의 역할을 파악하고, '폭 넓은 공감wide-angled empathy'(Hawkins, 2019: 74)을 실천하여 관계와 더 넓은 시스템 전반에 반영된 세션의 역동을 알아차릴 수 있었다.

우리의 향후 과제는 다음과 같다.

- 리더십 평가에서 얻은 학습 내용을 조기에, 능동적으로proactively, 일관되게 통합한다.
- DPI 리더십 평가 보고 시에 리더십 개발 계획을 실행하고, 집단적 리더십 계획으로 연계한다.
- BAU 회의에 정기적으로 지속해서 참석한다.
- 좀 더 의도적으로 일단 정지 시간을 만들고, 팀 구성원이 자신의 불만을 털어놓을 기회를 제공하고, 건설적인 갈등을 필요한 변화의 발판으로 삼을 수 있도록 더욱 적극적으로 노력한다.

탐구는 계속된다

이 선장과 선원들은 미지의 바다를 계속 항해한다. 코치로서 우리는 일이 잘 될 때뿐만 아니라 잘못될 때도 무엇을 해야 할지 함께 알아내서, 좀 더 용감하고 미래 지향적인 의사결정을 내릴 수 있도록 그들의 탐험을 도왔다. 이들은 포용성, 적응성, 존중이라는 가치와 서로를 위한 서비스, 자신들의 업무에서 일관성을 추구하면서 회의주의scepticism

를 극복했다. 이들이 항상 이런 원칙을 적용했을까? 항상 그런 것은 아니었다. 중요한 작업이 이제 막 시작되었다. 혼란은 호기심과 대담함, 영향력 있는 행동으로 바뀌었고, 이들은 영향력이 강점과 응집력과 다양성에 있다는 것을 지속해서 배웠다.

마지막 이야기는 데클란 우즈Declan Woods의 이야기로, 그가 어떻게 심리적 안전감을 위한 프레임워크와 지원을 제공하면서, 동시에 팀이 스스로 갈등을 해결할 수 있도록 어떻게 공간을 확보했는지와 관련된 방법을 보여준다.

분쟁 중인 합병팀의 불 구덩이 속에 앉아있기

데클란 우즈Declan Woods 작성

개요

이 사례는 금융 기술 회사가 합병 후 통합 과정에서 경영진을 지원하기 위해 팀 코칭을 사용한 방법을 기술한다.

맥락과 팀 코칭 아젠다 제시하기

3년 전에 설립된 이 조직은 처음에는 단일 주주/소유주owner 아래 네 개의 개별 사업부로 구성되어 있었다. 회사 간 시너지 효과와 규모의 경제를 활용하기 위해 소유주는 그룹을 이끌 새로운 CEO를 임명했다. CEO는 중앙 기능을 가진 새로운 브랜드 아래 각 사업부를 단일 회사로 통합하기로 했지만, 그 결정은 인기가 없었다.

CEO가 기존 회사의 이사들로 구성된 단일 경영진을 구성했지만, 이들은 지위와 자율성을 상실한 것으로 인식하여 변화에 저항하고 있었다. HR 이사는 통합의 속도를 지연시키는 갈등을 극복하기 위해 팀 코치에게 도움을 요청했다.

팀 코칭으로 접근

나는 팀 코칭을 '일정 기간 팀 전체와 리더를 코칭하여 연결과 의사소통, 협업을 증진하고 팀 효과성과 성과를 향상하는 것'이라고 설명한다. 이 경우 나는 코칭에 대한 팀의 의지가 불확실했기에 준비 상태를 확인하기 위해서 '분위기 조성chemistry' 회의를 제안했다. 나는 팀 코칭이 무엇이고, 무엇과 관련되어 있는지 설명하고 팀원들에게 코칭을 통해 얻고자 하는 바를 말하도록 했다. 나는 충분한 동의를 얻었음에 만족했고 코칭을 시작했다.

팀에 대한 이해를 공유하기 위해 팀 살리언트teamSalient® 진단 도구를 사용했다. 결과는 다음과 같았다.

- 팀 전체의 정렬alignment이 부족했다.

- CEO와 소유주의 관점이 팀과 완전히 달랐다.
- 상호 의존적인 팀이 아닌 개인들의 집단으로 운영되어 신뢰와 팀 결속력team glue™이 낮았다.
- 다른 의견을 말하는 것이 안전하지 않다고 느꼈다(심리적 안전감이 거의 없음).
- 갈등을 회피했다.
- 팀은 창의성과 혁신성이 강했다.
- 팀은 적절한 기술력을 갖춘 최적의 규모였다.

이를 바탕으로 나는 팀 코칭 접근 방식을 조정했는데, 전체 팀 세션으로 이동하기 전에 소규모 그룹 작업부터 시작해서 심리적 안전감을 구축했고, 강점을 활용하여 팀 작업에 도움이 되는 분위기를 조성했다. 신뢰 수준이 낮았기 때문에 팀 관계의 강도team relational strength™를 높이는 데 특히 주의를 기울였다.

팀 코칭을 위한 심리적 안전감 조성하기

CEO가 상황과 목표를 설정했다. 이는 리더의 역할에 힘을 실어주었고, 팀 효과성effectiveness과 관련된 리더 역할의 중요성을 고려할 때 매우 의미 있는 일이었다.

심리적 안전감이 낮았으므로 작업을 할 수 있게 근본적인 문제를 표면화하고 싶었다. 나는 이전에 성공적인 팀에서 일했던 경험을 이야기하도록 팀에 요청했다. 그런 다음 방금 말한 설명과 자신을 비교해 보라고 요청했고, 이는 생산적인 대화를 만들었다. 나는 이 활동을 설정한 다음, 팀이 이 과제를 수행하는 과정을 지켜보았다. 마지막에는 팀이 과제를 어떻게 진행했는지, 팀이 합의했을 때 어떻게 잘 진행했는지에 대한 관찰 내용을 공유했다.

충분한 안전감을 확보한 후 팀 살리언트teamSalient® 프로필을 요약했다. 놀라지 않도록 팀 리더와 먼저 검토했다.

갈등 역동 대처하기

팀은 각자의 역할에서 협업이 필요한 구성원들을 모아 소그룹으로 프로필을 검토했다. 팀 리더십을 논의하던 중 그룹 CEO와 자회사 CEO의 대화가 격렬한 갈등으로 번졌다. 나는 이 대화를 보고 내가 개입할 수 있는 방법을 고민했다. 팀 구성원들이 코치인 나를 쳐다보는데 내가 개입하기를 기대하는 것 같았다. 내가 퍼실리테이터로 일하기로 계약했다면 그렇게 했을 수도 있지만, 이는 나중에 다시 나타날 가능성이 있는 역동을 임시 봉합할 위험이 있었다. 나는 개입하기보다는 팀이 어떻게 반응하는지 관찰하면서 계속해서 자리를 지켰다. 논쟁하는 사람들 외에는 아무도 말하지 않았다. 팀 구성원들은 고개를 숙이고 당황하거나, 두려운 표정을 지었다. 나는 묵묵히 '불 구덩이 속에 앉아' 그 자리를 지켰다.

결국 나는 '나는 당신들이 싸울 수 있다고 봅니다. 또 무엇을 할 수 있습니까?'라고 말하면서 개입했다. 이는 역동에 이름을 붙이고, 팀이 다른 관계 방식을 찾도록 유도하는 의도한 효과를 가져왔다. '지금 이 팀에서 무슨 일이 일어나고 있는 걸까?'라고 물어볼 수 있는 충분한 시간을 만들어 팀의 역동성을 스스로 알아차릴 수 있는 역량을 키울 수 있도록 했다. 잠시 침묵이 흐른 뒤, 한 팀 구성원이 자신이 본 것을 말했다. 다른 사람들도 그 뒤를 따랐다.

그런 다음 나는 말다툼을 벌이는 두 사람에게 '여기에서 당신에게 충족되지 않는 요구사항needs은 무엇인가요?'라고 질문하여 자신들이 필요한 것을 요구하도록 격려했다. 그 결과 이사는 합병 과정에서 인정받지 못했고, 권력과 위신을 잃었다고 느꼈음을 토로했다.

이 역동에 '이름붙이기naming'를 통해 쌓인 압박감이 해소되었다. 또한 팀 내 관계적 연결의 통화currency로서 효과적인 의사소통의 중요성을 보여주었다. 그제서야 팀은 코칭의 다음 단계로 넘어가 개발 목표에 합의할 수 있었다.

결과와 교훈

이 사례는 한 팀이 진단 도구를 사용하고 역동적인 팀 코칭을 통해 합병 뒤 어떻게 어려움을 극복했는지를 보여준다.

코칭에서 어떤 점이 효과적이었는가?

몇 가지 효과적인 방법이 있었다.

- 팀 코치의 역할을 명확하게 하여 순간순간 다른 역할에 휘말리지 않도록 한다.
- 충분한 신뢰와 안전을 조성한다.
- 진단 프레임워크teamSalient®를 사용하여 어려운 주제를 논의하는 데 필요한 공유된 이해와 공통 언어를 만든다.
- 역동 관계에 이름을 붙여 팀이 이를 인식하고 어려운 대화를 시작하고, 관계를 유지하면서 해결해 나갈 수 있게 한다.

어떻게 코칭으로 개선하였을까?

소유주의 불만이 팀 코칭의 핵심 원동력이었지만, 나는 처음부터 소유주의 의견을 코칭에 반영하기보다는 중간에서야 그의 의견을 반영할 수 있었다.

결론

이 이야기들은 팀 코치로서 필요한 믿음bravery과 용기courage, 탄력성resilience을 보여줄 뿐만 아니라, 새로운 도전에 비추어 성찰하고, 수퍼비전을 받아들이고, 끊임없이 학습하고 자신의 업무에 적응할 수 있는 능력의 중요성도 보여준다. 팀 코칭은 개인 코칭보다 훨씬 더 복잡하고 노출이 많으며 도전적이다. 모든 팀 코치는 팀 구성원의 즉각적인 요구를 거부하는 데 익숙해져야 하며, 일을 잘못 처리하고 실패를 복구하여 이를 새로운 학습과 추진력으로 활용하는 방법을 알고 있어야 한다.

기고자: 헬렌 징크 Helen Zink

헬렌 징크는 리더십 개발 코치, 팀 개발 코치, 컨설턴트로서 고위급 비즈니스와 리더십 분야에서 상당한 실무 경험을 쌓았다. 헬렌은 리더와 팀을 최고로 성장시키는 데 열정이 있으며, 이 분야를 전문으로 하는 Grow to be Limited의 책임자이다. 헬렌은 코칭, 팀 코칭, 응용 긍정 심리학, 변화 관리, 전략 도구와 방법론 등 다양한 툴킷toolkit을 활용하고 있다. 또한 스스로를 성장시키고자 하는 열정과 ACC(ICF), 석사(코칭 심리학), MBA, BMS(hons), CA 등 다양한 자격과 인증을 보유하고 있으며, 시니어 팀 코칭 프랙티셔너 레벨의 교육을 이수했다.

기고자: 나탈리 레로틱 파블리크 Nathalie Lerotic Pavlik

나탈리 레로틱 파블리크는 리더십 팀 코치이자 컨설턴트로, 역동적이고 급변하는 국제 기업 환경에서 20년 동안 인사 관리 분야에서 다양한 역할을 수행하며 쌓은 전문적인 경험을 바탕으로 활동하고 있다. IT, 은행, 석유 및 가스, 컨설팅 등 다양한 분야에서 근무했으며, 비즈니스 리더와 협력하는 리더십 팀의 일원으로 조직 내 인사 아젠다를 성공적으로 추진하기 위해 노력했다. 런던 대학교 University of London에서 직업 심리학 석사 학위를 받았으며, 영국 심리학회 대학원 회원 자격을 보유하고 있다. 나탈리는 EMCC 글로벌의 자원봉사자로 활발히 활동 중이며, 현재 EMCC 크로아티아의 회장이다.

기고자: 모니카 칼론 Monica Callon

모니카 칼론은 이중 언어를 구사하는 리더십과 시스테믹 팀 코치이자 컨설턴트로서 민간과 공공 부문의 경영진, 팀과 함께 국제적으로 일하고 있다. 글로벌 팀 코칭 연구소 교수진, 리더십 서클 프로파일 핵심 디브리핑 교수진의 일원이기도 하다. 유럽 멘토링과 코칭 위원회의 인증을 받은 개인, 팀 코칭 수석 프랙티셔너이며, 국제 코칭 연맹의 전문 인증 코치이기도 하다. 또한 팀 코치 수퍼바이저이다. 모니카의 일과 삶은 의식적이고 시스템적으로 조율된 리더와 팀의 안내에 따라, 더 포용적이고 자비로우며 재생력 있는 세상에 기여하는 것이다.

기고자: 은코베킬레 도라 만요니 Nqobekile Dorah Manyoni

은코베킬레 도라 만요니는 지난 20년 동안 남아프리카 공화국에서 비즈니스 리더를 코칭, 멘토링, 교육을 해왔다. 스타트업 CEO부터 잘 알려진 CEO에 이르기까지, 다양한 리더들과 함께 일하며 비즈니스 역량과 기술 레퍼토리를 개발하여 리더십 효과를 향상시켰다. 은코베킬레 도라는 공감 능력과 전략적 접근 그리고 집중력을 결합하여 경영진이 리더십을 다음 단계로 끌어올릴 수 있도록 동기를 부여한다. 비즈니스 코치이자 개발 전문가로서의 경험은 코칭 접근 방식이 비즈니스 결과에 중대한 영향을 미칠 수 있는 측정 가능한 리더십 성장을 달성하는 데 초점을 맞추고 있다는 것을 의미한다. 은코베킬레 도라는 세계 최고의 경영진 코칭 네트워크인 마샬 골드스미스 이해관계자 중심 코칭Marshall Goldsmith Stakeholder Centered Coaching의 회원이다. 또한 남아프리카공화국 코치와 멘토의 회원이기도 하다.

기고자: 루시 셰누다Lucy Shenouda

루시 셰누다는 포스터에센스의 설립자이자 리더십과 시스템적 팀 코치이다. 비즈니스 프로세스에 대한 깊은 이해를 바탕으로 루시는 운영 우수성, 팀 조율, 탄력적인 리더십에 대한 코칭 대화를 촉진한다. 기업 전문가로서 마케팅 그리고 전략 기획 분야에서 리더십 역할을 수행했다. 중동과 북아프리카 지역의 포춘Fortune 글로벌 500대 기업과 함께, 인도, 레바논, 나이지리아, 인도네시아, 걸프협력회의(GCC)의 브랜드 홍보대사와 협력했다. 루시는 유니레버, 맥도날드, 네슬레, 쇼타임 아라비아(현 OSN)에서 뛰어난 브랜드와 고객 경험의 학습 통합을 공동 주도했다. 루시는 온라인 라이브 강연 세션을 진행하거나 큐레이팅하고, Up With Women과 EthicalCoach에서 프로보노 코칭을 제공하며, 더럼 칼리지 국제 비즈니스 프로그램Durham College International Business Programme의 자문위원이자 저술가로도 활동하고 있다.

기고자: 랄프 코크란Ralph Cochrane

랄프 코크란은 노련한 임원 코치, 리더십 개발 퍼실리테이터, 시스템적 팀 코치이다. 넥서스 코칭 프로페셔널의 소유주이다. 랄프는 다양한 산업 분야에서 전 세계 250명 이상의 경영진과 함께 일하며, 다양한 코칭 경험을 쌓았다. 강력한 비즈니스 통찰력과 전략적 사고방식은 15년 동안 금융 서비스 분야에서 일하면서, 리더십 개발, 프로젝트 관리, 영업 그리고 마케팅에 대한 탄탄한 비즈니스 지식과 경험을 바탕으로 구축되었다. 달하우지 대학교Dalhousie University에서 경제학, 험버 대학교Humber College에서 국제 마케팅, 토론토 대학교의 슐리히 경영대학원Schulich School of Business at the University of Toronto에서 프로젝트 관리를 전공했다. 랄프는 아이언맨 5회 완주자이다. 캐나다 MS 협회를 위해, 100만 달러 이상을 모금하는 등 변화를 만드는 데 열정을 쏟고 있다.

기고자: 데클란 우즈Declan Woods

데클란 우즈는 최고의 팀 코치이자 이사회 심리학자이며, 팀 코칭 전문 회사인 팀지니teamGenie의 CEO이다. 수상 경력에 빛나는 팀 효과성 발견 도구인 팀살리언트TeamSalient의 개발자이다. 데클린은 코칭 협회의 팀 코칭 표준과 인증 글로벌 책임자이다. 공인된 심리학자이자 공인 마스터 코치인 데클린은 케임브리지 대학교와 레스터 대학교에서 심리학 석사, 박사 학위를, 워릭 비즈니스 스쿨Warwick Business School에서 경영학 석사 학위를, 인시어드INSEAD에서 변화 컨설팅 석사 학위를 취득했다.

14장
팀과 팀 코칭 진단과 평가

저자: 피터 호킨스 Peter Hawkins
역자: 윤선동

함께하기가 시작입니다. 함께 유지하기가 진보입니다. 함께 일하기가 성공입니다.
– 헨리 포드 Henry Ford

도입

이 장에서는 모든 팀원이 팀 패턴을 확인하고, 현재 팀이 운영되는 방식과 미래의 세상 및 모든 이해관계자들 요구 사이의 격차를 함께 탐색할 수 있는 집단 진단assessment을 통한 팀 참여의 중요성을 살펴본다. 이 방법으로 작업에 대한 공동 의제를 설정할 수 있다. 마찬가지로, 팀 코칭 여정의 주요 단계에서 진행 상황 평가evaluation와 팀이 함께 만들어낸 이익 증가에 대한 평가 역시 중요하다. 이 프로세스는 이번 장의 마지막 부분에서 살펴볼 것이다.

수년 동안 팀 코치를 훈련하고 수퍼비전하면서 나는 팀 코치가 함께 일할 팀을 평가하고, 그들과 함께 일할지를 결정하며, 가장 유익한 접근 방식을 결정할 때 팀 코치가 겪는 어려움을 잘 알게 되었다. 팀 코치로 일한 초기에는 각 팀 구성원과 이야기하고 팀 코칭에서 그들이 원하는 것이 무엇인지 묻는 전통적인 접근 방식을 사용했다. 팀 구성원들은 팀장이나 동료의 문제점에 대해 대답하는 경우가 많았고, 팀의 목적이 무엇인지 확신하지 못하는 경우도 많았다. 한 명 이상의 팀원이 '우리에게 필요한 개발이 무엇인지 알았다면 당신을 팀 코치로 고용할 필요가 없었을 거예요!'라고 했다.

이제 나는 초기의 접근 방식이 어리석었음을 깨닫는다. 이는 (a) 팀 전체가 아닌 팀 구성원들을 고객으로 봤던 점, (b) 팀 구성원이 팀 개발에 필요한 부분을 알고 있다는 가정에 기반을 두었던 점, (c) 팀이 서비스를 제공해야 하는 더 넓은 맥락적 요구에서 출발하지 못한 점 등이다. 나는 '아웃사이드 인outside-in'과 '미래의 현재화future-back'로 시작하는 개방형 질문을 더 많이 사용하기 시작했다.

- 귀하의 팀은 누구에게 서비스를 제공하는가? 팀의 중요한 이해관계자는 누구인가?
- 고객들이 우리 팀에 대해 중요하게 생각하는 점은 무엇이며, 팀이 달라져야 할 점은 무엇인가?
- 향후 몇 년 동안 팀이 직면할 가장 큰 문제는 무엇이며, 이러한 문제에 대처하기 위해 팀이 어떻게 변화해야 하는가?

- 2년 뒤, 팀이 오늘 다루지 않아서 후회할 부분이나, 이번 팀 코칭에서 다루게 되어 만족할 점은 무엇인가?

내 기술의 또 다른 큰 발전은 조명적 평가illuminative evaluation[1](Parlett & Dearden, 1977)와 집단 팀이 목소리를 낼 수 있는 도구를 개발한 점이었다. 여기에는 설명자 분석descriptor analysis(Hawkins, 2021:355-57), 고가치 창출 팀 설문지(Hawkins, 2021:350-53), 팀 역동이 자체적으로 드러날 수 있도록 구체화한 창의적 방법이 포함되어 있다(17장 참조). 이러한 모든 접근 방식은 팀 리더, 팀 구성원 또는 팀 코치가 아닌, 팀 전체가 팀의 집단적 강점과 약점, 개발 영역과 나아가야 할 여정에 관해 이야기하게 하는 수단이었다.

나는 팀 주요 이해관계자들, 즉 위임자commissioners, 투자자, 규제 기관, 고객, 파트너, 공급업체, 직원, 팀이 활동하는 커뮤니티, 이들을 존재하게 하는 더 넓은 생태계를 제공하는 '인간 세계 이상more than human world'의 목소리를 점점 더 많이 듣기 시작했다. 이를 위해 나는 진단에 더 광범위한 360도 피드백 요소를 추가하고, 팀 구성원이 다른 이해관계자 대표를 인터뷰한 다음, 팀 세션에서 다양한 이해관계자의 입장에 서서 그들의 관점에서 이야기하게 했다. 때때로 나는 팀 코칭 이벤트에 이해관계자가 직접 참여하도록 주선했다.

---

1) 프로그램의 결정적인 특성, 프로그램이 전제로 하고 있는 교육적 가정, 프로그램의 시행에 영향을 미치는 인간의 상호작용 현상, 프로그램의 운영과 관련된 실천적 과제를 체계적으로 접근systems approach하는 평가

팀 코칭의 초기 계약은 팀 리더 또는 HR 책임자와 같은 게이트키퍼와 함께 맺을 수 있다. 더 완전한 계약은 전체 팀과 모든 구성원과 함께해야 하며, 작업의 초점은 팀이 목적 달성을 위해 운영되는 전체 조직, 비즈니스, 사회 경제적, 생태계 시스템을 기반으로 훨씬 더 넓어져야 한다.

팀 코치는 팀 리더, 내부 팀 코치 또는 외부 팀 코치 등 적어도 세 가지 수준의 중첩된 시스템과 연결된 질문으로 참여를 시작하는 게 중요하며(18장 참조) 이는 다음과 같다.

- 팀이 임무를 부여받고, 목적을 달성하고, 운영되는 생태적, 비즈니스 및 사회 경제적 틈새niche
- 고유한 역동성, 상호 의존성, 라이프사이클 등이 있는 살아 있는 시스템으로서의 팀
- 각자의 이력, 프로필, 동기와 가치를 가진 팀 구성원들

이 조사 단계는 매우 풍부하고 다층적인 데이터의 접점seams과 흐름이 만들어져 상당할 수 있는데, 여기에 압도당하지 않고 풍부한 데이터를 이해하려면 팀 코치와 팀 리더는 데이터를 구체화할 강력한 진단 프레임워크가 필요하다.

팀 연결 360

나는 존 리어리 조이스John Leary Joyce, 임원코칭 아카데미Academy of Executive Coaching와 협력하여 '팀 연결 360Team Connect 360'(www.aoec.com/teams/team-connect-360/)이라는 온라인 팀 360도 피드백 도구를 만들었다. 이 도구는 이 책의 두 번째 판부터 적용하였다.

이는 강력한 360도 진단 도구로, 팀과 팀 코치는 팀 전체의 강점과 개발 영역에 대한 귀중한 데이터와 통찰력을 얻을 수 있으며, 팀 구성원과 팀 논의를 통해 선택한 다양한 이해관계자 그룹에게 팀 피드백을 받을 수 있다.

도구는 다섯 가지 규율 모델을 중심으로 특별히 설계되었으며, 다음과 같은 질문을 다룬다.

- 이해관계자 기대치(위임하기) – 팀이 이해관계자에게 전달해야 하는 부분
- 팀 과제(명확화하기) – 이런 기대치를 충족하기 위해 팀이 수행해야 하는 작업
- 팀 관계(공동 창조하기) – 대인 관계와 리더십 역동
- 이해관계자 관계(연결하기) – 팀이 서비스를 제공하는 사람들과 연결하는 방법
- 팀 학습(핵심 학습하기) – 팀이 미래의 도전 과제를 해결하기 위해 성장하고 발전하는 방법

추가 질문 세트는 다음과 같다.

- 전반적인 생산성 – 팀의 제공 능력에 대한 요약 기록이다. 이를 통해 팀이 조직 시스템 내에서 얼마나 잘 연결되어 있고, 더 효율적으로 일하기 위해 무엇을 할 수 있는지에 대한 명확한 그림을 제공한다.

이는 일대일 인터뷰 대신, 또는 이와 함께 팀 데이터를 생성하기 위해 팀 코칭 문의 단계에서 사용하기에 좋은 도구이다. 간단하고 사용자 친화적인 방식으로 데이터를 수집하여 팀 리더와 팀 구성원에게 프리젠테이션할 수 있으며, 주요 개발 초점 영역에 관한 대화를 가능하게 한다. 또한 시스테믹 팀 코칭 프로세스의 마지막에 설문을 반복하여 성공 여부를 측정할 수 있는 훌륭한 척도가 되기도 한다.

어떤 이점이 있는가?

- 이해관계자 참여를 추구해야 한다는 필요조건은 팀 코칭의 시스템적 특성을 나타내는 톤tone과 접근 방식을 나타낸다.
- 데이터는 간결하고 가시적인 형태로 제공되며, 사용자 친화적이고, 코치의 최소한의 안내만으로도 읽고 이해할 수 있다. 팀원들은 보고서를 읽고 살펴본 뒤 팀 코칭을 통해 가장 큰 가치를 창출할 수 있는 부분을 빠르게 파악할 수 있다.
- 직접적인 데이터이므로 인터뷰에서 코치의 편견이 개입될 여지가

없다.
- 팀 코치 또는 팀 구성원은 여전히 특정 응답자를 인터뷰하여 그들의 의견과 추가 피드백을 더 명확하게 파악할 수 있다.
- 데이터를 온라인으로 수집하여 지역과 시차 문제를 해결한다.
- 일관성 – 데이터는 팀 구성원이 이해하기 쉬운 일관된 형식으로 제공된다.

데이터는 어떻게 수집되는가?

- 최대 50명의 응답자를 대상으로 매우 효과적인 팀을 위한 다섯 가지 영역을 다루는 간단한 온라인 설문지를 작성하도록 한다.
- 이해관계자의 경우 여섯 개 영역 각각에 세 개의 질문만 있다. 1에서 5점 사이의 점수와 각 분야에 대한 서술을 요구한다.
- 팀 구성원의 경우 각 영역에서 그들만이 알 수 있는 팀 내부에서 일어나는 일을 구체적으로 묻는 두 가지 추가 질문이 있다.

기타 유용한 진단 방법

클러터벅Clutterbuck(2020), 샌달Sandahl과 필립스Phillips(2019), 로드Rod와 프리드혼Fridjhon(2016), 자카로Zaccaro 등(2001), 해크먼Hackman(1987), 살라스Salas 등(1992)과 글래드스타인Gladstein(1984)은

모두 다양한 관점으로 팀을 연구하는 방법에 대한 통찰력을 보여주며, 네 가지 관점을 간략하게 설명한다.

- 팀 인지 과정
- 팀 동기부여 과정
- 팀의 정서적 과정
- 팀 조정coordination 과정

고성과 팀에 대한 대부분 연구는 팀과 팀 리더가 팀 업무를 구성하는 방법, 팀 목적과 목표, 팀 회의 방법, 의사소통 등 팀의 조정coordination 과정에 초점을 맞추고 있다(Kaztenbach & Smith, 1993; Wageman et al., 2008). 팀의 집단적 인지the collective cognitive, 정서적, 동기부여 과정과 팀 리더, 팀 코치 또는 팀 자체적으로 이러한 과정을 어떻게 개발할 수 있는지에 관한 연구는 아주 적다.

이 장에서는 다음과 같은 여섯 가지 프레임워크를 소개한다.

1. 팀이 실제 팀인지 아니면 보고용 또는 업무 그룹 또는 유사 팀pseudo team인지 평가하는 방법
2. 심리적 안전감psychological safety
3. 팀의 기능적 조직과 이러한 기능을 수행하기 위해 시간과 자원을 배치하는 방법
4. 팀의 에너지와 동기부여

5. 위임자, 목적, 동료 팀 구성원, 이해관계자 및 자체 개발과의 관계에서의 팀
6. 인지적, 정서적 발달 측면에서 팀의 성숙도

1. 우리는 팀인가?

위에서 언급했듯이 팀 코칭에 관한 연구보다 팀과 팀 성과에 관한 연구와 학술 연구가 훨씬 더 많이 진행되어 왔다. 팀 구성과 정의 영역은 여전히 논쟁의 여지가 있으며, 이는 문헌과 연구의 명확성, 일관성 모두에 영향을 미쳤다.

스히퍼Schippers 등(2014)은 타넨바움Tannenbaum 등(2012), 코헨Cohen 과 베일리Bailey(1997), 디바인Devine 등(1999), 해크먼Hackman(2002), 살라스Salas 등(2007), 웨스트West(2012)와 클러터벅Clutterbuck 등(2002) 의 정의를 언급하며, 미묘하지만 이론적으로 의미 있는 차이점이 있다고 지적하며, 다음과 같이 주장한다.

불명확하거나 논쟁의 여지가 있는 정의의 문제는 다음과 같은 중요한 질문을 제기한다. 실제 또는 실제 조직 팀과 물리적 또는 가상적으로 가까운 거리에서 함께 활동하는 느슨한 개인 그룹을 구별하는 특징은 무엇인가? 어떤 개인이 팀 구성원이 되고, 어떤 개인이 단순히 팀과 어느 정도 밀접하게 상호작용하는 다른 조직 구성원인가? 조직 내 팀에 대한 여러 연구에서 결과를 축적하고 종합할 때 개념적 정확성을 어떻게 보

장할 수 있는가? 팀을 특징 짓는 것이 무엇인지에 대해 더 정확하게 파악하지 않으면 연구에 포함할 만한 집단 유형을 식별할 수 없다.

리차드슨Richardson(2010:86)은 팀의 기존 정의에 대한 포괄적인 내용 분석과 관련 이론에 대한 신중한 진단을 통해 실제real 팀을 다음과 같이 정의했다.

> 팀으로 인정되는 조직에서 함께 일하는 사람들의 그룹, 팀 수준의 동의하는 목표를 달성하기 위해 노력하는 사람, 이러한 목표를 달성하기 위해 긴밀하고 상호 의존적으로 협력해야 하고, 구성원은 팀 내에서 지정된 역할이 명확하고, 팀 작업을 수행하는 방법을 결정하는 데 필요한 자율성이 있으며, 팀 프로세스를 규제하기 위해 팀으로서 정기적으로 의사소통하는 사람

리차드슨은 계속해서 실제real 팀을 평가하는 여섯 가지 기준을 식별했다.

1. 상호 의존성interdependence – 팀은 함께 협력해야 하는 공동 업무를 가지고 있다.
2. 공유된 목표shared objectives – 공동의 목표에 합의했다.
3. 자율성autonomy – 팀은 공동으로 결정할 수 있는 영역이 정의되어 있다.

4. 성찰성reflexivity – 팀은 목표에 대한 성과를 어떻게 달성하고 있는지, 어떻게 학습하고 개선할 수 있는지를 성찰하기 위해 만난다.
5. 경계성boundedness – 팀의 경계가 명확하다.
6. 지정된 역할specified roles – 팀 구성원은 서로 다른 역할을 수행하여 집단적 성과에 기여한다.

스히퍼 등(2014)은 실제 팀과 대조하여 유사 팀pseudo teams을 다음과 같이 정의했다.

> 조직에서 일하는 사람들 가운데 자신을 팀이라고 부르거나 다른 사람들이 팀이라고 부르는 사람들, 팀 목표에 대해 서로 다른 설명을 하는 사람, 팀 구성원이 서로 다른 목표를 향해 단독으로 또는 별도의 쌍으로 작업해야 하는 일반적인 작업을 수행하거나, 팀 경계가 매우 모호하여 누가 팀 구성원이고 누가 아닌지 불확실하고, 만나면 정보를 교환할 수 있지만 결과적으로 혁신을 위한 공동 노력은 없는 사람들로 구성된 그룹이다.

호킨스(2021: 32-34)는 팀이 실제 팀인지 업무 그룹인지를 결정하는 데 유용한 도구를 제시했고, 이를 구별하는 것이 중요하다고 생각하여 더욱 발전시켰다.

- 보고 팀: 팀 구성원이 자신의 책임 영역에 대해 팀 리더에게 보고

- 자문advisory 팀: 팀 구성원들이 팀 리더에게 팀 리더가 결정할 영역에 대해 제안
- 의사결정 팀: 팀에 집단적 의사결정을 내릴 영역이 있지만, 실행은 개인 담당
- 실행 팀: 팀이 함께 새로운 아이디어를 생성하고, 일부 결정을 함께 이행
- 리더십 팀: 팀 구성원이 다양한 이해관계자와의 관계에서 팀 전체를 대표

이 책의 여러 사례 연구에서 팀이 '허브 앤드 스포크 팀'으로 시작하여 점차 통합된 리더십 팀이 되어가는 사실을 볼 수 있다. [표 14.1] 설문지는 팀 구성원, 팀 리더 또는 팀 코치가 작성할 수 있으며 팀이 위의 연속체continuum에서 어디에 있는지를 알 수 있다. 팀 리더 또는 팀 구성원은 팀 자체의 열망과 위임자commissioners와 이해관계자의 요구사항을 충족하기 위해 팀이 어디에 위치해야 하는지 질문할 수 있다.

2. 심리적 안전감

리더십 팀 코칭Leadership Team Coaching(Hawkins, 2021:357-59)에서 팀이 현재 인식하는 심리적 안전감 수준을 진단하는 데 도움이 되는 간단한 팀 진단 설문지를 공유했다. 이를 통해 팀과 팀 구성원들은 팀 내에서 공유되지 않는 것뿐만 아니라 무엇이 그들을 방해하고 있는지를

[표 14.1] 업무 그룹에서 실제 팀으로의 설문지

업무 그룹	매우 강하게 동의	동의	중간	동의	매우 강하게 동의	진짜 팀
팀 구성원은 각자의 업무에 대해 보고한다.						팀에는 협력해야 하는 공동 작업이 있다.
강력하고 명확하게 집중된 리더십						리더십 역할 공유
모두 별도의 개별 목표가 있다.						그들은 공동 목표에 동의했다.
개인의 책임						개인 및 상호 책임
팀원들이 제안하고 팀장이 결정한다.						팀은 집단적으로 결정할 수 있는 영역을 정의했다.
그룹의 목적은 더 넓은 조직의 사명과 동일하다.						팀 목적은 조직의 사명과 개별 팀 구성원의 목표를 합친 것과 다르다.
팀 리더는 개인에게 성과에 대해 알려준다.						팀은 목표 대비 수행 방식과 학습, 개선 방법을 성찰하기 위해 만난다.
개인 작업 결과물						공동 작업 결과물
팀 성과는 개인 성과를 합산한 것이다.						팀 구성원은 공동 성과에 기여하는 다양한 역할을 수행한다.
효율적인 의제 기반 회의를 운영한다.						열린 토론과 적극적인 문제 해결로 생성적인 대화를 만든다.
다른 사람에게 미치는 영향(예: 비즈니스의 재무 성과)을 통해 간접적으로 효과성을 측정한다.						집합적인 작업 결과물을 평가하여 성과를 직접 측정한다.
토론하고 결정하고 위임한다.						함께 토론하고 결정하고 실제 작업을 함께 수행한다.
구성원은 함께 있을 때만 그룹의 일부이다.						구성원은 함께 있지 않을 때도 여전히 팀의 일원으로 활동한다.
그룹은 과업 중심이다.						팀은 과업, 프로세스와 학습 중심이다.

성찰해 볼 수 있으며, 더 많은 사람이 집단적 탐색과 결정을 하고, 발언하며 기여할 수 있게 만드는 팀 역동을 만들기 위해 무엇을 할 수 있는지 탐색할 수 있다.

3. 팀 기능 진단하기

팀 기능을 살펴보는 비교적 간단한 방법 가운데 하나는 회의와 회의 이외의 기능 모두에서 시간을 어떻게 배분하는지를 살펴보는 것이다. 나는 팀의 기능적 과업을 탐색하기 위한 간단한 프레임워크를 개발했으며, 이 프레임워크를 사용하여 팀이 활동과 시간을 어디에 집중하는지 분석할 수 있다([표 14.2]).

이 모델은 팀 기능을 여덟 가지 범주로 나눈다.

[표 14.2] 팀 기능 분석

팀 기능	회의에서 이 기능에 소요된 시간 비율	회의에서 이 기능에 소비해야 하는 시간 비율
조정하기		
브리핑하기		
정보 제공하기		
의사결정하기		
계획하기		
생성적 사고하기		
육성과 결속하기		
성찰과 학습하기		

1. **조정하기**coordinating: 팀 운영 방식을 구성한다. 누가 무엇을 할지를 결정하고, 시간, 사람, 역할, 자원 등을 할당하고, 우선순위를 합의한다.

2. **브리핑하기**briefing: 조직의 다른 부분이나 이해관계자 상황에서 업데이트된 중요 뉴스를 팀에 전달한다.

3. **정보 제공하기**informing: 팀 구성원은 자신의 활동, 진행 상황과 결과를 피드백한다.

4. **의사결정하기**decision-making: 제안하고, 토론하고, 결정한다.

5. **계획하기**planning: 의사결정을 어떻게 전달, 실행, 모니터링하고 평가할지를 계획한다.

6. **생성적 사고하기**generative thinking: 개별 팀 구성원의 이전 생각을 합친 것보다 더 많은 새로운 생각과 접근 방식을 공동으로 창출한다.

7. **육성과 결속하기**nurturing and bonding: 팀 내에서 헌신, 충성도, 사기와 관계를 발전시키는 데 도움이 되는 모든 활동하기

8. **성찰과 학습하기**reflecting and learning: 팀의 행동, 성과, 행동에 대한 성찰과 이를 개발할 수 있는 방법, 팀 구성원 또는 팀 전체에 대한 피드백하기와 팀 개발하기

설문지를 작성한 뒤 개인은 다음 문장을 완성한다.

1. 우리는 …에 대한 시간을 줄여야 한다.

2. 우리는 …을 할 수 있다.
3. 우리가 …하는 데 보내는 시간을 늘려야 한다.
4. 우리는 …을 할 수 있다.

그런 다음 데이터를 수집하여 팀에 다시 제시하고 탐색한다.

이 도구는 팀이 공동의 팀 시간과 노력을 집중하여 검토, 성찰하고 의식적으로 전환하는 데 도움이 된다. 7장에서 코인Coyne과 니콜Nicol 은 팀이 성찰과 학습에 시간을 할애해야 한다는 점을 어떻게 인식했는지 보여주고 있으며, 5장에서 카Carr의 팀은 브리핑과 정보 제공에 시간을 줄이고 생성적 사고에 더 많은 시간을 할애해야 한다는 점을 어떻게 인식했는지 보여준다.

4. 팀 동기와 정서적 수준 진단하기

브루흐Bruch와 보겔Vogel(2011)은 조직 에너지organizational energy를 살펴보는 혁신적인 접근 방식을 개발했으며, 이를 다음과 같이 정의한다.

> 조직이 의도적으로 일을 추진하기 위해 사용하는 힘이다. 조직 에너지는 회사, 부서, 팀이 목표를 추구하기 위해 정서적, 인지적, 행동적 잠재력을 총체적으로 동원한 정도이다.

이는 팀 에너지를 살펴보는 데 적용할 수 있다. 여기에는 팀의 동기

부여 요소와 정서적 요소를 살펴보는 것이 결합되어 있다. 이 모델은 에너지의 강도와 긍정적 또는 부정적 결과를 생성하는 에너지의 질을 구별하는 2×2 매트릭스에 기반을 둔다([그림 14.1] 참조).

[그림 14.1] 귀하의 비즈니스, 단위 또는 팀의 에너지 상태는 어떻습니까?

그들은 모든 팀 구성원용 설문지를 개발했고 집단 점수는 팀 에너지 그리드에 표시할 수 있다([그림 14.2]).

이를 통해 팀이 매트릭스에서 어디에 있는지 파악하는 데 도움이 된다. 그런 다음 브르흐와 보겔은 팀이 에너지를 더 강렬하고 긍정적으로 전환할 수 있는 방법을 살펴보기 위한 여러 가지 전략을 제시하였고, 여기에는 아래 내용이 포함된다.

1. **드래곤 죽이기** slaying the dragon(Bruch & Vogel, 2011:62-85) - 팀이 해결해야 하는 집단적 문제를 식별하고 해결한다.
2. **공주 쟁취하기** winning the princess(pp.85-101) - 팀이 함께 달성할 수

있는 공동의 상prize을 식별하여 더 큰 헌신과 에너지를 동원한다.
3. **비즈니스 해독하기**detox your business(pp.105-37) - 부식성 에너지를 만들어내는 프로세스와 행동을 식별하고 이를 해결할 방법을 집단적으로 결정한다.
4. **에너지 지속하기**sustaining the energy(pp.173-233) - 일단 팀에 생산적인 에너지가 생기면 팀은 긍정적이고 생산적인 분위기를 지속하고 구축하기 위한 전략을 세워야 한다.

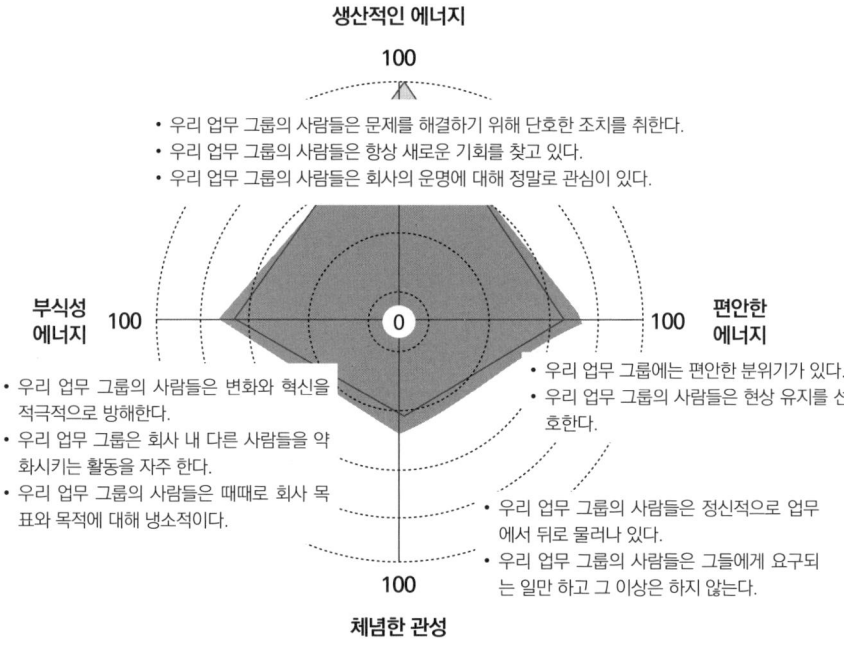

[그림 14.2] 조직 에너지 설문지(OEQ)

이 책의 사례 연구를 다시 살펴보면, 각 팀이 현재 운영 중인 상황에 따라 서로 다른 접근 방식을 채택했음을 알 수 있다. 7장에서 브런트우드Bruntwood는 경제 불황을 활용하여 팀 에너지를 동원했다. 9장에서 호주 제약회사는 더 큰 혁신이라는 '공주 쟁취하기'에 집중했고, 4장에서 '공주'는 '강력한 정체성과 성과를 갖춘 컨설팅 기업 되기'가 초점이 되었다. 카Carr와 피터스Peters(5장)는 팀의 불신과 독성 프로세스를 표면화하고 팀 프로세스와 행동을 '해독'하기 위한 프로세스를 개발했던 방법을 설명한다. 9장에서 오설리반과 필드는 리더가 바뀌었을 때 팀 코칭이 어떻게 '에너지를 유지'하는 데 도움이 되는지 보여준다.

5. 호킨스의 팀 '다섯 가지 규율'과 팀 관계

2장에서 다섯 가지 규율 각각에 대한 유용한 평가 질문을 개괄적으로 설명했다. 이후 나는 사례 연구나 당신이 이끌거나 지도하는 팀과의 작업을 평가하는 데 사용할 수 있는 이 질문들을 리커트 등급 척도가 있는 설문지로 전환했다(Likert, 1932 참조). 팀 코치나 팀 리더는 이 설문지를 사용하여 다섯 가지 규율별 팀 관계의 질을 평가할 수 있다.

이전 사례 연구 가운데 하나 또는 당신이 이끌거나 코칭하는 팀에 대한 설문지([표 14.3])를 작성해보기 바란다.

채점하기

각 항목에 점수를 매긴다([표 14.4] 참조).

[표 14.3] 다섯 가지 규율 평가 설문지

	매우 부동의	부동의	중간	동의	매우 동의
1.1 팀은 합의된 모든 위임자(팀에 무언가를 요구할 권리가 있는 모든 사람)의 포괄적인 목록을 작성했다.					
1.2 이 목록에는 설립자, 미래의 고객, 회사의 잠재적인 구매자와 같은 과거와 미래의 위임자가 포함된다.					
1.3 팀은 각 위임자가 성공하기 위해 필요한 점이 무엇인지, 그리고 실수로 이 위임자를 실패하게 만들 수 있는 방법이 무엇인지 명확하게 알고 있다.					
2.1 팀은 목적, 전략, 핵심 가치와 비전을 포함하여 팀 리더 또는 팀 구성원이 혼자서 만들 수 있는 것보다 더 나은 미션을 공동으로 만들었다.					
2.2 팀은 미래에 발생할 수 있는 도전 과제를 예상했다.					
2.3 팀은 주요 이해관계자 각각의 입장과 경험에 입각하여 이해관계자가 그들에게 무엇을 필요로 하는지 명확히 했다.					
2.4 팀은 자신의 포부를 명확히 했다.					
2.5 팀은 위임자, 이해관계자와 그들이 이끄는 사람들과의 대화를 통해 새롭게 부상하는 명확한 부분들을 현장에서 테스트했다.					
2.6 팀은 자체 회의와 직원, 이해관계자와의 계약에서 자신의 열망과 행동을 실천하려고 노력했으며, 이런 시도를 통해 이를 개선했다.					
2.7 팀에는 공동으로 책임을 져야 하는 최소 2~3개의 팀 핵심 성과 지표가 있다.					
3.1 집단적 노력, 팀 목적과 목표에 대한 공유 소유권과 리더십이 있다.					
3.2 팀 구성원은 개인과 팀의 합의에 대해 상호 책임을 진다.					
3.3 팀은 회의에 가져온 개인의 생각보다 더 나은 새로운 생각을 함께 만든다.					
3.4 팀 구성원은 팀 프로세스와 기능을 개선할 수 있는 방식으로 개입한다. 예를 들면, 팀의 고착화된 오래된 패턴을 중단하고, 사무실에서 실시간 발생하는 일에 대해 더 잘 인식하고, 문제나 과제를 재구성하고, 갈등을 중재하고, 새로운 연결을 활성화한다.					
4.1 팀은 모든 주요 이해관계자에 대한 공유되는 명확하고 포괄적인 목록을 갖고 있다.					
4.2 팀은 팀을 대표하여 각 이해관계자 연결에 대해 주도적인 책임을 누가 맡을지 명확히 했다.					
4.3 이해관계자는 팀에서 충분한 정보를 얻고, 의사소통하고, 참여한다고 느낀다.					
4.4 이해관계자는 팀이 수행하는 작업과 참여 방식에 영향을 미칠 수 있다고 생각한다.					

[표 14.3] 다섯 가지 규율 평가 설문지 (계속)

	매우 부동의	부동의	중간	동의	매우 동의
5.1 팀 구성원들은 팀에 참여하지 않았다면 배우거나 개발하지 못했을 지도 모르는, 지난 1년 동안 함께 배운 것과 개발한 능력, 수용력 capacities에 대해 말할 수 있다.					
5.2 팀은 함께 배운 내용과 지난 1년간 개발한 집단적 역량을 확인할 수 있다.					
5.3 팀은 앞으로 각 팀 구성원의 학습과 개발을 어떻게 지원할지에 대한 계획을 갖고 있다.					
5.4 팀은 앞으로 팀 전체의 학습과 개발을 가능하게 하는 방법에 대한 계획을 갖고 있다.					

[표 14.4] 다섯 가지 규율 – 채점하기

	매우 부동의	부동의	중간	동의	매우 동의
질문	-2	-1	0	+1	+2
1. 질문 1.1~1.3을 합산하고 3으로 나누어 위임하기 규율의 평균 점수를 산출할 수 있다.					
2. 질문 2.1~2.7을 합산하고 7로 나누어 명확화하기 규율의 평균 점수를 산출할 수 있다.					
3. 질문 3.1~3.4를 합산하고 4로 나누어 공동 창조하기 규율의 평균 점수를 산출할 수 있다.					
4. 질문 4.1~4.4를 합산하고 4로 나누어 연결하기 규율의 평균 점수를 산출할 수 있다.					
5. 질문 5.1~5.4를 합산하고 4로 나누어 핵심 학습하기 규율의 평균 점수를 산출할 수 있다.					

계산하기

그런 다음 각 질문에 대한 집단 팀 총점을 계산하고, 총점을 팀 인원수로 나누어 계산한다. 예를 들어, 7명으로 구성된 팀은 한 종목에서 +8점을 얻었다면, 이를 7로 나누었을 때 1.1429점이 되며, 소수점 이하 두 자리까지 반올림할 수 있고, 이 경우는 1.15이다.

분석하기

점수는 다음과 같이 분석할 수 있다.

+1.5에서 +2 사이: 팀이 이 규율을 강력하게 유지한다.

+1에서 +1.5 사이: 팀이 이 규율에 잘 적응하고 있지만, 확고하게 자리 잡지는 않았다.

0에서 +1 사이: 팀은 이 규율에 참여하지만 아직 확립되지 않았다.

-1과 0 사이: 팀은 이 규율을 인식하기 시작했지만 아직 개발되지 않았다.

-2와 -1 사이: 팀은 이 규율을 아직 인식하지 못하고 있다.

6. 팀 성숙도

지난 50년 동안 성인 발달 수준에 대한 많은 연구와 발표가 있었고, 우리는 성인이 된 이후에도 죽을 때까지 계속 발달할 수 있다는 인식을 갖고 있다. 이는 도덕적, 윤리적 복잡성을 다루는 성인의 능력을 연구한 심리학자 로빈저Loevinger와 블라시Blasi(1976), 콜버그Kohlberg(1981)의 기초 연구를 바탕으로 하였다. 지난 20년 동안 성인 발달 단계가 리더십 성숙도 수준에 어떻게 적용되는지에 관한 많은 연구와 논문이 있었다. 동료들과 나는 빌 토버트Bill Torbert(2004, 2021)가 개발한 리더십 성숙도 모델에 관해 연구를 많이 했고, 이에 관한 글을 호킨스와 스미스(2013:62-70)에 기고했다. 그의 모델은 리더십 성숙도 수준에서 다른 저자들과 유사하고, 동시에 다른 방식으로 동일한 성숙 여정을 설명한 것으로 볼 수 있다(Joiner, 2006; Collins, 2001; Jaworski, 2012; Laske, 2011; Barrett, 2010). 팀 리더 성숙도에 대한 나만의 모델(Hawkins, 2021: ch13)도 팀 리더가 팀 관리자에서 팀 리더, 팀 조정자orchestrator, 팀 코치로 이동하는 과정을 보여주기 때문에 이러한 모델과 나란히 놓을 수 있다.

나는 이 모델들을 나란히 보여주는 [표 14.5]를 만들었는데, 각 모델은 단순한 자기 봉사자self-serving에서 외부 지향적인 기여자가 되고, 기술 전문 지식을 제공하는 사람, 목표 중심의 관리자나 리더, 그리고 업무와 프로세스를 연결하고 사고의 전환을 일으킬 수 있으며 혁신적이고 창의적으로 관계를 맺으며 지금-여기를 살아갈 수 있는 더 높은 수준의 리더십으로 나아가는 여정을 조금씩 다른 언어로 설명한다.

[표 14.5] 리더십 성숙 단계 모델

Bill Torbert (2004/2021)	Bill Joiner (2006)	Jim Collins (2001)	Jo Jarworski (2012)	Richard Barrett (2010)	Otto Laske (2010)	Hawkins (2014/2017/2021)
연금술사	시너지스트	레벨 5 경영진	리더 쇄신	서비스		팀 코치
전략가	공동창작자	레벨 4 경영진 리더	서번트 리더	차이 만들기	레벨 5 리더	팀 코치/조정자
개인주의자	촉매자	레벨 3~4	서번트 리더	내부 응집력	레벨 4~5	팀 조정자
성취가	성취가	레벨 3 유능한 관리자	성취적 리더	변혁	레벨 4 관리자	리더
전문가/기술자	전문가	레벨 2 기여 팀 구성원	성취적 리더	자아존중감	레벨 3~4	팀 관리자
외교관	순응자	레벨 1 유능한 개인		관계성	레벨 3 그룹 의사소통가	
기회주의자			자기 중심적 리더	생존	레벨 2 개인	

마지막으로 몇몇 저자들은 가장 높은 성숙 단계가 겸손하고 대의에 봉사하는 것이라고 말한다(Torbert, Collins, Jaworski & Barrett).

팀 성숙도와 개발 수준

위에서 리더십 성숙도에 대해 여섯 명의 저자를 언급했고, 이 외에도 다른 많은 저자가 팀 개발을 언급하기는 하지만(Collins & Laske), 팀의 집단적 성숙 단계를 살펴보기 위해 그의 모델을 구체적으로 적용한 사람은 리처드 배럿Richard Barrett(2010: 248-59)뿐이다. 배럿은 팀 성숙도에 7단계가 있다고 주장하고, 나는 리처드 배럿의 7단계를 기반으로 만들었다.

- **레벨 1: 생존 의식**survival consciousness. 이 단계에서 팀은 자체 생존, 운영 권한에 대한 필요성, 자금 또는 수입, 인력, 기술, 직원의 건강과 안전, 복지를 포함한 적절한 자원 확보에 중점을 두는 팀이다.
- **레벨 2: 관계 의식**relationship consciousness. 팀은 팀원 간의 조화로운 관계에 중점을 둔다.
- **레벨 3: 자존감 의식**self-esteem consciousness. 여기에는 팀이 성과에 집중하고 운영하는 방식과 결과 모두에서 집단적인 자부심 구축이 포함된다.
- **레벨 4: 변혁적 의식**transformation consciousness. 이 단계에서 팀은 자체 집단 프로세스를 더 잘 성찰하고, 학습 팀으로 거듭날 수 있다. 팀 구성원들은 자신의 영역뿐만 아니라 팀의 집단적 성과에 대해

더 많은 책임을 지기 시작한다.

레벨 5: 내부 결속 의식internal cohesion consciousness. 조직의 전반적인 비전과 가치를 일치시키고 팀 구성원의 헌신과 열정을 불러일으키는 공유된 팀 사명감과 공유된 팀 가치를 개발하는 데 초점을 둔다. 모든 팀원은 자신의 업무가 팀의 성공에 어떻게 기여하는지 명확하게 인식하고 있다.

레벨 6: 변화 의식 만들기making a difference consciousness. 이 단계에서 팀은 모든 주요 이해관계자와 협력적 파트너십을 구축하는 데 중점을 두며, 다음이 포함된다.

- 조직의 다른 팀이 계층 구조가 상급이든 하급이든, 상위 또는 하위의 동료 팀이든 상관없이 잘 협력해야 한다.
- 고객과 공급자
- 투자자와 규제 기관

팀은 이러한 이해관계자들에게 우수한 제품과 서비스를 제공하고, 이해관계자들의 관점에서 좋은 평판을 얻는 데 중점을 둔다. 이 단계에서 팀은 모든 이해관계자의 팀 360도 피드백과 팀 간 코칭에 더 많은 관심을 갖게 된다.

레벨 7: 서비스 의식service consciousness. 여기에서 팀은 레벨 6에서 나열된 이해관계자뿐만 아니라 팀이 운영되는 지역사회와 더 넓은 자연 생태계인 '인간 세계 이상'의 모든 이해관계자를 위해 지속 가능한 가치를 창출하여 선good을 위한 집단적 힘collective force이 되는 데 중점을 둔다.

배럿은 팀 의식의 일곱 개 레벨 모두를 성숙하게 다룰 수 있는 팀, 즉 '전체 스펙트럼 팀full spectrum team'에 대해 설명하고 있는데, 이런 팀은 일곱 가지 초점을 모두 보유할 수 있는 팀이다.

1. 직원의 건강과 복지에 대한 관심뿐만 아니라 명확한 임무, 재정적 안정과 자금 지원
2. 조화로운 관계와 원활한 의사소통
3. 팀의 자부심을 불러일으키는 결과, 품질, 시스템과 우수성
4. 팀 내의 공동 책임과 공유 리더십은 공동 성찰, 학습과 개발에 참여
5. 비전, 가치, 행동을 포함하여 팀의 공동 목적과 팀 헌장을 명확화
6. 조직 전반의 상하위 팀과 주요 이해관계자와의 정기적이고 효과적인 연결과 협업
7. 세계에 지속 가능한 변화를 일으키고 지속적인 유산을 남길 수 있는 방법에 초점 맞추기

팀이 이런 개발 단계를 거쳐 완전한 스펙트럼의 성숙도에 도달할 수 있는 능력은 다음과 같은 여러 요인에 따라 달라진다.

- 팀의 역사적 발전 단계 – 이제 막 형성되고 있는지, 비교적 새로운 시도인지, 아니면 오랫동안 함께해 온 팀인지?
- 조직적 맥락 – 필요한 자금, 인력과 기술 자원과 함께 더 넓은 조직으로부터 명확한 권한을 부여받았는가?

- 비즈니스 맥락 – 예를 들어, 쇠퇴하는 경쟁 시장에서 살아남기 위해 싸우고 있는가? 아니면 성장하는 시장에서 잘 자리잡고 있는가?
- 팀 리더의 성숙도 – (a) 팀 관리자, (b) 팀 리더, (c) 팀 조정자, (d) 팀 코치의 4단계로 구성된 호킨스의 팀 리더 성숙도 모델(Hawkins, 2021 참고)의 렌즈를 통해 본 팀 리더의 기능은 주로 어디에 있는가? 이 모델에서 팀 관리자는 주로 레벨 1과 2, 팀 리더는 레벨 1~3, 팀 조정자는 레벨 1~6, 팀 코치는 레벨 1~7에 초점을 둘 것이다.
- 팀의 코칭과 개발에 소요되는 시간과 관심

사례 연구를 다시 살펴보면 제시된 여러 팀의 성숙도를 차트로 확인할 수 있다. 예를 들어, 병원 리더십 팀에 관한 6장에서는 팀이 외부에서 설정한 목표를 달성하고 생존하는 방법에 초점을 맞춰 레벨 1에서 시작한 다음, 팀 구성원들 간 및 임상 책임자인 새로운 팀 구성원 세 명과 함께 내부 결속력을 구축하는 레벨 2로 나아갔다. 그들은 함께 병원의 전략, 문화와 리더십을 개발하기 위한 목표를 세운 다음(레벨 3, 4, 5), 시스템의 다른 부분(이사회, 총재, 이사회 리더십 팀, 지역 병원 파트너, 지역사회 기반 의료 종사자 등)과 협력적 파트너십을 구축하고 더 넓은 보건 시스템(레벨 6)을 변화시키고, 지속적인 유산(레벨 7)을 남길 수 있는 방법에 집중했다.

이 모델을 다른 사례 연구 가운데 하나에 사용한 다음, 자신이 이끌거나 코칭하는 팀에 적용해보기 바란다.

팀 코칭 접근 방식을 팀 의식 수준에 맞추기

나는 '코칭 준비도coaching readiness'라는 개념을 코치 훈련의 일부로 받은 코치들에게 '팀이 팀 코칭을 할 준비가 되었는지 어떻게 알 수 있나요?'라는 질문을 자주 받는다. 나는 이제 '팀의 개발 수준을 고려할 때 어떤 유형의 팀 코칭이 필요합니까?'라는 더 나은 질문이 있다고 대답한다.

이 질문을 하려면 위와 같이 팀의 개발 수준을 확인하기 위한 양질의 진단 프레임워크가 필요하다. 그런 다음 팀 코치로서 팀의 다양한 요구 사항과 개발 수준에 따라 다양한 팀 코칭을 설계하고 적용하기 위한 프레임워크가 필요하다.

따라서 위에서 설명한 팀 의식의 일곱 가지 레벨이 팀(Hawkins, 2021:48-54)과 팀 코칭(Hawkins, 2021:106-36) 모두에 호킨스의 다섯 가지 규율 모델이 어떻게 연결될 수 있는지, 그리고 발달단계에 따라 훈련 초점이 어떻게 달라질 수 있는지 살펴볼 수 있다([표 14.6]).

그런 다음 특정 단계에 대한 의식 수준 안에서 팀을 개발하는 데 가장 유용한 팀 코칭 프로세스와 방법을 살펴볼 수 있다([표 14.7]).

또 팀이 한 수준에서 다음 수준으로 의식을 전환하는 데 도움이 되는 팀 코칭 개입을 살펴보는 것도 유용하다. 팀이 현재 집중하는 수준에 대해 말할 뿐만 아니라 다음 단계의 성숙도에 이르도록 말해줄 필요가 있다.

레벨 1에서 레벨 2로 전환: 필요한 권한mandate과 자원을 확보한 다음 권한을 이행하기 위해 어떻게 함께 연결해야 하는가?

[표 14.6] 팀 의식 수준을 다섯 가지 팀 규율에 연결

팀 의식 수준: Barrett(2010)	팀 코칭 규율: Hawkins(2011, 2014, 2017, 2021)
레벨 1: 생존 의식	규율 1: 위임하기
레벨 2: 관계 의식	규율 3: 공동 창조하기
레벨 3: 자존감 의식	규율 2: 명확화하기
레벨 4: 변혁적 의식	규율 5: 핵심 학습하기
레벨 5: 내부 결속 의식	규율2와 3: 명확화하기와 공동 창조하기
레벨 6: 변화 의식 만들기	규율 4: 연결하기와 협력하기
레벨 7: 서비스 의식	규율 1-5: 반복과 통합

[표 14.7] 다양한 수준에서 가능한 코칭 방법

팀 의식 수준: Barrett(2010)	팀 코칭 규율: Hawkins(2011, 2014, 2017, 2021)	팀 코칭 방법의 사례
레벨 1: 생존 의식	규율 1: 위임하기	명확한 임무와 팀을 위한 적절한 인력, 자원을 확보할 수 있도록 팀 리더와 조직 후원자 코칭
레벨 2: 관계 의식	규율 3: 공동 창조하기	심리 측정과 360도 공유, 팀 역할 명확화, 대인 피드백, 케이프 코드 Cape Cod 접근법/프로세스 컨설팅
레벨 3: 자존감 의식	규율 2: 명확화하기	집단적 노력을 명확히 하고 전략적 초점에 동의하도록 팀을 코칭한다. 팀과 개인 목표와 핵심 성과 지표 설정하기
레벨 4: 변혁적 의식	규율 5: 핵심 학습하기	팀 진단 사용 – 고가치 창출 팀 설문지, 설명자 분석 팀의 과거, 현재, 미래에 대한 성찰 – 타임라인 매핑, 팀 문화, 3방향 정렬
레벨 5: 내부 결속 의식	규율2와 3: 명확화하기와 공동 창조하기	가치, 행동, 약속을 포함하여 팀 헌장의 전체 측면을 명확히 하기
레벨 6: 변화 의식 만들기	규율 4: 연결하기와 협력하기	이해관계자 매핑, 이해관계자 피드백 확보, 각 주요 이해관계자 관계에 대한 리드와 개발 합의하기
레벨 7: 서비스 의식	규율 1-5: 반복과 통합	준비하기: 팀은 누구에게 서비스를 제공하는가? 미래 세상에 필요한 고유한 기능은 무엇인가? 팀이 만들고자 최선을 다하는 유산은 무엇인가?

레벨 2에서 레벨 3으로 전환: 이제 팀을 연결하고 구성했으니, 함께 협력적으로 달성하고 싶은 것은 무엇인가?

레벨 3에서 레벨 4로 전환: 목적과 집단적 노력을 명확히 한 다음 팀으로서 어떻게 다르게 기능해야 하는가?

레벨 4에서 레벨 5로 변환: 필요한 변화를 이루기 위해 팀이 부분의 합 이상이 되도록 어떻게 할 것인가?

레벨 5에서 레벨 6으로 전환: 다음 단계의 가치 창출로 나아가기 위해 이해관계자는 무엇을 요구하는가?

레벨 6에서 레벨 7로 전환: 이 팀이 세상에 만들 수 있는 유산은 무엇인가? 팀은 고유하게 무엇을 누구에게 제공할 수 있는가?

팀 성숙도 진단하기

나는 팀 성숙도를 진단하는 방법을 개발하고 테스트했다([표 14.8]).

- 나열된 일곱 가지 핵심 진술에 대한 간단한 리커트(1932) 등급 척도 테스트로, 각 팀원이 개별적으로 작성한다. 이러한 개인 점수를 바탕으로 팀 프로필이 생성된다.

채점하기

각 항목에 점수를 매긴다([표 14.9]).

계산하기

그런 다음 각 질문에 대한 전체 팀 점수를 더하고, 이를 팀 구성원 수로 나누어 계산한다. 예를 들어, 일곱 명으로 구성된 팀이 한 질문에서

[표 14.8] 간단한 팀 성숙도 질문

	매우 부동의	부동의	중간	동의	매우 동의
1. 팀은 구성원의 건강과 복지에 중점을 둘 뿐만 아니라 명확한 임무, 재정적 안정성과 자금을 보유하고 있다.					
2. 팀은 조화롭게 관계맺고 원활하게 의사소통을 한다.					
3. 팀은 집단적 결과물, 품질 결과물과 시스템에 중점을 두며, 이는 팀의 자부심을 불러일으킨다.					
4. 팀은 팀 내에서 공동 책임과 리더십을 공유하며 팀은 공동 성찰, 학습과 개발에 참여한다.					
5. 팀은 비전, 가치와 행동을 포함하여 팀의 공동 노력과 팀 헌장을 명확히 한다.					
6. 팀은 정기적으로 조직 내 상하위 팀과 주요 이해관계자들과 효과적으로 연결하고 협업한다.					
7. 팀은 세상에 지속 가능한 차이를 만들고, 지속적인 유산을 남길 수 있는 방법에 중점을 두고 있다.					

[표 14.9] 간략한 팀 성숙도 질문 – 채점

	매우 부동의	부동의	중간	동의	매우 동의
질문	-2	-1	0	+1	+2

+8점을 얻었다면, 이를 7로 나누면 1.1428점이다. 이 점수는 소수점 이하 두 자리까지 반올림할 수 있으며, 이 경우는 1.14이다.

분석하기

[그림 14.3]과 같이 일곱 가지 단계 가운데 하나에 연결된 일곱 가지 질문 각각에 대한 다양한 점수를 그리드에 배치할 수 있다. 이를 통해 팀 성숙도의 지배적인 수준을 평가할 수 있다. 사례는 '자존감' 단계가 매우 높은 팀이 혁신 단계로 이동하는 것을 보여준다.

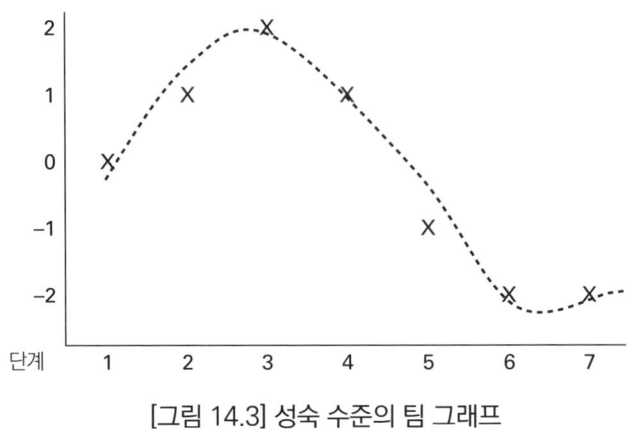

[그림 14.3] 성숙 수준의 팀 그래프

평가

지금까지 이 장에서는 팀 진단 방법을 살펴보았으며, 이제 팀의 진행 상황과 팀 코칭의 이점을 평가하는 방법을 간략하게 살펴볼 것이다. 코칭에서 평가는 고객 피드백과 개인 또는 팀이 받은 이점을 보고하는 방식에 의존하는 경우가 많다.

시스템적 코칭Systemic Coaching(Hawkins & Turner, 2020:182-99)에서 우리는 개별 고객을 넘어선 가치 제공을 평가하는 방법에 대한 전체 모델을 제시했다. 이를 통해 어떻게 평가할 수 있는지 탐구했다.

1. 코칭의 입력inputs, 개입의 질, 관계와 코칭 작업

2. 산출물 outputs – 새로운 통찰력, 학습, 의사결정, 새롭게 시작하려는 부분은 무엇인가?
3. 결과물 outcomes – 이것이 일터에서 다시 새로운 행동, 팀 프로세스, 이해관계자 참여 등으로 어떻게 전환되었는가?
4. 가치 창출 – 팀 구성원, 팀 전체, 더 넓은 조직, 고객, 공급업체와 파트너 조직, 구성원, 투자자, 그들이 운영하는 커뮤니티와 더 넓은 생태계를 포함한 모든 이해관계자에게 어떤 측정 가능한 가치를 창출했는가?

이러한 네 가지 요소를 모두 다루는 팀 코칭 프로세스 평가를 구축하고, 팀과 팀 코치가 진행 상황을 진단하고, 효과가 있었던 부분과 그렇지 않은 부분에서 배우고, 미래 방향을 재정렬하는 데 도움이 되도록 하는 것이 중요하다.

이를 수행하는 가장 간단한 방법은 프로세스 초기에 수행된 팀 진단 중 일부를 다시 실행해 보고, 합의된 목표 점수와 비교하여 어떤 점수가 향상되었고 어떤 점수가 향상되지 않았는지를 파악하면 된다. 가치 창출을 살펴보려면 팀 구성원뿐만 아니라 광범위한 주요 이해관계자의 점수를 사용하여 팀을 대상으로 360도로 재실행하는 것이 중요하다.

팀 코칭 시간으로 가치 창출이 증가했는지를 탐색하기 위한 추가 평가 프로세스는 다음 질문을 사용하여 주요 이해관계자와의 일련의 인터뷰로 알 수 있다.

1. X 팀에서 어떤 가치를 얻었는가?
2. 팀 코칭을 시작하면서 얻은 부가가치는 무엇인가?
3. 이로 인해 무엇을 할 수 있었는가?
4. 당신의 이해관계자에게 어떤 이점이 생겼는가?

마지막 질문은 팀 이해관계자의 이해관계자에게 어떤 파급 효과가 있었는지 추적하는 데 중요하다.

결론

이 장에서는 다음을 포함하여 팀을 진단하고 평가하는 여러 가지 방법을 살펴보았다.

1. 팀이 업무 그룹, 보고 팀, 의사결정 팀, 실행 팀 사이의 연속체에서 어느 위치에 있는지를 평가하는 방법
2. 심리적 안전감
3. 팀의 기능적 조직과 이러한 기능을 수행하기 위해 팀의 시간과 자원을 배치하는 방법
4. 팀 에너지와 동기부여
5. 위임자, 목적, 동료 팀 구성원, 이해관계자 및 자체 개발과 팀의 관계

6. 인지와 정서적 발달 모두에서 팀 성숙도

각 항목은 팀의 현재 상태에 맞게 어떤 팀 코칭 프로세스가 가장 도움이 될 수 있는지에 대한 이정표와 지침을 제공하며, 팀이 다음 개발 단계로 전환하는 데 집중할 수 있도록 도와준다.

이런 방법을 사용할 때 다음 사항을 기억하는 것이 중요하다.

- 관점은 관점일 뿐이며 결코 전체 이야기를 전달하지는 않는다.
- 팀은 어떤 도구로도 포착할 수 없을 정도로 훨씬 더 풍부하고 복잡하다.
- 팀 개발은 결코 선형적인 여정linear journey이 아니다.
- 팀 개발이 항상 진보적인 것은 아니며, 때때로 팀은 새로운 진전을 이루기 전에 후퇴하기도 한다.
- 한 팀에 여러 개의 창windows을 사용하는 것이 단 하나의 접근방식보다 훨씬 더 이해를 돕는다.

이 장이 당신의 현재 관점에 추가되어 더 많은 빛을 발하기를 희망한다.

15장
이사회 코칭
개인, 공공, 비영리 기관의 사례를 통해 이사회 코칭이 경영진 팀 코칭과 다른 점 알아보기

저자: 피터 호킨스Peter Hawkins, 앨리슨 호건Alison Hogan
역자: 윤선동

> 조직의 지속적인 미래를 위한 이사회의 기여는 주로 구성원의 행동, 경험과 기술에 달려 있다. (kakabadse et a:., 2013: 360)
>
> 인류가 위험에 처할 수 있는 현재의 경쟁적인 지정학적 환경에서 기업 이사회의 사고방식을 정중하게 바꾸는 일은 어려운 과제이다.
> (세계 경제 포럼, 2012)

도입

인터넷에 접속하여 다양한 분야의 유명 기업이나 현지 기업을 선택하고 해당 기업의 웹 사이트 게시판에서 기업 소개 부분을 찾아보자. 그들이 말하고자 하는 그 특징에 주목해보자. 우리는 분야가 서로 다르고, 서로 다른 국가에 본사를 둔 회사 10개를 무작위로 선택했다. 각 페이지에는 주로 검은 정장을 입은 이사회 구성원들의 사진과 그들의 업적을 나열한 짧은 전기가 포함되어 있다. 이사회가 왜 존재하는지, 누구에게 서비스를 제공하는지, 집단적으로 무엇을 달성해야 하는지부터 시작한 웹사이트는 없었다. 이사회를 하나의 팀으로 보여준 사례도 없었다.

우리가 함께 일했던 여러 이사회에 이 문제에 대해 언급했을 때, 많은 사람이 다소 방어적으로 조직의 비전, 가치, 고객, 직원, 환경에 대한 헌신 등 다른 곳에서 이야기했다고 답변했다. 이후 우리는 이사회에서 발표한 프레젠테이션에서 이러한 패턴이 어떻게 반영되었는지 물어보았다. 흥미롭게도, 한 이사회는 이 패턴이 연차 총회 진행방식 annual general meeting(AGM)에도 반영되었음을 인정했는데, 단상에서 투자자들을 향해 연설하는 일련의 개별 발표자들은 말로만 고객, 지속 가능성, 직원에 대한 집중을 강조할 뿐, 회의실 안에서는 보이지 않는다고 했다.

이사회가 운영되는 글로벌 맥락

이사회가 현재보다 더 강력하고, 더 많은 도전과 더 많은 대중의 시선을 받은 적이 없었다. 스위스 연방 연구소는 다국적 기업이 전 세계 부의 40%를 통제하고 있다고 주장했다(Vitali et al., 2011). 카카바드세Kakabadse와 카카바드세Kakabadse(2008)는 점점 더 지배적인 기업에 대한 정부 통제가 전례 없이 약화하고 있다고 주장한다. 많은 부문에서 엄청난 통합이 이루어지고 있다. 한 가지 예로 영국의 식품산업을 들 수 있는데, 이사회가 140명 이하인 5개 기업의 시장점유율이 70%를 차지하고 있다(Welch, 2012). 많은 다국적 기업은 여러 국가보다 훨씬 더 큰 GDP를 보유하고 있으며, 글로벌 영향력과 통제력도 더 크다.

이사회는 변동이 심하고 예측할 수 없는 세상에서 이해관계자의 다양성, 글로벌 상호 의존성, 더욱 복잡해진 조직을 책임진다. 이사회는 막중한 책임이 있지만 통제력은 매우 제한적이다.

이러한 권력의 성장은 엔론Enron, 리먼 브라더스Lehman Brothers, 브리티시 페트롤리엄British Petroleum, 로열 뱅크 오브 스코틀랜드Royal Bank of Scotland, 영국의 코퍼래티브 그룹The Co-operative 등 널리 알려진 기업의 스캔들과 결합되어 더 큰 투명성과 책임성, 거버넌스[1]에 대한 요구로 이어졌다. 비즈니스 리더에 대한 일반 대중의 신뢰 수준은 의료, 법률, 회계와 같은 전통적인 직군보다 훨씬 낮고, 정치인과 언론인보다 약간 앞서 있다.

대기업과 이사회에 대한 대중의 신뢰는 2008~2009년 경제 위기 이후 훨씬 더 낮아졌으며, 일부 국가에서는 약간 회복되었지만 서유럽과 북미에서는 응답자의 절반 미만이 비즈니스 리더가 진실(예:

---

1) 거버넌스는 일반적으로 '과거의 일방적인 정부 주도적 경향에서 벗어나 정부, 기업, 비정부 기구 등 다양한 행위자가 공동의 관심사에 대한 네트워크를 구축하여 문제를 해결하는 새로운 국정 운영 방식'을 말한다. 유엔개발계획에서 '거버넌스란 한 국가의 여러 업무를 관리하기 위하여 정치, 경제 및 행정적 권한을 행사하는 것을 뜻한다. 거버넌스는 또한 시민들과 여러 집단이 자신들의 이해관계를 밝히고 그들의 권리를 행사하며, 자신들의 의무를 다하고, 그들 간의 견해 차이를 조정할 수 있는 복잡한 기구와 과정 등의 제도로서 구성된다'라고 거버넌스를 정의하기도 한다.

영국 42%, 미국 38%; Edelman, 2012)을 말한다고 믿는다. 2016년과 2017년 사이에 에델만 트러스트 바로미터Edelman Trust Barometer는 이사회의 신뢰도credibility가 45%에서 35%로 떨어졌다고 보고했고(Edelman, 2017), 심지어 CEO보다 약간 낮게 나타났다! 또 전 세계적으로 정부가 기업에 대한 통제력을 강화해야 한다는 목소리가 커지고 있음을 보여주었다.

투자자, 로비 단체, 운동가campaigners 등의 항의에 따라 정부, 전문직과 규제 기관(Sarbanes-Oxley Act 2002, UK Codes of Corporate Governance 1992-2018, Financial 규제 위원회 2012, Vienot 보고서 1995-99, 2000, 경제 협력 개발 기구 기업 지배 구조 원칙 1999, 2004)에서 기업 거버넌스 코드가 확산하고 있다.

이사회 위기에 대한 대부분의 대응은 이사회 운영 방식의 본질보다는 이사회의 형태에 초점을 맞추고, 긍정적인 결과물을 창출하는 성과보다는 이사회에 투입되는 인력에 초점을 두었다. 기업 규정codes과 법률은 이사회 구성원과 교육, 보고, 평가 등의 변화를 요구했지만, 일부 조직의 경우 필요한 항목만 체크하는 관습적인 대응으로 일관해왔다.

이사회가 증가하는 도전과 기대에 부응하기 위해 집단적 역량을 개발하는 데 그 어느 때보다 도움과 지원이 절실히 필요하다. 리더십과 시스테믹 팀 코칭은 아직 초기 단계에 있고(Hawkins, 2011a, 2014a, 2017a, 2021), 이사회 코칭은 이보다 훨씬 더 뒤쳐져 있다. 2~3년마다 이사회 평가 활동을 넘어서서, 시간의 흐름에 따라 집단적 효과성을 체계적으로 높이기 위해 지속적인 도움을 받는 이사회는 거의 없다. 이 장에서는 점점 더 정교해지는 이사회 평가 프로세스와 지속적인 이사회 코칭을 통해 이를 어떻게 개발 계획으로 이어갈 수 있는지 살펴볼 것이다. 그렇지만 먼저 이사회의 역할과 목적, 그리고 이사회의 효과성을 이해하는 방법을 명확히 알아야 한다.

이사회의 역할과 이사회 효과성

상장 또는 비상장 회사, 파트너십, 정부 또는 비영리 조직의 이사회를 코칭하려면 먼저 코치는 이사회가 조직의 목적, 조직 내에서의 고유한 역할, 이사회가 속한 광범위한 시스템에 대해 명확하게 설명할 수 있도록 도와야 한다. 또 이사회 코치가 이사회의 효과성을 높이려면 코치는 이사회의 본질을 이해할 필요가 있다.

1984년에 밥 트리커Bob Tricker는 경영진이 사업을 운영한다면, 거버넌스는 사업이 제대로 운영되고 있는지 확인한다고 말하면서 이사회의 역할에 대한 매우 간단한 정의를 제시했다.

유한회사에 대한 기업 거버넌스 지침 대부분은 공공 부문과 비영리 이사회에도 동일하게 적용되며, 이사회가 더 효과적이고 높은 성과를 낼 수 있게 돕는 이사회 코치의 업무에는 공통점이 많다.

이해관계자의 범위는 다양할 수 있지만, 이들은 공통적으로 이해관계자가 누구인지 알고, '누구를 위해, 무엇을 위해 제대로 운영되고 있는지'를 파악해야 한다는 책임감을 공유한다.

반 덴 베르게Van den Berghe와 레브라우Levrau(2013: 156, 179)는 '효과적인 이사회는 회사, 경영진, 주주와 모든 관련 이해관계자를 위한 부가가치 창출을 촉진하는 경우'라고 말했다.

이는 1990년대 영국 왕립제조예술상업협회Royal Society of Arts Manufacture and Commerce가 창립한 이래 투모로우 컴퍼니Tomorrow's Company 조직이 수행한 중요한 연구를 기반으로 하는 시스템적 팀 코칭 접근법(Hawkins, 2021)과 매우 유사하고, 이사회의 스튜어드십 stewardship 이론과도 매우 일치한다.

나는 비상임이사이자 회장으로서, 조직이 각 주요 이해관계자 그룹에서 부여받은 가치와 각 그룹에 환원한 부가가치를 설명할 수 있어야 한다고 주장하며, 직접 실천해왔다. 최소한 이러한 이해관계자 그룹에는 투자자, 고객, 규제기관, 공급업체, 비즈니스 파트너, 직원, 조직이 활동하는 지역사회, 더 넓은 생태계와 조직에 대부분 주요 자원을 제공하는 자연 환경 또는 '인간 이상의 세계'가 포함된다.

반 덴 베르게와 레브라우(2013:163-64)는 이사회의 네 가지 주요 역할을 제시한다.

- 조직에 올바른 리더십이 있는지 확인한다.
- 회사의 전략 방향과 이를 실현하는 방법을 결정한다.
- 실행과 결과를 모니터링(거버넌스 감사와 이사회 평가 포함)한다.
- 자문/지원 기능을 한다.

이러한 학문적 관점은 유니레버Unilever의 CEO 겸 회장에서 로이터Reuters 회장으로 자리를 옮긴 직후 이사회의 역할을 다음과 같이 정의한 니얼 피츠제럴드Niall Fitzgerald(2005)의 견해를 반영한다.

1. 이사회에 필요한 기술을 결정한다.
2. 전략에 동의하고 계속 검토한다.
3. 수용 가능한 위험을 감수하면서 수익성 있는 성장에 집중한다.
4. 브랜드와 기업 평판을 보호한다.
5. 이사들에게 자세한 정보에 대한 접근 권한을 부여한다.
6. 사내의 젊은 인재들에게 이사회를 노출시킨다.
7. 토론은 개방적이고 솔직하며 신뢰가 바탕이 되어야 한다.

이사회 평가에서 이사회 코칭까지

모든 이사회가 정기적인 이사회 평가를 받아야 한다는 요구가 증가하고 있지만, 많은 이사회의 경우 거버넌스에 대한 대략적인 검토와 중요한 규제 프로세스가 제대로 실행되는지 확인하기 위한 체크박스 연습에 불과한 경우가 많다. 카터Carter와 로쉬Lorsch(2004)는 거버넌스 보고서를 넘어선 평가의 중요성을 강조한다. '회사의 기업 거버넌스 관행에 대한 화려한 문구는 연례 보고서에서 좋아 보이고, 일부 주주의 기분은 좋게 만들겠지만, 그 자체로는 그렇지 않다. 이사회를 더 효

과적으로 만들어라.'

점점 더 많은 이사회가 이사회 평가 설문지 또는 개별 이사회 구성원과의 인터뷰를 사용하여 더 철저한 평가 프로세스를 도입하고 있다. 그런 다음 주제와 이슈는 이사회 성과와 과정에 대한 이사회 회의 의제로 제기된다. 일부 이사회는 의장 또는 선임 사외이사가 주도하여 내부적으로 이 프로세스를 진행한다. 다른 이사회는 외부 이사회 평가자에게 이 프로세스 수행을 의뢰한다. 외부 평가자는 이사회 내부의 정치, 문화, 집단적 사고방식으로부터 독립적이며, 다른 이사회를 평가해본 경험이 있어 유사점과 대조점을 도출할 수 있다는 장점이 있다.

이사회 거버넌스에 대한 워커Walker 보고서(2009:4.39)는 강력하고 효과적인 평가 프로세스를 생성하기 위해 이사회 평가자의 독립성과 능력을 모두 강조했다.

평가가 광범위하게 채택되면서 경험이 풍부한 평가자가 증가하였고, 평가가 더 쉬워졌다. 실제로 일부 이사회에서는 컨설턴트와의 과도한 밀착을 예방하기 위해 몇 년마다 다른 평가자를 선정하기도 한다.

집단 이사회에 대한 360도 피드백으로 평가가 더 엄격하고 정교해질 수 있다. 이러한 피드백은 이사회에 보고하는 경영진, 이사회를 선출하는 주요 투자자 또는 멤버십 그룹, 회사 그리고 거버넌스에 대한 분석가, 언론의 논평 검토 등 다양한 출처에서 수집된다. 우리는 이사회 구성원의 데이터를 외부 관점과 비교할 수 있게 온라인으로 작성 가능한 간단한 360도 설문지를 개발했다.

카카바드세와 카카바드세(2008)는 개별 이사를 위한 진단과 프로파일링 도구를 사용하여 이 프로세스의 추가 보완을 권장한다. 이 진단은 매년 할 필요는 없지만, 이사회 의장에게 개별 이사의 기법, 경험, 참여도에 대한 개요, 성과 피드백을 제공하는 근거, 승계 계획에 대한 의견 등을 제공한다. 많은 회사에서 의장 평가 프로세스를 포함하며, 일반적으로 부의장 또는 선임 사외이사가 이를 수행한다.

이사회 평가는 거버넌스 감사를 크게 개선했지만, 이사회 개발을 위한 토대만 제공할 뿐이다. 개선 대상으로 선정된 항목에 대한 후속 평가는 필수적이다(Van den Berghe & Levrau, 2013:145). 내부적으로든 외부적으로든 양질의 이사회 평가는 프로세스와 조치, 행동을 변화시키기 위한 구체적인 약속이 포함된 이사회 개발 계획으로 이어져야 한다. 또한 평가 결과를 바탕으로 이사회가 자체적으로 어떻게 발전해 나가는지도 포함해야 한다.

이사회 효과성 개선의 질은 피드백을 수용하고, 제기된 개발 문제를 해결하려는 이사회의 의지와 개방성에 달려 있다. 숙련된 이사회 코치의 역할은 이 개발 과정에서 중추적일 수 있다.

따라서 평가는 이사회 코칭 프로세스의 첫 번째 단계이며, 팀 코칭 프로세스 모델의 CID 단계를 다룬다(Hawkins, 2021). 여기에는 (C) 초기 계약하기, (I) 탐색과 조사(평가 프로세스), (D) 이사회가 개발 계획을 공동 수립하고, 약속하는 진단, 발견 및 설계 단계가 포함된다.

후속 코칭 과정은 부분적으로 의장과 이사회가 자신의 발전을 위해 헌신하고, 이사회와의 작업에서 외부 코치의 존재를 수용하는 개방성 정도에 따라 달라질 수 있다. 초점은 이사회를 이끄는 방법에 대한 의장 코칭, 의장과 CEO와의 관계에 대한 공동 작업, 일부 이사회 회의 참석, 타임아웃과 피드백을 포함한 실시간 팀 코칭, 이사회 개발 워크숍 촉진, 합작 투자, 합병 또는 기타 협업을 위해 두 이사회가 협력해야 하는 경우 이사회 간 워크숍 촉진, 이해관계자를 대상으로 하는 중요한 프레젠테이션 전후에 이사회 구성원 코칭하기 등 다양하게 이뤄진다.

리더십 팀으로서의 이사회

조직의 이사회는 매우 특별한 형태의 리더십 팀이다. 이사회는 조직의 건전한 거버넌스에 대해 법적 책임을 지는 다수의 이사로 구성된다. 이사회의 정확한 역할과 구성은 다양하지만, 영국 기업 거버넌스 법률에 요약된 바와 같이, 회사의 장기적인 성공을 가져올 수 있는 효과적이고 기업가적이며 신중한 경영을 촉진한다는 목적을 포함하여 이사회에는 공통적인 몇 가지 기본 원칙이 있다(Financial Reporting Council, 2011:1).

이사회 구성원은 회사의 운영 관리에 대한 일상적인 책임이 없기 때문에 이는 모든 이사회에 특히 어려운 과제이다. 최근 몇 년 동안 불확실한 글로벌 환경, 경제 혼란, 일련의 기업 위기를 배경으로 이사회에 대한 감시 수준이 높아지면서 이러한 과제의 규모는 더욱 커졌다. 이해관계자는 주주, 고객, 직원과 시민으로서 자신의 관심사에 대해 더욱 목소리를 높이고, 적극적으로 대응하고 있다. 이해관계자를 대신하여 이사회가 책임지는 스튜어드십stewardship 개념은 글로벌 기업에서 가족 소유 기업에 이르기까지 기업의 책임에 대한 훨씬 더 명확하고 정의된 개념으로 부상했다.

많은 국가에서 거버넌스 코드의 성장과 규제, 감시의 증가로 인해 이사회 관행practice과 효과성에 대한 더 높은 기준을 확립하고자 노력했다. 그러나 기업의 위기와 조직의 실패가 계속되면서 구조와 프로세스의 개선만으로는 역부족임이 분명해졌다. 공통적으로 중요한 점은 이사회 내의 인적 역동성으로, 구성원이 거버넌스 코드의 문구뿐만 아니라 정신을 이해하고 포용하게 하는 것이다.

이러한 변화와 불확실성을 배경으로, 이사회는 다음 네 가지 주요 영역에서 자체 성과 개선을 위한 외부 도움을 점점 더 많이 구하고 있다.

1. 상호 보완적인 기술과 경험을 갖춘 최고의 인재로 구성된 이사회를 구성하고 채용과 퇴직 절차를 관리하여 지속해서 이사회를 활성화한다.
2. 개방성, 심리적 안전감(Edmondson, 1999; Hawkins, 2021: 122-23), 도전과 생산적인 대화 분위기를 조성하여 올바른 그룹 역동을 장려한다.
3. 이사회가 올바른 거버넌스 기준을 준수하고 지속해서 성과와 효과성 수준이 개선되고 있음을 증명하도록 구조와 프로세스에 대한 정기적인 이사회 검토를 촉구한다.

4. 모든 구성원의 통합된 경험을 활용하고, 아웃사이드 인outside-in과 퓨처 백future-back을 아우르며, 전략과 위험에 대한 통찰력과 지침을 제시하고, 중요한 변화의 시기에 더 넓은 조직과 이해관계자들과 소통한다.

채이트Chait 등(2005)은 리더십으로서의 거버넌스를 제안하면서, 함께 사용하면 이사회의 효과성을 높일 수 있는 신탁적fiduciary, 전략적strategic, 생성적generative 거버넌스의 세 가지 방식을 설명한다.

- **유형 I, 신탁적**: 실물 자산 관리를 포함하여, 사실, 수치, 재무와 보고서의 성과 메트릭스를 기반으로 책임성을 확보하기 위한 기술적 감독을 포함한다.
- **유형 II, 전략적**: 분석, 전략 형성, 성과와 관리 계획 검토, 기관의 방향을 구상하고 구체화하는 능력, 주요 전략적 의사결정을 포함한다.
- **유형 III, 생성적**: 생성적 사고, 성찰, 감각 형성, 질문 구성을 포함한다.

이들은 가장 효과적인 이사회가 세 가지 모드mode 모두에서 효과적으로 일하고 적절한 운영 능력을 갖출 것을 제안한다. 신탁과 전략적 모드의 이점은 널리 알려져 있다. 반면, 유형 III 거버넌스를 정기적으로 실행하는 이사회가 드물기 때문에 생성 모드의 결과는 널리 알려져 있지 않다.

채이트 등은 또한 이사회가 가져오는 가치 평가에 유용한 관점lens을 제시하여 이사회를 돈을 넘어 자본capital의 원천으로 개념화했다. 자본의 네 가지 형태는 지적, 평판, 정치 그리고 사회적 자본이다. 실현된 가치는 자원으로서의 잠재력을 얼마나 최적화하느냐에 달려 있다. 이러한 형태는 기업 이사회와 비영리 이사회에도 동일하게 적용되며, 이사회 구성원이 신탁관리자trustees, 이사나 총재인 경우에도 동일하게 적용된다([표 15.1] 참조).

이사회 코칭 과정에서 이런 관점을 도입하면 이사회가 실제로 조직의 자원으로서 잠재력을 최대한 발휘하고 있는지 여부를 고려하는 데 도움이 된다.

[표 15.1] 이사회 자본의 네 가지 형태

자본의 형태	최적화된 자본	전통적 사용	향상된 가치
지적	조직 학습	개별 이사회 구성원이 기술 작업을 수행한다.	이사회 전체가 생성 작업을 수행한다.
평판	조직 정당성	조직은 이사회 구성원의 지위를 거래한다.	이사회는 조직 신분status을 형성한다.
정치	조직력	외부 거물급: 이사회 구성원이 외부에서 권한을 행사한다.	내부 지렛대: 이사회가 내부에서 힘의 균형을 맞춘다.
사회적	이사회 효능	이사회 구성원은 개인적인 이점을 얻기 위해 관계를 강화한다.	신탁 관리자trustees는 이사회의 성실성을 높이기 위해 관계를 강화한다.

고가치 창출 이사회의 다섯 가지 규율

이사회는 채용, 이사회 평가와 전략에 대한 외부 전문 지식을 활용한다. 그러나 이러한 모든 성과 영역을 통합적으로 다루고 행동까지 다루려면 이사회의 고유한 특성에 맞는 시스테믹 팀 코칭 기술이 필요하다. 이를 설명하기 위해 우리는 고가치 창출 팀(Hawkins, 2021)의 다섯 가지 규율을 사용한다. 이 규율은 약간의 수정을 거치면 다른 종류의 팀과 마찬가지로 이사회에도 적용할 수 있다. 또 상장 기업, 스타트업, 자선 단체 또는 비영리 부문 등 기타 모든 이사회의 공통된 특징과 노력의 일부를 보여준다.

이 장에서는 실사례를 바탕으로 이사회에 적용되는 각 규율에 대해 설명한다. 일부 팀 정의(1장 참조)에서 이사회가 팀에 해당하지 않을 수 있음을 인정하면서도, 효과적인 이사회는 팀의 많은 특성을 공유한다는 증거가 있다. 팀과 마찬가지로 이사회도 높은 수준의 개방성, 심리적 안전감, 투명성과 협업이 있을 때 번창하며, 일부 의장은 팀 정신을 독려하는 데 매우 적극적이다. 한 FTSE 100 회장에 따르면 '이사회는 경영진과 같은 의미의 팀은 아니지만, 실제로 건설적으로 협력해야 한다'고 말한다. 또 다른 사람은 '오케스트라에서 지휘자가 되는 것과 비슷하다'라고 말하기도 한다(Hogan, 2012:8).

우리는 의도적으로 거버넌스 강령governance codes과 이사회 구조가 서로 다른 여러 국가, 다양한 부문, 다양한 규모와 유형의 조직을 예로 들었다. 이 책의 총서인 리더십 팀 코칭(Hawkins, 2021:9장)에는 여러 국가와 부문에서 사용하는 다양한 이사회 구조를 자세하게 설명하였다.

구조의 차이가 있지만 모든 이사회는 훌륭한 거버넌스에 대한 헌신이라는 공통점을 공유한다. 좋은 거버넌스에 대한 헌신은 위임하기, 명확화하기, 공동 창조하기, 연결하기와 핵심 학습하기의 다섯 가지 규율로 연결할 수 있다. 예를 들어 영국 기업 거버넌스 법률(Financial Reporting Council, 2018) 개정안에서 제안된 문구를 가져와 다섯 가지 규율과 연결시켰다.

위임하기commissioning: 성공적인 기업은 효과적이고 기업가적인 이사회가 이끌며, 이사회는 회사의 장기적이고 지속 가능한 성공을 촉진하며 주주를 위한 가치를 창출하며, 더 넓은 사회에 기여하는 기능을 한다. 이사회는 회사의 목적, 전략과 가치를 수립하고 이런 부분들과 회사의 문화가 일치함에 스스로 만족해야 한다.

명확화하기clarifying: 이사회는 회사가 목표를 달성하고 성과를 측정하는 데 필요한 자원이 준비되어 있는지 확인해야 한다. 이사회는 또한 위험을 평가하고 관리할 수 있는 신중하고 효과적인 통제 프레임워크를 구축해야 한다.

공동 창조하기co-creating: 이사회는 회사 운영 방식을 뒷받침하는 건강한 기업 문화가 발전할 수 있는 프레임워크를 설정한다. 그런 다음 조직 전체의 문화가 해당 프레임워크와 일치한다는 사실에 만족하고, 모범을 보이며, 잘못된 부분을 발견하면 조치를 취한다.

연결하기connecting: 기업은 다양한 이해관계자의 이익을 존중하고 의사결정이 이해관계자들에게 미치는 영향을 고려해야 한다. 이를 위해 이사회는 이해관계자의 이익에 대한 이해를 높이고 유지해야 한다.

핵심 학습하기core learning: 사외 이사가 책임을 효과적으로 수행할 수 있도록 충분한 시간 확보가 중요하다. 사외 이사는 이사회에 지속해서 긍정적으로 기여하도록 의사소통 능력을 포함하여 지식과 기술을 개발하고 재충전하는 데 시간을 할애해야 한다.

가치 창출 이사회 개발하기

가치 창출 이사회 개발을 살펴보면서 우리와 우리 동료는 세계의 다양한 부문과 지역에서 코칭했던 광범위한 이사회, 특히 유럽에 본사를 둔 다국적 기업 이사회, 영국의 가장 큰 주택 협회 가운데 한 곳, 학교 운영 위원회, 4대 전문 서비스 기업 가운데 한 곳의 감독 위원회, 남아프리카공화국의 최대 과일 회사의 이사회 한 곳, 전문 협회와 기관, 대학 위원회 등의 사례를 참고하였다.

각각의 사례에서 이사회 평가는 처음부터 다섯 가지 규율 설문지를 기반으로 진행했다. 설문지는 이사회 구성원의 개별 인터뷰로 보완하였다. 이 조사 과정은 잘 작동하고 있는 영역과 개선의 여지가 있는 영역을 강조하는 데 도움이 되었다. 또 시간이 지남에 따라 개별적으로나 집단적으로 이사회의 발전을 측정하도록 벤치마크를 제공했다.

위임하기

이사회 코칭에서 위임하기 규율은 조직과 이사회 설립에 필수적이며, 모든 이사회 평가에서 재검토되어야 하는 영역이다.

이 분야에서 도움이 되는 몇 가지 질문은 다음과 같다.

- 누가 이사회를 임명하는가(이사회의 성격에 따라 주주, 파트너, 구성원)? 이들은 이사회가 무엇을 달성하기를 원하는가?
- 이사회는 누구에게 서비스를 제공하는가(직원, 고객, 공급업체/파트너, 규제 기관, 지역사회, 환경)? 이사회가 달성하기 위해 필요한 것은 무엇인가?
- 권한이 충분히 명확한가? 무엇을 전달해야 하는지, 누구를 책임져야 하는지가 명확한가?
- 이사회의 핵심 기능은 무엇인가? 이러한 기능이 어떻게 우선순위를 정하고, 수행되어야 하는지에 대한 명확한 기대가 있는가?
- 필요한 다양성과 기능을 갖추고 있는가? 회원은 어떻게 선발되고 임명, 입회하는가?

모든 사례에서 코치는 이사회가 조직의 목적, 가치, 비전과 전략을 개발하거나 재검토하도록 지원했다. 예를 들어, 주택 협회는 해당 부문의 상당한 변화로 인해 미래를 예측하고 현재와 미래에 서비스를 제공할 사람과 고객의 목소리를 듣는 방법을 합의해야 한다고 인식했다. 이 다국적 기업은 사업의 초점이 바뀌면서 소유권 구조와 거버넌스도 변화해야 한다는 점을 인식했다.

위임하기 규율은 이사회가 권한과 경계를 명확히 하고, 권한을 이행하는 데 필요한 자원을 확보하게 한다.

명확화하기

일단 이사회는 위임을 명확히 하고 나면, 조직과 모든 이해관계자를 대신하여 좋은 거버넌스를 달성하기 위한 역할과 책임, 즉 공동의 노력과 공동 책임을 명확히 할 수 있는 나은 위치에 서게 된다.

몇 가지 주요 질문이나 진술문을 완성하도록 이사회 촉진부터 시작하는 것이 도움이 될 수 있다. 이는 공개 토론이나 집단 세우기collective build를 통해 수행된다(자세한 설명은 Hawkins, 2021 참조). 집단 세우기는 사전에 제시된 3~5개 정도의 문장을 개인이 스스로 완성하도록 장려하는 대화 프로세스이다. 이 과정을 마치면 코치는 한 구성원에게 자신의 요점을 공유하도록 요청하고, 이어서 다른 구성원이 여기에 추가하는 방식으로 집단적 응답이 생성, 구축되도록 한다. 응답이 완전히 만들어지면 누군가 새로운 아이디어를 제안하고 이 과정을 반복한다.

집단 세우기는 이사회가 다양한 개개인의 독립적인 생각을 활용할 수 있다는 장점이 있다. 많은 이사회와 여러 이사회 관련 문헌에서 이사들의 독립적인 사고와 이사회 대화의 중요성에 대해 언급하지만,

이를 가능하게 하는 기관의 프로세스는 거의 없다.

명확히 하기를 위한 진술에는 다음이 포함된다.

- 이사회는 …을 통해 조직의 나머지 부분과 이해관계자를 위한 가치를 창출한다.
- 우리의 목적을 달성하기 위해 이 이사회는 …에 집중해야 한다.
- 이사회의 성과를 측정할 목표는 …과 같다.
- 언제, 누구에 의해…

학교 운영위원회의 경우, 이사회는 자신들의 개별적, 집합적 역할, 자신들이 할 수 있는 고유한 기여점과 이를 가장 잘 달성할 수 있는 방법을 고려했다. 마찬가지로, 주택 협회 이사회는 자원으로 더 잘 활용될 수 있도록 개별적으로나 집단적으로 가장 잘 기여할 수 있는 방법을 고려했다.

이사회 코치가 이사회에 그들의 기능, 역할과 책임을 명확히 이해하도록 독려하는 도구와 프레임워크는 많다. 예를 들어, 간단한 기능 분석 설문지는 주요 이사회 기능 목록을 제시하고, 각 이사회 구성원에게 기능 전반에 걸쳐 현재 이사회가 소비하는 시간의 비율과 사용해야 한다고 생각하는 시간의 비율을 나열하도록 요청한다(14장 참조). 이 연습을 통해 많은 이사회가 회의 의제를 근본적으로 재구성할 수 있었다.

이사회 명확화하기의 마지막 영역은 역할과 구조와 관련된다. 여기에는 상임 또는 임시 이사회 위원회에서 처리해야 하는 사항과 전체 이사회에서 다뤄야 할 사항, 의장, 선임 사외 이사, 소위원회 위원장, 비상임 이사, 상임 이사 등 개별 이사의 역할과 기대치가 포함된다.

학교 운영 위원회의 이사회 코치는 이사회가 저마다 할 수 있는 독특한 기여점과 이를 가장 잘 달성하는 방법에 대해 논의하는 과정을 촉진했다. 예를 들어, 재정 경험이 풍부한 운영 이사는 임명 당시 공석이 없어서 재정 위원회 위원이 아니었는데, 이 부분은 수정되었다.

이사회 코치는 다른 이사회 구성원 개인에 대한 피드백과 임원, 비임원 그룹 간의 양방향 피드백을 촉진하는 데 매우 중요한 역할을 한다. 따라서 다국적 기업의 경우 회장과 상무이사는 이사회와 경영진, 그리고 이 둘 사이의 관계를 발전시키는 방법에 대해 코칭받았다.

이사회가 다양한 이해관계자의 관점을 대변하고, 이를 이사회 회의에 '실시간live'으로 반영하는 방법을 이해하는 것도 명확화하기의 또 다른 중요 영역이다. 다국적 기업 이사회는 다음과 같은 작업을 진행했다. 이사회는 4개의 팀으로 나뉘어 각각 주요 이해관계자 그룹 가운데 하나를 대표했다. 각 그룹은 이해관계자의 관점perspective에서 이사회에 던질 질문과 과제를 준비했다. 그런 다음, 차례로 이사회 역할을 맡은 다른 그룹들에게 발표했다. 각 그룹은 이사회가 해결해야 할 2~3개의 중요한 문제를 강조했다.

연습의 효과는 극적이었다. 이 연습을 통해 이사회 구성원들은 경쟁 그룹의 입장에 서서 중요한 이해관계자들 사이의 분쟁과 비즈니스 발전을 위한 해결책 모색의 중요성을 명확하게 파악할 수 있었다.

공동 창조하기

이사회 개발에서 가장 어려운 영역 가운데 하나는 대인관계와 팀 역동 다루기이다. 의장은 개방성, 심리적 안전감과 투명한 분위기를 장려하는 데 앞장서야 하지만, 이사회 코치의 지원은 이사회가 협업과 공동 책임 문화를 함께 조성하도록 장려하는 데 중추적인 역할을 한다. 이사회 리뷰를 보면 그룹 역동이 이사회 효과성에서 가장 해결하기 어려운 요소임이 일관되게 나타난다. 그러나 이사회의 목적, 공동 목표, 역할과 책임이 명확할수록 행동적인 문제를 해결하기가 더 쉬워진다.

단일 이사회가 직면한 지속적인 과제는 비상임 이사가 이사회에 건설적인 도전과 새로운 관점을 제공할 수 있을 만큼 충분한 지식을 갖추는 것이다. 또 경영진은 더 넓은 조직과 이사회에서 고려하거나 결정할 특정 사안을 대표할 수 있을 만큼 운영과 세부 재무 사항을 충분히 파악할 수 있는 환경을 조성해야 한다.

주택 협회 이사회는 협업하는 방법을 탐색하는 과정에서 이러한 일반적인 딜레마 가운데 일부가 나타났다. 이들은 서로에 대해 신뢰와 존경심이 있었지만, 때때로 합의는 줄이고, 도전은 늘일 수 있는지 궁금해했다. 이사들은 신중하고 위험 회피 성향이 강했는데, 이는 이사들에게 도움이 되었지만, 더 창의적이고 혁신적이며 미래와 '푸른 하늘'을 생각하는 데 더 많은 시간을 할애할 수 있을지 궁금해했다.

이사회는 전통적으로 규모가 매우 컸으며, 임원진 전원이 참여했다. 이들은 CEO와 재무 이사만 정식 구성원으로 참여하는 소규모 이사회로 전환하기로 결정했다. 이사회 코치들은 전체 경영진이 회의에 참석하지 않고도 중요한 결정을 내릴 수 있는 역량을 갖출 수 있을지에 대한 우려를 인지한 상태에서, 소규모 단일 이사회를 지원했다. 대규모 이사회는 생성적인 대화보다는 고무 도장 찍기 프로세스를 선호하는 경향이 있다. 다른 수준의 토론과 논의로 전환하려면 의제를 재검토하여 모든 이사회의 집단적 의견이 필요하고, 이사회 회의 외부에서 다룰 수 없는 가장 중요한 문제에 초점을 맞춰야 한다. 상임이사의 경우, 이는 진정한 도전과 대안 제안에 더 개방적이어야 함을 의미한다. 비상임 이사의 경우 이제 이사회 자료집을 읽는 것만으로는 충분하지 않다. 이들은 정기적인 브리핑과 이사회 밖에서 경영진과의 대면 접촉을 통해 조직의 주요 개발 사항을 파악해야 한다.

반 덴 베르게Van den Berghe와 레브라우Levrau(2013:162)는 이사회가 자신들의 핵심 기능 가운데 하나인 의사결정 수행 방식에 초점을 모으는 것이 중요하다고 강조한다. 이들은 이사회 의사결정 역할에 대한 간단한 유형을 제시하였다([표 15.2] 참조).

이는 이사회가 조직 시스템의 다른 부분인, 특히 경영진과 투자자와 비교하여 의사결정 역할에 대해 선택의 폭을 넓히는 데 도움이 되는 유용한 연속체이다.

코치는 이사회가 몰입하는 과정에서 한 발짝 물러나 회의실의 문화적 패턴을 인식하게 돕는 중요한 역할을 한다. 이는 전문적인 도움 없이는 내부자로서 수행하기 매우 어려운 일이다. 팀 또는 조직 문화에 대해 우리가 가장 좋아하는 정의 가운데 하나는 '어떤 곳에서 3개월 동안 일하고 나면 알아차리지 못하는 것'이다(Hawkins & Smith, 2013: 110).

[표 15.2] 이사회 의사결정 역할

이사회 유형	의사결정 역할
의식용 이사회ceremonial board	공식적인 의사결정 역할 없음
고무도장 찍기 이사회rubber-stamping board	유일한 역할은 최종 결정에 동의하는 것
법정 이사회statutory board	이사회의 형식적 역할에 국한된 논의(전략 프로세스에서 역할이 제한됨)
능동적 이사회proactive board	이사회 위원회, 독립 이사 등과 함께 전략과 의사결정 과정에 이사들의 적극적인 참여
참여적 이사회participative board	열린 토론 문화로 경영진과 이사회의 합의, 이사회와 경영진의 화합과 보완을 위해 노력

이러한 문화적 패턴을 표면화하는 방법은 설명자 분석descriptor analysis (Hawkins, 2021:355-57)을 사용하는 것이다. 이 분석에서 이사회 구성원들에게 개별적으로 현재의 이사회와 2년 뒤의 이사회가 어떻게 적용되어야 한다고 생각하는지 세 가지 형용사나 문구로 설명하도록 요청한다. 이 기법은 다양한 형태의 이사회에 적용해왔으며, 문화 변화에 대한 필요성을 강조한다. 또 이사회와 상호작용하고 단어 검색을 완료하라고 요청받는 주요 이해관계자와의 360도 피드백 프로세스로도 사용된다. 이를 통해 내부 관점과 외부 관점을 선명하게 대조해볼 수 있다. 일부 단일 이사회 분석 결과, 비상임 이사들과는 대조적으로 상임 이사들의 집단적 반응이 나타났다.

설명자 분석과 같은 평가 도구를 1~2년마다 반복하여 사용하면, 이사회가 합의한 개선 계획 대비 개발 결과를 평가할 수 있는 매커니즘을 제공한다는 추가적인 이점이 있다. 전략 측면에서 이사회의 역할은 논쟁의 여지가 있고 복잡하다. 어떤 이들은 이사회가 전략 수립은 경영진에게 맡기고 승인, 모니터링과 조사 역할을 주로 해야 한다고 주장한다(Thomsen, 2008; Acharya, 2008). 다른 사람들은 이사회의 핵심 기능 가운데 하나인 비즈니스의 장기적 관리와 모든 이해관계자를 위한 가치 창출에 집중해야 한다고 주장한다(Van den Berghe & Levrau, 2013; Kakabadse & Kakabadse, 2008; Carter & Lorsch, 2004).

전략 수립, 실행과 모니터링 프로세스에서 이사회의 역할 명확화하기는 중요한 이사회 프로세스이다. 우리는 이사회가 다음에 대한 책임이 있다고 생각한다.

1. 조직이 부가가치를 창출해야 하는 다양한 이해관계자 그룹을 명확히 한다.
2. 이러한 다양한 그룹의 요구 사항과 포부, 피드백을 확인한다.
3. 조직의 핵심적인 장기 목적(목표, 핵심 가치, 고유한 정체성, 비전 등)을 명확히 하여 전략 토론과 수립을 안내하고 틀을 잡는다.
4. 경영진이 해결해야 하는 전략 과제를 설정한다.
5. 경영진에게 이런 문제를 해결하기 위한 제안을 듣고, 경영진과 함께 제안에 도전하고 토론하며, 어떤 전략에 투자할지 결정한다.

6. 전략이 효과가 있는지, 어떻게 조정하고 발전시켜야 하는지를 명확하고 신속하게 피드백하고 학습하는 모니터링과 평가 프로세스를 설정한다.
7. 필요에 따라 경영진을 지원하여 전략을 실행하고 정기적으로 검토한다.

이 주기가 실제로 어떻게 작동하는지는 조직의 특성, 직면한 문제, 선택한 이사회 거버넌스 유형에 따라 달라진다. 예를 들어, 대규모 상장 기업은 전략적 의사결정에서 사모펀드 지원 기업과 매우 다르게 운영되며, 후자가 훨씬 더 적극적인 전략 역할을 수행한다는 분명한 증거가 있다(Acharya, 2008).

이사회 코치로서 우리는 코치의 역할이 전략 내용에 대한 견해를 제시하는 것이 아니라는 점을 분명히 하면서, 풍성한 대화와 가장 효과적인 프로세스를 지원하였고, 이사회와 조직의 경영진, 기타 핵심 관계자들 사이의 전략 수립 프로세스를 촉진했다.

연결하기

이해관계자와 더 넓은 환경과 연결하기 규율로 코칭하는 것은 이사회 코칭의 초기 작업에서는 드문 편이다. 그러나 끊임없이 변화하는 환경의 도전에 조직이 효과적으로 대응할 수 있도록 이사회가 지원하기 위해서는 근본적으로 새로운 방식으로 주요 이해관계자 그룹을 참여시켜야 한다는 점을 인식하면서, 이러한 형태의 도움 필요성이 점점 더 커지고 있다. 다음은 이사회 코칭 프로세스에서 이런 방식이 어떻게 구현되는지를 보여주는 몇 가지 사례이다.

남아프리카공화국의 아웃스팬Outspan과 케이프 프루트Cape Fruit(Unifruca) 이사회는 합병 과정에서 이 회사에 주로 과일을 납품하는 농부인 대다수 주주들이 상대 회사에 대해 깊은 의구심을 품고 있으며, 통제력을 상실했다고 인식하고 있음을 알게되었다. 합병이 성사되려면 이런 주주들의 마음과 생각에 큰 변화가 있어야 했다. 이사회는 합병이 회사와 주주들에게 왜 좋은가에 대한 설명만으로는 효과가 없음을 인식할 만큼의 충분한 통찰력이 있었다.

그래서 두 이사회는 회사가 직면한 문제를 해결하고 다양한 시나리오를 모색하는 데 주주들을 적극적으로 참여시킬 수 있도록, 한 번에 100명의 주주가 참석하는 대규모 행사를 설계하고 진행하는 데 이사회 코치들이 협력해 줄 것을 요청했다. 한 중견 기술 기업의 이사회를 코칭하는 과정에서 창업자가 교체되는 중대한 전환기를 겪으면서 직원들 사이에 많은 소문과 불안감이 증폭하고 있다는 사실을 알게 되었다. 전환기를 거치면서 숙련된 직원과 미래의 리더 유지가 앞으로 성공을 위한 최우선 과제였다. 이사회 내의 모든 문제가 해결되기 전에 이사회가 직원들을 어떻게 참여시킬지가 중요했다. 이사회가 어떻게 나타나서 직원들에게 집단적 자신감을 심어줄지에 대한 이사회 코칭이 중요했다. 이사회는 합의된 대본을 제대로 작성하는 것만으로는 충분하지 않다고 판단하여 이사회 코치가 참석하여 질의응답 과정을 실시간으로 진행하도록 요청했다.

한 FTSE 100 금융 회사는 이전 CEO를 선임하는 데 사용한 프로세스가 비용이 매우 많이 든다는 사실을 깨달았다. 그는 회사 역사상 아주 성공적인 기간을 이끌었지만, 그 과정에서 여러 명의 내부 후보가 반쯤 탈락했다. 투명한 절차도 없었고, 명확한 기준도 부재했으며, 낙선한 후보자에게 왜 자신이 아닌 다른 동료가 임명되었는지에 대한 피드백도 없었다. 의장은 이사회 코치에게 다른 프로세스를 진행하도록 요청했다. 여기에는 임명이 이루어지기 전에 이사회 소위원회와 내부 후보자 사이의 민감한 논의 과정이 이뤄졌고, 이후에는 합격한 후보자와 불합격한 후보자에 대한 직접적인 피드백이 포함되었다.

핵심 학습하기

이 장의 나머지 부분에서 광범위하게 살펴보았듯이, 이사회는 멈춰서서 자신을 바라보기를 꺼려한다. 자기 성찰을 하는 경우에도 이사회 기능에서 좀더 개인적이고 행동적인 요소보다는 논의하기 쉬운 구조와 프로세스 문제에 국한하는 경우가 많다.

여러 국가에서 선출된 회사의 선임 파트너들로 구성된 한 대형 전문 서비스 회사의 감독 이사회의 경우, 이사회 코치들은 새로 선출된 이사진들에 대한 공식적인 입회 절차나 교육이 없다는 사실에 다소 충격을 받았다. 이들은 대부분 기업 재무, 법률, 세무 또는 감사 등 각 분야에서 뛰어난 전문 지식을 갖춘 선임 파트너였지만, 거의 대부분이 이사회 경험은 없었다.

'전문성'을 중시하는 문화 속에서 제시된 재무 스프레드시트나 복잡한 거버넌스 문제를 이해하는 방법을 모른다는 사실을 감히 인정하지 못하는 경우가 많았다. 이사회 코치만이 각 이사회 구성원과 개별적으로 이야기하면서 이러한 역동 관계를 표면화하고 이사회가 이를 해결할 방법을 모색하도록 독려할 수 있었다.

7장에서 코니Coyne와 니콜Nicol은 핵심 학습이 경영진에게 거의 항상 가장 저조한 점수를 받는 영역인 이유와 이사회가 핵심 학습을 하도록 어떻게 도움을 주었는지 살펴보았다. 감독 이사회와 단일 이사회의 경우에는 더욱 그렇다. 평소와 같이 지속적이고 성찰적인 학습을 비즈니스에 적용하기란 어려운 일이다. 지속적인 연습과 지원, 새로운 습관과 프로세스가 필요하다. 순간순간 이사회 프로세스를 되돌아보는 일시 정지 또는 '타임아웃', 회의 종료 후 구조화된 검토와 같은 새로운 습관과 프로세스가 필요하다. 또 직접적인 피드백을 환영하고, 성찰하는 능력을 키우며, 생성적인 대화의 중요성을 인식하고, 실패를 비난이 아닌 배움의 씨앗으로 삼는 문화 전환 역시 필요하다.

결론

폴 호켄Paul Hawken(2007)은 오늘날 세계가 직면한 복잡한 경제적, 사회적 그리고 생태적 문제를 해결할 수 있을 만큼 충분히 크고 강력한 기관은 점점 더 기업과 산업이 유일하다고 강조한다. 이 장의 서두에서 우리는 도전에 대처할 수 있는 이사회의 능력보다 이사회의 책임이 더 빠르게 증가하고 있음을 보았다. 효과적이고 시스템적인 이사회 코치의 필요성과 이사회가 겸손하고 개방적으로 도움을 요청할 필요가 점점 커지고 있다. 이 장이 이 시급한 과제에 작은 기여를 했기를 바란다.

4년에 대한 성찰

이 장은 주로 이사회 거버넌스 리뷰를 통해 등장한 이사회 코칭에 초점을 맞추고 있다. 지난 4년 동안 이사회 코칭이 조직의 경영진과 협력하는 데 필요한 연계활동으로 부상하는 경우가 점점 더 많아지고 있음을 발견했다. 경영진이 이사회와의 올바른 관계를 발전시키는 데 지원을 받지 못하면 매우 효과적인 경영진이 될 수 없다. 이에 따라 우리는 동일한 조직의 이사회와 경영진뿐만 아니라 팀 간 관계, 협업에 대한 코칭을 포함하여 더 시스템적인 팀 코칭에 참여하게 되었다(6장의 사례 참조).

이 책의 초판 16장(Hawkins, 2014b)에서 나는 네 가지 이사회 성숙도 수준을 제시했다.

1. **이사회는 적합성, 위험 관리, 규정 준수 보장에 중점을 둔다.** 외

부적으로는 사업을 운영하는 국가의 법적, 신탁 요건을 준수하고, 내부적으로는 성과를 모니터링하고 합의된 전략, 프로세스를 준수한다.
2. 이사회는 성장, 시장 점유율, 수익성, 주주 수익률과 회사 가치에 대한 목표 설정과 같은 **성과 관리에 중점을 둔다.**
3. **이사회는 연결과 관계 관리에 중점을 둔다.** 조직이 모든 이해관계자에 대한 효과적이고 시기적절한 대응을 보장할 수 있는 올바른 내부 연결망과 모든 직급에서 '할 수 있다'는 태도와 리더십 문화를 갖출 수 있도록 한다. 외부적으로는 공급업체와의 업스트림, 고객과의 다운스트림, 파트너 조직, 잠재적 인수합병 조직 등 더 넓은 에코시스템과의 연결에 중점을 둔다.
4. 이사회는 조직의 모든 부분과 광범위한 이해관계자 생태계에 깊이 귀를 기울이고, '미래 세상에 필요한 것을 위해 다른 사람들과 함께 기여하도록 조직이 고유하게 할 수 있는 일'과 관련하여 내부와 외부 시스템 전반에 걸쳐 협력적인 질문을 조율함으로써 **다가오는 미래를 감지하는 데 중점을 둔다.**

점점 더 많은 글로벌 상황에서 이사회는 높은 수준의 기능을 더 신속하게 개발하고, 이 수준에서 기능을 유지해야 한다. 바로 이 점에서 이사회 코칭이 가치 있는 기여를 할 수 있다.

기고자: 앨리슨 호건Alison Hogan

앨리슨 호건은 리더십 코치, 컨설턴트, 수퍼바이저로 20년 이상 조직의 변화, 리더십 개발, 이사회 행동에 중점을 두고 급격한 불확실성의 시기에 개별 리더와 팀을 지원한 경력을 보유하고 있다. 시스테믹 팀 코칭과 게슈탈트 국제 조직 그리고 시스템 개발 교육에 기반을 두고 있다. 이사회 리더십의 우수성, 공동 주도 리더십 프로그램에 관한 글을 썼으며, MBA 프로그램에서 강의했다. 앨리슨은 엑서터 대학교 경영대학원 엑서터 리더십 센터University of Exeter Business School Exeter Centre for Leadership의 명예 펠로우이다.

16장
'팀 구성'과 '팀들의 팀' 문화와 팀 코칭 전략 만들기

저자: 피터 호킨스Peter Hawkins
역자: 강하룡

> 세계가 더 빠르게 성장하고 상호 의존성interdependent이 높아짐에 따라 우리는 여러 대륙에 걸쳐 수천 명의 회원이 있는 그룹을 대상으로 조직 전체에서 팀의 유동성fluidity을 확장하는 방법을 찾아야 한다. 이는 말하기는 쉬워도 행하기는 어렵다.
> (맥크리스탈McChrystal, 2015:125)

2012년에 나는 '**코칭 문화 만들기**Creating a Coaching Culture'(Hawkins, 2012)라는 글을 썼는데, 여기에서 조직 전반에 걸쳐 코칭 문화를 개발하기 위한 7단계 로드맵seven-step roadmap을 제시했다([그림 16.1]). 이는 이후 많은 조직에서 코칭에 대한 투자가 직원들에게 개인 개발 이상의 의미를 제공할 뿐만 아니라 조직 학습organizational learning, 팀, 기능, 전체 조직의 지속 가능한 변화와 개발을 만드는 데 도움이 됨을 의미한다. 그뿐만 아니라 조직의 모든 이해관계자에게 더 크고 유익한 가치를 제공한다.

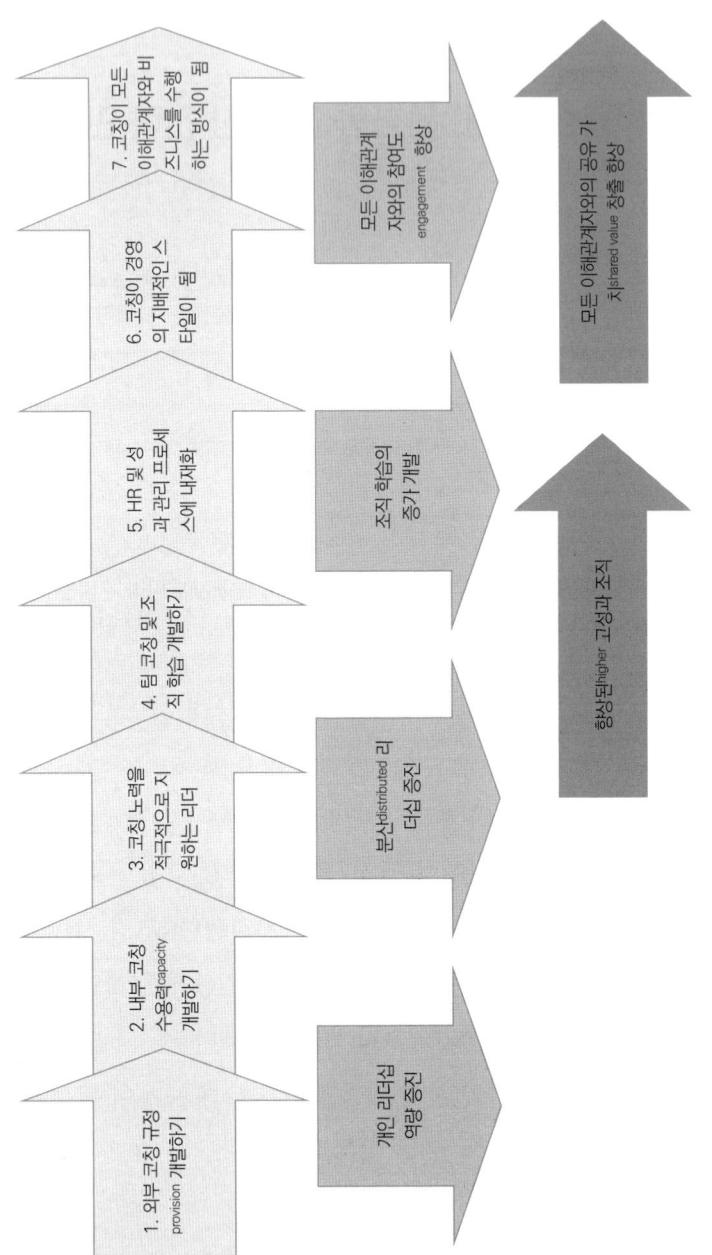

[그림 16.1] 코칭 문화 개발하기 - 결과

최근 몇 년 동안 나는 많은 조직이 '팀 코칭 전략'을 기반으로 '팀 구성 문화teaming culture'와 '팀들의 팀 문화team of teams culture'를 개발하는 일에 도움을 주고 있다.

하버드 교수이자 경계를 넘어 팀을 구성하는 방법에 대해 연구하는 에이미 애드먼슨Amy Edmondson(2013)은 다음과 같이 쓰고 있다.

> 빠른 속도로 팀 구성이 진행되는fast-paced teaming 시대, 다양한 파트너와 함께 다양한 프로젝트를 진행하는 시대에 올바른 문화를 구축하는 것은 불가능하지는 않더라도 어려운 일처럼 들릴 수 있다. 그렇지만 내 경험상 가장 혁신적인 기업에서는 팀 구성이 곧 문화이다teaming is the culture.

그녀는 팀 구성teaming을 다음과 같이 정의한다.

> 팀 구성은 동사이다. 이는 제한된 정적 개체static entity가 아닌 동적 활동dynamic activity이다. 이는 효과적인 팀 설계나 구조가 아니라 팀워크teamwork의 마인드셋과 프랙티스에 의해 주로 결정된다(Edmondson, 2012).

2017년부터 나는 맥크리스탈McChrystal 장군의 혁신적인 작업을 바탕으로 '팀들의 팀team of teams' 문화의 중요성에 관해 많이 썼다(호킨스, 2021).

에드먼슨(2013)은 계속해서 다음과 같이 말한다.

팀 구성은 필수적인 협업자collaborators를 파악하고, 그들이 아는 정보를 빠르게 습득하고, 그들과 함께 협력하여 업무를 완수하는 것이다. 환자 치료, 제품 개발, 맞춤형 소프트웨어, 전략적 의사결정 등 점점 더 복잡한 상호 의존성complicated interdependencies을 즉석에서 관리해야 하는 업무가 많아지면서 안정된 팀stable teams과 달리 유연한 팀워크flexible teamwork가 많은 산업에서 증가하고 있다.

'팀 구성'과 '팀들의 팀' 문화 개발하기

이러한 기반을 바탕으로 다양한 조직과 파트너 관계partnering를 맺으면서, 나는 원래의 코칭 문화 로드맵으로 돌아가서 '팀 구성'과 '팀들의 팀' 문화를 만들기 위한 새로운 버전을 만들었다([그림 16.2]).

이제 이러한 각 단계를 살펴보면 각 단계가 이전 단계를 기반으로 어떻게 구축되는지 알 수 있다.

1. 적합한 외부 팀 코치 선택하기

자매판companion volume인 『리더십 팀 코칭Leadership Team Coaching』에는 우수한 시스테믹 팀 코치systemic team coach를 찾아 선택하고, 협력하며, 평가하는 방법에 대한 내용이 14장에 기술되어 있다. 이 장에서는 최고의 시스테믹 팀 코치를 확보하고 그들과 가장 큰 가치를 창출하는 파

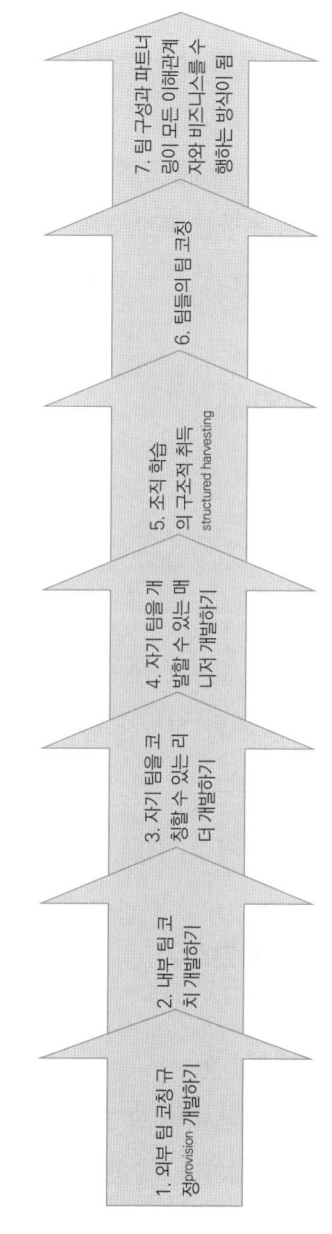

[그림 16.2] '팀 구성'과 '팀들의 팀' 문화 개발하기 - 7단계

트너십most value-creating partnership을 달성하기 위한 7단계 프로세스를 간략히 설명한다. 단계는 다음과 같다.

1. 요구 사항과 기대되는 결과hoped-for outcome 규정하고 정의하기
2. 해당 역할에 적합한 후보자 찾기
3. 팀 코치 자격 요건specification과 팀의 필요에 가장 적합한 팀 코치를 선택하기
4. 선택한 코치와 계약하기
5. 정기적인 검토를 통해 관계를 발전시키기
6. 평가하기
7. 팀이 스스로를 코칭할 수 있도록 전환하기

이 장에서는 외부의 시스테믹 팀 코치들을 공급자가 아닌 파트너로 볼 필요가 있다는 점과 적합한 팀 코치가 임명되기 전의 중요한 단계에서 팀 코칭이 시작되고, 팀 코치가 떠날 때 팀 코칭이 끝나는 것이 아니라 스스로 코칭할 수 있는 팀으로 전환되어야 함을 강조한다.

2. 내부 팀 코치 개발하기

리뉴얼 어소시에이츠Renewal Associates는 전 세계의 많은 개별 조직과 협력하여 효과적인 시스테믹 팀 코치의 내부 커뮤니티를 개발하고 교육할 수 있도록 지원해왔다. 그 회사들은 제조업, 제약업, 국제 은행, 공

공 부문 방송, 전문 서비스, 컨설팅 등 다양한 분야에 종사하고 있다.

이 교육training은 3~5일간의 시스테믹 팀 코칭 인증서의 맞춤형 버전bespoke version(17장 참조)으로 이루어졌으며, 프랙티스 첫 6개월 동안 8주마다 정기적인 수퍼비전이 이어진다.

이 교육은 인사, 교육, 개발 커뮤니티에서뿐만 아니라 고위급 리더, 일선 매니저line managers, 주요 변화 프로젝트를 이끄는 임무를 맡은 사람들을 내부 코치로 뽑을 때 가장 효과적이었다.

교육을 받은 뒤에는 조직에서 리더에게 팀 코칭이 가장 도움이 될 수 있는 시점에 대해 교육하고, 다음과 같이 명확한 기준에 따라 적절한 수준에서 팀과 팀 리더를 지원할 수 있도록 잘 개발된 선별 프로세스triaging process를 갖추는 것이 중요하다.

- 팀 리더를 위한 가이드라인, 디지털 지원 또는 멘토링을 혼합 지원하는 상태에서 팀 매니저 또는 팀 리더가 코칭하는 팀(아래 참조)
- 교육을 받고 수퍼비전을 받은 내부 팀 코치(또는 실제로 함께 일하는 한 쌍의 팀 코치)가 함께 코칭하는 것이 가장 큰 도움이 되는 팀
- 경험이 풍부하고 수퍼비전을 받은 외부 팀 코치의 전문성과 외부 관점이 필요한 팀

3. 자기 리더십 팀을 코칭할 수 있는 리더 개발하기

시스테믹 팀 코칭이 제공할 수 있는 중요한 기여contributions 가운데 하

나는 조직 변화organizational change로 즉시 연결될 수 있는 리더십 개발 형태를 제공하는 것이다. 우리는 지난 7년 동안 영국의 전문 서비스 회사인 딜로이트Deloitte와 함께 '팀 매니저와 팀 리더'에서 '자기 팀의 팀 코치'로 성장할 수 있도록 고위직 파트너를 훈련시켜 왔다(Hawkins, 2021: ch13).

고성과 팀의 선도적인 프로그램The Leading Leaders of High-Performing Teams programme은 그룹과 팀 코칭을 개인 개발과 조직 변화의 촉진제 accelerators로 채택한 딜로이트Deloitte 컨설팅의 영향력 있는 코칭 전략 Coaching with Impact strategy에서 비롯되었다.

이 전략의 일환으로 2014년에 우리는 다양한 사업 부문에서 선발된 내부 시스테믹 팀 코치 그룹을 교육하도록 요청받았으며, 변화를 위한 촉매catalyst로 입증된 공동 탐구joint inquiry가 시작되었다. 우리는 컨설팅 그룹과 긴밀한 파트너십을 구축하고 시스테믹 팀 코칭을 핵심으로 하는 통합 리더십 개발 프로그램을 공동으로 만들었다. 프로그램의 설계design와 제공 delivery 모두에서 발전해 온 파트너십 모델링은 우리가 리더의 개발을 돕고 있는 팀 구성의 특성qualities of teaming을 적극적으로 보여준다.

이 그룹을 개발한 이후, 우리는 영국과 스위스의 모든 지역에서 뽑은 다섯 개의 고위급 파트너 집단cohorts과 함께 일해왔다. 프로그램은 다섯 가지 규율 모델Five Disciplines model에 기반을 둔 '팀 360도 설문지 team 360-degree questionnaire'를 자신이 이끄는 팀의 모든 팀원이 작성하는 것으로 시작하고, 리더와 일대일 인터뷰를 하는 것으로 마무리된다.

이 두 단계에서 취합된 데이터를 기반data foundation으로 파트너가 지원을 받아 그들의 팀 개발과 팀 리더십 개발 계획을 수립하도록 돕는다.

그런 다음 전체 집단cohort은 이틀간의 워크숍에 참석하였다. 이 워크숍은 팀 리더가 자신의 팀을 코칭하는 관점에서 시스테믹 팀 코칭의 다섯 가지 규율을 다룬다. 각 규율에서 그들은 그 규율을 자신의 팀에 적용하고 팀 개발team development 계획을 수립할 수 있도록 구조화된 훈련structured exercises을 한다. 그들은 또한 소규모 액션 러닝 그룹에서 서로를 지원하고 도전하며 서로의 성공과 실패를 통해 배운다. 그들은 팀과 자신의 팀 리더십을 위한 구체적인 실행 계획과 실험experiments 결과를 가지고 워크숍을 떠난다.

액션 러닝 사이클action learning cycles에서 팀은 내부의 시스템적 팀 코치 가운데 한 명의 도움을 받는다. 이 코치는 팀 미팅, 역할, 참여 이벤트engagement events에서 변화를 설계하고 계획하는 데 도움을 주며, 팀 리더와 함께 특정 팀 워크숍을 진행하거나 파트너 또는 직원 그룹과의 참여를 촉진할 수도 있다.

3개월 동안 진행된 첫 번째 액션 러닝 사이클이 끝나면 파트너들은 소규모 액션 러닝 세트에서 만나 진행 상황을 검토하고, 새로운 도전 과제challenges에 대해 공동으로 코칭co-coach하며, 서로의 활동을 통해 빠르게 학습한다. 그들은 또한 액션 러닝의 다음 사이클에 대한 계획을 새롭게 수립한다. 이는 그들의 작업 품질을 높이고 그 프로세스를 통해 그들의 헌신commitment과 추진력momentum을 유지할 수 있다.

이 기간 동안 시스테믹 팀 코치는 회사의 팀 및 일대일 외부 수퍼바이저와 공동 수퍼비전 세션에 참여한다. 이는 코치, 고객coachees, 그리고 조직의 시스템적 학습systemic learning에 추가적인 차원dimension을 제공한다.

3개월 동안 진행된 두 번째 사이클이 끝나면, 전체 집단cohort은 마지막 일일 워크숍을 위해 모인다. 이 워크숍에서 그들은 각각 소그룹에 그들의 팀과 팀 리더십의 평행 여정parallel journeys에 대한 이야기와 일정을 제시하고, 이 두 여정에서 얻은 학습 내용을 취합하고harvesting, 향후 개발 프로세스를 어떻게 진행할지 계획하는 데 도움을 받는다. 그런 다음 리더와 팀은 다른 '팀 360'을 완료하고 코치와 3개월 동안 계속 협력하여 학습 내용을 내재화하고embed, 지속 가능한 변화를 만들어낼 기회를 갖게 된다.

그런 다음 전체 그룹은 서로 다르지만 평행 여정parallel journeys을 연결하는 패턴을 탐색하고, 이를 통해 회사의 더 넓은 문화적 패턴, 즉 비즈니스 발전에 도움이 되는 긍정적인 문화 패턴과 회사의 발목을 잡는 패턴이 무엇인지 탐구한다. 그런 다음 그룹은 저마다 자신의 팀과 사업부뿐만 아니라 더 넓은 회사에서 능동적인 변화 에이전트active change agents가 될 수 있는 방법을 모색한다. 이를 통해 회사 전체의 경영진이 중요하고 새로운 대화dialogues를 나누게 되었다. 전 파트너 개발 책임자였던 클레어 데비Claire Davey는 2017년에 다음과 같은 글을 썼다.

지난 4년 동안 우리는 피터Peter와 협력하여 리더와 비즈니스에 실질적인 영향을 미치는 혁신적이고 반복적이며 적응 가능한 프로그램을 설계했다. 이 프로그램을 통해 리더는 전략에 집중할 수 있는 수용력capacity을 키울 수 있었고, 팀을 더 신뢰하고 권한을 부여함으로써 변화와 도전에 신속하게 대응할 수 있는 건설적이고 집단적이며 상호 연결된 그룹을 장려하는 방식으로 이끌었다.

그 프로그램의 영향impact은 개인, 조직 및 고객에게 공식적, 비공식적인 방법으로 계속해서 환원되고 있다. 몇몇 사람은 이 프로그램 덕분에 주요 거래처key account에 다른 방식으로 접근했고, 고객에게 깊은 통찰력을 제공했다고 언급했다.

어떤 사람들에게, 그 프로그램은 그들의 경력에 중요한 발판launchpad이 되었고, 회사와 고객들clients에 대한 기여 수준을 높인 것으로 입증되었다. 프로그램을 완료한 지 몇 달 만에 리더들은 로컬 역할local roles에서 글로벌 역할global roles로 이동하고, 경영진의 책임을 맡았다. 그들은 리더십 스타일을 조정하고, 미래의 과제를 집단적으로 탐구하는 능력이 훨씬 민첩해진 것을 보았다. (클레어 데비, 코칭 책임자)

4. 디지털 지원digital support을 통해 자기 팀을 개발할 수 있는 매니저 교육하기

많은 조직이 직면한 가장 큰 도전 과제는 수백 개, 심지어 수천 개의 팀 안에 또는 팀 간에 팀워크의 질quality을 어떻게 발전시키느냐 하는 것이다. 이들 모두에게 내부 또는 외부 코치를 제공하는 것은 비용과 시간이 많이 소요될 것이다. 이것은 위대한 코치 빌 캠벨Bill Campbell에 대한 에릭 슈미트Eric Schmid의 책에서 다음과 같이 잘 강조되어 있다.

모든 팀에 가장 적합한 코치는 팀을 이끄는 매니저이기 때문에 회사의 모든 팀에 코치를 고용하는 것은 불가능하거나 실용적이지 않으며 정답도 아니다. 코칭은 더는 전문 분야speciality가 아니다. 좋은 코치가 되지 않고서는 좋은 매니저가 될 수 없다. (슈미트 외, 2019)

일부 조직에서는 신임 팀 리더들을 임원 대상 팀 리더십 교육 프로그램executive education programme에 보내려고 했지만, 참가자들이 업무에 복귀한 후 배운 내용을 일관되게 적용한 것consistent application은 매우 실망스러운 수준이었다.

그래서 지난 3년이 넘는 기간에 우리는 혁신적인 기술 회사(www.saberr.com)와 협력하여 팀 매니저가 빠르게 사용할 수 있는 팀 코칭 플랫폼을 만들고, 팀 매니저에게 프레임워크, 도구, 공유 팀 캔버스shared team canvas를 제공하여 팀이 자체적으로 코칭할 수 있도록 지원했다. 120명의 신임 및 경력 팀 매니저는 시스테믹 팀 코칭의 일반적인 틀을 이해하고 팀 코칭 플랫폼을 활용하는 방법에 대해 단 한나절half-day만에 온라인 교육을 받을 수 있다. 그런 다음 각 팀 구성원은 특정 팀의 팀 코칭 캔버스에 연결한다. 이것은 다음과 같은 많은 일을 할 수 있다.

1. 팀 구성원과 팀 리더 사이의 일대일 미팅 의제를 구성하고 공동 작성co-build한다.
2. 다음과 같은 주제에 대해 팀 워크숍을 디지털 방식으로 진행할 수 있는 구조를 제공한다.

a. 팀의 목적team purpose

　　　b. 팀 목표team objectives와 팀 KPI를 공동으로 개발

　　　c. 팀이 성공적이고 효과적이기 위해 필요한 팀 행동team behaviours과 팀의 가치team values에 동의

3. '팀 회고록team retrospectives'을 목적으로 데이터를 입력하고, 팀은 자신의 진행 상황을 검토하고, 개인 및 집단 학습을 취합하고harvest, 다음 주기의 실험과 개선 계획을 민첩하게 수립할 수 있다.

이러한 연습exercises과 기법techniques을 '업무 흐름 속에서in the flow of work' 사용하기 위하여 7~10명의 매니저로 구성된 액션 러닝 세트를 8~10주마다 미팅을 하면서 팀 매니저들의 지원을 받는다. 경험이 풍부한 세트 퍼실리테이터/시스테믹 팀 코치와 함께 참가자들은 자신이 수행한 작업과 다음 단계로 나아가기 위한 도전 과제를 공유하고 서로를 지원하고 배울 수 있다.

또 액션 러닝 세트 퍼실리테이터action learning set facilitators가 총괄 수퍼바이저overall supervisor를 만날 기회도 제공한다. 총괄 수퍼바이저는 팀 기밀을 유지하면서 업무를 지원하고 새로운 주제에 대한 문화적 분석cultural analysis을 수행할 수 있다(아래 참조). 이는 팀의 플랫폼 사용 현황, 활용되는 다양한 팀 활동, 팀이 보고하는 결과outcomes를 보여주는 디지털 대시보드와 함께 제공될 수 있다.

5. 팀 활동을 통해 조직 학습을 구조적으로 취합하기 structure harvesting

조직 전체에서 지원해 온 수백 개 또는 경우에 따라 수천 개의 코칭 대화(개인 및 팀)에서 얻을 수 있는 풍부한 조직 학습을 취합하는 프로세스를 개발한 조직은 거의 없다. 에이미 에드먼슨 Amy Edmondson은 '팀은 조직 학습의 단위'라고 지적한다.

리뉴얼 어소시에이츠 Renewal Associates는 개인 및 팀 코칭을 위한 이러한 프로세스를 개발하기 위해 상업 및 정부 부문의 여러 조직과 협력해 왔다. 이것은 팀 코칭 분야에서 훨씬 더 중요한데, 잘 구조화되어 있어서 어떤 문화 조사보다 조직 문화를 훨씬 더 풍부하고 정확하게 평가할 수 있다. 내가 자주 지적했듯이, 조직 문화는 설문지를 채우는 것이 아니라 스스로를 제정한다 enact. 문화는 개인의 행동 behaviours이나 인식 perceptions에 있는 것이 아니라 조직 전체와 조직과 이해관계자 사이의 연관됨 relating과 연결됨 connecting의 습관적 패턴 habitual patterns에 존재한다. 조직 문화에 대한 내 정의 가운데 하나는 다음과 같다.

> 문화는 조직이 반복하는 습관화된 연결 방식 habituated ways of connecting 속에 존재한다. 문화는 조직 내부에만 존재하는 것이 아니라 모든 주요 이해관계자와의 관계 패턴 relationship patterns 속에 존재한다.
>
> (Hawkins & Smith, 2013: 110)

그리고 나는 '바다에 대해 가장 마지막에 아는 이는 물고기이다'라는 중국 속담을 자주 인용했다. 이 말은 당신이 어떤 곳에서 두세 달 이상 근무한 곳에서는 그 문화에 익숙해져 그 문화가 자신의 일부가 되어버리기 때문에 그 문화를 볼 수 없다는 뜻이다.

우리는 정규 수퍼비전 그룹의 내부 코치뿐만 아니라 정규 액션 러닝 세트의 매니저와 리더 모두와 협력하여 그들이 하는 팀 코칭 작업의 효과성effectiveness을 높일 뿐만 아니라 팀 내 또는 팀 사이에 통합되는 집단 문화 패턴collective culture patterns과 역동을 집단적으로 취합할 수 있도록 지원했다.

그런 다음 수퍼바이저와 액션 러닝 세트 퍼실리테이터는 '문화 큐레이터culture curator'를 만나 조직 전체에서 반복되는 이러한 패턴을 검토하고 다음 문화 수준과 그 사이의 패턴을 검토하는 문화 분석 모델 culture analysis model(Hawkins, 2012: 22; Hawkins & Smith, 2013: 128)을 적용했다.

6. '팀들의 팀' 코칭

전후 이라크에서 연합군을 이끌었던 맥크리스탈McChrystal 장군은 지금까지 최상의 장비와 자원, 최고의 훈련을 받은 지상군을 보유하고 있었지만, 여전히 작고small 민첩하며agile 빠르게 움직이는fast-moving 테러리스트 조직과의 전투에서 패배하고 있었다. 그는 엄청난 압박감과 긴박함 속에서 그들이 어떻게 연결되고 함께 일하는지를 아는 훌륭한 팀들로 구성된 '팀들의 팀team of teams'을 만들 필요가 있다는 것을 깨달았다. 그의 책에서 이 개념을 다음과 같이 정의한다.

> '팀들의 팀Team of Teams'은 구성 팀 사이의 관계가 단일 팀의 개인 사이 관계와 유사한 조직이다. 기존에 별도의 사일로silos에 상주하던 팀은 이제 신뢰와 목적을 통해 서로 융합되어야 한다. (McChrystal 외, 2015: 132)

많은 리더에게 직관적이지 않은 '팀들의 팀'을 코칭하는 것의 흥미로운 부분은 통제력control을 높이기보다는 오히려 더 낮추어야 한다는 점이다. 매우 빠르게 움직이는 환경에서 팀의 활동을 통제control하고 지휘direct하는 것이 불가능하다는 사실을 고려할 때, '팀들의 팀' 코칭을 지원하는 가장 좋은 방법은 성공 조건conditions for success에 집중하는 것이다. 맥크리스탈(2015)은 이 역설에 대해 다음과 같이 설명한다. "리더는 조직의 각 움직임을 통제하는 체스 마스터chess master가 되고픈 유혹을 받는다. 지휘directing하기보다는 가능하게 하는enabling 정원사와 같은 접근법을 취해야 한다."

'팀들의 팀' 코칭에는 다음과 같이 많은 원동력enablers이 있다.

- 조직의 사명commission이나 목적purpose이 명확하고 동기부여가 되어 모든 활동에 스며들도록 보장하기
- 정보가 필요할 때 필요한 사람들에게 자유롭게 흘러갈 수 있게 하기
- 리더들이 다른 사람들에게 어떻게 이끌어야 하는지를 말하기보다는 그들이 만들고자 하는 종류의 조직을 본보기로 삼도록 코칭하기

- 조직 학습organization learning을 통해 발견된 문제를 해결하기 위해 올바른 조치를 취하기

조직 문화의 문제점에 대한 통찰력을 모으고 그것에 대해 아무것도 하지 않는 것만큼 동기부여가 안 되는 것도 없다. 이것은 '설문 조사 문화survey culture'의 또 다른 도전이다. '팀들의 팀' 코칭이란 무엇이 팀을 성장시키고, 무엇이 경계를 넘어 팀을 구성하게 하고, 무엇이 그 통찰력에 따라 행동할 수 있게 하는지 이해하는 것을 의미한다.

7. 팀 구성과 파트너링은 모든 이해관계자와 비즈니스를 수행하는 방식이 된다

21세기의 모든 조직이 성공하기 위해서는 학습learning, 팀 구성teaming, 파트너링partnering이라는 세 가지 필수적인 열쇠가 있다. 주변 세상이 변하는 것보다 더 빨리 학습해야 한다. 팀 내에서 또는 팀 사이에 팀 구성이 변화하고 있으므로 모든 팀은 부분의 합보다 크고, 모든 조직은 각 팀들의 합보다 크다. 그리고 파트너링은 조직이 모든 이해관계자와 협력하여 조직이나 파트너가 혼자서는 할 수 없는 가치를 공동으로 창출하는 방식이다.

국경을 넘나들며 협력하는 빛나는 사례 가운데 하나가 중국의 백색 가전 회사 하이얼white goods company Haier이다. 최고 경영자인 장루이민 Zhang Ruimin은 이미 2005년 팀 단위 보상team-based rewards과 자율 조직

화된 팀self-organizing teams을 기반으로 회사를 구조조정했다. 나아가 고객과 공급업체, 고용주가 함께 팀을 이뤄 빠르고 창의적인 혁신을 창출할 수 있는 하이얼 오픈 파트너십 생태계Haier Open Partnership Ecosystem인 'HOPE'를 만들었다.

2012년에 장루이민과 하이얼은 디지털 네트워크 시대를 활용한 '네트워크 전략Network Strategy'을 수립하여 회사의 마케팅과 비즈니스 방식이 모든 이해관계자들과 디지털 방식으로 협력할partnering 수 있게 했다. 장루이민은 미래의 성공적인 사업은 '국경이 없고borderless, 리더가 없으며leaderless, 규모와 상관없고scale-free', 사용자나 고객이 '비즈니스의 리더가 되는 것'으로 보았다(Yong & Yazhou, 2017: 168).

하이얼은 다섯 개의 연구개발 센터를 설립하여 세계적인 공급업체, 연구 기관, 유명 대학과 전략적 파트너십을 맺었으며, 120만 명 이상의 과학자와 엔지니어로 구성된 혁신 생태계 네트워크innovation ecosystem network를 형성하였다. 2013년 말까지 하이얼은 1만 5,737건 이상의 특허 출원patent applications을, 1만 167건의 특허authorized patents를 보유하고 있다(Yong & Yazhou, 2017: 177).

최첨단 기술 기업에서 이러한 경계를 초월한 팀 구성이 이루어짐과 동시에, 우리는 여러 대규모 글로벌 전문 서비스 기업global professional services firms과 협력하여 고객과의 팀 구성에서 세계적인 리더가 될 수 있는 방법을 모색하고 있었다. 전문 서비스 회사들이 최고의 지식, 접근 방식 또는 인력 확보 경쟁은 점점 더 어려워지고 있었다. 이 모든 요소를 경쟁업체가 빠르게 확보할 수 있었기 때문이다. 그대신 제조업체와 마찬가지로 사용자 경험user experience과 고객과 팀을 이루는 teamed 방식에서 두각을 나타내고 탁월해야 했다.

우리는 여러 글로벌 계정팀account teams에게 다양한 서비스 라인과 대륙에 걸쳐 있는 팀들이 어떻게 잘 협력하여 고객사가 내부 연결성을 높일 수 있는지에 대해 코칭했다. 또 우리는 이러한 팀 가운데 상당수가 내부 파트너와 함께 협력하도록 코칭하여 공동 팀을 구성함joint teaming으로써 고객에게 프로젝트나 솔루션을 제공할 뿐만 아니라 두 회사가 민첩하고 빠르게 변화하고 효과적으로 협력하는 방식을 혁신할 수 있었다. 이러한 고객 경험은 이 전문 서비스 회사를 경쟁업체로 대체하기 어렵게 만들었는데, 그 이유는 문화적 이해와 원활한 파트너 관계를 맺는 능력ability은 새로운 파트너with a new partner와 복제하기 어려웠기 때문이다.

산출물outputs과 결과outcomes

조직이 7단계 여정seven-step journey을 통해 팀 코칭 전략의 범위를 확장하고 깊이를 더할수록 그 혜택은 점점 더 커지고 배가된다. 조직이 1단계에서 투자를 중단한다면 일부 팀을 개발했지만 외부 의존성을 유지해야 하는 상황이다. 2단계 이후에는 팀 코칭 규정team coaching provision을 확립하여 조직 전체의 일부 팀에 도움이 되겠지만, 이는 불규칙적이고 아직 3~6단계를 추가할 때 얻을 수 있는 조직적 이점을 취하지 못할 것이다. 조직이 7단계를 추가하여 조직의 경계를 넘어 다양한 이해관계자들과 효과적으로 팀을 구성effective teaming해야만 모든 당사자가 공동으로 창출하는 유익한 가치가 지속 가능하도록 흐름이 잘 확립된다([그림 16.3] 참조).

모든 이해관계자와 공유 가치 공동 창출하기

나는 조직이 어떻게 이해관계자 중심이 되어야 하며 더 나은 주주 수익 창출뿐만 아니라 모든 이해관계자들과 함께 그리고 그들을 위해서 공동으로 가치를 창출하는 데 초점을 맞춰야 하는지에 대해 자주 언급했다. 여기에는 투자자, 고객/의뢰인, 공급업체 및 파트너 조직, 직원, 계약자, 조직이 운영하는 커뮤니티 그리고 광범위한 생태계의 인간 이상의 세계more-than-human world가 포함된다.

이러한 이해관계자 그룹을 무시하면 상업, 공공 부문 또는 '영리 목적이 아닌 공익 목적'의 기업 등 모든 조직에 위험이 따르고 결국 심각한 결과를 초래할 수 있다. 여정의 처음 5, 6단계는 내부 시너지를 높이고 중복과 낭비되는 노력을 줄이며, 그 자체로 투자자에게 더 나은 재무적 수익을 창출하고 직원, 고객, 공급업체의 불만을 줄일 수 있다. 7단계가 모두 함께 작동할 경우 조직의 전체 이해관계자 생태계에서 모든 당사자에게 다양한 혜택benefit이 돌아갈 수 있을 만큼 훨씬 더 큰 시너지 가치 synergistic value가 발생한다([그림 16.4]).

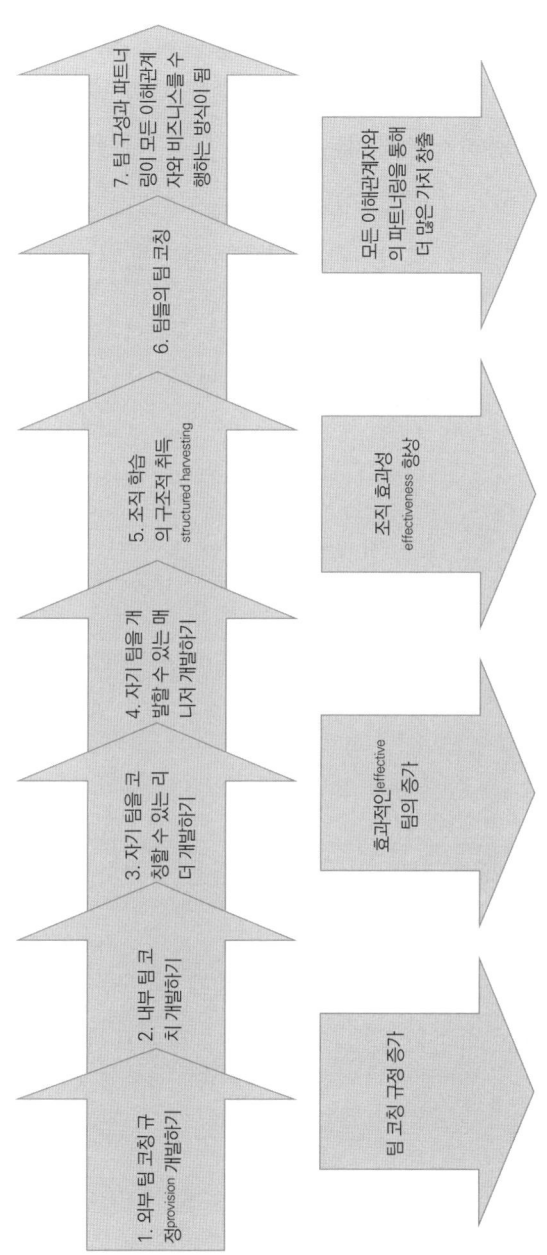

[그림 16.3] '팀 구성'과 '팀들의 팀' 문화를 개발하기 - 결과

16장. '팀 구성'과 '팀들의 팀' 문화와 팀 코칭 전략 만들기

팀 구성 및 팀 코칭 전략

21세기 중반에 조직이 성공하기 위해서는 더 많은 일을, 더 높은 품질로, 더 적은 비용을 사용하고, 비재생 자원non-renewable resources을 더 적게 사용해야 한다. 많은 조직이 더 열심히 운영하고 성과에 더 많은 부담을 줌으로써 이 삼중의 도전triple challenge을 해결하려고 시도한다. 이는 단기적인 이득이 있을 수 있지만, 장기적으로는 많은 위험을 수반하고 지속 가능하지 않다. 성공과 지속 가능성을 모두 갖추기 위해서는 조직이 더 창의적인 방식으로 대응해야 한다. 이를 통해 팀team, 파트너partner, 학습learn의 세 가지 핵심 접근 방식을 결합하는 것이 좋다.

1. 팀. 모든 팀이 각 부분의 합 이상의 기능function을 발휘하고, 팀들의 팀이 팀의 합 이상의 기능을 발휘하도록 함으로써 내부 시너지internal synergy 효과를 높이는 데 투자한다.
2. 파트너. 함께 달성할 수 있는 미지의 자원unrecognized resources을 인지하고 활용할 수 있도록 훨씬 더 큰 외부 팀을 구성하고external teaming, 파트너십을 구축한다.
3. 학습. 개인, 팀, 팀 간, 조직, 이해관계자 생태계 등 모든 수준에서 학습에 집중하여 변화하는 세상보다 조직이 더 빠르게 학습할 수 있게 한다.

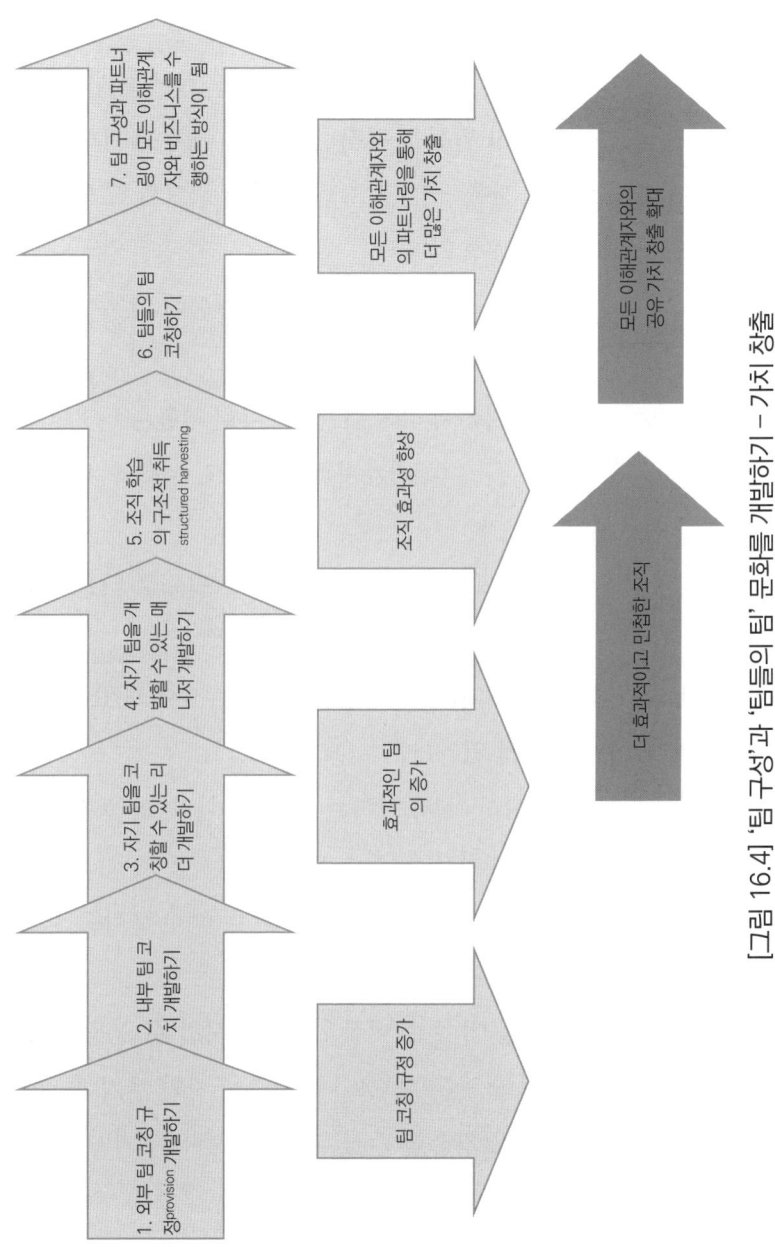

[그림 16.4] '팀 구성'과 '팀들의 팀' 문화를 개발하기 – 가치 창출

16장. '팀 구성'과 '팀들의 팀' 문화와 팀 코칭 전략 만들기

많은 조직이 전반적인 비즈니스 목적purpose, 목표goals, 그리고 전략적 의도strategic intent와 연결된 명확한 통합적 팀 코칭 전략을 개발하지 않은 채 열정적으로 팀 코칭 활동을 시작한다. 이런 경우 채용하고 교육한 자원이 효과적으로 사용되지 않고 팀이 가장 필요한 도움을 받지 못해 불만이 생기는 경우가 많다.

효과적인 팀 코칭 전략은 다음과 같은 주요 질문을 통해 이루어진다.

1. 미래의 세상이 필요로 하는 우리 조직만의 고유한 역할은 무엇인가?
2. 이를 위해 우리가 '누구(이해관계자)와 함께 또 누구를 위해서' 가치를 창출해야 하는가?
3. 현재와 미래의 이해관계자들이 우리에게 가장 필요로 하는 것은 무엇인가?
4. 현재 우리가 하는 일과 미래 및 이해관계자가 우리에게 요구하는 일 사이에 어떤 차이가 있는가?
5. 어떻게 하면 더 열심히harder 일하는 것이 아니라 더 똑똑하게smarter 일함으로써 그 격차를 줄일 수 있을까?
6. 가장 효과적인 팀 구성teaming, 파트너링partnering, 그리고 학습learning은 어디에 있는가?
7. 어떻게 하면 모든 팀을 이 수준 이상으로 발전시킬 수 있을까?
8. 이미 팀 코칭에 투자한 곳은 어디이며, 기존 투자와 추가 투자를 통해 훨씬 더 큰 수익을 창출할 수 있는 방법은 무엇인가?
9. 7단계 로드맵 가운데 어떤 영역areas에서…

a. 모든 준비가 완료되었는가?

b. 현재 진행 중이지만 추가 투자가 필요한 영역은 어디인가?

c. 아직 시작하지 않았는가?

10. 팀 구성, 파트너, 학습을 강화하기 위한 로드맵과 일정은 무엇인가?
11. 필요한 시간, 인력, 자원의 통합적인 투자integrated investment는 무엇인가?
12. 진행 상황progress과 가치 창출value-creation을 어떻게 평가할 것인가? (14장 참조)
13. 그 과정에서 어떤 위험과 함정이 있는가? 그리고 경험에 비추어 언제 전략을 검토하고 업그레이드할 것인가?

결론

팀 코칭은 주로 팀 빌딩team-building, 팀 퍼실리테이션team facilitation, 갈등이나 어려움이 있는 팀에 대한 단기 개입에 초점을 맞추는 데에서 시작하여, 팀이 각 부분의 합 이상의 존재가 되어 모든 이해관계자와 함께 가치를 창출할 수 있는 파트너십 여정partnership journey이라는 인식으로 크게 성숙했다. 그렇지만 성숙함은 더 나아가야 한다. 조직은 더는 한 번에 하나씩 팀을 개발할 여유가 없다. 팀 코칭 전략을 기반으로 '팀 구성'과 '팀들의 팀' 문화를 조성하기 위한 통합된 접근 방법integrated approach이 필요하다. 이러한 것들이 그 자체로 목적지ends가 되어서는 안 되며, 모든 조직뿐만 아니라 우리 인간 세계 전체가 절실히 필요로 하는 팀 구성, 파트너링, 그리고 학습을 창출하는 데 도움이 되어야 한다.

17장
팀 코칭에 대한 체화된 접근 방식

저자: 피터 호킨스Peter Hawkins, 데이비드 프레스웰David Presswell
역자: 강하롱

도입

팀 회의에서 모두가 어떤 결정과 행동에 동의했는데 한 달 뒤 다시 돌아와 보니 그 결정이 실행되지 않은 경험이 있는가? 전 세계 강연에서 내(피터Peter)가 이 질문을 던지면 거의 모든 참석자가 이런 경험을 한 적이 있다고 답했다.

그런 다음 나는 그들에게 눈을 감고 마지막으로 이런 일이 있었던 회의실을 상상해 보라고 요청한다. 당신은 지금 이 일을 스스로 해볼 수 있다. 누가 참석했는가? 사람들은 어떻게 앉아 있었나? 보디랭귀지는 어땠는가? 회의실 주변에 어떤 눈맞춤과 연결connection이 있었는가? 말하는 목소리의 질quality과 에너지, 즉 그들 목소리의 정서적 리듬emotional rhythm, 경청listening, 참여engagement의 질은 어땠는가? 의사결정 시점의 에너지는 어땠는가?

그리고 나는 다음과 같이 질문했다.

당시 비언어적 의사소통에 주의를 기울였다면 그 행동이 실행되지 않을 것이라는 것을 알 수 있었을까요?
대답이 '예'라면 왜 모두가 그 일이 실행될 것처럼 생각했나요?
한 달의 지연과 다음에 만났을 때의 비난과 실망을 피하기 위해 팀원으로서 말과 실행 사이의 격차를 해소하기 위해 무엇을 할 수 있었나요?

합의agreements는 인지적cognitive이고 지적cerebral이지만, 헌신commitment은 항상 체화된다embodied. 대부분 팀은 이 두 가지 매우 다른 과정 사이의 차이점을 인식하지 못하고, 해야 할 일에 관해 이야기하는 지적 영역cerebral domain에서 모든 시간을 소비하고, 다음 회의에서 팀이 원하는 변화desired change를 만들지 못하면, 그들은 모두 행동이 실행되지 않은 것에 대해 서로 비난한다.

팀 코칭을 가르칠 때, 우리 가운데 한 명(피터)은 때때로 팀과 함께 '오프사이트offsites'[1]에 참석한 사람은 손을 들라고 요청한다. 대부분 손이 올라간다. 그런 다음 합의된 행동 가운데 실제로 그 뒤에 행동으로 전환된 것이 몇 개인지 물어본다. 결과는 우울할 정도로 낮으며 일반적으로 0~30% 사이이다. 이는 개인 코칭에서 반복적으로 발견되는 패턴과 일치한다. 코치가 수퍼비전을 받을 때, 고객이 코칭을 통해 새로운 통찰력을 얻고 자신의 문제를 어떻게 다르게 처리할지 계획했

---

[1] 회사 외부 워크숍의 일종

지만, 한 달이 지나도 합의한 행동을 따르지 않고 다시 찾아오는 경우가 많다는 점에서 코치는 크게 좌절감을 느낀다(Hawkins & Smith, 2013). 변혁적 코칭transformational coaching에서 우리는 다음과 같이 두 가지 중요한 격언을 채택했다.

1. 코칭 세션에서 변화가 시작되지 않으면 그 이후에도 변화가 일어나지 않을 가능성이 크다.
2. 통찰력과 좋은 의도만으로는 변화를 이끌어내는 데 충분하지 않으며, 변화에는 항상 신체body와 정서emotions가 수반된다.

해밀Hamill(2013)은 자연스러운 학습 프로세스natural learning process가 인지cognitive에서 체화된 지식embodied knowledge으로 어떻게 이동하는지 보여주고 이를 리더십에 적용한다. 어떤 식으로든 외부 퍼실리테이터의 역할은 새로운 관점과 기회를 회의실에 도입하여 지적인 추론cerebral speculation에서 실질적인 행동behaviour 변화로 이어지게 더 활기차고 생산적인 협업을 만들어내는 데 도움을 주는 것이다. 행동behaviour이 바뀌지 않으면 팀에서는 사실상 아무것도 변하지 않는다. 학습에 대한 체화된 접근 방식embodied approach to learning은 이를 달성하는 데 필요한 헌신commitment을 얻고 유지할 가능성을 크게 향상시킨다.

특히 우아한 방법론elegant methodology 가운데 하나는 집단적으로 보유하는 살아 있는 지도living map를 만드는 것이다. 이 방법은 회의실 안에 있는 사람들을 시스템 내 개체entities(그룹, 원칙 또는 목표goals)의 대리인representatives으로 사용하고 '진실하다고 느끼는 바feels true'에 따라 그들을 공간에 배치한다. 사실상, 단지 다음 두 가지 요소가 작용한다. 그것은 각 대리인과 다른 대리인과의 '거리distance'와 자신이 마주하는 '방향direction'(같은 지점을 향하든, 서로 향하든, 멀어지든)이다. 그런 다음 각 대리인은 지도에서 자신의 자리를 차지할 때 경험하는 생각thoughts과 감각sensations에 대해 보고하도록 요청받으며, 퍼실리테이터는 전체적인 관점에서 시스템의 대리함representation of the system에 관해 언급할 수 있다.

가장 기본적인 수준에서 팀원들이 자리에서 일어나 말 그대로 다른 각도angles에서 문제를 바라보는 것은 활력을 불어넣고, 새롭고 신선한 자극이 될 수 있다. 그러나 문제를 구성 요소로 분리하고 시스템적 맥락systemic context에서 보는 데서 얻을 수 있는 추가적인 가치가 있다. 새로운 관점이 채택되면 단순히 기업 자체가 아닌 기업 간의 관계가 명확해진다. 전체 시스템이 한 공간을 대리하므로 한 부분을 조정하면 다른 부분에 어떤 영향을 미치는지 즉시 알 수 있다. 이를 통해 이전에는 보이지 않던 의미unseen implications와 가능성이 드러난다. 한편 컨설턴트의 역할은 더는 조언을 제공하는 것이 아니라 팀이 문제에 대한 이해를 종합적으로 표현할 수 있게 지원하는 것이며, 이 과정에서 훨씬 더 지속 가능한 결과를 도출할 수 있다.

이 장에서는 변화에 관해 이야기하는 것에서 나아가, 체화되고embodied 정서적으로emotionally 참여하는 방식으로 변화가 일어날 수 있게 하기 위해 사용한 다양한 방법을 다양한 팀과 공유할 것이다. 또 팀 코칭을 수퍼비전하기 위하여 다양하고 체화된 접근 방식을 어떻게 사용했는지 공유할 것이다. 수퍼비전이 도움이 되려면 코치 또는 코치의 변화가 팀과의 작업에 가치를 더하기 위한 전제 조건이기 때문이다.

세 가지 접근 방식의 역사와 초점

사이코드라마psychodrama, 소시오드라마sociodrama, 그리고 시스템적 컨스털레이션systemic constellation은 모두 훈련된 프랙티셔너가 촉진하는 유사한 범위의 체화된 액션 기법embodied action techniques을 사용하여 인간의 도전과제human challenges를 해결하는 돌파구를 마련한다. 각각은 다른 역사적 뿌리가 있고 다른 초점에 적용된다.

사이코드라마

사이코드라마는 심리치료법으로 가장 잘 알려진 실행 방법론action method으로, 고객이 자발적으로 드라마화dramatization, 역할극role-playing, 극적인 자기 표현dramatic self-presentation을 사용하여 자신의 삶을 조사하고 통찰력을 얻는 것이다. 사이코드라마는 프로이트와 동시대 사람인 제이콥 모레노(Jacob Moreno, 1889-1974)에 의해 개발되었다. 현재 많은 사람은 그를 심리치료psychotherapy와 집단치료group therapy 분야뿐만 아니라 교육, 모든 형태의 개발, 사회적 및 커뮤니티 관계에서 인본

주의 심리학humanistic psychology의 창시자 가운데 한 명이자, 체화된 액션 기법embodied action techniques의 가장 위대한 개발자로 간주하고 있다.

1912년에 모레노Moreno는 프로이트Freud의 한 강의에 참석했다. 그는 자서전에서 그때 경험을 다음과 같이 회상했다.

> 학생들이 줄지어 나가자, 그는 군중 속에서 나를 골라내어 내가 무엇을 하고 있는지 물었다. 나는 대답했다. "글쎄요, 프로이트 박사님, 저는 당신이 중단한 부분부터 시작합니다. 박사님은 사무실의 인위적인 환경artificial setting에서 사람들을 만나지만, 저는 거리와 그들의 집, 자연 환경 속에서 그들을 만납니다. 박사님은 그들의 꿈을 분석하지만, 저는 그들에게 다시 꿈을 꿀 수 있는 용기를 줍니다. 당신은 그것들을 분석하고 찢지만tear apart, 저는 그들이 상충하는 역할conflicting roles을 연기하게 하여 그들이 그 부분을 다시 정립하도록parts back together again 도와줍니다."
> (Moreno, 1985)

초점focus: 여기서 초점은 사이코드라마 전문가psychodramatist와 다른 그룹 구성원들의 도움으로 그들의 현재, 과거 또는 미래 삶의 한 측면을 극적으로 탐구하는 주인공protagonist 개인에 맞춰져 있다. 사이코드라마psychodrama는 개인의 발달이나 치료에 도움이 되지만, 대부분 사이코드라마 전문가들은 '집단 환경group setting에서 프랙티스할 때' 전체 그룹이 각 개인의 사이코드라마에서 유익benefits을 얻는다고 주장한다.

소시오드라마

모레노는 체화된 액션 기법embodied action techniques을 그룹, 팀, 조직, 그리고 전체 커뮤니티에 적용하는 것을 '소시오드라마sociodrama'라고 불렀다.

> 소시오드라마는 그룹 간 관계와 집단 이데올로기를 다루는 심층 행동 방식deep action method으로 정의되어 왔다. 소시오드라마의 진정한 주제subject는 그룹이다. 이 접근법의 기본 개념은 인간은 역할 수행자이며, 모든 개인은 자신의 행동을 지배하는 특정 범위의 역할이 특징이고, 모든 문화는 구성원에게 다양한 정도의 성공varying degree of success에 따라 부과하는 일정한 역할 집합으로 특징 지워진다는 인식이다. (Moreno, 1959)

영국 사이코드라마 협회British Psychodrama Association는 소시오드라마를 다음과 같이 정의한다.

> 소시오드라마는 특정 그룹 목표goals를 달성하기 위해 모든 유형의 모집단populations을 지원하는 데 사용되는 그룹 상호작용 프로세스group interaction process이다. 이 방법은 사람의 온몸과 마음으로 학습하는 능력을 활용한다. 이는 운동감각적kinaesthetic, 정서적emotional, 인지적 교육 방법론cognitive educational methodology이다.

소시오드라마는 모레노가 '계량사회학sociometry'이라고 명명한 더 넓은 연구 분야의 일부이며, 이는 '개인 간의 사회적 관계social relations에 관한 연구 – 대인관계interpersonal relationships'이다(Borgatta, 2007).

소시오드라마적 기법과 액션 메소드 기법action method techniques은 전 세계의 교육, 건강, 그리고 비즈니스 환경에서 광범위하고 활발하게 사용된다.

초점: 여기에서 초점은 그룹, 팀, 조직 또는 더 넓은 커뮤니티 내에서 탐색explored, 해결resolved, 개발 또는 치유가 필요한 내용에 있다. 주인공protagonist은 일반적으로 특정 도전을 탐구하고 해결하기 위해 소시오드라마 전문가에 의해 촉진되는 특정 집단 그룹collective group이다.

시스템적 컨스텔레이션

시스템적 컨스텔레이션은 버트 헬링거Bert Hellinger(1925~2019)가 제2차 세계대전의 독일인 가해자와 피해자, 그리고 그 후손들과 함께 연구한 것을 바탕으로 개발되었다. 헬링거는 성직자, 선교사이자 심리치료사였다. 정신과 의사인 군하르트 베버Gunthard Weber가 은퇴를 앞두고 있던 헬링거에게 그의 혁신적인 치료법을 발표하도록 설득했다. 그는 이 주제에 대해 30권 이상의 책을 쓰거나 공동 집필했다.

헬링거Hellinger의 연구(1998, 1999)는 모레노의 연구 외에도 야노프Janov의 원초적 치료primal therapy, 신경언어학적 프로그래밍(NLP), 버지니아 사티어의 가족 재구성Virginia Satir's family reconstruction 등 많은 이론적 자료를 활용했으며, 죽은 조상을 가족 컨스텔레이션family constellations에 통합한 것은 남아프리카의 줄루족Zulu 선교사였던 자신의 경험을 바탕으로 했다. 무엇보다도 그는 현상학적 접근법phenomenological approach을 취했는데, 이는 이론을 피하고 현재의 경험을 관찰하고 인정하는 방식이다.

헬링거Hellinger는 '치료적 관계therapeutic relationship'에 대해 심각하게 비판적이었으며, 내담자보다 치료사에게 너무 자주 서비스를 제공하는 것으로 간주하였다. 그는 심리학계에서 많은 논쟁의 대상이 되었는데, 주로 개입의 간결함briefness of interventions(거의 1시간 이내), 우리 모두의 내면에 있는 가해자 인식을 강조한 점, 독단적인 대인관계 스타일dogmatic interpersonal style로 인식되는 점 때문이었다. 그는 영향력이 있는 만큼 논란이 많았다.

초점: 여기서 초점은 다시 개인에게 맞춰지지만 더 넓은 시스템의 맥락에서 독립적이고 때때로 정보가 없는 대리인uninformed representatives의 '느낀 감각felt sense'을 통해 그들의 문제를 탐구한다. 컨스텔레이션은 시간이 지남에 따라 확장할 수 있으며 더 넓은 이해관계자와 팀의 목적, 가치, 수익, 성과 등과 같은 추상적인 요소를 포함할 수도 있다. 컨스텔레이션은 팀 코칭을 수퍼비전하기 위해 개발되었으며 또한 팀이 자신의 역동과 집단 패턴을 탐색할 수 있도록 조정되었다.

주요 개념

위에서 언급한 세 가지 접근법은 서로 다른 용어를 사용할 수 있지만 다양한 핵심 개념을 공유한다. 우리는 세 가지 전통뿐만 아니라 변혁적 코칭transformational coaching과 최신 신경심리학neuro-psychology을 모두 활용하여 체화된 변혁적 팀 코칭embodied transformational team coaching을 위한 핵심 개념을 다음과 같이 개발했다.

- **원격**tele: '원격은 정서적 메시지를 교환할 수 있는 원거리에서의 접촉으로… 연극과 사이코드라마에 모두 적용되는 행동, 시간, 공간의 통합unity of action, time and space'(Djuric, 2006)이다.
- **변연계 공명**limbic resonance: 변연계 공명은 뇌의 변연계에서 발생하는 깊은 정서 상태emotional states를 공유하는 수용력이다. 이러한 상태에는 도파민 회로dopamine circuit가 공감적 조화의 감정feelings of empathic harmony을 촉진하고, 노르에피네프린 회로norepinephrine circuit가 두려움, 불안, 분노의 감정 상태를 유발하는 것이 포함된다. 이 개념은 『사랑의 일반 이론A General Theory of Love』(Lewis et al., 2000)에서 처음으로 발전했다. 이는 동물에게 존재하는 공감 능력capacity for empathy과 비언어적 연결 능력을 의미하며, 이는 다양한 치료therapy 및 치유healing 방식의 기초가 될 뿐만 아니라 사회적 연결의 기초를 형성한다. 캘리포니아 대학교의 정신과 교수인 저자에 따르면, 인간의 신경계는 독립적인 것이 아니라 우리와 밀

접한 관계를 맺고 있는 주변 사람들에 의해 조율되는 것으로 나타났다. "포유류는 새로운 두뇌가 발달하면서 두 포유류가 서로의 내적 상태에 조율되는 상호 교류와 내적 적응의 교향곡인 '변연계 공명'이라는 능력capacity을 발전시켰다."

- **느낀 인식**felt awareness: 젠들린Gendlin(1982)은 '어떤 것something'에 대한 불분명하고 언어화되기 전의 감각, 즉 의식적으로 생각하거나 언어화되지 않은 내면의 지식이나 인식에 '느낀 감각felt sense'[2] 이라는 이름을 붙였는데, 그 '어떤 것'이 몸에서 경험되기 때문이다. 이는 정서emotion와는 다르다. 몸으로 느끼는 이 '어떤 것'은 상황이나 오래된 상처에 대한 인식일 수도 있고, 아이디어나 통찰력 등 '다가오는coming' 어떤 것에 대한 인식일 수도 있다. 젠들린이 정의한 이 개념의 핵심은 불분명하고 모호하며, 항상 말로 표현하려는 그 어떤 시도보다 더 많은 것을 의미한다는 것이다. 젠들린(1979)은 이를 '암묵적인 복잡성을 감지하는 것sensing an implicit complexity, 자신이 무엇을 하고 있는지에 대한 총체적인 감각holistic sense'이라고 설명하기도 했다. 젠들린에 따르면, '포커싱focusing' 과정을 통해 '느낀 감각felt sense'을 더욱 실감나고 작업하기 쉽게 만들 수 있다고 한다. '느낀 감각'을 형성하고 그 의미를 정확하게 파악하기 위해 집중하는 사람focuser은 느낀 인식을 표현할 수 있는

---

[2] 의미 있는 느낌. 이는 포커싱 과정에서 일어나는 것으로, 특정 문제 및 상황에 관하여 몸이 느끼는 포괄적이면서도 막연한 감각적 느낌을 일컫는다. 포커싱focusing이란 신체에 집중하여 몸으로 느끼는 느낀 감각bodily felt sense을 통해서 자각과 감정 치유에 이르는 상담 기법을 말한다.

단어를 시도해 본다. 이러한 단어는 느낀 감각과 비교하여 테스트할 수 있다. 느낀 감각은 적절하게 설명하지 않는 단어나 문구에는 공명하지 않는다.

젠들린은 고객, 작가, 평범한 사람들('집중하는 사람focusers')이 아직 명료하지 않은 앎not-yet-articulated knowing에 주의를 기울이는 것을 관찰했다. 느낀 감각이 형성되면 '어…'와 같은 소리와 함께 긴 멈춤이 있었다. 이 느낀 감각을 말로 정확하게 파악한 뒤에는 새로운 단어가 등장하고, 그 단어와 함께 상황에 대한 새로운 통찰력이 생겼다. '고착된stuck' 지점을 넘어서기 위해 취해야 할 조치에 대한 지시indications뿐만 아니라 '느낀 전환felt shift'라고 하는 '느낀 움직임 감각sense of felt movement'이 있을 것이다.

헬링거는 이러한 '느낀 감각'을 더욱 발전시켜, 3D 지도에 대리인representatives을 배치하면 대리인이 누구를 또는 무엇을 대리하고 있는지 모를지라도 정말 놀라운 수준의 통찰에 이를 수 있다는 사실을 깨달았다. 이러한 자각perceptions을 수집한 다음, 대리인을 재배치하고 맞춤형 문장tailored sentences을 사용하여 문제에 대한 정확한 진단에서부터 가능한 경우 해결책까지 나아가는 것이 컨스텔레이터constellator의 역할이다.

실험

모든 체화된 팀 코칭 방법embodied team coaching methods의 핵심은 '실험

experimentation'의 원칙이다. 베이트슨Bateson(1972)은 모든 학습은 확률적이며stochastic, 시행착오와 재시도의 과정, 즉 체화된 실행embodied doing을 통해 학습하는 과정에서 나타난다고 가정했다. 변혁적 팀 코칭에서는 문제를 분석한 다음 대응 방법을 인지적으로 계획하는 대신, 팀이 새로운 협업 방식을 시도해보고 무엇이 효과적이고 도움이 되었는지 검토하여 향후 회의 방식에 적용할 수 있도록 장려한다. 오토 샤머Scharmer와 카트린 카우퍼Katrin Kaufer(2013)는 그들이 팀과 조직이 '반복iterate, 반복, 반복'하도록 장려할 때, 이러한 정서sentiment를 반영한다.

리허설 빨리 감기

이는 호킨스Hawkins와 스미스Smith(2006)가 만든 용어로, 호킨스(2017a, 2021)의 팀 코칭에 사용되었다. 팀을 초대하여 앞으로 어떻게 달라질 것인지에 관해 이야기하는 데 그치지 않고, 미래를 내다보고 어떻게 달라질 것인지에 대해 실행에 옮기는 과정을 설명한다. 호킨스와 스미스(2013)는 다음과 같이 말한다.

> 고객coachees이 다르게 행동하고 싶은 방식을 리허설이나 연습하지 않고, 그 과정에서 어떻게 행동하고 있는지에 대한 명확한 피드백을 받지 못하면 코칭 세션 밖에서 다르게 행동할 가능성이 작아진다. 따라서 실행 단계action stage에서는 고객에게 그 변화를 구현하도록embody 초대하는 관계 기술이 필요하다. "그럼 다음 주 화요일에 동료와 만날 때 이 문

제에 직면하게 될 것입니다. 어떻게 그렇게 할 것인지 보여주세요. 처음 몇 문장을 시도해 보세요. 내가 그 동료인 것처럼 말해보세요."

다음에는 코치의 직접적인 피드백과 두 번째, 세 번째 리허설을 해보자는 격려가 이어진다. 코치는 고객이 상대방과 관계를 맺는 방식에서 진정성 있고 체화된 변화를 만들어내는 데 중점을 둔다. 이는 새로운 호흡법, 자세, 눈맞춤, 다른 에너지, 새로운 언어와 은유로 나타난다.

팀 코칭에서도 같은 프로세스이다.

방법들(각각 사례 예제 포함)

1. 떠다니는 팀 조각

이는 팀의 근본적인 역학 관계underlying dynamics를 경험적으로 experientially 탐구하기 위해 피터가 소시오드라마를 기반으로 개발한 접근 방식이다. 그는 한 사람이 조각을 하는 것이 아니라 떠오르는 팀 역동성emergent team dynamic의 산물이라는 의미에서 '떠다니는 팀 조각 floating team sculpt'이라고 명명했다.

- **1단계**. 팀은 팀의 핵심 또는 핵심을 나타내는 사물이나 상징을 찾도록 요청받는다. 이 물건들을 방 중앙에 배치한다.
- **2단계**. 그룹 구성원들은 토론하지 않고, 일어서서 그룹에서 자신의 위치를 상징적으로 나타내는symbolically represents 장소, 즉 중심

에서 얼마나 멀리 떨어져 있는지 찾을 수 있을 때까지 이리저리 움직이게 요청받는다. 누구와 가깝고, 누구와 멀리 떨어져 있는가? 그런 다음 그룹에서 자신의 위치를 상징하는 조각상 같은 포즈statuesque pose를 취하도록 요청한다. 각 사람의 움직임이 다른 사람의 움직임에 영향 받으므로 이 작업에는 몇 분이 걸리는 경우가 많다.

- **3단계**. 한 명씩 한 명씩 "팀 안의 이 위치에서 나는 …라고 느낍니다."로 시작하는 발표를 하도록 초대한다.

- **4단계**. 모든 팀원에게 팀 내 다른 위치로 이동하고 싶은 이유와 그러한 이동이 자신과 다른 팀원에게 어떤 영향을 미칠지 탐색할 기회를 준다. 예를 들어, 팀 외부에서 자신을 조각해온 한 사람이 팀의 한가운데에 있고 싶다고 말할 수 있다. 이러한 바람을 말한 뒤, 그 사람은 자신만의 방식으로 중앙으로 이동하고 그 변화가 자신과 중간에 있는 다른 사람들에게 어떤 느낌을 주는지 알아보게 초대받을 것이다.

- **5단계**. 팀원들은 다음과 같은 질문을 통해 팀을 재구성하게 요청받는다. "이 팀이 가족이라면 어떤 종류의 가족이 될까요? 누가 어떤 역할을 맡을까요? 또는 이 팀이 텔레비전 프로그램이라면 어떤 프로그램이 될까요? 누가 어떤 역할을 맡고 어떤 거래를 할까요?" (각 팀이 직접 프레임을 짜보는 것도 가능하다. 음식, 동물, 국가, 교통 수단, 신화, 셰익스피어 연극 등 무수히 많은 가능성이 있다.)

- **6단계.** 팀원들은 개별적으로 팀 조각품team sculpture에서 자신의 위치를 떠나 의자 위에 올라가서 전체 매트릭스 구조를 볼 기회가 주어진다. 이 의자에서 그들은 팀의 창의적인 코치가 되어 "내가 이 팀의 코치라면 …를 할 것이다."라고 말할 수 있다. 나는 사람들이 의자에 서기 전까지는 무슨 말을 할지 생각하지 말고 첫 번째 '깜빡임blink' 반응에 주목하도록 권장한다.

사례

FTSE 50대 기업의 글로벌 마케팅 팀이 '일일 오프사이트one-day offsite'에 모였다. 1년 전, 완전히 다른 비전을 실행하기 위해 새로운 리더가 취임했다. 그 결과 브랜드의 대내외 평판이 달라졌고 판매량도 놀라운 상승세를 보이고 있었다. 그렇지만 상당한 대가를 치러야 했다. 리더의 독재적인 스타일autocratic style로 인해 기존 팀의 대부분을 잃고, 상부의 수많은 막판 지시last-minute orders에 직면한 유능한 신입 사원들의 이탈이 증가하면서 턴어라운드turnaround에 직면했다. 무언가 조치가 필요했다.

   체화된 학습 접근법의 일환으로, 나(데이비드)는 각 팀원에게 팀의 '목적purpose'과 관련하여 팀 내에서 자신이 어디에 속해 있다고 느끼는지 '매핑(지도 그리기)'할 것을 제안했다. 우리가 앉은 의자의 원은 팀의 경계를 나타내고, 특정 의자 하나는 팀의 목적을 나타낸다. 그런 다음 각 팀원이 그 목적과 관련하여 자신이 옳다고 느끼는 자리, 즉 자신이 느끼고 싶은 방식이나 그래야 한다고 생각하는 방식이 아니라 자신에게 솔직한 방식을 찾아서 조용히 그렇게 하라고 제안했다.

처음에는 이것이 불가능하고 더 많은 지시instructions가 필요하다고 항의했지만 그들은 그렇게 했다. 팀의 리더는 팀의 목적 앞에서 자리를 잡았고, 부리더deputy는 그 바로 뒤에 자리를 잡았다. 그녀의 주변에는 많은 신입 사원이 모여 그녀의 관심을 끌기 위해 경쟁했고, 역할이 명확하지 않거나 '점선dotted' 보고 라인에 있는 사람들은 그룹의 가장자리에서 자신의 자리를 찾았다. 모두를 놀라게 할 정도로 정확한 형태가 드러났다.

이 지도map는 그 자체로 훌륭한 토론 기반이 되었으며, 사람들은 지도를 통해 드러난 숨겨진 역동 관계에 대해 생각해 볼 수 있었다. 각 개인은 자신이 누구와 가까운지, 연결이 끊어진 곳은 어디인지 적절성appropriateness을 알아차렸다. 특히 그 부리더는 너무 많은 방향으로 계속 끌려 다니면 자신의 역할을 다할 수 없다는 사실을 깨달았다. 그녀는 가만히 서 있는 것만으로도 지쳐 보였다.

나는 이 팀을 어떻게 하면 더 생산적인 패턴productive pattern으로 재구성할reconfigured 수 있을지 물었다. 다양한 대안이 모색되었고, 대리인들representatives은 새로운 직책이 더 나은지, 더 나쁜지, 아니면 별 차이가 없는지에 대해 보고했다. 그런 다음 팀 리더가 그룹의 뒤쪽으로 이동하여 앞에서 목적을 지배하는 대신 '뒤에서 이끌고led from behind' 다른 사람들을 통해 자신의 비전을 전달하도록 제안했다. 부리더들은 본능적으로 팀 리더

앞에 자리를 잡았고, 팀 리더들의 보고서에는 모두 팀 목표를 향해 부채꼴 모양으로 배치된 직책들이 눈에 띄었다.

낮은 직급 팀원들이 새로운 '최전선front line'을 구성하여 기회opportunity와 책임responsibility을 동시에 부여받고, 그 뒤에 있는 높은 직급 팀원들의 강력한 지원 아래 더욱 힘을 실어주는 팀으로 거듭난 것을 즉시 느낄 수 있었다. 팀 외부의 주요 이해관계자들과는 조직 내에서 더 폭넓게 소통할 수 있는 자리를 마련했다. 이는 팀 전체에 도움이 되는 구조였다.

이 지도를 보고 많은 팀원이 휴대폰을 꺼내 자신이 서 있는 위치에서 바라본 풍경을 사진으로 찍었고, 이 지도가 업무에서 실제가 되도록 적용하는 방법에 대한 논의가 시작되었다. 모두가 적절하고 생산적이라고 생각되는 장소를 찾았고, 이를 통해 이러한 변화를 현실로 만들겠다는 팀원들의 의지가 높아졌다.

2. 더 넓은 시스템 모델링

지금까지 그룹이 스스로 매핑하는 사례를 살펴보았다. 팀은 팀을 넘어서는 특정 개체나 원칙principles을 대리하여 훨씬 더 광범위한 시스템을 매핑할 수도 있다. 이렇게 하면 시스템과 이해관계자에 대한 논의가 생생하게 살아나는데, 특히 시스템에서 물리적으로physically 다른 사람의 입장이 되어 그 사람의 입장에 서는 행위는 기묘할 정도uncanny degree로 정서적emotional, 심리적psychological 통찰력에 접근할 수 있는 것처럼 보인다.

이전에 피터는 이 방법을 '실연된 역할 세트enacted role sets'라고 불렀다(Hawkins & Shohet, 2012; Hawkins & Smith, 2013 참조).

가장 큰 단점은 이 과정이 본질에서 불가능해 보이기 때문에 대리인들이 자신이 느끼는 감정을 '꾸며낸 것made up'으로 무시하거나 좀 더 '그럴듯한likely' 감정으로 덮어버릴 수 있다는 점이다. 이는 특히 여러 당사자가 상대방에 대해 집착하게 된 오해나 갈등을 오래 지속하는 상황에서 더욱 그러하다. 이를 극복하는 한 가지 방법은 참가자가 자신이 대리하는 주체가 누구인지 모르는 '블라인드 컨스텔레이션blind constellation'을 설정하는 것이다.

사례

이는 내(데이비드)가 1929년 '산업 디자인 실험an experiment in industrial design'으로 설립된 영국의 상징적인 소매상인 존 루이스John Lewis에서 네 명의 파트너 팀과 함께 취한 접근 방식이다. 존 루이스의 정관constitution은 공동 소유 원칙principle of co-ownership을 기반으로 두며, 파트너십의 궁극적인 목적은 주주 가치보다는 '이익, 지식, 권력'의 공유를 통한 '모든 구성원의 행복'임을 명확하게 명시하고 있다. 파트너 팀은 이사회에 보고하며 특히 이러한 급진적 원칙radical principles을 지키는 임무를 맡고 있다.

말할 필요도 없이, 8만 5,000명에게 '소유자owners' 권한 부여와 연간 매출이 거의 100억 파운드에 달하는 소매업체를 운영해야 하는 필요성을 조화시키는 것은 쉬운 일이 아니다. 존 루이스(백화점)와 웨이트로즈Waitrose(수퍼마켓)라는 서로 다른 두 개 사업부 사이에 균형을 맞춰야 하므로 일은 더욱 복잡해진다. 파트너 팀은 회사의 설립 원칙에 충실하면서 이 시스템 내에서 가장 효과적인 위치를 찾아야 하는 특별한 과제에 직면해 있다.

팀원 네 명에게 존 루이스 시스템의 핵심 요소를 대리해represent 달라고 요청하면 선입견을 드러낼 위험이 있었으므로 이 또한 익숙한 딜레마였다. 그래서 나는 네 가지 시스템 요소의 이름을 각각 다른 종이에 적고, 접었다. 접은 종이들을 섞어서 어떤 것이 어떤 것인지 나조차도 알 수 없게 했다. 그런 다음 각 구성원에게 종이를 한 장씩 고른 다음 종이를 뜯지 않고 자신이 느끼는 느낀 감각felt sense에 따라 저마다 방에서 자리를 차지하게 요청했다.

한 사람은 방 안을 돌아다니며 다른 사람들을 호기심 어린 눈으로 바라보기 시작했고, 다른 사람은 커튼 뒤에 반쯤 숨었고, 다른 사람은 정처 없이 돌아다니고, 마지막 한 사람은 다른 사람들을 외면한 채 온갖 하찮은 일로 바삐 움직이는 등 그들의 행동이 즉시 뚜렷해졌다. 이는 거의 항상 일어나는 일, 즉 시스템에 진정한 이해관계가 있는 이슈 보유자issue holder와 함께 공간적으로 시스템을 설정하면 초보 대리인novice representative도 감지할 수 있는 뚜렷한 에너지가 방출된다는 사실을 보여주는 사례였다.

몇 분 뒤, 나는 각 팀원에게 자신이 대리한 시스템 부분을 확인하기 위해 종이를 보라고 요청했다. 그 결과, 팀원들의 행동은 더 자신감 있고 뚜렷해졌지만 본질에서 동일하게 유지되었다. 속도를 내는 사람은 조금 더 정신없이 움직였고, 커튼 뒤의 사람은 얼굴만 내놓고 숨었다.

저마다 시스템의 어느 부분을 대리한다고represented 발표할 때, 그 표현의 '옳음rightness'에 놀라는 소리가 들리기도 했다. 진행자로서 나는 더는 주저하는 회의론자가 아니라 새롭고 유효한 정보라고 생각되는 것을 처리하고자 하는 그룹을 상대하고 있었다. 그러나 익숙한 역동 관계에 대한 지적인 인식intellectual recognition을 넘어서는 무언가, 즉 자신과 타인 모두 이 특정 시스템의 일부가 된 경험에 대한 정서적 연결emotional connection도 강력하게 작용했다.

존 루이스 파트너십의 파트너 카운슬러(팀 리더)인 제인 버지스Jane Burgess는 다음과 같이 말했다.

> 컨스텔레이션 방법론constellation methodology을 경험하고 나서 나는 옹호자가 되었다. 처음에는 개인이 조직의 역할을 할 수 있다는 제안에 상당히 회의적이었지만, 말이 아닌 감정feelings과 정서emotions를 반영하는 신체적 움직임을 통해 금세 마음이 다른 곳으로 향하게 된다. 또 자신의 관점이 아닌 조직 관점에서 이야기할 때 개인적인 느낌이 들지 않고 더 나은 도전과 다양한 부분의 관계를 이해하려는 진정한 열망genuine wish을 불러 일으켰기 때문에 더 건설적인 토론이 가능했다. 또 이러한 접근 방식은 선택 사항과 '만약의 경우'를 더 쉽게 테스트할 수 있는 역동성을 만들어냈다. 기회가 된다면 이 접근법을 시도해 볼 것을 권하고 싶다. 매우 강력하기 때문이다.

참고: 개인 심리의 복잡성에 휘말리지 않으려면 특정 개인specific individuals이 아닌 시스템 내의 역할과 기능roles and functions을 대리하는 것이 항상 중요하다.

3. 가치를 컨스텔레이션하기

위에서 설명한 방법론을 통해 파트너 팀은 존 루이스 시스템 내에서 각 팀이 가장 적합한 위치를 찾을 때까지 다양한 구성을 실험할 수 있었다. 모든 당사자에게 더 효과적인 구성을 확립한 후, A4 용지를 사용하여 각 담당자의 위치와 방향을 캡쳐하여 추가 논의의 기초로 사용할 수 있는 지도를 만들었다.

팀원들이 자리를 비우는 날에away days는 팀으로서의 목적('무엇을')과 팀원들이 일할 가치('어떻게')를 논의하고 일련의 플립차트flipcharts를 작성하는 것이 표준 관행standard practice이다(Hawkins, 2017a: ch6 참조). 여기에서도 똑같이 했다. 그렇지만 컨스텔레이션 지도를 통해 할 수 있었던 것은 각 대리인들이 차례로 컨스텔레이션 안으로 들어가 특정 이해관계자의 관점에서 플립차트를 보면서 이러한 진술들을 '테스트'하는 것이었다. 이 과정에서 특정 단어나 문구가 다른 단어나 문구보다 훨씬 더 공감을 불러일으켰고, 이러한 귀중한 이해관계자 통찰력을 나머지 팀원들과 공유할 수 있었다.

이는 이해관계자의 니즈에 대한 다소 건조한 분석이 될 수 있는 것과는 거리가 멀었다. 그 대신 시스템에 대한 즉각적인 탐색과, 흐름과 에너지가 어떻게 회복될 수 있는지에 대한 탐색이 되었다. 전체 과정은 나(데이비드)를 포함한 그 누구도 예상했던 것보다 더 '진짜real'였고 정서적으로 몰입할 수 있었다. 또 팀이 공동으로 문제를 매핑하고, 최종 솔루션을 소유하는 협업 프로세스였다.

4. 시간의 원 CIRCLE OF TIME

숨겨진 선호도를 수면 위로 끌어올리는 예로는 가장 먼저 입사한 사람이 '1시 방향'에, 가장 최근에 입사한 사람이 '11시 방향'에 앉게 하는 등 다양한 시간대에 따라 팀에 순서를 지정하는 것을 들 수 있다. 시계 문자판dial의 적절한 지점에 표시markers하여 팀 역사에서 중요한 순간을 표시할 수도 있다.

그룹 구성원들이 자신과 다른 사람의 입장을 이해하게 되면 명시되지 않은 위계질서unstated hierarchies가 분명해진다. 일반적으로 한 조직에서 가장 오래 근무한 사람은 익숙함에 따른 권위와 함께 부담감을 느낄 수 있고, 가장 최근에 입사한 사람은 가벼움과 자유로움, 그리고 불이익disadvantage을 느낄 수도 있다.

그러나 이러한 '소속의 질서order of belonging'는 팀 내 역할, 나이, 기여도, 직위 등 다른 위계질서와 늘 거의 충돌한다. 이는 팀 리더가 비교적 최근에 입사한 사람일 때 특히 두드러진다. 일반적으로 이러한 긴장은 어느 조직에서나 피할 수 없으나, 감사나 고마움을 명확히 표현하는 등 정중하게 인정할 때 훨씬 더 긍정적으로 생산성이 높아짐을 알게 된다. 또한 이전 팀원들의 기여를 명시적으로 인정하는 것은 상당한 안정 효과를 가져올 수 있다.

5. 체화된 심리측정 psychometrics

체화된 접근 방식 embodied approach을 사용하면 심리측정 결과를 생생하게 구현하여 각 개인이 동료와의 관계에서 특정 차원에서 자신이 어디에 속하는지, 팀 전체가 심리측정 표준과 어떻게 비교되는지 확인할 수 있다. 개별적이고 다소 추상적일 수 있는 실습 exercise이 구체적이면서도 공유 가능하게 된다.

마이어스-브릭스 심리 프로필 Myers-Briggs psychological profile(MBTI)에 대한 피드백을 모두 받은 한 대규모 팀과 함께 나(피터)는 큰 방 바닥에 테이프로 테이핑한 영역으로 구성된 프레임워크를 배치했다. 세로축에는 북쪽에 '사고 thinking'를, 남쪽에는 '감정 feeling'을 배치했다. 가로축에는 서쪽에 '감각 sensation'을, 동쪽에는 '직관 intuition'을 넣었다. 그 결과 각 사분면은 외향적인 사람 extroverts이 중앙에 가깝고 내향적인 사람 introverts이 바깥쪽에 위치하도록 나뉘었고, 인식 perception 지향적인 사람과 판단 judgement 지향적인 사람을 구분하기 위해 더 세분화했다([그림 17.1]).

사람들이 지도에서 자신의 위치를 차지한 뒤, 각자가 그 위치에서 "이 심리적 관점에서 볼 때 팀은 이렇게 보입니다."라고 말하도록 초청받는다. 이렇게 하면 사람들이 이러한 관점을 덜 개인적으로 듣고 다양한 심리 논리적 유형에서 어떻게 도출되는지 이해하는 데 도움이 된다. 그런 다음 팀원 또는 팀 퍼실리테이터는 팀에서 대리되지 않은 심리적 공간 psychological spaces으로 들어가 그 입장에서 이야기할 수 있다. 이를 통해 팀원들은 새로운 관점을 얻을 수 있을 뿐만 아니라 팀원들이 자신을 개발하거나 새로운 팀원을 영입하는 과정에서 해결해야 할 잠재적인 사각지대potential blindspots를 발견할 수 있다.

이 책에는 체화 및 실연 방법embodied and enactment method에 적용할 수 있는 다른 많은 팀 코칭 접근법이 있다. 예를 들어, 고착화된 '양자택일 토론either-or debates'(Hawkins, 2005: 29-31)을 극복하기 위해 삼각 사고triangulating thinking로 작업하는 과정은 참여와 새로운 인식을 생성하는 방식으로 컨스텔레이션 될 수 있다(Sparrer & Von Kibed, 2001 참조).

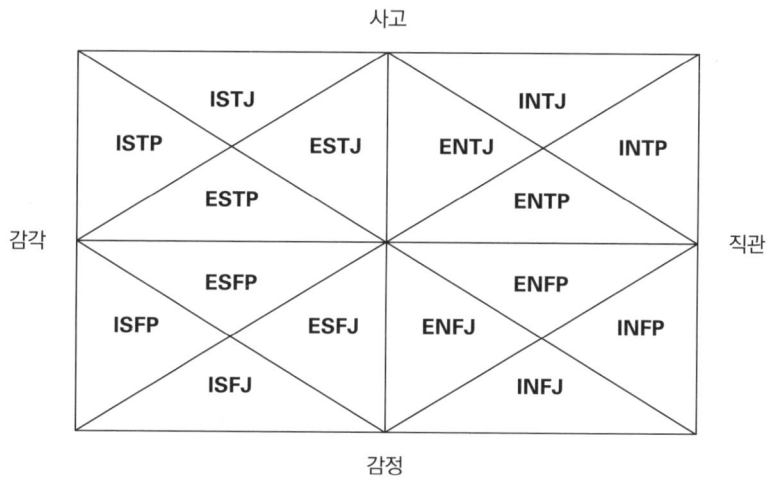

[그림 17.1] 성격 마이어스-브릭스 플로어 맵

온라인으로 체화된 접근 방식 촉진하기

최근 몇 년 동안 깨달은 것 가운데 하나는 체화된 작업embodied work을 원격으로remotely 수행할 수 있다는 사실이다. 이는 특히 팀원들과 직접 만날 수 없었던 코로나19 팬데믹 기간(2020/21년)에 더욱 중요해졌는데, 이러한 제한이 어느 정도 체화된 업무 방식을 지원하고 시뮬레이션하는 온라인 플랫폼 개발과 맞물린 것은 다행스러운 일이 아닐 수 없다. 이 플랫폼이 얼마나 잘 작동하는지도 놀라웠다.

도루 쿠르테아누Doru Curteanu는 루마니아에서 리더십 및 팀 코치로 활동하며 공공 및 민간 부문 조직에서 컨스텔레이션을 활용하고 있다. 처음에는 직접 수행하던 컨스텔레이션 작업을 온라인으로 복제하는 것이 불가능할 것이라고 생각했지만, 엄격한 봉쇄령에 자극받아 소수의 동료 컨스텔레이션 전문가들과 함께 테스트 실행을 한 다음 고객 팀에 온라인 컨스텔레이션 서비스를 제공하기 시작했다. 여기에는 컨스텔레이션 작업을 한 번도 해본 적이 없는 사람들도 포함되었다. 그런데도 그는 참가자들이 매핑된 시스템 내에서 개체entities를 대리할 때 기묘한 통찰력uncanny insights을 제공하고 강한 정서strong emotions를 전달하는 등 실제 공간에서 함께 작업했을 때 다음과 같이 예상했던 것과 비슷한 경험을 할 수 있었다.

> 이 모든 것이 원격으로 가능하다는 사실이 정말 놀라웠어요. 제 상상으로는 직접 만나야만 할 수 있는 개인적인 연결 경험이라고 생각했습니

다. 그렇지만 이 팀들과 함께 일하면서 우리가 모두 멀리 떨어져 있어도 관계의 장relational fields에 담긴 정보와 에너지에 접근할 수 있다는 사실을 알게 되었습니다. 분명히 우리 모두 사이에는 거리에 관계없이 항상 연결의 장field of connection이 존재하며, 단지 우리가 그것을 깨닫지 못할 뿐입니다!

이러한 방식으로 그룹과 원격으로 컨스텔레이션을 구성하려면 화이트보드를 동시에 사용할 수 있는 온라인 기술이 필요하다. 일반적으로 이러한 플랫폼에서는 다른 사람을 같은 공간으로 초대하고 참석한 모든 사람이 실시간으로 도형shapes을 만들고, 이름을 지정하고, 이동할 수 있다. 이상적으로 배치된 도형은 '방향'을 나타내기 위해 어떤 식으로든 '뾰족pointed'해야 하며, 위치뿐만 아니라 방향도 회전할 수 있어야 한다. 또한 컨스텔레이션하려는 개체를 끌어다 놓을 시스템 가장자리를 구분하기 위해 일반적으로 원이나 타원과 같은 프레임이 필요하다([그림 17.2]).

그런 다음 정렬 부족lack of alignment의 원인을 파헤치고 싶다면 동일한 표시를 새로운 템플릿으로 다시 컨스텔레이션할 수 있다. 이 템플릿은 조직의 목적을 네 가지 변형으로 추론한다([그림 17.3]).

[그림 17.4]에서도 마찬가지로 위에서 설명한 대로 시간의 사이클을 설정할 수 있다. 이 경우, 클레어와 마이클이 팀에서 가장 오래 근무했고(1시 방향), 애비가 가장 최근에 합류했다(11시 방향). 마찬가지로 문자판의 적절한 위치에 텍스트를 추가하여 팀 역사에서 중요한

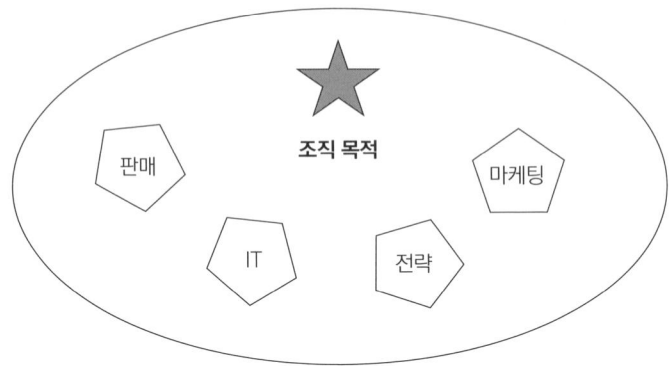

[그림 17.2] 조직의 목적과 관련된 시스템의 네 가지 부분

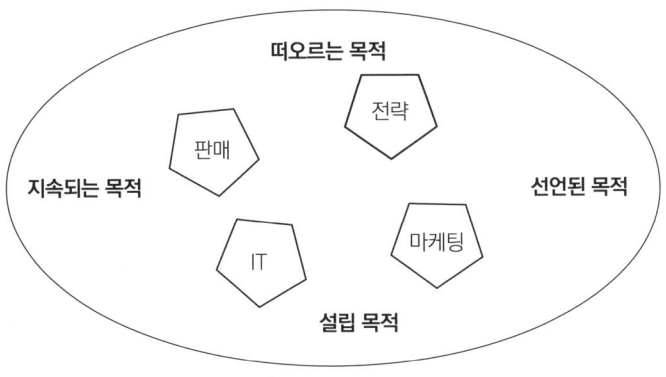

[그림 17.3] 조직의 목적

순간을 인식할 수 있다. 이 경우, 재무 위기와 합병이라는 두 가지 이벤트가 있으며, 후자는 피터가 팀을 떠난 시점과 일치한다.

이러한 방식으로 텍스트를 추가하는 것은 온라인 컨스텔레이션 설정이 기존의 대면 방식in-person approach에 비해 실제로 이점을 가질 수 있는 한 가지 사례일 뿐이다. 또 다른 사례는 프로세스 각 단계에서

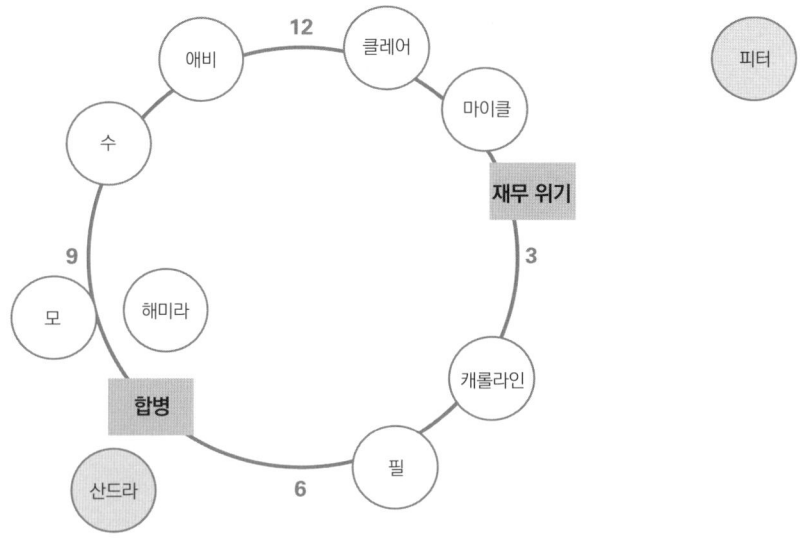

[그림 17.4] 시간의 사이클

'스냅샷'을 찍어 최종 포지셔닝final positioning의 출현을 기록하는 방식이다.

점점 더 많은 플랫폼이 그들의 프로그램에 비디오를 포함하려고 한다. 그렇지 않은 경우 또는 Zoom과 같은 다른 플랫폼을 선호하는 경우 참가자에게 한쪽에는 컨스텔레이션이, 다른 쪽에는 비디오 썸네일이 보이도록 화면을 분할하도록 요청할 수 있다. 그러면 더 흥미로운 가능성intriguing possibilities이 열린다.

참가자들은 자신이 대리하고 있는 요소(예: IT, 영업 또는 마케팅)의 화면 이름을 변경하여 그 에너지를 체화하고embody 다른 사람들이 무슨 일이 일어나고 있는지 따라갈 수 있도록 지원하는 방식으로 화면 이름을 변경하도록 권장할 수 있다. 그런 순간에 대리 역할을 하지 않는 사람들에게 카메라를 꺼달라고 요청하여 대리 역할을 하는 사람에게 초점을 맞추거나, Zoom의 '스포트라이트' 기능을 사용하여 특정 관계 역동에 주의를 집중시킬 수 있다.

사회적 거리두기social distance, 환경 문제 또는 단순히 재택근무 선호 등의 이유로 원격 근무 방식을 확장하고 강화해야 할 필요성은 점점 더 커질 것이다. 체화된 기술embodied techniques을 사용하면 많은 가능성이 열린다.

온라인 퍼실리테이터를 위한 팁

- 기술에 익숙해져라. 자동차 운전을 배울 때처럼 기계 장치에 충분히 익숙해져야 자신과 동승자가 어디로 가는지 집중할 수 있다.
- 세션 중 필요할 때 사용할 수 있게 몇 가지 템플릿을 미리 준비하라.
- 세션의 일부로 참가자가 프로그램 내에서 간단하게 아이콘을 만들고 이름을 지정하고 이동하는 초기 부분initial section을 포함시켜 기술에 익숙해질 수 있게 한다.
- 친구나 동료와 함께 '예행 연습dry run'을 예약하여 진행자나 참가자에게 발생할 수 있는 몇 가지 문제를 해결할 수 있게 한다.
- 참가자들이 화면 분할을 지원할 수 있게 되도록 큰 화면으로 세션에 참여하도록 권장한다. 퍼실리테이터가 직접 듀얼 모니터 설정을 만들 수 있다면 그룹의 보디랭귀지를 더 쉽게 읽을 수 있다.

- 퍼실리테이터는 멀리 떨어져 있고 나머지 그룹은 함께 있는 상황을 피하라. 이러한 상황에서는 모두가 함께 있거나 모두가 멀리 떨어져 있는 것이 훨씬 낫다.

체화된 팀 코칭을 수퍼비전하는 방법

조각하기sculpting와 컨스텔레이션을 포함한 체화된 방법도 팀 코칭 수퍼비전에 사용할 수 있다(Hawkins, 2021: 16장 참조). 여기서는 두 가지 가능성만 설명한다.

1. 일대일 수퍼비전에서 컨스텔레이션 또는 조각하기 접근법을 사용하여 팀과 함께 작업하는 것과 관련된 세 가지 주요 역동을 탐색할 수 있다.

    a. 고객 시스템client system: 팀 내에서, 또는 팀과 더 넓은 조직적 맥락 사이에서 어떤 일이 일어나고 있는가?

    b. 고객 관계client relationship: 팀 코치와 고객/고객 시스템 사이에 어떤 일이 일어나고 있는가?

    c. 팀 코치 자신: 팀 코치가 다른 팀에 속해 있는데도 지속해서 같은 역동 관계에 놓이게 되는 이유는 무엇인가?

    d. 수퍼바이저는 팀 코치에게 가구나 바닥 표시floor markers 또는 방향성 물체directional objects를 사용하여 특정 시스템을 설정하

도록 초대한다. 화살표 포스트잇, 플레이모빌 피규어Playmobil figures, 손잡이가 초점 방향을 표시하는 컵 등 어떤 것이든 사용할 수 있다. 처음에는 각 위치에서 어떤 일이 일어나고 있는지 조사한 다음, 팀 코치가 가장 생산적인 지점에 배치할 수 있도록 적합한 위치를 탐색할 수 있다.

2. 그룹 수퍼비전에서는 수퍼비전을 받는 팀 코치에게 다른 수퍼비전 그룹 멤버를 초대하여 다양한 팀원이나 팀 이해관계자를 대리하게 할 수 있으며, 팀 코치 자신을 대리할 사람도 초대할 수 있다. 이들은 각자의 느낀 감각을 사용하여 각 사람을 배치하고 새로운 패턴과 이러한 패턴이 어떻게 해결될 수 있는지 탐색하도록 초대받는다(조각에 대한 자세한 설명은 Hawkins, 2021:377-79 참조).

팀 코칭에서 체화된 접근 방식을 사용해야 할 때와 사용하지 말아야 할 때

우리는 팀 코칭에 대한 체화된 접근 방식에 열광하지만, 어느 정도 유용하거나 적절한 때가 있다.

다음과 같은 경우에 유용하다.

- 팀이 너무 많은 판단이나 의견, 또는 단순히 너무 많은 지적 분석 intellectual analysis의 결과로 특정 이슈에 갇혀 있는 경우

- 진전을 이루기 위해서는 더 광범위한 시스템적 맥락에서 문제를 고려하거나, 팀이 자체적인 관점에서 '아웃사이드-인outside-in' 또는 '퓨처-백future-back' 관점으로 이동해야 하는 경우
- 팀이 더 깊고 직관적인 '앎knowing'과 연결하기 위해 도움이 필요한 경우

다음과 같은 경우 도움이 되지 않는다.

- 해결책이 단순히 합리적인 문제 해결이나 세부적인 실행 계획이 필요한 경우
- 문제에 대한 주인의식이나 문제 해결에 대한 의지가 없는 경우
- 팀 코치가 체화된 접근법을 사용한 경험이나 훈련이 부족하거나 그 사용에 자신감이 없는 경우
- 팀 코치나 고객이 어려운 상황을 열린 마음으로 바라볼 준비가 되어 있지 않은 경우

체화된 접근 방식을 언제 사용해야 하는지에 대한 자세한 지침은 프랜시스Francis(2009)를 참조하라.

체화된 방법을 사용하는 사람의 주요 속성 및 능력

시스테믹 팀 코치, 사이코드라마 또는 소시오드라마 감독director 또는

컨스텔레이터constellator의 역할은 개인이 고객의 더 넓은 시스템적 수준을 완전히 염두에 두면서 특정 결과에 대한 판단이나 약속 없이 고객을 지원해야 한다는 점에서 놀라울 정도로 어렵다. 이 과정에서 시스템적 팀 코치는 18장에 언급된 '팔복beatitudes'을 개발해야 한다. 또 다음과 같은 이점benefit도 얻을 수 있다.

- 고객에 대한 공감과 더 넓은 시스템에 대한 '폭넓은 공감wide-angled empathy'의 균형 – 어느 쪽에도 강하게 동조하지 않기.
- 상호 연결성interconnectedness, 얽혀 있는 관계entanglements, 잠재적 자원 등 전체를 보기 위해 끊임없이 한 발 물러서기
- '알지 못함not knowing'에 편안함을 느끼는 장난스러운 분리playful detachment
- 모든 것에 동의하지 않더라도 모든 것에 동의하고, 옳고 그름의 이분법적 선택을 넘어 시스템이 요구하는 것에 관심을 가지고 나아가기
- 너무 많은 '도움'을 주지 않기. 이는 흔히 받는 사람을 무력화시키기 때문에 오히려 고객이 더 독립적으로 능력을 발휘할 수 있도록 '유용useful'하려고 노력하기
- 집중해서 관찰하고 경청할 수 있는 고요함 – 너무 열심히 노력하면 수용적인 개방성receptive openness을 방해할 수 있다.

휘팅턴Whittington(2012)에는 컨스텔레이터의 주요 역량에 대한 부분

도 포함하고 있다.

결론

우리가 주장하듯이 합의agreements가 인지적이고cognitive 지적인cerebral 것이라면, 헌신commitment은 항상 체화되는 것이다. 학습에 대한 체화된 접근 방식은 행동을 변화시키는 데 중요한 출발점, 더 정확하게는 '마음의 출발점 heart-start'이 될 수 있다. 이 접근법은 자극을 주는 동시에 처음부터 헌신을 요구한다.

그렇지만 매핑은 그 이상을 할 수 있다. 매핑 프로세스는 문제를 전체적인 맥락에 배치하여 증상을 좇아 한 곳에서만 시스템을 고쳐서 다른 곳에서 시스템을 방해할 가능성을 줄이고, 그대신 더 큰 전체를 위해 작동하는 솔루션에 더 잘 적응할 수 있게 한다. 우리는 협력적으로 일할 수 있고 정서적, 신체적 지혜의 풍부한 원천을 활용할 수 있으며, 위에서 살펴본 바와 같이 원격으로 작업할 수도 있다.

팀이 모두 인지하고 있는 더 넓은 범위의 시스템 맵을 공동으로 만든 다음에는 맵 내에서 변경 사항을 실험하고 이러한 시스템과의 관계를 발전시킬 수 있는 가능한 방법을 원형prototype으로 만들고 리허설할 수 있다. 이를 통해 의도하지 않은 잠재적 변화의 결과 또는 변화의 진행을 가로막는 잠재적인 장애물을 발견할 수 있다(Kegan & Lahey, 2009).

매핑, 실험experimentation, 원형 만들기prototyping가 끝나면 우리는 우리가 중첩되어 있는 다양한 시스템으로 돌아가 그것들을 보고 다르게 경험할 수 있다. 각 개인의 관점individual perspectives과 팀의 집단적 관점 collective perspective을 바꾸면 우리 자신이 참여하는 시스템도 바뀐다.

기고자: 데이비드 프레스웰David Presswell

데이비드 프레스웰은 아레타이 LLP의 파트너이자 임원 코치이다. 국가 간 광범위한 조직에서 고위급 팀, 개인과 함께 일하며, 때때로 시스템적 구성 접근법을 사용한다. 이전에는 비즈니스 심리 컨설팅 회사인 YSC에서 글로벌 코칭 책임자로 일하며, FTSE 100대 기업의 절반과 함께 일했다. 초기 경력은 영국의 BBC와 채널 4, 미국의 Discovery, PBS, A&E에서 팩트 프로그램의 TV 디렉터로 일했다. 옥스퍼드 대학교Oxford University에서 영문학을 전공하고, 브리스톨 올드빅 연극학교 Bristol Old Vic Theatre School에서 연극 연출을 공부했으며, 이 곳에서 구체화된 접근 방식에 대한 초기 관심을 갖게 되었다.

18장
시스테믹 팀 코칭을 위한 개인 핵심 수용력 개발

저자: 피터 호킨스Peter Hawkins
역자: 강하룡

오늘날 가장 중요한 과업task은 아마도 새로운 방식으로 생각하는 법을 배우는 일이다. (Gregory Bateson, 1972: 462)

비즈니스 패러다임에 대한 재평가와 변혁은 비즈니스뿐만 아니라 인류 전체의 성공적인 진화를 위한 토대fundamental이다… 변혁적 시대transformational times에는 변혁적 변화transformational change가 필요하다. (Hutchins, 2012:17)

도입

이 책에서는 이전 저서보다 더 완전하게 시스테믹 팀 코칭을 정의했다.

시스테믹 팀 코칭은 팀 코치가 팀 전체가 함께 있을 때와 떨어져 있을 때 모두 코칭하여, 팀의 효율성effectiveness과 협업 방식을 모두 개선할 수 있게 지원하는 프로세스이다. 또 시스테믹 팀 코칭은 모든 주요 이해관계자 그룹과 더 효과적으로 참여하고 공동으로 가치를 창출할 수 있게 집단 리더십collective leadership을 개발하는 방법이며, 더 넓은 비즈니스 생태계business ecosystem를 변화시키고, 더 넓은 생태학wider ecology에 유익한 가치를 창출한다. (Hawkins, 2021:82)

시스테믹 팀 코치는 전체 팀과 주요 이해관계자와 계약을 체결한 다음, 팀이 현재 대내외적으로 어떻게 기능하고 있는지, 팀과 팀 생태계가 어떻게 발전해야 하는지를 공동 탐구co-inquires하고 공동 발견co-discovers한 다음, 필요한 차이를 만들기 위해 팀이 새로운 대응 방법ways of responding이나 참여 방법을 찾도록 코치한다.

시스테믹 팀 코치는 팀과 관계를 맺는 관계적이면서 시스템적 관점systemic perspective으로 업무에 임한다. 시스테믹 팀 코치는 팀을 고객이나 코칭의 대상이 아니라 함께 어깨를 나란히 하며, 미래를 향해 나아가고, 더 넓은 생태계에서 새로운 요구사항을 감지하고, 새로운 대응 방법을 실험하는 파트너로 인식한다.

그러나 미국 하노버 보험회사Hanover Insurance의 겸손modest하면서도 혁신적인 CEO으로 알려졌던 빌 오브라이언Bill O'Brien은 다음과 같이 말했다. '개입intervention의 성공 여부는 개입자intervener의 내적 상태interior condition에 달려 있다.' 이처럼 이론, 모델 그리고 방법 배우기만으로는 충분하지 않다(Scharmer, 2007: 27에서 인용). 따라서 시스템적 팀 코치가 되는 핵심에는 우리의 기본적인 가정, 핵심적인 믿음, 동기 개발뿐만 아니라, 세상을 인식하고, 살아가는 우리의 방식을 포함한 성숙 개발maturational development이 포함된다.

또 이 장에서는, 이 책의 첫 번째 장에서 제안한 대로, 팀과 조직을 이끌기 위한 생태계적 리더십 접근법ecosystemic leadership approach의 핵심 원칙core principles을 설명하며, 리더십을 다음과 같이 팀이나 조직을 더 넓은 생태계와 역동적인 관계dynamic relationship로 보는 데 초점을 맞춘다.

> 유기체가 생태계와 먹이 그물망 내에서 틈새niche를 채우듯, 조직도 비즈니스 생태계(조직이 운영되는 사회적, 경제적, 환경적 환경 전반의 이해관계자 커뮤니티) 내에서 틈새를 채운다. (Hutchins, 2012: 53)

사이먼 웨스턴Simon Western(2010: 36-44)은 에코 리더십eco-leadership에 대해 다음과 같이 훌륭하게 소개했다.

> 에코 리더십은 개별 리더에서 리더십으로 초점을 전환하여 전체 시스템의 에너지와 창의성을 활용한다.
> 에코 리더의 핵심 역할은 공간적 리더십 접근 방식spatial leadership approach을 취하는 조직 설계자organizational architect이다. … 공간space 개념은 에코 리더십에서 필수적이며, 우리 자신과 조직, 그리고 소셜 네트워크 내의 공간, 즉 창발적 능력emergent capability이 있는 공간에 관심을 다시 집중하게 한다.

시스테믹 팀 코칭 핵심 수용력

시스테믹 팀 코칭은 프로세스, 의도, 활동으로만 정의할 수 없다. 모든 인류와 전 세계 조직이 직면한 다양한 글로벌 과제를 고려할 때, 그 핵심에는 현재 우리의 사고 방식과 관계 방식에서 일반적이지는 않지만 긴급히 필요한 다양한 신념과 존재 방식이 있다.

나는 연구를 통해, 열네 가지의 시스테믹 팀 코칭 핵심 수용력 capacities을 발견하고 개발했다. 이는 단순한 인지적 신념cognitive beliefs이나 역량 competencies이 아니라, 세상에 대한 사고 방식ways of thinking과 존재 방식ways of being을 구체화한다. 이러한 역량이 팀 리더 또는 팀 코치가 팀과 소통하는 방식에서 어떻게 나타나고manifest 드러나는지show up, 그리고 이러한 수용력이 전체 팀 내에서 어떻게 개발되고 육성되어야 하는지에 대해 살펴볼 것이다. 시스테믹 팀 코치가 팀과 함께 있는 시간 뿐만 아니라 계약이 종료된 뒤에도 시스테믹 팀 코칭이 이루어져야만 성공할 수 있다. 따라서 시스테믹 팀 코치는 자신의 방식으로 이러한 핵심 수용력을 개발해야 할 뿐만 아니라, 팀 구성원들도 이러한 수용력을 개발하도록 도와야 한다.

1. 관계적 인식

『리더십 팀 코칭Leadership Team Coaching』(2021)의 마지막 장에서 그레고리 베이트슨Gregory Bateson(1972)은 우리가 생존 단위를 잘못 선택함으로써 만든 문제에 대해 매우 명확하게 설명하였다.

19세기 중반, 영국의 일반적인 사고방식에 따라 다윈은 생존 단위를 가계family line, 종species, 아종sub-species 또는 그와 유사한 것으로 보는 자연 선택과 진화 이론theory of natural selection and evolution을 제안했다. 그러나 오늘날 이는 실제 생물학적 세계에서 생존의 단위가 아님이 분명해졌다. 생존의 단위는 유기체 더하기 환경organism plus environment이다. 우리는 환경을 파괴하는 유기체는 스스로를 파괴한다는 점을 쓰라린 경험을 통해 배우고 있다.

새로운 팀 리더나 새로운 팀 코치가 가장 먼저 해야 할 일 가운데 하나는, 팀을 단순히 함께 일하는 개인들의 집단이 아니라, 하나의 살아 있는 시스템으로 보는 법을 배우는 것이다. 그러나 개인 코칭에서 시스템으로서의 팀 코칭으로 전환하는 것만으로는 충분하지 않다. 개인주의적 자기 중심적 사고individualistic self-centred thinking를 개인에서 팀이나 부족 단위로 옮기고, 구역에서 가장 우수한 팀이 되기 위해 경쟁하기만 한다면 말이다.

베이트슨이 지적했듯이, 우리는 생존의 단위, 높은 성과의 단위, 웰빙과 번영의 단위가 환경, 생태적 틈새ecological niche, 시스템적 맥락systemic context과 역동적인 관계에 있는 팀이라는 사실을 인식할 필요가 있다. 이는 바로 내가 팀 코칭에 관한 글(Hawkins, 2011a, 2012, 2014a, 2014b, 2017a, 2018b, 2020, 2021)을 통해 팀 코칭이 팀 구성원 간의 내부 관계만큼이나 팀 전체의 외부 관계에 초점을 맞추고, 팀이 스스로에 대해 좋은 느낌을 갖기보다는 더 넓은 생태계에 대한 팀의 기여에 초점을 맞추도록 주장한 이유이다.

인류 공동체human community로서 우리에게는 이와 유사하지만 더 큰 도전이 있다. 우리는 단순히 한 종species 또는 다른 종을 구하기 위한 싸움에서 살아 있는 생태계의 보존과 발전을 위한 협력으로, 환경을 하나의 사물로 생각하기에서 복잡한 연결망으로 보기로, 환경을 '타자other'로 보기에서 환경을 우리의 일부로 경험하기로, 우리 자신을 환경과 뗄 수 없는 부분으로 인식하기로 나아가야 한다. 이는 쉬운 일이 아니며 공동의 노력이 필요하다.

개인과 팀 고객은 물론 조직과 더 넓은 비즈니스 생태계wider business ecosystems에 지속적인 서비스 제공은 쉬운 일이 아니며, 효과적인 코치가 되기 위해서는 모든 코치가 자신의 업무에 대해 끊임없이 성찰하고, 코칭 수용력을 확장해야 한다. 이를 위해 당면한 문제에서 한 발 물러나 더 넓은 시스템에서 반복되는 패턴을 볼 수 있는 능력이 필요하다. 프로세스 성찰process reflection과 시스템적 인식systemic awareness에 대한 지속적인 필요성은 모든 코치가 시스테믹 팀 코칭을 수퍼비전하는 데 특별히 훈련된 사람들에게 양질의 수퍼비전을 포함하여, 정기적으로 개인적으로나 전문적 개발을 수행해야 함을 의미한다 (Hawkins, 2021: 16장 참조).

따라서 시스테믹 팀 코치로서 우리는 개인이나 팀에 초점을 맞추기보다는 팀 구성원 간, 팀과 나머지 조직 간, 팀과 더 넓은 이해관계자

간, 팀과 더 넓은 생태계 간, 팀과 팀 코치가 형성하는 팀 코칭 시스템과 같은 관계 공간relational spaces에 더 집중할 필요가 있다. 무용수가 아닌 춤에 집중하고, 배우가 아닌 드라마에 집중하고, 관계항relata[1] 만이 아닌 관계relationships에 집중해야 한다.

2. 더 큰 전체를 위해 봉사하기

『리더십 팀 코칭Leadership Team Coaching(2021)』의 마지막 장에서 나는 다음과 같이 파르시팔 덫Parsifal trap에 대해 썼다.

> 파르시팔 덫The Parsifal trap은 원탁의 전설적인 기사 퍼시벌 또는 파르시팔 경Sir Percival or Parsifal의 이름을 따서 지어졌다. 파르시팔 경은 어린 나이에 집을 떠나 성배를 찾아 모험을 떠났다. 그 용기와 순수함은 스스로 큰 도움이 되었고, 어린 나이에 성배의 성에 도착했다. 그리고 그곳에서 그는 많은 사람이 찾는 성배를 운반하는 멋진 행렬을 보았다. 그는 흥분, 화려함, 특권에 도취되어 있었다. 그러나 다음날 아침, 그는 축축하고 추운 들판에서 깨어 났고, 성 전체와 행렬, 성배는 안개 속으로 사라졌다. 파르시팔은 남아야 할 이유를 찾지 못했다. 파르시팔은 성배 성으로 돌아가는 길을 찾기 위해 몇 년을 더 고생하고 찾아 헤맸지만, 이번에는 경험의 지혜를 통해 '성배는 누구를 위한 것인가'라는 질문을 던져야 함을 깨달았다.

---

[1] 관계항relatum의 복수형으로 관계를 유지하는 객체 가운데 하나를 뜻함

많은 팀이 파르시팔의 덫에 빠지거나 그 덫에 머물러 있다. 이들은 서로 잘 어울리고, 효율적인 회의efficient meetings가 목표라고 생각한다. 또한 팀 성과 설문조사에서 높은 점수를 받는 일이 성공이라고 믿는 덫에 빠질 수 있다. 이 책은 팀이 자신들 이상의 필요를 충족하고, 팀 구성원들이 개별적으로 일할 수 있는 것 이상을 제공해야 하는 이해관계자가 있을 때만 성공적이고 의미 있는 삶을 살 수 있음을 보여주기 위해 시작되었다.

팀 코치들 역시 팀 개발이나 팀 코칭이 그 자체로 목적이라고 믿는 파르시팔의 덫에 빠져 '무엇을 위한 팀 코칭인가'라는 질문을 던지지 못한다. 이 질문을 하지 못하면, 젊은 파르시팔처럼 차가운 안개가 자욱한 황량한 벌판에서 깨어나 꿈이 왜 사라졌는지 의아해하며, 더 긴 세월을 헤매게 될지도 모른다. 팀 코치로서 지속 가능한 가치를 창출하려면, 내가 하는 일이 무엇을 위해, 또 누구를 위해 하는 일인지 명확히 해야 한다. 최소한 자신의 코칭이 팀 구성원, 팀 전체, 조직, 조직이 속한 더 넓은 생태계를 위한 일인지 확인해야 한다.

또 나는 모든 이해관계자를 연결하고connect, 엮어주는weave 관계를 위해 일해야 한다. 그 어떤 개체entities도 단독으로 성공할 수 없다. 본질에서 함께 묶여bound together 있어서 가치가 있다. 나는 모든 이해관계자들의 실현되지 않은 잠재력과 그들 사이의 연결에 집중하고, 그 잠재력이 실현될 수 있도록 지원해야 한다. 그러나 팀 구성원 개개인을 위할 때는 파편화되거나fragmented, 이기적인 자기egoistic self를 위함이 아니라, 각자가 소명calling과 봉사, 그리고 세상에 필요한 일을 하는 목적을 찾게 돕는 일이 중요하다. 팀에 봉사할 때 팀의 높은 성과는 그 자체가 목적이 아니다. 팀은 이해관계자를 위한 '공유 가치shared value'를 더 잘 창출하고(Porter & Kramer, 2011), 생태계의 웰빙well-being을 개선할 수 있는 수단일 뿐이다.

조직을 위해 일할 때, 나는 개인이나 팀과의 작업이 그 자체로 끝나지 않고, 개인과 팀이 조직을 더 효과적으로 이끌고 관리하도록 지원하여 다음 단계의 조직 발전 과정에서 조직이 잠재력을 발휘하고, 더 넓은 세상에 더 나은 기여를 할 수 있게 해야 한다. 더 넓은 생태계를 위해 일하는 팀만이 계속해서 번창하여 자신의 필요와 열망을 충족시킬 수 있다.

3. 다중 중첩 시스템 인식

개인 코칭에서도 개인만을 코칭하는 것이 아니기 때문에, 한 수준의 시스템에만 초점 맞추기만으로는 충분하지 않다. 왜냐하면 팀 역동성, 조직 문화, 더 넓은 문화와 생태가 그 안에 들어 있기 때문이다. 인간 개인을 이해하려면 개인을 구성하는 하위 시스템, 즉 우리 안에 있는 인간 세포보다 더 많은 것으로 추정되는 비인간 미생물non-human micro-organisms의 방대한 커뮤니티, 신체적 웰빙physical well-being에 필요한 신체 기관 또는 세상에서 존재하는 방식way of being in the world에 필수적인 많은 역할과 하위 인격sub-personalities을 이해해야 한다.

또 개인이 속한 시스템, 즉 출신 가족family of origin, 현재 가족current

family, 소속된 팀과 조직, 국가, 지역, 민족 문화 등 개인이 속한 시스템도 살펴볼 필요가 있다. 미국의 위대한 농부 철학자 웬델 베리Wendell Berry가 다음과 같이 아름답게 표현했듯이, 우리는 모두 '가족, 지역 사회community, 농업agriculture, 자연 속에 있는 개인이라는 중첩된 시스템'(Berry, 1983: 46) 안에서 살아간다.

> 또 다음과 같이 더 작은 시스템은 더 큰 시스템 안에 포함되어 있고, 우리가 알고 있듯이 모든 시스템이 복잡한 상호 의존성 패턴complex patterns of interdependency으로 연결되어 있는 한, 한 시스템에 영향을 미치는affect 것은 무엇이든 다른 시스템에도 영향을 미친다. (Berry, 1983: 46)

팀을 구성할 때는 팀 업무를 구성하는 다양한 기능과 마찬가지로, 팀 시스템의 하위 시스템인 개별 구성원을 고려해야 한다. 또 팀이 한 부분으로 속한 더 넓은 시스템도 고려해야 한다. 여기에는 팀이 속한 조직과 팀이 서비스를 제공하거나, 서비스를 받는 이해관계자 생태계가 포함된다. 또 팀이 운영하는 전문적인 문화professional culture와 시스템도 포함될 수 있다.

그러나 인류가 성장의 한계를 넘어, 지구 생물계에 돌이킬 수 없는 피해를 입힐 위험이 있는 오늘날 세계에서, 모든 리더, 리더십 팀 그리고 조직은 모든 인간 시스템이 지구의 더 넓은 에코시스템 내에 어떻게 자리 잡고 있는지를 인식하고, 지속해서 생활하고 행동할 수 있어야 한다. 환경은 자원으로 약탈하거나plundered, 관리하거나managed, 심지어 돌보거나stewarded 하는 인간 외부의 일이 아니라, 우리의 존재를 가능하게 하고, 포함하고, 형성하는 시스템이다. 인간은 우리 모두가 사는 더 넓은 생태계와 경쟁하지 않고, 다음과 같이 상호 의존적으로 살아가는 방법을 이제 막 발견한 종에 불과하다.

> 따라서 우주의 결정적인 관계definitive relationships는 경쟁competitive이 아니라, 상호 의존적interdependent이다. 그리고 인간의 관점에서 보면 이 관계는 유추할 수 있다. 우리는 다른 시스템 안에서만 하나의 시스템을 구축할 수 있다. 자연 안에서만 농업을 할 수 있고, 농업 안에서만 문화를 가질 수 있다. 특정 시점에서 이러한 시스템은 서로 순응해야conform 한다. 그렇지 않으면 서로를 파괴하게 된다. (베리, 1997: 47)

로빈 월 키머러Robin Wall Kimmerer는 이를 다음과 같이 아름답게 상기시켜 준다.

> 원주민의 인식 방식native ways of knowing에서 인간은 때로 '창조의 동생들the younger brothers of Creation'이라고 불린다. 인간은 살아가는 방법에 대한 경험이 가장 적기 때문에 배워야 할 바가 가장 많으며, 다른 종들 가운데서 스승을 찾아 안내guidance를 받아야 한다고 말한다. 스승들의 지혜는 이들이 사는 방식에서 분명하게 드러난다. 이들은 모범example으로 우리를 가르친다. 이들은 우리보다 훨씬 더 오래 지구에 살아왔고, 많은 것을 알아낼 시간을 가졌다. (Kimmerer: 2020)

4. 미래로 기대기

'내일의 리더십Tomorrow's Leadership'(Hawkins, 2017b)에 관한 연구에서, 인터뷰에 응한 한 CEO는 "조직으로서 우리는 현재와 내일, 그리고 미래에 대처할 수 있는 최선의 준비를 갖춰야 한다. 현재 우리는 단기적인 성과에만 너무 집중하고 있으며, 미래를 포용할 수 있는 능력을 갖추기 위해 우리의 방식을 어떻게 변화시킬지는 충분히 고려하지 않고 있다."라고 말했다. 『세 가지 지평선Three Horizons』(Sharpe & Williams, 2013)의 공동 저자인 빌 샤프Bill Sharpe는 리더가 조직을 이끌면서 세 가지 지평선을 어떻게 동시에 잡아야 하는지에 대해 설명한다. 이는 다음과 같다.

1. 일상적인 비즈니스를 관리한다.
2. 내일을 위한 제품, 프로세스 그리고 직원 몰입도를 지속해서 개선하고 혁신한다.
3. 미래를 위한 비즈니스를 창출한다.

빌은 1에서 3, 2의 순서로 생각해야 하며, 그렇지 않으면 '미래의 원하는 상태future desired state'에 의해 형성되는 혁신을 찾기보다는 현재의 프로세스, 제품 그리고 운영 방식이라는 미시적 개선micro improvements에 갇히게 된다고 주장한다.

이는 더 넓은 삶의 패턴 안에서 우리 자신과 우리의 관심 분야를 찾아내는 과정으로, 현재 순간에 우리가 함께 공유하는 미래를 향해 더 숙련되게skilfully 행동하도록 도와준다(Sharpe & Williams, 2013).

이는 내가 리더십 팀이 '미래지향적 사고'를 하도록 돕고, 항상 '미래의 이해관계자 세계에 우리가 고유하게 제공할 바는 무엇인가?'(Hawkins, 2021a)라는 질문을 던지도록 강조하는 것과 비슷하다.

일반적인 집중 방식way of attending은 현재에서 시작하여 과거의 경험을 통해 인식하고, 현재 문제를 해결하고, 자신 또는 다른 사람들이 원하는 일을 만들기 위해 노력한다. 팀 코칭은 전통적으로 팀 리더 또는 팀 구성원들이 팀 코칭을 통해 무엇을 원하는지, 또는 이들이 직면하고 있는 어려움 중 해결하고 싶은 바가 무엇인지 물으면서 시작되었다.

이와는 대조적으로, 시스테믹 팀 코칭은 항상 팀의 이해관계자 생태계에서 팀이 배우고 개발하기 위해 필요한 것이 무엇인지, 그리고 미래에 어떤 새로운 도전이 닥치며, 이에 대한 팀의 새로운 대응이 필요한지를 묻는 '퓨쳐-백future-back과 아웃사이드-인outside-in'에서 시작한다. 이러한 질문으로 시작하여, 팀과 함께 공동 탐구co-inquiry와 공동 발견co-discovery을 통해 팀과 함께 미래를 향해 나아가고, 새로움을 감지하고(Scharmer with Kaufer, 2013), 더 넓은 생태계의 부드러운 신호soft signals에 귀를 기울일 수 있다.

5. 현장의 목소리에 귀 기울이기

시스테믹 팀 코치는 현장의 목소리에 귀를 기울여야 한다. 여기에는 다중 수준multiple levels과 다양한 차원several different dimensions에서의 경청이 포함되며, 이를 위해서 조직적인 훈련과 프랙티스practice, 규율discipline이 필요하다.

40년 전, 나는 심리치료사를 훈련하면서 개발한 네 단계 경청에 대한 글(Hawkins & Smith, 2006, 2013)을 쓴 적이 있다. 이는 듣는 사람의 경험을 바탕으로 했다([표 18.1] 참조).

최근에 나는 오토 샤머Otto Scharmer의 U이론(Scharmer, 2007, 2013)에 영향을 받아 이 모델을 개발했는데, 그 역시 나와 비슷한 네 단계의 경청 수준을 가지고 있다. 그렇지만 표현은 듣는 사람의 훈련, 의식, 의도에 더 초점을 맞추고 있으며, 경청 능력listening capacity을 개발하는 방법에 대한 또 다른 지침을 제공한다. 또 각 레벨에 따른 팀 경청 모드와 각 레벨에 필요한 인식과 태도를 제시하고 있다([표 18.2] 참조).

시스테믹 팀 코치는 팀과 팀 구성원들의 이야기를 깊이 있게 들어야 할 뿐 아니라, 회의실에는 없으나 더 넓은 이해관계자 시스템의 다른 발언에도 귀를 기울이고 과거를 돌아보고 미래를 내다볼 수 있어야 한다. 시스테믹 팀 코치는 반만 들리면서half-heard 아직 팀에서 다루지 않은 사항뿐만 아니라, 팀의 더 넓은 시스템적 맥락에서 무엇이 들리고, 무엇이 중요한지 들을 수 있어야 한다.

[표 18.1] 경청 수준

경청 수준	경청자 활동	경청 대상자 내면의 결과
집중하기	눈맞춤과 자세는 상대방에 대한 관심을 보여 준다.	'이 사람은 내 말을 듣고 싶어 한다.'
정확한 경청하기	위에 더해서, 정확하게 상대방의 말을 풀어 말하기	'이 사람은 내 말을 듣고 내가 하는 말을 이해한다.'
공감적 경청하기	위에 더해서, 비언어적 신호, 감각 프레임, 은유를 일치시키기. 그들의 입장에서 느끼기	'이 사람은 내 입장이 어떤지 느끼고 내 현실을 이해한다.'
생성적 경청하기	위에 더해서, 자신의 직감intuition과 느낀 감각felt sense을 사용하여, 경청을 재생하는 방법으로 더 완전하게 연결한다.	'이 사람은 내가 혼자 할 수 있는 일보다 더 온전히 나 자신의 말을 들을 수 있게 도와준다.'

[표 18.2] 경청 수준: 호킨스와 샤머

경청 수준	호킨스 모델	샤머	샤머 팀 활동	현장: 알아차림의 구조	샤머 태도
1	집중하기	다운로드하기	다운로드하기	습관적 알아차림	
2	정확한 경청하기	사실적	논쟁	생태계 알아차림	열린 정신open mind
3	공감적 경청하기	공감적	대화	이해관계자 알아차림	열린 마음open heart
4	생성적 경청하기	프레즌스	집단 창의성	생태계 알아차림	열린 프레즌스

6. 프레즌스

나는 호킨스와 스미스(2013), 호킨스(2021)에서 '권위, 프레즌스, 영향력Authority, Presence and Impact'이라는 모델을 소개하며, 프레즌스의 집중성centrality of presence을 강조했다. 이는 완전한 프레즌스와 다양한 사람들과 라포rapport를 형성할 수 있는 수용력이라는 두 가지 측면을 의미한다.

센게와 동료들(Senge et al., 2005)은 현재present와 감지하기sensing라는 두 가지 다른 단어로 구성된 새로운 동사인 프레즌스하기presencing를 만들었다. 시스테믹 팀 코치는 팀의 목적과 존재 이유(규율 1), 팀의 계획과 의도(규율 2), 팀 내의 모든 것, 팀의 역동성, 문화와 내부 관계(규율 3), 팀과 팀의 모든 이해관계자 사이의 관계(규율 4), 미래가 팀에 요구하는 바, 시간이 지나면서 팀이 미래에 적합하도록 어떻게 발전하고 학습하고 변화하는지에 대해 완전히 집중해야 한다(규율 5).

또 시스테믹 팀 코치는 팀 내, 팀과 팀 생태계 사이의 관계 패턴과 미래가 팀에게 무엇을 요구하는지 감지할 수 있어야 한다. 프레즌스 유지는 모든 감각기관receptors을 열어놓고, 온몸으로 듣고, 보고, 느끼며 온전히 존재할 때 가능하다(아래 공명resonance 그리고 17장 참조).

7. 출현과 탈집착에 개방적으로 되기

프리초프 카프라Fritjof Capra(2003: 104)는 이렇게 말했다. '살아 있는 세계 전체를 통틀어 생명의 창의성creativity of life은 출현emergence 과정을 통해 자신을 표현한다.' 출현은 시스템의 각 부분이 서로 시너지 효과를 내며 상호작용하여 더 복잡하고 응집력 있는 패턴cohesive pattern을 만들어내는 과정이다. '출현은 단순함에서 복잡성과 다양성이 어떻게 생성되는지, 무질서해 보이는 군집의 행동이 어떻게 자기 조직화 수퍼 유기체self-organizing super-organisms를 만들어낼 수 있는지 설명한다'(Hutchins, 2012:58). 출현은 진화 과정의 핵심이며,

팀이 각 부분의 합보다 더 큰 존재가 되는 방법의 핵심이다. 허친스 Hutchins(2012:59)는 다음과 같이 명확하게 표현한다.

> 조직 차원에서 성공적인 출현successful emergence은 '좋음good'이 무엇인지 깊이 이해하고, 예측 가능성을 '내려놓고letting go', 안전지대에서 벗어나 모호함을 받아들이고, 역동적인 긴장감을 가지고 일하며, 유연하고 인내심을 갖고, 과거의 기업에서 흔히 볼 수 있는 그 이상으로 보다 높은 수준의 신뢰와 지적, 도덕적 성숙도를 필요로 한다.

위의 경청 능력에서 언급한 네 가지 수준을 넘어서는 또 다른 수준의 경청도 가능하다. 이 다섯 번째 수준은 순수한 경청(Amidon, 2012)으로, 팀 안팎에서 일어나는 모든 사항에 프레즌스하고, 열린 자세를 유지하면서 동시에 팀이 들려주는 이야기나 팀이 어떻게 변화해야 하는지에 대한 자신의 생각에 얽매이지 않을 수 있을 때 비로소 실현될 수 있다. 내가 코칭 교육에서 배운 격언 가운데 하나는 '더 잘 알지도 말고, 먼저 알지도 말라'이다.

이를 위해서는 앎knowing과 이해understanding, 판단에 집착하지 않고, 여러 수준에서 '있는 그대로'와 함께하며, 무엇이 드러날 때까지 기다리는 훈련이 필요하다. 탈집착non-attachment에서 팀 코치는 개별 팀원, 관계, 팀 역동, 팀과 더 넓은 시스템과의 관계, 그리고 자기 안에서 일어나는 일에 주목하지만, 이러한 주목하기에 집착하지 않고, 연결 패턴의 자연스러운 출현natural emergence을 기다린다. 탈집착은 다음 수용력인 은혜를 위한 공간을 만든다.

8. 은혜를 위한 공간 만들기

은혜를 위한 공간 만들기는 호킨스와 스미스(2006)에서 처음 사용되었다. 호킨스와 스미스 제2판(2013)에서는 코치가 개인, 팀 또는 조직과의 관계에 여유를 만들어 팀원이나 팀 코치가 이전에 생각하지 못했던, 그러나 새롭고 신선한 관계에서 떠오르는 무언가를 위한 넓은 공간감spaciousness을 제공하는 코치의 역량을 설명한다. 은혜로 다가옴은 우리 모두가 속해 있는 더 큰 시스템에서 선물처럼 다가오며, 우리가 얻거나 노력해서 얻지 않고, '하늘에서 내려오는 만나manna from heaven'[2]처럼 찾아온다.

9. 공명

경청의 핵심은 귀를 통해 신피질 뇌neo-cortex brain로만 듣기에서 벗어나, 호흡, 심장박동, 신체, 편도체amygdala, 파충류의 뇌reptilian, 변연계limbic, 신피질neo-cortex 양쪽 등 모든 감각을 통해 자신의 존재 전체를 듣는 데 있다(Hawkins & Smith, 2014, 2018; Hawkins, 2021; Brown & Brown, 2012 참조).

---

[2] 이집트를 탈출한 이스라엘 백성이 광야에 이르러 먹을 양식이 떨어졌을 때, 하나님이 하늘에서 내려준 신비로운 양식

사람은 자신의 몸과 다중 두뇌multiple brains를 조율하고, 팀 구성원, 팀 그리고 팀의 더 넓은 생태계의 반향reverberations과 공명한다. 나무에 매달아 바람의 움직임에 따라 공명하며 연주하는 에올리언 하프Aeolian harp처럼, 자신이 더 큰 시스템이 연주할 수 있는 악기가 될 수 있다. 콜러리지Coleridge는 이러한 하프에 대한 시를 썼는데, 이 시에서 그는 하프와 같은 존재가 되어, 우리 안과 밖에 있는 하나의 생명과 어떻게 연결될 수 있는지를 나타낸다.

> 오! 우리 안팎에 있는 하나의 생명,
> 모든 움직임을 만나 그의 영혼이 되고,
> 소리 속의 빛, 빛 속의 소리 같은 힘이 되네.
>
> 'The Eolian Harp', Samuel Taylor Coleridge, lines 27-29

10. 삼각 사고

모든 창의적 사고에는 세 가지 측면이 존재해야 하지만, 우리의 토론과 사고방식 대부분은 빛과 어둠, 낮과 밤, 선과 악, 위와 아래, 앞으로 나아가기와 제자리걸음 등 정반대opposites, 양극성polarities, 이원론적 사고dualistic thinking로 짜여 있다. 실제로 조지 켈리George Kelly(1955)는 한 사람이나 경험을 다른 사람과 구별하는 데 사용하는 극성polarity인 '구성constructs'으로 개인을 이해하는 전체심리학whole psychology과 심리치료법을 개발했다.

팀 코치는 다음과 같은 팀의 특징적인 이중성 구조duality constructs에 사로잡히기 쉽다.

'우리는 고성과 팀이 되어야 한다.' (구조: 높은 성과와 낮은 성과)
'우리는 너무 많은 갈등이 있다.' (구조: 갈등 대 조화)
'우리는 좀 더 외부적으로 집중할 필요가 있다.' (구조: 내부 초점 대 외부 초점)

나는 다른 글(Hawkins, 2005)에서 내가 함께 일하거나 함께 일했던 모든 리더십 팀이 적어도 다음 중 한 가지 이상의 '양자택일either-or' 논쟁을 벌였다는 글을 쓴 적이 있다. '중앙 집중화할 것인가, 탈중앙화할 것인가', '투자자에게 집중할 것인가, 고객에게 집중할 것인가', '문제는 전략인가, 문화인가' 등이다. 양극단의 양쪽에는 각자의 해결책에 매우 집착하는 열정적인 옹호자가 자주 등장한다. 나는 양자택일에 관한 세 가지 간단한 법칙을 다음과 같이 개발했다.

1. 팀에서 동일한 양자택일 토론either-or debate을 세 번째로 하는 경우, 당신은 잘못된 질문을 했다.
2. 반대되는 두 가지 해결책opposing solutions이 모두 잘못되었으므로 '둘 중 하나either-or'에서 '둘 다both'로 이동하면, 두 가지 잘못된 해결책이 결합될 뿐이다.
3. 두 가지 반대되는 해결책은 모두 시스템 내에서 중요한 요구를

나타내며, 아직 연결할 방법을 찾지 못했다.

따라서 팀 코치나 팀 구성원이 삼각 사고를 이끌어낼 수 있다면, 고착화된 양자택일 토론은 새롭고 창의적인 사고로 나아가는 발판이 될 수 있다. 팀 코치나 팀 구성원은 먼저 각 해결책이 그 자체로는 필요한 해결책을 제시하지 못하는 이유를 팀 구성원들에게 설명한다. 이후 팀 구성원들에게 이 두 가지 해결책 사이에 절충안compromise을 만들면 어떻게 될지 물어볼 수 있는데, 이 역시 잘못된 해결책일 가능성이 높다.

이후 각 해결책 옹호자에게 '해결책의 이면에 있는 요구 사항이 무엇인가?'라고 질문한다. 각각의 반대 해결책이 나타내는 필요를 나열한 다음, 팀 코치는 양극성을 만들어낸 사고의 외부와 그 너머에서 완전히 새로운 방식으로 이 두 가지 시스템의 필요를 연결하고 모든 필요를 충족시킬 수 있는 방법을 제공하는 방법을 생각하는 일에 전체 팀의 참여를 유도할 수 있다. 이를 통해 우리는 타협compromise, 융합convergence 또는 합류confluence가 아닌, 연금술 철학자 헤라클레이토스Heraclitus와 칼 융이 생각한 바처럼 상반된 각각의 결합이라는 새로운 변혁적 결합transformational conjunction을 만들어낼 수 있다([그림 18.1] 참조).

11. 성찰하는 프랙티셔너

시스템적으로 기능한다는 의미는 우리가 인식하는 모든 시스템, 즉 콜러리지의 '우리 안팎에 있는 하나의 생명one life within us and abroad'의 일

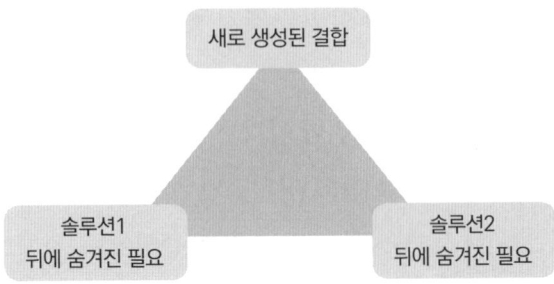

결합conjunction – 여기서 우리는 이전에 양극화된 이원성polarized duality의 틀을 넘어 새로운 제3의 길을 창조한다.

[그림 18.1] 결합

부라고 인식한다는 뜻이며, 따라서 우리의 특정한 관점에서만 시스템을 볼 수 있다는 뜻이다. 이를 위해 훈련된 성찰적 프랙티스가 필요한데, 도널드 쇤Donald Schön은 이를 '지속적인 학습 과정에 참여하기 위해 행동을 성찰할 수 있는 수용력'이라고 처음 정의했다(Schön, 1983).

따라서 팀 내에서 패턴과 역동을 발견하는 가장 좋은 방법 가운데 하나는 자신의 내면에서 감정과 패턴이 어떻게 병렬적으로 나타나는지 살펴보는 것이다(병렬 프로세스에 대한 자세한 내용은 Hawkins & Smith, 2013:195-98 참조).

현대 과학은 관찰자observer가 관찰하는 대상에 영향을 받으므로, 순수한 객관성pure objectivity이란 존재하지 않는다는 사실을 점점 더 인정하고 있다. 이는 물질 과학보다 인간 과학에서 훨씬 더 사실이며, 따라서 팀 코치는 자신이 관여하는 팀이나 시스템의 일부로서 자신을 성찰할 수 있어야 한다. 이 과정에서 수퍼비전은 필수적이지만, 한 영적 스승이 지적했듯이 우리가 볼 수 없는 한 가지 얼굴은 바로 우리 자신이다.

그렇다. 우리는 거울이나 시냇물 또는 우리의 얼굴이 다른 사람에게서 이끌어내는 반응responses에서 그 반영reflection을 볼 수 있지만, 다른 사람의 얼굴을 보는 방식으로는 결코 볼 수 없다. 따라서 우리는 피드백에 의존하고 있으며, 팀 코치는 모든 피드백을 방어적이지 않고 undefensively, 애착attachment이나, 반응성reactivity 없이 들을 수 있는 수용력을 개발해야 한다. 이는 필연적으로 피드백 제공자의 투사projection를 수반하지만, 시스템 내에서 우리의 부분과 입장을 보는 데 도움이 될 수 있다.

12. 평생 학습자

나는 사람들이 언제 은퇴할 거냐고 물어보는 나이가 되었다! 나는 더는 새로운 것을 배우지 않으면서 팀과 함께 일하거나 교육할 때가 바로 그때라고 답한다. 배움을 멈추면 효율성이 떨어지고, 업무가 진부해진다. 배움을 멈추면 팀 구성원들과 함께 새로운 사고, 관계 맺기, 함께하는 방식을 만들어낼 수 있는 학습의 최전선에 설 수 없다. 겨우 지난 과거에 조리된 생각을 제공하게 될 뿐이다. 지혜, 지식, 경험이 많을수록 창의적인 학습자creative learner가 되기는 더 어려워진다.

　예수는 낙타가 바늘귀로 들어가는 것이 부자가 하나님 나라kingdom of God에 들어가기보다 쉽다고 가르쳤다. 어떤 사람들은 예수가 예루살렘 성벽에 있는 문을 언급하셨다고 믿는데, 낙타는 짐을 모두 내려놓아야만 통과할 수 있는 성문이다. 우리가 버릴 수 있어야 하는 재물은 물질적 풍요뿐만 아니라 지식, 지혜, 경험의 풍요로움도 포함하며, 이는 이전에 알지 못했던 새로운 배움을 받아들이는 데 방해가 될 수 있다.

13. 청지기 정신

청지기 윤리ethics of stewardship는 항상 전보다 더 나은 번영 상태를 남기려는 노력을 수반한다. 이는 당신이 사는 집, 정원이나 땅, 당신이 이끌거나 소속된 팀이나 조직, 심지어 일시적으로 사용하는 공간이나 행사에도 적용될 수 있다. 비즈니스에서 청지기 정신 이론은 비즈니스 목표에 부합하는 협업을 강조한다(Sundaramurthy & Lewis, 2003). 이는 단기적인 이익뿐만 아니라 지속 가능한 비즈니스를 만드는 데 초점을 맞추고, 회사의 모든 이해관계자, 고객, 파트너, 공급업체, 투자자, 직원, 조직이 운영되는 지역사회 그리고 '인간 이상의' 자연 환경을 위한 부가가치 창출에 초점을 맞추도록 강조한다.

청지기 정신은 삶의 모든 측면에서 자신이 물려받은 유산보다 더 큰 유산을 남긴다. 팀 코치로서 우리는 팀을 처음 만났을 때보다 더 나은 자원과 역량을 갖추고, 더 높은 가치를 창출하는 팀, 즉 자신을 계속 코칭하고 개발할 수 있는 팀, 모든 이해관계자와 함께 더 높은 가치를 창출하는 팀을 남기는 데 중점을 둔다. 팀 리더로서 우리는 팀 구성원들이 리더십을 더 잘 공유하도록 코칭하는 데 집중하고 있으며, 궁극적으로는 우리가 없어도 팀이 성공할 수 있도록 돕는다.

14. 눈을 크게 뜨다

우리는 인류 역사상 가장 큰 규모의 상호 연결된 도전에 총체적으로 직면하고 있다. 이는 지구가 놀라운 속도로 온난화되어 전례 없는 폭염, 산불, 북극의 해빙, 해수면 상승, 잦은 폭풍과 홍수가 발생하는 등의 기후 위기뿐만이 아니다. 많은 생물종의 대량 멸종, 육지와 해양, 강과 바다의 생태계 전반의 붕괴, 대기의 독성 증가 등 더 광범위한 생태계의 위기이다.

이 엄청난 도전에 직면하면 거의 모든 사람이 절망이나 부정에 빠지거나 압도당하거나 '의도적 눈감기wilful blindness'에 빠지기 쉽다. 지구는 우리에게 두 눈을 크게 뜨고 현실을 직시할 수 있는 용기를 갖도록 촉구한다. 새로운 차원의 집단적 협력 대응을 배우고, 인류 의식human consciousness의 대전환에 적극적으로 동참해야 한다.

팔복

다음 열네 가지 수용력은 내게 끊임없는 스승이 되었다. 나는 이 수용력들을 상기시키기 위해 책상 옆에 붙일 목록을 만들었다. 그때 나는 각각의 수용력이 축복이며, 억지로 쫓아갈 수 없으며, 의식적으로 그 안에 거할수록 더 많은 축복blessings이 은혜로 온다는 사실을 깨달았다. 그래서 나는 각 능력에 대해 그 능력과 그 능력이 가져다주는 축복을 포착하기 위해, 그리고 그 단어가 '존재하는 태도be-attitude' 또는 '존재의 태도attitude of being'로 읽힐 수 있기 때문에, 팔복beatitude[3]을 개발했다.

어떤 사람들은 기독교의 성경적 용어인 팔복 사용이 주제 넘거나 모욕적이거나, 신성 모독적이라고 생각할 수 있다. 그러한 독자들에게는 불쾌감을 드린 점에 대해 미리 사과한다. 내가 이 용어를 고집한 이유는 이 기술의 영적인 측면spiritual aspects of this craft을 명확하게 담아낼 수 있는 형식을 찾고 싶었기 때문이다.

1. **관계적 인식**relational perception. 무용수만 보지 않고 춤을 보는 사람, 배우만 보지 않고 드라마를 보는 사람, 관계항relata만 보지 않고 관계relationship를 보는 사람은 복이 있다. 왜냐하면 이들은 삶의 역동적인 흐름dynamic flow of life 속에 살아가기 때문이다.
2. **더 큰 전체를 위해 봉사하기**being in service to the larger whole. 더 큰 시스템을 섬길 수 있는 사람은 복이 있다. 왜냐하면 많은 부분이 이들에게 돌아오기 때문이다.
3. **적어도 세 가지 시스템에 관심을 기울이기**attending to at least three systems. 자신이 집중하고 있는 시스템의 위와 아래를 볼 수 있는 사람은 복이 있다. 왜냐하면 이들은 연결의 흐름stream of connection 속에서 살아가기 때문이다.

---

3) 신약 성경에서 예수님이 산상 설교 속에서 이런 사람은 행복하다고 한 말. 곧 심령이 가난함, 애통함, 온유함, 의에 주리고 목마름, 긍휼히 여김, 마음이 청결함, 화평케 함, 의를 위하여 핍박을 받음이라는 여덟 가지 복

4. **'미래로 기대기**leaning into the future'. 현재에 기반을 두되, 미래에 관심을 기울일 수 있는 사람은 복이 있다. 왜냐하면 이들은 새롭게 떠오르는 것을 감지하기 때문이다.

5. **현장에 귀 기울이기**listening to the field. 진정으로 경청할 수 있는 사람은 복이 있다. 왜냐하면 이들은 수용의 선물gift of acceptance을 갖기 때문이다.

6. **프레즌스**presence. 생태계에 무엇이 있는지 감지하며 온전히 존재할 수 있는 사람은 복이 있다. 왜냐하면 이들은 권력의 자리place of power에 있기 때문이다.

7. **출현과 탈집착에 열려 있으라**open to emergence and non-attachment. 생각, 지각, 태도에 집착하지 않는 사람은 복이 있다. 왜냐하면 바늘구멍을 통과하여 예상치 못한 풍요의 도시로 들어갈 수 있기 때문이다.

8. **은혜를 위한 공간 만들기**creating the space for grace. 은혜를 위한 공간을 만들 수 있는 사람은 복이 있다. 왜냐하면 이들은 많은 축복을 받을 것이며, 이들이 받은 축복을 깨닫게 되기 때문이다.

9. **공명**resonance. 온 존재whole being와 몸body과 마음mind과 직관intuition으로 경청하고, 내면이 외부에 조율되도록 스스로 공명할 수 있는 사람은 복이 있다. 왜냐하면 이들은 인생의 음악가가 되기 때문이다.

10. **삼각 사고**triangulated thinking. 모든 양자 관계dyad에 내재한 세 번째 요소the third implicit에 지속해서 관심을 가질 수 있는 사람은 복이

있다. 왜냐하면 이들은 창의성을 지니기 때문이다.
11. **성찰하는 프랙티셔너**reflective practitioner. 자신의 얼굴과 자신을 자신이 속한 시스템의 일부로 볼 수 있는 사람은 복이 있다. 왜냐하면 방어적이지 않고, 자신을 더 큰 시스템을 이해하는 수단으로 사용할 수 있기 때문이다.
12. **평생 학습자**a lifelong learner. 평생 계속 배우고, 또 배우는 사람은 복이 있다. 왜냐하면 이들의 하루하루가 새로운 새벽이 되기 때문이다.
13. **청지기 정신**stewardship. 팀과 조직의 청지기는 복이 있다. 왜냐하면 이들은 후배들에게 더 큰 유산을 남겼다는 사실을 알고, 안식하기 때문이다.
14. **눈을 크게 뜨다**Eyes wide open. 눈을 크게 뜨고, 부정이나 절망 없이 다가오는 모두를 마주할 수 있는 사람은 복이 있다. 왜냐하면 이들은 삶이 요구하는 바를 발견하고 실천하기 때문이다.

결론

이 장에서 설명하는 열네 가지 핵심 수용력을 개발하기는 높은 산을 오르는 듯 느껴지거나 평생의 노력이 필요한 듯 들릴 수도 있다. 그렇지만 좋은 소식은 이러한 수용력이 축복blessings이기 때문에 팔복beatitudes이라고 불리며, 이러한 존재 방식에 자신을 개방할수록, 더 넓은 시스템이 당신을 만나고 도와준다는 점이다. 이러한 핵심 수용력은 삶의 다른 모든 측면을 풍요롭게 하며, 당신의 시야도 점점 더 깊어지고 넓어진다.

다음 장에서는 시스테믹 팀 코치가 되기 위한 여정을 자세히 살펴보고 이러한 학습과 개발을 지원할 수 있는 교육 설계에 대해 간략하게 설명하겠다.

19장
시스테믹 팀 코치 교육하기

저자: 피터 호킨스Peter Hawkins, 존 리어리-조이스John Leary-Joyce,
힐러리 라인스Hilary Lines
역자: 강하롱

도입

우리는 2009년부터 함께 협력하여 숙련된 코치, 리더, 조직 개발 프랙티셔너를 위한 시스테믹 팀 코칭 프로그램을 개발하고 선도해 왔다. 여기에는 3일간의 집중 자격증 프로그램이 포함되어 있으며, 시스테믹 팀 코칭의 12개월 디플로마[1] 프로그램diploma programme으로 이어져 영국과 전 세계 30개국(www.aoec.com 및 www.renewalassociates.co.uk)에서 제공될 뿐만 아니라 다양한 국제 조직을 위한 사내 프로그램도 있다.

 이 기간에 우리는 교수진 동료들과 참가자들의 기여를 통해 접근 방식을 조정하고 풍부하게 만들었으며, 그 과정에서 시스테믹 팀 코치

---
1) 코스 과정을 마쳤을 때 받는 증서, 수료증

가 되는 복합적인 여정complex journey에서 사람들을 지원하는 방법을 많이 배웠다. 2020~21년의 팬데믹은 우리에게 경험적 요소를 완전히 유지하면서 가상 형식으로 프로그램을 제공하도록 조정하는 추가적인 과제를 제공했으며, 또한 데이비드 클러터벅David Clutterbuck과 함께 100개국에서 온 1,500명 이상의 전 세계 청중에게 WBECS 글로벌 팀 코칭 연구소Global Team Coaching Institute를 위한 첫 번째 프로그램을 설계하고 제공할 수 있는 특권을 얻게 되었다.

　프로그램을 재창조하고 개선하는 과정에서 우리와 함께해 온 사람들은 아낌없는 동료 선구자fellow pioneers로서 기술을 공동 창조하고 발전시키며 학습을 가장 잘 전달하는 방법을 개선해왔다. 이들의 기여에 깊이 감사드린다.

　이 장은 주로 우리가 제공하는 다양한 교육 프로그램을 최대한 활용하여 시스테믹 팀 코칭 기술을 개발하도록 예비과정 참여자와 가상으로 이메일을 주고받는 형식으로 작성되었다. 연수생 및 다른 국제 트레이너들과 나눈 실제 대화에서 많은 부분을 통합했으며, 그의 질문에 답하면서 여러분이 궁금해하는 질문과 아직 고려하지 않은 질문도 함께 다룰 수 있기를 바란다.

시스테믹 팀 코치가 되기 위한 학습

친애하는 존, 피터, 힐러리에게

시스테믹 팀 코치가 되는 것에 대해 더 자세히 문의하고 싶습니다.

제 동료 아마라와 저는 나이로비nairobi에 본사를 둔 글로벌 뱅킹 그룹에서 일하고 있는데, 저는 코칭에 중점을 둔 L&D 책임자이고 아마라는 수석 외부 코치lead external coach입니다. 우리 둘 다 각각 ICF에서 제공하는 PCC, MCC 자격증을 보유하고 있으며, 팀 코칭을 제공하도록 지속해서 초청받고 있습니다. 어느 정도의 성공과 어려운 상황을 겪은 뒤, 저희는 실질적인 팀 코치 교육 프로그램에 참여할 필요성을 느꼈습니다.

저는 홍콩 출신으로 인사 업무를 담당하고 있으며, 경력 초기에는 팀 빌딩과 리더십 개발과 관련된 팀 퍼실리테이션에 관심이 많았습니다. 제 학습 스타일은 좀 더 역동적이고 참여적이며 깊이 파고드는 스타일입니다.

아마라는 케냐 출신으로 조직개발 컨설팅 분야에서 광범위한 국제적인 경력을 쌓았지만 팀 퍼실리테이션 경험은 거의 없습니다. 아마라는 성찰적이고 신중하며 사려 깊어서 서로의 기술과 학습 스타일이 잘 어우러져 팀 코칭을 제공하는 기업에 큰 도움이 됩니다.

저는 정기적으로 런던과 뉴욕을 여행하고(코로나로 인해 여행 횟수는 줄었지만) 중국 본토에 있는 가족을 주기적으로 방문합니다. 아마라는 기후 변화에 대한 의식climate consciousness과 가족을 생각해서 지금은 항공 여행을 거의 하지 않습니다.

저희 상황에 맞는 시스테믹 팀 코칭 프로그램을 추천해 주시면 감사하겠습니다.

안부를 전합니다.

브리짓 리우Brigit Liu

친애하는 브리짓에게

시스테믹 팀 코칭에 대한 여러분의 열정을 듣고 저희의 프로그램 제품군 suite of programmes에 대한 정보를 제공하게 되어 기쁘게 생각합니다. 저희는 프랙티셔너와 상급 프랙티셔너/디플로마diploma 수준의 프로그램을 제공하며, 전체 시스테믹 팀 코칭 개발 여정을 이해할 수 있도록 이 두 가지 수준에 대한 정보를 아래에 제시했습니다.

시스테믹 팀 코칭 프랙티셔너 수준 프로그램

저희는 여러분의 서로 다른 학습 스타일과 상황에 맞는 두 가지 시스테믹 팀 코칭 프랙티셔너 프로그램을 보유하고 있습니다. 두 프로그램 모두 동일한 이론 자료를 다루고 실습을 위해 팀 코칭 비즈니스 시뮬레이션을 사용하지만, 그 구조와 전달 방식이 다릅니다.

첫째, 케냐, 중국 등 여러 국가와 조직에서 운영해 온 3일간의 집중적인 시스테믹 팀 코칭 자격증intensive Systemic Team Coaching Certificate(STCC)인 AoEC/Renewal이 있으며, 일반적으로 15~30명으로 구성된 그룹과 2명의 교수진이 대면(단, 코로나19 또는 기타 여행 제한이 있는 경우 가상으로 제공)으로 진행합니다. 이 프로그램은 시스테믹 팀 코칭의 원칙과 실습에 대한 엄격한 기초 지식grounding을 제공하며, 다섯 가지 규율 모델the Five disciplines Model의 적용에 중점을 둡니다.

이론과 실습이 결합되어 있으며, 참여자들이 실제 시뮬레이션real-life simulation을 통해 체험형 실습 그룹experiential practice groups에서 학습한 내용을 적용하면서 짧은 시간에 많은 내용을 다룹니다. 사전 과정 읽기와 동영상은 프로그램에서 최대한 많은 시간을 적용에 할애할 수 있게 안내합니다. 이 프로그램에 참석하기 전에 이미 팀 퍼실리테이션 또는 코칭 작업을 경험해 볼 것을 권장합니다.

자신의 스타일과 선호도에 대한 설명을 보면 이 프로그램의 형식이 학습 스타일과 접근 방식에 적용 가능합니다. 또 여행 선택 사항에 따라 런던, 베이징, 뉴욕, 두바이 또는 요하네스버그에서 실제로 대면 집중face-to-face intensive 과정에 참석할 수 있으므로 훌륭한 선택입니다. STCC 프로그램은 평가나 시험이 없기 때문에 ICF CCE[2]를 제공합니다.

두 번째 선택사항은 글로벌 팀 코칭 인스티튜트Global Team Coaching Institute에서 동일한 내용, 실습 및 교수진으로 운영하는 10개월의 완전 가상 STC 프랙티셔너 프로그램fully virtual STC Practitioner programme입니다. 이 프로그램은 월별 이론 웨비나webinars(웹 세미나), 가상 실습 세션, 대화형 Q&A 세

---

[2] 자격 유지 교육 이수 인증서

션으로 나뉘며, 월별 참여 시간은 4.5시간입니다.

참여자는 학습 과정과 병행하여 실제 고객 업무에 학습 내용을 적용할 수 있도록 팀 코칭 과제를 찾아야 합니다.

학습 스타일 측면에서 볼 때, 아마라에게는 10개월 동안 단계적으로 학습한 내용을 적용할 여유로운 속도와 성찰할 시간이 많으면서도 여행할 필요가 없다는 점이 더 매력적일 수 있습니다. 그렇지만 프로그램 기간 동안 다른 업무 사이에 정기적인 학습과 실습 시간을 통합하는 교육이 필요합니다. 이 프로그램은 더 긴 교육 시간, 학습 요구사항 그리고 최종 평가를 통해 EMCC 프랙티셔너 자격을 부여합니다.

물론 팀 리더를 포함하여 최소 15명 이상의 인원이 교육을 받을 수 있는 경우 두 명의 상급 트레이너가 맞춤형 3일 자격증 프로그램bespoke three-day certificate programme을 운영할 수도 있습니다.

이를 통해 내부 팀 코칭 고객과 협력하여 사고와 프랙티스를 발전시키고, 시스테믹 팀 코칭이 조직의 팀 문화를 발전시키는 데 어떻게 도움이 될 수 있는지 살펴볼 수 있습니다. (자세한 내용은 이 책의 16장을 참조하세요.)

당신의 배경을 고려할 때 위의 프로그램 가운데 하나에 직접 참여하는 것이 좋겠지만, 아마라가 먼저 기초 팀 코칭 프로그램foundation team coaching programme에 참여하여 일대일 코칭에서 팀 코칭 중심으로 전환하는 데 필요한 기본 사항을 학습하는 것도 좋습니다. 기초 프로그램의 경우 글로벌 팀 코칭 인스티튜트GTCI에서 제공하는 여섯 개의 모듈로 구성된 4개월간의 가상 출입구virtual gateway를 제공합니다.

여기서 설명하는 프랙티셔너 프로그램은 시스테믹 팀 코칭의 입문 단계entry level라는 점을 강조하고 싶습니다. 이 프로그램을 통해 코칭 기술을 실습할 수 있으며, 경험 수준에 따라 단기간에 이 정도면 충분하다고 판단할 수도 있습니다. 그렇지만 시스테믹 팀 코치로서 완전한 자격을 갖추고 코칭 스킬에 대한 깊은 회복탄력성resilience과 민첩성agility을 키우려면 1년 과정의 AoEC/리뉴얼 디플로마Renewal diploma 또는 GTCI 상급 프랙티셔너 프로그램을 계속 수강하기를 권장합니다. 이에 대한 자세한 내용은 아래에 설명되어 있습니다.

12개월 디플로마 및 GTCI 상급 프랙티셔너 프로그램

시스테믹 팀 코칭 디플로마는 STCC 또는 프랙티셔너 프로그램을 이수하고 팀 코칭 역량competence과 프랙티스를 개발하고 확장하는 동시에 공인된 전문 자격을 취득하고자 하는 사람들을 위해 고안되었습니다.
　3일간의 집중 자격증 과정intensive certificate과 가상 프랙티셔너를 통해 시스템적 팀 코칭의 견고한 기초를 다질 수 있다면, 디플로마 프로그램은 이론을 더 깊이 이해하고, 다양한 팀 코칭 상황에서 프랙티스할 수 있는 기회를 제공하며, 시스테믹 팀 코치로서 자신의 방식을 발전시킬 수 있는 방법을 충분히 탐색하는 기회를 제공합니다.
　팀 작업의 복잡성을 반영하기 위해 프로그램 학습 기회는 다음과 같이 다양합니다.

- 첫째, 교수진이 제공하는 학습 정보는 각 모듈의 특정 주제에 대한 토론을 자극합니다. 여기에는 이론을 실제로 설명하기 위한 다양한 사례가 포함됩니다.
- 대그룹의 일원이 되는 경험은 학습 커뮤니티에 참여하게 하고, 영향력을 발휘할 수 있는 능력을 발휘하게 합니다. 이는 많은 사람에게 작고 역동적이며 살아 있는 조직의 일원이 되는 중요한 개인적 경험입니다. 교수진은 커뮤니티의 프로세스를 관찰하고 촉진하며 커뮤니티가 번창하고 효과적이기 위해 무엇이 필요한지에 대해 의견을 제시합니다.
- 소규모 수퍼비전 그룹은 고객client 사례 연구에 대해 토론하고 수퍼비전 받으며, 이론을 적용하고, 개입에 대해 논의하고, 모든 사람의 개인적 개발을 지원하고 도전하는 '가정 학습 장소home learning place'를 제공합니다. 이는 자신의 역량capability에 대한 의심과 불확실성을 탐구하고, 이를 극복할 방법을 찾고, 자신의 힘과 강점을 발견할 수 있는 친밀하고 심오한 맥락이 될 수 있습니다.
- 프랙티스와 실험 그룹은 자신의 사례 연구를 가져오고, 실험적인 사례 시나리오를 설정하고, 공동 코치와 함께 작업하고, 새로운 접근 방식과 방법을 테스트하고, 동료에게 피드백받을 수 있는 도가니crucible와 같은 공간을 제공합니다. 이곳에서는 팀 코치가 되어 안전하게 실험해볼 수 있을 뿐만 아니라 '고객 팀'의 일원이 되어 프로세스의 관찰자이자 피드백을 제공하는 역할극도 할 수 있습니다. 교수진은 또한 고객 상황에 대한 수퍼비전과 다양한 개입에 대한 통찰력을 제공합니다.

프로그램과 병행하여 실제 비즈니스 환경에서 학습한 내용을 적용하기 위해 고객 팀과 협력해야 합니다. 새로운 개입을 시도하고, 팀 기능의 복잡성과 씨름하며, 자신의 스타일과 프레즌스에 대한 직접적인 피드백을 받을 수 있는 기회입니다. 고객 팀 참여는 프로그램 기간인 12개월 동안 이루어지므로 개입의 효과를 측정할 수 있을 것으로 기대합니다. '사전 및 사후' 설문조사를 실시하고 '투자 수익률return on investment'을 분석할 수 있습니다(14장 참조).

교수진은 지식 자원과 팀 코치의 사례를 제공합니다. 일대일 자습서tutorials와 수퍼비전은 업무를 되돌아보고 새로운 통찰력을 얻고 학습을 심화할 수 있도록 필수적인 지원과 지침을 제공합니다.

프로그램에 참여하면서 겪게 되는 기복을 통한 개인적인 학습 여정은 시스템적 팀 코치로서 어떻게 발전하고 있는지에 대한 풍부한 통찰력을 제공합니다. 궁극적으로 팀 코치로서의 '나타남show up'은 개인의 '시그니처 프레즌스signature presence'에 달려 있으므로, 이 프로그램은 팀원 및 팀 코치로서의 역할에서 자신에 대한 깊은 개인적 이해를 제공하도록 설계되었습니다.

자격을 갖추려면 다음과 같은 서류를 제출해야 합니다.

- 고객 사례 연구, 그리고 코치로서 자신과 팀 모두에 대한 배움
- 시스테믹 팀 코칭에 대한 당신의 시그니처 접근 방식signature approach, 즉 프로그램 시작 시점에 당신이 어디에 있었는지, 무엇을 배웠는지, 그리고 현재 당신의 시스템적 사고, 행동, 존재의 어느 단계에 있는지

에 대한 기록. 이 에세이는 세 번째 문서 요구 사항을 뒷받침합니다.
- 마케팅 진술서statement는 내부 또는 외부 STC로서 자신을 어떻게 마케팅할 것인지, 자신의 기술craft을 실행하는 방식에 대한 독특한 점은 무엇이며, 누구에게 가장 잘 서비스를 제공할 것인지에 대해 설명하도록 요청합니다.

마지막 모듈에서는 이 문서에 대한 초안을 동료들에게 발표하고, 자기 자신과 사고와 프랙티스에 대한 알아차림을 풍부하게 하기 위해 지지적이고 도전적인 피드백을 받도록 초청받습니다. 이는 풍부한 학습 경험이며 참여자들은 때때로 '인생을 바꾸는life-changing 경험'이라고 표현합니다….

가상 환경에서 디플로마 프로그램 제공

첫 번째 STC 디플로마 프로그램을 운영한 2010년부터 2021년까지 첫 번째 미주 디플로마 과정을 운영하고, 아홉 번째 런던 프로그램, 네 번째 남아프리카 프로그램을 시작했으며, 첫 번째 중국 디플로마 프로그램을 시작했다.

2020년까지 모든 디플로마 프로그램은 10~12개월에 걸쳐 3일 모듈 3회, 2일 모듈 1회로 구성된 대면 프로그램으로 운영하였다. 그렇지만 코로나 봉쇄 규정lockdown regulations과 여행 제한 조치로 인해 이 모든 과정이 갑자기 중단되었다. 우리는 복잡한 역동 경험을 핵심으로 하는 프로그램을 가상 플랫폼에서 어떻게 제공할 수 있을지 다시 생각해야 했다. 우리 능력에 대한 불신을 잠시 멈추고, 우리는 이 위기가 다음과 같이 우리에게 중요한 기회를 제공했음을 깨달았다.

1. 가상 환경에서 팀 코칭 접근법을 가르치고 경험할 수 있는 방법을 모색하여, 원격으로 근무하고 대면하는 일이 거의 없는 전 세계의 더 많은 팀에게 도움이 되도록 했다.
2. 봉쇄 규정으로 인해 사람들이 모일 수 없어 팀워크가 중단되고 많은 관계가 긴장된 팬데믹 기간 동안 참여자들이 고객 조직에 절실히 필요한 팀 코칭 지원을 제공하도록 했다.

온라인으로 프로그램을 제공하려면 교재materials, 실습 방식modes of practice, 그리고 개입 기간duration of any intervention을 재고해야 했다. 모두가 가상 근무로 전환함으로써 에너지와 정신 건강에 부담을 느끼고 있었다. 우리는 각 프로그램 모듈을 총 7회, 각 3시간 학습 랩learning laps으로 나누고, 오프라인에서 성찰하고 준비할 수 있도록 지원하며, 일부는 혼자서 개인적으로, 일부는 공동 코칭 짝co-coaching pairs과 수퍼비전 그룹에서 수행하기로 결정했다.

학습 랩은 강의 입력, 개인 성찰 공간, 마음챙김 실습, 짝을 이룬 코칭paired coaching, 사례 연구 실습 그룹, 수퍼비전 그룹, 전체 커뮤니티 토론 등 각자의 스타일에 맞고 집중력과 에너지를 유지할 수 있는 다양한 학습 방법으로 구성되었다.

우리는 팀 코치로서 정서 범위emotional range를 향상시키고 프랙티스를 구체화하는 방법을 소개하는 동영상 자료를 개발했다. 그래서 참여자들이 이 자료를 다시 살펴보며 프랙티스를 심화하도록 했다. 우리는 다양한 가상 플랫폼을 활용하여 조각하기sculpting를 비롯한 복합적 상호작용과 구현 프로세스를 가르치고 경험하며 커뮤니티의 역동성을 탐구했다.

우리는 런던과 뉴욕에서 시작된 두 개의 디플로마 커뮤니티에 자문을 구하여 온라인 세션의 어떤 리듬과 기간이 가장 적합한지 알아보았다. 흥미롭게도 한 그룹은 한 달에 한 번, 다른 그룹은 이틀 또는 사흘 단위로 학습을 진행하기로 결정하는 등 서로 다른 방식을 선택했다.

이러한 방식으로 프로그램을 재창조하는 과정에서 각자의 전문성과 지도, 피드백을 제공한 동료 교수진들과 참가자 그룹에게 큰 빚을 졌다. 전 세계가 힘든 시기를 보내고 있는 지금, 이 시기에 프로그램을 운영하면서 더 넓은 시스템의 스트레스가 우리 커뮤니티, 팀, 가족 간의 역동 관계에 어떤 영향을 미치는지 끊임없이 상기할 수 있었다. 이 프로그램을 통해 우리는 이 경험을 함께 겪으며 세상에 영향을 미치는 위기가 우리의 관계와 역동성, 그리고 우리가 서비스를 제공하는 고객들의 관계에 어떤 영향을 미치는지 한 발 물러서서 지켜볼 기회를 가졌다.

이러한 위기에는 팬데믹뿐만 아니라 조지 플로이드George Floyd 사망 사건에 대한 충격과 분노, 인종 차별에 대한 전 세계의 질문, 미 국회 의사당 습격으로 인한 민주주의에 대한 위협도 포함되었다. 특히 이번 사건으로 인해 발생하는 정서에 공간을 주고, 점점 더 양극화되는 세상에서 변화의 주체로서 우리에게 어떤 의미가 있는지 성찰할 수 있도록 프로그램에 유연성을 부여할 수 있었다.

이러한 '공간 유지하기holding the space' 경험은 때로는 불편했고 모든 사람에게 적합하지는 않았다. 그렇지만 이렇게 함으로써 우리는 '변화는 잠시 멈춰서 우리 사이와 더 넓은 시스템에 있는 것에 귀를 기울이고, 세상이 우리에게 요구하는 것을 공유하고 경청함으로써 이루어진다'라는 우리의 믿음에 충실했다. 이는 팀 코칭 프랙티스와 교육 방식을 뒷받침하는 신념이므로, 이를 학습 접근 방식에 통합함으로써 우리의 기술 철학에 충실할 수 있었다. 또 다른 사람들이 자신이 일하는 시스템 내에서 그리고 자신의 업무에서 이를 수행할 수 있는 근육을 개발하도록 돕는다.

또 호기심 어린 눈과 마음으로 학습 커뮤니티에 가져온 차이점과 팀 내에서 차이를 탐구할 수 있는 공간 유지하기의 중요성을 탐구하는 데 도움이 되었다. 이를 통해 항상 가상 플랫폼에서 작업하고 있으면서도 깊은 정서적 유대감을 형성할 수 있었다.

2023년에 시작될 글로벌 팀 코칭 인스티튜트GTCI의 상급 프랙티셔너 프로그램을 설계하기 시작하면서 가상으로 제공되는 디플로마를 재설계한 경험은 매우 중요할 것이다.

런던 그룹의 한 참여자가 보내온 다음과 같은 피드백은 '우리가 프로그램을 조정한 방식이 참여자들에게 결실을 맺었으면 좋겠다'는 우리의 희망에 대한 답이다.

시스테믹 팀 코칭 마스터 디플로마는 저에게 다음과 같이 매우 많은 수준에서 혁신적이었습니다.

- 시스템적으로 일하기 위해 무엇을 어떻게 해야 하는지에 대한 이해가 깊어졌습니다.
- 경험 많은 임원 코치에서 팀 코치로 전환하기 위해 이론과 실제적인 적용을 제공합니다.
- ICF의 숙련된 MCC로서 제 임원 코칭에 미친 영향은 놀랍고 중요하며 제 고객에게 매우 유익했습니다.
- 코치로서 제가 누구인지, 어떻게 일하는지에 대한 이해가 깊어졌습니다.

저는 이 과정이 '하면 좋은nice to do' 과정이고 흥미로울 것이라고 생각했지만, 점점 더 복잡해지는 세상에서 고객에게 가치를 더하기 위해 '꼭 필요한essential to do' 과정이었다고 생각합니다.

교수진의 수준과 실제 경험은 매우 뛰어나서 최고에게 배우는 것 같은 느낌을 받았습니다. 이 과정을 강력히 추천할 수밖에 없습니다.

그리고 또 다른 참여자는 다음과 같이 썼다.

제 인생 최고의, 가장 통합적인 학습 경험 가운데 하나였습니다. 팀, 조직, 그리고 그 안에 포함된 시스템과 함께 일하는 방식에 대해 다시 한번 생각해보게 되었습니다.

팬데믹과 봉쇄로 인한 제한을 감안할 때 이 프로그램은 저를 지탱하고 발전시켰으며, 이 프로그램이 없었다면 하지 못했을 가상 팀 코칭을 실험할 수 있도록 저를 이끌었습니다.

친애하는 브리짓Brigit에게,

프랙티셔너와 디플로마 수준 프로그램에 대한 설명이 어떤 과정이 있는지 이해하는 데 도움이 되었기를 바랍니다. 그렇지만 이 과정을 시작하기 전에 두 분께 몇 가지 질문을 드리고 싶었습니다. 다음 질문이 여러분이 이 과정을 진행할지 여부를 결정하는 데 도움이 되기를 바랍니다.

내 의도는 무엇인가?

시스테믹 팀 코치가 되고자 하는 이유를 깊이 성찰하는 것이 중요합니다. 오토 샤머Otto scharmer와 조 자워스키Jo Jaworski는 '의도intention는 강력한 힘이 아니다. 유일한 힘이다'(Scharmer with Kaufer, 2013:178)라고 말합니다.

다음 질문에 답해 보세요.

1. 어떤 일에 열정이 있으며 세상에 어떤 변화를 일으키고 싶으신가요?
2. 시스테믹 팀 코칭이 이러한 목적과 어떻게 연결되나요?

3. 이 교육을 통해 어떻게 더 큰 기여를 할 수 있을까요?
4. 팀 코칭을 통해 어떤 이해관계자에게 도움이 되나요?
5. 각 이해관계자가 여러분에게 필요로 하는 속성, 수용력, 그리고 능력은 무엇인가요?
6. 2년 후 이들과 함께 일한 것에 대해 어떤 평가를 받기를 바라나요?

추가 논의가 필요하거나 정보가 필요한 경우 다시 문의해주시기 바랍니다. 진심으로,

힐러리, 피터 그리고 존

친애하는 존, 힐러리, 피터

시스템믹 팀 코칭 프로그램에 대한 유용한 정보를 제공해주셔서 감사합니다. 아마라와 저는 이 프로그램 중 하나에 매우 관심이 있습니다. 참가하기 전에 프로그램의 원칙과 프로그램을 최대한 활용하기 위해 준비해야 할 사항에 대해 더 자세히 공유해주실 수 있는지 궁금합니다.

조언해 주셔서 감사드립니다.

안부를 전합니다.

브리짓

친애하는 브리짓에게

이메일을 보내주셔서 감사드리며, 귀하와 아마라가 저희 프로그램에 참여하게 되어 매우 기쁩니다. 추가 안내에 대한 귀하의 질문에 대한 답변으로 프로그램의 기본 원칙과 프로그램을 최대한 활용하는 방법에 대한 몇 가지 정보를 알려드리고자 합니다.

시스테믹 팀 코칭의 핵심 원칙

1. 변화의 도구instrument of change**로서 자기 계발하기**

시스테믹 팀 코치로서 여러분이 가진 가장 중요한 변화의 도구는 바로 여러분 자신입니다. 이 도구를 어떻게 다듬어서 더 강력하게 공명하고 성찰하고 응답할 수 있도록 하는지가 교육의 핵심입니다. 하노버 보험Hanover Insurance의 겸손하지만 혁신적인 CEO였던 빌 오브라이언Bill O'Brien은 "개입의 성공 여부는 개입자의 내적 상태에 달려 있다."라고 말했습니다 (Scharmer, 2007: 27).
    케이프 코드 연구소Cape Cod Institute의 에드 네비스Ed nevis는 다음과 같은 글을 썼습니다.

> 자기 인식self-awareness을 되도록 명확하게 표현하기 위해 자신을 깊이 들여다보는 것도 중요하지만, 다른 사람의 말을 경청하고 이

해하는 데에도 똑같이 중요한 노력이 필요하다. 그룹 내 에너지 자극에 중요한 것은 관련된 사람들 사이에서 표현된 알아차림의 상호작용이다. (Nevis, 1987)

우리의 모든 프로그램은 무엇보다도 18장에서 설명한 모든 '존재하는 태도be-attitudes'를 개발하고 이에 수반되는 개인적 수용력을 개발하는 데 중점을 두고 있습니다.

2. 초점 수준 전환하기

팀 코칭에서 가장 먼저 배우는 것은 팀을 단순히 함께 일하고 서로에 대한 생각과 감정을 가진 개인들의 그룹이 아니라 하나의 살아 있는 시스템으로 보는 것입니다. 여기에는 개인의 생각과 감정을 표현하는 것이 아니라 집단 팀collective team의 한 측면으로서 말하는 것을 듣는 렌즈를 통해 개인의 말을 경청할 수 있어야 합니다. 따라서 '그들이 팀을 대신하여 무엇을 표현하고 있으며, 팀을 위해 특별히 필요한 시스템적 요구는 무엇인가?'라고 자문해 보십시오.

다음 학습은 팀을 시스템들의 전체 체인whole chain of systems 안에 중첩된 하나의 살아 있는 시스템으로 볼 수 있어야 한다는 것입니다. 18장에서 피터는 집중하고 있는 시스템의 위쪽과 아래쪽을 항상 볼 수 있어야 하는 중요성에 관해 이야기합니다.

디플로마와 상급 프랙티셔너 수준 프로그램에서는 이러한 수준을 자신이 속한 학습 커뮤니티에 적용하여 확장하거나 축소하는 실습을 할 수 있는 좋은 기회가 주어지며, 자신으로부터 그룹 내 다른 개인에게 초점을 맞추고(미시micro), 살아 있는 시스템으로서 자신이 속한 그룹에 초점을 맞추는 것(중간meso)으로 초점을 이동할 수 있습니다. 전체 교육 시스템과 시간이 지남에 따라 학습 커뮤니티의 과업과 역동이 어떻게 전개되는지에 초점을 맞추고(거시macro), 필요한 모든 이해관계자(고객 팀, 고객 팀의 조직 및 이해관계자, 후원 조직 또는 자신의 비즈니스, 미래의 고객, 팀 코칭 전문가 등)를 포함하여 교육 생태계에 초점을 맞추는 것(세계mundi)으로 초점을 이동할 수 있습니다.

동료나 강의 교수진이 제시하는 사례 연구를 들으면서 팀원(미시micro), 살아 있는 시스템으로서의 팀(중간meso), 팀과 팀 코치(중간meso), 더 넓은 조직(거시macro), 팀의 생태계(세계mundi) 등 이러한 수준을 확장하고 축소하는 실습을 해볼 수 있습니다.

우리는 모두 또한 상호 연결 시스템이 이 네 가지 수준을 훨씬 뛰어넘는다는 사실을 배워야 합니다. 우주 전체는 상호작용하는 중첩된 시스템으로 이루어진 끝없는 체인입니다. 아원자 물리학자sub-atomic physicists와 천문학 과학자들은 오랜 세월 '생명의 기본 구성 요소basic building block of life'(분할할 수 없는 시스템indivisible system)와 다른 어떤 시스템에도 속하지 않는 우주의 궁극적 시스템을 발견하기 위해 노력해 왔지만, 너무 작아서 그 안에 잠재적으로 하위 시스템이 없는 시스템이나 너무 커서 잠재적으로 그 너머에 시스템이 없는 시스템을 찾아내지 못했습니다.

세상이 거북이 등 위에서 균형을 잡는다고 믿었던 사람들의 이야기가 생각납니다. "거북이는 무엇 위에 서 있을까요?"라는 질문을 받았습니다. "다른 거북이 위에 서 있는 또 다른 거북이"라는 대답이 돌아왔습니다. "맨 아래 거북이는 무엇 위에 서 있나요?"라고 물었습니다. "아래쪽부터 위쪽까지 모두 거북이입니다."라고 그들은 대답했습니다.

베이트슨Bateson(1972)은 삶은 서로 연결된 살아 있는 프로세스의 '이음매가 없는 그물망seamless web'이며, 이를 이해하려면 분석적 가위analytic scissors를 적용해야 한다고 주장합니다. 그는 우리가 이해하는 분석적 가위를 적용할 합리적인 장소가 점점 줄어들고 있지만, 진정한 광기는 그 가위를 적용하고, 우리가 그렇게 했다는 사실을 잊고, 그 절단이 자연에 존재한다고 믿는 것이라고 지적합니다.

3. 다섯 가지 규율 학습하기

이 교육의 핵심은 가치 창출 팀을 위한 다섯 가지 규율 모델입니다. 이 프레임워크는 팀 성과에 대한 다양한 핵심 영역에 대한 모델이자 팀 코치가 팀과 협력하여 해결해야 하는 다양한 영역에 대한 지도 입니다.

먼저 다섯 가지 규율에 대해 읽은 다음(이 책의 2장에는 간략한 요약이, 호킨스Hawkins(2021)에는 자세한 설명이 있습니다), 아래 모델에 현재 팀의 각 측면에 집중하는 시간 또는 관심의 비율을 표시하고, 두 번째로 각 측면에 이상적으로 투자해야 한다고 생각하는 시간 비율을 표시하는 것이 도움이 될 것입니다. 프로그램에 참여하는 기간에 따라 이 비율이 어떻게 변하는지 알아보는 것도 좋을 것입니다.

4. 팀 코치와 팀 간의 관계 주기 알아보기

이 프로그램에서 사용하는 또 다른 핵심 모델은 코칭 관계의 프로세스 단계를 살펴보는 CID-CLEAR(Hawkins, 2021:88-104) 방식입니다.

　계약하기, 조사하기, 진단/발견/설계하기, 전체 팀과 계약하기, 경청하기, 탐색하기, 행동하기, 그리고 검토하기가 여기에 해당합니다. 이것의 또 다른 버전은 SIDER 모델입니다(Leary-Joyce & Lines, 2017). SIDER는 범위 설정하기 scoping, 조사하기 inquiring, 발견/설계하기 discovery/designing, 실행하기 executing, 그리고 검토하기 reviewing의 약자입니다. 여정을 진행하는 동안 이 지도에서 자신을 잃어버리지 않도록 주의하세요. 모든 좋은 지도가 그러하듯 고객 팀과 함께 여정의 다음 단계에서, 그리고 교육 프로그램의 다양한 단계를 거치는 여정에서 주의해야 할 사항을 발견하는 데 이 지도를 활용하세요.

　여러분과 팀의 여정이 어떻게 전개되는지, 이것이 CID-CLEAR/SIDER 모델에 어떻게 반영되거나 도움을 받는지, 그리고 그 너머로 어떻게 나아가는지 다음과 같이 살펴보는 시간을 가져보세요. "이 단계에는 무엇이 필요한가? 그리고 여정의 끝에서 돌아봤을 때 팀과 코치로서 우리 자신이 이 단계에서 하지 못한 것을 후회할 수 있는 것은 무엇인가?"

5. 공동 코치 co-coach 배우기

GTCI 프랙티셔너 및 디플로마 프로그램 모두 공동 코치와 함께 일할 기회를 제공합니다. 이는 많은 도전과 이점을 제공합니다. 즉 외눈박이single-eyed가 아닌 양안bifocal 시선으로 팀에서 일어나는 일, 팀원들의 상황, 팀원들과의 관계를 돌아볼 수 있습니다. 또 한 사람은 고객과 적극적으로 일하고 다른 한 사람은 한 발짝 물러나서 어떤 새로운 패턴이 발생하고 있는지, 두 사람 모두 시스템에 어떻게 휘말리고 있는지에 대해 더 성찰적인 관점을 가질 수 있다는 의미이기도 합니다.

혼자서 시스테믹 팀 코칭을 할 때는 이러한 두 가지 역할을 모두 수행해야 합니다. 참여와 개입은 물론 한 발 물러서서 성찰해야 하는 과제를 안고 있습니다. 과업과 프로세스에 집중하고, 개인과 팀, 더 넓은 맥락과 자신의 응답과 반응에 초점을 맞추고, 이 모든 것 사이에서 춤을 추어야 하는 어려움을 겪게 됩니다. 이는 상당히 까다로운 주문이며, 동료와 함께 다양한 포지션으로 플레이할 수 있을 때 더 쉽게 개발할 수 있습니다.

또 공동 코칭을 통해 서로 다른 스타일을 고객 업무에 적용하고, 서로의 접근 방식에서 배우고, 신뢰할 수 있는 동료에게 솔직한 피드백, 지원, 도전을 받을 수 있습니다. 공동 코칭은 이 책에 소개된 여러 공동 사례 연구에서 찾아볼 수 있습니다.

공동 코치와 함께 작업하는 경우, 작업의 여러 단계에서 다음과 같이 서로 성찰적 탐색을 시도해보는 것을 권장합니다.

1. 두 사람이 모두 참석하는 회의를 마친 직후에 각 수준에서 발견한 점을 공유하고, 파트너가 한 일, 자신이 한 일, 공동 작업의 춤dance of your co-working에 대해 감사한 점을 차례로 나눕니다. 그리고 자신과

팀의 업무를 다음 단계로 끌어올리기 위해 두 사람이 할 수 있는 일이 무엇인지 서로 이야기합니다.
2. 수퍼비전에서 두 사람 사이의 관계와 코칭 팀으로서의 당신과 코칭을 받는 팀 사이의 춤에서 팀의 패턴이 어떻게 평행을 이루고paralleled 있는지 성찰합니다.
3. 그룹 앞에서 두 사람 사이에 '중간 휴식 성찰 시간'을 갖고, 떠오르는 질문과 딜레마를 공유하며, 공동 성찰을 통해 앞으로 나아갈 길을 공동 창조하는 모델을 만드는 위험을 감수합니다.

STC 개발을 시작하기 전에 더 깊이 탐구해야 할 몇 가지 영역

어떤 함정에 빠질 수 있는가?

수년 동안 시스테믹 팀 코칭을 가르치면서 교육생들이 자주 빠지는 함정을 여러 번 보았습니다. 이러한 함정은 교육 과정에 있는 동료도 조심해야 하지만, 가장 중요한 것은 바로 여러분 자신입니다. 이러한 함정 가운데 하나에 빠진 동료를 발견할 때마다 '나도 동료에게서 발견한 이런 상태에 놓일 수 있지 않을까?'라고 질문하여 창의적인 투사creative projection를 탐색하는 기회로 삼아야 합니다. 이러한 함정을 완전히 피하는 것은 불가능합니다. 대부분 함정은 우리의 개발 과정에서 빠졌던 것이지만, 그 함정에 빠진 자신을 알아차리고 빠져나오는 방법을 배우는 것이 기술입니다.

1. 현재 역량에 대한 애착

교육 프로그램에 참여하는 모든 사람은 이미 개인 코칭, 조직 컨설팅, 팀 리더십 또는 팀 퍼실리테이션 등 다양한 기술을 보유하고 있을 것입니다. 일부는 조직 내에서 내부적으로 고용될 것이지만 대부분은 독립적으로 또는 코칭 또는 컨설팅 비즈니스에서 일하고 있으므로 코칭/컨설팅 시장에서 경쟁자가 될 것입니다. 사람들의 일반적인 생각과 시장에서의 행동이 첫날부터 다음과 같이 시작될 수 있습니다. '누가 나보다 더 많이 아는가? 누가 더 숙련되거나 덜 숙련된 사람인가? 향후 나를 고용할 가능성이 있는 사람에게 어떤 인상을 심어줘야 할까? 이 그룹에서 내 지위와 권위를 어떻게 확립할 수 있을까?'

이러한 생각과 행동은 새로운 접근 방식을 실천할 때 위험을 감수하는 것과 시스테믹 팀 코치의 수용력을 개발하는 데 필요한 전제 조건인 '탈학습unlearning'을 가로막는 강력한 장벽이 됩니다.

과거의 재능과 능력을 입증하거나 다른 사람이 알아차리게 할 필요 없이 자신의 재능과 능력 안에서 가볍게 쉬는 방법을 발견하는 동시에, 앞으로 나아갈 때 어떤 측면이 유용할지, 어떤 측면을 탈학습해야 할지 모르므로 이러한 기술과 신념을 애착 없이 느슨하게 보유하는 것이 필수적입니다.

대책antidote: **열린 마음**open mind, **열린 가슴**open heart, **열린 의지**

오토 샤머Otto Scharmer와 카트린 카우퍼Katrin Kaufer(2013)는 학습 여정을 위해 자신을 개방하고 새로운 미래 요구 사항에 대응하는 데 필요한 수용력을 개발하는 방법을 보여줌으로써, 다음과 같이 '이론 U'(scharmer, 2007)를 개발한 오토의 초기 작업을 구축하였습니다.

- 1단계: 오래된 사고 습관을 중단하고 마음을 연다.
- 2단계: 가슴을 열어 자신의 감정과 관점에 집착하지 않고 공감적으로 다른 사람의 입장에 서서 다른 사람의 눈으로 바라본다.
- 3단계: 통제력을 내려놓고 무엇을 해야 할지 알아야 한다. '열린 의지로 우리는 옛 것은 놓아주고 새로운 것을 받아들일 수 있다.'(Scharmer with Kaufer, 2013: 22).

이것은 '은혜를 위한 공간 만들기'에서 설명한 것과 유사합니다 (Hawkins & Smith,, 2006, 2013)(16장에서 이에 대한 설명 참조).

2. 이 교육은 판매할 수 있는 다른 제품을 나에게 준다.

"시스테믹 팀 코칭을 어떻게 판매하나요?"라는 질문을 자주 받습니다. 우리의 대답은 시스테믹 팀 코칭은 판매하는 것이 아니라 세상이 자신과 팀에 요구하는 것이 무엇인지에 대해 그리고 어떻게 해야 할지 알기 위해 팀 리더, 고위 임원, CEO와 함께 이야기한다는 것입니다. 시스테믹 팀 코칭은 제품이 아니며 앞으로도 그럴 수 없습니다. 또 시스테믹 팀 코치는 공급업체가 될 수도 없습니다.

물론 많은 조직에서 공급업체로 초대하면서 팀 코칭에 얼마나 걸리는

지, 비용은 얼마인지, 어떤 이점이 있는지 물어볼 수 있습니다. 그렇지만 이러한 대화에 갇히는 순간 업무는 시스템적으로 진행되지 못합니다. 성공하려면 파트너십과 공동 탐구co-inquiry를 기반으로 두어야 합니다.

대책: 파트너십을 개발하고 생각을 조율하라.

팀과 함께 일할 때는 '혼자서는 할 수 없는 일을 함께 할 수 없을까?'라고 질문하는 탐구적인 태도로 시작하는 것이 중요합니다. 당신은 팀을 코칭하기 위해 존재하는 것이 아니라 당신과 팀 리더와 모든 팀원들 사이에서 팀 코칭이 이루어질 수 있도록 지원하는 역할을 한다는 점을 기억해야 합니다.

또 팀과 팀의 더 넓은 생태계(사회적, 정치적, 경제적, 자연적 환경, 모든 이해관계자와의 관계) 사이의 공간에서 시스테믹 팀 코칭이 이루어지게 하는 것도 잊지 말아야 합니다.

삼각 구도 사고는 공급업체와 고객이 서로 마주보고 거래 계약에서 서로가 상대방을 위해 무엇을 할 수 있는지 협상하는 것을 넘어, 양 당사자가 나란히 서서 공동의 의도와 집단적 노력을 발견하고 시너지 효과를 창출하기 위해 서로가 해야 할 일을 함께 고민하는 것입니다(18장에서 삼각 구도 사고에 대한 자세한 설명을 참조하세요).

3. 이 프로그램은 내 툴킷에 추가하는 것에 관한 내용이다.

일부 프로그램에서 교육생들이 자신의 툴킷에 얼마나 많은 새로운 도구를 추가했는지를 기준으로 교육의 가치를 측정하는 것을 알게 되었습니다.

이러한 행동 이면에는 도구가 많을수록 더 유능해질 것이라는 믿음이 있고, 그 밑바탕에는 다음과 같은 희망이 깔려 있습니다. '도구가 많으면 어떻게 대응해야 할지 몰라 당하는 일은 없을 것이다. 나는 항상 무언가를 가지고 있을 것이다'라는 희망이 있습니다. 우리는 마술사로서의 팀 코치라는 전형archetype에 지배당하게 됩니다.

이 함정에 빠지면 시스테믹 팀 코칭 작업에 가져와야 할 가장 중요한 수용력, 즉 인간적인 취약성, 알지 못함, 호기심 많은 외부성curious outsiderness을 잃을 위험에 처할 수 있습니다.

대책: 퓨처-백과 아웃사이드-인을 생각하라.

팀원들과 함께 미래의 세상에서 팀원들이 한 단계 더 도약하기 위해 필요한 것이 무엇인지 물어보는 것부터 시작합니다. 이를 위해 팀으로서 어떻게 달라져야 할까요? 이러한 차이를 실현하기 위해 팀과 코치가 함께 해야 할 일은 무엇인가요? 모든 모듈의 코스에서 이를 실습할 수 있습니다. 내부적으로 다음과 같은 질문을 던질 수 있습니다. "미래의 고객 팀과 조직이 이 프로그램을 통해 발전하기 위해 잠재적인 시스테믹 팀 코치 커뮤니티인 우리에게 필요한 것은 무엇인가? 이에 비추어 볼 때 학습 커뮤니티를 발전시키기 위해 필요한 것은 무엇인가? 어떻게 하면 지금 당장 그 발전을 위해 최선을 다할 수 있을까?"

4. 시작하기 전에 미리 충분한 역량을 갖춰야 한다.

위와 연결되는 것은 시작하기 전에 내가 완전히 유능해야 한다는 믿음일 수 있습니다. 일부 팀 코치들은 시작하기 전에 충분히 배워야 한다고 생각하기 때문에 시작을 미룹니다. 그들에게 일을 시작하라고 독려하면, 이들은 고객 앞에서 아직 소유하지 않은 명확성과 자신감을 주장하면서 거짓 능력의 망토를 걸칠 수 있으며, 이는 필연적으로 팀원들에게도 그렇게 하도록 부추길 수 있습니다.

대책: 모르는 것을 공유하고 '빠른 실패'로 나아가라.
이 프로그램은 겸손, 투명성, 열린 질문을 실습하고, 무엇이 필요한지 감지하고, 진행하면서 배울 수 있는 좋은 기회입니다. 그런 다음 팀과 함께 끊임없이 실험하면서 무엇이 효과가 있고 무엇이 효과가 없는지 배우게 됩니다.

샤머Scharmer와 카우퍼Kaufer(2013)는 '반복, 반복, 반복'을 권장합니다. 훌륭한 시스테믹 팀 코치는 끊임없이 실수하지만 모든 이해관계자에게 학습을 제공하는 개방적이고 투명한 방식으로 빠르게 학습할 수 있습니다. 프랙티셔너 또는 디플로마 프로그램에서 팀 코칭에 대한 사례 연구를 작성할 때 올바른 점뿐만 아니라 잘못된 점을 통해 얼마나 잘 배웠는지에 대해서도 더욱 중요하게 평가받게 됩니다.

추천 도서

독서에 대해 질문하셨는데, 물론 이 과정에서 읽으라고 요청하는 주요 도서 목록이 깁니다. 피터 호킨스Peter Hawkins의 『리더십 팀 코칭Leadership Team Coaching』(2021)과 존 리어리 조이스John Leary-Joyce와 힐러리 린스Hilary Lines의 『시스테믹 팀 코칭Systemic Team Coaching』(2017)을 핵심 도서로 추천합니다. 또 시를 읽을 시간을 내시는 것도 권장합니다(피터가 현재 가장 좋아하는 책으로는 메블라나 루미Mevlana Rumi, 블레이크Blake, 콜러리지Coleridge, 하피즈Hafiz, 릴케Rilke 등이 있습니다). 또 우리의 지각, 학습, 사고를 한 단계 더 발전시키는 데 도움을 주는 위대한 시스템 사상가들, 즉 그레고리 베이트슨Gregory Bateson(1972), 데이비드 봄David Bohm(Bohm & Nichol, 2003), 프리초프 카프라Fritjof Capra(2003), 안드레아스 베버Andreas Weber(2017), 말콤 팔렛Malcolm Parlett(Parlett & Dearden, 2015), 피터 리즌Peter Reason(2017), 자일스 허친스Giles Hutchins(2016) 같은 사람들도 추천합니다.

수동적으로 저자의 지혜를 흡수하기 위해 책을 펼치는 것이 아니라, 저녁 식사를 위해 저자를 만나고 도착하기 전에 무엇을 물어보고 싶은지, 저자로부터 무엇을 알아내고 싶은지 결정한다고 상상하며 선제적이고 대화형으로 책을 읽는 것이 좋습니다. 그런 다음 책을 구입하여 저자가 동의하는 말을 할 때 또는 동의하지 않을 때 응답하거나 새로운 질문을 촉발하고 여백에 쓰는 것이 유익합니다. 이렇게 하면 각 책에서 훨씬 더 많은 것을 얻을 수 있습니다.

이 정보가 시스테믹 팀 코치로서 앞으로의 발전을 생각해보는 데 도움이 되길 바랍니다. 그리고 비록 그 과정이 순탄치만은 않겠지만 도전, 실망, 모험, 좌절, 지적 및 개인적 확장이라는 롤러코스터 타기와 같은 험난한 여정이 되겠지만, 여러분이 시작하기로 결정한 프로그램을 즐기시기를 진심으로 바랍니다. 또 여러분이 기대하는 것 이상의 것을 발견하시길 바랍니다. 방문하기 전에 미리 읽어보시면 좋을 몇 가지 읽을거리를 소개합니다.

즐거운 여행이 되시길

피터, 힐러리, 존

결론

시스테믹 팀 코치가 되는 것은 평생의 여정이기 때문에 3일 또는 1년의 프로그램에서 배울 수 있는 것이 아니다. 다양하고 많은 새로운 역량, 능력, 수용력을 습득하고 이를 자신만의 독특한 경험, 기술, 지식의 조합을 극대화하는 시스테믹 팀 코치로서의 시그니처 접근 방식에 통합해야 한다.

학습 여정에는 새로운 사고를 배우고, 이를 활용하는 방법을 계획하고 실천하고, 현장에 나가 팀을 코칭하고, 동료와 함께 또는 공식적인 팀 코칭 수퍼비전을 통해 구조화된 방식으로 일어난 일을 성찰하고,

이를 바탕으로 팀 코칭을 지원하는 새로운 근거 이론과 방법론을 개발하는 등 액션 러닝 주기를 끊임없이 반복하는 것이 포함된다.

우리가 코칭하는 각 팀은 이 여정에서 우리의 다음 선생이 되어야 한다. 우리는 때때로 팀과 함께 일하거나 팀 코칭 프로그램을 가르치면서 새로운 것을 배우지 못하거나 새로운 접근 방식이나 방법을 개발하지 못하는 날이 바로 현업에서 은퇴해야 하는 날이라고 말하곤 한다. 아직 몇 년이 더 남았기를 바란다. 다시 새로운 학습으로 돌아가겠다.

기고자: 존 리어리-조이스 John Leary-Joyce

존 리어리-조이스는 임원 코칭 아카데미의 설립자이자 회장이다. 기업가적 리더로서 존은 팀워크의 중요성과 팀 코칭의 가치를 잘 이해하고 있다. 지난 15년 동안 게슈탈트 그룹 퍼실리테이터/트레이너로 일했고, 20년간의 경력을 바탕으로 『비옥한 공허: 직장에서의 게슈탈트 코칭 Fertile Void: Gestalt coaching at work』를 2014년에 출간하면서 시니어 혁신 코치로 널리 인정받고 있다. 팀빌딩과 프로세스 컨설팅 분야에서 풍부한 경험을 쌓은 존은 특히 전문 서비스 회사 등 대규모 조직에서 일하며 높은 평가를 받는 팀 코치가 되었다. 경영 코칭 석사 학위를 받았으며, 국제코칭연맹ICF의 공인 코치이자 자격을 갖춘 수퍼바이저이며, 국제 컨퍼런스 발표자로도 자주 활동하고 있다. 선구적인 시스테믹 팀 코칭 자격증과 디플로마 프로그램의 공동 창립자이자 시스테믹 팀 코칭(2018)의 공동 저자이기도 하다.

20장
시스테믹 팀 코칭 - 다음 단계는?

저자: 피터 호킨스Peter Hawkins, 크리스터 로Krister Lowe
역자: 강하룡

> 미래의 조직은 사람들에게 더 높은 열망을 불러일으키는 공유 목적에 기반을 둔 공동체의 구현이 될 것이다.
>
> — 디 호크Dee Hock, VISA 그룹 설립자

도입

이 책을 집필하기 위해 우리는 많은 팀을 찾아 긴 여정을 떠났다. 호주 시드니부터 캐나다 밴쿠버, 일본부터 남아프리카공화국에 이르기까지 다양한 팀의 생생한 현장을 방문할 수 있는 특권을 누렸다. 경찰, 병원, 금융회사, 제약회사, 제조업체, 그리고 일선 지역사회 조직과의 협력도 모색했다. 많은 시스테믹 팀 코치가 성공뿐만 아니라 어려움struggles과 배움을 아낌없이 공유해주었다. 이러한 여정과 통찰을 통해 우리가 모두 팀의 역동성과 생태계의 다양한 층을 읽고, 더 복잡하고 시스템적인 방식으로 사고하고 행동하는 수용력을 키울 수 있는 '팀 랜더스 teamlanders'(1장 참조)가 되는 방법을 배우는 데 도움이 되기를 바란다(18장 참조).

우리가 팀을 이끌든, 팀의 일원이든, 여러 팀을 코칭하든, 아니면 이 세 가지를 모두 수행하든, 우리는 점점 더 VUCA(Johansen, 2007:51-3), 즉 변동성volatile이 크고 불확실하며uncertain 복잡하고complex 모호한ambiguous(그리고 혼잡한crowded) 세상, 즉 서로 연결되어 있고 자원이 제한되어 있으며 큰 도전에 직면해 있는 세상에서 살고 있다. 내(피터) 생애 동안 전 세계 인구가 3배(24억 명에서 77억 명으로)로 증가하고 인간의 기대와 소비가 더욱 빠르게 증가하는 시대를 살아왔다.

동시에 지구는 생물 종의 멸종률extinction rates이 무서운 속도로 증가하고 있다. 1998년 대다수 과학자들은 현재 우리가 인간에 의한 멸종(홀로세 멸종Holocene extinction)의 초기 단계에 있으며, 30년 이내에(2028년까지) 전체 생물 개체군의 최대 20%가 멸종할 수 있다고 믿고 있다. 2012년 윌슨EO Wilson은 한 걸음 더 나아가 현재와 같은 인간의 생물권 파괴 속도가 계속된다면 100년 안에 지구상에 존재하는 모든 동식물 종의 절반이 멸종할 것이라고 예측했다. 현재 생물종 멸종 속도는 지구 평균 멸종 속도의 100~1,000배에 이르는 것으로 추정되지만, 이는 매우 부정확한 과학이라는 반론도 있다(Lawton & May, 2010).

이러한 거시적인 글로벌 혼란 상황 속에서, 일과 직장 자체의 본질은 극적인 변혁의 시작을 목격하고 있다. 전 세계 노동 인구는 30억

명에 이르지만, 직원 생산성은 제자리걸음이고 직원 몰입도는 감소하고 있다. 지금까지 우리를 여기까지 오게 한 오래된 조직 모델은 21세기에 효과적으로 적응하는 데 충분하지 않다(Laloux, 2014). 딜로이트가 130개국 7,000개 기업을 대상으로 실시한 2017 인적 자본 트렌드 조사Human Capital Trends research에서 미래의 조직은 인적 자본이 가장 중요한 이슈로 보고되었다.

조사에 참여한 기업의 92%는 디지털 시대에 성공하기 위한 조직을 제대로 갖추지 못했다고 답했으며, 14%만이 미래의 조직이 어떤 모습일지 명확히 알고 있다고 답했다. 연구진은 '세계는 하향식 계층적 모델top-down hierarchical model'에서 사람들이 역동적이고 민첩한 방식으로 문제를 처리하고 해결하는 '팀 네트워크로 이동하고 있다'라고 지적했다.

인간의 업무가 점점 더 팀 중심적이고 기술(예: 인공지능, 가상현실, 인지 봇cognitive bots 등)과 결합된 업무로 변화함에 따라 팀 중심 도구와 접근 방식(예: 마이크로소프트 팀즈, 페이스북 워크플레이스, 슬랙, 트렐로, 펄스 설문조사, 애자일 업무 방식, 코칭, 팀 네트워크, 모니터링, 분석, 진단 도구 등)에 대한 수요가 폭발적으로 증가했다. 이처럼 변화하는 업무 환경은 이 책에서 설명한 것처럼 팀과 팀 코칭에 대한 새로운 접근 방식뿐만 아니라 이러한 변화를 지원할 수 있는 새로운 형태의 개인 리더십이나 집단 리더십을 요구한다.

리더십 팀 코칭에 관한 나(피터)의 첫 번째 저서(Hawkins, 2011a, 2014a, 2017a, 2021)에서 나는 리더십 도전 과제의 복잡성, 속도,

규모로 인해 통합의 장소가 영웅적인 CEO 개인이었던 시대는 지났으며, CEO가 조직과 더 넓은 공동체에서 통합된 혁신을 창출하기 위해 팀의 집단 수용력을 조율하고 코칭하는 집단적 리더십 팀으로 전환해야 한다고 주장했다. 우리는 더는 각 부분의 총합 이상으로 기능하지 못하거나 주변 세계를 위한 지속 가능한 가치를 창출하기보다 내부 정치와 관계에 너무 많은 시간을 소비하는 팀을 방치할 수 없다.

이 장에서는 먼저 팀 코칭의 수요 증가와 전문화에 대해 살펴본 다음, 앞으로 이 분야가 직면해야 할 몇 가지 도전 과제를 살펴보면서 이 책의 결론을 맺을 것이다. 마지막으로, 팀 코칭은 그 자체의 고립된 발전에 초점을 맞춘 분야가 아니라 진화하는 인간 의식evolving human consciousness이라는 더 넓은 도전 과제를 위해 리더십 개발을 변혁시키는 데에 작지만 중요한 부분으로 인식해야 한다고 주장할 것이다.

팀 코칭에 대한 지속적인 수요 증가

전 세계 여러 지역의 조직에서 코칭에 대한 관심과 발전이 증가하고 있는 것은 분명하다. 코칭에 관한 2013 리들러Ridler 보고서(Coaching at Work, 2013)에 따르면(145개 조직에서 응답) 향후 3년 내에 팀 코칭을 도입할 계획이 없다고 답한 조직은 5%에 불과했다. 이 보고서에서 당시 롤스로이스의 글로벌 임원 개발 책임자였던 린 챔버스의 말을 다음과 같이 인용했다.

나는 우리 조직에서 팀 기반 코칭의 전체 영역이 크게 성장할 것이며, 코치들은 개인 코칭에서 그룹 코칭으로의 전환에 민첩하게 대처할 필요가 있다고 생각한다. 여기에는 이러한 변화가 가져올 모든 경계 민감성 boundary sensitivities과 대인관계 문제interpersonal issues를 포함한다. (직장 내 코칭, 2013:7)

105개 대기업과 대부분 국제 조직의 응답을 바탕으로 한 2016 리들러 보고서에 따르면 전체 학습과 개발 지출에서 코칭이 차지하는 비중은 12.5%로 나타났다. 팀 코칭은 전체 코칭 활동의 9%에 불과했지만, 응답자의 76%는 향후 3년 내에 팀 코칭이 증가할 것으로 예상했으며, 이는 모든 형태의 코칭 가운데 가장 큰 성장률이다.

응답자의 58%는 현재 팀 코칭을 사용하고 있으며, 11%는 향후 1년 이내에, 17%는 2~3년 이내에 팀 코칭을 도입할 계획이라고 답했고, 팀 코칭을 사용하지 않을 것이라고 답한 응답자는 15%에 불과했다.

팀 코칭이 필요한 주요 상황으로는 '조직 변화에 대처해야 하는 팀'(37%)과 '비즈니스 전략에 맞춰야 하는 팀'(25%)이 꼽혀 팀 코칭의 상당 부분이 시스템적인 요소가 강하다는 것을 알 수 있다.

가장 규모가 크고 전 세계적으로 가장 많은 응답(1,000건 이상, 대부분 코치가 응답했으며, HR 전문가의 응답은 10%, 비즈니스 임원의 응답은 8%에 불과)을 받은 셰르파Sherpa 보고서는 2012년과 2013년에야 팀 코칭에 대해 조사하기 시작했다. 보고서는 다음과 같이 답했다.

팀 코칭은 새로운 개념이다. 대기업은 아직 팀 코칭 설계와 개발을 주도하지 않았다.

내부와 외부의 임원 코치에게는 다소 큰 기회가 주어진다. 그들은 실제로 이 기회를 활용하고 있을까?

- 37%의 코치만이 팀 코칭 프로그램을 제공한다.
- HR, 교육 전문가 중 24%만이 팀 코칭 프로그램을 제공한다. (셰르파 코칭, 2013:9)

2013년 38개국 359명의 고위 임원을 대상으로 실시한 헨리Henley의 설문조사에 따르면 55%가 2014년에 학습과 개발 계획의 일부로 팀 코칭을 사용할 계획이 있다고 답했다(개인 코칭에 이어 두 번째로 인기가 높았다).

내(피터)가 2014년에 대기업의 내부 리더십과 개발 책임자를 대상으로 실시한 소규모 설문조사에서 82%는 향후 3년 동안 팀 코칭에 대한 노력이 증가할 것이라고 답했고, 18%는 동일하게 유지될 것이라고 답했으며, 감소할 것이라고 답한 사람은 아무도 없었다. 리들러 보고서와 내가 최근에 실시한 소규모 설문조사 모두 조직이 팀 코칭에 집중하는 분야에 큰 차이가 있음을 보여주었다.

응답은 다음과 같이 크게 세 가지로 분류되었다.

1. 이사회와 고위 경영진에 초점을 맞춘 응답자

2. 주요 계정팀 또는 주요 프로젝트 팀에 초점을 맞춘 응답자
3. 하위 관리 팀에 초점을 맞춘 응답자

최근 팀 코칭이 지속해서 성장하는 이유는 무엇인가?

최근의 코칭 설문조사, 팀 코칭에 관한 연구, 팀 코칭에 관한 문헌을 살펴보면 팀 코칭이 빠르게 성장하고 있으며 앞으로도 계속 성장할 것이라는 데 대체로 동의한다. 그 이유를 설명할 때 대부분 연구에서는 이러한 성장의 주요 동인으로 다음 세 가지를 제시한다.

1. 더욱 복잡하고 글로벌화되고 상호 연결된 세상에서 더 집단적이고 공유적이며 협력적인 리더십에 대한 필요성이 점점 더 커지고 있다.
2. 거의 모든 기업이 더 적은 자원으로, 더 많은 일을, 더 높은 품질로 수행해야 하는 '성스럽지 않은 삼위일체 unholy trinity'(Hawkins, 2012, in Hawkins & McMahon, 2021)에 직면해 있다. 따라서 조직은 고부가가치를 창출하는 팀을 보유해야 한다. 연구에 따르면 대부분 팀이 각 부분의 역할을 합한 것보다 더 적은 성과를 내는 것으로 나타났다. 따라서 일부 저자들(Lencioni, 2002, 2006)은 효과적인 팀워크를 조직의 주요 경쟁 우위로 뽑았다.
3. 글로벌 기업들은 비즈니스 예측 또는 고객/회사 통찰을 통해 제공되는 제품이나 서비스를 넘어 고객사에 부가가치를 제공할 수

있는 방식으로 부문, 문화, 국가에 걸쳐 통합된 방식으로 일할 수 있는 계정 팀을 보유할 필요가 있다(Hawkins, 2021: ch7).

4. 점점 더 많은 조직이 직면한 도전 과제는 사람이나 개별 팀 또는 기능에 있지 않다. 한 CEO는 '직원들을 코칭하는 코치와 조직의 각 부서에 컨설팅을 제공하는 컨설턴트가 많지만, 모든 도전 과제는 연결에 있다'고 말했다(Hawkins, 2017b). 다른 CEO들은 향후 5년 동안 고용하는 인원은 줄어들지만 성공을 위해 협력해야 하는 이해관계자의 수와 복잡성은 기하급수적으로 늘어날 것으로 언급했다. 이로 인해 '팀들의 팀 코칭'(6장, 12장 참조)과 '에코시스템 팀 코칭'(Hawkins, 2021: 10장, 11장)에 대한 필요성이 계속 높아질 것이다.

이러한 네 가지 주요 성장 동인drivers of growth은 조직이 설계를 조정하여 점점 더 팀 중심적인 구조로 전환하도록 압력을 가한다. 인적 자본 관리 트렌드human capital management trends에 관한 딜로이트의 업계 보고서 - **2018년 HR 기술 혁신**HR Technology Disruptions for 2018: **생산성, 디자인, 인텔리전스의 지배**Productivity, design and intelligence reign - 이 보고서는 기업들이 이러한 변화에 어떻게 대처하는지를 보여주는 주목할 만한 사례를 다음과 같이 제공한다.

기업들이 계층적 관리hierarchical management를 네트워크화된 팀 구조로 대체함에 따라 팀을 위해 특별히 설계된 새로운 도구를 사용하게 될 것이다. 예를 들어, 시스코 시스템즈Cisco Systems의 팀 활성화 리더는 2만 개의 팀이 활발하게 프로젝트를 진행하고 있지만, 이들의 업무나 팀 관련 데이터가 인사 시스템에 기록되어 있지 않다는 사실을 발견하고 목표, 성과, 코칭 등을 관리하기 위해 새로운 팀 기반 관리 시스템을 구현했다.

이 사례에서 알 수 있듯이 계층적 구조에서 팀 중심 구조로 전환하면서 조직 설계, HR 기술, 성과 관리, 팀 코칭 등 팀에 대한 통합적이고 총체적인 접근 방식이 필요해지고 있다. 팀 코치는 자신이 조직의 이러한 큰 변화에 기여하는 더 큰 팀의 중요한 구성원 가운데 한 명으로 인식하는 것이 좋다. 결과적으로 이러한 변화로 인해 최근까지 조직의 의사결정권자 및 게이트키퍼gatekeepers[1]에게 판매하기 어려웠던 팀 코칭이 성숙기에 접어들고 있다.

요컨대, 조직에서 팀 코칭을 진지하게 고려해야 할 시기는 더는 먼 미래의 일이 아니다. 그 시기는 이미 왔고 지금 여기에 있다. 업계와 전문직으로서 우리는 이에 대응할 준비가 되어 있을까? 우리 스스로 목적에 맞게 계속 발전하려면 어떻게 해야 할까? 팀 코치의 역할을 지속하기 위하여 우리의 사고, 존재, 행동에 어떤 파괴적 혁신을 선제적으로 도입해야 할까?

---

[1] 인사 등의 초반에 프로그램 도입 결정자를 뜻함

팀 코칭의 전문화

팀 코칭은 현재 약 30년 전의 개인 코칭과 같은 단계에 머물러 있으며(Sherman & Freas, 2004), 품질 기준이 명확하지 않고, 연구도 거의 이루어지지 않았으며, 용어에 대한 명확한 정의나 전문 자격증이 확립되지도 않았다. 그러나 코칭이 빠르게 전문화되는 것을 보았던 것과 마찬가지로 팀 코칭 분야에서도 같은 일이 일어날 것으로 예상한다.

언제나 그렇듯이 전문화에 대한 찬반 논쟁이 치열하며, 과도한 표준화, 진입 장벽 증가, 주변부 혁신의 감소 등 전문화로 인해 발생할 수 있는 부정적인 부작용을 인식할 필요가 있다. 숙련되고 윤리적으로 민감하며 잘 훈련된 팀 코치에게 접근하고, 무엇을 구매하고 무엇을 기대할 수 있는지 명확히 알고자 하는 조직의 요구가 증가함에 따라 전문화에 대한 추진은 불가피하다.

레인Lane(2010)과 스펜스Spence(2007)에 따르면 전문직의 일반적인 핵심 특징은 다음과 같다.

- 공식적인 학력 요건
- 시행 가능한 윤리 강령 준수
- 자격을 갖춘 회원에게만 허가된 업무 수행
- 국가가 승인한 관련 규정 준수
- 공통된 지식과 기술 체계

베넷Bennett(2006)은 이러한 기준을 사용하여 문헌을 검토하고 코칭이 갈 길이 멀다고 주장했지만, 팔머Palmer(2008)는 영국에서 개인 코칭은 다음과 같은 이유로 이미 '산업industry'이 아닌 하나의 전문직profession이라고 주장했다.

- 국내 및 국제적으로 설립된 기관
- 전문 자격증
- **대학 또는 시험위원회 공인 및 전문 기관에서 인정하는 과정**
- 코치 및 공인 코치의 국가 등록
- **코치에 대한 수퍼비전 및 CPD 행사 참석 의무**
- 전문 단체의 회원들이 준수하는 실천 및 윤리 강령
- 국가 직업 표준
- **역량**
- **연구 및 연구 발표 증가**
- **서적 및 증거 기반 저널**

팀 코칭 분야에서 이미 시작되고 있는 항목은 볼드체로 강조 표시했다. 영국에서는 전문 임원 코칭 및 감독 협회(APECS, www.apecs.org)가 팀 코치 인증 제도를 시행한 최초의 전문 기관이다(아래 참조). 임원 코칭 및 리뉴얼 어소시에이츠 아카데미Academy of Executive Coaching and Renewal Associates에서 운영하는 디플로마 및 자격증 과정은 석사 수준의 과정으로 인정받았다. 이 과정은 국제코칭연맹ICF의 인증을 받았으며, 현재 중국, 미국, 남아프리카공화국, 영국에서 1년 과정의 디플로마가 운영되고 있다. 지난 몇 년 동안 팀 코칭 인증 프로그램의 수가 급격히 증가하는 것을 목격했다. 가장 규모가 큰 프로그램은 WBECS가 가상으로 운영하는 글로벌 팀 코칭 인스티튜트Global Team Coaching Institute로, 피터 호킨스와 데이비드 클러터벅이 20개국에서 온 글로벌 교수진과 함께 이끌고 있다.

또 팀 코칭 컨설팅 및 기관(예: ORSC, 팀 코칭 인터내셔널, CMIChartered Management Institute, 루스 와그먼과 크리스터 로의 여섯 가지 조건 교육Six Conditions training, 임원 코치 스튜디오Executive Coach Studio, 헨리 비즈니스 스쿨 등)에서 제공하는 국제코칭연맹 코치 교육 과정 CCEU 자격을 취득할 수 있는 과정도 점점 더 많아지고 있다.

점점 더 많은 팀 코치가 팀 코칭에 대한 구체적인 수퍼비전을 받고 있으며, 팀 코칭 수퍼비전 모델도 개발되고 있다(Hawkins, 2021: 16장 참조). 미들섹스 대학교universities of Middlesex, 레딩Reading 대학교(헨리 비즈니스 스쿨), 옥스퍼드 브룩스Oxford Brookes 대학교에서는 팀 코칭에 관한 연구를 진행하고 있으며, 실제로 이 책의 기고자 중 두 명은 미들섹스 대학교에서 팀 코칭으로 박사 학위를 취득했다.

팀 코치의 전문화와 교육은 인증 기관뿐만 아니라 팀 코치 자신도 급변하는 조직의 트렌드 속에서 자신의 발전을 도모하도록 요구할 것이다. 점점 더 민첩해지고 디지털화되는 업무 환경에서 '팀들의 팀' 방식으로 대규모로, 그리고 조직 리더, HR, 고객, 그리고 기타 중요한 이해관계자와 긴밀하게 협력하여 시스템적으로 일할 수 있는 팀 코치를 양성하고 있는가? 이는 팀 코칭 산업을 전문화하고자 하는 사람들에게 중요한 질문이며, 앞으로 몇 년 동안 평범한 프로그램과 훌륭한 프로그램을 구분하는 기준이 될 것이다.

팀 코치 인증

위에서 언급했듯이 APECS는 전문 임원 팀 코치를 인증하는 공식적인 프로세스를 갖춘 최초의 조직이다. 임원 코치에 대한 접근 방식과 마찬가지로, 그들은 팀 코치가 코칭 의자의 세 가지 다리 모두에서 지식, 역량, 능력을 입증할 수 있기를 기대한다(Hawkins, 2012:51 참조).

- 비즈니스와 조직 이해
- 심리 훈련과 이해
- 코칭 및 팀 코칭 지식, 기술, 프랙티스

2020년 팀 코칭 표준은 EMCC(www.emccglobal.org/accreditation/tcqa/)에서 만들었고, 2021년에는 ICF와 코칭협회 Association for Coaching에서 각각 팀 코칭 역량을 개발했다.

- 국제코칭연맹ICF: https://coachingfederation.org/team-coaching-competencies

- 코칭협회: https://cdn.ymaws.com/www.associationfor-coaching.com/resource/resmgr/Accreditation/Accred_General/Coaching_Competency_Framewor.pdf

이는 정기적인 수퍼비전을 받고, 팀 코칭 분야의 윤리를 명확히 이해하며, 팀 코칭에 대한 자신만의 시그니처 접근 방식을 설명하고 시연할 수 있는 능력과 연결되어야 한다.

팀 코칭에 관한 연구 개발과 사례 연구

팀 효과성에 관한 연구는 계속해서 많이 이루어지고 있다. 구글Google은 조직에서 성공적인 팀의 가장 중요한 요소ingredients를 연구하기 위해 프로젝트 아리스토텔레스Project Aristotle를 시작했다. 이는 순서대로 다음과 같다.

1. **심리적 안전**psychological safety: 우리는 불안감이나 당황스러움을 느끼지 않고 팀에서 위험을 감수할 수 있는가?
2. **신뢰성**dependability: 우리는 제 시간에 고품질의 작업을 수행하기 위해 서로를 신뢰할 수 있는가?
3. **구조와 명확성**structure and clarity: 우리 팀의 목표, 역할, 실행 계획이 명확한가?

4. **일의 의미**meaning of work: 우리 각자에게 개인적으로 중요한 일을 하고 있는가?

5. **업무의 영향력**impact of work: 우리는 근본적으로 우리가 하고 있는 일이 중요하다고 믿는가? (Rozovsky, 2015)

글로벌 딜로이트의 설문조사에서 버신Bersin(2016)은 다음과 같이 밝혔다. "리더십은 이제 '팀 스포츠'가 되었으며, 리더는 팀에 영감을 불어넣고 조율하는 동시에 팀을 하나로 연결하고 정보를 공유하는 데 능숙해야 한다."

의료팀(Gawande, 2011), 건강 관리팀(West & Markiewicz, 2016), 과학 연구팀(Cooke & Hilton, 2015), 리더십 팀(Aldag & Kuzuhara, 2015; Karlgaard & Malone, 2015; Wageman et al., 2008)에 관한 연구도 있었다.

그러나 3장에서 언급했듯이 실제로 팀 코칭에 대한 자세한 사례 연구가 부족했으나, 이 책을 통해 쉽게 이용할 수 있는 수가 두 배로 늘어났을 뿐만 아니라 사례 연구를 통해 학습을 극대화하는 방법에 대한 도구와 지침을 제공했다. 그 이후로 데이비드 클러터벅David Clutterbuck 외(2019)가 편집한 『팀 코칭 프랙티셔너 핸드북Practitioner's Handbook of Team Coaching』, 클러터벅 외(2022)의 『팀 코칭 사례집The Team Coaching Casebook』을 통해 사용 가능한 사례 연구의 수가 증가했다.

그러나 우리는 아직 걸음마 단계에 있으며 더 많은 일을 해야 한다. 이 책이 많은 사람에게 영감을 주어, 팀과 함께 작업한 사례 연구를 개발하여 공개하고, 우수하고 유용한 연구를 개발하는 데 도움이 되는 지침과 프레임워크를 제공하는 것이 우리의 희망이다.

이 책의 세 가지 판본을 각각 편집하면서 나(피터)는 무엇이 가치 있는 사례 연구를 만드는지에 관해 많은 것을 배웠으며, 내가 수집한 다음과 같은 원칙을 제시한다. 사례 연구는 다음과 같은 경우에 가장 좋다.

1. 코칭에 대한 다양한 관점을 공유한다. 여기에 있는 많은 사례 연구는 팀 리더와 외부 팀 코치가 작성했다.
2. 연구가 팀이 직면한 문제와 이를 어떻게 해결했는지를 보여준다.
3. 팀뿐만 아니라 더 넓은 조직이나 이해관계자 시스템에 대한 데이터가 있으며 이러한 수준 사이의 상호작용에 주의를 기울인다.
4. 팀 코칭이 팀원들의 관계, 팀 프로세스, 그리고 회의뿐만 아니라 팀 성과와 더 넓은 조직의 성과에 어떤 영향을 미쳤는지에 대한 증거가 있다.
5. 팀 리더 또는 코치는 사용한 모델, 도구, 그리고 개입을 기술하고, 효과가 있었던 것과 효과가 없었던 것을 설명한다.
6. 팀 리더와 팀 코치는 자신의 역할, 공동 작업, 그리고 학습에 대해 성찰하고 다음에는 어떻게 다르게 할 것인지 공유한다.
7. 사례 연구는 액션 러닝 사이클(Kolb, 1984)을 완성하며 이론에서 계획, 실행, 성찰, 그리고 시작 이론starting theory의 새로운 개발로 이어진다.

디지털화와 팀 코칭

향후 몇 년 동안 많은 전문 및 지원 서비스의 디지털화가 극적으로 발전할 것이다. 향후 4년간 디지털 혁신에 대한 투자가 6조 달러를 넘어설 것으로 예상된다. 법률, 의료, 회계, 교육, 그리고 기타 많은 직업이 크게 변화할 것이다. 이미 일반 의사의 80%보다 더 정확하게 진단할 수 있는 컴퓨터가 등장했다. 코칭도 예외가 아니다.

이미 전 세계에서 최고의 코칭 질문을 수집하여 고객의 기분을 읽고 그에 따라 '공감적 반응과 어조empathic responses and tone'를 조정할 수 있는 컴퓨터 소프트웨어가 개발되어 있으며, 고객을 방대한 리소스와 연락처 네트워크와 연결할 수 있다.

시스테믹 팀 코칭의 필요성이 이미 훈련된 프랙티셔너의 수를 능가하고 있을 뿐만 아니라 효과성과 효율성을 높이고 비용을 절감하기 위해서도 시스테믹 팀 코칭은 디지털 혁신을 통합해야 한다. 또한 팀 코칭을 가상으로 받는 가상 팀이 엄청나게 증가하고 있다.

이미 많은 팀 코치가 팀과의 정기적인 소통의 일환으로 트렐로Trello, 슬랙Slack, 뮤랄MURAL, 마이크로소프트 팀즈Microsoft Teams, 페이스북 워크플레이스Facebook Workplace, 줌Zoom, 스카이프Skype, 웹엑스WebEx, 어도비 커넥트Adobe Connect 등 수많은 협업 플랫폼과 기술을 활용하고 있다. 향후 몇 년 안에 가상 현실 및 증강 현실 기술이 주류가 되면서 디지털 환경은 팀과 코치에게 흥미롭고 새로운 도구와 기회를 제공할 것이다.

관리 및 조달 프로세스 개선, 알고리즘을 사용한 코치 매칭, 통찰 및 이해 수집, 심리측정 또는 웨어러블 기술wearable technology, 비디오 및 비동기 대화 개선, 넛지 및 행동 변화 강화하기, 코칭 효과 보고에 이르기까지 코칭 라이프사이클의 모든 측면을 기술을 통해 지원할 수 있다. 현명하게 사용하면 기술이 도움이 될 수 있는 여러 방법이 있다.

나(피터)는 한 흥미로운 기술 스타트업(www.saberr.com)과 함께 일하고 있으며, 이 스타트업의 CEO인 톰 마르스덴Tom Marsden이 이 부분에 기여했다. 이 스타트업은 수년 동안 최고의 팀 코칭과 이를 디지털화할 수 있는 방법을 연구해왔다. 그들은 데이트 대행사에서 성공 및 실패한 매칭에 대한 방대한 양의 데이터를 살펴보고 이를 팀 관계의 성공을 예측하는 데 적용했다.

또한 팀원들이 간단한 설문지를 작성하고, 채팅봇과 소통하고, 팀의 강점과 도전 과제에 대한 집단 프로필을 만들고, 각 개발 과제에 대한 연습, 동영상, 리소스를 제공하고, 계획된 작업을 위한 팀 사무실을 제공하고, 후속 조치에 대한 정기적인 넛지와 알림을 제공하는 등 디지털 방식으로 팀을 코칭할 수 있는 방법을 살펴봤다.

그들이 개발 중인 스마트한 측면은 시스테믹 팀 코치를 대체하는 것이 아니라 다음과 같은 기능을 통해 팀 코치가 업무를 더 잘 지원하고 지속할 수 있도록 한다는 점이다. 팀 워크숍에서 나온 모든 생각을 온라인으로 수집하여 후속 조치로 전환하고, 팀 코치의 참여 사이에 지속적인 조치를 지원하며, 진행 상황을 평가하고 우려 사항을 강조한다.

또한 시스테믹 팀 코치는 고위 팀과 직접 협력하고 같은 조직 내 팀에 병행 e-지원 메커니즘을 제공하여 팀 정렬과 팀 간 학습을 지원함으로써 영향력을 높일 수 있다. 전사적인 리더십enterprise-wide leadership 개발과 팀 문화를 지원하는 데 이 방법을 어떻게 활용할 수 있는지에 관해서는 16장에서 자세히 설명한다.

시스테믹 팀 코치는 디지털화를 통해 배우고 함께 일해야 한다. 많은 고객이 디지털 전략을 개발하고 이에 필요한 문화 변화를 관리하는 데 도움을 필요로 한다. 우리는 우리 산업에서 디지털 활성화를 실행하는 본보기가 되어야 한다.

팀 코칭 직업에 종사하는 우리는 지금 새로운 기술을 우리의 접근 방식에 통합하기 위해 어떻게 혁신하고 있을까? 아마도 많은 사람이 '많지 않다'라는 대답을 할 것이다.

미래에 성공하는 코치는 기술을 자신의 프랙티스에 통합할 것이다. 코치는 기술이 자신을 지원하기 위해 할 수 있는 고유한 역할을 이해할 것이다. 기술은 효율적이고 확장 가능하며, 일관성을 유지하고, 비용 효율적이며, 연중무휴 24시간 접근할 수 있다. 일부 코치들은 기술이 판단을 내리지 않는다는 점이 마음에 든다고 언급했다. 이는 코치의 '인간적인' 역할, 즉 복잡한 상황에 대한 폭넓은 맥락적 이해와 공감 능력을 개발하는 능력의 중요성을 강조할 것이다.

한 가지 분명한 사실은 기술과 사람 사이의 긴밀한 통합으로 업무가 점점 더 하이브리드화되고 있다는 점이다. 팀 코칭은 업무와 조직에 대한 접근 방식을 개인 중심에서 팀 중심으로 전환하는 데 도움을 줄 수 있는 새로운 파괴적 사회 기술social technology로써 중요한 역할을 해왔다. 그렇지만 우리가 선제적으로 대응하지 않는다면 경제의 디지털화는 앞으로 몇 년 안에 빠르게 전세를 뒤집고 우리를 혼란에 빠뜨릴 수 있다.

우리가 확신하는 것은 5년 후의 팀 코칭은 지금과는 매우 다른 모습과 다른 느낌이 될 것이라는 점이다. 떠오르는 전문직으로서 우리는 디지털 시대에 팀 코칭을 한 단계 더 발전시키는 데 필요한 역량을 갖추고 있을까? 앞으로 팀 코치로서의 학습과 실험 문화를 가속화하면 승자와 패자를 구분할 수 있을 것이다. 팀 코치의 역할을 지속하기 위해 어떻게 계획하고 있는가?

팀 개발, 조직 혁신, 그리고 인간 진화

이 책은 팀과 조직을 이끌기 위한 에코 리더십eco-leadership[2] 접근법의 핵심 원칙을 제시하고 있다. 이 책의 첫 장에서 제시된 바와 같이 리더십은 팀이나 조직을 더 넓은 생태계와 역동적인 관계로 보는 데 초점을 맞춘다.

> 유기체organism가 생태계와 먹이 그물 내에서 틈새를 채우는 것처럼 조직도 비즈니스 생태계(조직이 운영되는 사회적, 경제적, 환경적 이해관계

---

[2] 기후와 환경의 변화를 이해하고 기후와 환경을 능동적으로 지켜 나가기 위해 노력하는 리더십

자 공동체) 내에서 틈새를 채운다. (Hutchins, 2012: 53)

팀은 더 넓은 조직과 이해관계자 생태계에 의해 변화되고 또 변화시킨다. 이러한 폭넓은 참여를 통해서만 가치를 창출할 수 있다. 나는 책 전체에서 모든 팀이 최소한 다음과 같은 이해관계자 집합에 집중해야 한다고 강조했다.

- 투자자, 자금 제공자, 위원
- 규제 기관
- 고객(그리고 많은 경우 고객의 고객)
- 공급업체와 파트너 조직
- 직원(그리고 계약자)
- 회사가 사업을 영위하는 지역사회
- 자연, '인간 이상'의 환경

다른 글에서 나는 그림형제의 동화 '잠자는 숲속의 공주Sleeping Beauty'에 나오는 열세 번째 요정처럼 파티에 초대받지 못하면 나중에 조직에 큰 문제를 일으키는 나쁜 요정이 되는 이해관계자의 위험성에 관해 이야기한 바가 있다.

이에 대한 좋은 사례가 바로 거대 석유 회사 BP이다. 미국 연안의 어부들이 멕시코만 시추에 중요한 이해관계자이며, 이 이해관계자가 미국 유권자, 고객, 정치인에게 막대한 영향을 미친다는 사실을 BP는 너무 늦게 알아차렸다. 결국 BP는 보상과 법적 비용으로 막대한 지출을 하게 되었다.

나는 모든 리더십 팀 코칭은 팀 내부 관계뿐만 아니라 더 넓은 조직 및 생태계와의 관계에 대해 팀과 협력하는 시스테믹 팀 코칭이 되어야 한다고 일관되게 주장해 왔다. 즉, 팀의 속성, 프로세스, 행동에만 기반하여 고성과 팀에 관해 이야기하는 것을 넘어서야 한다. 물론 이러한 요소에 관심을 기울이고 코칭을 제공하는 것은 중요하지만, 이는 목적을 위한 수단으로만 사용해야 한다. 13장에서 다음을 제안했다.

> 팀의 성과는 팀이 속한 조직, 조직의 투자자, 팀의 내외부 고객, 공급업체, 팀원, 팀이 활동하는 공동체, 그리고 우리가 사는 인간 이상의 세계를 위한 부가가치 창출을 촉진하는 지속적인 능력을 통해 가장 잘 이해할 수 있다.

이는 15장 이사회에서 반 덴 베르게Van den Berghe와 레브라우Levrau(2013: 156, 179)가 효과적인 이사회를 만드는 요소에 대해 다음과 같이 인용한 내용을 반영하고 있다. '이사회는 회사, 경영진, 주주, 그리고 모든 관련 이해관계자를 위한 부가가치 창출을 촉진할 때 효과적이다.'

많은 기업이 모든 이해관계자를 위한 '공유 가치shared value'(Porter & Kramer, 2011)를 창출해야만 번영하고 성장할 수 있다는 사실을 인식하기 시작했다. 기업가이자 버진 컴퍼니의 리더인 리처드 브랜슨

Richard Branson(Richard Branson, 2011: 331)은 다음과 같이 썼다.

> 선한 일을 하는 기업이 앞으로 수십 년 동안 번창할 것이다. 이익 극대화에만 집중하는 '일상적인 비즈니스'를 계속하는 기업은 오래 가지 못할 것이며, 그럴 자격도 없다.

인도에 본사를 둔 글로벌 대기업인 타타Tata는 모든 이해관계자를 위한 가치 창출을 미션과 가치의 핵심으로 삼는다. '타타 그룹의 목적은 우리가 봉사하는 공동체 삶의 질을 향상시키는 것이다.'(Doongaji, 2010)

> 우리는 계속해서 책임감을 갖고 우리가 일하는 국가, 지역사회, 그리고 환경에 민감하게 반응해야 하며, 항상 국민으로부터 얻은 것이 국민에게 다시 돌아갈 수 있도록 해야 한다. (www.tata.com)

VISA 금융 서비스 그룹의 창립자인 디 호크Dee Hock는 '미래의 조직은 사람들에게 더 높은 열망을 불러일으키는 공유 목적을 기반으로 하는 공동체의 구현이 될 것'이라고 썼다.

리더십과 시스테믹 팀 코칭은 미래에 적합하고 지속 가능한 세상을 만들 수 있는 조직과 조직 리더십을 만드는 방법을 이해하기 위한 훨씬 더 광범위한 움직임의 일부가 되어야 한다. 우리는 팀이 어떻게 더 효과적이고 더 넓은 영향력 시스템에서 변혁을 창출하고 주도할 수 있는지에 관한 연구를 계속해야 한다. 이를 통해 조직이 더 가치 중심적이고 탄력적이며 적응력이 뛰어나고 혁신적일 수 있도록 지원하여, 조직을 유지하고 지속하는 생태계에 부가가치를 창출할 수 있도록 해야 한다(Hutchins(2012), Porrit(2007), Hawken et al.(1999), Porter & Kramer(2011)는 모두 미래의 비즈니스에 대해 훨씬 더 자세히 설명한다).

시스테믹 팀 코칭도 새로운 리더십 패러다임에 대한 새로운 접근 방식으로 성장하는 현장에서 배우고 기여해야 한다. 새로운 리더십 모델에 대한 많은 글이 쓰였다. 아직 부족한 점은 다음과 같은 리더십에 대한 통합적인 접근 방식이다.

- 전략적 리더십(Hamel & Prahalad, 1994; Keller & Price, 2011)
- 글로벌 리더십(Black et al., 2014)
- 비전적이고 공감을 불러일으키는 참여형 리더십(McKee et al., 2008)
- 가치 기반 리더십(Barrett, 2010)
- 진정성있는 리더십(George, 2003; George & Sims, 2007; Boston, 2014)
- 체화된 리더십(Hamill, 2013)
- 적응적 리더십(Heifetz & Laurie, 1997; Heifetz et al., 2009; Obolensky, 2010)

- 관계적 리더십(Lines & Scholes-Rhodes, 2013; Kellerman, 2008; Hersted & Gergen, 2013)
- 지속 가능성 및 생태계 리더십(Redekop, 2010; Western, 2010, 2013; Senge, 2010; Avery & Bergsteiner, 2011)
- 집단적 리더십(Hawkins, 2011a, 2014a, 2017a, 2021)
- 협력적 리더십(Hackman, 2011a; Archer & Cameron, 2013)
- 미래형 리더십(Hawkins & Smith, 2013, 2017b; Hutchins, 2016; Krznaric, 2020)
- 재생적 리더십(Hutchins & Storm, 2019).

리더십 개발이 더는 목적에 맞지 않는 이유에 대한 많은 글이 있다(Kellerman, 2012; Hawkins, 2017b). 그러나 필요한 모든 요소를 한 곳에 모은 통합적인 접근 방식은 부족하다. 내가 2015년부터 2017년까지 헨리 비즈니스 스쿨에서 진행한 연구(Hawkins, 2017b)에서는 20세기형 리더가 아닌 21세기형 집단 리더십을 개발하는 모범 사례를 찾았다. 그 결과 미래의 리더십 개발이 이미 싹트고 있는 '초록빛 새싹green shoots – 7곳'을 발견했다. 여기에는 다음이 포함된다.

- **도전 기반 리더십 개발** – 팀 코치가 비즈니스 전반의 다양한 팀과 함께 획기적인 프로젝트를 수행한다.
- **심층 몰입형 리더십 개발** – 리더로 구성된 팀에게 매우 다른 문화와 환경에서 현지인들과 협력하여 수행해야 하는 프로젝트가 주

어진다.
- **그림자 리더십 팀을 팀 코칭** - 고위 리더십 팀을 코칭하는 동시에 비즈니스 전반의 밀레니얼 세대 젊은 직원으로 구성된 그림자 리더십 팀을 코칭하고, 두 팀 사이의 생성적 대화generative dialogue를 코칭한다.
- **팀 코칭과 컨설팅을 제공하는 리더들** - 리더들이 서로의 팀과 비즈니스에 팀 코칭과 컨설팅을 제공한다.

필요한 것은 리더십 개발이다.

- 개별 리더가 아닌 집단적 리더십과 리더십 팀을 개발한다.
- 조직 전체뿐만 아니라 더 넓은 이해관계자 생태계와의 모든 파트너십에서 집단적 리더십 문화를 개발하는 데 관심을 기울인다.
- 지적, 정서적, 사회적, 정치적, 윤리적 최종 생태학적 지능을 총체적으로 개발한다.
- 가르치는 내용뿐만 아니라 가르치는 방법도 시스템적이다.
- 현재와 미래의 도전 과제를 직면하고 해결하는 데 중점을 두며, 리더십과 조직 개발을 가속화하고 심화하는 방식으로 연결한다.
- 교육, 액션 러닝, 그룹 작업, 도전 및 프로젝트 팀, 코칭, 팀 코칭, 가상 학습 및 e-러닝, 게임 및 소셜 미디어를 활용하여 창의적으로 혼합된 학습을 제공한다.

리더십 팀 코칭은 미래에 적합한 리더를 육성하는 데 그 역할을 다해야 한다.

우리가 리더, 시스테믹 팀 코치, 임원 코치, 컨설턴트 또는 더 넓은 리더십 개발 산업에 종사한다면 우리는 인간의 의식, 인간의 사고, 관계, 그리고 존재에 필요한 혁명의 중요한 부분이 된다. 18장에서 나는 '비즈니스 패러다임의 재평가와 변화는 비즈니스뿐만 아니라 우리 종 전체의 성공적인 진화를 위한 핵심이다…. 변혁의 시대는 변혁적 변화를 요구한다'(Hutchins, 2012: 17)라는 자일스 허친스Giles Hutchins의 말을 인용했다.

한동안 '인간 이상의 세계', 즉 인간의 삶을 포함하고 지원하는 전체 에코시스템은 인간 종이 지구를 공유하는 다른 생명체와 상호 관계하는 새로운 방식으로 진화해야 한다는 피드백을 보냈다. 지금까지 인간은 그 피드백을 고의적으로 눈을 감고 변화를 시도하지 않았다. 그러나 과제의 방대함에 도전을 받으면서도 우리는 '적극적인 희망'(Macy & Johnstone, 2012)을 가지고 나아가야 한다. 어떤 분야를 전문으로 하든 그 분야에서만의 성공이 아니라 더 큰 전체에 대한 기여에 초점을 맞춰야 한다는 것을 항상 인식해야 한다.

오토 샤머Otto Scharmer와 카린 카우퍼Karin Kaufer(2013)는 영감을 주는 저서『다가오는 미래로 인도하기Leading into the Emerging Future』에서 인간 의식과 인간 사회 조직의 진화에 대한 4단계 모델을 제시한다. 한 단계가 반드시 이전 단계보다 나은 것은 아니며 모든 단계는 각자의 위치, 시간, 기능을 가지고 있다. 그러나 샤머와 카우퍼는 현재 세계가 더 많은 인간과 사회가 아직 초기 단계에 있는 레벨 4.0을 수용하도록 요구하고 있다고 주장한다.

인간 의식의 진화 단계는 다음과 같다.

1.0 고정된 신념과 판단
2.0 과학적 사실 탐구
3.0 집단적 대화와 공감적 참여
4.0 집단의 생성적 대화 - 미래의 필요를 공동 감지하고, 가능한 대응을 공동 탐구하며, 혁신적인 행동을 공동 창출한다.

인간 사회 조직의 진화 단계는 다음과 같다.

1.0 **국가 중심 모델**The state-centric model은 단일 부문 사회single-sector society에서 위계와 통제를 통한 조정을 특징으로 한다.
2.0 **자유 시장 모델**은 제2부문(민간)의 부상을 특징으로 하며 시장과 경쟁의 메커니즘을 통해 조정된다.
3.0 **사회적 시장 모델**은 제3부문(NGO)의 부상과 조직화된 이익 집단 사이의 협상에 의한 조정을 특징으로 한다.
4.0 **공동 창조적 생태계 모델**은 플랫폼을 만들고 모든 부문의 이해 관계자가 참여하는 부문 간 혁신을 위한 공간을 확보하는 제4 부문의 부상을 특징으로 한다(Scharmer &Kaufer, 2013: 13-14).

이러한 수준은 리더십 팀의 진화, 회사 이사회의 진화, 그리고 이사회 기능의 진화에 대한 사고에 적용할 수 있다.

1.0 **리더십 팀과 이사회는 내외부적으로 규정 준수, 위험 관리, 그리고 규정 준수 보장에 중점을 둔다.** 외부적으로는 운영 국가의 법적 및 신탁 요건legal and fiduciary requirements을 준수하고, 내부적으로는 합의된 전략과 프로세스에 대한 성과 및 준수 여부를 모니터링한다.

2.0 **리더십 팀과 이사회는** 성장, 시장 점유율, 수익성, 주주 수익률, 그리고 회사 가치에 대한 목표를 설정하는 등 **성과 관리에 중점을 둔다.**

3.0 **리더십 팀과 이사회는 연결에 중점을 두어** 모든 이해관계자에 대한 효과적이고 시의적절한 대응을 보장하기 위해 조직이 올바른 내부 연결을 확보하고 모든 수준에서 '할 수 있다'는 태도와 리더십 문화를 갖출 수 있도록 한다. 외부적으로는 상단의 공급업체, 하단의 고객, 파트너 조직, 잠재적 인수합병 조직 등 더 넓은 생태계와의 연결에 중점을 둔다.

4.0 **리더십 팀과 이사회는** 조직의 모든 부분과 더 넓은 이해관계자 생태계의 의견을 깊이 경청하고 '미래의 세상에 필요한 것에 다른 사람들과 함께 기여하기 위해 조직이 고유하게 할 수 있는 일'에 대해 내부 및 외부 시스템 전반에 걸쳐 협력적인 문의를 조율함으로써 **다가오는 미래를 감지하는 데 중점을 둔다.**

해야 할 일이 많고 성공은 새로운 차원의 협업을 통해서만 나타날 것이다. 새로운 차원의 협업이란 팀 내 개인 간, 조직 간 협업하는 팀, 여러 부문과 국가에 걸쳐 더 효과적으로 파트너십을 맺는 조직, 공유 가치를 창출하기 위해 협력하는 비영리 및 영리 조직, 인간보다 더 넓은 생태계와 협력하여 살아가는 방법을 배우는 인류 등이다.

미래형 조직 만들기

시스테믹 팀 코칭이 새로운 사일로화된 제안이 되어서는 안 된다. 2015년부터 2017년까지 헨리 비즈니스 스쿨의 글로벌 연구 파트너들과 함께 진행한 미래의 리더십에 관한 연구(Hawkins, 2017b)에서 나는 향후 5년 내에 전략, HR, 리더십 개발, 조직 개발, 코칭 등 분리되어 있는 부서별 기능을 '미래형 기능future-fit function'이라는 하나의 핵심 기능으로 통합해야 한다고 주장한 바 있다.

시스테믹 팀 코칭을 포함한 이러한 모든 활동은 조직, 조직 내 기능, 팀, 관계, 그 안에 속한 개인이 조직 내의 네트워크, 파트너십, 비즈니스 생태계와 함께 '미래에 적합future- fit'하게 지원한다는 하나의 결합된 목적이 있다.

이 책에서는 리더십 개발, 개인 코칭, HR, 그리고 전략과 통합된 시스테믹 팀 코칭을 통해 조직이 초변화의 롤러코스터를 타고 초연결 세계hyper-connected world의 복잡성을 수용하는 데 도움이 되는 몇 가지 장단기 사례 연구를 수록했다. 또 16장에서는 팀 코칭을 리더십 개발과 통합하여 '팀 구성'과 '팀들의 팀' 문화를 조성하는 방법에 대한 자세한 지침을 제공한다.

내일의 리더십 연구Tomorrow's Leadership research(Hawkins, 2017b)는 다양한 분야와 국가의 40개 이상의 기업에서 CEO, 인사 책임자, 그리고 지명된 밀레니얼 세대의 미래 리더를 인터뷰했다. 이 세 그룹에 대한 세계 유수의 설문조사 데이터, 미래 리더십과 리더십 개발의 변화하는 요구사항에 대해 발표된 100개 이상의 생각 리더십, 그리고 신중하게 촉진된 여러 포커스 그룹이 결합되었다.

이 조사에 따르면 현재 조직 리더들이 직면하고 있는 가장 큰 일곱 가지 도전 과제는 다음과 같다.

1. 끊임없이 가속화하는 변혁
2. 기술과 디지털 혁명
3. 탈중개화disintermediation와 '우버화Uber-ization'
4. 조직의 공동화hollowing-out와 이해관계자 세계의 복잡도 증가
5. 세계화
6. 기후 변화
7. 더 빠른 학습과 적응의 필요성

그런 다음 이 새로운 세계에는 새롭고 차별화된 리더십 수용력(개별 리더 역량이 아니라 집단적 리더십 수용력)이 필요하다고 주장했다.

우리는 리더십에 대한 가정(리더십의 정의, 위치, 운영 방식)과 미래 세계에 적합하도록 리더십이 어떻게 변화해야 하는지에 대한 여러 가지 중요한 티핑 포인트tipping points의 형태를 보기 시작했다.

다음과 같은 티핑 포인트가 있었다.

- '내 사람들을 이끄는 것leading my people'에서 '비즈니스 생태계를 조율하는orchestrating' 것으로
- '영웅적인 개인 리더'에서 '집단적이고 협력적인 리더십'으로
- 모든 이해관계자를 위한 목적과 가치 창출에 기반을 둔 리더십으로
- 연속적이고 단편적인 혁신에서 세 가지 시간 프레임에 걸쳐 동시에 진행되는 혁신으로
- 다수의 개인 다양성뿐만 아니라 시스템적 다양성까지 포용한다.
- 개발자로서의 리더
- 동기부여, 밀레니얼 세대와 이동성mobility.
- '숨을 곳이 없다' – 투명한 세상에서 살아가는 것의 의미
- 파트너링과 네트워킹(Hawkins, 2017b: 17)

이 보고서는 또한 20세기형 리더가 아닌 21세기에 필요한 리더십을 개발할 가능성이 높은 새로운 리더십 개발 접근법의 사례인 '초록빛 새싹'을 확인했다. 여기에는 다음이 포함된다.

- 개인, 팀, 조직 학습 통합하기

- 도전 기반 리더십 개발 – '적시 학습 입력just-in-time learning input'을 제공하고 콘텐츠와 그룹 과정 모두에서 학습을 극대화할 수 있는 시스테믹 팀 코치/트레이너의 지원을 받아 조직의 미래 과제를 해결하기 위한 다기능 그룹을 구성하여 리더십 개발을 구축한다.
- 심층 몰입 훈련 – 도전 기반 리더십 개발의 확장으로, 익숙한 문화와 환경과는 매우 다른 문화와 환경에 깊이 몰입하는 개발 프로그램이다.
- 온전한 팀의 시스테믹 팀 코칭과 '팀들의 팀' 코칭하기
- 파견 근무와 동료 컨설팅 – 리더가 다른 영역으로 이동하여 변화를 함께한다.
- 그림자 리더십 팀 – 밀레니얼 세대의 젊은 미래 리더 그룹이 같은 의제에 대해 리더십 팀과 병행하여 작업한 뒤, 각 팀이 상대 그룹의 고정된 사고방식을 바꾸고 두 그룹을 넘어서는 새로운 사고를 창출하는 데 집중하는 촉진 대화가 이루어진다.
- 자기 시스템 인식 – 내면의 자기 인식과 자신이 속한 더 넓은 생태계에 대한 인식을 위해 공동으로 노력함으로써 민첩성, 회복 탄력성, 수용력, 의식을 개발하는 것으로, 위의 모든 접근 방식과 결합할 수 있다.

시스테믹 팀 코칭은 새로운 활동의 사일로가 되거나 복잡한 조직 문제를 해결하는 만병통치약으로 여겨져서는 안 된다. 오히려 미래형 리더십과 미래형 조직, 즉 개인의 성공을 증대시킬 뿐만 아니라 유지

할 수 있는 조직을 만들어야 하는 시급한 필요성을 해결하기 위해 조직개발, 코칭 프랙티스, 그리고 리더십 개발의 최고를 지속해서 발전시키는 새로운 종합체라고 보아야 한다. 모든 이해관계자와 함께, 그리고 그들을 위해 지속해서 가치를 창출하고 우리 공동의 후손을 위한 웰빙 세상을 만드는 데 긍정적인 기여를 할 수 있다.

맥크리스탈 장군의 캠프 보좌관으로 일하면서 전후 테러리스트가 득실거리는 이라크에서 급진적인 '팀들의 팀' 접근법을 개발했고, 이후 많은 민간 및 공공 부문 조직에서 이러한 사고를 적용해온 크리스 퍼셀Chris Fussell은 자신의 저서(Fussell, 2017:248-49)에서 다음과 같이 말한다.

팀을 조율하고, 투명하게 소통하고, 의사결정을 분산하는 이러한 독립적인 개념은 새로운 것이 아니다. 그렇지만 겸손하고 영웅적이지 않은 역할을 맡을 수 있는 리더와 새로운 책임 영역을 수용하는 개별 팀원이 중심이 되어 조직이 진정으로 이러한 개념을 함께 구현하고자 한다면 앞으로 몇 년 동안 효과적인 기업의 표준이 될 것이다.

정보화 시대로의 전환에서 살아남는 기업은 앞으로 몇 년 동안 표준을 정하게 될 것이며, 20세기의 각본을 고수하는 기업은 역사의 한 페이지가 될 것이다.

에드 길레스피Ed Gillespie(2021)는 생태 파괴를 주도하는 많은 조직과 침묵의 공모를 하고 있는 컨설팅 업계의 모든 이에게 용감하게 도전장을 던진다. 그는 컨설턴트뿐만 아니라 시스템적 코치와 시스테믹 팀 코치에게도 적용되는 업무의 핵심으로 우리를 초청한다.

우리의 작업은 고의적 맹목성을 극복하고, 용감한 대화를 나누고, 불편함을 감수하고, 관대하게 일하고, 중요한 행동을 취하고, 결정적으로 '나보다 더 큰' 방식으로 여러 부문에 걸쳐 협력하는 것이며, 이는 우리가 어떤 형태의 전환을 희망할 수 있는 유일한 방법이다.

우리 시대의 거대한 도전에 맞서기 위해서는 인간 의식의 급진적인 변혁과 팀, 조직, 부문, 국가 간 새로운 형태의 협력이 필요하며, 이보다 더 중요한 것은 우리 모두가 공유하는 이 지구에서 인간과 '인간 이상의' 세계 사이의 근본적으로 새로운 파트너십이 필요하다는 것이다. 이 책이 이러한 대의에 작은 보탬이 되었으면 하는 바람이다.

기고자: 크리스터 로우 Krister Lowe

크리스터 로우 석사, 박사, CPCC는 조직 심리학자이자 임원, 팀 코치, 팟캐스터이다. 크리스터는 팀 코칭의 예술과 과학을 탐구하는 주간 인터뷰 쇼인 팀 코칭 존 팟캐스트의 진행자이며, 전 세계 125개국 이상에서 청취자를 보유하고 있다. 로우 박사는 팀 코칭, 갈등 해결 그리고 성과 관리 전문가로 유럽, 아시아, 아프리카, 중동, 아메리카 전역의 25개 이상의 국가에서 다양한 조직에 15년 이상 컨설팅을 제공한 경력을 보유하고 있다. 코칭, 컨설팅, 퍼실리테이션 그리고 교육 개입은 전 세계적으로 2만 5,000명 이상의 사람들에게 전달되었다. 국제기구, 전문 서비스, 금융 서비스, 정보 기술, 재단, 제약, 교육 등 다양한 분야에서 전문성을 보유하고 있다. 크리스터는 컬럼비아 대학교 Columbia University에서 사회-조직 심리학 석사 학위와 철학 박사 학위를 취득했다.

참고 문헌

Abrahamson, DE (2019) Shifting policing paradigms: The roles of collaboration and team coaching in evidence-based policing implementation, in *The Practitioner's Handbook of Team Coaching*, 1st edn, eds D Clutterbuck, J Gannon, S Hayes, I Iordanou, K Lowe and D MacKie, pp 497–505, Routledge, London
Acharya, S (2008) The halcyon years, 2003–08, *The Business Standard*, New Delhi
Adelman, C (1993) Kurt Lewin and the origins of action research, *Educational Action Research*, 1 (1), pp 7–24, doi: 10.1080/0965079930010102
Aldag, RJ and Kuzuhara, LW (2015) *Creating High Performing Teams: Applied strategies and tools for managers and team members*, Routledge, New York
Amidon, E (2012) *The Open Path: Recognizing non-dual awareness*, Sentient Publications, Boulder, CO
Ancona, DG and Caldwell, DF (1992) Bridging the boundary: External activity and performance in organizational teams, *Administrative Science Quarterly*, 37, pp 634–65
Anderson, M, Anderson, D and Mayo, W (2008) Team coaching helps a leadership team drive cultural change at Caterpillar, *Global Business and Organizational Excellence*, 27 (4), pp 40–50
Archer, D and Cameron, A (2013) *Collaborative Leadership: Building relationships, handling conflict and sharing control*, Routledge, London
Avery, G and Bergsteiner, H (2011) *Sustainable Leadership*, 1st edn, Routledge, London
Bandler, R and Grinder, J (1975) *The Structure of Magic I: A book about language and therapy*, Science & Behavior Books, Palo Alto, CA
Barrett, R (2006) *Building a Values-Driven Organization*, Butterworth-Heinemann, Oxford

Barrett, R (2010) *The New Leadership Paradigm*, 1st edn, Lulu.com (archived at https://perma.cc/LKU7-BCD5), Lexington, KY

Barrick, M, Mount, M and Judge, T (2001) The FFM personality dimensions and job performance: Meta-analysis of meta-analyses, *International Journal of Selection and Assessment*, 9, pp 9–30

Bateson, G (1972) *Steps to an Ecology of Mind*, Ballantine Books, New York

BBC (2020) Why so many of the world's oldest companies are in Japan, www.bbc.com/worklife/article/20200211-why-are-so-many-old-companies-in-japan (archived at https://perma.cc/69KC-ESKN)

Beisser, A (1970) Paradoxical theory of change, in *Gestalt Therapy Now*, eds J Fagen and IL Shepard, Harper Colophon, New York

Belbin, M (2004) *Management Teams: Why they succeed or fail*, Heinemann, London. 『팀이란 무엇인가』. 김태훈역. 라이프맵. 2012.

Bell, S (2007) Deep-level composition variables as predictors of team performance: A meta-analysis, *Journal of Applied Psychology*, 92 (3), pp 595–615

Bengay Stanier, M (2020) *The Advice Trap: Be humble, stay curious & change the way you lead forever*, Box of Crayons Press, Toronto

Bennett, JL (2006) An agenda for coaching-related research: A challenge for researchers, *Coaching Psychology Journal: Practice and Research*, 58 (4), pp 240–49

Berry, JW (1997) Immigration, acculturation, and adaptation, *Applied Psychology: An International Review*, 46, pp 5–34, doi: 10.1111/j.1464-0597.1997.tb01087.x

Berry, W (1983) *Standing by Words*, North Point Press, San Francisco

Bersin, J (2016) *Predictions for 2017*, www2.deloitte.com/content/dam/Deloitte/at/Documents/about-deloitte/predictions-for-2017-final.pdf (archived at https://perma.cc/F2HM-ZYPJ)

Black, JS, Morrison, AJ and Gregersen, HB (2014) *Global Explorers: The next generation of leaders*, Routledge, London

Blackman, A, Moscardo, G and Gray, DE (2016) Challenges for the theory and practice of business coaching, *Human Resource Development Review*, 15 (4), pp 459–86, doi: 10.1177/1534484316673177

Blattner, J and Bacigalupo, A (2007) Using emotional intelligence to develop executive leadership and team and organisational development, *Consulting Psychology Journal: Practice and Research*, 59 (3), pp 209–19

Blomberg, T, Brancale, J, Beaver, K and Bales, W (2016) *Advancing Criminology and Criminal Justice Policy*, Routledge, New York

Bohm, D and Nichol, L (2003) *The Essential David Bohm*, 1st edn, Routledge, London

Borgatta, EF (2007) Jacob L Moreno and sociometry, *Social Psychology Quarterly*, 70 (4), pp 330–32

Boston, R (2014) *ARC: The path to authentic responsible courageous leadership*, 4th draft edn, lulu.com (archived at https://perma.cc/LKU7-BCD5)

Boyatzis, RE (2019) Coaching teams through intentional change theory, in *The Practitioner's Handbook of Team Coaching*, 1st edn, eds D Clutterbuck and J Gannon, pp 63–74, Routledge, London. 『팀 코칭 이론과 실천: 팀을 넘어 위대함으로』. 강하룡 외 역. 한국코칭수퍼비전아카데미. 2022.

Boyatzis, RE, McKee, A and Johnston, F (2008) *Becoming a Resonant Leader: Develop your emotional intelligence, renew your relationships, sustain your effectiveness*, Harvard Business Review Press, Boston

Boyatzis, RE, Smith, M and Van, OE (2019) *Helping People Change: Coaching with compassion for lifelong learning and growth*, Harvard Business Review Press, Boston

Brackett, MA, Reyes, MR, Rivers, SE, Elbertson, NE and Salovey, P (2011) Classroom emotional climate, teacher affiliation, and student conduct, *Journal of Classroom Interactions*, 46, pp 27–46

Branson, R (2011) *Screw Business as Usual*, 1st edn, Virgin, London

Britton, J (2010) *Effective Group Coaching: Tried and tested tools and resources for optimum coaching results*, Wiley, Mississauga, Ontario

Britton, J (2013) *From One to Many: Best practices for team and group coaching*, Jossey-Bass, Mississauga, Ontario

Brown, P and Brown, V (2012) *Neuropsychology for Coaches*, 1st edn, Open University Press, Maidenhead

Bruch, H and Vogel, B (2011) *Fully Charged: How great leaders boost their organization's energy and ignite high performance*, 1st edn, Harvard Business Review Press, Boston

Buljac-Samardžic´, M (2012) *Health Teams: Analysing and improving team performance in long term care*, PhD thesis, Erasmus University, Rotterdam

Burnison, G (2019) 7 years ago, Google set out to find what makes the 'perfect' team – and what they found shocked other researchers, *CNBC Science of Success, Make It*, www.cnbc.com/2019/02/28/what-google-learned-in-its-questto-build-the-perfect-team.html (archived at https://perma.cc/L386-FX7B)

Cadbury Committee, The (1992) *The Financial Aspects of Corporate Governance*, Gee and Co, London

Canney Davison, S and Ward, K (1999) *Leading International Teams*, McGraw-Hill, Maidenhead

Capra, F (2003) *The Hidden Connections: A science for sustainable living*, Flamingo, London

Carr, C and Peters, J (2012) *The Experience and Impact of Team Coaching: A dual case study*, PhD thesis, Middlesex University, Institute for Work Based Learning

Carter, C and Lorsch, J (2004) *Back to the Drawing Board*, 1st edn, Harvard Business

School Press, Boston. 『이사회 원점에서 시작하라』. 보스턴컨설팅그룹(BCG) 역. 쓰리메카닷컴. 2007.

Cascio, J (2020) Facing the age of chaos, *Medium.com*, 29 April, https://medium.com/@cascio/facing-the-age-of-chaos-b00687b1f51d (archived at https://perma.cc/AR7K-4MBG)

Chait, RP, Ryan, WP and Taylor, BE (2005) *Governance as Leadership*, John Wiley & Sons, Inc, Hoboken, NJ. 『거버넌스 리더십』. 김호연 역. 삼우반. 2070.

Chambers, M (2022) Team coaching for communication continuity, in *The Team Coaching Casebook*, eds D Clutterbuck, T Turner and C Murphy, pp 79–86, Open University Press, Maidenhead

Chamine, S (2012) *Positive Intelligence: Why only 20% of teams and individuals achieve their true potential and how you can achieve yours*, Greenleaf Book Group Press, Austin, Texas

Charas, S (2022) Team intelligence (TQTM) assessment that informed effective team coaching approaches and generated improvements in financial performance, in *The Team Coaching Casebook*, eds D Clutterbuck, T Turner and C Murphy, pp 87–96, Open University Press, Maidenhead

City of Brampton (n.d.) *Immigration and Ethnocultural Diversity*, https://geohub.brampton.ca/pages/profile-diversity (archived at https://perma.cc/4BTP-ETNF)

Clayton, H (2020) *Leadership – Inside Out Framework*, www.heatherclaytonconsulting.com/uncategorized/good-on-the-inside-good-on-theoutside (archived at https://perma.cc/VYR6-FPR8)

Clayton, H and Carr, C (2020) *Leadership Self Assessment*, unpublished document

Clutterbuck, D (2007) *Coaching the Team at Work*, Nicholas Brealey, London

Clutterbuck, D (2020) *Coaching the Team at Work*, 2nd edn, Nicholas Brealey, London

Clutterbuck, D, Hayes, S, MacKie, D, Iordanou, I, Gannon, J and Lowe, K (2019) *The Practitioner's Handbook of Team Coaching*, Taylor & Francis, London. 『팀 코칭 이론과 실천: 팀을 넘어 위대함으로』. 강하룡 외 역. 한국코칭수퍼비전아카데미. 2022.

Clutterbuck, D, Turner, T and Murphy, C (2022) *The Team Coaching Casebook*, Open University Press, Maidenhead

Coaching at Work (2013) Credibility voted top quality in coaches, *Coaching at Work*, 8 (4), p 7

Cockcroft, TW (2014) Police culture and transformational leadership: Outlining the contours of a troubled relationship, *Policing: A Journal of Policy and Practice*, 8, pp 5–13

Cohen, SG and Bailey, DE (1997) What makes teams work: Group effectiveness research from the shop floor to the executive suite, *Journal of Management*, 23, pp 239–90

Cole, TK (2017) *Innovation Capital: Case study 2: Team coaching*, https://

synovationspteltd.wixsite.com/syno/case-studies-2 (archived at https://perma.cc/XBG6-QHTB)

Collins, J (2001) *Good to Great*, Random House, London. 『좋은 기업을 넘어 위대한 기업으로』. 이무열 역. 김영사. 2011.

Cooke, NJ and Hilton, ML (eds) (2015) *Enhancing the Effectiveness of Team Science*, The National Academies Press, Washington, DC

Cooperrider, D and Srivastva, S (1987) Appreciative inquiry in organizational life, in *Research in Organizational Change and Development*, Vol 1, eds RW Woodman and WA Passmore, JAI Press, Greenwich, CT

Cooperrider, D et al (2008) *The Appreciative Inquiry Handbook*, Berrett-Koehler Publishers, Oakland, CA

Covey, SR (2011) *The 3rd Alternative: Solving life's most difficult problems*, Simon & Schuster, London

de Guzman, M, Das, AM and Das, DK (eds) (2017) *Strategies and Responses to Crime: Thinking locally, acting globally*, Routledge, New York

de Haan, E, Molyn, J and Nilsson, VO (2020) New findings on the effectiveness of the coaching relationship: Time to think differently about active ingredients?, *Consulting Psychology Journal*, 72 (3), pp 155–67

Deakin, R (2007) *Wildwood: A journey through trees*, 1st edn, Hamish Hamilton, London. 『나무가 숲으로 가는 길』. 박중서 역. 까치. 2011.

Deloitte (2017) *Global Human Capital Trends*, www2.deloitte.com/content/dam/Deloitte/global/Documents/About-Deloitte/central-europe/ce-global-humancapital-trends.pdf (archived at https://perma.cc/9UZA-J9N4)

Deloitte (2018) *2018 HR Technology Disruptions: Productivity, design and intelligence reign*, www2.deloitte.com/content/dam/Deloitte/us/Documents/human-capital/us-hc-2018-hr-technology-disruptions.pdf (archived at https://perma.cc/5QT5-RZ53)

Devine, DJ, Clayton, LD, Philips, JL, Dunford, BB and Melner, SB (1999) Teams in organizations: Prevalence, characteristics, and effectiveness, *Small Group Research*, 30, pp 678–711

Diamandis, PH and Kotler, S (2014) *Abundance: The future is better than you think*, Free Press, New York

Dilts, R (1996) *Visionary Leadership Skills: Creating a world to which people want to belong*, Meta Publications, Toronto

Dilts, R (2003) *From Coach to Awakener*, Meta Publications, Toronto. 『비전과 변화를 위한 긍정 코칭』. 박정길 역. 아카데미북. 2016.

Dilts, R (2017) *Visionary Leadership Skills: Creating a world to which people want to belong*, Meta Publications, Capitola, CA. 『비전실현 리더십 스킬』. 김광열,전경숙 역. 한국생산성본부. 2006.

DISC (2012) www.discprofile.com/what-is-disc (archived at https://perma.cc/GD4J-

NV2Y)

Djuric, Z (2006) *Psychodrama: A beginner's guide*, Jessica Kingsley, London

Doongaji, TR (2010) The legacy of Jamsetji Tata, *Business Line*, 21 September, www.thehindubusinessline.com/todays-paper/tp-opinion/the-legacy-of-jamsetjitata/article1004501.ece (archived at https://perma.cc/7EYL-9VZW)

Edelman Trust Barometer Global Survey (2012) www.edelman.com/trust (archived at https://perma.cc/4BWT-4C3C)

Edelman Trust Barometer Global Survey (2017) www.edelman.com/trust (archived at https://perma.cc/4BWT-4C3C)

Edmondson, A (1999) Psychological safety and learning behavior in work teams, *Administrative Science Quarterly*, 44 (2)

Edmondson, A, Bohmer, R and Pisano, G (2001) Speeding up team learning, *Harvard Business Review*, October, reprint R0109, pp 125–34

Edmondson, AC (2012) *Teaming: How organizations learn, innovate and compete in the knowledge economy*, Jossey Bass, San Francisco. 『티밍』. 오지연, 임 제니퍼 역. 정혜. 2015.

Edmondson, AC (2013) The three pillars of a teaming culture, *Harvard Business Review*, 17 December, https://hbr.org/2013/12/the-three-pillars-of-a-teamingculture (archived at https://perma.cc/C9DT-385Y)

Einzig, H (2017) *The Future of Coaching*, Routledge, Abingdon

Elkington, J and Jochen Zeitz, J (2014) *The Breakthrough Challenge: 10 ways to connect today's profits with tomorrow's bottom line*, Jossey-Bass, San Francisco. 『21세기 기업가 정신』. 김동규 역. 마일스톤. 2016.

Englén, P and Troedsson, A (2022) The HR partner team at the Swedish migration agency, in *The Team Coaching Casebook*, eds D Clutterbuck, T Turner and C Murphy, pp 107–13, Open University Press, Maidenhead

Erdal, D (2011) *Beyond the Corporation: Humanity working*, Bodley Head, London. 『사장의 회사 vs 사원의 회사』. 안진환 역. 레인메이커. 2013.

Estés, CP (1992) *Women Who Run with the Wolves: Myths and stories of the wild woman archetype*, Ballantine Books, New York

European Mentoring and Coaching Council (2020) *Draft EMCC Global Team Coaching Accreditation Standards Framework* [unpublished]

Fiaramonti, L (2017) *Wellbeing Economy: Success in a world without growth*, Pan Macmillan, Johannesburg

Financial Reporting Council (2011) *Guidance on Board Effectiveness*, Financial Reporting Council, London

Financial Reporting Council (2012) *UK Stewardship Code*, Financial Reporting Council, London

Financial Reporting Council (September 2012) *UK Corporate Governance Code*, Financial Reporting Council, London

Financial Reporting Council (2018) *UK Corporate Governance Code*, www.frc.org.uk/getattachment/88bd8c45-50ea-4841-95b0-d2f4f48069a2/2018-UKCorporate-Governance-Code-FINAL.PDF (archived at https://perma.cc/8SBJ-W8ZN)

Fitzgerald, N (2005) Boardroom agenda, *Financial Times*, 27 September

Francis, T (2009) Upwardly mobile, *Coaching at Work*, June

Fredrickson, B and Losada, M (2005) Positive affect and the complex dynamics of human flourishing, *American Psychologist*, 60 (7), pp 678–86

Fritz, R (1999) *The Path of Least Resistance for Managers*, Berrett-Koehler Publishers, San Francisco

Fussell, C (2017) *One Mission: How leaders build a team of teams*, Macmillan, London

García-Izquierdo, AL, Moscoso, S and Ramos-Villagrasa, PJ (2012) Reactions to the fairness of promotion methods: Procedural justice and job satisfaction, *International Journal of Selection and Assessment*, 20 (4), pp 394–403, doi:10.1111/ijsa.12002

Gawande, A (2011) *The Checklist Manifesto: How to get things right*, Profile Books, London

Geier, J (2004) *Disc Profiling*, www.geierlearning.com/welcome.html (archived at https://perma.cc/5FMQ-ZQAR)

Gendlin, ET (1979) Befindlichkeit: Heidegger and the philosophy of psychology, *Review of Existential Psychology & Psychiatry: Heidegger and Psychology*, XVI (1, 2, 3)

Gendlin, ET (1982) *Focusing*, 2nd edn, Bantam Books, New York. 『내 마음 내가 안다』. 손혜숙 역. 아름드리미디어. 2001.

George, W (2003) *Authentic Leadership: Rediscovering the secrets to creating lasting value*, Jossey-Bass, San Francisco. 『진실의 리더십:위대한 기업으로 나아가는 놀라운 길』. 정성묵 역. 원원북스. 2004.

George, W and Sims, P (2007) *True North: Discover your authentic leadership*, Jossey-Bass, San Francisco. 『나침반 리더십』. 김중근 역. 청림출판. 2007.

Gersick, CJG (1988) Time and transition in work teams: Towards a new model of group development, *Academy of Management Journal*, 31, pp 9–41

Gilchrist, A and Barnes, L (2013) *Systemic Team Coaching Case Study: The living organisation*, www.thelivingorganisation.co.uk/wp-content/uploads/2013/07/rocela-report.pdf (archived at https://perma.cc/G5RM-YBJA)

Gillespie, E (2021) *The Omertà of Consultancy*, https://edgillespie.medium.com/the-omert%C3%A0-of-consultancy-bf26b116e3e0 (archived at https://perma.cc/JK6R-PPRU)

Gladstein, DL (1984) Groups in context: A model of task group effectiveness, *Administrative Science Quarterly*, 29 (4), pp 499–517

Goldsmith, M (2013) Pay for results is all about client selection!, 23 October, https://marshallgoldsmith.com/articles/pay-for-results-is-all-about-clientselection

(archived at https://perma.cc/CUL5-DHP5)

Goldsmith, M and Silvester, S (2018) *Stakeholder Centered Coaching*, Thinkaha, Cupertino, CA

Goleman, D (n.d.) *What is Emotional Self-Awareness?*, Korn Ferry, www.kornferry.com/insights/this-week-in-leadership/what-is-emotional-self-awareness (archived at https://perma.cc/3CUD-J7X3)

Grant, A (2012) ROI is a poor measure of coaching success: Towards a more holistic approach using a well-being and engagement framework, *Coaching: An International Journal of Theory, Research and Practice*, 5 (2), pp 1–12

Graves, G (2021) What do the experiences of team coaches tell us about the essential elements of team coaching?, *International Journal of Evidence Based Coaching and Mentoring*, (S15), pp 229–45, https://radar.brookes.ac.uk/radar/items/fe000ae4-258d-4fed-8fcb-8d2d484295e1/1/ (archived at https://perma.cc/2CU5-MUH4)

Grosjean D (2015) *Vision, Stratégie, Management*

Hackman, J (1990) *Groups That Work (and Those That Don't)*, 1st edn, Jossey-Bass, San Francisco

Hackman, JR (1983) *A Normative Model of Work Team Effectiveness (Technical Report No. 2)*, Research Program on Group Effectiveness, Yale School of Organization and Management, New Haven, CT

Hackman, JR (1987) The design of work teams, in *Handbook of Organizational Behavior*, ed J Lorasch, pp 315–42, Prentice-Hall, Englewood Cliffs, NJ

Hackman, JR (2002) *Leading Teams: Setting the scene for great performance*, Harvard Business School Press, Boston

Hackman, JR (2011a) *Collaborative Intelligence: Using teams to solve hard problems*, Berrett-Koehler, San Francisco

Hackman, JR (2011b) Six common misperceptions about teamwork, *Harvard Business Review*, https://hbr.org/2011/06/six-common-misperceptions-abou (archived at https://perma.cc/A622-W8JX)

Hackman, JR and O'Connor, M (2005) *What Makes for a Great Analytic Team? Individual vs team approaches to intelligence analysis*, Intelligence Science Board, Office of the Director of Central Intelligence, Washington, DC

Hackman, JR and Wageman, R (2005) A theory of team coaching, *Academy of Management Review*, 30 (2), pp 269–87

Hackman, JR, Wageman, R and Fisher, CM (2009) Leading teams when the time is right: Finding the best moments to act, *Organizational Dynamics*, 38 (3), pp 192–203

Hamel, G and Prahalad, C (1994) *Competing for the Future*, 1st edn, Harvard Business School Press, Boston. 『시대를 앞서는 미래경쟁전략』. 김소희 역. 21세기북스. 2011.

Hamill, P (2013) *Embodied Leadership: The somatic approach to developing your leadership*, Kogan Page, London

Haug, M (2011) What is the relationship between coaching interventions and team effectiveness?, *International Journal of Evidence Based Coaching and Mentoring*, Special Issue No 5, pp 89–101

Hauser, LL (2014) Shape-shifting: A behavioral team coaching model for coach education, research, and practice, *Journal of Psychological Issues in Organizational Culture*, 5 (2), pp 48–71

Hawken, P (2007) *Blessed Unrest*, Penguin, New York. 『축복받은 불안; 지구와 인류의 미래를 구원할 전 세계 풀뿌리 운동에 관한 희망 보고서』. 유수아 역. 에이지21. 2009.

Hawken, P, Lovins, A and Hunter Lovins, A (1999) *Natural Capitalism: Creating the next industrial revolution*, Little Brown, Boston

Hawkins, P (2005) *Wise Fool's Guide to Leadership: Short spiritual stories for organisational and personal Transformation*, O Books, London. 『지혜; 조직과 개인을 변화시키는 영혼의 작은 이야기들』. 문정훈 역. 베리타스북스. 2006.

Hawkins, P (2010) Coaching supervision, in *The Complete Handbook of Coaching*, 1st edn, eds E Cox, T Bachkirova and D Clutterbuck, Sage, London

Hawkins, P (2011a) *Leadership Team Coaching: Developing collective transformational leadership*, 1st ed, Kogan Page, London

Hawkins, P (2011b) Systemic coaching supervision, in *Supervision in Mentoring and Coaching: Theory and practice*, eds T Bachkirova, P Jackson and D Clutterbuck, Open University Press, Maidenhead

Hawkins, P (2012) *Creating a Coaching Culture*, McGraw Hill/Open University Press, Maidenhead

Hawkins, P (2014a) *Leadership Team Coaching: Developing collective transformational leadership*, 2nd edn, Kogan Page, London

Hawkins, P (ed) (2014b) *Leadership Team Coaching in Practice*, 1st edn, Kogan Page, London

Hawkins, P (2014c) *The challenge for coaching in the 21st century*, E-Organisations and People, 21 (4)

Hawkins, P (2015) Cracking the shell: Unlearning our coaching assumptions, *Coaching at Work*, 10 (2), pp 42–46

Hawkins, P (2017a) *Leadership Team Coaching: Developing collective transformational leadership*, 3rd edn, Kogan Page, London

Hawkins, P (2017b) *Tomorrow's Leadership and the Necessary Revolution in Today's Leadership Development*, Henley Business School, Henley

Hawkins, P (2017c) The necessary revolution in humanistic psychology, in *The Future of Humanistic Psychology*, eds R House and D Kalisch, Routledge, London

Hawkins, P (2018a) Coaching supervision, in *The Complete Handbook of Coaching*, eds E Cox, T Bachkirova and D Clutterbuck, Sage, London

Hawkins, P (ed) (2018b) *Leadership Team Coaching in Practice*, 2nd edn, Kogan Page, London

Hawkins, P (2019) Resourcing – the neglected third leg of supervision, in *The Heart of Coaching Supervision: Working with reflection and self-care*, eds E Turner and S Palmer, Routledge, Abingdon

Hawkins, P (2020a) *We Need to Move Beyond the High-Performing Teams*, Renewal Associates, www.renewalassociates.co.uk/2020/07/we-need-to-movebeyond-high-performing-teams/ (archived at https://perma.cc/8A6R-FP4M)

Hawkins, P (2020b) *Let the Ecology do the Coaching*, www.renewalassociates. co.uk/2020/11/let-the-wider-ecology-do-the-coaching/ (archived at https://perma.cc/397Z-BW65)

Hawkins, P (2021) *Leadership Team Coaching: Developing collective transformational leadership*, 4th edn, Kogan Page, London. 『리더십 팀 코칭; 변혁적 팀 리더십 개발을 넘어』. 강하룡 등 공역. 한국코칭수퍼비전아카데미. 2022.

Hawkins, P and Boyle, G (2014) Inter-team coaching: From team coaching to organizational transformation at Yeovil Hospital Foundation Trust, in *Leadership Team Coaching in Practice: Developing collective transformational leadership*, ed P Hawkins, pp 131–46, Kogan Page, London

Hawkins, P, Carr, C and Peters, J (2018) Learning from case studies and an overview of published case studies, in *Leadership Team Coaching in Practice*, ed P Hawkins, pp 23–43, Kogan Page, London

Hawkins, P, Carr, C and Peters, J (2021, in press) Learning from case studies and an overview of published case studies, in *Leadership Team Coaching in Practice*, ed P Hawkins, pp 23–43, Kogan Page, London

Hawkins, P and McMahon, A (2021) *Supervision in the Helping Professions*, 5th edn, Open University Press/McGraw Hill, Maidenhead

Hawkins, P and Shohet, R (1989) *Supervision in the Helping Professions*, 1st edn, Open University Press, Milton Keynes

Hawkins, P and Shohet, R (2000) *Supervision in the Helping Professions*, 2nd edn, Open University Press, Milton Keynes

Hawkins, P and Shohet, R (2006) *Supervision in the Helping Professions*, 3rd edn, Open University Press, Milton Keynes

Hawkins, P and Shohet, R (2012) *Supervision in the Helping Professions*, 4th edn, Open University Press, Milton Keynes. 『수퍼비전: 조력 전문가를 위한 일곱 눈 모델』. 이신애. 김상복 공역. 한국코칭수퍼비전아카데미. 2019.

Hawkins, P and Smith, N (2006) *Coaching, Mentoring and Organizational Consultancy: Supervision and development*, Open University Press/McGraw Hill, Maidenhead. 『코칭, 멘토링, 컨설팅에 대한 슈퍼비전』. 고현숙 등 공역. 박영사. 2018.

Hawkins, P and Smith, N (2010) Transformational coaching, in *The Complete Handbook of Coaching*, 1st edn, eds E Cox, T Bachkirova and D Clutterbuck, pp

231–44, Sage, London
Hawkins, P and Smith, N (2013) *Coaching, Mentoring and Organisational Consultancy*, McGraw-Hill Education, Maidenhead
Hawkins, P and Smith, N (2014) Transformational coaching, in *The Complete Handbook of Coaching*, 2nd edn, eds E Cox, T Bachkirova and D Clutterbuck, pp 231–44, Sage, London
Hawkins, P and Smith, N (2018) Transformational coaching, in *The Complete Handbook of Coaching*, 3rd edn, eds E Cox, T Bachkirova and D Clutterbuck, pp 231–44, Sage, London. 『코칭실천의 모든 것』. 장환영 역. 교육과학사. 2019.
Hawkins, P and Turner, E (2020) *Systematic Coaching: Developing value beyond the individual*, Routledge, New York
Hawkins, P and Wright, A (2009) Being the change you want to see: Developing the leadership culture at Ernst & Young, *Strategic HR Review*, 8 (4), pp 17–23
Hay, J (2009) *Transactional Analysis for Trainers*, 1st edn, Sherwood, Watford
Heffernan, M (2011) *Wilful Blindness: How we ignore the obvious at our peril*, Simon & Schuster, London. 『의도적 눈감기』. 김학영 역. 푸른숲. 2013.
Heffernan, M (2013) *A Bigger Prize: Why competition isn't everything and how we do it better*, Simon & Schuster, London. 『경쟁의 배신; 경쟁은 누구도 승자로 만들지 않는다』. 김성훈 역. 알에이치코리아. 2014.
Heifetz, RA and Laurie, DL (1997) The work of leadership, *Harvard Business Review*, Jan/Feb
Heifetz, RA, Grashow, A and Linsky, M (2009) *Practice of Adaptive Leadership: Tools and tactics for changing your organization and the world: A fieldbook for practitioners*, Harvard Business Press, Boston. 『어댑티브 리더십 셋트』. 진저티프로젝트 출판팀 역. 진저티프로젝트. 2022.
Hellinger, B (1998) *Love's Hidden Symmetry*, Zeig, Tucker & Theisen, Phoenix, AZ
Hellinger, B (1999) *Acknowledging What Is*, Zeig, Tucker & Theisen, Phoenix, AZ
Henley Business School (2013) *Corporate Learning Priorities Annual Report*, Henley Business School, University of Reading
Hersey, P (1985) *The Situational Leader*, Warner Books, New York. 『상황을 이끄는 리더가 성공한다』. 이영훈 역. 도서출판횃불. 2021.
Hersted, L and Gergen, KJ (2013) *Relational Leading*, 1st edn, Taos Institute Publishing, Chagrin Falls, OH
Hogan, A (2012) *Excellent Board Leadership*, Anchor Partners, https://anchorpartners.co.uk/ (archived at https://perma.cc/7TXQ-YYX6)
Holt, S (2011) *Creating Effective Leadership Development Programs: A descriptive quantitative case study*, UNLV Theses, Dissertations, Professional Papers, and Capstones, https://digitalscholarship.unlv.edu/thesesdissertations/1012 (archived at https://perma.cc/EMR3-H6HD)
Hughes, E and Turner, T (2022) Whose bias is it? Moving the dial from 'me' to

'we': a systemic challenge for team coaching, in *The Team Coaching Casebook*, eds D Clutterbuck, T Turner and C Murphy, pp 15–22, Open University Press, Maidenhead

Hutchins, G (2012) *The Nature of Business: Redesigning for resilience*, 1st edn, Green Books, Totnes, Devon

Hutchins, G (2016) *Future-Fit*, CreateSpace Independent Publishers

Hutchins, G and Storm, L (2019) *Regenerative Leadership: The DNA of lifeaffirming 21st century organizations*, Wordzworth

International Coach Federation (2020) *ICF Team Coaching Competencies: Moving beyond one-to-one coaching*, https://coachingfederation.org/team-coachingcompetencies (archived at https://perma.cc/WUT8-5WB5)

International Coach Federation and PricewaterhouseCoopers (2012) *2012 ICF Global Coaching Study: Executive summary*, https://coachingfederation.org/research/global-coaching-study (archived at https://perma.cc/BN92-7W6X)

Ismail, S (2014) *Exponential Organisations: Why new organizations are ten times better, faster, and cheaper than yours (and what to do about it)*, Diversion Books, New York. 『기하급수 시대가 온다: 한계비용 0, 수익은 10배 더 많은 실리콘밸리의 비밀』. 이지연 역. 청림출판. 2016.

Issacs, W (1999) *Dialogue and the Art of Thinking Together*, Doubleday, New York. 『대화의 재발견』. 정경옥 역. 에코리브르. 2012.

Jarrett, D (2014) Team coaching as part of organizational transformation: A case study of Finnair, in *Leadership Team Coaching in Practice: Developing collective transformational leadership*, ed P Hawkins, pp 100–116, Kogan Page, London

Jaworski, J (2012) *Synchronicity: The inner path of leadership*, Berrett-Koehler, San Francisco. 『리더란 무엇인가: 싱크로니시티 미래를 창조하는 리더십 내면의 길』. 강혜정 역. 에이지21. 2010.

Johansen, B (2007) *Get There Early: Sensing the future to compete in the present*, Berrett-Koehler, San Francisco

Joiner, B (2006) *Leadership Agility: Five levels of mastery for anticipating and initiating change*, Jossey-Bass/Wiley, San Francisco

Jones, RJ, Napiersky, U and Lyubovnikova, J (2019) Conceptualizing the distinctiveness of team coaching, *Journal of Managerial Psychology*, 34 (2), pp 62–78, www.emerald.com/insight/content/doi/10.1108/JMP-07-2018-0326/full/html (archived at https://perma.cc/3TSZ-YPV5)

Kakabadse, A and Kakabadse, N (2008) *Leading the Board: The six disciplines of world class chairmen*, Palgrave, London

Kakabadse, A and Kakabadse, N (2009) *Global Boards: One desire, many realities*, Palgrave, London

Kakabadse, A and Van den Berghe, L (eds) (2013) *How to Make Boards Work: An international overview*, Palgrave Macmillan, Basingstoke

Kakabadse, NK, Knyght, R and Kakabadse, A (2013) High-performing chairmen: The older the better, in *How to Make Boards Work: An international overview*, ed A Kakabadse and L Van den Burghe, pp 342–59, Palgrave Macmillan, Basingstoke

Kaner, S (2014) *Facilitator's Guide to Participatory Decision Making*, Jossey-Bass, San Francisco. 『민주적 결정방법론』. 구기욱 역. KOOFABOOKs. 2017.

Karlgaard, R and Malone, MS (2015) *Team Genius: The new science of highperforming teams*, HarperCollins, New York. 『팀이 천재를 이긴다』. 김성남, 오유리 공역. 틔움출판. 2017.

Karpman, S (1968) Fairy tales and script drama analysis, *Transactional Analysis Bulletin*, 7 (26), pp 39–43

Katzenbach, J (2012) Look beyond the team, it is about the network, *Harvard Business Review* [blog], https://blogs.hbr.org/2012/03/look-beyond-the-team-itsabout/ (archived at https://perma.cc/A9ZH-LMQK)

Katzenbach, J and Smith, D (1993) *The Wisdom of Teams: Creating the highperformance organization*, Harvard Business School Press, Boston

Katzenbach, J and Smith, D (1999) *The Wisdom of Teams: Creating the highperformance organization*, Harvard Business School Press, Boston

Kegan, R and Lahey, L (2009) *Immunity to Change*, Harvard Business School Press, Boston. 『변화면역』. 오지연 역. 정혜. 2020.

Kegan, R and Lahey, L (2016) *An Everyone Culture: Becoming a deliberately developmental organization*, Harvard Business School Press, Boston. 『에브리원 컬쳐』. 장문영, 장효택 공역. 호모스피리투스. 2021.

Keller, S and Price, C (2011) *Beyond Performance: How great organizations build ultimate competitive advantage*, John Wiley & Sons, Inc, Hoboken, NJ. 『차이를 만드는 조직』. 서영조역. 전략시티. 2014.

Kellerman, B (2008) *Followership*, 1st edn, Harvard Business School Press, Boston. 『팔로워십』. 이동욱, 이상호 공역. 더난출판사. 2011.

Kellerman, B (2012) *The End of Leadership*, 1st edn, Harper Business, New York. 『리더십의 종말』. 이진원 역. 씨앤아이북스. 2012.

Kelly, GA (1955) *The Psychology of Personal Constructs*, Vols 1 and 2, Norton, New York

Kemmis, S, McTaggart, R and Nixon, R (2014) *The Action Research Planner: Doing critical participatory action research*, Springer Singapore

Kimmerer, RW (2020) *Braiding Sweetgrass: Indigenous wisdom, scientific knowledge and the teachings of plants*, Penguin Random House, London. 『향모를 땋으며』. 노승영 역. 에이도스. 2021.

Kirkpatrick Partners (n.d.) *Resources Section*, www.kirkpatrickpartners.com/Resources (archived at https://perma.cc/C8AJ-N4J2)

Kline, N (2015) *More Time to Think: The power of independent thinking*, Cassell, London

Koch-Lesaicherre F and Oddoux L (2017) *Le coaching d'organisation*, Trajectives

Kohlberg, L (1981) *The Philosophy of Moral Development*, 1st edn, Harper & Row, San Francisco

Kolb, DA (1984) *Experiential Learning: Experience as the source of learning and development*, Prentice Hall, Englewood Cliffs, NJ

Kolb, D (2014) *Experiential Learning: Experience as the source of learning and development*, 2nd edn, Prentice Hall, London

Korn Ferry (2020) *Accelerating Through the Turn*, Korn Ferry

Kozlowski, SW, Gully, SM, Salas, E and Cannon-Bowers, JA (1996) Team leadership and development: Theory, principles and guidelines for training leaders and teams, in *Advances of Interdisciplinary Studies of Work Teams*, eds MM Beyerlein, DA Johnson and ST Beyerlein, pp 253–91, JAI, Greenwich, CT

Krznaric, R (2020) *The Good Ancestor: How to think long term in a short-term world*, WH Allen, London

Kübler-Ross, E (1969) *On Death and Dying*, Routledge, London. 『죽음과 죽어감』. 이진 역. 청미. 2018.

Kübler-Ross, E and Kessler, D (2005) *On Grief and Grieving: Finding the meaning of grief through the five stages of loss*, 1st edn, Scribner, New York

Laloux, F (2014) *Reinventing Organizations*, Nelson Parker, Brussels. 『조직의 재창조』. 박래효 역. 생각사랑. 2016.

Lane, D (2010) Coaching in the UK: An introduction to some key debates, *Coaching: An International Journal of Theory, Research and Practice*, 3 (2), pp 155–66

Laske, O (2011) *Measuring Hidden Dimensions: The art and science of fully engaging adults*, IDM Press, Gloucester, MA

Lawrence, P and Moore, A (2018) *Coaching in Three Dimensions: Meeting the challenges of a complex world*, Routledge, Abingdon

Lawrence, P and Whyte, A (2017) What do experienced team coaches do? Current practice in Australia and New Zealand, *International Journal of Evidence Based Coaching and Mentoring*, 15 (1), pp 94–113

Lawton, JH and May, RM (2010) *Extinction Rates*, Oxford University Press, Oxford

Leary-Joyce, J and Lines, H (2017) *Systemic Team Coaching*, Academy of Executive Coaching, London

Lencioni, P (2002) *The Five Dysfunctions of a Team: A leadership fable*, Jossey-Bass, San Francisco. 『팀워크의 부활』. 서진영 역. 위즈덤하우스. 2021.

Lencioni, P (2005) *Overcoming the Five Dysfunctions of a Team: A field guide*, Jossey-Bass, San Francisco. 『탁월한 조직이 빠지기 쉬운 5가지 함정 탈출법』. 이종민 역. 다산북스. 2007.

Lencioni, P (2006) *Silos, Politics and Turf Wars: A leadership fable*, Jossey-Bass, San Francisco. 『사일로스; 부서간 장벽을 없애라』. 한근태 역. 위즈덤하우스. 2007.

Lenhardt, V (2003) *Coaching for Meaning*, Palgrave Macmillan, Basingstoke

Levy, A (1986) Second-order planned change: Definition and conceptualization. *Organizational Dynamics*, 15 (1), pp 5–17, 19–23

Lewin, K (1951) *Field Theory in Social Science*, Harper and Row, New York

Lewis, T, Amini, F and Lannon, R (2000) *A General Theory of Love*, Random House, New York. 『사랑을 위한 과학』. 김한영 역. 사이언스북스. 2001.

Likert, R (1932) A technique for the measurement of attitudes, *Archives of Psychology*, 140, pp 1–55

Lines, H and Scholes-Rhodes, J (2013) *Touchpoint Leadership: Creating collaborative energy across teams and organizations*, Kogan Page, London

Lipnack, J and Stamps, J (1996) *Virtual Teams: People working across boundaries with technology*, John Wiley & Sons, Hoboken, NJ

Liu, C, Lin, L, Huang, I and Lin, K (2010) Exploring the moderating effects of LMX quality and differentiation on the relationship between team coaching and team effectiveness, in ICMSE (ed), International Conference on Management Science and Engineering (17th), November 24–26, Tainan, Taiwan, pp 896–92

Loevinger, J and Blasi, A (1976) *Ego Development: Conceptions and theories*, Jossey-Bass, San Francisco

Mabogunje, A, Sonalkar, N, Miller, M and Bailenson, J (2021) Design team performance: Context, measurement, and the prospective impact of social virtual reality, in *Design Thinking Research, ed A Mabogunje*, pp 177–201, Springer International Publishing

MacKie, D (2022) A strength-based approach to developing team leadership and effectiveness, in *The Team Coaching Casebook*, eds D Clutterbuck, T Turner and C Murphy, pp 181–91, Open University Press, Maidenhead

Macy, J and Johnstone, C (2012) *Active Hope*, 1st edn, New World Library, Novato, CA. 『액티브 호프』. 양춘승 역. 벗나래. 2016.

Maister, D, Green, C, and Galford, R (2002) *The Trusted Advisor*, The Free Press, New York. 『신뢰의 기술』. 정성묵 역. 해냄출판사. 2009.

Marcos, E, Hens, R, Puebla, T and Vara, JM (2021) Applying emotional team coaching to software development, *IEEE Software*, 38 (4), pp 85–93

McChrystal, SA, Collins, T, Silverman, D and Fussell, C (2015) *Team of Teams: New rules of engagement for a complex world*, Portfolio/Penguin, New York

McEwen, K and Boyd, C (2018) A measure of team resilience: Developing the resilience at work team scale, *Journal of Occupational and Environmental Medicine*, 60 (3), pp 258–72

McKee, A and McMillen, M (1992) Discovering social issues: Organization development in a multi-cultural community, *Journal of Applied Behavioral Science*, 28 (3), pp 445–60

McKee, A, Boyatzis, R and Johnston, F (2008) *Becoming a Resonant Leader*, 1st edn, Harvard Business School Press, Boston

McKenna, M, Shelton, D and Darling, J (2002) The impact of behavioral style assessment on organizational effectiveness: A call for action, *Leadership and Organization Development Journal*, 23 (6), pp 314–22

McKinney, WR, Mulvaney, MA and Grodsky, R (2013) Pay increase monies for municipal agencies: A case study, *Public Personnel Management*, 42, pp 471–92, doi:10.1177/0091026013495766

Meier, D (2005) *Team Coaching with the Solution Circle: A practical guide to solutions focused team development*, Solution Books, Cheltenham

Miller, S (2013) Voices from the field: Expanding coaching from leader to team and across the organization, in *From One to Many: Best practices for team and group coaching*, ed J Britton, pp 4–8, Wiley, Mississauga, Canada

Moreno, J (1959) *Psychodrama*, Vol II, Beacon House, New York. 『사이코드라마』. 손창선, 이옥진 공역. 아카데미아. 2019.

Moreno, J (1985) *The Autobiography of J L Moreno, MD* (abridged), Moreno Archives, Harvard University

Moss-Kanter, R (2011) *How great companies think differently*, Harvard Business Review, November

Mulec, K and Roth, J (2005) Action, reflection, and learning and coaching in order to enhance the performance of drug development project management teams, *R&D Management*, 35(5), pp 483–91

Myers, I, Briggs, MH, McCaulley, NQ and Hammer, A (1998) *MBTI Handbook: A guide to the development and use of the Myers–Briggs Type Indicator*, 3rd edn, Consulting Psychologists Press, Palo Alto, CA

Neeley, T (2021) *Remote Work Revolution: Succeeding from anywhere*, Harvard Business School Press, Boston

Nevis, EC (1987) *Organisational Consulting: A Gestalt approach*, Gestalt Institute of Cleveland Press, Cambridge, MA

Obolensky, N (2010) *Complex Adaptive Leadership: Embracing paradox and uncertainty*, 1st edn, Gower, Farnham, Surrey

Organisation for Economic Co-operation and Development (1999, 2004) *OECD Principles of Corporate Governance*, OECD, Paris

Oshry, B (1995) *Seeing Systems: Unlocking the mysteries of organizational life*, Berrett-Koehler, San Francisco

Oshry, B (1999) *Leading Systems: Lessons from the power lab*, Berrett-Koehler, San Francisco

Oshry, B (2007) *Seeing Systems: Unlocking the mysteries of organizational life*, Berrett-Koehler, San Francisco

O'Sullivan, P and Field, C (2014) Team coaching for organizational learning and innovation: A case study of an Australian pharmaceutical subsidiary, in *Leadership Team Coaching In Practice: Developing collective transformational leadership*, ed P Hawkins, pp 119–27, Kogan Page, London

Overfield, DV (2016) A comprehensive and integrated framework for developing leadership teams, *Consulting Psychology Journal: Practice and Research*, 68 (1), pp 1–20

Palmer, S (2008) *How you can personally contribute to the field of coaching*, Paper presented at the Association for Coaching, Embracing Excellence, London

Parker, GM (1990) *Team Players and Teamwork: The new competitive business strategy*, Jossey-Bass, San Francisco

Parlett, M and Dearden, G (1977) *Introduction to Illuminative Evaluation: Studies in higher education*, Pacific Soundings Press, Sacramento, CA

Pedler, M (1997) What do we mean by action learning?, in *Action Learning in Practice*, ed M Pedler, Gower, Aldershot

Pelleau O and De la Moissonnière E (2015) *Team Development*, Turningpoint

Peters, J (2013) Voices from the field: Team coaching as a lever for change, in *From One to Many: Best practices for team and group coaching*, ed J Britton, pp 8–11, John Wiley & Sons, Canada

Peters, J (2015) *High Performance Relationships: The heart and science behind success at work and home*, InnerActive Leadership Associates Inc, Calgary

Peters, J (2022) Team coaching for culture change, in *The Team Coaching Casebook*, eds D Clutterbuck, T Turner and C Murphy, pp 122–30, Open University Press, Maidenhead

Peters, J and Carr, C (2013) *50 Terrific Tips for Teams: Proven strategies for building high performing teams*, InnerActive Leadership Associates Inc, Calgary

Peters, J and Carr, C (2019) What does 'good' look like? An overview of the research on the effectiveness of team coaching, in *The Practitioner's Handbook of Team Coaching*, eds D Clutterbuck, J Gannon, S Hayes, I Iordanou, K Lowe and D Mackie, pp 89–120, Routledge, Abingdon

Pittinsky, TL (2009) *Crossing the Divide: Inter-group leadership in a world of difference*, Harvard Business Books, Boston

Pliopas, A, Kerr, A and Sosinski, M (2014) *Team Coaching Project*, Hudson Institute of Coaching, Santa Barbara, CA

Porrit, J (2007) *Capitalism as if the World Matters*, Earthscan, London.

Porter, ME and Kramer, MR (2011) Shared value: How to re-invent capitalism and unleash a wave of innovation and growth, *Harvard Business Review*, 89 (1/2), pp 62–77

Public Service Agency (2013) Voices from the field: Team coaching case study: British Columbia Public Service Agency, in *From One to Many: Best practices for team and group coaching*, ed J Britton, pp 11–20, Wiley, Canada, Mississauga

Reason, P (2017) *In Search of Grace*, Earth Books, S.I.

Redekop, BW (2010) Introduction: Connecting leadership and sustainability, in

Leadership for Environmental Sustainability, ed BW Redekop, Routledge, New York

Region of Peel (2016) *2016 Census Bulletin: Immigration and ethnic diversity*, www.peelregion.ca/planning-maps/CensusBulletins/2016-immigration-ethnicdiversity.pdf (archived at https://perma.cc/NP3U-FH3R)

Reilly, R, Lynn, G and Aronson, H (2002) The role of personality in new product development team performance, *Journal of Engineering Technology Management*, 19, pp 39–58

Revans, R (1982) *The Origin and Growth of Action Learning*, Chartwell-Bratt, Brickley, UK

Richardson, J (2010) An investigation of the prevalence and measurement of teams in organisations: The development and validation of the real team scale, Unpublished doctoral dissertation, Aston University, Birmingham, UK

Ridler Report (2016) www.ridlerandco.com (archived at https://perma.cc/B7SXWW7F)

Rod, A and Fridjhon, M (2016) *Creating Intelligent Teams: Leading with relationship systems intelligence*, KR Publishing, Randberg

Rozovsky, FA (2015) *Consent to Treatment: A practical guide*, 5th edn, Wolters Kluwer, New York

Salas, E, Dickinson, TL, Converse, SA and Tannenbaum, SI (1992) Toward an understanding of team performance and training, in *Teams: Their training and performance*, eds RJ Swezey and E Salas, pp 3–29, Ablex, Norwood, NJ

Salas, E, Reyes, DL and McDaniel, SH (2018) The science of teamwork: Progress, reflections, and the road ahead, *The American Psychologist*, 73 (4), pp 593–600, https://doi.apa.org/doiLanding?doi=10.1037%2Famp0000334 (archived at https://perma.cc/9842-E62W)

Salas, E, Stagl, KC, Burke, CS and Goodwin, GF (2007) Fostering team effectiveness in organizations: Toward an integrative theoretical framework of team performance, in *Modeling Complex Systems: Motivation, cognition and social processes: Nebraska Symposium on Motivation*, Vol 51, eds RA Dienstbier, JW Shuart, W Spaulding and J Poland, pp 185–243, University of Nebraska Press, Lincoln

Salz Review (2013) *An Independent Review of Barclays' Business Practices*, https://online.wsj.com/public/resources/documents/SalzReview04032013.pdf (archived at https://perma.cc/HNF9-2SNX)

Sandahl, P (2013) Voices from the field: Trends in team coaching and health care case study, in *From One to Many: Best practices for team and group coaching*, ed J Britton, pp 21–24, Wiley, Canada, Mississauga

Sandahl, P and Phillips, A (2019) *Teams Unleashed: How to release the power and human potential of work teams*, Nicholas Brealey, London

Scharmer, O (2007) *Theory U: Leading from the future as it emerges*, Berrett-Koehler, San Francisco

Scharmer, O with Kaufer, K (2013) *Leading From the Emerging Future: From ego-system to eco-system economies*, Berrett-Koehler, San Francisco

Scharmer, O et al (2018) *The Essentials of Theory U: Core principles and applications*, Berrett-Koehler Publishers, San Francisco

Schein, EH (1987) *Process Consultation Revisited: Building the helping relationship*, Prentice Hall, London

Schippers, M, West, MA and Dawson, JF (2014) Team reflexivity and innovation: The moderating role of team context, *Journal of Management*, https://journals.sagepub.com/doi/10.1177/0149206312441210 (archived at https://perma.cc/HAR2-J3WL)

Schmidt, E, Rosenberg, J and Eagle, A (2019) *Trillion Dollar Coach: The leadership playbook of Silicon Valley's Bill Campbell*, John Murray, London

Schnell, ER and Hammer, AL (2004) *Introduction to the FIRO-B Instrument in Organizations*, CPP Inc, Mountain View, CA

Schön, D (1983) *The Reflective Practitioner*, Basic Books, New York

Schutz, WC (1973) *Elements of Encounter*, Joy Press, Big Sur, CA

Searles, HF (1955) The informational value of the supervisor's emotional experience, in *Collected Papers of Schizophrenia and Related Subjects*, Hogarth Press, London

Senge, P (1990) *The Fifth Discipline: The art and practice of the learning organization*, Doubleday, New York. 『제5경영』. 안중호 역. 세종서적. 1996.

Senge, PM (2006) *The Fifth Discipline: The art and practice of the learning organization*, revised and updated, Doubleday/Currency, New York

Senge, P (2010) *The Necessary Revolution*, 1st edn, Nicholas Brealey, London

Senge, P, Jaworski, J, Scharmer, C and Flowers, B (2005) *Presence: Exploring profound change in people, organizations and society*, Doubleday, New York

Senge, P, Kleiner, A, Ross, R, Roberts, C and Smith, B (1994) *The Fifth Discipline Fieldbook: Strategies and tools for building a learning organization*, Doubleday, New York

Senge, P et al (2011) *The Fifth Discipline Fieldbook*, Nicholas Brealey, London

Sharpe, B and Williams, J (2013) *Three Horizons: The patterning of hope*, Triarchy Press, Axminster, Devon

Sharpe, B, Hodgson, A, Leicester, G, Lyon, A and Fazey, I (2016) Three horizons: A pathways practice for transformation, *Ecology and Society*, 21 (2), p 47, www.ecologyandsociety.org/vol21/iss2/art47/ (archived at https://perma.cc/CN9J-32H5)

Sharpe, K (2013) *Rebranding Rule*, Yale University Press, New Haven, CT

Sherman, S and Freas, A (2004) The Wild West of executive coaching, *Harvard Business Review*, 82 (11), pp 82–90

Sherpa Coaching (2013) *8th Annual Executive Coaching Survey at the Summit*, https://cdn2.hubspot.net/hubfs/6645778/Xponents_December2019/PDF/Survey-Executive-Coaching-2012.pdf (archived at https://perma.cc/ME2J-4TJK)

Shuffler, ML, Diazgranados, D, Maynard, MT and Salas, E (2018) Developing, sustaining, and maximizing team effectiveness: An integrative, dynamic perspective of team development interventions, *The Academy of Management Annals*, 12 (2), pp 688–724, https://journals.aom.org/doi/10.5465/annals.2016.0045 (archived at https://perma.cc/KU55-R6LU)

Shuffler, ML, Salas, E and Rosen, MA (2020) The evolution and maturation of teams in organizations: Convergent trends in the new dynamic science of teams, *Frontiers in Psychology*, 11, p 2128, www.frontiersin.org/articles/10.3389/fpsyg.2020.02128/full (archived at https://perma.cc/UT54-7P8U)

Silberman, M (2005) *101 Ways to Make Training Active*, John Wiley & Sons, Hoboken, NJ. 『교육훈련을 Active하게 만드는 101가지 방법』. 전주성 역. 학지사. 2012.

Skinner, S (2020) An empirical investigation of leader identity formation and implications for executive coaching and leadership development, *Philosophy of Coaching: An International Journal*, 5 (2), pp 18–39, https://philosophyofcoaching.org/v5i2/03.pdf (archived at https://perma.cc/S7JN-2V69)

Sparrer, I and Von Kibed, MV (2001) *Miracle, Solution and System: Solutionfocussed systemic constellations for therapy and organisational change*, Solution Books, Cheltenham

Spence, GB (2007) Further development of evidence based coaching: Lessons from the rise and fall of the human potential movement, *Australian Psychologist*, 42 (4), pp 255–65

Sundaramurthy, C and Lewis, M (2003) Control and paradoxes of governance, *Academy of Review*, 28 (3), pp 397–415

Tannenbaum, SI, Mathieu, JE, Salas, E and Cohen, D (2012) Teams are changing: Are research and practice evolving fast enough?, *Industrial and Organizational Psychology*, 5 (1), pp 2–24

Terblanche, NHD and Erasmus, ED (2018) The use of organisational network analysis as a diagnostic tool during team coaching, *SA Journal of Industrial Psychology*, 44 (1), pp 1–10, https://sajip.co.za/index.php/sajip/article/view/1548 (archived at https://perma.cc/3G27-USZ4)

The Insights Group Limited (2012) Insights Team Effectiveness, www.insights.com/products/insights-team-effectiveness/ (archived at https://perma.cc/PCB5-9A9K)

Thomsen, S (2008) A minimum theory of boards, *An International Journal of Corporate Governance*, I, pp 73–96

Thornton, C (2010) *Group and Team Coaching*, 1st edn, Routledge, London. 『창조적 조직을 위한그룹코칭과 팀코칭』. 신준석, 유보링 역. 시그마프레스. 2013.

Thornton, C (2016) *Group and Team Coaching*, 2nd edn, Routledge, London

Torbert, B (2004) *Action Inquiry: The secret of timely and transforming leadership*, Berrett-Koehler, San Francisco

Torbert, WR and Rooke, D (2005) 7 transformations of leadership, *Harvard Business*

Review, 83 (4), pp 67–76

Torbert, WR (2021) *Numbskull in the Theatre of Inquiry: Transforming self, friends, organizations and social science*, Waterside Publications, Cardiff, CA

Traylor, A, Stahr, E and Salas, E (2020) Team coaching: Three questions and a look ahead: a systematic literature review, *International Coaching Psychology Review*, 15 (2), pp 54–68

Tricker, RI (1984) *Corporate Governance*, Gower, Aldershot

Trompenaars, F and Nijhoff Asser, M (2010) *Global M&A Tango: Cross-cultural dimensions of mergers and acquisitions*, McGraw-Hill, Philadelphia

Tuckman, B (1965) Developmental sequence in small groups, *Psychological Bulletin*, 63 (6), pp 384–99

Turner, E and Hawkins, P (2016) Multi-stakeholder contracting in executive/business coaching: An analysis of practice and recommendations for getting maximum value, *International Journal for Evidence-Based Coaching and Mentoring*, 14 (2) pp 48–65

Turner, E and Hawkins, P (2019) Mastering contracting, in *Mastering Executive Coaching*, eds J Passmore, B Underhill and M Goldsmith, Routledge, Abingdon

Turner, JR, Thurlow, N, Baker, R, Northcutt, D and Newman, K (2019) Multiteam systems in an agile environment: A realist systematic review: IMS, *Journal of Manufacturing Technology Management*, 30 (4), pp 748–71, www.emerald.com/insight/content/doi/10.1108/JMTM-10-2018-0355/full/html (archived at https://perma.cc/HLS8-BDQN)

Van den Berghe, L and Levrau, A (2013) Promoting effective board decisionmaking, the essence of good governance, in *How to Make Boards Work: An international overview*, ed A Kakabadse and L Van den Burghe, pp 211–67, Palgrave Macmillan, Basingstoke

van Woerkom, M, Meyers, M and Bakker, A (2020) Considering strengths use in organizations as a multilevel construct, *Human Resource Management Review*, www.sciencedirect.com/science/article/pii/S1053482220300401 (archived at https://perma.cc/ZGT8-HC5A)

Vaughan-Lee, L (ed) (2013) *Spiritual Ecology: The cry of the earth*, The Golden Sufi Centre, Point Reyes, CA

Vitali, S, Glattfelder, JB and Battiston, S (2011) The network of global corporate control, *PLoS ONE*, 6 (10), p e25995, doi:10.1371/journal.pone.0025995

Wageman, R (2001) How leaders foster self-managing team effectiveness, *Organization Science*, 12 (5), pp 559–77

Wageman, R and Hackman, R (2009) What makes teams of leaders leadable?, in *Advancing Leadership*, eds N Nohria and R Khurana, Harvard Business School Press, Boston

Wageman, R, Fisher, C and Hackman, JR (2009) Leading teams when the timing is right: Finding the best moments to act, *Organizational Dynamics*, 38 (3), pp 192–203

Wageman, R, Hackman, JR and Lehman, E (2005) Team Diagnostic Survey: Development of an instrument, *Journal of Applied Behavioral Science*, 41 (4), pp 373–98

Wageman, R, Nunes, DA, Burruss, JA and Hackman, JR (2008) *Senior Leadership Teams*, Harvard Business School Press, Boston

Walker, D (2009) *A Review of Corporate Governance in UK Banks and Other Financial Industry Entities*, The Walker Review Secretariat, London

Ward, G (2008) Towards executive change: A psychodynamic group coaching model for short executive programs, *International Journal of Evidence Based Coaching and Mentoring*, 6 (1), pp 67–78

Watzlawick, P, Weakland, JH and Fisch, R (1974) *Change: Principles of problem formation and problem resolution*, Norton, New York

Weber, A (2017) *Matter and Desire: An Erotic Ecology*, Chelsea Green Publishing, Vermont

Weinberg, R and McDermott, M (2002) A comparative analysis of sport and business organizations: Factors perceived critical for organizational success, *Journal of Applied Sports Psychology*, 14, pp 282–98

Weisbord, M and Janoff, S (2010) *Future Search: Getting the whole system in the room for vision, commitment and action*, Berrett-Koehler, San Francisco

Welch, D (2012) Ethical buyers guide to supermarkets, *Ethical Consumer Report*, www.ethicalconsumer.org/retailers/shopping-guide/supermarkets (archived at https://perma.cc/J553-5W6U)

West, MA (1996) *Effective Teamwork*, Excel, New Delhi

West, MA (2012) *Effective Teamwork: Practical lessons from organizational research*, 3rd edn, Wiley Blackwell, Oxford

West, MA and Markiewicz, L (2016) Effective team working in health care, in *The Oxford Handbook of Healthcare Management*, eds E Ferlie, K Montgomery and AR Pedersen, Oxford University Press, Oxford

Western, S (2010) Eco-leadership: Towards the development of a new paradigm, in *Leadership for Environmental Sustainability*, ed BW Redekop, Routledge, New York

Western, S (2013) *Leadership: A critical text*, 2nd edn, Sage, London

White, A (2008) *From Comfort Zone to Performance Management*, White & MacLean, Belgium

Whitmore, J (1992) *Coaching for Performance: A practical guide to growing your own skills*, Nicholas Brealey, London

Whittington, J (2012) *Systemic Coaching and Constellations*, Kogan Page, London. 『시스템 코칭과 컨스텔레이션』. 가향순 등 공역. 한국코칭수퍼비전아카데미. 2022.

Widdowson, L and Barbour, P (2021) *Building Top Performing Teams: A practical guide to team coaching to build collaboration and organizational success*, Kogan Page, London

Williams, D (2019) Transformative leadership coaching: Shifting culture in organisations, in *Transformational Coaching to Lead Culturally Diverse Teams*, 1st edn, ed D Williams, pp 30–43, Routledge, London

Williams, RL (2010) Leadership and the dynamics of collaboration, in *Leadership for Environmental Sustainability*, ed BW Redekop, Routledge, New York

Wilson, EO (2012) EO Wilson wants to know why you're not protesting in the streets, Interview with Lisa Hymas, *Grist*, 30 April, https://grist.org/article/e-o-wilson-wants-to-know-why-youre-not-protesting-in-the-streets/ (archived at https://perma.cc/CMN8-MLJ4)

Woodhead, V (2011) How does coaching help to support team working? A case study in the NHS, *International Journal of Evidence Based Coaching and Mentoring*, Special Issue No 5, pp 102–19

Woodhead, V (2019) How does coaching help to support team working?, in *The Practitioner's Handbook of Team Coaching*, 1st edn, eds D Clutterbuck and J Gannon, pp 469–74, Routledge, London. 『팀 코칭 이론과 실천:팀을 넘어 위대함으로』. 강하룡 등 공역. 한국코칭수퍼비전아카데미. 2022.

World Economic Forum (2012) *Global Competitiveness Report 2012–2013*, www.weforum.org/ (archived at https://perma.cc/ZR56-2GYC)

Yong, H and Yazhou, H (2017) *Haier Purpose: The real story of China's first global super-company*, Thinkers50, Oxford

Zaccaro, SJ, Rittman, AL and Marks, MA (2001) Team leadership, *The Leadership Quarterly*, 12, pp 451–83

Zink (2022) The good, the bad, and the unexpected impact of internal coach on a high performing team development journey, in *The Team Coaching Casebook*, eds D Clutterbuck, T Turner and C Murphy, pp 53–62, Open University Press, Maidenhead

Zinker, J (1977) *Creative Process in Gestalt Therapy*, 1st edn, Brunner/Mazel, New York

Zinker, J (1980) The developmental process of a Gestalt therapy group, in *Beyond the Hot Seat: Gestalt approaches to group*, eds B Feder and R Ronall, pp 55–77, Brunner-Mazel, New York

Zuber-Skerritt, O (2011) From action learning and action research to action leadership, in *Action Leadership*, ed O Zuber-Skerritt, pp 1–19, Springer, Netherlands

색인

A

'2+1+1' 팀 코칭 프로그램 235, 236
2018년 HR 기술 혁신: 생산성, 디자인과 인텔리전스의 지배HR Technology Disruptions for 2018: Productivity, design and intelligence reign 632
360도 피드백360-degree feedback 301, 435, 437, 457, 476, 491
3단계 모델three-step model 238
5단계 그룹 모델five-stage model of group 개발development 235-236
CID-CLEAR 프로세스CID-CLEAR process 106, 280, 374, 613
CID 단계CID phase 291, 477
DISC 진단DISC assessment 133, 135, 190
e-러닝e-learning, 가상 코치 교육 참조see also virtual coach training 650
GROW 모델GROW model 233, 239
EO 윌슨EO Wilson 626
Firo-B 심리측정법Firo-B psychometrics 116
PERILL 모델PERILL model 396
SIDER 모델SIDER model 613
SWOT 분석SWOT analysis 304
'TOOT'(시간 초과)'TOOTs'(Time Out of Time) 192, 194, 196, 198
VUCA(변동성, 불확실성, 복잡성, 모호성) VUCA(volatile, uncertain, complex and ambiguous) 626

ㄱ

가상 학습virtual learning 650
가상 현실virtual reality 96, 627, 641
가족 재구성family reconstruction 534
가족친구평가(지인추천지수)Friends and Family Test 162
가치 기반 리더십values-based leadership 648
갈등 관리conflict management 96
개빈 보일Gavin Boyle 45, 159, 186
개인 개발 계획personal development plans(PDPs) 195, 197, 199, 201, 203
결합conjunction 584
경제협력개발기구Organization for Economic Co-operation and Development(OECD) 472
경청 수준listening levels 576-577, 577, 580, 580
계량사회학sociometry 534
고가치 창출 팀 설문지High-Value-Creating Team

Questionnaire 60, 163, 165, 180, 337, 338, 350, 351, 353, 371, 435, 461
고가치 창출 이사회 설문지 High-Value-Creating Board Questionnaire 173
　온라인 버전 online version 371
고성과 팀 코칭 High Performance Team Coaching 98
고성과 팀의 선도적 리더 프로그램 Leading Leaders of High-Performing Teams programme 508
공동 창조적 에코시스템 모델 co-creative ecosystem model 652
공동 코칭 co-coaching 45, 394, 401, 406, 614
공명 resonance 580-581
공유 가치 shared value 32, 520, 571
공유된 비전 접근 shared vision approach 293-296, 294, 295
관계적 리더십 relational leadership 648
관계적 인식 relational perception 566-569
관리자 개발 manager development 511-513
교토 토요타 자동차 Kyoto Toyota Motor Company 8, 217-220, 242, 249
　'싸우지 않고 승리하기' 전략 'Winning without Fighting' strategy 224
　크라운 판매 수주 콘테스트 Crown Sales Order Contest 224
구조적 갈등 structural conflict 225
국가 중심 모델 state-centric model 652
국제코칭연맹 International Coaching Federation(ICF) 99, 158, 623, 635-637
국회 의사당 습격으로 Capitol, storming of the 604
군하르트 베버 Gunthard Weber 534
'권위, 존재와 영향' 모델 'Authority, Presence and Impact' model 402
그라운드 룰 ground rules, setting 239
그레고리 베이트슨 Gregory Bateson 539, 566-67, 612, 621
그린 카드 행동 green card behaviours 171
그림자 리더십 팀, 코칭 shadow leadership team, coaching 649-650, 657

글로벌 리더십 global leadership 277
글로벌 변화의 다이아몬드 diamond of global change 286
글로벌 팀 코칭 연구소 Global Team Coaching Institute(GTCI) 16, 98, 128, 390, 429, 594
금융 규제 위원회 Financial Regulatory Commission 472
금융 위기 financial crisis 103
긍정탐구 appreciative inquiry 294, 304
기업 지배구조 corporate governance 472

ㄴ

나탈리 레로틱 파블리크 Nathalie Lerotic Pavlik 401-407
내일의 리더십 Tomorrow's Leadership 574, 655
냉소 cynicism 103
네 가지 참여 수준 four levels of engagement 50, 241
눈을 크게 뜨라 eyes wide open 590
뉴욕 타임즈 New York Times 408
느낌 인식 felt awareness 537
니산 두라이아파 Nishan Duraiappah 317-18
니얼 피츠제럴드 Niall Fitzgerald 475
닉 스미스 Nick Smith 50

ㄷ

다가오는 미래로 인도하기 Leading into the Emerging Future 651
다니엘 그로장 Daniel Grosjean 293
다문화 코칭 intercultural coaching 406
다섯 가지 규율 모델 Five Disciplines Model 7, 9, 52, 53, 63, 74, 97, 124, 131, 218, 221, 229, 231, 232, 239, 249, 293, 374, 437, 460, 508, 597, 612
　공동 창조하기 co-creating 215-248
　리더십 팀에서 in a leadership team 256
　명확화하기 clarifying 101-127

성과 평가하기evaluating performance 421-456
시스테믹 팀 코칭 교육 프로그램systemic team coaching training programmes 390, 391
연결하기connecting 157-184
위임하기commissioning 99-126
이사회and boards 630-639
코칭 규율coaching the disciplines 73, 461
팀 성숙도and team maturity 454
핵심 학습하기core learning 185-214
다이아몬드 파워 지수®Diamond Power Index®(DPI) 414
대니 터크우드Danny Tuckwood 357
더 큰 전체를 위해 봉사하기larger whole, serving the 588
데이비드 봄David Bohm 621
데이비드 클러터벅David Clutterbuck 23, 59, 403, 594, 636, 639
데이비드 프레스웰David Presswell 527-562
데클란 우즈Declan Woods 393
도널드 쉔Donald Schön 584
도루 쿠르테아누Doru Curteanu 552
동료 코칭peer coaching 136, 145, 153, 155
등대 모델lighthouse model 293, 294
등대 비전 모델lighthouse visioning model 293
디 호크Dee Hock 625, 647
디아나 펭Deana Peng 250
디지털화digitalization of team coaching 429, 431
딜로이트Deloitte 508
　2018년의 HR 기술 혁신: 생산성, 디자인, 인텔리전스의 지배HR Technology Disruptions for 2018: Productivity, design and intelligence reign 632
　영향력 있는 코칭 전략coaching with impact strategy 508
　인적 자본 트렌드human capital trends 627
떠다니는 팀 조각floating team sculpt 540

ㄹ

랄프 코크란Ralph Cochrane 393, 431

레거시, 당신의legacy, your 586
레드 카드 행동red card behaviours 171
로만 크르즈나릭Roman Krznaric 411
로버트 딜츠Robert Dilts 233, 241, 251
로빈 월 키머러Robin Wall Kimmerer 40, 573
로이터Reuters 475
로저 디킨Roger Deakin 28
롤스로이스Rolls-Royce 628
루스 웨이먼Ruth Wageman 636
루시 셰누다Lucy Shenouda 412-422
루터 스탠딩 베어Luther Standing Bear 29
르웰린 본-리Llewellyn Vaughan-Lee 40
리더십 개발, 미래leadership development, future of 647-650
리더십 팀leadership teams 101-128
리더십 팀 코칭, 정의leadership team coaching, defining 63
리더십 팀의 이사회boards as leadership teams 478-481
리더십 팀 코칭Leadership Team Coaching 49, 59, 69, 217, 441, 482, 504, 566, 567, 621
리들러 보고서Ridler reports 628, 630
리먼 브라더스Lehman Brothers 471
리처드 배럿Richard Barrett 56, 455-56, 461
리처드 브랜슨Richard Branson 646
리처드 해크먼Richard Hackman 55
리커트 척도Likert scales 352, 451, 462
리허설 빨리 감기fast-forward rehearsals 539
린 챔버스Lynne Chambers 628

ㅁ

마가렛 헤퍼넌Margaret Heffernan 25
마샬 간츠Marshall Gantz 408
마이어스-브릭스 유형 지표Myers-Briggs Type Indicator(MBTI) 116, 117, 550-551
마이크로소프트 팀즈Microsoft Teams 627, 641
마틴 로우Martin Louw 366
마틴 루터 킹Martin Luther King 38

말콤 패럿Malcolm Parlett 621
말하지 않은unsaids 259
메리 젠슨Mary Jensen 236
메타 포지션 프로세스 모델meta-positional process model 234, 243-248, 246
메타코Metaco 362, 378
명상meditation 398
모니카 칼론Monica Callon 42, 393, 406, 407
문제 회피 동기 부여problem-avoidance motivation 240
문헌 검토literature review 75-76, 77-83, 85
미래 트렌드future trends 91-97
뮤랄MURAL 641
미래 탐색 접근법future search approach 293
미래에 기대기future, leaning into the 574
미래형 리더십future-fit leadership 649, 657
미래형 조직future-fit organizations 657
밀턴 프리드먼Milton Friedman 32

ㅂ

바바라 월시Barbara Walsh 357
바클레이즈 은행Barclays Bank 30
밥 트리커Bob Tricker 473
발산-출현-수렴 주기divergence-emergence-convergence(DEC) cycle 305-308
배스 컨설팅 그룹Bath Consultancy Group 48
버지니아 사티어Virginia Satir 534
버트 헬링거Bert Hellinger 534
변동성, 불확실성, 복잡성, 모호성volatile, uncertain, complex and ambiguous(VUCA) 94
변연계 공명limbic resonance 536
변연계 뇌limbic brain 580
브렌트우드Bruntwood 187-88, 190, 208-10, 212-13, 215
브루스 터크먼Bruce Tuckman 236
브리티시 컬럼비아 주정부government, British Columbia 132
고용 및 보조 근로자 핵심 교육 프로그램Employment and Assistance Worker Core Training Program 138
브리티시 페트롤리엄British Petroleum(BP) 471
비에노트 보고서Vienot Reports 472
비자VISA 625, 647
비전 리더십 모델visionary leadership model 293
비전, 공명, 참여형 리더십visionary, resonant and engaging leadership 648
비즈니스 리뷰 위클리Business Review Weekly(BRW) 265
빌 샤프Bill Sharpe 574
빌 오브라이언Bill O'Brien 564, 609
빌 조이너Bill Joiner 455
빌 캠벨Bill Campbell 511
빌 토버트Bill Torbert 106, 454

ㅅ

사랑의 일반 이론General Theory of Love, A 536
사례 연구를 통한 학습case studies, learning from 73, 75-7, 79-93, 97
사무엘 테일러 콜러리지Samuel Taylor Coleridge 581
사베인즈-옥슬리 법 2002Sarbanes-Oxley Act 2002 472
사이먼 웨스턴Simon Western 565
사이코 드라마psychodrama 531-532
사회적 시장 모델social market model 652
살아있는 지도living maps 529
살츠 보고서Salz report 30
삼각 사고triangulated thinking 551, 581, 583, 589
생각하지 못한unthought known 46
설명자 분석descriptor analysis 163, 435, 461, 491-92
성과 코칭coaching for performance 233
성과 팀 코칭performance team coaching 64
성스럽지 않은 삼위일체unholy trinity, the 631
성찰 도구insights tool 143

성찰적 연습reflective practice 583-585
세 가지 지평선Three Horizons 574
세 개의 기어 접근법three-gear approach 175-176
세계 비즈니스 & 임원 코치 서밋World Business & Executive Coach Summit(WBECS) 594, 636
셰르파 리포트Sherpa Report 629
소문gossip 494
소시오드라마sociodrama 531-532
소진burnout 96
수 코인Sue Coyne 187, 215, 448
순수한 경청pure listening 579
스카이프Skype 641
스카우팅과 탐구전략scouting and inquiry strategy 58
스코틀랜드 왕립 은행Royal Bank of Scotland(RBS) 30, 471
스탠드업 회의stand-up meetings 244
스탠리 맥크리스탈Stanley McChrystal 357, 501, 503, 515, 658
스트레스stress 96
스티븐 코비Stephen Covey 214
슬랙Slack 627, 641
시간 관리 매트릭스Time Management Matrix 309
시간의 사이클circle of time 549, 553, 555
시스코 시스템즈Cisco Systems 633
시스테믹 팀 코칭systemic team coaching 9, 49, 472
　4단계four levels of 247
　교육 훈련training for 585, 593
　　디플로마 프로그램diploma programmes 599-602
　　　프랙티셔너 수준practitioner-level 프로그램programmes 596, 598
　　함정, 피하기traps, avoiding 615-617
　　핵심 원칙key principles 602-615
　리더십 개발and leadership development 507
　미래future of 649
　워크숍workshops 38, 78, 113

컴에어, 교토 도요타 자동차, 필 지역 경찰을 보라see also Comair; Kyoto Toyota Motor Company; Peel Regional Police
이사회and boards 344, 346, 419
인증certification in 428, 507, 597, 635
정보, 시각화information, visualizing 133
정의하기defining 111, 506
조직 개발and organizational development 361, 384, 593
합병and mergers 312, 412
핵심 수용력core capacities for 563-591
　공명resonance 589
　관계적 인식relational perception 588-589
　눈을 크게 뜨기eyes wide open 587
　더 큰 전체를 위해 봉사하기larger whole, serving the 588
　미래에 기대기future, leaning into the 574
　발현emergence 305, 578
　삼각 사고triangulated thinking 581, 589
　성찰적 프랙티스reflective practice 584-585
　'은혜를 위한 공간' 창조하기'space for grace', creating the 580, 589
　중첩 시스템 인식nested systems, perceiving 571-573
　청지기 정신stewardship 586-590
　프레즌스presence 589
　현장에 귀 기울이기field, listening to the 589
시스템적 컨스텔레이션systemic constellations 534, 535, 545-547
　가치 컨스텔레이션하기constellating the values 548-549
시스템적 코칭Systemic Coaching 464
신경 언어 프로그래밍neuro-linguistic programming (NLP) 203, 233, 369, 534
신경학적 수준 모델neurological levels model 233, 240-243, 243, 244
신피질neo-cortex 580

실연된 역할 세트enacted role sets 545
실행 팀performance teams 444
실험experimentation 539
심리적 안전감psychological safety 87, 239, 424-425, 444-446, 479, 482, 489, 638
심리적 안전감 설문지psychological safety questionnaire 403
심층 몰입 훈련deep immersion training 657

ㅇ

아름다운 무언가Something Beautiful 407
아만다 임버Amantha Imber 265
아서 야노프Arthur Janov 534
안드레아스 베버Andreas Weber 28, 621
안전 지대comfort zones 196, 203
알렉시 머독Alexi Murdoch 407, 409
애니 맥키Annie McKee 109
애자일 코칭agile coaching 90
애자일 업무 방식agile working 627
액션 러닝action learning 214, 509, 513, 623, 640, 650
앨리슨 호건Alison Hogan 185
어도비 커넥트Adobe Connect 641
업무 협약working agreements 88, 131, 134, 135, 144, 147
에드 길레스피Ed Gillespie 658
에드 네비스Ed Nevis 609
에릭 벤터Erik Venter 357
에릭 슈미트Eric Schmidt 511
에올리언 하프Aeolian harp 581
에이미 에드먼슨Amy Edmondson 503, 514
에코시스테믹 팀 코칭ecosystemic team coaching 19, 52, 69, 91
엔론Enron 471
여성 경찰 리더십 포럼Women in Police Leadership Forum 333
여성 치안 프로그램Women in Policing Forum 333
역동적 탐구dynamic inquiry 109

열세 번째 요정13th fairy 332, 645
영국 기업 거버넌스 법률UK Corporate Governance Codes 478, 483
영국 사이코 드라마 협회British Psychodrama Association 533
영향력 있는 코칭 전략coaching with Impact strategy 508
예오빌 병원 재단 신탁Yeovil Hospital Foundation Trust 159, 186
iCARE 프로그램iCARE programme 167-168
오토 라스케Otto Laske 455
오토 샤머Otto Scharmer 576-577
올리비아 쇼뱅Olivia Chauvain 279, 314
우드랜드 트러스트Woodland Trust 26
우버화Uber-ization 655
우분투Ubuntu 38
워커 보고서Walker report 476
원격tele 603
원격 코칭은 가상 코칭 리포팅 팀을 보기 remote coaching see virtual coaching reporting teams 441
원초적 치료primal therapy 534
원하는 상태 워크시트desired state worksheet 241
웬델 베리Wendell Berry 572
웹엑스WebEx 641
위임된 역할delegated roles 305, 308-10
윌리엄 마스턴William Marston 190
요한 볼프강 폰 괴테Johann Wolfgang Von Goethe 34, 39
유니레버Unilever 430
유니프루카Unifruca 494
유럽 멘토링 코칭 위원회European Mentoring and Coaching Council(EMCC) 93, 98, 99, 390, 391, 400, 429, 598, 637, 666
팀 코칭 표준team coaching standards 637
프랙티셔너 자격practitioner qualification 610
유사 팀/가짜 팀pseudo teams 443
은코베킬라 도라 만요니Nqobekile Dorah Manyoni 401-407

색인 689

'은혜를 위한 공간', 창조'space for grace', creating the 580, 617
의도적 눈감기wilful blindness 587
의사결정 팀decision-making teams 444
이론 UTheory U 293, 617
이상적인 팀 규모team size, ideal 105
인간 사회 조직의 진화human social organizations, evolution of 651
인간 의식의 진화human consciousness, evolution of 651
인적 자본 트렌드Human Capital Trends 627
일곱눈 수퍼비전 모델Seven Eyed Supervision Model 157
일본 국제 팀 코칭 연맹Japan National Team Coaching Federation 217
일하기 좋은 직장 상Great Place to Work awards 78, 85
임원 코치 스튜디오Executive Coach Studio 636
임원 코칭 아카데미Academy of Executive Coaching(AoEC) 437-38, 623

ㅈ

자기 시스템 인식self-system awareness 657
자문 팀an advisory team 327-30, 332, 341
자유 시장 모델free-market model 652
자일스 허친스Giles Hutchins 621, 651
장 루이민Zhang Ruimin 517-519
재생적 리더십regenerative leadership 649
재클린 피터스Jacqueline Peters 49, 71-99, 129-186, 451
잭 웰치Jack Welch 32
저널링journalling 134
저스틴 델Justin Dell 364, 372, 376, 381
적극적인 희망active hope 651
적응적 리더십adaptive leadership 648
전략적 리더십strategic leadership 648
전문 임원 코칭 및 감독 협회Association of Professional Executive Coaching and Supervision(APECS)

635
전체 스펙트럼 팀full spectrum teams 458
제너럴 일렉트릭General Electric 32, 274
제니퍼 브리튼Jennifer Britton 75, 76
제랄딘 웰비-쿡Geraldine Welby-Cooke 357
제이콥 모레노Jacob Moreno 531-532
제인 구달Jane Goodall 408
제인 버지스Jane Burgess 547
젠들린Gendlin 537
조 자워스키Jo Jaworski 455, 456, 607
조각하기sculpting 557-558
  떠다니는 팀 조각floating team sculpt 540-544
조나단 히그먼Jonathan Higman 185
조명적 평가illuminative evaluation 435
조지 켈리George Kelly 581
조지 플로이드George Floyd 604
조직 에너지organizational energy 448, 448-451, 449
조직 학습, 수확organizational learning, harvesting 514-515
조직과 관계 시스템 코칭Organization and Relationship Systems Coaching(ORSC) 636
존 가이어John Geier 190
존 돈John Donne 37
존 루이스John Lewis 545
존 리어리 조이스John Leary Joyce 437, 593-623
존 휘트모어John Whitmore 233
좋은 조상Good Ancestor, The 411
주디스 니콜Judith Nicol 187-216, 448, 496
주요한 이해관계자stakeholders critical 57
  이해관계자 인터뷰stakeholder interviews 326, 327, 414, 415, 416, 484
  이해관계자 지도그리기/매핑하기stakeholder mapping 58, 373, 402, 415, 418
  이해관계자 회의stakeholder conference 305
최소 세트minimum set 645-647
줌Zoom 407, 641

중첩 시스템, 지각nested systems, perceiving 571-573
증강 현실augmented reality 641
지그문트 프로이트Sigmund Freud 531, 532
지속 가능성 및 생태계 리더십sustainability and ecosystem leadership 649
진성리더십authentic leadership 667
질레스 브뤼레트Gilles Brouillette 408-09
짐 콜린스Jim Collins 54
집단사고groupthink 258
집단적 리더십collective leadership 649

ㅊ

차터드 매니지먼트 인스티튜트Chartered Management Institute(CMI) 636
찰스 다윈Charles Darwin 567
찰스 페이엇Charles Payette 350
청지기 정신stewardship 586-590
  이사회boards 545
체달 닐리Tsedal Neely 275
체험학습 이론experiential learning theory 227, 228
체화된 리더십embodied leadership 648
체화된 코칭 기술embodied coaching techniques 648
  사용할 때when to use 558-559
  온라인online 552-555
  체화된 심리측정embodied psychometrics 550
  핵심 수용력core capacities for 563, 566, 590
출현emergence 306-8, 555, 578, 579, 589
취약성, 불안, 비선형성 그리고 이해할 수 없는brittleness, anxiety, non-linearity and incomprehensibility(BANI) 94

ㅋ

카와이 하야오Kawai Hayao 217
칼 융Carl Jung 583

커크패트릭 모델Kirkpatrick model 325, 326, 349, 351
컴에어사Comair 357-67, 369, 373, 378-80
캐롤 필드Carole Field 45, 253, 278
캐서린 카Catherine Carr 7, 45, 48-9, 129, 154-55, 317, 346
케이프 코드 연구소Cape Cod Institute 609
코니 게르식Connie Gersick 235
코로나19 팬데믹Covid-19 pandemic 389
  비즈니스 과제business challenges of 221, 258
코칭 문화 만들기creating a coaching culture 501
'코칭 문화 만들기' 모델'creating a coaching culture' model 321
코칭 준비도coaching readiness 460
코칭 효과성 평가하기evaluating coaching effectiveness 463-464
코칭협회Association for Coaching 637-38
코퍼래티브 그룹Co-operative Group, The 471
크레이크 맥Craig Mackey 350
크리스 퍼셀Chris Fussell 19, 91, 658
크리스터 로우Krister Lowe 625-660
크리스토프 미콜라작Christophe Mikolajczak 279-316
크리스틴 손튼Christine Thornton 75
클라리사 핑콜라 에스테스Clarissa Pinkola Estés 407
클레어 데비Claire Davey 510-511
클레어 포레스트Claire Forest 279, 315

ㅌ

타지카 히데토시Tajika Hidetoshi 217-250
타타 그룹Tata Group 647
탈중개화disintermediation 655
탈집착non-attachment 579
탈학습unlearning 51, 616
터치포인트 리더십touchpoint leadership 101, 128
  가상 커뮤니케이션with virtual communications

127
톰 마스덴Tom Marsden 642
투모로우 컴퍼니Tomorrow's Company 474
트레이시 맥크레디Tracey McCreadie 357-392
트렐로Trello 627, 641
팀 간 코칭inter-team coaching 8, 9, 69, 159, 170, 180, 183, 184, 365, 378, 380, 388, 389, 457
팀 기능 분석team function analysis 446-448
팀 랜더teamlanders 29, 32, 42, 626
팀 문화 창조하기teaming culture, creating a 503-504, 598
  7단계seven steps of 501-504
  가치value of 502, 504, 513, 520
  '팀 구성' 정의'teaming', defining 501
  팀, 파트너, 학습TEAM, PARTNER, LEARN 505-508
팀 생애주기 모델Team Life Cycle Model 221, 235, 236
팀 성숙도team maturity 454-466
  리더십 성숙도leadership maturity 454, 456
  수준levels of 454, 455-456
  코칭 방법and coaching methods 461
  평가assessing 466-467
팀 연결 360Team Connect 360(TC360) 365, 414, 418, 420, 437
팀 진단 설문조사Team Diagnostic Survey(TDS) 130, 136, 142, 148, 150, 153
팀 코칭 역량team coaching competencies 637
팀 코치 인증accreditation of team coaches 635-37
팀 코칭 사례집Team Coaching Casebook, The 639
팀 코칭 수요demand for team coaching 628
팀 코칭 실무자 핸드북Practitioner's Handbook of Team Coaching, The 639
팀 코칭 인터내셔널Team Coaching International 636
팀 코칭 전략team coaching strategy 501
팀 코칭의 기술technology in team coaching 482, 594

팀 코칭의 전문화professionalization of team coaching 634-636
팀 헌장team charters 53, 56, 155, 328, 374, 404, 414, 458, 461
팀 효과성을 위한 여섯 가지 조건Six Conditions for Team Effectiveness 636
팀, 파트너, 학습TEAM, PARTNER, LEARN 505-508
팀들의 팀Team of Teams 501
'팀들의 팀' 코칭'team of teams' coaching 184, 505, 521, 523
  원동력enablers 516
  팀들의 팀 문화 창조하기team of teams culture, creating a 503-504
    7단계seven steps of 501-504
    가치value of 502, 504, 513, 520
    팀들의 팀, 정의team of teams, defining 501
팀살리언트® 도구teamSalient® tool 423, 425, 431
팀워크의 과학: 진보, 성찰 그리고 앞으로의 길Science of Teamwork, The: Progress, reflections, and the road ahead 95
'팀의 팀 코칭' 참조 에델만 신뢰 지표see also 'team of teams' coaching Edelman Trust Barometer 472

ㅍ

파시팔 트랩Parsifal trap 569-571
파우스트Faust 34
파충류의 뇌reptilian brain 580
파트너링 전략partnering strategy 58, 177
팔복beatitudes 560, 587-88
패니 센센Fanny Sensen 279-316
페이스북Facebook 26, 627
  페이스북 워크플레이스Facebook Workplace 641
편도체amygdala 580
평생 코치 교육 단위continuing coach education units (CCEUs) 636

평생학습lifelong learning 585
폭 넓은 공감wide-angled empathy 421
폴 호켄Paul Hawken 496
프랭클린 D. 루즈벨트Franklin D. Roosevelt 30
프레드 굿윈Fred Goodwin 30
프레즌스presence 577
프레즌스하기presencing 578
프리조프 카프라Fritjof Capra 578, 621
피드레이크 오셜리반Padraig O'sullivan 253-278
피쉬본 분석fishbone analysis 404
피터 리즌Peter Reason 621
피터 빈스Peter Binns 178
피터 센게Peter Senge 301
필드, 듣기field, listening to the 554
필 지역 경찰Peel Regional Police 317-356

ㅎ

하가 마사이데Haga Masahide 218
하나에서 다수로: 팀/그룹 코칭을 위한 모범 사례From One to Many: Best practices for team and group coaching 75, 76
하노버 보험회사Hanover Insurance 564
하이얼Haier 517, 518
하피드HapyD 401
학습 주기 모델Cycle of Learning model 201-202
향모를 땋으며Braiding Sweetgrass 40
협력적 리더십collaborative leadership 649
행동 논리action logics 107
헤더 클레이튼Heather Clayton 317, 345-46, 356
헤라클레이토스Heraclitus 583
헨리 비즈니스 스쿨Henley Business School 17, 48
헬렌 징크Helen Zink 393
회복탄력성, 유지resilience, maintaining 396-401, 397
효과적인 이사회boards, effective 32, 480, 482, 646
  거버넌스modes of governance 480
  대중의 신뢰public trust 470-71
  성숙도maturity levels 497-98
  의사결정 역할decision-making roles 490
  이사회 자본board capital 481
  이사회의 역할role of the board 473-75, 492
  책임accountability 471
  평가evaluation 433-34
흑인의 생명도 소중하다Black Lives Matter 318
힐러리 라인Hilary Lines 101-128, 593-623

역자 소개

강하룡

양평공흥교회 담임목사, 전인성장연구소 소장으로 사람들의 영혼 성장과 마음 치유에 큰 관심을 두고 있다. 부산대학교 산업공학과 학사, 장로회신학대학교 신대원 목회학 석사를 취득하였으며, (사)한국코치협회 인증 전문코치(KPC), OKR 코치(가인지 컨설팅 그룹 인증), 사회복지사(2급) 자격을 갖추었다. 목회자와 코치로, 교회와 기업에서 지난 18년간 개인 상담 과 코칭을 했다. 사례뉴스 기자, 테헤란로 YCBMC 지도목사를 역임하였고, 가인지 컨설팅 그룹 코치, 삼일회계법인 신우회 지도목사 등으로 활동하고 있다. 『구역장과 셀리더를 코칭하라』, 『어떻게 신앙은 성장하는가』, 『종교 중독인가 신앙 성장인가』 등 9권의 저서와 『성경 100배 즐기기, 신약』, 『성경 100배 즐기기, 구약』 등 4권의 공저를 저술하였다. 최근에는 『리더십 팀 코칭: 변혁적 팀 리더십 개발을 넘어』(2022), 『팀 코칭 이론과 실천: 팀을 넘어 위대함으로』(2022)를 공역하였다.
이메일 문의: inlord01@naver.com

박정화

조직웰빙디자인연구소(OWDI) 대표, 국제뇌교육종합 대학원대학교(UBE) 통합헬스케어학과 겸임교수, ICF Korea Charter Chapter 교육위원회 위원으로 활동하고 있으며, '사람과 조직의 생명력 넘치는 미적 숭고함, 위대한 가치창조와 행복을 돕는 일'을 하고 있다. 이화여자대학교에서 인문학 학사, 국방대학교에서 국방관리 석사, 국제뇌교육종합 대학원대학교에서 뇌교육학 박사 학위를 취득했으며, 최근 이화여자대학교 일반대학원 경영학과 경영정보시스템(MIS) 박사 과정을 수료하고, 현재 동 대학교 경영예술연구센터에서 경영예술과 미학경영, 마스터피스 전략을 즐겁게 공부하고 있다. 정예서함께성장인문학연구원에서 동서양 고전을 읽고 글을 쓰는 연구원으로 1년 6개월간 3천여 명에게 주 1회 칼럼을 발송하기도 했던 인문학 칼럼니스트이다. 현재 국제코칭연맹ICF 인증전문코치(PCC), (사)한국코치협회 인증전문코치(KPC), 한국퍼실리테이터협회/(사)글로벌퍼실리테이션협회 인증전문퍼실리테이터(CPF)로서 활동 중이며, 대한민국 육군에서 20년간 장교로서 인사 전문 인력으로 복무한 경험과 더불어, 개인과 조직을 대상으로 1,200여 시간의 코칭, 1,300여 시간의 팀/그룹 코칭, 워크숍, 조직개발을 진행하고 있다. (주)쿠퍼실리테이션그룹에서 조직개발 전문가 과정(18개월) 1기를 이수했으며, ICF ACTP 2개 과정 283시간, AoEC Systemic Team Coaching Certificate 24시간, CRR Global ORS@work 팀 코칭 자격 과정 20시간, (사)한국코치협회 ACPK 기초, 심화, 역량 과정 378시간 이수, 한국퍼실리테이터협회 인증 기초, 심화, 전문 교육 과정 183시간, 수퍼리더십개발코치 과정 132시간, 코칭슈퍼비전스쿨 150시간, 한국코칭수퍼비전아카데미 교육 과정 160시간 등 총 1,150여 시간을 학습하면서, 코치, 퍼실리테이터, 조직개발 컨설턴트, 시스테믹 팀 코치로서의 전문역량 향상을 위해 계속 노력하고 있다. 저서로『마스터피스 전략: 경영을 예술하라』(2022, 공저),『리더십 팀 코칭: 변혁적 팀 리더십 개발을 넘어』(2022, 공역),『팀 코칭 이론과 실천: 팀을 넘어 위대함으로』(2022, 공역)이 있다. 팀/조직 창의성, 팀/조직 개발과 혁신, 조직 구성원들의 웰빙, 사람과 조직이 행복한 조직 문화, AI 지식경영과 혁신, 셀프리더십을 촉진하는 수퍼리더십, 경영예술과 미학경영으로 열어가는 새로운 경영 패러다임의 마스터피스 전략에 관심을 두고 있으며, 현장에서 개인과 조직의 변혁적 성장을 돕는 조직웰빙 디자이너이다. 일대일 개인 코칭, 시스테믹 팀 코칭, 그룹 코칭, 조직개발 코칭, 코칭 수퍼비전, 강의(개인/조직 창의성, 조직 문화 혁신, 조직 미학, 마스터피스 전략, 미학 리더십과 뇌 기반 코칭), 고객 맞춤형 워크숍 기획/진행 전문가이다.

이메일 문의: owdi_designer@naver.com

윤선동

Dong company 대표로 리더십과 코칭 교육 과정 개발, 강의, 조직 내 여성 리더십, 갈등 관리와 의사소통, 성 인지력 향상에 관한 연구와 강의가 주업무이다. 국방대학교 리더십 석사를 졸업하고, 중앙대학교 인적자원개발 박사과정을 수료하였으며, 대한민국 육군과 공군에서 약 25년간 복무 후 전역했다. 국제코칭연맹ICF 인증 전문코치(PCC), (사)한국코치협회 인증 전문 코치(KPC), 한국퍼실리테이터협회/(사)글로벌퍼실리테이션협회 인증 전문퍼실리테이터(CPF), 한국어 교사이다. 코칭에 입문한 배경은 'holistic, resourceful, creative'라는 인간의 온전함을 바라보는 코칭 철학에 매료되었기 때문이며, '매기' - 당신과 함께 매일 기적을 만드는 - 코치로서 900여 시간의 개인, 학습, 팀 코칭을 진행하였다. 최근에는 리더십-건강한 조직 문화-팀 코칭을 연계하고 경계에 선 사람들의 일상 회복 지원에 관심이 많으며, 가시적이고 지속 가능한 성과로 증명할 수 있는 리더십/팀 코치로서 매진하고 있다. 최근 저서로 『리더십 팀 코칭: 변혁적 팀 리더십 개발을 넘어』(2022, 공역), 『팀 코칭 이론과 실천: 팀을 넘어 위대함으로』(2022, 공역)이 있다.

이메일 문의: yia27@hanmail.net

최미숙

현재 외국계 리테일 회사의 인사 담당 임원으로 재직 중이다. 25년 이상을 제약, 자동차, IT, 항공, 리테일 업계에서 인사, 교육, 조직개발, 노사관계 업무를 해온 인사 전문가이다. 실무와 이론을 겸한 인사 전문가로 성장하기 위해 중앙대학교 글로벌 인적자원개발 석사 학위를 받았으며 미국 인사관리협회 인증 PHR Professional in Human Resources, GPHR Global Professional in Human Resources 자격을 취득하였다. 인사쟁이로 배운 것을 남에게 주고 싶은 마음을 전문가답게 수행하기 위해 MBTI, DiSC, Strong, Open Space 전문가 자격증을 취득하였고, 상황대응 리더십II의 사내 강사로 위촉되었다. 2021년도에 (사)한국코치협회에서 인증하는 전문코치(KPC) 자격증을 취득하여 사내 코치로 활동함과 동시에 그동안의 실전 경험과 전문 자격을 토대로 일터에서 진로로 고민하는 후배들과 대학생의 성장을 돕는 커리어 코치로 활동하고 있다. 최근에는 한국퍼실리테이터협회에서 인증하는 공인 퍼실리테이터(CF) 자격을 취득하여 사내 퍼실리테이터로서 배움을 실천하고 있다. 인사 전문가로서 코칭 리더십, 퍼실리테이션 리더십, 팀원의 경력개발에 진심인 '리더를 키우는 리더'가 되어 조직 문화 혁신의 아이콘이 되는 것이 꿈이다. 『팀 코칭 이론과 실천: 팀을 넘어 위대함으로』(2022, 공역)이 있다.
이메일 문의: shinyjade99@naver.com

발간사

호모코치쿠스 45.
리더십 팀 코칭 프랙티스: 매우 효과적인 팀을 만드는 사례 연구

팀 코칭 이론과 이를 구현하는 실천 방도를 제시한 두 권의 책이 2022년에 출판되었다. 이 책은 그중 한 권인 『리더십 팀 코칭』(피터 호킨스)의 뒤를 이은 책이다. 이론과 실천 방도와 관련된 사례 모음이다. 그러나 '어떻게'에 대한 직접적 '해답(?)'을 기대한다면 조금은 실망할 것임을 미리 언급해 둔다. 반면에 '어떻게'를 위해 즐겁게 상상하며 숲속을 헤매다 작은 발자취를 찾고 '이렇게'라는 소중한 한 가지를 얻고자 한다면 이 책은 결코 그 기대를 배반하지 않을 것이다.

이론과 방도는 언제나 회색이며 실천이 충분히 전개된 후에나 온전한 것이 된다. 미네르바의 올빼미가 석양이 되어야 날아오르듯…. 이

론과 방도가 만나야 할 '현실'은 요철처럼 울퉁불퉁하고 시간에 따라 변화한다. 복잡한 요인이 상호작용하는 '현실'을 만나면 '해답'이란 한낱 구름에 지나지 않는다. 남는 것은 언제나 '불확실성'과 '애매함'과 '알지 못함'뿐이다. 결국엔 현실에 적합한 방도와 도구를 그때마다 새롭게 벼려내야 한다. 이를 위해 시작은 다시 이론과 함께 제시된 방도를 검토하는 것이다. 이때 필요한 것이 그동안 답을 찾던 분망한 발길을 '멈추고 생각하기'와 '난간을 놓고 생각하기'이다. '난간'만을 붙들고 있다면 '앞으로 가기 위한 앎'을 얻기란 매우 요원하다. 난간을 놓고 경계로 향해 가야 한다. 답을 찾아 숲속을 **헤매고** 있다면 멈춰서 생각하고 다시 천천히 살펴야 한다. 그래야 자취를 찾을 수 있고 숲을 **헤치며** 나아갈 수 있다. 당연히 확실함만을 찾고 좇으며 걸어오다 보면 '불확실함'을 주목하지 못한다. 경계(선)을 바라볼 뿐 경계에 머물기는 꿈도 꾸지 못하게 된다. 스스로 경계를 짓고자 설치해 둔 난간 안에 머물거나 맴돌 뿐이다(참고. 한나 아렌트, 『난간 없이 사유하기』).

숲이 끝나는 곳, 그곳이 '불확실성'과 '애매함'과 '알지 못함'으로 이루어진 바로 경계이다. 자신이나 타인이 설치해 둔 난간을 놓고 경계에 머물며 불확실함, 애매함, 알지 못함에서 들려오는 소리를 듣고자 원한다면 우리는 자유로이 '연상'하며 내면에서 나오는 자신의 '말'을 들을 수 있어야 한다. 바로 그 안에 '앞으로 나아가기 위한 앎'이 놓여있다. 무릇 앞선 이들이 이론과 방도를 들고 현실을 만나 만들어 낸 '사례'란 이를 위한 가장 효율 높은 땔감이다. 이 사례를 땔감으로 자유로이 연상하며 내면의 앎을 꺼낼 때 '앞으로 가기 위한 앎'이 떠오를 것이다.

이 책은 온통 이런 땔감으로 가득하다. '어떻게'를 찾으면 실망할 것이요, '이렇게'를 찾으면 소망을 이룰 것이다.

우리의 팀 코칭은 어디에 머물고 있는가. 아직은 '도입기'이다. 2024년 이후 기업 교육은 주제와 내용에 관계없이 '팀 코칭'이 따라붙을 것으로 예상한다. 이전의 내용과 형식과 무관하게 '팀 코칭'은 다양한 주문서를 장식할 것이다. 얼마 전 하버드 비즈니스 리뷰로 에자일agile 화두가 바람처럼 나타났고, 어느새 우리나라에 바쁘게 변신한 전문가도 함께 출현했다. 그러나 그런 노력이 조직에 어느 정도 뿌리내렸고 성과가 어떠한지 총괄하지 못한 실정이다. 혹시나 깨춤 춘 것은 아닐지 모르겠다. 다시 최근 하버드 비즈니스 리뷰가 '팀워크의 종말'을 이야기하기 시작하고 해가 바뀌니 이제 팀워크와 팀 빌딩, 팀 운영을 활성화하는 방안으로 '팀 코칭'을 언급하고 있으니, 시장에서 환영받을 것임이 분명하다. 우리는 이 도입기를 잘 관리해 정착기를 위한 기반을 마련해야 한다. 그렇지 않으면 한낮의 유행으로 흘러갈 수 있다.

팀 코칭을 성과 기반, 목적 기반, 가치 기반 팀 코칭으로 나눠본다. 저자는 '가치 기반 팀 코칭'을 두 저서와 교육에서 강조한다. 하버드 비즈니스 리뷰는 최근 '목적 기반' 팀 코칭을 제안한다. 우리는 이 세 가지를 어떻게 활용할 것인가. 성과 기반 팀 코칭, 이슈 해결 팀 코칭

이 최근의 대세로 파악된다. 그러나 성과-목적-가치 기반 팀 코칭은 각각 독립된 사슬이고 연쇄로 연결된 것이 틀림없다. 사슬로 이어진 연쇄는 유연하게 구부려 곡선이 되고 응당 직선도 될 수 있다. 이를 둥글게 뭉치면 큰 덩어리가 되어 힘을 배가할 수 있다. 세 가지의 각 경계는 혼합된 회색으로 사고해야 한다. 불확실함과 애매함이 있는 곳이다. 이는 혼합 또한 가능하다. 팀 코칭 도입기는 세 가지 팀 코칭의 초점 가운데 어느 하나 소홀히 할 수 없다. 현실에서는 '성과 기반-이슈 해결 팀 코칭'이 주를 이루지만 변화를 위해서는 '목적 기반 팀 코칭'을 염두에 두는 것은 필수이다. 그런데도 코치는 이에 머물지 않고 '가치 기반 팀 코칭'을 넘봐야 한다. 변화나 앞으로 나아감은 경계에 닿기 마련이고 경계를 넘어야 되돌려지지 않기 때문이다. 이 지평을 가치 기반 팀 코칭이 열 것으로 기대한다.

오늘날 조직을 위한 팀 코칭의 주체인 팀 코치가 서야 할 '가치'는 무엇인가. 앞서 개척하고 있는 저자와 기고자 그룹은 그 가치를 명확하게 제시하고 있다. 그들과 동시대 팀 코치인 이 책의 독자들은 저자들이 제시한 기준을 읽고도 외면할 수는 없다. 분명한 사색을 요한다. 잠시 멈추고, 난간을 놓고 사유할 주제이다. 이 책의 사례는 미래를 향해 열려있고, 그 샛길을 찾는 것은 우리의 일이다. 이 책을 실존적으로 읽는다면 피할 수 없는 길이다. 함께 논의하며 탐구의 비명悲鳴을 고대한다. 뜻을 세우고 길을 개척하자.

번역을 위한 공동작업의 수준을 높이고 자기 경험을 결합해 활동 자원을 만들어 가는 역자들에게 존경의 마음을 전한다. 열악한 조건을 감내하며 발걸음을 함께하는 정익구 코치, 이상진 편집 디자이너에게는 언제나 고마운 마음이다.

2023년 10월 광화문 우거에서
발행인 김상복

호모코치쿠스

코칭 튠업 21
: ICF 11가지 핵심 역량과 MCC 역량

김상복 지음

뇌를 춤추게 하라
: 두뇌 기반 코칭 이론과 실제
Neuroscience for Coaching

에이미 브랜 지음
최병현, 이혜진 옮김

마음챙김 코칭
: 지금-여기-순간-존재-하기
Mindful Coaching

리즈 홀 지음
최병현, 이혜진, 김성익, 박진수 옮김

코칭 윤리와 법
: 코칭입문자를 위한 안내
Law & Ethics in Coaching

패트릭 윌리암스, 샤론 앤더슨 지음
김상복, 우진희 옮김

조직을 변화시키는 코칭 문화
How to create a coaching culture

질리안 존스, 로 고렐 지음
최병현, 이혜진 외 옮김

내러티브 상호협력 코칭
: 3세대 코칭 방법론
A Guide to Third Generation Coaching:
Narrative-Collaborative Theory and Practice

라인하드 스텔터 지음
최병현, 이혜진 옮김

임원코칭의 블랙박스
Tricky Coaching

맨프레드 F. R. 케츠 드 브리스 외 편집
한숙기 옮김

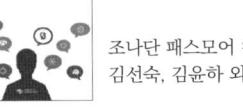
마스터 코치의 10가지 중심 이론
Mastery in Coaching

조나단 패스모어 편집
김선숙, 김윤하 외 옮김

코칭·컨설팅
수퍼비전의 관계적 접근
Supervision in Action

에릭 드 한 지음
김상복, 조선경, 최병현 옮김

정신역동과 임원코칭
: 현대 정신분석 코칭의 기초1
Executive Coaching:
A Psychodynamic Approach

캐서린 샌들러 지음
김상복 옮김

수퍼비전
: 조력 전문가를 위한 일곱 눈 모델
Supervision in the Helping Professions

피터 호킨스, 로빈 쇼헤트 지음
이신애, 김상복 옮김

코칭 프레즌스
: 코칭개입에서 의식과 자각의 형성
Coaching Presence: Building Consciousness
and Awareness in Coaching Interventions

마리아 일리프 우드 지음
김혜연 옮김

멘탈력
정신적 강인함에 대한 최초의 이론적 접근
Developing Mental Toughness:
Coaching strategies to improve
performance, resilience and wellbeing

더그 스트리챠크직, 피터 클러프 지음
안병옥, 이민경 옮김

코치 앤 카우치
Coach and Couch

맨프레드 F.R. 케츠 드 브리스 외 지음
조선경, 이희상, 김상복 옮김

리더의 정치학
: 조직개혁과 시대전환을 위한 창발 리더십 모델
Leading Change: How Successful Leaders
Approach Change Management

폴 로렌스 지음
최병현, 윤상진, 이종학, 김태훈, 권영미 옮김

고용 가능성
고용+가능성 업그레이드 전략
Developing Employability and Enterprise:
Coaching Strategies for Success in the Workplace

더그 스트리챠크직, 샬롯 보즈워스 지음
조현수, 최현수 옮김

게슈탈트 코칭
바로 지금 여기
Gestalt Coaching: Right here, right now

피터 브루커트 지음
임기용, 이종광, 고나영 옮김

강점 기반 리더십 코칭
: 조직 내 긍정적 리더십 개발을 위한 가이드
Strength_based leadership Coaching
in Organization An Evidence based guide
to positive leadership development

덕 매키 지음
김소정 옮김

영화, 심리학과 라이프 코칭의 거울
The Cinematic Mirror for Psychology and
Life Coaching

메리 뱅크스 그레거슨 편저
앤디 황, 이신애 옮김

영웅의 여정
자기 발견을 위한 NLP 코칭
The Hero's Journey: A voyage of self-discovery

스테판 길리건, 로버트 딜츠 지음
나성재 옮김

VUCA 시대의
조직 문화와 피어코칭
Peer Coaching at Work

폴리 파커, 팀 홀, 캐시 크램,
일레인 와서먼 지음
최동하, 윤경희, 이현정 옮김

정신역동 마음챙김 리더십
: 내면으로의 여정과 코칭
Mindful Leadership Coaching
: Journeys into the interior

맨프레드 F.R. 케츠 드 브리스 지음
김상복, 최병현, 이혜진 옮김

실존주의 코칭 입문
: 알아차림·용기·주도적 삶을 위한
  철학적 접근
An Introduction to Existential Coaching

야닉 제이콥 지음
박신후 옮김

공감으로 완성하는 코칭
: 평범함에서 탁월함으로
Coaching with Empathy,

앤 브록뱅크, 이안 맥길 지음
김소영 옮김

내러티브 코칭
: 새 스토리의 삶을 위한 확실한 가이드
Narrative Coaching: The Definitive Guide to Bringing New Stories to Lif

데이비드 드레이크 지음
김상복, 김혜연, 서정미 옮김

ADHD 코칭
: 정신건강 전문가를 위한 가이드
ADHD Coaching: A Guide for Mental Health Professionals

프란시스 프레벳, 아비가일 레브리니 지음
문은영, 박한나, 가요한 옮김

시스템 코칭
: 개인을 넘어 가치로
Systemic Coaching: Delivering Value Beyond the Individual

피터 호킨스, 이브 터너 지음
최은주 옮김

글로벌 코치 되기
: 코칭 역량과 ICF 필수 가이드
Becoming a Coach

조나단 페스모어, 트레이시 싱클레어 지음
김상학 옮김

시스템 코칭과 컨스텔레이션
개인, 팀 및 그룹에 대한 원칙, 실천 및 적용
Systemic Coaching & Consitellations

존 휘팅턴 지음
가향순, 문현숙, 임정희, 홍삼렬, 홍승지 옮김

10가지 코칭 주제와 사례 연구
: 20개 사례, 40개 논평, 720개 주석, 19개 실습 사례
Complex Situations in Coaching

디마 루이스, 폴린 파티엔 디오숑 지음
김상복 옮김

유연한 조직이 살아남는다
포스트 코로나 시대
뉴노멀이 된 유연근무제
Flexible Working

젬마 데일 지음
최병헌, 윤재훈 옮김

인지행동 코칭
: 30가지 고유한 특징
Cognitive Behavioural Coaching: Distinctive Features

마이클 니난 지음
엘리 홍 옮김

쿼바디스
: 팬데믹 시대, 죽음과 리더의 실존적 도전
QUO VADIS?: The Existential Challenges of Leaders

맨프레드 F. R. 케츠 드 브리스 지음
고태현 옮김

코칭과 트라우마
: 생존 자기를 넘어 나아가기
Coacjing and Trauma

줄리아 본 스미스 지음
이명진, 이세민 옮김

단일 회기 코칭과 비연속 일회성 코칭
: 30가지 고유한 특징
Single-Session Coaching and One-At-A-Time Coaching: Distinctive Features

윈디 드라이덴 지음
남기웅, 안재은 옮김

리더십 팀 코칭
: 변혁적 팀 리더십 개발을 넘어
Leadership Team Coaching

피터 호킨스 지음
강하룡, 박정화, 박준혁, 윤선동 옮김

코칭과 정신 건강 가이드
: 코칭에서 심리적 과제 다루기
A Guide to Coaching and Mental Health:
The Recognition and Management of Psychological Issues

앤드류 버클리, 캐롤 버클리 지음
김상복 옮김

팀 코칭 이론과 실천
팀을 넘어 위대함으로
The Practitioner's handbook of TEAM COACHING

데이비드 클러터벅, 주디 개넌 편집
강하룡, 박순천, 박정화, 박준혁,
우성희, 윤선동, 최미숙 옮김

리더의 속살
: 추악함, 사악함, 기괴함에 관한 글
Leadership Unhinged: Essays on the Ugly, the Bad, and the Weird

맨프레드 F. R. 케츠 드 브리스 지음
강준호 옮김

생의 마지막 여정을 돕는
웰다잉 코칭
Coaching at End of Life

돈 아이젠하워, J. 발 헤이스팅 지음
정익구 옮김

정신역동 코칭
: 30가지 고유한 특징
– 현대 정신분석 코칭의 기초2
Psychodynamic Coaching: Distinctive Features

클라우디아 나겔 지음
김상복 옮김

리더의 일상적 위협
: 모래 늪에서 허우적거릴 때 살아남는 방법
The Daily Perils of Executive Life: How to Survive When Dancing on Quicksand

맨프레드 F. R. 케츠 드 브리스 지음
고태현 옮김

경영자의 마음
: 리더십, 인생, 변화에 대한 명상록
The CEO Whisperer: Meditations on Leadership, Life, and Change

맨프레드 F. R. 케츠 드 브리스 지음
강준호 옮김

리더십 팀 코칭 프랙티스(3판)
: 매우 효과적인 팀을 만드는 사례 연구
Leadership Team Coaching in Practice:
Case studies on creating highly effective teams

피터 호킨스 편저
강하룡, 박정화, 윤선동, 최미숙 옮김

(출간 예정)

코칭심리학(2판)
실천연구자를 위한 안내서
Handbook of Coaching Psychology

스티븐 팔머, 앨리스 와이브로 엮음
강준호, 김태희, 김현희, 신혜인 옮김

수퍼바이지와 수퍼비전
: 수퍼비전을 위한 가이드
Being Supervised A Guide for Supervision

에릭 드 한, 윌레민 레구인 지음
한경미, 박미영, 신혜인 옮김

코칭수퍼비전의 이론과 모색
Coaching and Mentoring Supervision:
Theory and Practice

타티아나 바키로버, 피터 잭슨,
데이빗 클러터벅 지음
김상복, 최병현 옮김

인지행동 기반 **라이프코칭**
Life Coaching: A Cognitive behavioural approach

마이클 니난, 윈디 드라이덴 지음
정익구 옮김

코칭 이론과 실천
The SAGE Handbook of Coaching

타티아나 바흐키로바, 고든 스펜스,
데이비드 드레이크 엮음

정신역동 코칭의 이해와 활용
: 현대 정신분석 코칭의 기초 2
Psychodynamic Coaching: focus & depth

울라 샤롯데 벡 지음
김상복 옮김

임원코칭
: 시스템 – 정신역동 관점
– 현대 정신분석 코칭의 기초 3
Executive coaching: System-psychodynamic persfective

하리나 버닝 편집
김상복 옮김

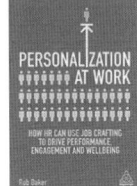

잡크레프팅
Persnalization at Work

롭 베이커 지음
김현주 옮김

팀 코치 되기
: 팀 코칭 가이드
Coaching the Team at Work: The definitive guide to team coaching

데이비드 클러터벅 지음
아시아상담코칭학회 옮김

팀 코칭 도구 모임
: 55가지 도구와 기술
The Team Coaching Toolkit: 55 Tools and Techniques for Building Brilliant Teams

토니 르웰린 지음
박순천, 박정화, 윤선동 옮김

팀 코칭 사례연구
The Team Coaching Casebook

데이비드 클러터벅, 타미 터너 외 지음
박순천, 박정화, 우성희, 윤선동 옮김

관계 중심 팀 코칭
Relational Team Coaching

에릭 드한, 도로시 스토펠시 편저
김상복 외 옮김

호모스피릿쿠스

나르시시스트와 직장생활하기
Narcissism at Work: Personality Disorders of Corporate Leaders

마리 린느 제르맹 지음
문은영, 가요한 옮김

정신분석 심리치료의 기본과 실천
: 정신분석·지지적 심리치료와의 차이

아가쯔마 소우 지음
최영은, 김상복 옮김

조력 전문가를 위한 공감적 경청
共感的傾聽術
:精神分析的に"聴く"力を高める

고미야 노보루 지음
이주윤 옮김

코로나 시대의 정신분석적 임상
'만남'의 상실과 회복
コロナと精神分析的臨床

오기모토 카이, 키타야마 오사무 편집
최영은, 김태리 옮김

트라우마와 정신분석적 '접근'
핵심 이론과 일곱 가지 사례
トラウマの精神分析的アプローチ

마쓰기 구니히로 편집
김상복 옮김

라캉 정신분석 치료
이론과 실천의 교차점
ラカン派精神分析の治療論

아가사가 가즈야 지음
김상복 옮김

코칭 하이브리드

영화처럼 리더처럼
: 크고 작은 시민리더 이야기

최병현, 김태훈, 이종학,
윤상진, 권영미 지음

마음챙김 코칭
: WHO에서 실행까지
Mindfulness Coaching: Have Transformational Coaching Conversations and Cultivate Coaching Skills Mastery

사티암 베로니카 찰머스 지음
김종성, 남관희, 오효성 옮김

사랑하는 사람의 상실로
슬픈 나를 위한 셀프 코칭
슬픈 나를 위한 코칭

돈 아이젠하워 지음
안병욱, 이민경 옮김

고통의 틈 속에서 아름다움 찾아내기
: 슬픔과 미망인의 여정에 대한 회고

펠리시아 G Y 램 지음
강준호 옮김

코칭 A to Z

누구나 할 수 있는 코칭 대화 모델
: GROW_candy 모델 이해와 활용

김상복 지음

세상의 모든 질문
: 아하에서 이크까지, 질문적 사고와 질문 공장

김현주 지음

첫 고객·첫 세션 어떻게 할 것인가
(1) 윤리적 가이드라인과 전문가 기준에 의한 고객 만남
(2) 코칭 계약과 코칭 동의 수립하기

김상복 지음

코칭방법론
: 조직 운영과 성과 리더십 향상을 돕는 효과성 코칭의 틀

이석재 지음

코치 100% 활용하는 법
: 코칭을 만난 당신에게

김현주, 박종석, 박현진, 변익상, 이서우, 정익구, 한성지 지음

(코쿱북스)

코칭의 역사
Sourcebook Coaching History

비키 브록 지음
김경화, 김상복 외 15명 옮김

101가지 코칭의 전략과 기술
: 젊은 코치의 필수 핸드북
101 Coaching Strategies and Technique

글래디나 맥마흔, 앤 아처 지음
김민영, 한성지 옮김

리더십을 위한 코칭
Coaching for Leadership

마샬 골드 스미스,
로렌스 라이언스 외 지음
고태현 옮김

집필자 모집

- 멘토링 기반 코칭 방안과 사례 연구
- 컨설팅 기반 코칭 방안과 사례 연구
- 조직개발 코칭 방안과 사례 연구(일대일 또는 그룹 코칭)
- 사내 코치 활동 방안과 사례 연구
- 주제별·대상별 시네마 코칭 방안과 사례 연구
- 시네마 코칭 이론과 실천 방안 연구
- 아들러 심리학 기반 코칭 방안과 사례 연구
- 코칭 기획과 사례 개념화(중심 이론별 연구)
- 코칭에서 은유와 은유 질문
- '갈굼과 태움', 피해·가해자 코칭
- 미루기 코칭 이해와 활용
- 코치의 젠더 감수성과 코칭 관계 관리
- 정서 다루기와 감정 관리 코칭 및 사례 연구
- 코칭 장場field·공간과 침묵
- 라이프 코칭 핵심 과제와 사례 연구(청년 및 중년)
- 커리어 코칭 핵심 과제와 사례 연구(청년 및 중년)
- 노년기 대상 라이프 코칭 방안과 사례 연구
- 비혼·혼삶 라이프 코칭 방안과 사례 연구
- 코칭 스킬 총정리와 적용 사례
- 부모 리더십 코칭과 사례 연구(양육자 연령별)
- 코칭 이론 기반 코칭 방안과 사례
- 커플 코칭 방안과 사례
- 의식확장과 영성코칭
- 군 리더십 코칭
- 코칭 ROI 연구

■ 동일 주제라도 코칭 대상과 방식, 코칭 이론별 집필이 가능합니다.
■ 최소 기준 A4 기준 80페이지 이상. 코칭 이론과 임상 경험 집필 권장합니다.
■ 편집위원회와 관련 전문가 심사로 선정됩니다.
■ 선정 원고는 인세를 지급하며, 무료로 출판합니다.

 호모코치쿠스 44

리더십 팀 코칭 프랙티스
매우 효과적인 팀을 만드는 사례 연구

초판 1쇄 발행   2023년 10월 25일

펴낸이	김상복
지은이	피터 호킨스 등
옮긴이	강하룡, 박정화, 윤선동, 최미숙
편 집	정익구
디자인	이상진
제작처	비전팩토리
펴낸곳	한국코칭수퍼비전아카데미
출판등록	2017년 3월 28일 제2018-000274호
주 소	서울시 마포구 포은로 8길 8. 1005호

문의전화 (영업/도서 주문) 카운트북
　　　전화 | 070-7670-9080   팩스 | 070-4105-9080
　　　메일 | countbook@naver.com
　　　편집 | 010-3753-0135
　　　편집문의 | hellojisan@gmail.com   010-3753-0135
www.coachingbook.co.kr
www.facebook.com/coachingbookshop

ISBN 979-11-89736-47-7
책값은 뒤표지에 있습니다.